ENSINO MÉDIO
GEOGRAFIA
Espaço e identidade

volume único

Levon Boligian

Licenciado em Geografia pela Universidade Estadual de Londrina (UEL). Professor de Ensino Médio do Instituto Federal Catarinense (IFC). Doutor em Ensino de Geografia pela Universidade Estadual Paulista (Unesp). Professor de Metodologia do Ensino de Geografia no Ensino Superior. Assessor educacional na rede particular de ensino. Autor de livros didáticos para o Ensino Fundamental e Ensino Médio.

Andressa Turcatel Alves Boligian

Licenciada em Geografia pela Universidade Estadual de Londrina (UEL). Mestre em Geografia pela Universidade Estadual Paulista (Unesp). Arte-educadora licenciada em Artes Visuais pela Universidade Estadual de Londrina (UEL). Professora de Geografia e de Artes Visuais no Ensino Fundamental e na formação continuada de professores do Ensino Básico. Assessora educacional na rede particular de ensino. Autora de livros didáticos para o Ensino Fundamental e Ensino Médio.

1ª ediçãc
São Paulo – 2016

© Editora do Brasil S.A., 2016
Todos os direitos reservados

Direção-geral: Vicente Tortamano Avanso
Direção adjunta: Maria Lúcia Kerr Cavalcante Queiroz

Direção editorial: Cibele Mendes Curto Santos
Gerência editorial: Felipe Ramos Poletti
Supervisão editorial: Erika Caldin
Supervisão de arte, editoração e produção digital: Adelaide Carolina Cerutti
Supervisão de direitos autorais: Marilisa Bertolone Mendes
Supervisão de controle de processos editoriais: Marta Dias Portero
Supervisão de revisão: Dora Helena Feres
Consultoria de iconografia: Tempo Composto Col. de Dados Ltda.
Licenciamentos de textos: Cinthya Utiyama, Jennifer Xavier, Paula Harue Tozaki, Renata Garbellini
Coordenação de produção CPE: Leila P. Jungstedt

Dados Internacionais de Catalogação na Publicação (CIP)
(Câmara Brasileira do Livro, SP, Brasil)

Boligian, Levon
  Geografia espaço e identidade, volume único : ensino médio / Levon Boligian, Andressa Turcatel Alves Boligian. – 1. ed. – São Paulo : Editora do Brasil, 2016. – (Série Brasil : ensino médio)

  Componente curricular: Geografia
  ISBN 978-85-10-06447-7 (aluno)
  ISBN 978-85-10-06448-4 (professor)

  1. Geografia (Ensino médio) I. Boligian, Andressa Turcatel Alves. II. Título. III. Série.

16-05853   CDD-910.712

Índice para catálogo sistemático:
1. Geografia : Ensino médio   910.712

Reprodução proibida. Art. 184 do Código Penal e Lei n. 9.610, de 19 de fevereiro de 1998.
Todos os direitos reservados.

2020
Impresso no Brasil

1ª edição / 6ª impressão, 2024
Impresso na Forma Certa Gráfica Digital

Avenida das Nações Unidas, 12901
Torre Oeste, 20º andar
São Paulo, SP – CEP: 04578-910
Fone: +55 11 3226-0211
www.editoradobrasil.com.br

Concepção, desenvolvimento e produção: Triolet Editorial e Mídias Digitais
Diretora executiva: Angélica Pizzutto Pozzani
Diretor de operações e produção: João Gameiro
Gerente editorial: Denise Pizzutto
Editor de texto: Luiz Gonzaga Seixas
Assistente editorial: Tatiana Pedroso
Preparação e revisão: Amanda Andrade, Carol Gama, Érika Finati, Flávia Venezio, Flávio Frasqueti, Gabriela Damico, Juliana Simões, Leandra Trindade, Mayra Terin, Patrícia Rocco, Regina Elisabete Barbosa, Sirlei Pinochia
Projeto gráfico: Triolet Editorial/Arte
Editora de arte: Paula Belluomini
Assistentes de arte: Beatriz Landiosi (estag.), Lucas Boniceli (estag.)
Ilustradores: Bentinho, Daniel das Neves, Dawidson França, Fábio Eugênio, Julio Dian, Valter Ferrari, Vicente Mendonça, Suryara Bernardi
Cartografia: Allmaps, Da Costa Mapas, Robson Rosendo
Iconografia: Pamela Rosa (coord.), Clarice França, Erika Freitas, Vanessa Volk
Tratamento de imagens: Fusion DG, Renato Belluomini
Capa: Beatriz Marassi
Imagem de capa: Keren Su/Getty Images

Imagem de capa:
Estrada na montanha Tianmen Mountain na província de Hunan, China.

APRESENTAÇÃO

Caros alunos,

O principal objetivo de ensinar Geografia no Ensino Médio é permitir que vocês tenham acesso a conhecimentos de ordem espacial fundamentais para o entendimento dos acontecimentos mundiais, nacionais e, sobretudo, do lugar onde vivem.

Com tal objetivo estruturamos este livro de Geografia para o Ensino Médio com base em conceitos e categorias essenciais da Ciência Geográfica, como lugar, paisagem, região, território e espaço geográfico, e em noções e conceitos cartográficos. Esperamos, com isso, fornecer a vocês os instrumentos necessários para compreender os fatos sociais e os fenômenos naturais, bem como suas inter-relações.

Esses conceitos são utilizados na abordagem de temas como as mudanças e as permanências geológicas e históricas nas paisagens terrestres, as dinâmicas atmosférica, hidrológica e litológica, o capitalismo e as desigualdades socioeconômicas, a nova ordem geopolítica mundial, a função das tecnologias na "aproximação" dos lugares e a organização do espaço geográfico nacional, além de diversos outros assuntos de grande importância na atualidade.

Acreditamos que tais conteúdos servirão de instrumento para que vocês, alunos, consigam decodificar a complexa realidade globalizante atual, assim como interferir nos rumos de nossa sociedade.

Os autores

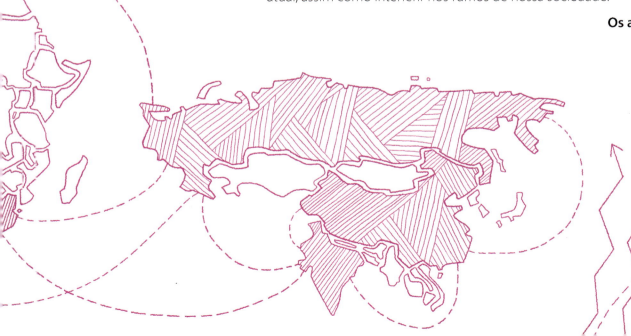

Conheça o livro

Abertura de unidade

São apresentadas imagens emblemáticas relacionadas aos assuntos abordados nos capítulos. Elas buscam despertar interesse pelos temas tratados nas unidades.

Revisitando o capítulo

É composta de questões e análises (de gráficos, mapas, tabelas e imagens), além do trabalho com diferentes gêneros textuais.

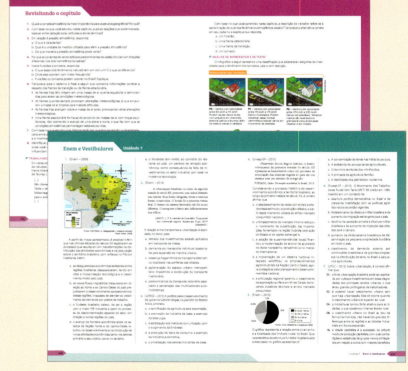

De olho no Enem

Questão do Exame Nacional do Ensino Médio comentada e analisada conforme o conteúdo estudado.

Enem e Vestibulares

No final de cada unidade, reúne questões do Exame Nacional do Ensino Médio e de vestibulares aplicadas nos últimos anos.

Textos em boxes
Informações que aprofundam os conteúdos estudados.

Espaço e cartografia
Trabalho com os principais conteúdos cartográficos relativos aos temas de cada unidade.

Ampliando conhecimentos
Indicação de filmes, documentários, livros e *sites* que podem ser utilizados como fontes de entretenimento ou de pesquisa.

Culturas em foco
São apresentadas características culturais de diversos grupos no Brasil e no mundo.

Saberes em foco
Podem ser verificados aqui saberes relacionados às diferentes áreas e formas de conhecimento.

Mulheres em foco
Textos que ressaltam o trabalho ou a vida de mulheres no decorrer da História.

Estas seções propõem momentos que viabilizam o trabalho integrado e interdisciplinar, por meio de discussões a respeito de aspectos culturais ou que envolvam a cidadania.

Sumário

UNIDADE 1 — A Ciência Geográfica e a representação do espaço

Capítulo 1 Geografia: ciência do espaço 14

  Breve história do pensamento geográfico 14
    O período clássico da Geografia 14
    O período moderno da Geografia 17
    O período atual da Geografia 21
  Revisitando o capítulo 23

Capítulo 2 Os movimentos do planeta Terra 25

  O movimento de rotação 25
    A sucessão dos dias e das noites 25
    O movimento aparente diário do Sol 26
    Os fusos horários 26
    Os fusos horários do Brasil 29
  O movimento de translação 32
    As estações do ano 32
    Os solstícios e os equinócios 33
    O movimento aparente anual do Sol 35
    As estações do ano e as regiões da Terra 35
  Revisitando o capítulo 38

Capítulo 3 A Terra: orientação, localização e coordenadas geográficas 40

  A orientação pelos astros e os pontos cardeais 40
    Os pontos colaterais 41
    A orientação por instrumentos 41
    Global Positioning System: o GPS 42
  Uma rede de linhas imaginárias 43
    Os paralelos e os meridianos terrestres 43
    Latitude, longitude e coordenadas geográficas 44
  Revisitando o capítulo 48

Capítulo 4 A história dos mapas e as novas tecnologias 49

  Os mapas antigos 49
    Os mapas na Antiguidade 50
    A Cartografia no período da expansão marítima europeia 51
  A Cartografia a partir do século XX 52
    O sensoriamento remoto 52
    As fotografias aéreas 54
    As novas tecnologias: o uso de imagens orbitais 55
  Da imagem orbital ao mapa 57
  Revisitando o capítulo 59

Capítulo 5 Os mapas e a linguagem cartográfica 61

  Os mapas e as paisagens 62
    Os planos da paisagem 62
    Os croquis 63
    Os pontos de vista de observação da paisagem 64
    Os mapas: a visão vertical da paisagem 64
  O sistema de representação gráfica 65
  Os tipos de mapa temático 67
  Os elementos básicos de leitura de um mapa 68
    A escala cartográfica 68
  As projeções cartográficas 71
    Tipos de projeção: superfície geométrica 72
  As anamorfoses 78
  Os gráficos 80
    Gráficos de barras, de colunas e de linhas 80
    Sectogramas ou gráficos circulares 81
  Revisitando o capítulo 82

Enem e Vestibulares 84

UNIDADE 2 — A biosfera e a dinâmica atmosférica

Capítulo 6 O tempo da natureza e as marcas nas paisagens 88

  O tempo geológico 89
  O tempo e suas marcas nas paisagens 91
    Os cânions contam a história da Terra 91
    As paleopaisagens brasileiras 93
  Revisitando o capítulo 96

Capítulo 7 A biosfera: interação e dinâmica do planeta 97

  As esferas da Terra 98
  Energia solar: fonte da vida 100
    Reflexão e absorção da energia solar 102
  A biosfera e os ecossistemas 105
  Dos ecossistemas aos grandes biomas terrestres 105
  Os grandes biomas brasileiros 109
  A interferência humana nas dinâmicas naturais 112
  Revisitando o capítulo 115

Capítulo 8 A atmosfera terrestre 117

  A troposfera e a radiação solar 118
    A importância da radiação solar 119
  A circulação atmosférica global 121
    A pressão atmosférica 121
    Furacões e tornados: sistemas de baixa pressão 124

As massas de ar 126

    As frentes de transição 126

    As massas de ar e as estações do ano no Brasil 128

Revisitando o capítulo 130

Capítulo 9 Condições meteorológicas e climas da Terra 132

Os fatores meteorológicos 132

    Temperatura atmosférica 132

    Pressão atmosférica e ventos locais 133

    Umidade atmosférica, nuvens e precipitações 135

Tempo e clima: qual é a diferença? 137

    A previsão do tempo meteorológico 137

Os conjuntos climáticos da Terra 140

Os fatores do clima 141

    As correntes marítimas 141

    O efeito da altitude 142

    O efeito da maritimidade e da continentalidade 143

Os climas do Brasil 144

Revisitando o capítulo 146

Capítulo 10 As mudanças climáticas e as paisagens geográficas 148

A Terra e os climas do passado 148

    A Pequena Idade do Gelo 149

O ser humano está alterando o clima da Terra? 150

    O aquecimento global 151

    O buraco na camada de ozônio 154

    O microclima urbano e as ilhas de calor 156

    A inversão térmica e a chuva ácida 157

Revisitando o capítulo 159

Enem e Vestibulares 160

UNIDADE 3 As dinâmicas hidrológica e litosférica

Capítulo 11 A dinâmica hidrológica e as águas continentais 164

O ciclo da água 166

A distribuição da água na Terra 166

As águas continentais superficiais 168

    Os rios e as bacias hidrográficas 168

    Regime dos rios 170

    A forma dos rios 172

As grandes regiões hidrográficas brasileiras 173

As águas continentais subterrâneas 176

    Águas subterrâneas: um frágil recurso 177

    Águas do subsolo brasileiro 178

Água potável: um recurso ameaçado 178

    Águas brasileiras: o mito da abundância 180

Revisitando o capítulo 182

Capítulo 12 A água nos oceanos 183

A vida nos oceanos e mares da Terra 183

A dinâmica e a composição físico-química dos oceanos 184

    Salinidade e temperatura 184

    Movimentos das águas oceânicas 186

    As correntes marítimas 190

A poluição dos oceanos 193

Revisitando o capítulo 195

Capítulo 13 A dinâmica litosférica e as paisagens terrestres 196

A litosfera e a estrutura interna da Terra 197

As forças endógenas e a dinâmica interna da Terra 199

A teoria da deriva continental 200

A teoria da tectônica global de placas 201

    A dinâmica dos limites de placas 202

O vulcanismo 204

Os terremotos 205

    A escala de Mercalli 206

    A escala Richter 206

A atividade tectônica no Brasil 209

    Vulcanismo no Brasil 209

As forças exógenas da Terra 210

    As etapas de modelagem da superfície terrestre 211

Revisitando o capítulo 212

Capítulo 14 As rochas, os solos e as formas de relevo 214

As rochas 214

    O ciclo das rochas 214

A produção brasileira de minérios 216

Os solos 217

    Os tipos de solo 217

As grandes estruturas geológicas da Terra 219

    Os crátons 220

    As bacias sedimentares 220

    As cadeias orogênicas 221

As formas de relevo continental 221

As formas do relevo continental brasileiro 223

O relevo, os seres humanos e as paisagens terrestres 228

    A vegetação, a ação humana e os processos erosivos 228

Revisitando o capítulo 231

Enem e Vestibulares 234

UNIDADE 4 — A dinâmica da indústria e as fontes de energia

Capítulo 15 — A natureza, o trabalho e a atividade industrial 238

O trabalho, as técnicas e o espaço geográfico 239

A indústria, as tecnologias e o mundo do trabalho 240

O artesanato e a manufatura 240

A Primeira Revolução Industrial 241

A Segunda Revolução Industrial 243

A Terceira Revolução Industrial ou revolução técnico-científica e informacional 247

A indústria no mundo atual 249

Os tipos de indústria 250

Fatores da localização espacial da indústria 251

A desconcentração industrial 251

Revisitando o capítulo 253

Capítulo 16 — As fontes de energia e sua importância no mundo atual 255

As principais fontes energéticas 255

O carvão: fonte histórica de energia 256

O petróleo: base energética na atualidade 258

A produção e o comércio mundial do petróleo 260

As grandes multinacionais do petróleo 262

O papel da Opep na atualidade 262

A produção de petróleo no Brasil 263

O Brasil e a autossuficiência em petróleo 265

O futuro energético do Brasil 268

A energia hidrelétrica 268

A energia eólica 269

A bioenergia 271

Revisitando o capítulo 272

Enem e Vestibulares 273

UNIDADE 5 — Urbanização e questões demográficas da atualidade

Capítulo 17 — As cidades e o fenômeno da urbanização 278

Os primórdios do urbano 278

A urbanização nos países de origem da Revolução Industrial 280

As cidades da era industrial e o planejamento urbano 281

A urbanização nos países de industrialização tardia 282

A urbanização nos países com baixo nível de industrialização 283

Urbanização: fenômeno mundial 285

Metrópoles e hierarquia urbana 286

Revisitando o capítulo 291

Capítulo 18 — Dinâmica demográfica mundial na atualidade 293

A distribuição da população mundial 293

O crescimento da população mundial 295

A teoria malthusiana 296

A primeira transição demográfica 296

A segunda transição demográfica 298

Estamos na fase pós-transição? 298

Por que as projeções de Malthus não deram certo? 299

A estrutura da população mundial 302

As mudanças na estrutura etária 302

As mudanças na estrutura econômica da população 304

Revisitando o capítulo 306

Capítulo 19 — A população brasileira 308

A evolução demográfica da nação brasileira 309

O elevado índice de crescimento vegetativo 309

A queda do crescimento vegetativo brasileiro 312

A estrutura etária da população brasileira 314

A formação étnica e cultural da população brasileira 317

Os movimentos migratórios 317

Os primeiros movimentos imigratórios 318

Os movimentos emigratórios de brasileiros 320

Os movimentos imigratórios da atualidade 321

Os movimentos migratórios internos 322

Revisitando o capítulo 324

Enem e Vestibulares 326

UNIDADE 6 — Espaço agrário no mundo contemporâneo

Capítulo 20 — Agropecuária moderna e sistemas agrícolas tradicionais 330

A indústria e as novas relações entre campo e cidade 331

Agropecuária comercial moderna 332

Mão de obra especializada, monoculturas e extensas áreas de criação 333

Agricultura moderna em pequenas e médias propriedades 335

Sistemas agrícolas tradicionais 336

Agricultura comercial tropical: *plantation* 336

Agropecuária tradicional de subsistência 337

Revisitando o capítulo 342

Capítulo 21 A fome e o mercado global de alimentos 344

Por que existe fome? 345

Um mercado comandado pelas *commodities* 348

Protecionismo agrícola 349

Revisitando o capítulo 351

Capítulo 22 Agronegócio e problemas ambientais no campo 352

Bases do agronegócio 352

Cadeia de produção de agronegócio 353

Revolução verde 355

Monoculturas e fronteiras agrícolas 356

Concentração de terra 357

Transgênicos: uma nova revolução verde? 358

Atividade agropecuária e problemas ambientais 361

Poluição ambiental 362

Exaustão dos solos 363

Agropecuária sustentável e soberania alimentar 365

Revisitando o capítulo 366

Enem e Vestibulares 368

UNIDADE 7 Espaço geográfico brasileiro

Capítulo 23 Brasil: organização do território 372

Grandeza do território brasileiro 372

Limites terrestres e marítimos 374

Fusos horários do Brasil 375

Estado e gestão do território brasileiro no século XX 376

Marcas da ocupação do território e paisagens brasileiras 378

As regiões brasileiras 379

O IBGE e as regionalizações oficiais 379

A atual regionalização oficial do IBGE 380

As grandes regiões geoeconômicas 381

Revisitando o capítulo 382

Capítulo 24 Capital, Estado e atividade industrial no Brasil 383

Modernização do território brasileiro 383

Indústria impulsionada pelo Estado 384

Indústria na Era Vargas e durante o governo JK 384

Desenvolvimentismo no regime militar 386

Dívida externa brasileira 390

Indústria brasileira na atualidade 391

Revisitando o capítulo 393

Capítulo 25 Modernização do campo brasileiro 394

Crédito rural e *commodities* 395

Processo de modernização desigual 396

Concentração fundiária 397

Mudanças nas relações de trabalho no campo 398

Reforma agrária 399

Conflitos pela terra 400

Revisitando o capítulo 404

Capítulo 26 Urbanização brasileira 406

Êxodo rural e urbanização 406

Urbanização crescente, mas desigual 407

Urbanização e mudanças na PEA 408

Processo de metropolização no Brasil 409

Megalópole brasileira 411

Metropolização e problemas urbanos 412

Desigualdades socioespaciais nas grandes cidades 413

Fronteiras econômicas e urbanização 415

Desconcentração industrial e crescimento das cidades médias no Brasil 417

Rede urbana brasileira 419

Revisitando o capítulo 422

Capítulo 27 Amazônia: a última fronteira 423

O bioma amazônico 424

Os conjuntos florestais 424

Campos e cerrados amazônicos 426

A interdependência dos elementos do bioma amazônico 426

A Amazônia e sua biodiversidade 430

A ocupação e a transformação do espaço amazônico 431

O Plano de Integração Nacional 432

Os interesses econômicos e os povos da Floresta Amazônica 437

O atual processo de ocupação da floresta 438

Expropriação de terras e a urbanização da Amazônia 441

Amazônia: um domínio ameaçado 443

Revisitando o capítulo 446

Enem e Vestibulares 448

UNIDADE 8 A Nova Ordem Mundial e a regionalização do espaço global

Capítulo 28 O capitalismo e o cenário geopolítico contemporâneo 452

Geopolítica: um campo interdisciplinar 452

Segunda Guerra Mundial: emergência de dois mundos 453

Pós-guerra e a emergência das superpotências 455

Os sistemas econômicos dominantes no pós-guerra.....**458**

O sistema capitalista.....**458**

Aspectos fundamentais do capitalismo **461**

O sistema socialista.....**462**

Aspectos fundamentais do socialismo **463**

Revisitando o capítulo **465**

Capítulo 29 Do mundo bipolar à multipolaridade.....**466**

As rivalidades entre as superpotências no pós-guerra **467**

Os Estados Unidos e o Plano Marshall **467**

A influência soviética no Leste Europeu.....**468**

Os Estados Unidos na economia mundial **469**

A Guerra Fria.....**469**

As alianças militares.....**471**

A corrida armamentista **472**

A Guerra Fria e a corrida espacial **473**

O colapso do socialismo e o fim da Guerra Fria.....**478**

Nova ordem: o mundo multipolar **480**

Revisitando o capítulo **482**

Capítulo 30 Grandes potências econômicas e potências emergentes no cenário multipolar **484**

Estados Unidos da América **486**

Estados Unidos, o gigante geopolítico **486**

Economia estadunidense **487**

Influência cultural **488**

Poderio militar **489**

Para manter a supremacia **490**

Japão **490**

O segredo da prosperidade **491**

Território e atividades econômicas.....**492**

Desafios do século XXI **493**

Alemanha.....**494**

Economia **494**

Política de Bem-Estar Social **495**

Reino Unido **496**

Economia **496**

França **498**

Economia **498**

China.....**500**

Economia socialista de mercado **500**

Índia **503**

Globalização da economia **504**

Rússia **506**

Transformações na economia **506**

Restauração da Rússia como potência geopolítica.....**507**

Multipolaridade: uma nova realidade mundial.....**508**

Revisitando o capítulo **510**

Capítulo 31 A regionalização do espaço geográfico mundial **512**

Primeiro, Segundo e Terceiro Mundos.....**513**

Países ricos e pobres, ou centro e periferia.....**514**

Países desenvolvidos e países subdesenvolvidos.....**515**

As relações Norte-Sul **515**

A renda *per capita* **516**

Outros indicadores sociais **517**

Índice de Desenvolvimento Humano (IDH) **519**

As origens históricas do desenvolvimento e do subdesenvolvimento.....**520**

Como interpretar o mundo desenvolvido e o subdesenvolvido **521**

Revisitando o capítulo **524**

Enem e Vestibulares.....**526**

UNIDADE 9 O espaço mundial globalizado

Capítulo 32 Capitalismo, espaço geográfico e globalização **530**

Revolução técnico-científica e formação do espaço mundial globalizado.....**531**

Pesquisa e desenvolvimento **531**

A concentração espacial da produção científica e tecnológica mundial **532**

O avanço das telecomunicações e dos meios de transporte **536**

Expansão das multinacionais e globalização econômica **539**

A fragmentação do processo produtivo das multinacionais **540**

As multinacionais e as estratégias de controle de mercado **543**

A atual Divisão Internacional do Trabalho (DIT) **545**

O endividamento externo **547**

Revisitando o capítulo **548**

Capítulo 33 O comércio mundial e os blocos econômicos **549**

Queda de barreiras alfandegárias e os blocos econômicos **550**

Principais blocos econômicos regionais **552**

A OMC e a liberalização do comércio mundial.....**552**

Os principais eixos do comércio mundial **555**

União Europeia – UE 556

Cooperação Econômica Ásia-Pacífico – Apec 559

Acordo de Livre-Comércio da América do Norte – Nafta 560

Revisitando o capítulo 563

Capítulo 34 Os fluxos da rede global de negócios 564

Os fluxos de mercadorias 564

Os fluxos de informação 567

Internet: a rede mundial de computadores 568

Os fluxos de capital 569

O ano de 2008: a crise que não terminou 571

Centralização das decisões: cidades globais e megacidades 573

As cidades globais 573

As megacidades 574

Revisitando o capítulo 576

Enem e Vestibulares 578

UNIDADE 10 Consumo e questões ambientais na atualidade

Capítulo 35 Sociedade de consumo e meio ambiente global 582

Publicidade, crédito e explosão do consumo 582

O papel do *marketing* 582

As linhas de crédito 583

O consumismo como padrão de comportamento 585

O *American way of life* 585

Crise do modelo consumista de desenvolvimento 588

A natureza é inesgotável? 589

Revisitando o capítulo 592

Capítulo 36 Degradação ambiental e mudanças ecológicas globais 594

Problemas ambientais: de quem é a responsabilidade? 595

Sociedades tradicionais e ameaças ao meio ambiente 597

Socialismo e degradação ambiental: o exemplo do Mar de Aral 599

Os problemas ambientais e a emergência da consciência ecológica 601

A ONU e o meio ambiente global 602

Interesses econômicos e impasses ambientais 604

A criação de áreas ambientais protegidas 605

Política ambiental no Brasil 607

Unidades de Conservação brasileiras 608

Biopirataria e a questão das patentes 610

Modelo de desenvolvimento sustentável 611

Revisitando o capítulo 612

Enem e Vestibulares 614

UNIDADE 11 Desigualdades, conflitos e tensões no mundo contemporâneo

Capítulo 37 Globalização, trabalho e desigualdades socioespaciais 618

As desigualdades socioeconômicas entre os países 619

A globalização e a exclusão socioespacial 620

Fluxos migratórios de trabalhadores 621

Os efeitos da migração 622

Tráfico de trabalhadores, um flagelo atual 623

Globalização e desigualdades socioespaciais no Brasil 625

Consenso de Washington e a abertura da economia brasileira 625

A queda das barreiras fiscais aos importados 626

A privatização das estatais 627

Trabalho e desemprego no Brasil 628

A especialização e o inchaço do setor terciário 628

O setor informal da economia 629

Qualificação e flexibilização da mão de obra 630

Concentração de renda e exclusão social no Brasil 630

O modelo de desenvolvimento brasileiro 631

Revisitando o capítulo 633

Capítulo 38 Conflitos e tensões no mundo globalizado 634

Globalização: contradições e resistências 634

Terrorismo no mundo global 636

O terrorismo islâmico 636

Lutas territoriais e fragmentação no mundo globalizado 641

Separatismos e guerras civis 642

Disputas por territórios e zonas de fronteira 644

Conflitos armados e refugiados no mundo 645

O petróleo: fonte de tensões mundiais 647

As grandes potências e o controle do Golfo Pérsico 647

O Irã e a atual geopolítica do petróleo 650

O Ártico: nova fronteira do petróleo? 651

O futuro energético mundial 652

As fontes alternativas de energia 652

Revisitando o capítulo 655

Enem e Vestibulares 657

Ampliando seus conhecimentos 660

Gabarito 666

Bibliografia 667

UNIDADE 1

A CIÊNCIA GEOGRÁFICA E A REPRESENTAÇÃO DO ESPAÇO

Daily Overview/DigitalGlobe/REX/Easypix Brasil

A Geografia busca despertar o interesse pelas transformações que o ser humano e os fenômenos naturais provocam nas paisagens. Esta primeira unidade de estudo tem como objetivo oferecer as principais ferramentas que permitem desenvolver um olhar atento para tais mudanças.
No Capítulo 1 veremos como e em que momento a Geografia passou a ser considerada uma ciência.
O Capítulo 2 destaca a importância dos movimentos da Terra.
No Capítulo 3 vamos estudar as principais noções de orientação e localização.
O Capítulo 4 é voltado à história dos conhecimentos cartográficos e à importância do sensoriamento remoto e do geoprocessamento, no aprimoramento das técnicas de representação cartográfica.
E no Capítulo 5, estudaremos a linguagem cartográfica e noções fundamentais a ela relacionadas, como as de escala e de projeções cartográficas.

Essa escarpada vertente dos Alpes foi durante séculos uma barreira entre a Itália e a Suíça. Até que em 1820 o trabalho de engenheiros e operários transformou a barreira em uma ligação entre os dois países, com a construção de uma sinuosa estrada. Passo Stelvio, Itália, 2015.

CAPÍTULO 1

GEOGRAFIA: CIÊNCIA DO ESPAÇO

Quando se diz que a Geografia é a ciência do espaço, que imagens lhe vêm à mente? Em que você pensa?

Em uma folha de caderno, desenhe imagens que remetam a essa ideia. Você pode se basear nas seguintes questões: o que essa disciplina estuda? O que você aprendeu nas aulas de Geografia dos anos anteriores? Qual é a importância de uma ciência do espaço para a sociedade atual? Faça comentários sobre os desenhos dos colegas e explique também a relação de seu desenho com a Geografia.

▶ Breve história do pensamento geográfico

Entre os desenhos feitos pela turma, provavelmente surgiram muitas imagens interessantes. Algumas certamente sugerem a ideia de que a Geografia é uma ciência tradicional, que objetiva a memorização de nomes de lugares e de elementos da paisagem, como rios, formas de relevo e tipos de vegetação, bem como de sua localização por meio de mapas. Outros desenhos podem indicar uma forma de conhecimento voltada para o estudo das questões econômicas e geopolíticas, assim como da população e da cultura de países e regiões.

A Geografia tem uma história rica, construída pelo conhecimento de pensadores de várias partes do mundo, em diferentes épocas. O principal foco de estudo da Geografia é o **espaço geográfico**, isto é, o espaço transformado pelo trabalho humano.

A fim de organizar e compreender melhor a maneira com os conhecimentos geográficos foram estabelecidos, a história da Geografia pode ser dividida em três períodos distintos:

- ▶ Período clássico;
- ▶ Período moderno;
- ▶ Período atual.

Agora vamos percorrer essa trajetória, como forma de iniciar nossos estudos de Geografia no Ensino Médio.

O período clássico da Geografia

Desde tempos pré-históricos os seres humanos buscam compreender os fenômenos naturais e conhecer o território que ocupam. Dessa forma, foi possível apropriar-se dos espaços e habitá-los.

Há cerca de 5 mil anos, os povos que habitavam a região entre a Mesopotâmia (atual Iraque) e o vale do Rio Nilo (atual Egito), como os assírios, os caldeus, os fenícios e os egípcios, já se preocupavam em desenvolver técnicas e conhecimentos que os auxiliassem no domínio dos ciclos naturais (cheias e vazantes dos rios, fases de semeadura e colheita etc.), no reconhecimento de rotas terrestres e marítimas para o comércio e no registro dos elementos presentes na paisagem de lugares próximos e distantes.

Acredita-se que este mapa tenha sido desenhado em papiro pelos egípcios, por volta de 1900 a.C. Indica a localização do vale de um rio temporário, o Wadi Hammamat, entre o Nilo e o Mar Vermelho.

Na Antiguidade, os gregos também desenvolveram importantes conhecimentos geográficos, já que eram exímios mercadores e navegadores que percorriam extensas porções de terras, sempre expandindo os limites do mundo conhecido.

Esses saberes foram desenvolvidos principalmente por filósofos, pensadores que estavam centrados, em grande parte, na identificação da cultura de outros povos, no entendimento da dinâmica da natureza e no estudo daquilo que denominavam Cosmos, ou seja, o conjunto das leis que envolviam a mecânica celeste e a geometria da esfera terrestre.

Assim, esses filósofos produziram vastas obras com descrições do cotidiano e dos costumes de outros povos, das paisagens de terras longínquas (como de rios, montanhas, vales e contornos de áreas litorâneas), das características climáticas desses lugares, entre outros aspectos de natureza geográfica. O próprio termo **geografia** tem origem no grego antigo e significa "descrição da Terra" (*geo* = Terra; *graphia* = descrição).

O quadro a seguir relaciona alguns dos principais filósofos gregos da Antiguidade clássica, bem como suas contribuições para a construção dos conhecimentos geográficos.

Filósofos da Antiguidade Clássica

Anaximandro (610 a.C.-547 a.C.)
Foi um dos primeiros pensadores gregos a afirmar que a superfície terrestre era curva, traçando os contornos das terras conhecidas na época.

Heródoto (484 a.C.-425 a.C.)
Reuniu os relatos de viajantes e criou tratados de Geografia com grande riqueza de detalhes sobre os costumes de povos e as particularidades físicas (clima, relevo, vegetação) das terras até então exploradas.

Eratóstenes (285 a.C.-194 a.C.)
Estabeleceu o raio de nosso planeta, a distância entre o Sol e a Terra e, com bastante precisão, o círculo máximo da Terra, chegando à medida de 45 mil quilômetros (o Equador, único círculo máximo dos paralelos, mede 40 075 km).

Hiparco (190 a.C.-126 a.C.)
É considerado o fundador da Cartografia, pois teve a ideia de projetar sobre um plano um conjunto de paralelos e meridianos. Foi também o criador do sistema de localização por meio dos cálculos de latitude e longitude.

Ptolomeu (90 d.C.-168 d.C.)
Produziu a obra *Geographia*, um guia cartográfico e descritivo de várias regiões conhecidas. Sua obra, em oito volumes, difundiu-se e foi amplamente utilizada em toda a Europa por cerca de 1300 anos.

Os conhecimentos de Geografia desenvolvidos por esses pensadores também serviram à ascensão política e econômica dos romanos, que se valeram dos conhecimentos dos gregos para conquistar territórios de outros povos.

Com a decadência do Império Romano, no século III d.C., a Europa mergulhou no sistema de produção feudal por um longo período, conhecido como Idade Média, quando o pensamento religioso da Igreja passou a interferir no conhecimento filosófico e geográfico.

Essa gravura, criada no século XIX, busca ilustrar como os pensadores europeus da Idade Média concebiam o mundo: uma Terra plana, onde o céu se assemelhava a uma redoma de vidro sobre um prato. Em torno da meia esfera translúcida giravam o Sol, a Lua e os demais corpos celestes.

Durante a Idade Média, os árabes recorreram aos estudos realizados pelos gregos, séculos antes, como base para avançar no conhecimento sobre a Terra e o Universo. A gravura mostra três astrólogos árabes estudando a posição dos astros.

O predomínio de estudos baseados nas Sagradas Escrituras abalou os conhecimentos geográficos. Exemplo disso foi o abandono da ideia de esfericidade de nosso planeta – comprovada há séculos pelos gregos – para dar lugar à concepção de uma Terra totalmente plana e circundada de água por todos os lados. Nesse modelo de mundo, todas as explicações para os fenômenos naturais e as questões humanas eram encontradas na Bíblia ou nos preceitos estabelecidos pela Igreja.

Em contrapartida, durante esse período destacaram-se os trabalhos geográficos desenvolvidos pelos árabes, povos unificados pelo islamismo que dominaram o Oriente Médio, o norte da África e parte do sul da Europa.

Como exemplos de trabalhos desenvolvidos pelos árabes nesse período, no campo da Geografia, podemos citar: a criação de um sistema de classificação climática para as terras conhecidas, do pensador-viajante Al-Idrisi (1100-1166); e as descrições e relatos feitos por Ibn Battuta (1304-1368) que, por meio de suas expedições, comprovou que determinadas regiões do planeta, antes consideradas **anecúmenas**, como os grandes desertos, também poderiam ser habitadas.

Após a Idade Média houve uma retomada dos estudos geográficos na Europa. Devido à intensificação do comércio, sobretudo por meio da atividade mercante marítima, alguns povos europeus, como os portugueses, os espanhóis e os holandeses, começaram a estreitar os laços com povos de outros continentes.

Dessa forma, nos séculos XV, XVI e XVII, uma série de viagens transoceânicas resultou no "descobrimento" do continente americano e do caminho marítimo seguro para as Índias, na conquista de novos territórios na costa da África e, por fim, na constatação empírica da esfericidade de nosso planeta. Para tanto, foram fundamentais as descrições feitas por navegadores e viajantes europeus, sobre as paisagens (rios, florestas, formas de relevo etc.) e o contorno das novas terras.

> **Anecúmenas:**
> áreas da superfície terrestre cujas características naturais hostis impedem a ocupação pelos seres humanos ou a permitem apenas temporariamente. Assim, seu antônimo (*ecúmeno*) seria o próprio espaço geográfico, já ocupado e habitado pelas sociedades humanas.

Os primeiros mapas que mostravam as terras brasileiras foram produzidos com base em descrições e relatos feitos pelos navegadores europeus aos cartógrafos da época. Mapa de Jacopo Gastaldi (c. 1500-1565).

Unidade 1 · A ciência geográfica e a representação do espaço

As contribuições no âmbito da Geografia, ainda no período clássico, também estiveram relacionadas ao desenvolvimento dos instrumentos de navegação, como tábuas astronômicas e o astrolábio, e das técnicas cartográficas, que tornaram a representação das rotas marítimas e terrestres ainda mais precisas (veremos isso melhor no Capítulo 4.) No entanto, todos esses trabalhos tinham forte cunho descritivo, e por isso a Geografia não podia ainda ser considerada uma forma de conhecimento científico.

O período moderno da Geografia

A partir do século XVIII, o horizonte dos conhecimentos geográficos ampliou-se na Europa, pois quase todos os continentes já eram conhecidos, o que transformou totalmente a concepção de mundo que prevalecia até então.

Os estudos nessa área avançaram para além dos trabalhos meramente descritivos, e foram fortemente influenciados pelo **Racionalismo**, corrente filosófica que buscava a verdade por meio da razão e da compartimentação do saber por disciplinas.

Assim, nesse período, foram fundamentais para a Geografia os estudos desenvolvidos e as descobertas ocorridas em outras áreas do conhecimento, como na Astronomia, na Matemática, na Física e na Geologia. Entre esses estudos e descobertas, destacam-se:

No século XVI, o astrônomo polonês Nicolau Copérnico (1473-1543) derrubou a ideia de que a Terra seria o centro do Universo, formulando a teoria heliocêntrica (*helio* = Sol): o astrônomo demonstrou que o Sol é o centro do Sistema Solar e que a Terra e os demais planetas conhecidos giram ao redor dele. O desenho do holandês Andreas Cellarius data de 1708.

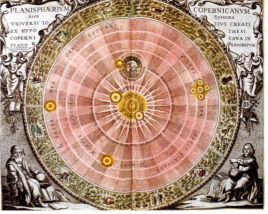

- ▸ O amplo reconhecimento do sistema heliocêntrico, que pôs fim à concepção religiosa da Terra como centro do Universo e abriu a possibilidade de avanços importantes na Astronomia.
- ▸ A descoberta de polos na Terra e a diferenciação entre polo magnético e polo geográfico, o que permitiu o aperfeiçoamento do cálculo das longitudes e, consequentemente, a produção de mapas mais precisos.
- ▸ A identificação das forças geológicas internas, que desencadeiam os fenômenos de vulcanismo e participam na formação dos diferentes tipos de rochas existentes, além de terem importante influência na origem das formas de relevo terrestre.
- ▸ A constatação de que a Terra é, na realidade, dilatada na região da linha do Equador e achatada na região dos polos, e que possui certa inclinação em relação ao seu eixo de rotação.

Os estudos e as novas descobertas em diversas áreas, nesse período de retomada do conhecimento humano, influenciaram, na primeira metade do século XIX, os trabalhos desenvolvidos por dois pensadores alemães, considerados os fundadores da Geografia Moderna: **Alexander von Humboldt** (1769-1859) e **Karl Ritter** (1779-1859).

Humboldt foi um exímio viajante e explorador. Ele percorreu regiões da Europa, da Ásia e da América do Sul, coletando espécies animais e vegetais e registrando as condições climáticas, hidrográficas e geomorfológicas dessas porções do planeta. Nesse sentido, seus estudos foram marcantes na área dos conhecimentos naturais.

Já Ritter, filósofo e historiador, foi professor de importantes universidades na Alemanha. Sua grande preocupação eram as questões ligadas à evolução das sociedades tribais e a relação dos grupos humanos com as condições naturais do meio onde viviam.

Esta obra de Vincenzo Coronelli, de 1698, mostra que os globos produzidos no século XVII já traziam os contornos quase completos dos continentes e a inclinação do eixo terrestre.

Geografia: ciência do espaço **Capítulo 1** 17

Karl Ritter elaborou um dos primeiros atlas do continente europeu. Ele acreditava na importância de se pesquisar as interferências das ações humanas sobre o meio físico, uma ideia pouco aceita em sua época.

Em sua obra intitulada *Cosmos*, Alexander von Humboldt relata a fascinante aventura da expedição que liderou na América do Sul, entre 1799 e 1804. Nela, descreve as paisagens exuberantes que encontrou, com as plantas, os animais e os povos que habitavam a região. A imagem mostra Humboldt e o botânico e explorador Aimé Bonpland (1773-1858) na Venezuela, em 1800.

Esses dois pensadores, baseados nos princípios racionalistas e positivistas (leia o boxe a seguir), buscaram desenvolver um entendimento maior dos aspectos físico-naturais das paisagens e das relações da sociedade com a natureza. Trabalhando dessa forma, puderam estabelecer um **método de análise próprio da Geografia**, o que elevou essa área do conhecimento à categoria de **ciência**.

Com os estudos de Humboldt e Ritter, a Geografia alcançou o âmbito acadêmico e passou a fazer parte do currículo de várias universidades europeias, sobretudo na Alemanha, na França e na Rússia. Surgiram, no final do século XIX e durante o século XX, novas correntes de pensamento e métodos de análise que mudaram a história do pensamento geográfico.

Quatro correntes de pensamento no campo da Geografia destacaram-se durante esse período:

- O Determinismo Geográfico.
- O Possibilismo e a Geografia Regional.
- A Geografia Teorética ou Quantitativa.
- A Geografia Renovada, movimento que compreende a Geografia Radical ou Crítica, a Geografia Humanística e a Geografia Socioambiental.

O positivismo e o pensamento científico

Durante a primeira metade do século XIX, a fundamentação teórica dos estudos de Geografia, assim como de outras áreas do conhecimento, recebia gradativamente a influência do **Positivismo**, corrente de pensamento filosófico baseada nos princípios do Racionalismo e que tinha como um de seus maiores expoentes o francês Augusto Comte (1798-1857). Comte apontava para a necessidade de fragmentar o conhecimento e de promover a especialização das técnicas e das funções, defendendo que todo fenômeno, fosse ele natural ou social, deveria ser experimentado, resolvido e explicado pelo **método de análise científico**, ou seja, isento de explicações místicas ou sobrenaturais. Nesse método de análise, as dúvidas deveriam ser abolidas e as respostas seriam únicas, sem contradições. A ciência deveria, então, experimentar, mensurar e comprovar os fenômenos, buscando um saber legítimo e verdadeiro por meio do estabelecimento de leis gerais, tanto para os fenômenos naturais como para os fenômenos sociais.

O espaço dos laboratórios tornou-se fundamental para a execução de experimentos, importante etapa dentro do método de análise científico. Na imagem, a cientista Marie Curie (1867-1934), que ganhou o prêmio Nobel, em 1903 (Física) e 1911 (Química).

Unidade 1 A ciência geográfica e a representação do espaço

O Determinismo Geográfico

Tendo como seu maior expoente o geógrafo alemão Friedrich Ratzel (1844-1904), o **Determinismo Geográfico** difundiu-se amplamente na segunda metade do século XIX. De acordo com essa corrente de pensamento, o desenvolvimento econômico e cultural de uma nação estaria ligado diretamente às condições naturais de seu **território**. O Determinismo Geográfico sustentava, por exemplo, que o clima de um país determinaria o nível de prosperidade de seu povo. Com base nessa premissa, acreditava-se que nos países de clima temperado haveria um povo ordeiro e ativo, acumulador de riquezas, e que, por outro lado, os povos localizados nas zonas entre os trópicos seriam indolentes e pouco desenvolvidos culturalmente.

Ratzel defendeu a ideia de que a prosperidade de uma nação estaria ligada àquilo que denominou **espaço vital**, ou seja, a relação entre a extensão de seu território, o tamanho de sua população e a quantidade de recursos naturais de que dispõe. Dessa forma, seria natural que um povo cujo território não suprisse suas necessidades de desenvolvimento econômico buscasse a expansão de suas terras, apoderando-se de territórios vizinhos. Nesse sentido, o determinismo veio reforçar os ideais do colonialismo europeu, que se baseavam na supremacia econômica e racial dos conquistadores, cujas nações se encontravam em franca expansão de território, com o domínio de terras sobretudo na Ásia e na África.

A charge denuncia o expansionismo imperialista europeu no século XIX: em 1898, as potências europeias (Inglaterra, Alemanha, Itália e França) discutem o futuro da China com o Japão.

O Possibilismo e a Geografia Regional

Como uma crítica às ideias deterministas de Ratzel e ao interesse expansionista territorial alemão, emergiu na França, no final do século XIX e início do século XX, a corrente de pensamento chamada **Possibilismo Geográfico**, liderada pelo geógrafo Paul Vidal de La Blache (1845-1918). De acordo com essa corrente, a sociedade poderia atuar sobre as condições naturais do meio, transformando-o ou adaptando-o de acordo com suas necessidades. Por outro lado, o meio físico também ofereceria uma série de possibilidades de adaptação aos seres humanos, o que dependeria do nível de desenvolvimento histórico de uma população, de seus hábitos e costumes e do conjunto de suas tecnologias – aquilo que La Blache denominou **gênero de vida**.

Para captar tal singularidade, esse pensador propôs que os estudos de Geografia fossem realizados de acordo com **regiões**, isto é, porções do espaço que possuíssem certa homogeneidade em relação aos **gêneros de vida** – Geografia Humana – e/ou em relação aos aspectos físicos da **paisagem** – Geografia Física. Trata-se da chamada **Geografia Regional**, que desencadeou uma infinidade de trabalhos cada vez mais especializados, dando origem a subáreas de estudo da Geografia, como a Geografia do Comércio, a Geografia Industrial e a Geografia da População.

A Geografia Teorética ou Quantitativa

Em meados do século XX, logo após a Segunda Guerra Mundial, quando o mundo se encontrava dividido entre nações capitalistas e socialistas, estabeleceu-se a corrente geográfica denominada **Teorética** ou **Quantitativa**. Ela recebeu esse nome por repre-

Os computadores aceleraram os estudos estatísticos, já que permitiam a realização simultânea de milhões de cálculos. Na imagem, da década de 1950, funcionários do Departamento de Recenseamento dos Estados Unidos (US Census Bureau) operam o Univac I (Universal Automatic Computer I) instalado em 1952.

sentar um retorno aos postulados positivistas do século anterior, valendo-se, no entanto, dos recursos da **Estatística** e da aplicação de modelos e fórmulas matemáticas como forma de comprovar hipóteses, realizar análises e buscar explicações para a espacialidade dos fenômenos naturais e sociais.

Em meio à efervescência da corrida aeroespacial entre as duas superpotências econômicas e militares (Estados Unidos e União Soviética), a Geografia Quantitativa valia-se de instrumentos tecnológicos avançados para a época, como os computadores, no desenvolvimento de cálculos e na resolução de problemas.

Isso contribuiu para que a Geografia adquirisse certa posição de destaque entre as disciplinas acadêmicas. Contudo, a perspectiva de análise tradicional dessa corrente apresentou diversas limitações, sobretudo ao tentar explicar os problemas de ordem social, recebendo por isso pesadas críticas de geógrafos e de estudiosos de outras áreas do conhecimento.

A Geografia Radical ou Crítica

Ainda que a corrente quantitativa tenha criado certo *status* acadêmico para a Geografia, entre as décadas de 1960 e 1980 vários geógrafos a abandonaram, na busca de uma perspectiva de análise que permitisse compreender de forma mais abrangente os problemas sociais, econômicos e políticos da época. Isso porque durante esse período eclodiu uma série de guerras regionais e de conflitos pela independência das colônias europeias, sobretudo na Ásia e na África. Além disso, ficavam ainda mais evidentes as desigualdades socioeconômicas entre as potências do norte desenvolvido e as nações do sul subdesenvolvido.

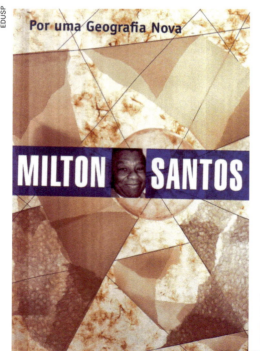

Entre as correntes de pensamento que buscavam essa perspectiva, está a chamada **Geografia Radical** ou **Crítica**, encabeçada por importantes pensadores, como o geógrafo Yves Lacoste (1929-), na França, e o professor Milton Santos (1926-2001), no Brasil. De acordo com essa corrente, as desigualdades e contradições sociais deveriam ser analisadas historicamente, baseadas em conceitos como **modo de produção** e **luta de classes**, assim como das **relações entre sociedade e natureza** na criação daquilo que Milton Santos denominou **espaço social**. Privilegiaram-se os estudos em Geografia Humana, em detrimento dos trabalhos na área de Geografia Física e do uso da linguagem cartográfica. Os geógrafos que adotaram essa corrente de pensamento propuseram uma ruptura com os estudos descritivos e empíricos, os quais classificaram como pertencentes a uma Geografia tradicional, inaugurando, dessa forma, um movimento de renovação dos estudos geográficos.

O livro intitulado *Por uma Geografia nova*, publicado inicialmente em 1978, é considerado um marco teórico da corrente da Geografia Crítica no mundo. Foi escrito pelo professor emérito da Universidade de São Paulo (USP) Milton Santos, um dos principais pensadores da Geografia dos últimos tempos.

O período atual da Geografia

As últimas décadas do século XX e o início do século XXI foram marcados pelo surgimento de novas tendências nos estudos geográficos. Ainda que a vertente da Geografia Crítica seja preponderante entre os pensadores da área, também são importantes os trabalhos dentro das seguintes correntes de pensamento:

- A **Geografia Humanística** ou **Cultural**, que tem como foco de análise as **relações afetivas e de identidade dos indivíduos com os lugares e as paisagens**. Nessa corrente, levam-se em consideração nos estudos geográficos os aspectos subjetivos, como as histórias de vida, a memória e a percepção das pessoas a respeito do seu espaço de vivência. A Geografia Humanística tem como um de seus pensadores expoentes o geógrafo sino-americano Yi-Fu Tuan (1930-).
- A **Geografia Socioambiental**, corrente de pensamento geográfica ainda em estruturação, centraliza suas análises nos **problemas ambientais** gerados pela atual sociedade industrial e de consumo, criando discussões que buscam compreender **a relação entre a sociedade, o espaço e o meio ambiente**.

Percepção e paisagem

De acordo com a corrente de pensamento da Geografia Humanística, a percepção de uma paisagem varia de uma pessoa para outra. Mas por que isso ocorre? Cada ser humano possui uma maneira diferente de, utilizando os sentidos da visão, da audição, do olfato, do paladar e do tato, perceber o mundo à sua volta. Isso é facilmente notado quando dois colegas, ao observar juntos um objeto, descrevem-no de maneiras muito distintas: um prestou atenção na cor e na forma, por exemplo, e o outro no tamanho e no cheiro. O mesmo ocorre na observação e descrição das paisagens. Alguns observadores poderão descrever mais detalhadamente os elementos culturais, como os tipos de construção do lugar, enquanto outros se deterão mais nos elementos naturais, como as formas de relevo e os tipos de vegetação. Geralmente, as pessoas percebem primeiro os elementos com os quais se identificam mais. A percepção que se tem de uma paisagem e a maneira como se descrevem os elementos que a compõem são sempre diferentes de uma pessoa para outra.

Como vimos, a percepção que cada ser humano tem de um lugar, ainda que nela haja muitos pontos em comum, é sempre única, particular. Isso porque a percepção de cada indivíduo é moldada por sua história de vida, pelo tempo que já viveu, pelo tipo de trabalho que exerce e pelo interesse que possui em relação às pessoas, aos objetos e aos lugares.

De acordo com sua história de vida ou conforme seus objetivos, por exemplo, cada pessoa tem uma percepção diferente diante de uma paisagem. A charge do cartunista Willey Miller, produzida na década de 1990, mostra isso: em meio ao caos de edifícios, o "pensamento abstrato" intui uma percepção inusitada da paisagem.

SABERES EM FOCO

Atualmente, podemos afirmar que a Geografia tem buscado uma relação mais próxima com as demais ciências, de forma a ter uma visão mais integrada e, ao mesmo tempo, mais abrangente da realidade. Vários geógrafos assumem que a Geografia tem uma interface importante com outras disciplinas, como a História, a Biologia – especialmente a Ecologia –, a Física, a Matemática, entre tantas outras, sobretudo no que se refere às suas subáreas de estudo. Veja o esquema abaixo.

Interfaces da Geografia com outras ciências

Geografia Histórica:
Na Geografia é imprescindível, por exemplo, conhecer os fatos históricos para identificar processos e fenômenos sociais, como ondas migratórias e a transformação do espaço das cidades.

Imagem do fotógrafo Marc Ferrez, de 1884, mostra etapa de construção de um viaduto na estrada de ferro que liga Curitiba ao porto de Paranaguá, no Paraná.

Eventualmente, a Geografia vale-se de cálculos matemáticos para, por exemplo, calcular quantas pessoas compõem uma multidão. Na imagem, rua comercial do centro de São Paulo (SP), em 2013.

Estatística:
Os estudos estatísticos são fundamentais para definir dados populacionais. É por meio da Estatística que podemos, por exemplo, conhecer o número de habitantes de um lugar, sua estrutura etária e a proporção da população economicamente ativa.

Climatologia:
Nos estudos do clima e do tempo meteorológico são utilizados conceitos da Física, como a pressão do ar atmosférico e o deslocamento das massas de ar.

A explicação dos fenômenos climáticos depende de conceitos da Física. A foto, de 2015, mostra o centro de Belo Horizonte (MG).

Caatinga, no município de Cabaceiras, sertão da Paraíba, em 2015.

Biogeografia:
A Biologia contribui na compreensão de muitas características naturais, como o comportamento dos animais, a diversidade de espécies vegetais e o funcionamento dos ecossistemas.

> Com os colegas e o professor, busque identificar outras ciências com as quais a Geografia estabeleça interface.

Como foi possível perceber nessa breve trajetória, o conhecimento geográfico foi construído gradativamente no decorrer dos séculos, passando por diversas transformações em suas abordagens e em seu foco de estudo. Vale lembrar que muitas mudanças ainda estão a caminho, pois a Geografia é uma ciência viva.

Unidade 1 • A ciência geográfica e a representação do espaço

Revisitando o capítulo

1. Cite três povos que contribuíram para a construção do conhecimento geográfico durante o período clássico da Geografia. Indique uma contribuição dada por cada um deles.

2. Escolha dois filósofos gregos mencionados na página 15 deste capítulo, e caracterize a principal contribuição de cada um para o conhecimento geográfico.

3. Em que período da história predominou a ideia de que a Terra era plana, cercada de água por todos os lados? Por que isso ocorreu?

4. O que foi o Racionalismo?

5. Liste três aspectos que caracterizam o **método de análise científico**, de acordo com as proposições do Positivismo estabelecidas por Augusto Comte.

6. Por que as contribuições de Alexander von Humboldt e de Karl Ritter foram fundamentais no estabelecimento da Geografia como ciência?

▼ ELABORAÇÃO DE TABELA

A tabela a seguir traz, de forma resumida, algumas informações a respeito das características da constituição da Geografia como ciência no período moderno e no atual. Copie a tabela em seu caderno e, baseando-se no estudo deste capítulo, complete os espaços hachurados de acordo com o modelo.

Corrente de pensamento	Principal(is) pensador(es)	Conceitos principais	Princípios e/ou características importantes
Determinismo Geográfico	Friedrich Ratzel	• Território • Espaço vital	• O desenvolvimento econômico e cultural de uma nação estaria ligado diretamente às condições naturais de seu território. • O espaço vital de uma nação seria a relação entre a extensão de seu território, o tamanho de sua população e os recursos naturais de que dispõe.
Possibilismo e Geografia Regional			
Geografia Teorética ou Quantitativa			
Geografia Crítica			
Geografia Humanística			
Geografia Socioambiental			

▼ ANÁLISE DE TEXTO E IMAGEM

Os recursos a seguir relacionam-se à história da Geografia como ciência, e referem-se às diferentes correntes de pensamento geográficas. Leia atentamente cada um deles e resolva a questão proposta.

[...] O sexto planeta era dez vezes maior. Era habitado por um velho que escrevia em livros enormes.

– Ora vejam! Eis um explorador! – exclamou ele, logo que avistou o pequeno príncipe.

O principezinho sentou-se à mesa, meio ofegante. Já viajara tanto!

– De onde vens? – perguntou-lhe o velho.

– Que livro é esse? – perguntou-lhe o pequeno príncipe. – Que faz o senhor aqui?

– Sou geógrafo – respondeu o velho.

– Que é um geógrafo? – perguntou o principezinho.

– É um especialista que sabe onde se encontram os mares, os rios, as cidades, as montanhas, os desertos.

– Isto é bem interessante – disse o pequeno príncipe. – Eis, afinal, uma verdadeira profissão! [...]

O geógrafo, de repente, se entusiasmou:

– Mas tu... tu vens de longe. Certamente, és um explorador! Portanto, vais descrever-me o teu planeta!

E o geógrafo, tendo aberto o seu caderno, apontou o lápis. [...]

– Então? – interrogou o geógrafo.

– Oh! Onde eu moro – disse o pequeno príncipe – não é interessante: é muito pequeno. Eu tenho três vulcões. Dois vulcões em atividade e um vulcão extinto. A gente nunca sabe...

– A gente nunca sabe – repetiu o geógrafo.

– Tenho também uma flor.

– Nós não anotamos as flores – disse o geógrafo.

– Por que não? É o mais bonito!

– Por que as flores são efêmeras. [...]

– Os livros de Geografia – disse o geógrafo – são os mais exatos. Nunca ficam ultrapassados. É muito raro que uma montanha mude de lugar. É muito raro um oceano secar. Nós escrevemos coisas eternas. [...]

SAINT-EXUPÉRY, Antoine. *O Pequeno Príncipe*. Rio de Janeiro: Agir, 2006. p. 53-56. *O Pequeno Príncipe*. Trademark Protected. LPP612Property. LUK Marcas de Valor (www.opequenoprincipe.com). "Le Petit Prince", "O Pequeno Príncipe", os personagens e as principais citações do livro são marcas de Succession de Antoine de Saint-Exupéry, representada no Brasil por LuK Marcas de Valor Ltda. Todos os direitos reservados.

Geografia: ciência do espaço **Capítulo 1** 23

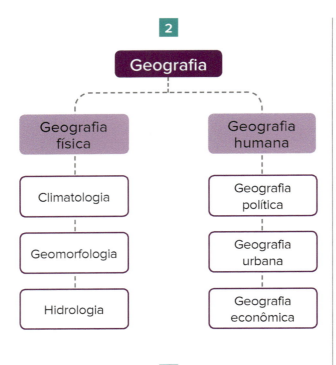

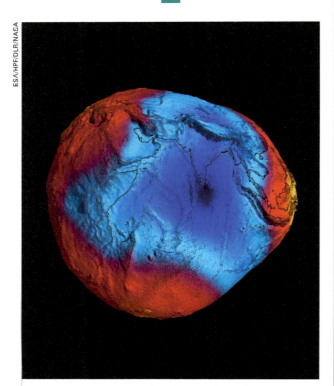

A imagem mostra o modelo de geoide da Terra, fornecido pelo satélite GOCE, em 2014. As cores indicam a variação de altitude, das profundezas oceânicas (tons de azul) às cadeias montanhosas (vermelho e amarelo).

I. No texto apresentado no recurso 1, o personagem caracterizado como um velho geógrafo faz duas afirmativas importantes: diz que o geógrafo é um especialista em saber localizar mares, rios, cidades, montanhas e desertos; e que os livros de Geografia são exatos e nunca ficam ultrapassados. De acordo com essas afirmações, podemos dizer que, atualmente, os geógrafos não levam em consideração, no estudo do espaço geográfico, as relações afetivas das pessoas em sociedade e com o espaço vivido, e que os livros de Geografia nunca precisam ser atualizados.

II. O diagrama apresentado no recurso 2 refere-se à fragmentação do conhecimento geográfico no período moderno da Geografia, destacado especialmente pelo possibilismo geográfico; por meio da Geografia Regional, foi desencadeada uma série de trabalhos cada vez mais especializados em algumas áreas do conhecimento.

III. A imagem apresentada no recurso 3, que mostra a forma de geoide da Terra sob a influência da força gravitacional, tem permitido aos cientistas obter dados de referência para estudos importantes sobre os oceanos, o clima e o relevo do planeta. Embora o modelo seja resultante de modernas tecnologias, essa forma da Terra já era conhecida desde o século XIX, descoberta que contribuiu para o desenvolvimento da ciência geográfica a partir de então.

Transcreva no caderno a(as) proposição(ões) que julgar verdadeira(s), justificando a sua escolha.

▶ Apenas a afirmativa I é verdadeira.
▶ As afirmativas I e II são falsas.
▶ As afirmativas II e III são verdadeiras.
▶ A afirmativa I é falsa.
▶ Todas as afirmativas são verdadeiras.

OS MOVIMENTOS DO PLANETA TERRA

CAPÍTULO 2

Observe a sequência das cenas abaixo.

Observe a imagem e reflita: O que fez com que a sombra se deslocasse? Teria sido o Sol que mudou de posição no céu? Como e por que isso aconteceu?

Neste capítulo vamos entender melhor o fenômeno ilustrado acima, assim como a sucessão dos dias e das noites, as diferenças de horário em nosso planeta e as mudanças nas condições climáticas da Terra de acordo com a época do ano.

▶ O movimento de rotação

A Terra e os demais planetas do Sistema Solar giram ao redor do Sol. Ao mesmo tempo, nosso planeta executa um movimento em torno de si mesmo, realizando o chamado **movimento de rotação**. Veja ao lado como acontece esse movimento.

A sucessão dos dias e das noites

O planeta Terra está constantemente girando sobre si mesmo. Ele demora aproximadamente 24 horas para dar uma volta completa em torno de seu eixo de rotação – mais precisamente, 23 horas, 56 minutos e 4 segundos. Esse período de tempo é denominado **dia terrestre**.

Dessa forma, o movimento de rotação é responsável por um fenômeno fundamental para a existência de vida em nosso planeta: **a sucessão dos dias e das noites**.

Movimento de rotação da Terra

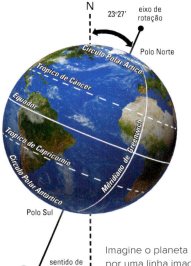

As extremidades do **eixo de rotação** são chamadas de polos. Assim, a Terra possui dois polos: o **Polo Norte** e o **Polo Sul**.

Imagine o planeta Terra atravessado por uma linha imaginária que vai de um polo a outro, em torno da qual gira sem parar. Cada volta em torno desse eixo imaginário dura cerca de 24 horas.

Fonte: Elaborado pelos autores.

Sucessão dos dias e das noites

As áreas próximas aos polos terrestres (Norte e Sul) recebem o nome de **regiões polares**.

Fonte: Elaborado pelos autores.

Como a Terra é arredondada e está sempre girando, a parte de sua superfície, de uma região polar a outra, que em determinado instante estava iluminada pelo Sol, vai ficando à sombra, e algumas horas depois passa novamente da sombra para a luz, e assim sucessivamente.

Na metade da superfície da Terra iluminada pelos raios solares dizemos que é **dia**. Já na outra metade, sombreada, é **noite**. Vamos observar isso melhor no esquema ao lado.

O movimento aparente diário do Sol

Estamos acostumamos a ver o Sol "nascer" pela manhã de um lado do horizonte, percorrer todo o céu, e ao final da tarde "se pôr" do lado oposto. A Lua e as estrelas também mudam de posição no céu, seguindo a mesma trajetória do Sol. Observando o céu durante algum tempo, tem-se a impressão de que todos esses corpos celestes estão se deslocando ao redor de nosso planeta. Veja o esquema a seguir.

O lado do horizonte em que o Sol "nasce" todas as manhãs é chamado de nascente ou Oriente e indica a direção leste. Já o lado oposto do horizonte, onde o Sol "se põe" todas as tardes, é chamado de poente ou Ocidente e indica a direção oeste.

Movimento aparente do Sol

Ilustração fora de proporção; cores-fantasia.

Fonte: Elaborado pelos autores.

Esse deslocamento dos corpos celestes é chamado de **movimento aparente diário do Sol e dos astros**. Os cientistas o denominam "aparente" porque, como vimos no esquema acima, é a Terra que está girando em torno de seu eixo, de oeste para leste. Ou seja, nosso planeta gira na direção contrária à do movimento aparente, que é de leste para oeste. Observe novamente, no esquema, as direções do movimento aparente do Sol e do movimento de rotação da Terra. Note que os movimentos estão representados por setas com cores diferentes.

Os fusos horários

O fenômeno de sucessão dos dias e das noites, com regiões sendo iluminadas e outras sendo sombreadas a cada instante, cria diferenças de horário entre as regiões de nosso planeta. Exemplo disso é a prova da maratona aquática realizada na Rússia, em 2015. No momento da prova os relógios marcavam um horário diferente dos relógios no Brasil. Como saber, então, que horas são no Brasil e na Rússia no mesmo instante? Vejamos a seguir como isso é possível.

Kazan, na Rússia, cidade-sede do Campeonato Mundial de Esportes Aquáticos de 2015, localiza-se no mesmo fuso horário de Moscou, ou seja, mais 3 horas em relação ao Meridiano de Greenwich. Isso significa que, no instante em que a brasileira Ana Marcela Cunha vencia a prova da maratona aquática, na Rússia eram 13h13min47s. Como o fuso horário oficial brasileiro (horário de Brasília) é de menos 3 horas em relação a Greenwich, que horas eram no Brasil quando Ana Marcela concluiu a prova?

Você achou difícil fazer o cálculo? Vamos saber um pouco mais sobre isso?

Ana Marcela Cunha ganhou a medalha de ouro na prova de 25 km da maratona aquática, no Campeonato Mundial de Esportes Aquáticos de 2015, em Kazan, na Rússia.

Sistema de fusos horários

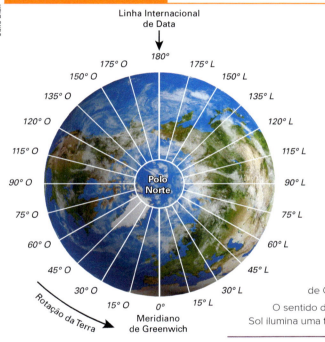

Como forma de padronizar a contagem das horas em todos os países do mundo, foi estabelecido em 1884, na Conferência Internacional do Meridiano, em Washington, Estados Unidos, o **sistema de fusos horários**. Ele divide a superfície terrestre em 24 faixas com 15 graus de longitude cada uma, e que se estendem de um polo terrestre ao outro. Cada faixa corresponde a um dos 24 fusos horários terrestres, e cada fuso equivale a uma das 24 horas do dia.

A figura ao lado representa uma visão esquemática da Terra centrada no Polo Norte. As linhas em branco representam o limite teórico entre um fuso e outro.

A Linha Internacional de Data, que corresponde ao antimeridiano de Greenwich, determina a mudança da data oficial no planeta.

O sentido de rotação da Terra é de oeste para leste. Assim, continuamente o Sol ilumina uma faixa diferente da superfície, deixando de iluminar a anterior.

Fonte: DUARTE, Paulo Araújo. *Fundamentos de cartografia*. Florianópolis: UFSC, 2006.

Na Conferência Internacional do Meridiano, em 1884, as nações de todo o mundo acordaram que o fuso horário onde está localizado o observatório astronômico de Greenwich, próximo a Londres, na Inglaterra, seria o chamado **fuso horário inicial**. Isso porque em Greenwich passa o meridiano inicial 0°. A linha no chão, marcada pela escultura de metal, corresponde ao meridiano inicial. Ao fundo, o prédio principal do observatório astronômico de Greenwich, na Inglaterra, em 2015.

O sistema de fusos horários no planisfério

A partir do fuso horário inicial, as horas seriam ajustadas, de acordo com o sistema de fusos horários, da seguinte maneira: a cada faixa de 15 graus de longitude na direção oeste, conta-se uma hora a menos. Por exemplo, quando em Londres, na Inglaterra, são 10 horas da manhã, em São Paulo, no Brasil, é mais cedo: são 7 horas. No mesmo momento, em São Francisco, na costa oeste dos Estados Unidos, são 2 horas da madrugada. Já na direção leste em relação ao fuso horário inicial, a cada 15 graus de longitude conta-se uma hora a mais. Assim, enquanto em Londres são 10 horas, em Moscou, na Rússia, já são 13 horas, e em Pequim, na China, são 18 horas.

Observe a seguir os fusos horários, agora representados em um planisfério.

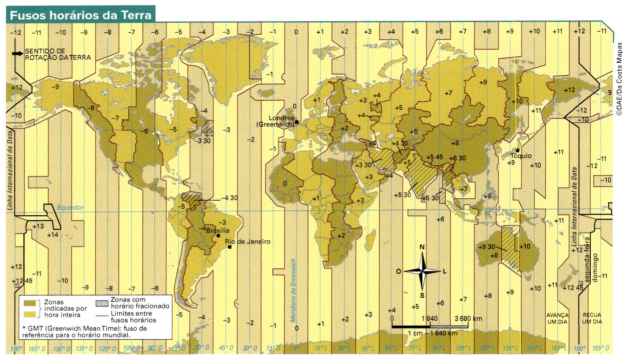

Fontes: Divisão Serviço da Hora (DSHO). Disponível em: <http://pcdsh01.on.br>. Acesso em: 25 set. 2015; IBGE. *Atlas geográfico escolar*. 6. ed. Rio de Janeiro, 2012. p. 35.

> Localize no planisfério a cidade de Greenwich e o fuso horário inicial. Observe na parte superior do planisfério a **orientação** que indica a **direção oeste-leste**.
> Identifique o fuso horário onde se encontra a cidade do Rio de Janeiro, no Brasil. Agora, responda: o Rio de Janeiro está a leste ou a oeste de Greenwich? Tem o horário atrasado ou adiantado em relação ao fuso inicial? Quantas horas?
> A seguir, identifique o fuso horário onde se encontra a cidade de Tóquio, no Japão. Esse fuso tem o horário atrasado ou adiantado em relação ao fuso inicial? Quantas horas?

No planisfério de fusos horários há duas informações às quais você deve ficar atento:

▶ Para que o sistema de fusos horários melhor atenda à realidade das nações e não cause confusão entre os países nem no interior de cada um deles, os limites dos fusos foram adaptados às fronteiras políticas internas e externas. Observe novamente o planisfério e verifique como isso ocorre nos territórios do Brasil, dos Estados Unidos, do Canadá e da Rússia. Em certos países, optou-se por fazer essa adaptação criando horários internos fracionados em relação ao fuso inicial. Veja no mapa a seguir como se dá essa divisão em alguns países da África e da Ásia.

▶ A convenção que criou o sistema de fusos horários também estabeleceu uma linha imaginária, denominada **Linha Internacional de Data**, que indica o início da contagem de um novo dia, como referência para todo o planeta. Essa linha encontra-se exatamente no lado oposto do planeta ao meridiano inicial que passa pelo observatório de Greenwich (é o seu antimeridiano). Identifique essas linhas no planisfério dos fusos horários da Terra (página 28).

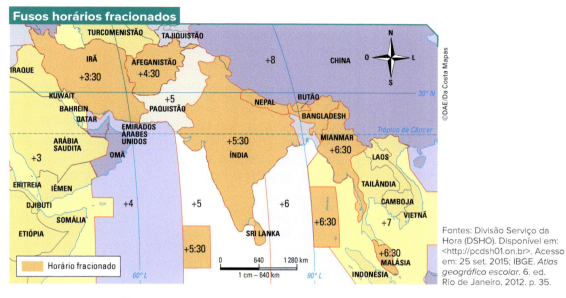

Fontes: Divisão Serviço da Hora (DSHO). Disponível em: <http://pcdsh01.on.br>. Acesso em: 25 set. 2015; IBGE. *Atlas geográfico escolar*. 6. ed. Rio de Janeiro, 2012. p. 35.

Os fusos horários do Brasil

Você deve ter percebido ao observar o planisfério anterior que, em razão da sua grande extensão territorial no sentido leste-oeste, o Brasil possui atualmente quatro fusos horários diferentes. Veja o mapa a seguir, que destaca os fusos horários do território brasileiro.

Fonte: Divisão Serviço da Hora (DSHO). Disponível em: <http://pcdsh01.on.br>. Acesso em: 25 set. 2015; IBGE. *Atlas geográfico escolar*. 6. ed. Rio de Janeiro, 2012. p. 35.

Os fusos horários do Brasil estão atrasados em relação ao horário do fuso inicial ou de Greenwich. Um dos fusos abrange a região das ilhas oceânicas (localizadas no Oceano Atlântico), e os outros três abrangem a parte continental do país. O fuso onde se encontra a capital do Brasil, Brasília, é considerado o fuso horário oficial brasileiro. Veja o quadro a seguir.

Horas em relação a Greenwich	Abrangência de fusos	Horas em relação a Brasília
– 2 horas	Compreende as ilhas de Fernando de Noronha, Trindade, Martim Vaz, Penedos de São Pedro e São Paulo e o Atol das Rocas.	+ 1 hora
– 3 horas	Abrange todos os estados da Região Nordeste, Sudeste e Sul, além do Distrito Federal, Goiás, Tocantins, Amapá e Pará.	horário oficial brasileiro
– 4 horas	Compreende os estados de Roraima, Amazonas, Acre, Rondônia, Mato Grosso e Mato Grosso do Sul.	– 1 hora
– 5 horas	Abrange a porção mais ocidental ou oeste do estado do Amazonas e todo o estado do Acre.	– 2 horas

De acordo com a realidade que verificamos por meio do mapa da página anterior e do quadro acima, podemos ter em território brasileiro situações de diferenças de horário como as mostradas nas imagens abaixo. Veja:

No Recife (foto A), estado de Pernambuco, às 7 horas o Sol já ilumina os canais. No mesmo instante, em Rio Branco (foto B), Acre, são 5 horas e o Sol ainda não surgiu. Fotos de 2015.

Com base no mapa da página anterior, no quadro acima e, também, nas situações apresentadas nas fotos, reflita:

1. Se em Greenwich, na Inglaterra, são 10 horas, que horas são:
   a. no estado onde você mora?
   b. na Colômbia, país vizinho ao Brasil?

2. Se em Brasília são 19 horas, que horas são:
   a. em Porto Alegre (RS)?
   b. no Recife (PE)?
   c. em Cuiabá (MT)?
   d. em Rio Branco (AC)?

O que é horário de verão?

O horário de verão é uma medida adotada pelo governo brasileiro que altera os horários de nosso território em determinada época do ano. Leia a explicação a seguir.

É uma medida implantada com o objetivo de reduzir o consumo de energia e diminuir a demanda no horário de pico do consumo, através do melhor aproveitamento da luz solar. O horário de verão permite uma economia de energia da ordem de 1% e na demanda, no horário de pico, de 3,5% a 5%.

No horário de verão, os relógios são adiantados 1 hora. Com isso, passamos a ter os dias mais longos e há um natural deslocamento de carga no horário de ponta, diminuindo o pico da demanda. Nas grandes cidades, as pessoas começam a chegar em casa por volta de 18 horas, ou seja, no início da noite. Chegando em casa, a pessoa liga a luz elétrica interna. Nessa mesma hora, entra em operação a iluminação pública, placas de luminosos comerciais, e as indústrias continuam o trabalho. Com o horário de verão, as cargas de iluminação pública e das residências passam a entrar após 19 horas, quando o consumo industrial começa a cair. Com isso há a redução na carga nesse horário.

OPERADOR Nacional do Sistema Elétrico. Disponível em: <www.ons.org.br/educativo/perguntas_respostas.aspx#questao-14>. Acesso em: 25 set. 2015.

Fonte: OBSERVATÓRIO Nacional. Disponível em: <http://pcdsh01.on.br/FusoBR_HVCorrente.htm>. Acesso em: 16 mar. 2016.

Observe, no mapa ao lado, como ficaram os fusos horários brasileiros com o horário de verão em 2015-2016.

De olho no Enem – 2004

Entre outubro e fevereiro, a cada ano, em alguns estados das regiões Sul, Sudeste e Centro-Oeste, os relógios permanecem adiantados em uma hora, passando a vigorar o chamado horário de verão. Essa medida, que se repete todos os anos, visa:

a. promover a economia de energia, permitindo um melhor aproveitamento do período de iluminação natural do dia, que é maior nessa época do ano.
b. diminuir o consumo de energia em todas as horas do dia, propiciando uma melhor distribuição da demanda entre o período da manhã e da tarde.
c. adequar o sistema de abastecimento das barragens hidrelétricas ao regime de chuvas, abundantes nessa época do ano nas regiões que adotam esse horário.
d. incentivar o turismo, permitindo um melhor aproveitamento do período da tarde, horário em que os bares e restaurantes são mais frequentados.
e. responder a uma exigência das indústrias, possibilitando que elas realizem um melhor escalonamento das férias de seus funcionários.

Gabarito: A

Justificativa: O objetivo é a economia de energia, buscando aproveitar o período do ano em que existe maior insolação, reduzindo o consumo de energia para a iluminação artificial dos ambientes. Está correta a alternativa **a**. A alternativa **b** está incorreta, pois a redução de consumo de energia não ocorre em todas as horas do dia, mas sim enquanto a luz natural é aproveitada. Além disso, a afirmação de que o horário de verão traria uma melhor distribuição de demanda durante a manhã, além de não ser válida, não retrata o principal objetivo da estratégia. A alternativa **c** está incorreta, pois o funcionamento das usinas hidrelétricas através do sistema de barragens torna viável o abastecimento de energia em qualquer período do ano, independentemente de a região consumidora estar no horário de verão ou não. A alternativa **d** está incorreta, pois embora o horário de verão seja apreciado por uma parcela da população e por turistas por favorecer as atividades sociais pela maior extensão das horas de luz natural, este não pode ser apontado como o objetivo fundamental da estratégia. Finalmente, a alternativa **e** está incorreta, pois o escalonamento de férias dos trabalhadores não tem qualquer relação com o horário de verão.

Os movimentos do planeta Terra — Capítulo 2

▶ O movimento de translação

Além de girar em torno de si mesma, a Terra executa um movimento ao redor do Sol, percorrendo uma órbita ou trajetória elíptica. É o chamado **movimento de translação** da Terra.

Para dar uma volta completa ao redor do Sol, nosso planeta demora 365 dias e 6 horas. Esse período de tempo é denominado **ano terrestre**. Observe o esquema a seguir.

Movimento de translação da Terra

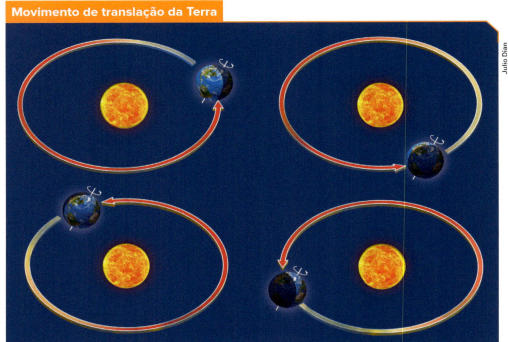

Ilustração fora de proporção; cores-fantasia.

Fonte: TORRES, Filipe Tamiozzo Pereira; MACHADO, Pedro José de Oliveira. *Introdução à climatologia.* São Paulo: Cengage Learning, 2011.

Você sabe o que é ano bissexto?

No calendário anual mais conhecido e mais utilizado nos dias de hoje (calendário gregoriano), o ano tem 365 dias, agrupados em 12 meses. Esse calendário foi estabelecido com base no movimento de translação. Mas uma volta completa da Terra ao redor do Sol demora exatos 365 dias e 6 horas: onde foram parar as 6 horas restantes?

Como essas horas excedentes somam 24 horas (6+6+6+6 horas) — ou seja, um dia completo — a cada quatro anos, esse dia a mais foi incluído no mês de fevereiro, que tem 29 dias no quarto ano.

O ano em que é feito esse acerto com o acréscimo de um dia a mais no mês de fevereiro passou a ser chamado de **ano bissexto** e tem um total de 366 dias.

Você sabe se este ano é bissexto? Caso não seja, procure saber qual foi o último ano bissexto e quando será o próximo. Dica: todos os anos bissextos são divisíveis por 4.

As estações do ano

O movimento de translação é responsável por diversos fenômenos naturais em nosso planeta. Entre esses fenômenos, o principal é a ocorrência das estações do ano: primavera, verão, outono e inverno. As estações do ano são períodos com duração aproximada de três meses, que apresentam determinadas particularidades climáticas, sobretudo no que se refere à temperatura do ar atmosférico. Em geral, o verão é a época mais quente do ano; o inverno

32 Unidade 1 A ciência geográfica e a representação do espaço

se caracteriza como a estação com as temperaturas mais baixas; já a primavera e o outono, que são estações intermediárias, apresentam temperaturas amenas. Além da temperatura, outras características climáticas estão vinculadas às estações, por exemplo, a maior ou menor quantidade de chuvas, de ventos, de neve etc., de acordo com a região da Terra.

O esquema a seguir mostram por que ocorre a alternância entre as estações do ano em nosso planeta. Observe.

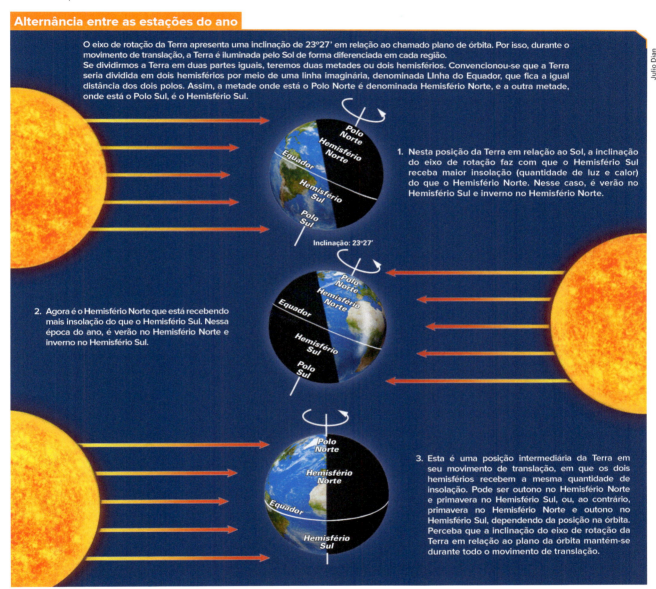

Ilustração fora de proporção; cores-fantasia.

Fonte: TORRES, Filipe Tamiozzo Pereira; MACHADO, Pedro José de Oliveira. *Introdução à climatologia*. São Paulo: Cengage Learning, 2011.

Os solstícios e os equinócios

Como vimos no esquema acima, pelo fato de os hemisférios norte e sul receberem quantidades diferentes de luz e calor durante o ano, as estações ocorrem de maneira invertida: quando é inverno no Hemisfério Sul, é verão no Hemisfério Norte; quando é primavera no Hemisfério Norte, é outono no Hemisfério Sul, e assim por diante.

Existem datas que marcam o início de cada uma das estações nos dois hemisférios. Essas datas são chamadas de solstícios e equinócios.

Os movimentos do planeta Terra   Capítulo 2   33

Solstícios são os dias do ano em que os raios solares incidem com maior intensidade sobre um dos hemisférios terrestres e, assim, com menor intensidade sobre o hemisfério oposto. Essas datas podem variar de acordo com o ano: dia 20 ou 21 de junho (início do verão no Hemisfério Norte e do inverno no Hemisfério Sul) e dia 21 ou 22 de dezembro (início do verão no Hemisfério Sul e do inverno no Hemisfério Norte).

Equinócios são os dias do ano em que os raios solares incidem diretamente sobre a Linha do Equador, distribuindo a mesma quantidade de luz e calor entre os dois hemisférios. Os equinócios ocorrem, dependendo do ano, no dia 20 ou 21 de março (início da primavera no Hemisfério Norte e do outono no Hemisfério Sul) e no dia 22 ou 23 de setembro (início do outono no Hemisfério Norte e da primavera no Hemisfério Sul). Observe o esquema a seguir.

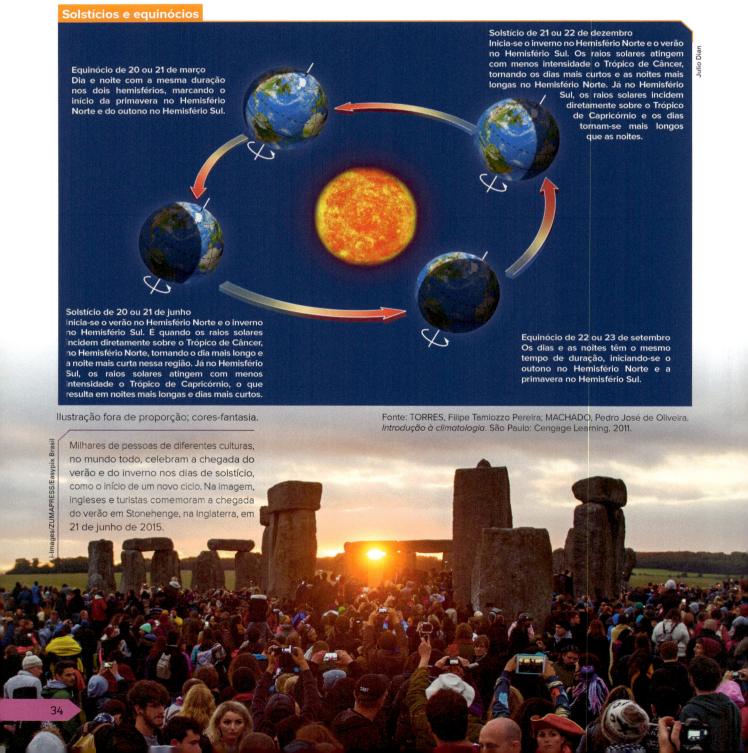

Ilustração fora de proporção; cores-fantasia.

Fonte: TORRES, Filipe Tamiozzo Pereira; MACHADO, Pedro José de Oliveira. *Introdução à climatologia*. São Paulo: Cengage Learning, 2011.

Milhares de pessoas de diferentes culturas, no mundo todo, celebram a chegada do verão e do inverno nos dias de solstício, como o início de um novo ciclo. Na imagem, ingleses e turistas comemoram a chegada do verão em Stonehenge, na Inglaterra, em 21 de junho de 2015.

O movimento aparente anual do Sol

Por causa do eixo inclinado da Terra e das diferentes posições de nosso planeta durante o movimento de translação, a trajetória celeste do Sol desloca-se de norte a sul e de sul para norte durante o ano. É o chamado **movimento aparente anual do Sol**, que dá origem às trajetórias mais longas ou mais curtas do Sol no céu. A ilustração a seguir mostra de maneira esquemática esse movimento.

Movimento aparente anual do Sol no Hemisfério Sul

Veja abaixo as trajetórias do Sol em seu movimento aparente anual no céu no Hemisfério Sul.

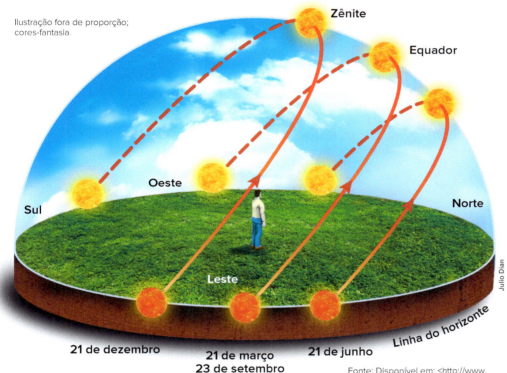

Ilustração fora de proporção; cores-fantasia.

Fonte: Disponível em: <http://www.if.ufrgs.br/tex/fis02001/aulas/Aula3-122.pdf>. Acesso em: 18 abr. 2016.

Veja que no solstício do dia 21 de dezembro o Sol tem sua trajetória mais longa, atingindo, ao meio-dia, o zênite da abóbada celeste e sua posição mais ao norte.
Nos equinócios dos dias 21 de março e 23 de setembro, temos a trajetória média do Sol, que se deslocou na direção sul.
No solstício do dia 21 de junho, o Sol tem sua trajetória mais curta no céu, atingindo sua posição máxima ao sul.

Zênite: ponto mais alto ou central da abóbada celeste.

Note que, de acordo com o esquema, a posição do Sol ao "surgir" e ao "se pôr" no horizonte varia durante o ano, sendo os dias dos equinócios os únicos em que o Sol "surge" e "se põe" exatamente a leste e a oeste, respectivamente.

As estações do ano e as regiões da Terra

As características das estações do ano podem variar de acordo com a região de nosso planeta. Acompanhe essas particularidades nas imagens que se seguem.

Ittoqqortoormiit, vilarejo inuíte na Groenlândia, em julho de 2013.

▶ Nas regiões de **clima frio ou polar**, as estações do ano também não são marcantes como nas regiões temperadas. Nelas predominam as baixas temperaturas: no inverno, estão sempre abaixo de 0 °C; no verão, não passam dos 10 °C. Porém, as variações de temperatura são grandes, suficientes para derreter **banquisas** no verão, ou cobrir grandes extensões com neve no inverno.

▶ Nas regiões de **clima temperado**, as diferenças entre as estações do ano são bem marcantes. Nessas partes do planeta, o inverno é rigoroso, com temperaturas baixas, chegando a nevar durante meses em grandes áreas. O verão é o período de temperaturas mais altas, com meses de sol e calor. Já a primavera e o outono apresentam temperaturas mais brandas, nem tão quentes como o verão nem tão frias como o inverno.

▶ Nas regiões de **clima tropical**, as temperaturas são mais elevadas do que em outras partes do planeta, com variações pouco marcantes entre as estações do ano se comparadas às das regiões de clima temperado. As diferenças mais significativas entre as épocas do ano estão ligadas à quantidade de chuvas, que pode ser maior em alguns meses (estação chuvosa) e menor em outros (estação seca).

Rua de Jacarta, capital da Indonésia, inundada pelas chuvas da monção em janeiro de 2013.

Banquisa: camada de gelo flutuante que se forma nas regiões litorâneas polares.

Fotos de um ponto de ônibus em Munique, Alemanha. As fotos foram feitas na data de início de cada estação do ano no Hemisfério Norte, em 2013. Da esquerda para a direita e de cima para baixo: primavera (21 de março), verão (21 de junho), outono (22 de setembro) e inverno (21 de dezembro).

Na região onde você vive, é possível observar diferenças marcantes na natureza ao longo do ano, como nas imagens acima? Existem outras características que indicam os períodos das estações do ano?

Unidade 1   A ciência geográfica e a representação do espaço

As estações do ano no Brasil

A maior parte do território brasileiro situa-se na região tropical do planeta, recebendo grande quantidade de insolação durante o ano todo. Como em geral as temperaturas são altas, as variações climáticas entre as estações do ano, em nosso país, estão mais relacionadas às diferenças na quantidade de chuvas.

Por isso, existem regiões do Brasil caracterizadas pela estação das chuvas e pela estação da estiagem ou da seca. A exceção fica por conta dos estados da Região Sul (Paraná, Santa Catarina e Rio Grande do Sul) e da maior parte da Região Sudeste (São Paulo, Minas Gerais e Rio de Janeiro). Nesses lugares, o inverno apresenta temperaturas mais baixas do que no restante do país; na Região Sul, em algumas ocasiões, pode até nevar nos pontos mais altos do relevo.

O inverno em um país tropical

O texto a seguir apresenta uma descrição do inverno no Rio de Janeiro. Leia-o com atenção.

Apesar de ser a cidade do verão 40 graus, é no inverno que o Rio fica mais gostoso de curtir. Pode-se ir aos lugares sem enfrentar muito congestionamento, pegar uma praia mais vazia, inclusive nos fins de semana, sentir a cidade mais tranquila e numa agitação menor. Tudo fica mais introspectivo e as atividades mais *indoor*, na busca daquele calorzinho carioca. É uma época na qual o carioca tenta se arrumar de maneira mais elegante, até mesmo exibindo aquele casaco esquecido no fundo do armário, e muitas vezes tão antigo que já "saiu de moda", lembrado apenas nos meses de junho e julho. É, portanto, uma estação não de três, mas de dois meses. Não chega a ser como em São Paulo ou em Curitiba, onde as pessoas, já acostumadas, possuem todo tipo de aparato necessário para suportar a estação. Luvas, gorros e cachecóis não são comuns por aqui. Para nós, é sempre uma dificuldade saber o que usar, já que o princípio da tarde acaba sendo em geral mais quente, e tendemos por algumas horas a esquecer que estamos no inverno. O inverno aqui, como em todo o Brasil, é a época de nossas festas juninas e julinas, ainda muito comuns, se bem que a trilha sonora da maioria delas não seja mais a mesma. Enquanto a nordestina deu lugar ao *funk* favela, o batidão substituiu a zabumba. E as letras... bem, as letras estão distantes do "Baile lá da roça", do "Pula a fogueira" ou do casamento da filha de João e Antônio. [...]

MOURA, Gabriel. Inverno no Rio. *Revista da Lapa*, jul. 2011. Disponível em: <https://sites.google.com/site/revistadalapa5/naarea>. Acesso em: 26 out. 2015.

Responda

1. Como é o inverno no Rio de Janeiro? Escolha três palavras do texto que caracterizem essa estação do ano no Rio de Janeiro.
2. De acordo com o autor, no inverno, as cidades de São Paulo e Curitiba são mais frias ou mais quentes do que o Rio? Explique.
3. Sobre o lugar onde você vive, responda: em que estado do Brasil se localiza? Descreva como é, na sua localidade, a primavera, o verão, o outono e o inverno.

Revisitando o capítulo

1. Por que o movimento de rotação é importante? Imagine como seria o nosso planeta sem esse movimento e, a seguir, descreva no caderno o que você pensou. Leia o texto para os colegas, e saiba também o que eles imaginaram.

2. Por que dizemos que o movimento diário do Sol no céu é aparente?

3. Por que foi criado o sistema de fusos horários?

4. Quantos fusos horários tem a Terra? Cada um deles corresponde a que período de tempo?

5. Qual é a importância do fuso horário inicial para a contagem das horas no planeta?

6. Quantos fusos horários tem o Brasil? O lugar onde você vive tem as horas adiantadas ou atrasadas em relação ao horário oficial de Brasília? (Dica: para responder a essa questão, use o mapa da página 29.)

7. Sobre o movimento de translação, responda:
   a. Quanto tempo dura esse movimento?
   b. Como são incluídas no calendário as 6 horas excedentes que temos a cada ano?

8. Diferentemente do Brasil e de outros países do Hemisfério Sul, onde o período de férias escolares mais extenso ocorre entre os meses de dezembro, janeiro e fevereiro, nos países do Hemisfério Norte as férias escolares mais longas são, em geral, nos meses de junho, julho e agosto. Com base no que você estudou a respeito das estações do ano, responda: por que isso ocorre?

9. No caderno, relacione cada item abaixo a um tipo de região climática – regiões temperadas, regiões tropicais e regiões polares –, no que se refere à caracterização das estações do ano.
   I. Primavera amena; verão quente; inverno muito frio; outono ameno.
   II. Primavera fria; verão ameno; inverno gelado; outono frio.
   III. Primavera quente; verão muito quente; outono quente; inverno ameno.

▶ ANÁLISE DE ESQUEMAS

Observe com atenção o esquema a seguir e, depois, faça o que se pede.

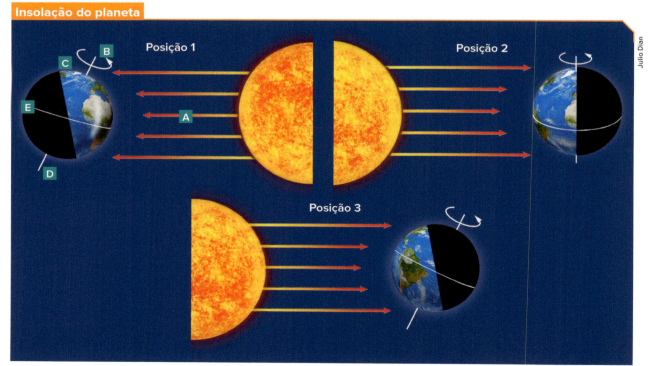

Insolação do planeta

Ilustração fora de proporção; cores-fantasia.

1. Em relação à posição 1, identifique a alternativa que determina corretamente cada uma das letras indicadas. Transcreva a alternativa correta no caderno.

   a. (A) raios solares; (B) Linha do Equador; (C) Polo Norte; (D) Polo Sul; (E) eixo de rotação.

   b. (A) eixo de rotação; (B) Linha do Equador; (C) Polo Sul; (D) Polo Norte; (E) Linha do Equador.

   c. (A) raios solares; (B) eixo de rotação; (C) Polo Norte; (D) Polo Sul; (E) Linha do Equador.

   d. (A) Linha do Equador; (B) eixo de rotação; (C) Polo Sul; (D) Polo Norte; (E) raios solares.

2. Por que a inclinação do eixo de rotação é fundamental para a existência das estações do ano? Responda em seu caderno.

3. Agora, a respeito do esquema apresentado, transcreva em seu caderno as frases a seguir, preenchendo as lacunas com as informações corretas.

   I. Na posição 1 temos a representação do solstício de (XX) ou do (XX) de (XX), já que o Hemisfério (XXXX) está mais iluminado, iniciando-se a estação do (XXXX) nesse hemisfério.

   II. Na posição 2 temos a representação de um (XXXX), já que os hemisférios Norte e Sul estão sendo iluminados pelo Sol de maneira equivalente. Esse equinócio pode ser o de (XX) ou (XX) de março, que marca o início da (XXX) no Hemisfério Norte e do (XXX) no Hemisfério Sul, ou o de 22 ou 23 de (XXX), marcando o início do outono no Hemisfério (XXX) e da primavera no Hemisfério (XXX).

   III. Na posição 3 temos a representação do solstício de (XX) ou (XX) de (XX), já que o hemisfério (XX) está mais iluminado, iniciando a estação do (XXXX) neste hemisfério.

▼ ANÁLISE DE TEXTOS

Leia com atenção as manchetes e os textos de duas reportagens publicadas em jornais brasileiros.

Texto A

Volta de fuso deixa o Acre a 3h de Brasília a partir deste domingo

Mudança no fuso horário entra em vigor às 0h deste domingo (10). Até o fim do horário de verão, diferença no fuso será de três horas.

Disponível em: <http://g1.globo.com/ac/acre/noticia/2013/11/volta-de-fuso-deixa-o-acre-3h-de-brasilia-partir-deste-domingo.html>. Acesso em: 25 set. 2015.

Texto B

Combate ao *jet lag* começa antes do embarque

Aquele desconforto que é sentido quando você faz viagens mais longas, com mudança de fuso horário, tem um nome específico: *jet lag*. Os sintomas mais comuns são sonolência, falta de atenção, irritabilidade e alterações do hábito intestinal. As mudanças ocorrem porque o corpo está acostumado aos horários das refeições e de dormir, por exemplo, que são alterados.

O *jet lag* é mais acentuado quando a diferença de horário entre o ponto de partida e o destino é superior a quatro horas. A cada hora de diferença, é necessário, em média, um dia para a adaptação completa.

Combate ao *jet lag* começa antes do embarque. Disponível em: <http://www1.folha.uol.com.br/folha/turismo/preparese/jet_lag.shtml>. FOLHAPRESS

1. Entre os conteúdos estudados neste capítulo, sobre qual deles tratam ambas as reportagens?

2. Sobre o texto A, explique:

   a. O que é horário de verão?

   b. O estado do Acre e parte do estado do Amazonas estão adiantados ou atrasados em relação ao horário de Brasília? Em quanto tempo?

   c. Por que entre os meses de outubro e fevereiro o Acre e parte do estado do Amazonas ficam 3 horas atrasados em relação ao horário oficial brasileiro?

3. A respeito do texto B, responda:

   a. O que é *jet lag*?

   b. Imagine que você tenha viajado de sua cidade, no Brasil, com destino a Bangcoc, capital da Tailândia. Consulte o mapa de fusos horários do mundo (página 28), localize o país citado e, de acordo com o texto, responda: quantos dias duraria o seu *jet lag*?

Os movimentos do planeta Terra **Capítulo 2**

CAPÍTULO 3

A TERRA: ORIENTAÇÃO, LOCALIZAÇÃO E COORDENADAS GEOGRÁFICAS

Em nosso dia a dia deparamos com situações em que utilizamos conhecimentos importantes sobre os movimentos da Terra, as formas de orientação e as coordenadas geográficas. Você pode citar alguma situação em que utiliza estes conhecimentos?

No Capítulo 2, conhecemos os principais movimentos que a Terra realiza e os principais fenômenos que decorrem desses movimentos. Agora, vamos ver de que forma eles nos auxiliam a localizar pontos na superfície terrestre.

▶ A orientação pelos astros e os pontos cardeais

Desde os primeiros tempos da existência humana, a observação do movimento aparente dos astros fascina os homens. A posição deles no céu, sobretudo a do Sol, nos ajudou a criar pontos de referência que auxiliam nos longos deslocamentos pela superfície terrestre.

Vimos anteriormente que o lado do horizonte ou a direção onde o Sol "nasce" recebe o nome de **leste**, **oriente** ou, ainda, **nascente**. Já o lado oposto, ou seja, a direção na qual esse astro "se põe", é chamada de **oeste**, **ocidente** ou **poente**. Perceba que as expressões "nasce" e "se põe" foram escritas com aspas, pois, como vimos, o Sol não nasce ou se põe de verdade. Temos essa impressão porque a Terra está constantemente girando em torno de um eixo imaginário de rotação.

Conhecendo os pontos de referência leste e oeste, é possível identificar outras duas direções igualmente importantes e também opostas entre si: o **norte** e o **sul**.

Veja a seguir uma maneira prática de localizar os **pontos cardeais** norte, sul, leste e oeste.

Localização pelos astros

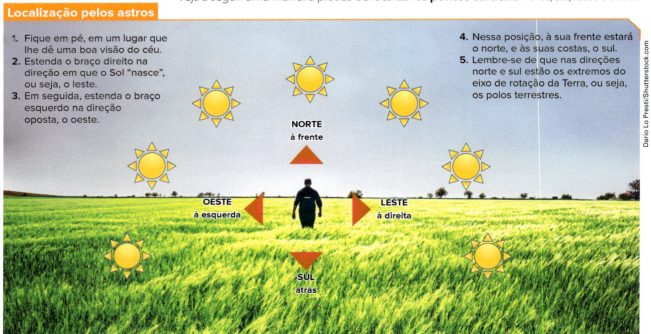

1. Fique em pé, em um lugar que lhe dê uma boa visão do céu.
2. Estenda o braço direito na direção em que o Sol "nasce", ou seja, o leste.
3. Em seguida, estenda o braço esquerdo na direção oposta, o oeste.
4. Nessa posição, à sua frente estará o norte, e às suas costas, o sul.
5. Lembre-se de que nas direções norte e sul estão os extremos do eixo de rotação da Terra, ou seja, os polos terrestres.

Fonte: *Enciclopédia do estudante*: Geografia Geral. São Paulo: Moderna, 2008.

O que é ponto de referência?

Um ponto de referência é qualquer elemento que se destaca no céu ou em uma paisagem e que nos ajuda a tomar uma direção ou a encontrar um lugar. Nas cidades, podemos usar como ponto de referência, por exemplo, a torre de uma igreja, uma praça, um estabelecimento comercial ou um monumento. Já no campo esse elemento pode ser uma cachoeira, uma grande árvore, uma ponte ou um morro. Além disso, a posição dos astros no céu, como o Sol durante o dia ou uma constelação à noite, pode servir de referência para nos orientarmos no espaço.

Os pontos colaterais

Com base nos quatro pontos cardeais (norte, sul, leste e oeste), são estabelecidas outras quatro direções intermediárias, chamadas de **pontos colaterais**. São eles:

- **nordeste**, que fica entre o norte e o leste;
- **noroeste**, que se encontra entre o norte e o oeste;
- **sudeste**, que fica entre o sul e o leste;
- **sudoeste**, que se encontra entre o sul e o oeste.

É possível representar graficamente essas oito direções (norte, nordeste, leste, sudeste, sul, sudoeste, oeste e noroeste) e também outros pontos intermediários (os subcolaterais) por meio de um gráfico conhecido como **rosa dos ventos**.

O desenho da rosa dos ventos representa uma volta completa no horizonte, ou seja, 360°. Assim, cada quadrante que indica um ponto cardeal é uma divisão de 90°. Veja abaixo.

Você já tinha visto uma rosa dos ventos? Onde? Ela lhe foi útil em alguma situação? Conte para a classe como isso aconteceu.

A orientação por instrumentos

A invenção da rosa dos ventos foi fundamental para tornar a orientação na superfície terrestre mais precisa, principalmente quando passou a ser utilizada nas bússolas. Mas, afinal, o que é uma bússola?

A **bússola** é um aparelho composto de um ponteiro **imantado** que gira livremente sobre uma rosa dos ventos, apontando sempre para a direção norte do polo magnético do planeta. Ela foi inventada pelos chineses por volta do ano 200 a.C. e, mais tarde, há cerca de 500 anos, aperfeiçoada pelos europeus. Nessa época, a bússola permitiu que navegadores se deslocassem com mais precisão e segurança pelos oceanos e mares, contribuindo para a descoberta e a exploração de novas terras.

Imantado: que está impregnado de magnetismo, exercendo atração em outros ímãs ou objetos. No caso do ponteiro da bússola, ocorre a atração pelo magnetismo terrestre, apontando para o Polo Norte.

As indicações E para leste e W para oeste são usuais por serem siglas em língua inglesa, onde leste é East, e oeste é West.

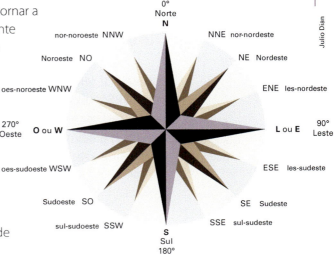

A Terra: orientação, localização e coordenadas geográficas · Capítulo 3 · 41

A bússola ainda é muito popular e importante, sendo utilizada tanto por pessoas que praticam esportes de aventura quanto por profissionais de diversas áreas, como engenheiros, arquitetos e geógrafos. Ela é necessária para o deslocamento em florestas, desertos, cavernas e até no fundo do mar. Além disso, a bússola é um equipamento fundamental em embarcações e em aviões, permitindo que os comandantes tomem a direção correta nas rotas marítimas e aéreas.

A bússola chinesa simples do século XVIII ainda era utilizada nos juncos de navegação costeira em pleno século XX.

Como usar uma bússola?

1. Para iniciar o uso da bússola, coloque-a na posição mais horizontal possível.
2. Observe que, em geral, as bússolas têm os pontos cardeais e colaterais indicados no visor de leitura.
3. Note também que a extremidade da agulha imantada que aponta para o norte é sempre destacada por uma cor forte, como o vermelho.
4. Sabendo disso, gire a bússola, de forma a fazer coincidir o norte da rosa dos ventos e a extremidade da agulha imantada.
5. Agora estão indicadas com precisão a direção norte e a dos demais pontos cardeais e colaterais.
6. Em uma folha de papel ou no caderno, anote alguns pontos de referência, próximos de sua casa ou da escola, que estejam em cada uma das direções identificadas na bússola.

O ciclista utiliza a bússola com um mapa. Embora o mapa indique os locais e os caminhos, sem a bússola seria difícil se orientar pelos pontos cardeais somente consultando um mapa. E você? Já usou uma bússola?

Global Positioning System: o GPS

Atualmente, o sistema mais utilizado para a orientação e a localização de pontos na superfície terrestre, com tecnologia bem mais avançada do que a da bússola, é o chamado **GPS**, sigla em inglês para *Global Positioning System*, que significa, em português, Sistema de Posicionamento Global.

Os aparelhos mais conhecidos pelos quais se pode acessar o GPS são os receptores de automóveis e os telefones celulares, que mostram aos usuários, por exemplo, o melhor trajeto entre um lugar e outro, e indicam as distâncias e a direção correta a ser seguida até o destino desejado.

O sistema GPS somente pôde tornar-se funcional após a criação de **softwares** adequados e a implantação de uma rede de satélites artificiais em torno da Terra.

Veja a seguir um esquema que mostra, passo a passo, como funciona o GPS.

Software: conjunto de programas, sistemas de processamento de dados ou de instruções que controlam o funcionamento de um computador ou de outro aparato eletrônico.

Funcionamento do GPS

Em torno da Terra existe uma rede de satélites artificiais especiais que recebem e emitem informações por meio de sinais. Cada satélite gira em uma órbita (trajeto) diferente, de modo a cobrir toda a superfície terrestre. Existem diferentes estações na superfície do planeta que recebem os sinais emitidos por esses satélites, determinam e monitoram sua posição na órbita terrestre.

Os instrumentos equipados com o sistema GPS detectam os sinais enviados por, pelo menos, três desses satélites artificiais. São fornecidos dados de latitude, longitude e altitude. Com base nessa triangulação, o sistema determina a posição de uma pessoa, de um lugar ou de um meio de transporte, mostrando em um mapa digital a sua localização e a direção que deve tomar.

Ilustração fora de proporção; cores-fantasia.
Fonte: OLIVEIRA, Julio Cesar de. *Conceitos básicos sobre posicionamento por satélites artificiais*. Disponível em: <www.dsr.inpe.br/vcsr/files/Apresentacao_GPS.pdf>. Acesso em: 26 set. 2015.

A invenção de sistemas sofisticados, como o GPS, permitiu localizar pessoas, meios de transporte, povoados, cidades ou mesmo um pequeno objeto, em qualquer parte da superfície terrestre. Você já viu ou usou um aparelho receptor com GPS? De que maneira ele foi útil? Procure saber o que os colegas têm a dizer a respeito e conte a eles a sua experiência.

▶ Uma rede de linhas imaginárias

Como foi visto acima, o sistema GPS permite receber em um aparelho receptor informações transmitidas por dezenas de satélites que estão em torno da Terra. Com essas informações, o *software* do aparelho fornece, com exatidão, a posição de qualquer objeto ou lugar na superfície terrestre. Para que isso ocorra, o sistema realiza diversos cálculos matemáticos utilizando como referência uma **rede de linhas imaginárias**.

Vamos entender melhor como funciona essa rede de linhas imaginárias.

Cartógrafo: profissional especializado na produção de mapas e globos terrestres.

Os paralelos e os meridianos terrestres

Com o objetivo de auxiliar nos cálculos para as rotas de navegação, desde o período da expansão marítima europeia, os **cartógrafos** utilizam o chamado plano cartesiano (leia o boxe na próxima página) para elaborar os planisférios terrestres. Nos planisférios, a superfície da Terra é recoberta por uma rede de quadrículas composta de linhas imaginárias retas, traçadas tanto no sentido leste-oeste como no sentido norte-sul. No cruzamento dessas linhas tem-se, então, a localização exata de um ponto na superfície da Terra.

As linhas imaginárias traçadas em torno do planeta no sentido leste-oeste são chamadas de **paralelos**. O paralelo que circunda a Terra em sua porção mais larga, traçado a igual distância entre os polos Norte e Sul, recebe o nome de **Linha do Equador**. Além deste, há outros quatro paralelos importantes: Trópico de Capricórnio, Trópico de Câncer, Círculo Polar Antártico e Círculo Polar Ártico.

Observe os paralelos no esquema ao lado.

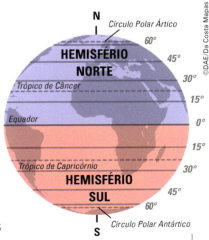

Hemisfério Norte e Hemisfério Sul, delimitados pela Linha do Equador, que divide o planeta em sua parte mais larga, no sentido leste-oeste.

Fonte: Elaborado pelos autores.

A Terra: orientação, localização e coordenadas geográficas   Capítulo 3   **43**

São chamadas de **meridianos** as linhas imaginárias traçadas no sentido norte-sul, de um polo terrestre a outro. No capítulo anterior, vimos que o meridiano que passa pelo observatório astronômico de Greenwich, na Inglaterra, foi escolhido para ser o meridiano inicial ou principal da Terra. Ele é chamado de **Meridiano de Greenwich**. Observe os meridianos no esquema ao lado.

Hemisfério Oriental ou Leste e Hemisfério Ocidental ou Oeste, delimitados pelo Meridiano de Greenwich e pelo seu antimeridiano, que dividem a Terra do Polo Norte ao Polo Sul.

Fonte: Elaborado pelos autores.

O que é plano cartesiano?

Criado no século XVII, pelo matemático e filósofo francês René Descartes (1596-1650), o plano cartesiano consiste em dois eixos perpendiculares numerados, denominados **abscissa** (eixo horizontal) e **ordenada** (eixo vertical). Por meio deles, tornou-se possível representar pontos no espaço. Além de mapas, o plano cartesiano é utilizado na construção de gráficos, como veremos no Capítulo 4. Observe a representação ao lado.

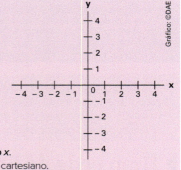

As abscissas são identificadas, em geral, como **eixo x**.
Já as ordenadas são chamadas de **eixo y** do plano cartesiano.

Latitude, longitude e coordenadas geográficas

Vimos anteriormente os paralelos e os meridianos em esquemas separados e traçados sobre o globo terrestre, identificando as principais linhas e os hemisférios. Agora vamos vê-los representados juntos, formando uma rede de linhas imaginárias. Observe a sequência de ilustrações.

1 Neste esquema temos o globo terrestre com os paralelos (linhas verdes) e os meridianos (linhas vermelhas).

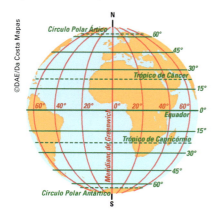

2 Imagine que pudéssemos descolar a superfície da Terra, desenhando-a em uma superfície plana...

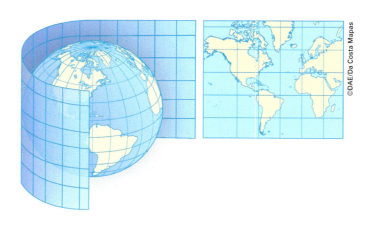

44   **Unidade 1**   A ciência geográfica e a representação do espaço

... e, em seguida, representássemos toda a sua superfície junta em um planisfério, com os paralelos e meridianos se cruzando e formando uma grande rede de linhas imaginárias.

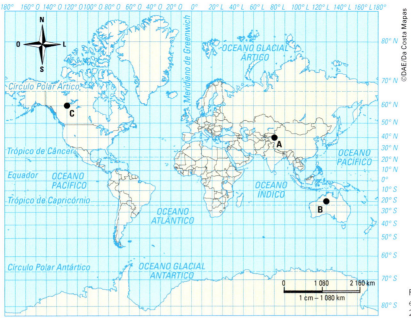

Fonte: IBGE. *Atlas geográfico escolar*. 6. ed. Rio de Janeiro, 2012.

Observe novamente o planisfério acima. Perceba que, em sua parte superior, cada meridiano recebe um código, composto de um número em graus e uma letra; por exemplo, 80° L (lemos "80 graus leste").

Esses códigos que acompanham os meridianos recebem o nome de longitude. Portanto, **longitude** é a distância medida em graus a partir de qualquer ponto da superfície terrestre até o Meridiano de Greenwich. E esse ponto pode se localizar tanto na direção leste como na direção oeste.

O mesmo ocorre com os paralelos, cujos códigos estão localizados na lateral do planisfério. Um exemplo é o paralelo de código 40° N (lemos "40 graus norte").

Esses códigos fornecidos pelos paralelos recebem o nome de latitude. Portanto, **latitude** é a distância medida em graus a partir de qualquer ponto da superfície terrestre até a Linha do Equador. Esse ponto pode se localizar tanto na direção norte como na direção sul.

Como se definem os paralelos/latitudes e os meridianos/longitudes?

Para definir os paralelos e os meridianos e, posteriormente, a latitude e a longitude, são traçadas linhas, em graus, utilizando-se a forma esférica da Terra como referência. Veja:

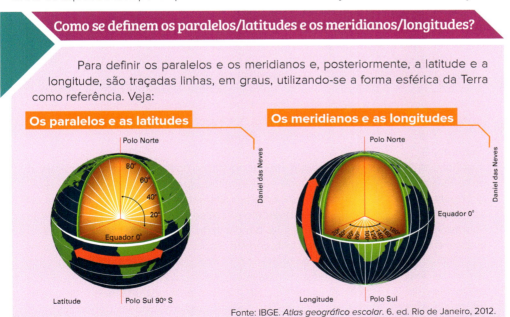

Fonte: IBGE. *Atlas geográfico escolar*. 6. ed. Rio de Janeiro, 2012.

A Terra: orientação, localização e coordenadas geográficas Capítulo 3 45

Agora, volte ao planisfério e localize a longitude e a latitude mencionadas anteriormente. Depois, observe o seguinte: na interseção, ou seja, no cruzamento entre o paralelo e o meridiano correspondentes, temos um ponto no centro do continente asiático. Localize-o. Nesse caso, os códigos que fornecem o "endereço" dessa localidade são 80º L e 40º N. Isso significa que esse lugar está 80º a leste do Meridiano de Greenwich e 40º ao norte da Linha do Equador.

A esse "endereço" de uma localidade na superfície terrestre, com sua latitude e longitude, damos o nome de **coordenada geográfica**. Todos os lugares existentes em nosso planeta, sejam continentes, países, ilhas, ou mesmo um pequeno vilarejo, possuem uma coordenada geográfica.

É com base nas coordenadas geográficas fornecidas pelos satélites em órbita que aparelhos de GPS, por exemplo, determinam com exatidão a localização de qualquer ponto, em meio à vastidão da superfície da Terra.

> Observe os códigos dos paralelos e meridianos no planisfério da página 45 e descubra o "endereço", ou seja, as coordenadas geográficas dos pontos A, B e C em destaque nessa representação. Identifique os países onde se localizam esses pontos.

De olho no Enem – 2010

Pensando nas correntes e prestes a entrar no braço que deriva da Corrente do Golfo para o norte, lembrei-me de um vidro de café solúvel vazio. Coloquei no vidro uma nota cheia de zeros, uma bola cor rosa-choque. Anotei a posição e data: Latitude 49º49' N, Longitude 23º49' W. Tampei e joguei na água. O ideal teria sido uma garrafa plástica, que não se quebraria se aterrasse em pedras, ou melhor, dúzias de garrafas. Mas paciência. Eu sabia que o índice de recuperação de garrafas de deriva era da ordem de 5% e não estava nem um pouco inclinado a esvaziar 20 vidros de qualquer coisa a bordo. Foi o único vidro que joguei em toda a viagem. Nunca imaginei que receberia uma carta com a foto de um menino norueguês, segurando a bolinha e a estranha nota.

KLINK, A. *Parati*: entre dois polos. São Paulo: Companhia das Letras, 1998 (adaptado).

No texto, o autor anota sua coordenada geográfica, que é:

a. a relação que se estabelece entre as distâncias representadas no mapa e as distâncias reais da superfície cartografada.

b. o registro de que os paralelos são verticais e convergem para os polos, e os meridianos são círculos imaginários, horizontais e equidistantes.

c. a informação de um conjunto de linhas imaginárias que permitem localizar um ponto ou acidente geográfico na superfície terrestre.

d. a latitude como distância em graus entre um ponto e o Meridiano de Greenwich, e a longitude como a distância em graus entre um ponto e o Equador.

e. a forma de projeção cartográfica, usada para navegação, na qual os meridianos e paralelos distorcem a superfície do planeta.

Gabarito: C

Justificativa: O sistema de coordenadas geográficas, que se baseia no cruzamento entre as linhas imaginárias da latitude e da longitude, permite a localização de qualquer ponto na superfície terrestre. Está correta a alternativa **c**. A alternativa **a** está incorreta, pois a descrição conceitual ali presente refere-se à escala cartográfica e não às coordenadas geográficas. As alternativas **b** e **d** invertem a aplicação dos conceitos de latitude e longitude, uma vez que a latitude está associada aos paralelos, obtidos com base em um ângulo que tem como referência a Linha do Equador, e a longitude está associada aos meridianos, obtidos com base em um ângulo que tem como referência o Meridiano do Greenwich. Finalmente, a alternativa **e** está incorreta, pois a descrição conceitual ali presente refere-se ao planisfério e não às coordenadas geográficas.

Unidade 1 A ciência geográfica e a representação do espaço

SABERES EM FOCO

Como se pode perceber, a existência de um sistema de coordenadas geográficas tem sido muito útil para a elaboração de mapas mais precisos, para o desenvolvimento de atividades econômicas e para o melhor deslocamento dos meios de transporte.

A tecnologia do GPS tem sido usada também como um instrumento para melhorar a qualidade de vida de portadores de deficiência. Leia o texto a seguir e veja um interessante exemplo da aplicação dessa tecnologia.

Sapato indiano com GPS conquista mercado internacional

Desenvolvidos por dois jovens indianos para ajudar pessoas cegas, os sapatos munidos com GPS se tornaram um sucesso enorme no país e devem ser inseridos no mercado internacional com pedidos de compra de vinte países até o momento.

Com palmilhas com conexão *Bluetooth* que recebem ordens desde um telefone celular no qual é estabelecido o percurso através do Google Maps, os sapatos Lechal, "leve-me contigo" em hindi, abriram um segmento inovador do mercado, ao mesmo tempo que colaboram com organizações de cegos.

Um de seus inventores, Krispian Lawrence, assegurou à Agência Efe que desde seu lançamento no mercado, em setembro, foram recebidos cerca de 3 mil pedidos de compra, primeiro para a própria Índia e "cada vez mais no exterior".

Este calçado foi patenteado como o primeiro a utilizar este sistema de navegação por satélite através do servidor do Google. Cada sapato vibra, para a direita ou para a esquerda, para indicar as curvas necessárias no trajeto marcado.

[...]

O calçado é vendido acompanhado de baterias e de um carregador universal como os utilizados para recarregar telefones celulares. [...]

Os sapatos ajudam pessoas com dificuldades de visão a seguir uma rota, como complemento a outras tecnologias que advertem sobre os obstáculos em seu caminho. [...]

Revista *Info*, Abril Mídia, 18 dez. 2014. Agência EFE. Disponível em: <http://info.abril.com.br/noticias/tecnologia-pessoal/2014/12/sapato-indiano-com-gps-conquista-mercado-internacional.shtml>. Acesso em: 26 set. 2015.

Noah Seelam/AFP Photo

O sapato com GPS calçado por um dos inventores, Krispian Lawrence, em Hyderabad, Índia, 2014.

Responda

▶ Em sua opinião, qual é a importância dessa invenção dos jovens indianos?

▶ Quais foram as áreas de conhecimento possivelmente utilizadas por eles para desenvolver o produto?

▶ Com alguns colegas, pense em outros produtos que facilitariam a acessibilidade de pessoas com problemas de locomoção, ou com outros tipos de necessidades físicas, utilizando um sistema de coordenadas geográficas como o GPS.

Revisitando o capítulo

1. Você utiliza ou poderia utilizar algum ponto de referência para se deslocar no lugar onde vive? Qual(is)?
2. O que é uma bússola? Como podemos utilizá-la para nos orientarmos em lugares desconhecidos?
3. Sobre o sistema GPS, responda:
   a. A que se refere a sigla GPS? Qual é seu significado em português?
   b. Como esse sistema funciona?
   c. Por que ele é importante na atualidade?
4. Sobre a rede de linhas imaginárias criada pelos cartógrafos, diga o que são:
   a. latitude e longitude.
   b. coordenadas geográficas.
5. Transcreva no caderno somente as frases a seguir que contenham informações corretas.
   ▶ A Linha do Equador divide a Terra em dois hemisférios: o Oriental e o Ocidental.
   ▶ O Meridiano de Greenwich é o meridiano inicial ou principal da Terra.
   ▶ O Meridiano de Greenwich divide a Terra nos hemisférios Norte e Sul.
   ▶ A Linha do Equador divide a Terra no sentido leste-oeste do planeta.
   ▶ O Meridiano de Greenwich divide a Terra nos hemisférios Oriental e Ocidental.

▼ TRABALHO PRÁTICO

A proposta desta atividade é que você, com colegas de classe, alie os conhecimentos adquiridos no Capítulo 2 e aqueles estudados neste capítulo. Sigam até o pátio da escola e, com uma bússola em mãos, definam as direções dos quatro pontos cardeais. Sabendo que estamos no Hemisfério Sul do planeta e, levando em consideração o movimento aparente anual do Sol, respondam:

1. Em qual posição (norte, sul, leste ou oeste) estão localizadas: a sala da direção, a biblioteca e a cantina?
2. Para qual direção está voltada a maioria das janelas das salas de aula? Pensando na insolação recebida durante o ano, você diria que essa é a direção mais indicada? Por quê?
3. Imaginando que a diretoria da escola tenha decidido instalar painéis solares para o aquecimento da água do prédio, indique qual seria a face mais apropriada para os telhados: voltada para norte, sul, leste ou oeste? Explique a sua indicação com base no que estudou até agora.
   ▶ Dica: para refletir sobre a questão 3, use como referência a posição do prédio da escola que aparece no esquema ao lado.

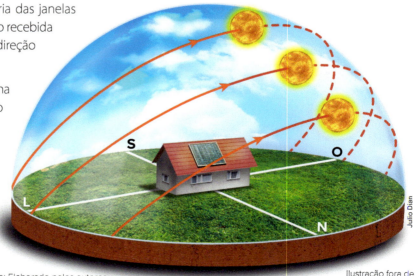

Fonte: Elaborado pelos autores.

Ilustração fora de proporção; cores-fantasia.

CAPÍTULO 4

A HISTÓRIA DOS MAPAS E AS NOVAS TECNOLOGIAS

O mapa é um instrumento fundamental para a Geografia, pois contribui para a compreensão da área de abrangência dos fenômenos da natureza e das ações da sociedade no decorrer do tempo. É também de grande auxílio para as pessoas em diferentes situações. Sem os mapas, como seria possível visualizar, por exemplo, os limites territoriais de municípios, estados e países, os trajetos das vias de transporte, a localização dos portos, as áreas de concentração populacional ou a distribuição dos diferentes biomas no planeta?

Neste capítulo e no próximo, vamos conhecer um pouco da história da Cartografia, sua linguagem e sua importância para a sociedade atual.

Muitas vezes necessitamos nos localizar, descobrir um caminho, traçar um roteiro e decidir qual é a melhor rota a seguir. É para isso que servem os mapas! Na foto, um garoto consulta uma planta para se localizar no Jardim Botânico do Missouri, em Chesterfield, Missouri, EUA.

▶ Os mapas antigos

No decorrer da história da humanidade, o desenvolvimento de técnicas relacionadas a diferentes áreas do conhecimento possibilitou uma grande ampliação das ações humanas sobre o espaço geográfico. Vimos no Capítulo 1, por exemplo, que os gregos, ainda na Antiguidade, elaboraram os primeiros mapas-múndi e o cálculo bastante preciso da circunferência da Terra.

Nos séculos XV e XVI, a expansão marítima europeia promoveu a ampliação do mundo conhecido e cartografado. A partir do século XVIII, a expansão do capitalismo industrial e o desenvolvimento de novas tecnologias (máquinas, instrumentos, meios de transporte etc.) permitiram o reconhecimento e a exploração de lugares da Terra até então ignorados pelos europeus. O aperfeiçoamento das técnicas cartográficas foi fundamental nesse processo de conhecimento e apropriação de diferentes territórios. Com o desenvolvimento da Cartografia, o conhecimento das pessoas sobre o espaço geográfico e as possibilidades de ocupá-lo ampliaram-se cada vez mais.

Os mapas, entretanto, nem sempre foram como os que conhecemos atualmente. Diferentes povos, ao longo de milhares de anos, elaboraram mapas com base na observação das paisagens, nos relatos de viagens e nas medições, entre outros elementos. Nesse sentido, os mapas antigos diferem muito dos atuais, principalmente no que diz respeito à precisão das informações cartografadas.

Os mapas na Antiguidade

Por volta do século IV a.C., os chineses já utilizavam mapas para orientação, localização, demarcação de fronteiras e administração do espaço territorial. Nessa mesma época, os egípcios realizavam cálculos matemáticos para determinar as distâncias e o tamanho de áreas a serem cartografadas, informações fundamentais para o controle de territórios.

Embora muitas representações gráficas fossem feitas em diferentes lugares do mundo na mesma época, foram os gregos que desenvolveram as bases da observação científica na Cartografia. Um dos primeiros mapas-múndi que representava com certa precisão os contornos dos territórios conhecidos pelos gregos foi elaborado por Estrabão (64 a.C.-23 d.C.). Veja a seguir uma reprodução desse mapa.

Os chineses foram precursores na produção de mapas. Na foto, mapa topográfico da China meridional com o Sul posicionado na parte superior, datado do século II a.C. Desenhado sobre seda, mede 96 x 96 cm e faz parte do acervo do Museu Provincial de Hunan, em Hunan, China.

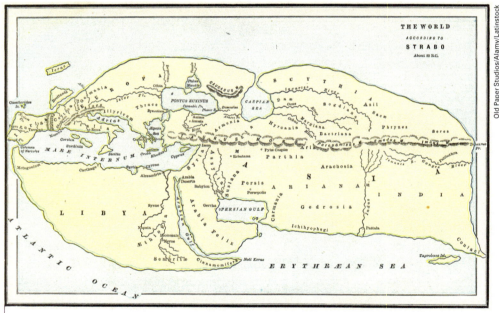

Reprodução datada de 1889 mostra o mapa-múndi de Estrabão. Foi assim que ele idealizou o mundo no ano 25 a.C.

A Cartografia ganhou mais precisão com o desenvolvimento dos cálculos que permitiram estabelecer a circunferência terrestre, também obra dos gregos antigos. O mapa-múndi na página seguinte, produzido no século XV, foi elaborado com base na obra do filósofo grego Cláudio Ptolomeu (90 d.C.-168 d.C.). Historicamente, essa é uma das mais importantes representações da Terra, pois marca o estabelecimento dos primeiros cálculos e regras para uma representação esférica do planeta.

Mapa-múndi produzido no século XV, com base na obra de Cláudio Ptolomeu. Esta versão foi elaborada pelo cartógrafo alemão Johannes Schnitzer em 1482.

Criado por volta de 1750, o sextante foi um instrumento muito utilizado na navegação, pois permitia determinar a latitude e a longitude de um lugar com base na medição da altitude do Sol, da Lua ou das estrelas no céu. Na foto, sextante inglês de 1788, peça do Museu da Ciência de Londres, em Londres, Inglaterra.

A Cartografia no período da expansão marítima europeia

Durante os séculos XV e XVI, os europeus – sobretudo portugueses, espanhóis e holandeses – passaram a realizar a chamada expansão marítima, visando suprir a demanda por recursos naturais. Para que a navegação pelos oceanos se tornasse segura e proveitosa, era necessário que os mapas fossem precisos. Com o auxílio de novos instrumentos e o aperfeiçoamento de outros, além das informações coletadas pelos exploradores durante as viagens, os cartógrafos passaram a criar mapas mais próximos da realidade.

Com as informações obtidas nas viagens ultramarinas, os europeus passaram à vanguarda das representações cartográficas, produzindo mapas ordenados por meio de coordenadas geográficas, como aquelas utilizadas atualmente. Veja a seguir, como exemplo dessas representações, um mapa elaborado em meados do século XIX.

Na segunda metade do século XIX, surgiram planisférios mais completos e precisos, como este mapa-múndi de 1836. Os contornos continentais e a localização dos rios e dos mares são mais condizentes com a realidade.

A história dos mapas e as novas tecnologias **Capítulo 4** 51

De olho no Enem – 2004

Texto 1

Texto 2

Da minha aldeia vejo quanto da Terra pode se ver no Universo...
Por isso minha aldeia é grande como outra qualquer
Porque sou do tamanho do que vejo
E não do tamanho da minha altura...

(Alberto Caeiro)

A tira "Hagar" e o poema de Alberto Caeiro (um dos heterônimos de Fernando Pessoa) expressam, com linguagens diferentes, uma mesma ideia: a de que a compreensão que temos do mundo é condicionada, essencialmente:

a. pelo alcance de cada cultura.
b. pela capacidade visual do observador.
c. pelo senso de humor de cada um.
d. pela idade do observador.
e. pela altura do ponto de observação.

Gabarito: A

Justificativa: Neste capítulo, trabalha-se como a evolução da Cartografia até o presente momento, que dependeu diretamente da cultura na qual estava inserida cada uma das sociedades que buscaram retratar o espaço em que viviam. Nesse sentido, vale refletir sobre a concepção de mundo e sua extensão, tomados pelo ponto de vista do observador – que, na atualidade, está inserido culturalmente numa sociedade que, por ter atingido elevado grau de conhecimento sobre o planeta em que habita, desenvolveu tecnologias bem mais sofisticadas para retratá-lo, o que se reflete na evolução cartográfica. Está correta, portanto, a alternativa **a**. A alternativa **b** está incorreta, pois não se trata apenas da capacidade visual do observador, mas da cultura em que sua sociedade está imersa, afinal é controverso imaginar que se possa retratar o desconhecido ou o que não se concebe como real. As demais alternativas estão todas incorretas por deduzirem hipóteses baseadas em interpretações inadequadas dos materiais apresentados como suporte. Nas alternativas **c** e **d**, não se trata de senso de humor ou de idade, pois o personagem Hagar não está ironizando a interpelação do jovem com quem dialoga, mas apenas contrapondo-a com base na visão de mundo válida para a cultura na qual estão inseridos. Também não se trata de interpretar literalmente o verso do poema que aborda a questão da altura, como na alternativa **e**, pois o próprio autor do texto condiciona a extensão do espaço àquilo que as pessoas são capazes de ver.

▶ A Cartografia a partir do século XX

À medida que novas tecnologias empregadas na navegação e na produção de mapas foram desenvolvidas pela sociedade, o conhecimento das características físicas e humanas dos territórios e das paisagens terrestres tornou-se ainda mais abrangente. Vejamos a seguir como se desenvolveu esse processo do início do século XX até os dias atuais.

O sensoriamento remoto

Podemos afirmar que a grande revolução tecnológica na elaboração de mapas ocorreu durante o século XX, sobretudo com o desenvolvimento das técnicas ligadas ao **sensoriamento remoto**. Essas técnicas permitem a obtenção de dados e imagens da superfície da Terra, a grandes distâncias da superfície, por meio de sensores instalados em aviões, em satélites artificiais ou mesmo em balões de observação.

Os sensores são aparelhos capazes de captar a energia do Sol (luz e calor) – refletida pelos elementos de uma paisagem, como rios, montanhas, florestas, estradas, construções e lavouras –, que depois é transformada em imagens. São exemplos de sensores naturais os olhos dos seres humanos e os de outros animais. As câmeras fotográficas e os sensores eletrônicos de satélites são exemplos de sensores artificiais. O infográfico a seguir mostra como é possível registrar uma imagem por meio de sensores artificiais.

A captação de imagens aéreas e orbitais por sensores artificiais

A câmera fotográfica capta a energia do Sol — no caso, a luz — refletida pela paisagem que observamos e faz o registro da imagem. Esse registro pode ser obtido de um ponto de vista horizontal, ao nível do chão, ou de um ponto de vista oblíquo, em um lugar mais alto, como uma encosta de montanha, uma janela ou o topo de um edifício.

Quando instalados em aviões e satélites artificiais, os sensores eletrônicos captam a luz em grandes altitudes. No caso dos aviões, as fotografias aéreas, também chamadas de imagens aéreas, são obtidas entre 3 mil e 11 mil metros de altitude.

Altitude de 700 km

3 mil a 11 mil metros

Os satélites artificiais registram as imagens da Terra, chamadas de **imagens de satélite** ou **imagens orbitais**, em geral, a 700 km de altitude ou mais. O registro dessas imagens é feito do ponto de vista vertical, ou seja, de cima para baixo. Desse ponto de vista, é possível registrar áreas bem maiores.

Ilustração fora de proporção; cores-fantasia.
Fonte: Elaborado pelos autores.

A história dos mapas e as novas tecnologias Capítulo 4 53

As fotografias aéreas

Guerra Fria: período de tensão político-militar entre os Estados Unidos e a antiga União Soviética, que durou cerca de três décadas (1950-1980).

A tecnologia do sensoriamento remoto desenvolveu-se bastante com o aperfeiçoamento das aeronaves durante a Primeira e a Segunda guerras mundiais. Os aviões equipados com câmeras fotográficas obtinham imagens de bases militares, equipamentos de guerra e deslocamentos de tropas, permitindo escolher os alvos a serem atacados durante os combates. A partir da década de 1950, no período da chamada **Guerra Fria**, as disputas pelo poder entre Estados Unidos e União Soviética provocaram um rápido aprimoramento das tecnologias aeroespaciais, entre elas a produção de fotografias ou imagens aéreas para fins militares.

Com o fim da Guerra Fria, na década de 1980, as fotografias aéreas passaram a ser utilizadas em diferentes segmentos e instituições da sociedade (órgãos públicos, empresas privadas, ONGs etc.), apresentando-se como um recurso fundamental para o estudo do meio ambiente e o planejamento das ações humanas tanto no campo quanto na cidade.

Atualmente, existem empresas de **aerofotogrametria** especializadas em interpretar as informações contidas nas imagens aéreas captadas pelas câmeras instaladas em aviões. Com essas máquinas especiais, são obtidas fotografias de diferentes faixas do terreno (veja a etapa 1 no esquema abaixo). Depois de reveladas, as imagens aéreas servem de base para a produção de vários tipos de mapas, como os topográficos (com cotas de altitude), os hidrográficos, os geológicos e os de uso da terra. Por meio deles, é possível, por exemplo, planejar o crescimento das cidades, monitorar as formas de uso de propriedades rurais, controlar a poluição dos rios e do solo e proteger reservas florestais.

O B-36 era um avião bombardeiro da Força Aérea estadunidense também utilizado para espionar o território inimigo. A aeronave possuía 23 câmeras e um pequeno estúdio onde os técnicos revelavam os filmes com as imagens aéreas obtidas quase em tempo real. Na foto, do Museu da Força Aérea dos Estados Unidos, um RB-36D em voo.

O processo aerofotogramétrico

Etapa 1: Captação de imagens aéreas por avião de empresa de aerofotogrametria.

Etapa 2: Fotografia aérea obtida pela empresa de aerofotogrametria.

Fonte: IBGE. *Atlas Geográfico Escolar*. 6. ed. Rio de Janeiro, 2012.

As novas tecnologias: o uso de imagens orbitais

A partir da década de 1960, com o desenvolvimento da informática e dos satélites artificiais, tornou-se possível conhecer lugares da Terra até então inacessíveis aos seres humanos. As imagens geradas por satélite permitiram visualizar as grandes extensões desérticas da superfície terrestre e mapeá-las com precisão. Com a tecnologia aeroespacial, foi possível desenvolver basicamente dois tipos de satélite artificial capazes de gerar imagens ao orbitar a Terra: os meteorológicos e os de rastreamento de recursos terrestres.

Imagem captada em 25 de março de 2012 pelo satélite Meteosat, em órbita polar, mostra um dia de primavera sem nuvens em toda a Europa Central.

Nessa imagem da cidade do Rio de Janeiro, captada pelo satélite CBERS-4, em janeiro de 2015, podemos observar as áreas de ocupação urbana (em tons de cinza) e as áreas que possuem cobertura vegetal (em tons de verde). O CBERS-4 foi lançado com sucesso, em dezembro de 2014, na China.

▶ **A: Satélites meteorológicos:** permitem monitorar o deslocamento das massas de ar e das correntes marítimas, além da formação de fenômenos atmosféricos dramáticos, como tempestades, tornados, furacões e nevascas, propiciando previsões meteorológicas mais eficazes. São exemplos de satélites meteorológicos os estadunidenses Geostationary Operational Environmental Satellite (Goes) e Polar Operational Environmental Satellite (Poes), e o europeu Meteorological Satellite (Meteosat).

▶ **B: Satélites de rastreamento de recursos terrestres:** com seus sensores eletrônicos especiais, possibilitam o monitoramento de extensas áreas da superfície do globo, gerando imagens de cidades, plantações, florestas, incêndios e áreas devastadas pela exploração mineral, mesmo em áreas isoladas ou de difícil acesso, como geleiras, desertos e florestas tropicais. São exemplos de satélites de rastreamento de recursos terrestres: o francês Satellite Pour l'Observation de la Terre (Spot), o estadunidense Land Remote Sensing Satellite (Landsat) e o Satélite Sino-brasileiro de Recursos Terrestres (CBERS – China-Brazil Earth Resources Satellite), desenvolvidos em nosso país pelo Instituto Nacional de Pesquisas Espaciais (Inpe) em parceria com a Academia Chinesa de Tecnologia Espacial (Cast). Existem ainda os satélites de rastreamento que geram imagens de alta resolução, como os da série Quick Bird, satélites estadunidenses que possibilitam visualizar elementos de pequeno porte presentes na superfície terrestre.

Como são produzidas as imagens orbitais

Para compreender um pouco melhor como são produzidas as imagens orbitais ou de satélite, observe este esquema simplificado.

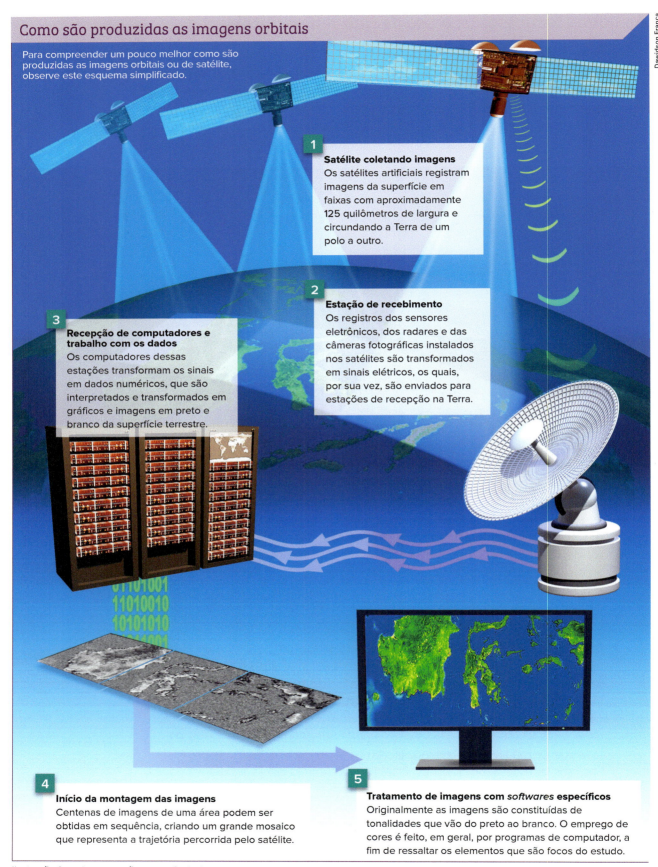

1 Satélite coletando imagens
Os satélites artificiais registram imagens da superfície em faixas com aproximadamente 125 quilômetros de largura e circundando a Terra de um polo a outro.

2 Estação de recebimento
Os registros dos sensores eletrônicos, dos radares e das câmeras fotográficas instalados nos satélites são transformados em sinais elétricos, os quais, por sua vez, são enviados para estações de recepção na Terra.

3 Recepção de computadores e trabalho com os dados
Os computadores dessas estações transformam os sinais em dados numéricos, que são interpretados e transformados em gráficos e imagens em preto e branco da superfície terrestre.

4 Início da montagem das imagens
Centenas de imagens de uma área podem ser obtidas em sequência, criando um grande mosaico que representa a trajetória percorrida pelo satélite.

5 Tratamento de imagens com *softwares* específicos
Originalmente as imagens são constituídas de tonalidades que vão do preto ao branco. O emprego de cores é feito, em geral, por programas de computador, a fim de ressaltar os elementos que são focos do estudo.

Ilustração fora de proporção; cores-fantasia.

Fonte: IBGE. *Atlas Geográfico Escolar*. 6. ed. Rio de Janeiro, 2012.

56 **Unidade 1** A ciência geográfica e a representação do espaço

▶ Da imagem orbital ao mapa

Atualmente, existem recursos computacionais que são empregados nos trabalhos cartográficos, facilitando a seleção das informações contidas nas imagens orbitais, como é o caso do uso do geoprocessamento e do Sistema de Informação Geográfica (veja mais a respeito no boxe desta página). Essas tecnologias permitem a elaboração de mapas hidrográficos, de áreas urbanas, de plantações, de formas de relevo e de formações vegetais com mais agilidade que em tempos atrás. Tais mapas são bastante precisos, já que são produzidos com base em imagens reais da superfície terrestre e com informações e dados extraídos de fontes complementares. Veja um exemplo desse processo na sequência de imagens a seguir.

Imagem de satélite e mapa de Manaus – AM

A imagem do satélite EO-1 ALI, da Nasa, mostra a confluência dos rios Negro e Solimões e a área urbana de Manaus, no estado do Amazonas, em junho de 2012. As cores da imagem identificam um tipo de elemento presente na paisagem captada, por exemplo: verde (vegetação), preto e marrom (rios), e cinza (áreas construídas).

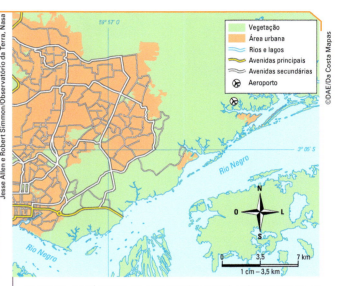

Por meio de técnicas de cartografia digital, selecionam-se os elementos que serão representados em um mapa. Observando o mapa, verifica-se que estão sendo representados a cobertura vegetal, os rios e a área urbana de Manaus.

Fonte: Prefeitura Municipal de Manaus/Secretaria Municipal de finanças, Planejamento e Tecnologia da Informação (Semef).

O geoprocessamento e o SIG

Como vimos, o desenvolvimento tecnológico tem sido um importante aliado para os avanços cartográficos e os estudos de Geografia. Um dos recursos oferecidos pelas novas tecnologias é o método do **geoprocessamento**, que permite ampliar os estudos e as análises do espaço geográfico e dos fenômenos que nele ocorrem. No geoprocessamento, são utilizadas técnicas matemáticas e de informática para criar sistemas que possam analisar diversas informações geográficas ao mesmo tempo, como é o caso do chamado **Sistema de Informação Geográfica (SIG)**.

O SIG, como é mais conhecido, foi desenvolvido com base nessas técnicas, tornando possível integrar diferentes dados coletados por pesquisadores e distribuir espacialmente cada informação. Esse sistema é composto de *hardware* (computadores, aparelhos de GPS etc.), *software* (programas), metodologias, informações espaciais e procedimentos de informática que auxiliam na construção de representações do espaço geográfico e na espacialização de temas variados, como dados de economia, saúde e infraestrutura. Observe no esquema da página seguinte um exemplo de como elaborar um SIG.

A história dos mapas e as novas tecnologias **Capítulo 4**

Sistema de Informação Geográfica

Fonte: Elaborado pelos autores.

Um SIG pode ser utilizado com diferentes finalidades, como estudos do meio ambiente, estudos populacionais, planejamento territorial urbano, produção agrícola, organização do espaço rural e estudos socioeconômicos. Entretanto, atualmente, com a disponibilidade das tecnologias na internet e nos meios de comunicação, produtos elaborados com base nos SIGs estão cada vez mais presentes no dia a dia das pessoas. São elaborados com base nos SIGs, por exemplo, os aparelhos de GPS portáteis acoplados em painéis de alguns modelos de automóveis.

Outros exemplos de SIGs que se popularizaram na última década e que passaram a ser amplamente utilizados pelos usuários da internet são os *softwares* de localização e mapeamento personalizado, como o Google Earth, o Google Maps, o Wikimapia e o Live Maps. Eles permitem ao usuário localizar e observar qualquer ponto da superfície da Terra na tela de um computador pessoal ou de um celular e até mesmo montar um mapa com as informações que lhe interessam. Esses programas apresentam imagens de satélite da superfície terrestre e permitem a elaboração de mapas, a localização de fotografias de localidades e a identificação de endereços no mundo todo. Além disso, é possível rotacionar as imagens, medir e calcular distâncias, estabelecer trajetos ou mesmo compor imagens tridimensionais de monumentos famosos e de logradouros de grandes metrópoles. Observe a imagem abaixo, obtida no Google Earth.

Imagem do Google Earth mostra a Baía de Tóquio, no Japão, ao centro. Os Sistemas de Informação Geográfica têm permitido às pessoas conhecer lugares e aprofundar seus conhecimentos. Podemos "viajar" a qualquer lugar do mundo sem precisar sair da frente da tela do computador. Foto de 2014

Revisitando o capítulo

1. Qual foi a importância da Cartografia para os povos na Antiguidade? Destaque três aspectos relevantes.

2. Por que os mapas se tornaram mais precisos durante o período da expansão marítima europeia? Cite pelo menos dois fatores que colaboraram para isso.

3. Compare os territórios representados no mapa elaborado, em 1482, pelo alemão Johannes Schnitzer com os representados no mapa produzido no século XIX, página 51. Depois, indique as diferenças entre os traçados desses mapas.

4. De acordo com o texto do capítulo, defina sensoriamento remoto. Diferencie sensor natural e sensor artificial, exemplificando.

5. Cite três diferenças básicas entre as fotografias aéreas e as imagens de satélite. Em seguida, aponte duas semelhanças entre elas.

6. Quais são os tipos de satélite artificial mais utilizados pela Cartografia na atualidade? Por quê?

7. O que significa SIG e como ele está presente em nosso cotidiano? Explique por meio de exemplos.

▶ ANÁLISE DE TEXTO E INFOGRÁFICO

Leia a seguir o texto e o infográfico da página seguinte.

O desenvolvimento e a implementação do sistema de agricultura de precisão (AP) são possíveis a partir da combinação do Sistema de Posicionamento Global (GPS) com os Sistemas de Informações Geográficas (SIG).

Essas tecnologias permitem a junção da coleta de dados em tempo real com informações precisas de posição, possibilitando uma eficiente manipulação e análise de grandes quantidades de dados geoespaciais. As aplicações baseadas no GPS de agricultura de precisão estão sendo usadas para o planejamento de plantio, mapeamento em campo, amostragem de solo, direcionamento do trator, inspeção da colheita, tempos variáveis de aplicação e o mapeamento da produção. O GPS permite aos agricultores trabalhar durante condições de baixa visibilidade do campo, como chuva, poeira, névoa e escuridão.

No passado, era difícil para os agricultores correlacionar técnicas de produção e os resultados da colheita com as variações da terra. Isso limitava suas habilidades para desenvolver estratégias mais efetivas de gerência do solo/planta que pudesse aumentar suas produções. Hoje em dia, a aplicação mais precisa de pesticidas, herbicidas e fertilizantes e um melhor controle da dispersão dessas substâncias químicas são possíveis através da agricultura de precisão, consequentemente reduzindo despesas, produzindo um rendimento mais alto e criando uma fazenda ambientalmente mais amigável.

A AP está mudando o modo como os agricultores e os empresários agrícolas estão visualizando a terra da qual retiram seus lucros. A agricultura de precisão consiste em coletar informações geoespaciais sobre requisitos relativos ao conjunto solo-planta-animal e prescrever e aplicar ações específicas e localizadas para aumentar a produção e proteger o meio ambiente.

A AP está ganhando popularidade em grande escala devido à introdução de ferramentas tecnológicas resistentes na comunidade agrícola que são mais precisas, com custos adequados e fáceis de usar. Muitas das novas inovações contam com a integração de computadores de bordo, sensores coletores de dados e sistemas de posicionamento e de contagem de tempo do GPS.

Muitos acreditam que os benefícios da AP só podem ser obtidos em grandes propriedades agrícolas com tecnologias de informações. Isso não é verdadeiro. Existem métodos e técnicas de baixo custo e fáceis de usar e que podem ser desenvolvidos para serem usados por todos os agricultores. Por meio do uso do GPS, SIG e transmissão remota, podem ser coletadas as informações necessárias para o aperfeiçoamento do uso da terra e da água. Agricultores podem obter benefícios adicionais fazendo uma combinação melhor do uso de fertilizantes e outras correções de solo, determinando os limites econômicos para o tratamento de infestações de pragas e ervas daninhas, e assim protegendo os recursos naturais para uso futuro.

Os fabricantes de equipamentos GPS desenvolveram várias ferramentas para ajudar os agricultores e empresários agrícolas a se tornarem mais produtivos e eficientes nas suas atividades de agricultura de precisão. Hoje, muitos agricultores usam produtos derivados do GPS para melhorar seus negócios agrícolas. As informações de localização são coletadas por receptoras do GPS para mapear limites, estradas, sistemas de irrigação e áreas de plantação com problemas, como ervas daninhas ou pragas.

Eng. Agr. Dr. José Luis da Silva Nunes.
Disponível em: <www.agrolink.com.br/georreferenciamento/Gps.aspx>. Acesso em: 26 set. 2015.

Ilustração fora de proporção; cores-fantasia. Disponível em: <http://mundogeo.com/blog/2000/02/02/novidade-no-campo-geotecnologias-renovam-a-agricultura>. Acesso em: 16 mar. 2016.

Com base no texto e no infográfico, responda:
a. O que é agricultura de precisão?
b. Quantas e quais são as etapas da AP?
c. Que tipos de tecnologias ligadas ao geoprocessamento são utilizados nessa modalidade agrícola?
d. Que benefícios podem ser alcançados pela atividade agrícola com o uso dessas tecnologias?

CAPÍTULO 5

OS MAPAS E A LINGUAGEM CARTOGRÁFICA

No capítulo anterior, vimos que a **Cartografia**, ou seja, o conjunto dos conhecimentos científicos aplicados na confecção de mapas, passou por uma ampla transformação no que se refere às técnicas utilizadas e aos modos de representar os elementos das paisagens terrestres.

Mas, afinal, o que é um mapa?

De maneira geral, poderíamos dizer que um **mapa** é a representação de determinado espaço e suas paisagens. Porém, uma fotografia, uma tela pintada por um artista ou um croqui também podem ser considerados representações de determinados espaços e suas paisagens. Veja os exemplos a seguir.

Catedral Metropolitana de São Paulo (Catedral da Sé), no centro histórico da cidade de São Paulo, SP, em 2015. Sua construção começou em 1913, seguindo um projeto do alemão Maximilian Emil Hehl, e só terminou em 1967, mas a catedral foi inaugurada em 1954, ainda inacabada.

Catedral da Sé, 100×80 cm. Óleo sobre tela de Rodolpho Tamanini Netto.

O que difere um mapa de outras formas de representação, como as que acabamos de ver? Um **mapa** é a representação espacial dos elementos presentes na paisagem de determinada área de nosso planeta, feita em uma superfície plana, em tamanho reduzido e do **ponto de vista vertical**, ou seja, vista de cima para baixo. Além disso, os mapas possuem uma linguagem própria: a **linguagem cartográfica**. Entender essas particularidades, as regras e os elementos que compõem essa linguagem será nosso objetivo neste capítulo.

▶ Os mapas e as paisagens

No estudo dos espaços e de suas paisagens, os geógrafos utilizam diferentes procedimentos para compreender o que observam. O trabalho cartográfico inclui vários desses procedimentos, como registrar, analisar, interpretar, comparar e sintetizar informações, entre outros. Conheça, a seguir, algumas técnicas que servem de apoio ao desenvolvimento desse tipo de conhecimento.

Os planos da paisagem

A observação e o registro dos elementos presentes em uma paisagem podem ser realizados com base nos diferentes planos que nela enxergamos. Os planos que compõem uma imagem estabelecem as áreas próximas ao observador, as intermediárias e as mais distantes. Assim, a delimitação dos planos deve levar em consideração a disposição dos elementos na paisagem de acordo com a distância que estão do observador. O estabelecimento dos planos permite perceber a profundidade no desenho registrado, facilitando a análise da paisagem representada.

Os planos de uma paisagem real podem ser vistos, descritos, registrados e analisados de diferentes maneiras, conforme a percepção da pessoa que os observa.

A – 1º plano: é a porção da paisagem mais próxima do observador.
B e **C** – 2º e 3º planos: são os planos intermediários da paisagem.
D – 4º ou último plano: é o plano mais distante do observador.
E – Linha do horizonte.

Vista da cidade de Salvador a partir da Baía de Todos-os-Santos. Foto de 2015.

Gabriel Santos/Tyba

62

Os croquis

Uma das maneiras de registrar as informações visualizadas em uma paisagem são os **croquis**, desenhos com traços simples que indicam a disposição dos elementos da paisagem no espaço. Os croquis podem ser produzidos do ponto de vista horizontal, oblíquo ou vertical, como veremos adiante.

Além dos geógrafos, profissionais como arquitetos, urbanistas, decoradores, paisagistas, engenheiros, geólogos e artistas plásticos utilizam croquis em suas atividades. Veja ao lado o croqui que o arquiteto Fabricio Contreras Ansbergs fez para a construção do Museu de Arte Moderna do Rio de Janeiro, em 2012.

Croqui do Museu de Arte Moderna do Rio de Janeiro, realizado por Fabricio Contreras Ansbergs em 2012.

Em geral, a confecção de um croqui complementa a descrição de uma paisagem e auxilia no entendimento da relação entre seus elementos e sua disposição no espaço geográfico. Os croquis podem ser utilizados em nosso dia a dia quando precisamos explicar a alguém como é determinado lugar. Se desenharmos a paisagem, ainda que simplificadamente, o entendimento será facilitado. Veja o exemplo no esquema abaixo.

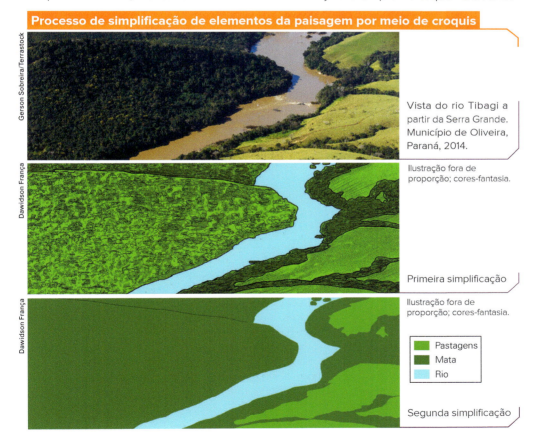

Processo de simplificação de elementos da paisagem por meio de croquis

Vista do rio Tibagi a partir da Serra Grande. Município de Oliveira, Paraná, 2014.

Ilustração fora de proporção; cores-fantasia.

Primeira simplificação

Ilustração fora de proporção; cores-fantasia.

- Pastagens
- Mata
- Rio

Segunda simplificação

Descreva em seu caderno o processo de simplificação dos elementos da paisagem da fotografia, analisando os croquis apresentados. Quais os elementos que foram suprimidos? Você acha que essa simplificação é importante para a análise e o entendimento das paisagens? Explique.

Os mapas e a linguagem cartográfica Capítulo 5

Os pontos de vista de observação da paisagem

A observação e a descrição das paisagens também estão relacionadas à posição do observador, ou seja, ao lugar onde ele se encontra. Veja, por meio das imagens a seguir, três diferentes possibilidades de pontos de observação.

▶ **Observação horizontal:** no nível do chão, tem-se uma visão horizontal da paisagem, com os elementos dispondo-se à frente do observador.

▶ **Observação oblíqua:** pode-se vislumbrar um ângulo oblíquo da paisagem ao observá-la do alto de uma torre da janela de um edifício ou do alto de um morro.

▶ **Observação vertical:** tem-se uma visão vertical das paisagens ao observá-las de cima para baixo, como a bordo de um balão ou de um avião.

Odeão de Herodes Ático na vertente sul da Acrópole de Atenas, fotografado do ponto de vista horizontal. Grécia, 2015.

Nesta posição, o observador pode ver o Odeão de Herodes Ático do ponto de vista oblíquo, pois a foto foi feita do ponto mais alto da edificação. Grécia, 2013.

Odeão de Herodes fotografado por satélite na posição vertical, como apareceria em um mapa. Foto de 2016.

Que elementos é possível observar em cada um dos pontos de vista? Qual o ponto de observação que possibilita uma visão mais abrangente do espaço observado? Por quê?

Os mapas: a visão vertical da paisagem

Já vimos que os mapas são representações da superfície terrestre ou de parte dela, como se observássemos os elementos da paisagem do ponto de vista vertical. Vimos também que muitos deles são produzidos com base em imagens orbitais, que nada mais são do que visões verticais da superfície de nosso planeta e de suas paisagens, a partir de elevadas altitudes. Observe, na próxima página, os pontos de vista e a planta da Praça dos Três Poderes, em Brasília, DF.

Ponto de vista horizontal do Congresso Nacional, em Brasília, DF. Foto de 2015.

Ponto de vista oblíquo do Congresso Nacional, em Brasília, DF. Foto de 2013.

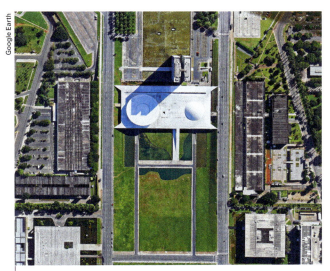
Ponto de vista vertical do Google Earth, de 2013, mostra o Congresso Nacional e arredores, em Brasília, DF.

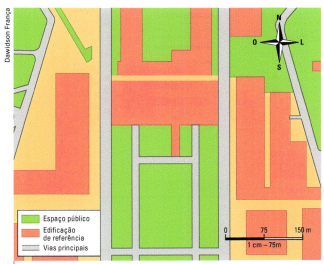
Planta do Congresso Nacional e arredores, em Brasília, DF, produzida do ponto de vista vertical.

Perceba que, na última imagem da sequência, os elementos da paisagem foram selecionados e representados por cores, linhas e símbolos, configurando uma representação cartográfica, neste caso uma planta. A fim de definir parâmetros para a representação dos elementos que serão mapeados e para localizá-los com precisão em um mapa, foram criados os sistemas de representação gráfica. É o que vamos estudar a seguir.

▶ O sistema de representação gráfica

A necessidade de representar com fidelidade o espaço geográfico levou os cartógrafos a empregar certas **regras visuais** na elaboração de plantas, cartas e mapas, de modo que fossem inteligíveis para qualquer tipo de **leitor de mapas**. Essas regras buscam estabelecer relações de diferença, quantidade, ordem e movimento para os elementos e os fenômenos representados.

▸ As relações de **diferença** são utilizadas para representar tipos distintos de objetos e fenômenos, como tipos de produtos agrícolas, tipos de minérios, diferentes línguas e religiões ou vias de transporte.

▸ As relações de **quantidade** representam a dimensão ou a proporção do fenômeno ou do objeto no espaço, como tamanho de cidades, tonelagem anual de determinado produto agrícola ou mineral ou, ainda, áreas mais ou menos povoadas.

▸ As relações de **ordem** são empregadas para representar a hierarquia ou o nível de importância de determinado elemento ou fenômeno no espaço, como estradas principais e secundárias, cidades de maior ou menor influência econômica ou política e áreas de maior e menor altitude.

▸ As relações de **movimento** representam o sentido dos deslocamentos dos fenômenos no espaço geográfico, sua origem e seu destino, como no caso das migrações populacionais, do comércio de produtos agrícolas e industriais ou do deslocamento dos capitais de investimento entre os países.

Essas relações são estabelecidas por meio de regras visuais e são representadas nos mapas, basicamente, com a utilização de três grandes grupos de símbolos: os **pontos**, as **linhas** e as **áreas**. Observe a organização dessas regras visuais no quadro ao lado.

O quadro não exemplifica a relação de movimento, pois ela é comumente representada por meio de setas, flechas e outros símbolos que indicam a trajetória do fenômeno ou do objeto no espaço geográfico. Veja, agora, alguns mapas em que as regras visuais estudadas são aplicadas.

Grupos de símbolos

Fonte: MARTINELLI, Marcelo. *Gráficos, mapas e redes*: elabore você mesmo. São Paulo: Oficina de Textos, 2014.

O mapa mostra os diferentes tipos de matéria-prima por meio de ícones diferenciados.

Fonte: IBGE. Disponível em: <http://7a12.ibge.gov.br/vamos-conhecer-o-brasil/nosso-territorio/recursos-minerais.html>. Acesso em: 28 set. 2015.

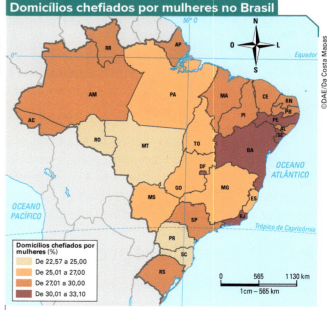

Este mapa mostra áreas ordenadas por meio da utilização de cores.

Fonte: IBGE. Disponível em: <http://portaldemapas.ibge.gov.br/portal.php#mapa32>. Acesso em: 28 set. 2015.

66 Unidade 1 A ciência geográfica e a representação do espaço

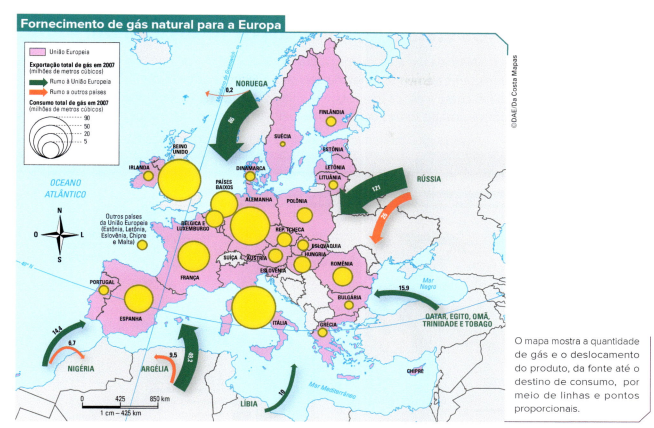

Fonte: BP STATISTICAL Review of World Energy, jun. 2008. In: *Le Monde Diplomatique*. Disponível em: <www.monde-diplomatique.fr/cartes/europeenergetique>. Acesso em: 28 set. 2015.

O mapa mostra a quantidade de gás e o deslocamento do produto, da fonte até o destino de consumo, por meio de linhas e pontos proporcionais.

Com base no que você estudou, identifique qual é o tipo de relação (diferença, quantidade, ordem ou movimento) que cada um dos mapas está representando. Verifique também quais elementos (pontos, linhas ou áreas) foram utilizados para representar os fenômenos.

▶ Os tipos de mapa temático

O objetivo das representações cartográficas é comunicar um assunto ao leitor. Representações cartográficas que contêm informações temáticas são chamadas de **mapas temáticos** e trazem informações a respeito da organização do espaço geográfico no passado ou na atualidade. Para que as informações sejam apresentadas de maneira visualmente organizada e clara, os mapas temáticos devem seguir as regras visuais que estudamos neste capítulo.

Esse tipo de mapa pode ser confeccionado em diferentes escalas (local, regional, nacional ou mundial), e os temas representados podem estar relacionados aos seguintes aspectos do espaço geográfico:

- ▶ naturais (hidrografia, geologia, clima, vegetação);
- ▶ econômicos (agricultura, indústria, recursos naturais, fluxos comerciais);
- ▶ demográficos e culturais (migrações, distribuição da população, crescimento natural, línguas, religião);
- ▶ históricos (áreas coloniais, frentes pioneiras, sesmarias).

Reveja os mapas acima e da página ao lado e identifique a temática que está sendo tratada em cada um deles. Converse com seus colegas se necessário.

▶ Os elementos básicos de leitura de um mapa

Além da temática do mapa, que podemos identificar no título e na legenda, existem outros elementos fundamentais para o reconhecimento das informações apresentadas, como a escala (gráfica ou numérica), a orientação (em geral indicada pela rosa dos ventos) e a fonte (local de onde foram extraídas as informações do mapa).

Veja a seguir os elementos fundamentais que todo mapa temático deve conter.

Elementos que compõem um mapa

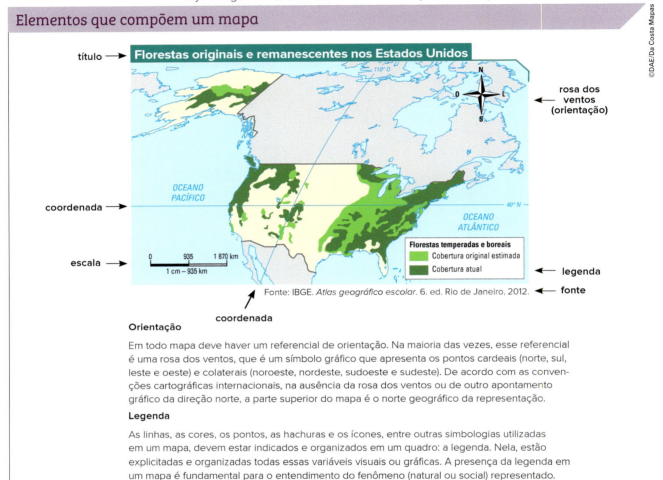

Orientação

Em todo mapa deve haver um referencial de orientação. Na maioria das vezes, esse referencial é uma rosa dos ventos, que é um símbolo gráfico que apresenta os pontos cardeais (norte, sul, leste e oeste) e colaterais (noroeste, nordeste, sudoeste e sudeste). De acordo com as convenções cartográficas internacionais, na ausência da rosa dos ventos ou de outro apontamento gráfico da direção norte, a parte superior do mapa é o norte geográfico da representação.

Legenda

As linhas, as cores, os pontos, as hachuras e os ícones, entre outras simbologias utilizadas em um mapa, devem estar indicados e organizados em um quadro: a legenda. Nela, estão explicitadas e organizadas todas essas variáveis visuais ou gráficas. A presença da legenda em um mapa é fundamental para o entendimento do fenômeno (natural ou social) representado. Observe o exemplo neste mapa e reveja as legendas dos mapas das páginas anteriores.

A escala cartográfica

Como representar com fidelidade, no papel ou na tela do computador, distintas dimensões de terra, como uma rua, um bairro, uma cidade, estados, províncias e continentes ou até todo o planeta Terra?

Isso é possível por meio de uma relação de proporção, que chamamos de **escala cartográfica**. A escala cartográfica é uma relação matemática de proporção entre as dimensões reais de determinada área da superfície terrestre e as dimensões de sua representação em um mapa. Dessa forma, o uso da escala permite representar uma área qualquer de nosso planeta em tamanho reduzido, independentemente de sua extensão real. Nos mapas, podemos representar a relação de proporção por meio da escala numérica ou da escala gráfica.

De acordo com a escala gráfica, um centímetro na representação equivale a um metro na realidade.

A **escala gráfica** é indicada no mapa com uma linha reta horizontal, dividida em partes iguais, como se fosse uma régua. Nela, estão indicadas as distâncias reais do mapa. A escala gráfica permite a visualização imediata das dimensões dos elementos (tamanho, distâncias etc.) representados em um mapa.

O numerador da escala numérica indica a medida no mapa.

1 cm : 1 000 cm

ou

1 cm / 1 000 cm

O denominador indica a medida na realidade.

A **escala numérica** é indicada em plantas e mapas técnicos na forma de fração, por exemplo, 1/1000 (lê-se: *1 sobre 1 000*) ou, como é mais comum, na forma de razão, 1 : 1000 (lê-se: *1 para 1000*).

Atividade cartográfica

No mapa político do Brasil a seguir, a escala é apresentada na forma numérica (1 : 49 000 000). Essa escala indica que 1 cm no mapa equivale a 49 milhões de centímetros na realidade. Sabendo que cada quilômetro é composto de 100 mil centímetros, veja como podemos calcular as distâncias, no mapa, em quilômetros.

100 mil cm = 1 km, então
49 milhões = x

$$\frac{100\,000 \text{ cm}}{49\,000\,000 \text{ cm}} \times \frac{1 \text{ km}}{x \text{ km}},$$

então $x = \frac{49\,000\,000}{100\,000} = 490$ km

De acordo com o cálculo apresentado acima, concluímos que 1 cm no mapa equivale a 490 km no terreno. Agora, junte-se a alguns colegas para calcular a distância, em quilômetros, entre as cidades ligadas pelas retas (A-B), (C-D) e (E-F) no mapa abaixo.

Fonte: IBGE. *Atlas geográfico escolar*. 6. ed. Rio de Janeiro, 2012.

Planta, carta e mapa: qual é a diferença?

Muitas vezes você vai encontrar os termos **planta**, **carta** ou **mapa** sendo utilizados como sinônimos. Porém, na Cartografia, existem algumas diferenças importantes entre seus significados e suas aplicações que, em boa parte, estão ligadas à escala cartográfica de cada uma delas. Vejamos:

Planta: é a representação cartográfica de uma pequena extensão da superfície terrestre. Por representar uma parcela pequena do planeta, pode fornecer um grande número de detalhes. Em geral, são representações cujo denominador possui valores menores, de 1 : 1 000 até 1 : 20 000.

Fonte: Prefeitura Municipal de São Paulo/Sempla/Dipro/SPTrans. 2011.

Carta: é a representação cartográfica de uma área mais ampla. Em geral, as cartas são apresentadas na forma de uma coleção, com duas ou mais cartas, cobrindo certa extensão territorial. Elas possuem escalas cartográficas médias, entre 1 : 100 000 e 1 : 500 000.

Fonte: Prefeitura Municipal de São Paulo/Sempla/Dipro/SPTrans. 2011.

70 Unidade 1 A ciência geográfica e a representação do espaço

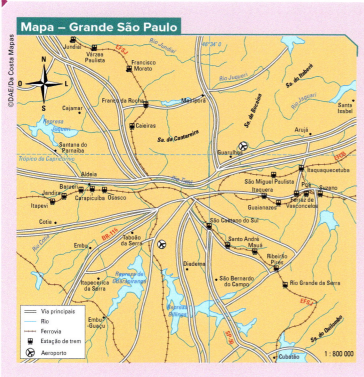

Mapa: é a representação cartográfica que abrange uma extensão da superfície terrestre maior do que as superfícies representadas nas plantas e nas cartas. Os mapas abrangem territórios de regiões e países. Logo, temos uma visão de grandes extensões de terra, porém com uma quantidade de informações e detalhes bem menor do que nas demais formas de representação. Isso porque a escala cartográfica dos mapas é superior a 1 : 500 000. Os planisférios ou mapas-múndi são mapas que mostram toda a superfície do planeta de uma só vez, por isso suas escalas são da ordem de 1 : 3 000 000.

Fonte: Prefeitura Municipal de São Paulo/Sempla/Dipro/SPTrans. 2011.

▶ As projeções cartográficas

Além da escala, outro desafio técnico que se impõe aos especialistas, desde os primórdios da Cartografia, é representar sobre um plano a superfície arredondada da Terra. Observe o planisfério ao lado, no qual a superfície de nosso planeta é representada tendo como ponto central a capital do Brasil, Brasília.

Embora possa parecer estranho, esse mapa-múndi está em conformidade com as regras de representação cartográfica. Ele é tão correto quanto qualquer planisfério convencional em que a Europa e a África são postadas ao centro, com o continente americano a oeste e a Ásia e a Oceania a leste. A única diferença entre essas representações está no tipo de projeção cartográfica utilizado para construí-las.

As projeções cartográficas constituem bases para a produção de mapas, nos quais os paralelos e os meridianos terrestres são transpostos de uma realidade tridimensional, característica de nosso planeta, para uma superfície plana ou bidimensional.

No processo de transposição dessa rede de paralelos e meridianos, ocorrem, inevitavelmente, várias distorções, sendo mais comuns aquelas relacionadas à área e à forma real dos continentes e dos países.

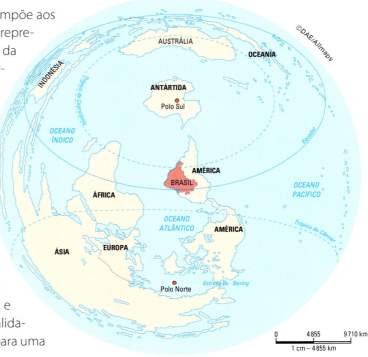

Fonte: SIMIELLI, Maria Helena. *Atlas geográfico escolar*. São Paulo: Ática, 2013. p. 174. Disponível em: <www.scipioneatica.com.br/afp/atlas_geografico_escolar>. Acesso em: 2 out. 2015.

Os mapas e a linguagem cartográfica Capítulo 5

Tipos de projeção: superfície geométrica

A rede de paralelos e de meridianos terrestres pode ser projetada em três tipos de superfície geométrica: cilíndrica, cônica e plana. De acordo com a superfície de projeção escolhida, os paralelos e os meridianos ficarão dispostos de maneira diferente, o que se refletirá na representação dos contornos da superfície da Terra. Observe.

Projeção cilíndrica

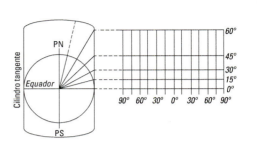

No caso das projeções efetuadas com base em um cilindro (cilíndricas), as distorções da representação são menores nas áreas próximas à Linha do Equador e maiores nas regiões próximas aos polos. Observe o tamanho desproporcional das regiões representadas na parte de cima do mapa, que mostra o norte da América.

Fonte: BOCHICCHIO, Raffaele Vincenzo. *Atlas do mundo atual*. São Paulo: Atual, 2009.

Projeção cônica

Fonte: BOCHICCHIO, Raffaele Vincenzo. *Atlas do mundo atual*. São Paulo: Atual, 2009.

Nas projeções com base em forma de cone (cônicas), as distorções são maiores nas áreas próximas à Linha do Equador e aos polos, diminuindo nas regiões entre os trópicos. Identifique essas áreas no mapa.

Projeção plana ou azimutal

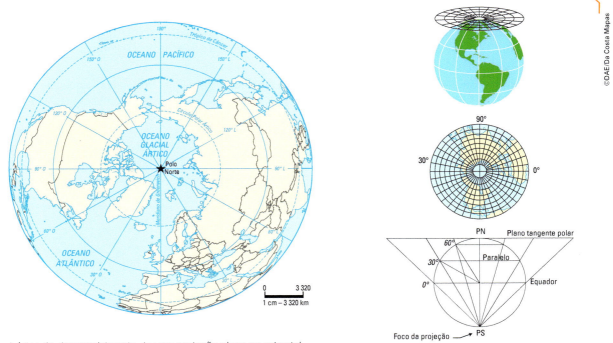

Esquema básico do desenvolvimento de uma projeção plana ou azimutal.
Nas projeções efetuadas com base em formas planas (azimutais), as áreas mais afastadas do centro da projeção apresentam mais distorções, e as áreas centrais apresentam menos distorções.

Fonte: BOCHICCHIO, Raffaele Vincenzo. *Atlas do mundo atual*. São Paulo: Atual, 2003.

É importante saber que a posição da superfície geométrica de projeção pode ser modificada em relação à esfera terrestre. Assim, temos três posições principais: normal (já vista nos esquemas anteriores), transversa e oblíqua. Veja o quadro a seguir.

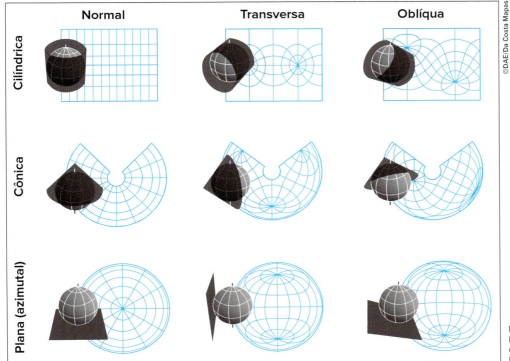

Fonte: FONSECA, Fernanda Padovesi; OLIVA, Jaime. *Cartografia*. São Paulo: Melhoramentos, 2013.

Os mapas e a linguagem cartográfica   Capítulo 5

Minimizando as deformações das projeções

Com o objetivo de minimizar as deformações de área e distância causadas pelas projeções nas superfícies geométricas, os cartógrafos também podem se valer de três tipos de projeção: as conformes, as equivalentes e as equidistantes. Veja:

▶ **Projeções conformes:** buscam manter os ângulos da superfície esférica da Terra e, dessa forma, preservam os contornos dos continentes.

▶ **Projeções equivalentes:** mantêm as proporções corretas entre os elementos e as regiões representadas, porém a forma deles fica alterada.

▶ **Projeções equidistantes:** buscam manter a relação das distâncias entre os pontos da superfície terrestre e o mapa. Contudo, isso ocorre apenas em parte da representação, e não em toda a sua extensão.

Fonte: IBGE, Diretoria de Geociências, Coordenação de Cartografia. Disponível em: <http://atlasescolar.ibge.gov.br/images/atlas/mapas_mundo/mundo_034_divisao_continentes.pdf.>. Acesso em: 30 abr. 2016.

SABERES EM FOCO

Projeções cartográficas e ideologia: diferentes visões de mundo

Como vimos, as projeções cartográficas variam conforme a base utilizada para a produção de mapas, definindo determinado tipo de planificação da rede de paralelos e meridianos terrestres. Além de contribuir para a transmissão de informações a respeito das características geográficas, econômicas e culturais dos lugares existentes em nosso planeta, em vários momentos da História, as projeções cartográficas foram utilizadas também como instrumentos político-ideológicos para impor determinado ponto de vista a respeito do mundo.

Um exemplo disso são os mapas-múndi, que, desde o período das grandes conquistas europeias, nos séculos XVI e XVII, apresentam a Linha do Equador e o Meridiano de Greenwich centralizados na representação da superfície do planeta. Nesse tipo de representação, a Europa aparece como o "centro" do mundo. Esse é o caso, por exemplo, da projeção elaborada pelo cartógrafo belga Gérard Mercator no século XVI. Esses planisférios, construídos com base em uma visão eurocêntrica do mundo, ainda hoje são amplamente utilizados em livros didáticos e na mídia em geral.

A visão eurocêntrica está presente também no fato de as projeções serem elaboradas com o norte na parte superior e utilizadas para transmitir a ideia de superioridade dos povos europeus em relação a outras civilizações do planeta Terra. O poder de convencimento dessa visão é tão forte que pode levar muitas pessoas a acreditar que um mapa com o sul posicionado na parte superior está "errado", "invertido" ou "de cabeça para baixo", como a imagem que vimos anteriormente, na página 71.

74 Unidade 1 A ciência geográfica e a representação do espaço

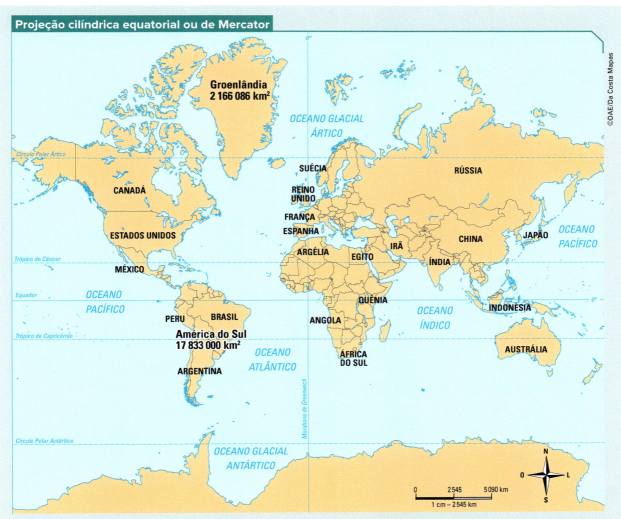

Projeção cilíndrica equatorial ou de Mercator

Fonte: IBGE. *Atlas geográfico escolar*. 6. ed. Rio de Janeiro, 2014.

Somente no século XX alguns cartógrafos resolveram romper com essa visão dominante de mundo, centrada nos países ricos e industrializados do Hemisfério Norte. Como exemplo, podemos citar os movimentos políticos sul-americanos de esquerda que, a partir da década de 1940, passaram a utilizar os planisférios com o sul "para cima" (veja a ilustração ao lado). Outro exemplo é a projeção proposta pelo cartógrafo alemão Arno Peters no início da década de 1970 (observe-a na página seguinte), que privilegiava os países em desenvolvimento e os países do Hemisfério Sul. Nela, as áreas desses países são representadas rigorosamente de acordo com o tamanho real, embora apresentem grandes distorções em relação à forma e aos contornos.

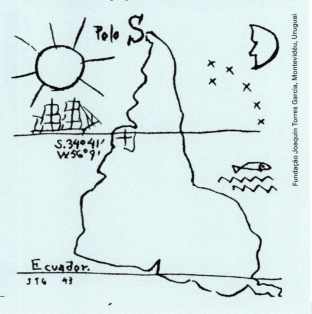

América invertida, desenho de Joaquín Torres (1874-1949), pintor, desenhista, escultor, escritor e professor uruguaio.

Os mapas e a linguagem cartográfica Capítulo 5 75

Projeção cilíndrica equivalente de Peters

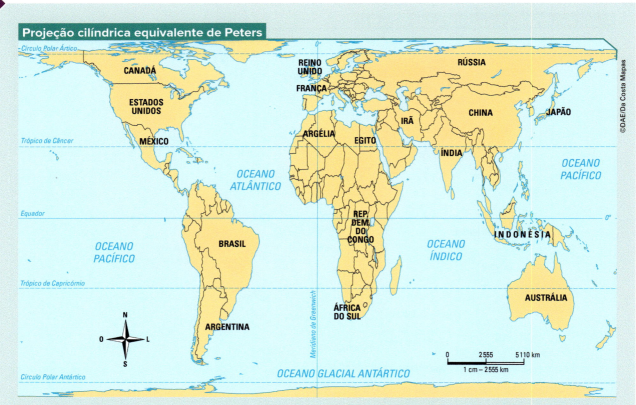

Fonte: BOCHICCHIO, Raffaele Vincenzo. *Atlas do mundo atual*. São Paulo: Atual, 2009.

Embora as projeções cartográficas vistas anteriormente sejam as mais utilizadas, outras formas de representação podem revelar detalhes importantes em estudos de geopolítica e regionalização. Veja os exemplos a seguir.

Planisfério – projeção plana

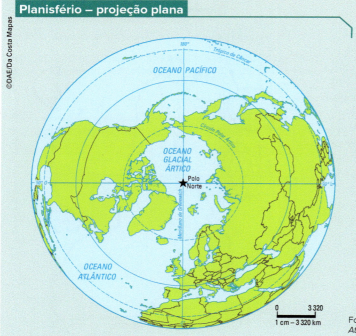

O planisfério ao lado, construído com base em uma projeção plana, mostra a proximidade entre a Ásia e a América do Norte. Nos mapas das páginas anteriores, temos a impressão de que essas regiões são muito distantes uma da outra. Um mapa com projeção polar pode revelar, por exemplo, a importância estratégica do Polo Norte e das terras ao seu redor durante o período da Guerra Fria.

Fonte: BOCHICCHIO, Raffaele Vincenzo. *Atlas do mundo atual*. São Paulo: Atual, 2009.

Unidade 1 A ciência geográfica e a representação do espaço

Planisfério – projeção do Pacífico

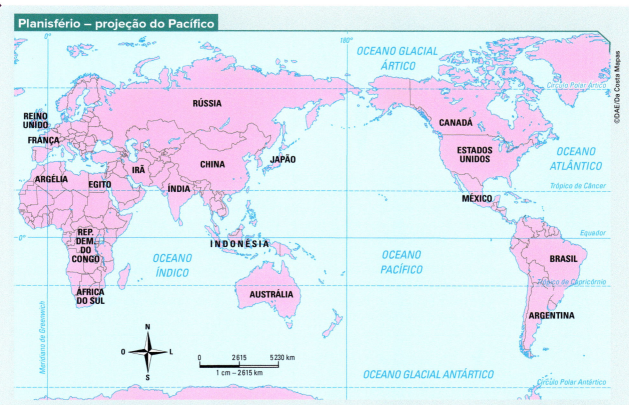

Fonte: BOCHICCHIO, Raffaele Vincenzo. *Atlas do mundo atual*. São Paulo: Atual, 2009.

Na representação acima, o Oceano Pacífico é o centro da projeção, permitindo a visualização plena de sua extensão (subestimada em outras projeções), assim como da extensão dos países que se localizam em seu entorno. Nas representações em que esses países estão posicionados nas extremidades do desenho, pode-se perder de vista a importância de grandes centros mundiais de poder político e econômico como o Japão e a China.

> Faça uma pesquisa a respeito dos diferentes tipos de projeção cartográfica utilizados em jornais, em revistas e na internet. Identifique os temas representados nos mapas encontrados e o contexto em que eles aparecem. Leve o material coletado para a sala de aula. Com os colegas, proponha aos professores de História e Sociologia que comentem os aspectos históricos e ideológicos que envolveram a produção de diferentes projeções cartográficas ao longo dos séculos e que, eventualmente, envolvam também aquelas que vocês pesquisaram.

De olho no Enem – 2011

Existem diferentes formas de representação da superfície da Terra (planisfério).
Os planisférios de Mercator e de Peters são atualmente os mais utilizados.

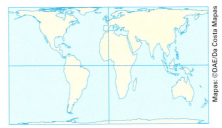

Os mapas e a linguagem cartográfica   Capítulo 5   77

Apesar de usarem projeções, respectivamente, conforme e equivalente, ambas utilizam como base da projeção o modelo:

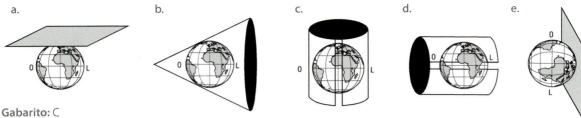

a.   b.   c.   d.   e.

Gabarito: C

Justificativa: Ambas as projeções apresentadas no enunciado da questão utilizam como base de projeção o modelo cilíndrico, o que elimina preliminarmente as alternativas **a**, **b** e **e**. As alternativas **a** e **e**, inclusive, apesar da diferença na orientação da ilustração, representam uma mesma projeção azimutal tomada a partir do Polo Norte. A alternativa **b** apresenta um modelo de projeção cônica. A alternativa **d**, apesar de indicar corretamente o uso da base de projeção a partir do modelo cilíndrico, orienta o plano de projeção como se o cilindro estivesse encaixado no sentido leste-oeste, o que faria com que o planisfério aparecesse, na prática, como se estivesse "de lado" em relação aos mapas tradicionais, cuja convenção mais comumente utilizada é representar o norte na parte superior do mapa. Nenhum dos mapas apresentados no suporte à questão foi elaborado dessa forma. Neles, o plano de projeção utilizado é convencional, com o cilindro encaixado no sentido norte-sul, o que configurou a manutenção tradicional do norte na parte de cima dos mapas resultantes apresentados na questão. Está correta, portanto, a alternativa **c**.

▶ As anamorfoses

Observe os dois mapas abaixo. No primeiro, você verá a área dos países representada com base no número de artigos publicados em um *site* de pesquisa popular no mundo todo. O segundo é o mapa político da África.

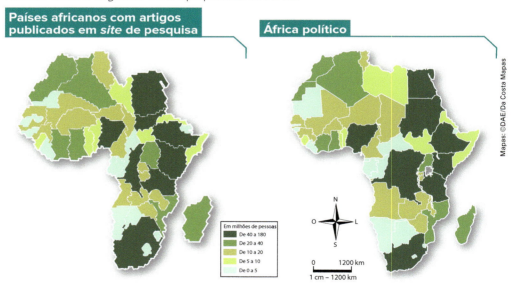

Fonte: *Information Geographies*. In: Oxford Internet Institute. Disponível em: <http://geography.oii.ox.ac.uk/?page=informationimblace-africa-on-wikipedia>. Acesso em: 30 mar. 2016.

Você notou as diferenças entre as áreas dos países representadas nos mapas? Esse tipo de representação é chamado de **anamorfose** e é bastante comum atualmente.

Por meio das anamorfoses, as superfícies territoriais de países, regiões e municipalidades, entre outras, podem ser representadas com dimensões proporcionais aos valores do fenômeno social, natural ou econômico que se deseja estudar. Nesse sentido, as anamorfoses privilegiam a dimensão do fenômeno em detrimento da forma dos territórios onde ele ocorre. Por isso, elas não estão em concordância com a precisão técnica exigida pelas projeções cartográficas vistas anteriormente. Essas representações denotam o interesse em transmitir aspectos que não teriam o mesmo destaque em um mapa convencional. São representações que valorizam, sobretudo, a informação visual.

Para compor as anamorfoses, é preciso definir uma escala de maneira que as variáveis que serão representadas, como taxas de desemprego, de emissão de poluentes e de consumo de energia, possam ser transformadas, por exemplo, em figuras geométricas (quadrados ou retângulos) com áreas equivalentes aos valores dados. Por fim, as figuras resultantes são aproximadas para que fiquem parecidas com as formas das áreas às quais se referem.

As anamorfoses possibilitam a percepção imediata da proporção do fenômeno e do lugar onde ele ocorre na superfície terrestre. Veja o exemplo apresentado a seguir. Note que o mapa mostra duas informações: o número absoluto de usuários da internet e a porcentagem de usuários.

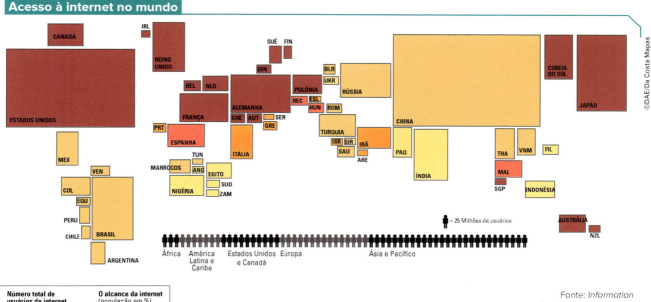

Fonte: *Information Geographies*. In: Oxford Internet Institute Disponível em: <http://geography.oii.ox.ac.uk/?page=internet-population-and-penetration-2008>. Acesso em: 10 abr. 2016.

As anamorfoses podem ser produzidas com base em diferentes escalas geográficas de análise (local, regional, zonal ou mundial), de acordo com o tema ou o fenômeno que está sendo estudado.

No exemplo anterior, estão representados o número de usuários da internet e a porcentagem destes em cada país. Os países com maior número de usuários são representados com as maiores áreas. Na imagem, a forma e o tamanho dos territórios estão distorcidos em relação à realidade.

Analisando essas representações, percebemos que, de acordo com o tema, os países ou as regiões ganham mais ou menos importância, e muitos deles nem mesmo aparecem quando apresentam dados irrelevantes.

Nesse sentido, podemos dizer que as representações cartográficas desse tipo, muitas vezes, possibilitam compreender a diversidade do espaço globalizado com mais rapidez e eficiência.

Os mapas e a linguagem cartográfica **Capítulo 5** 79

▶ Os gráficos

Assim como os mapas, os gráficos também possuem amplo uso científico e social, e possibilitam a representação e a análise dos mais diversos fenômenos e processos, como os demográficos, os econômicos e os ambientais.

Existem diferentes tipos de gráfico, que podem ter variadas funções. Entre os mais utilizados, podemos destacar os gráficos de barras e de colunas, os de linha e os sectogramas ou gráficos circulares.

Gráficos de barras, de colunas e de linhas

Cada gráfico é uma representação precisa obtida com base em dados numéricos. Esses dados são inseridos em duas linhas, uma horizontal (eixo das abscissas) e outra vertical (eixo das ordenadas), dispostas perpendicularmente em um plano.

Os gráficos de **barras** e de **colunas** são importantes quando é necessário comparar quantidades. Elas são representadas em retângulos horizontais, no caso das barras, ou verticais, no caso das colunas. Nessas representações, é possível observar e identificar as diferenças de proporção e os contrastes existentes entre os fenômenos ou processos que cada barra ou coluna representa. Observe a seguir as tabelas que contêm os dados (à esquerda) e as representações gráficas construídas com base nelas (à direita).

Dívida externa do Brasil e de outros países

País	Dívida externa (em milhões de US$)
Argentina	128 800
Indonésia	155 900
México	212 500
Índia	237 100
Brasil	257 000
Turquia	270 700
China	408 800
Rússia	480 200

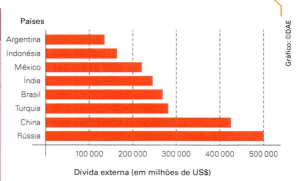

País	Parcela do PIB destinada à pesquisa (em %)
Estados Unidos	2,88
Dinamarca	2,83
Canadá	1,93
Austrália	1,7
Brasil	0,98
Tunísia	0,62
México	0,39
Tailândia	0,26

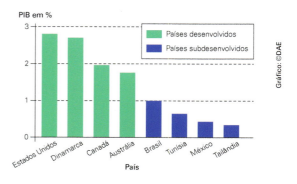

Fonte: UNITED NATIONS DEVELOPMENT PROGRAMME (UNDP). *Human Development Reports 2007/2008*. Disponível em: <www.undp.org>. Acesso em 20 abr. 2016.

Podemos observar que ambos os gráficos permitem a comparação entre quantidades por meio do tamanho dos retângulos. É possível identificar facilmente os países que menos se destacam e os que mais se destacam em cada um dos casos.

Os gráficos de **linhas**, também denominados evolutivos, são fundamentais quando é necessário representar o comportamento de determinado fenômeno ou processo ao longo do tempo. Veja o exemplo a seguir.

Evolução da população urbana e rural no mundo

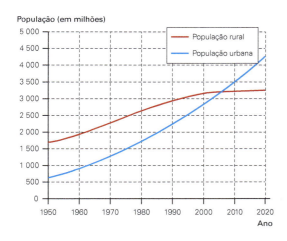

População mundial (em milhões)		
Ano	Rural	Urbana
1950	1 770	750
1960	2 000	1 017
1970	2 336	1 360
1980	2 680	1 760
1990	2 974	2 290
2000	3 202	2 870
2010	3 312	3 519
2020*	3 378*	4 338*

* Projeção

Nesse gráfico de linhas podemos acompanhar a evolução do dado representado (populações urbana e rural no mundo) por período (anos).

Fonte: UNITED NATIONS. Department of Economic and Social Affairs. 2014 Revision of World Urbanization Prospects. Disponível em: <http://esa.un.org/unpd/wup/DataQuery>. Acesso em: 20 abr. 2016.

Sectogramas ou gráficos circulares

Os **sectogramas** ou **gráficos circulares** são construções gráficas que permitem comparar as partes de um todo. Eles consistem em um círculo dividido em setores proporcionais a cada parcela do fenômeno ou do processo representado. Observe os exemplos a seguir.

PIB por setores de atividades no Brasil (em %)

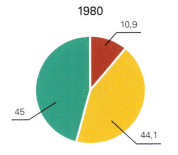
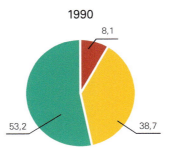

PIB por setores de atividades no Brasil (em %)				
	1980	1990	2000	2008
Primário	10,9	8,1	5,6	6,7
Secundário	44,1	38,7	27,7	28,0
Terciário	45,0	53,2	66,7	66,3

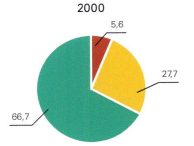
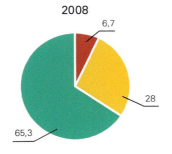

Fonte: INSTITUTO BRASILEIRO DE GEOGRAFIA E ESTATÍSTICA (IBGE). Disponível em: <www.ibge.gov.br>. Acesso em: 20 abr. 2016.

Revisitando o capítulo

1. O que difere um mapa de outras formas de representação, como um croqui ou uma fotografia? Apresente três aspectos fundamentais dessa diferenciação.

2. Quais são as quatro relações fundamentais das regras visuais aplicadas no trabalho com representações gráficas?

3. Observe novamente os planisférios apresentados nas páginas 76 e 77 deste capítulo. Sobre eles, responda:
   a. Que temática é representada em cada planisfério?
   b. A quais aspectos estudados em Geografia esses mapas se referem?

4. O que é legenda? Por que ela é importante em um mapa?

5. Além da legenda, que outros componentes são fundamentais para a compreensão das informações contidas em um mapa?

6. Sobre a escala dos mapas, responda:
   a. O que indica o numerador da escala numérica?
   b. O que indica o denominador da escala numérica?
   c. Por que a escala é importante em um mapa? Aponte uma utilidade para a escala numérica e uma para a escala gráfica.

7. De que maneira podemos classificar as projeções cartográficas?

8. Cite três vantagens que as anamorfoses possuem em relação aos outros tipos de representação cartográfica.

9. Anote no caderno a sequência que contenha os tipos de gráfico estudados neste capítulo.
   ▸ Barras, circulares, colunas e ondulares.
   ▸ Linhas, circulares, barras e ordenados.
   ▸ Barras, colunas, linhas e circulares.
   ▸ Sectogramas, colunas, ondulares e linhas.

▼ ANÁLISE DE IMAGEM

A imagem a seguir é o emblema da Organização das Nações Unidas (ONU), criado em 1946. Ele mostra o planisfério terrestre com dois ramos de oliveira simbolizando o objetivo da organização, que é o de promover a paz entre as nações. Observe.

Com base no que aprendeu neste capítulo, como você classificaria esse tipo de projeção cartográfica adotado no emblema da ONU?

▼ TRABALHANDO COM GÊNEROS TEXTUAIS

Leia o texto a seguir.

É natural que se queira saber se toda esta caravana vai a caminho de Viena. Esclareçamos já que não. Uma boa parte dos que vão viajando aqui em grande estado não irá mais longe que o porto de mar de vila de rosas, junto à fronteira francesa. Aí se despedirão dos arquiduques, assistirão provavelmente ao embarque, e sobretudo observarão com preocupação que consequências terá o súbito carregamento das quatro toneladas brutas de Solimão, se o tombadilho do barco aguentará tanto peso, enfim, se não irão regressar a Valladolid com uma história de naufrágio para contar. [...] Não quero nem pensar, diziam compungidos aos seus mais próximos, lisonjeando-se a si mesmos com a possibilidade de virem poder dizer, Eu bem avisei. Esquecem os empata-festas que este elefante veio de longe, da índia remota, desafiando impávido as tormentas do índico e do atlântico, e ei-lo aqui, firme, decidido, como se não tivesse feito outra coisa na vida senão navegar. Por enquanto, porém, só se trata de andar. E quanto. Uma pessoa olha o mapa e fica logo cansada. E, no entanto, parece que tudo ali está perto, por assim dizer, ao alcance da mão. A explicação, evidentemente, encontra-se na escala. É fácil de aceitar que um centímetro no mapa equivalha a vinte quilômetros na realidade, mas o que não costumamos pensar é que nós próprios sofremos na operação uma redução dimensional equivalente, por isso é que, sendo já tão mínima coisa no mundo, o somos infinitamente menos nos mapas. Seria interessante saber, por exemplo, quanto mediria um pé humano àquela mesma escala. Ou a pata de um elefante. Ou a comitiva toda do arquiduque Maximiliano de Áustria. [...]

SARAMAGO, José. *A viagem do elefante*. São Paulo: Companhia das Letras, 2008. p. 158-159.

José Saramago (1922-2010) nasceu em Portugal e é considerado um dos mais importantes escritores da língua portuguesa. Em 1998, pela relevância de sua obra, ele recebeu o Prêmio Nobel de Literatura.

1. Quem é o personagem principal do texto? Qual é o destino dele e da caravana que o conduz na viagem relatada?
2. Relacione três aspectos que mais lhe chamaram a atenção no estilo de escrita do autor.
3. Explique por que o narrador diz que "Uma pessoa olha o mapa e fica logo cansada".
4. Qual é a escala da representação mencionada pelo narrador? Transcreva-a na forma numérica.
5. Com base na escala e de acordo com o que você estudou neste capítulo, essa representação cartográfica pode ser classificada como uma planta, uma carta ou um mapa? Explique.

▸ **ANÁLISE DE MAPAS TEMÁTICOS**

Observe os mapas a seguir:

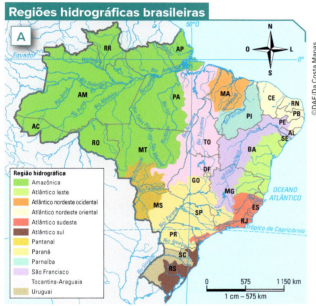

Fonte: IBGE. *Atlas geográfico escolar*. 6. ed. Rio de Janeiro, 2012.

Fonte: IBGE. *Atlas geográfico escolar*. 6. ed. Rio de Janeiro, 2012.

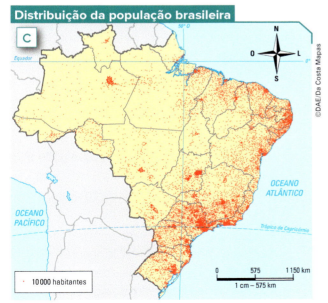

Fonte: IBGE. *Atlas geográfico escolar*. 6. ed. Rio de Janeiro, 2012.

Transcreva em seu caderno a alternativa que indica qual é a temática e o principal grupo de símbolos de cada um dos mapas anteriores, de acordo com a sequência em que foram apresentados.

▸ natural (linhas) – demográfico (pontos) – econômico (área)

▸ histórico (pontos) – econômico (linhas) – natural (área)

▸ natural (área) – econômico (linhas) – demográfico (pontos)

▸ histórico (pontos) – natural (área) – econômico (linhas)

Os mapas e a linguagem cartográfica Capítulo 5 83

Enem e Vestibulares — Unidade 1

1. (Urca-CE – 2014) Analise as informações sobre as Correntes do Pensamento Geográfico, e preencha com (V) para a assertiva que traz informações Verdadeiras e (E) para a que traz informações Erradas.

   1. (   ) Determinismo Ambiental = Final do século XIX = Frederic Ratzel = Condições naturais determinam o comportamento humano.

   2. (   ) Possibilismo = Final do século XIX = Vidal de La Blache = Natureza fornecedora de possibilidades para que o homem a modificasse.

   3. (   ) Método Regional = século XIX = Hartshorne = Integração entre fenômenos homogêneos que apresentam um significado geográfico e contribuem para a localização de áreas com alta definição.

   4. (   ) Geografia Crítica = século XX = Yves Lacoste e Milton Santos = Ruptura com o pensamento = Positivista = Análise geográfica como um instrumento de libertação do homem.

   A alternativa que traz a sequência correta é:

   a. V, F, V e F

   b. V, V, F e V

   c. F, V, F e V

   d. F, F, V e V

   e. F, V, F e F

2. (Enem – 2014)

   > Quando é meio-dia nos Estados Unidos, o Sol, todo mundo sabe, está se deitando na França. Bastaria ir à França num minuto para assistir ao pôr do sol.
   >
   > SAINT-EXUPÉRY, A. *O Pequeno Príncipe*. Rio de Janeiro: Agir, 1996.

   A diferença espacial citada é causada por qual característica física da Terra?

   a. Achatamento de suas regiões polares.

   b. Movimento em torno de seu próprio eixo.

   c. Arredondamento de sua forma geométrica.

   d. Variação periódica de sua distância do Sol.

   e. Inclinação em relação ao seu plano de órbita.

3. (Urca-CE – 2014) Sobre as coordenadas geográficas, assinale o que for correto.

   a. A linha do Equador, sendo o paralelo inicial de 0º, tem o seu oposto em 90°, o qual define a Linha Internacional de Data que, em alguns pontos, avança para oeste ou para leste para incluir alguns lugares na mesma data que outros.

   b. A linha do Equador e o meridiano de Greenwich definem, respectivamente, a divisão da Terra em hemisférios meridional e setentrional e em hemisférios Norte e Sul.

   c. Os paralelos localizados a 66° 33'N e S definem, respectivamente, os trópicos de Capricórnio e de Câncer.

   d. Os meridianos definem os fusos horários do mundo, sendo que o meridiano de 45° W é o meridiano central do fuso horário que define a hora oficial de Brasília, que é a mesma do Ceará.

   e. Os paralelos localizados a 23° 27' N e S definem, respectivamente, os círculos polares Ártico e Antártico.

4. (Unioeste-PR – 2015)

   > Segundo artigo da Revista *Nature* (Mapping Opportunities – Mapeando Oportunidades – v. 427, 22/01/2004, p. 376-377), o especialista em geotecnologias estará em demanda em uma variedade de áreas de atuação no século XXI. As geotecnologias podem ser entendidas como ferramentas de coleta, processamento, análise da informação geográfica (ROSA, 2005).

   Acerca das geotecnologias e das técnicas e ferramentas que abarcam esta área do conhecimento, assinale a alternativa incorreta.

   a. O crescente uso de *smartphones*, *tablets*, dentre outros aparelhos, tem contribuído para a disseminação das geotecnologias na sociedade em geral. Aplicativos como o Google Earth, Google Maps, Here Maps, dentre outros que podem integrar bússola, altímetro, sistema de navegação global por satélite (GNSS) são exemplos comuns encontrados nesses aparelhos.

   b. As geotecnologias têm sido amplamente utilizadas para a análise da informação geográfica, e consequentemente, na tomada de decisões, gerenciamento e planejamento do espaço geográfico. Em um país de dimensão continental como o Brasil, as técnicas e métodos das geotecnologias permitem ampliar o conhecimento do território.

c. As geotecnologias contribuem para a compreensão de uma série de dinâmicas espaciais, contudo, sua aplicação ainda é limitada no Brasil. Por exemplo, na verificação do desflorestamento da Amazônia, ou na ocupação de áreas urbana e rural, a limitação é causada pela ausência de tecnologias disponíveis no país.

d. Sistemas de Informação Geográfica (SIG), sensoriamento remoto (especialmente imagens de satélites), Cartografia digital e Sistema de Navegação Global por Satélite (GNSS) são os principais exemplos de ferramentas que integram as geotecnologias.

e. As geotecnologias podem ser observadas no dia a dia de toda a sociedade, seja em revistas, jornais impressos ou telejornais. As previsões do tempo, as quais se baseiam em dados de sensoriamento remoto, e os mapas temáticos, os quais evidenciam a distribuição da população em um país, são exemplos de aplicações das geotecnologias.

5. (UFRN – 2014) O roteiro turístico de Natal apresenta o centro histórico da cidade como um dos atrativos. O recurso cartográfico que possibilita uma melhor identificação da localização das edificações que compõem o centro histórico é a planta, porque possui uma escala

   a. grande que favorece a representação de áreas com grande extensão territorial.
   b. pequena que permite identificar detalhadamente aspectos da paisagem.
   c. pequena com alto grau de precisão de pequenas extensões do espaço.
   d. grande com alto grau de detalhamento do espaço representado.

6. (UEL-PR – 2014) Com o objetivo de representar, o mais próximo possível do real, o espaço geográfico, os cientistas usaram as projeções cartográficas. As mais utilizadas são as de Mercator e Peters, representadas pelas figuras a seguir.

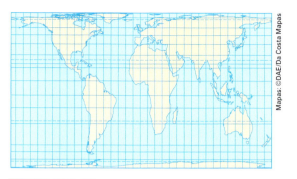

Fonte: IBGE - Atlas Geográfico Escolar

Com base nos conhecimentos sobre projeções cartográficas, assinale a alternativa correta.

a. Na projeção de Peters, o espaçamento entre os paralelos aumenta da Linha do Equador para os polos, enquanto o espaçamento entre os meridianos diminui a partir do meridiano central.

b. Na projeção de Mercator, o espaçamento entre os paralelos diminui da Linha do Equador para os polos, enquanto o espaçamento entre os meridianos aumenta a partir do meridiano central.

c. Na projeção de Peters, o plano da superfície de projeção é tangente à esfera terrestre (projeção azimutal); já na projeção de Mercator o plano da superfície de projeção é um cone (projeção cônica) envolvendo a esfera terrestre.

d. Na elaboração de uma projeção cartográfica, o planisfério de Peters mantém as distâncias proporcionais entre os elementos do mapa, aumentando o comprimento do meridiano central.

e. A projeção de Mercator é desenvolvida em um cilindro, sendo mantida a propriedade forma; essa projeção mostra uma visão de mundo eurocêntrica.

UNIDADE 2

A BIOSFERA E A DINÂMICA ATMOSFÉRICA

Quando observamos um ambiente como esse, em que a vida se desenvolve com força e diversidade, percebemos que nosso planeta é único. Buscando compreender a dinâmica natural da Terra, veremos, no Capítulo 6, como são apresentados alguns métodos e técnicas utilizados pelos especialistas no estudo do tempo geológico.
O Capítulo 7 trata do conceito de biosfera, da interferência dos movimentos da Terra e da incidência da luz solar em sua dinâmica, e de como a interdependência entre seus elementos origina diferentes biomas.
Nos Capítulos 8, 9 e 10 são analisados os processos e fenômenos da atmosfera, as diferenças entre os conceitos de tempo e clima, e de que maneira as mudanças climáticas afetam a sociedade e as dinâmicas naturais.

Gnus e zebras no rio Mbalageti, em Tanzânia. Foto de 2016.

CAPÍTULO 6

O TEMPO DA NATUREZA E AS MARCAS NAS PAISAGENS

Há milhões de anos, as paisagens de nosso planeta são modificadas pela ação contínua de diversos fenômenos naturais, como o calor e o frio, as chuvas e os ventos, as erupções vulcânicas e os terremotos, a correnteza dos rios e o movimento das marés e das correntes marítimas.

A dinâmica da natureza também se revela por meio de mudanças sazonais, relacionadas principalmente à alternância das estações do ano, que interfere nas características da vegetação, no comportamento dos animais silvestres, no regime de cheias e nas vazantes dos rios, entre outros elementos da paisagem.

Esses fenômenos colaboram para a contínua transformação das paisagens da Terra. Veja o exemplo desta página.

Por meio dessas imagens, percebe-se que a alteração das características fisiográficas das paisagens terrestres ocorre permanentemente no decorrer dos dias e dos anos. Entretanto, as transformações impostas pelos fenômenos da natureza ocorrem, por vezes, em um intervalo de tempo muito diferente daquele que utilizamos como referência para realizar nossas atividades cotidianas.

Bruno Zanardo/Fotoarena

No território brasileiro, localizado em sua quase totalidade na zona tropical da Terra, a passagem de uma estação para outra é muito diferente da que se vê nas zonas temperadas. Aqui, a transição entre as estações do ano é sutil. Na maior parte do país, em vez da alternância entre períodos com características climáticas bem definidas e contrastantes, ou seja, entre as quatro estações, o que se percebe é a alternância entre períodos secos e chuvosos. Veja as imagens de Manaus (AM) em 2010 (período das secas, ao lado) e em 2015 (período das cheias, abaixo).

Bruno Zanardo/Fotoarena

88

▶ O tempo geológico

Muitos dos processos transformadores desencadeados pela natureza têm sua origem em épocas longínquas. Parte deles remonta aos primórdios da formação de nosso planeta, há alguns bilhões de anos. É o caso, por exemplo, do ciclo da água, da formação dos continentes e do aparecimento dos primeiros seres vivos. Para tornar possível o estudo do **tempo geológico**, ou seja, das diferentes fases da história da Terra, especialistas estabeleceram uma escala temporal que distingue os períodos de ocorrência dos eventos naturais. Essa escala está ordenada em uma tabela que apresenta os éons (Arqueano, Proterozoico e Fanerozoico) e suas subdivisões – eras, períodos e épocas. Observe.

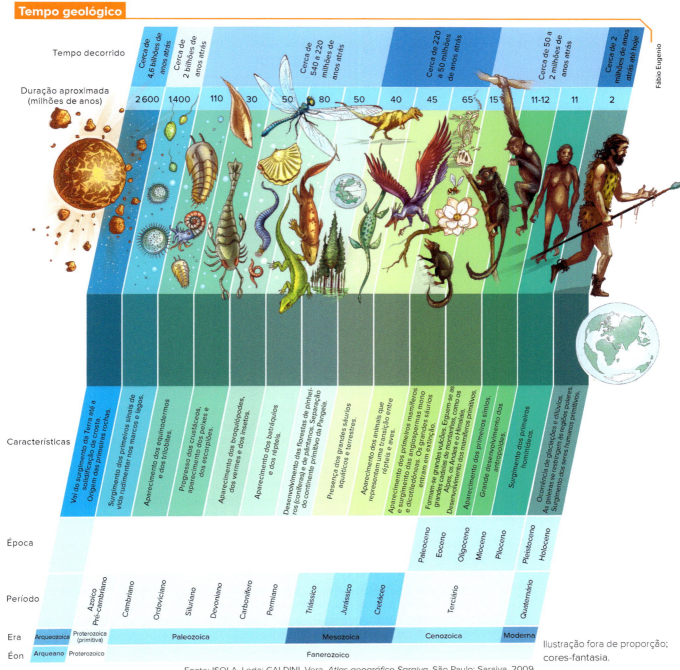

Fonte: ISOLA, Leda; CALDINI, Vera. *Atlas geográfico Saraiva*. São Paulo: Saraiva, 2009.

De olho no Enem – 2006

Era	Período	Milhões de anos	Evolução biológica	Paleogeografia
Cenozoica	Quaternário	0,01	Faunas e floras atuais Primeiras manifestações de arte Sepulturas mais antigas Extinção dos mastodontes e dinotérios	
		1,8	Aparecimento dos bois, cavalos e veados Primeiros utensílios de pedra	Elevação dos Himalaias Ligação das duas Américas Fecho e dessecação do Mediterrâneo
	Neogênico	5,3		
		23,8	Aparecimento dos hominídeos	
		34,6	Primeiros roedores	Elevação dos Pirineus
	Paleogênico	56		Conclusão da abertura do Atlântico Norte Constituição do continente Norte-Atlântico
		65	Primeiros primatas	
Mesozoica	Cretáceo		Últimos dinossauros Primeiras angiospermas	Abertura do Atlântico Sul
	Jurássico	145		
	Triássico	208	Primeiras aves Primeiros dinossauros	Início da fragmentação da Pangeia Constituição da Pangeia
		245		
Paleozoica	Permiano	290		
	Carbonífero	363	Aparecimento dos répteis	
	Devoniano	409	Aparecimento dos anfíbios Primeiras gimnospermas	
	Siluriano	439	Primeiras plantas e primeiros animais terrestres Primeiros peixes	Fecho do oceano Lapetus
	Ordoviciano	510		
	Cambriano	544		
Pré-cambriano		1 000	Reprodução sexuada	Abertura dos oceanos Lapetus e Rheio
		1 400	Primeiros depósitos de carvão (algas)	Constituição da Avelônia
		1 800	Oxigênio livre na atmosfera	
		2 000	Aparecimento de organismos eucariontes	
		3 100	Primeiros microrganismos procariontes	
		3 500	Primeiros vestígios de vida	
		4 600	Formação da Terra	Constituição do continente Rodinia

Entre as opções a seguir, assinale a que melhor representa a história da Terra em uma escala de 0 a 100, com comprimentos iguais para intervalos de tempo de mesma duração.

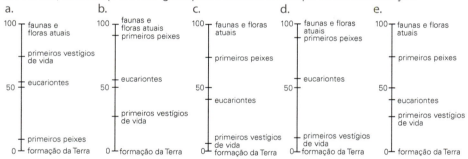

Gabarito: B

Justificativa: A questão demanda, além da leitura e interpretação da tabela apresentada como suporte, o uso de raciocínio matemático para distribuir o tempo geológico em uma escala linear predefinida. A alternativa **a** está incorreta, pois apresenta o surgimento dos primeiros vestígios de vida sequencialmente após o surgimento dos primeiros peixes e dos eucariontes, que já eram formas de vida antes de esses vestígios aparecerem. A alternativa **c** apresenta a sequência correta dos eventos, porém distribuídos incorretamente na proporção temporal, já que os primeiros vestígios de vida surgiram mais de 1 bilhão de anos após a formação da Terra (o que, na escala de 1 a 100, equivaleria aproximadamente a 25), os eucariontes só surgiram há 2 bilhões de anos (o que, na escala de 1 a 100, ultrapassaria a marca de 50, pois a Terra tem 4,6 bilhões de anos), e os primeiros peixes surgiram há apenas pouco mais de 400 milhões de anos (o que, na escala de 1 a 100, deveria estar bem mais próximo do topo do que foi representado na alternativa). A alternativa **d**, apesar de estar correta em relação à inserção dos eucariontes e dos primeiros peixes, está incorreta quanto a inserção dos primeiros vestígios de vida, pelo mesmo motivo descrito na análise da alternativa **c**. Finalmente, a alternativa **e**, inversamente à **d**, apresenta a inserção correta dos primeiros vestígios de vida, mas dispõe o surgimento dos eucariontes e dos primeiros peixes de forma incorreta na escala, pelas mesmas razões descritas na análise da alternativa **c**. A alternativa correta é a **b**, que distribui os eventos mencionados de forma correta na escala proposta.

▶ O tempo e suas marcas nas paisagens

As informações da página 89 mostram que muitas mudanças ocorreram nas paisagens terrestres no decorrer do tempo geológico. Essas mudanças, porém, não aconteceram simultaneamente; muitos elementos foram gradativamente alterados ou substituídos. É por isso que, ao observarmos uma paisagem, podemos identificar elementos antigos que nela permaneceram. Isso significa que há coexistência, nessa paisagem, de elementos novos e antigos. Os mais antigos surgem como **marcas** ou **registros** que revelam o passado e ajudam a entender o processo de transformação provocado por agentes físicos ou sociais, como veremos mais adiante.

A dinâmica transformadora da natureza é revelada por fenômenos que modificam as paisagens tanto nos lugares ocupados pelos seres humanos como naqueles onde os elementos naturais permanecem intactos.

Em algumas situações, os fenômenos naturais provocam mudanças rápidas nas paisagens. É o caso das enxurradas resultantes de chuvas fortes, que causam deslizamentos de terra nas encostas dos morros e montanhas; da ação violenta das erupções vulcânicas, que soterram extensas áreas com lavas e cinzas; e dos abalos sísmicos, que fazem os terrenos se deslocarem, causando o desmoronamento de construções e modificando formas de relevo.

Pedra Furada no Parque Nacional de Jericoacoara (CE).

Por outro lado, algumas alterações da natureza ocorrem muito lentamente, apresentando-se de maneira sutil aos olhos humanos. É dessa maneira que se desgastam as grandes montanhas, que a ação erosiva das águas dos rios escava vales e cânions, e que os ventos esculpem inusitadas formas de relevo.

Por meio do estudo das marcas nas paisagens, podemos entender melhor a história dos lugares, reconhecendo o que mudou no decorrer do tempo e vislumbrando traços de formas futuras.

Os cânions contam a história da Terra

As transformações causadas pelos fenômenos da natureza deixam vestígios de épocas passadas. Muitas vezes, parte de algum elemento que existia em outro tempo acaba permanecendo na paisagem de um lugar ou de uma região. Podemos observar isso, por exemplo, em diversos cânions existentes no planeta. Os **cânions** são vales profundos que resultam do processo de erosão do relevo terrestre pelas águas dos rios no decorrer de milhares e até milhões de anos.

Em suas paredes estão registrados os sinais da passagem do tempo, pois, conforme as rochas vão sendo desgastadas, ficam à mostra as diversas camadas que se depositaram umas sobre as outras em eras e períodos geológicos sucessivos. Geralmente, as camadas antigas se encontram em profundidades maiores e as camadas recentes são mais superficiais.

Dessa forma, pode-se dizer que as marcas, no conjunto dos elementos de uma paisagem, revelam de que maneira, com que velocidade e em que período ou era geológica os fenômenos da natureza promoveram transformações em determinado local da superfície terrestre.

Em alguns cânions profundos, distribuídos pelo planeta, é possível visualizar plenamente as diferentes camadas de rochas que estão depositadas umas sobre as outras. Pode-se identificar a época em que cada uma delas foi depositada, por meio de algumas características registradas na história da Terra. A seguir, veja a ilustração esquemática.

Camadas da história

Fóssil de caranguejo, no período Mioceno (de 50 a 2 milhões de anos atrás).

Fóssil de *Archaeopteryx*, um réptil voador do tamanho de corvo com penas, que viveu no período Jurássico (220 a 50 milhões de anos atrás).

Peixe fossilizado. Este peixe extinto viveu durante o período Permiano (cerca de 286-245 milhões de anos atrás).

Fóssil de trilobite, que viveu durante o período Cambriano Médio (cerca de 540-523 milhões de anos atrás).

Ilustração fora de proporção; cores-fantasia.

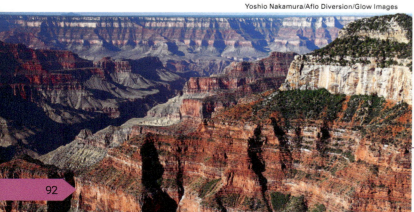

O Grand Canyon tem cerca de 440 km de extensão e foi esculpido pela ação erosiva das águas do Rio Colorado. Os paredões íngremes e as diversas camadas de rochas, de colorações e idades geológicas distintas, revelam intensa ação fluvial durante milhões de anos. As camadas de rochas mais antigas têm 1,7 bilhão de anos; as mais recentes formaram-se há 250 milhões de anos. Arizona, Estados Unidos, 2015.

As paleopaisagens brasileiras

Nas paisagens do Brasil, assim como de toda a superfície do planeta, existem muitas marcas de transformações provocadas por agentes naturais no decorrer do tempo. Algumas apresentam características de períodos geológicos bem distantes entre si. No Nordeste, por exemplo, mais precisamente na região do Sertão, há marcas que comprovam a ocorrência de um ambiente climático radicalmente diferente do atual. Gigantescas **estrias** encontradas em rochas demonstram que, por volta do final do Paleozoico, em vez das longas estiagens, do calor intenso e da vegetação de caatinga, a região era recoberta por extensas geleiras. Segundo pesquisadores, a imensa cobertura de gelo durou provavelmente de 15 milhões a 30 milhões de anos, caracterizando um dos mais longos períodos de glaciação ocorridos no planeta. Aproximadamente na mesma era geológica, temos as falésias do litoral norte do Rio Grande do Sul, compostas de rochas basálticas, marcas do período em que a América do Sul encontrava-se conectada à África, formando o supercontinente de Gondwana, entre 200 milhões e 300 milhões de anos atrás.

Há também evidências de mudanças mais recentes nas **paleopaisagens** brasileiras. Ainda na Região Nordeste, as linhas de arenitos de praia, ou recifes, refletem a existência, durante o Holoceno, de um nível relativo do mar mais alto que o atual, indicando que extensas áreas de nosso litoral provavelmente encontravam-se embaixo da água nessa época geológica.

Estria: também conhecida como cicatriz, é uma marca causada pelo deslizamento de grandes blocos de gelo sobre as rochas. Ao deslizar, o gelo cava a rocha, deixando sulcos.

Paleopaisagem: paisagem pretérita na qual predominam elementos biológicos e geológicos, assim como dinâmicas naturais anteriores à história da humanidade.

As marcas observadas em rochas como as da imagem ao lado, no município de Palmeira, no Paraná, 2010, são estrias, sulcos que indicam a ocorrência de deslizamentos de blocos de gelo.

SamirNosteb

As falésias no litoral gaúcho, como se observa no Parque Estadual da Guarita, em Torres (RS) formaram-se há cerca de 250 milhões de anos. Foto de 2015.

Gerson Gerloff/Pulsar Imagens

SABERES EM FOCO

O estudo científico das marcas nas paisagens

As dinâmicas da natureza e as da sociedade são estudadas por diferentes áreas da ciência. Alguns profissionais são especializados em analisar as marcas deixadas nas paisagens pela ação humana no decorrer do tempo; outros estudam as marcas decorrentes de fenômenos naturais.

Os paleontólogos e os geólogos, por exemplo, investigam a origem, a formação e a transformação das paisagens terrestres, sobretudo pelo estudo dos fósseis de animais e vegetais, das formações rochosas e do funcionamento de processos internos e externos do planeta.

Outros profissionais, como os arqueólogos, os antropólogos e os historiadores, estudam a origem e a evolução da espécie humana e o modo de vida de povos já extintos, interpretando as relações da vida em sociedade e os processos históricos ocorridos. Para tanto, valem-se, entre outros recursos, da pesquisa e da leitura de pinturas, de documentos manuscritos e da análise de utensílios e ferramentas encontrados em **sítios arqueológicos**.

Sítio arqueológico: área onde são encontrados indícios da forma de vida de povos antigos.

Por meio de indicadores como fósseis, formações rochosas e depósitos de sedimentos, os cientistas conseguem identificar as características de espécies animais e vegetais extintas, assim como os hábitos de antigos grupos humanos (do que se alimentavam, como se vestiam, qual era a sua rotina de trabalho etc.). Pode-se identificar também o tipo de clima, as formas de relevo predominantes e o tipo de vegetação existente em determinado lugar, em épocas remotas, reconstituindo, assim, antigas paisagens do nosso planeta.

O que vem permitindo aos cientistas conhecer melhor os ambientes antigos é o desenvolvimento de ciências como a Estratigrafia (que estuda as camadas de rochas e sedimentos sobrepostos na litosfera, como no exemplo da página 92) e as técnicas de datação (como a técnica da radioatividade, que verifica a quantidade de elementos químicos radioativos nos objetos pesquisados, como no caso do carbono-14, e a técnica da termoluminescência).

MULHERES EM FOCO

A arqueóloga brasileira Niède Guidon (1933-) é a responsável pela criação do Parque Nacional da Serra da Capivara, em São Raimundo Nonato (PI). O parque abriga o maior complexo de sítios arqueológicos das Américas, reunindo diversas pinturas rupestres. Esses registros mostram rituais e costumes dos grupos que ali viveram, assim como as características da fauna e da flora da região há milhares de anos.

Niède é a criadora da teoria sobre a presença humana na América desde aproximadamente 45 mil anos atrás, data muito anterior à da teoria mais aceita atualmente pela comunidade científica, segundo a qual a ocupação do continente teria ocorrido somente há cerca de 15 mil anos. O trabalho da pesquisadora e seu esforço em manter o Parque Nacional da Serra da Capivara em funcionamento são reconhecidos internacionalmente.

Niède Guidon durante cerimônia de recebimento do prêmio FCW de Cultura 2013. Em São Paulo (SP) 2014.

Pintura rupestre na Toca da Pedra Furada, no Parque Nacional da Serra da Capivara (PI) mostrando uma fêmea e um filhote de veado. Foto de 2015.

Detalhe de pinturas rupestres no Boqueirão da Pedra Furada – Parque Nacional da Serra da Capivara, em São Raimundo Nonato (PI). Foto de 2015.

Localização do Parque Nacional da Serra do Capivara (PI)
Fonte: IBGE. *Atlas Geográfico Escolar*. 6. ed., Rio de Janeiro, 2012.

Paredões de arenito no Baixão da Esperança – Parque Nacional da Serra da Capivara, em São Raimundo Nonato (PI). Foto de 2013.

Responda

Com base nessas informações, faça uma pesquisa para aprofundar seus conhecimentos a respeito dos diferentes aspectos que envolvem o estudo científico das marcas nas paisagens. Forme um grupo de trabalho com alguns colegas e respondam às questões a seguir.

1. Especifique o trabalho do:
    - paleontólogo
    - geólogo
    - antropólogo
    - arqueólogo
    - historiador

2. Indique outros sítios arqueológicos de relevância, além do que há na Serra da Capivara (PI), espalhados pelo Brasil.

3. O que são os sambaquis e qual é sua importância arqueológica e/ou paleontológica? Indique onde estão localizados alguns importantes sambaquis brasileiros.

4. Como são as técnicas de datação do carbono-14 e da termoluminescência? Destaque seus princípios e suas aplicações fundamentais.
A pesquisa deve ser apresentada a toda a classe.

Revisitando o capítulo

1. Por que a escala temporal usada para determinar eventos naturais e estudar as transformações ocorridas no planeta é diferente da escala temporal usada para estudar os eventos humanos?

2. Como é possível estudar as transformações provocadas pela dinâmica da natureza nas paisagens terrestres?

3. Utilizando as informações sobre o tempo geológico da página 89, identifique entre quais períodos ocorreram as transformações evidenciadas nas camadas do cânion na página 92.

4. Como se desenvolve o estudo científico das paisagens terrestres? Cite os profissionais que investigam as marcas deixadas pela ação humana e aqueles que investigam as marcas decorrentes de fenômenos da natureza.

5. Você já visitou algum museu onde há fósseis em exposição? Se já teve essa oportunidade, escreva em seu caderno um relato informando o local e a data da visita, e o que você observou. Depois, leia seu relato aos colegas.

▼ ANÁLISE DE TEXTO E IMAGEM

Observe a imagem e leia o texto a seguir. Depois, responda às questões.

As pegadas de dinossauros encontradas no Vale dos Dinossauros, na Paraíba, revelam a existência desses animais na região em épocas passadas. Acredita-se que algumas dessas marcas tenham cerca de 140 milhões de anos. Sousa (PB), 2014.

Os fósseis são restos de organismos passados que foram sepultados por processos geológicos em estratos rochosos. Variam desde grãos de pólen até esqueletos de dinossauros gigantes ou baleias. A vida pode ser preservada de muitas formas e os fósseis variam desde vagos vestígios de atividades passadas (tais como pegadas ou tocas) ou da química de organismos (biomoléculas) até organismos encapsulados (como insetos presos no âmbar). A maioria dos processos de preservação envolve a perda considerável de informações sobre os organismos. O registro fóssil mostra, porém, que a vida começou no mar há cerca de 3,8 bilhões de anos e, a partir de 543 milhões de anos atrás, diversificou-se à medida que ia colonizando, em sucessão, a terra, a água doce e o ar. Entretanto, o registro é altamente tendencioso a favor de organismos marinhos com partes duras, como as conchas. Ao estudarem os processos de sepultamento e fossilização, os cientistas puderam buscar exemplos raros de fósseis nos quais as partes moles foram preservadas.

ENCICLOPÉDIA ilustrada da Terra. v. 1. São Paulo: IstoÉ; Londres: Dorling Kindersley, 2009.

1. O que são fósseis?

2. Que tipos de fósseis podem ser encontrados?

3. De acordo com o texto, as pegadas de dinossauro na Paraíba são fósseis? Explique.

4. De que período geológico são as pegadas encontradas na Paraíba?

5. Segundo o texto, o registro fóssil é "altamente tendencioso a favor de organismos marinhos, com partes duras, como as conchas". Por que isso ocorre?

CAPÍTULO 7

A BIOSFERA: INTERAÇÃO E DINÂMICA DO PLANETA

Vista à distância da Lua, o que há de mais impressionante com relação à Terra, o que nos deixa sem ar, é que ela está viva. [...] No espaço, flutuando livre embaixo da membrana úmida e cintilante de um luminoso céu azul, surge a Terra, a única coisa exuberante nessa parte do cosmos... Ela tem o aspecto organizado e autossuficiente de uma criatura viva, plena de sabedoria, maravilhosamente hábil em lidar com o Sol... Quando a Terra tornou-se viva, ela começou a construir sua própria membrana, com o propósito geral de truncar o Sol... Considerando tudo, o céu é uma realização milagrosa. Ele funciona e, para o que foi projetado a realizar, ele é tão infalível como qualquer coisa da natureza.

THOMAS, Lewis apud TEIXEIRA, Wilson et. al. *Decifrando a Terra*.
São Paulo: Companhia Editora Nacional, 2009.

O autor do texto acima refere-se à Terra como um organismo vivo, dotado de sabedoria e de habilidades. Mas como nós, habitantes desse planeta maravilhoso, o vemos? Como percebemos a vida na Terra? Como está sendo tratada a "esfera da vida" no planeta? Vamos, agora, conhecer um pouco mais sobre as características do planeta em que vivemos.

O Sol nascente ilumina uma enorme área sobre o Oceano Pacífico. Imagem obtida a partir da Estação Espacial Internacional, em julho de 2003.

Estação Espacial Internacional/Centro Espacial Johnson/Nasa

As esferas da Terra

As marcas nas paisagens são decorrentes da ação humana e de fenômenos e processos naturais que acontecem em uma porção da Terra denominada **biosfera**. Nessa porção, ocorrem as interações entre os meios gasoso, líquido e rochoso de nosso planeta, e são criadas as condições necessárias ao desenvolvimento da vida. O ar que respiramos, a água que bebemos e o solo onde são colhidos os alimentos fazem parte, respectivamente, da atmosfera, da hidrosfera e da litosfera.

A **atmosfera** é uma camada de gases que envolve todo o planeta. Por causa da sua dinâmica, sentimos frio e calor, presenciamos tempestades e calmarias, períodos secos e chuvosos. A **hidrosfera** reúne toda a porção de água da Terra, esteja ela no estado líquido (como nos rios e nos oceanos), sólido (como nas geleiras) ou gasoso (como o vapor de água). Já a **litosfera** corresponde à estrutura rochosa do planeta, onde podem ocorrer erosões, erupções vulcânicas e terremotos. Mais adiante estudaremos cada uma dessas esferas, a fim de conhecer melhor sua dinâmica.

Ainda que os elementos da natureza muitas vezes sejam estudados como partes pertencentes a diferentes esferas terrestres, devemos entender que eles são interdependentes, ou seja, mantêm ligações muito estreitas entre si. As relações entre os elementos da atmosfera, da hidrosfera e da litosfera ocorrem na biosfera.

A palavra **biosfera** significa "esfera da vida" (*bio* = "vida"; *sfera* = "esfera"). A biosfera compreende a porção do planeta onde é possível a reprodução dos seres vivos e onde ocorrem intensas trocas de matéria e energia. Essas trocas envolvem a interação entre elementos químicos, físicos e biológicos e possibilitam a existência de uma grande diversidade de organismos e de complexos ecossistemas em nosso planeta, como veremos nas próximas páginas.

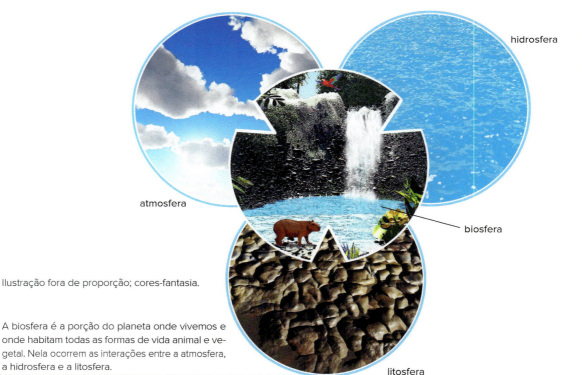

Ilustração fora de proporção; cores-fantasia.

A biosfera é a porção do planeta onde vivemos e onde habitam todas as formas de vida animal e vegetal. Nela ocorrem as interações entre a atmosfera, a hidrosfera e a litosfera.

98 Unidade 2   A biosfera e a dinâmica atmosférica

Como surgiram as esferas terrestres?

De acordo com as teorias mais aceitas pelos cientistas, a Terra e os demais planetas do Sistema Solar teriam surgido há cerca de 4,6 bilhões de anos, por meio de um complexo processo. O esquema e o texto a seguir buscam apresentar esse processo de maneira simplificada, para que seja possível compreendê-lo bem. Observe.

1. Nuvem de gases
2. Criação de pequenos corpos
3. Formação de um planeta
4. Bombardeamento da superfície por meteoritos
5. Diferenciação interna
6. Início da formação dos oceanos
7. Início da formação dos continentes
8. Evolução dos continentes
9. Estágio atual

Dawidson França

TEIXEIRA, Wilson et. al. *Decifrando a Terra*. São Paulo: Companhia Editora Nacional, 2009.

Ilustração fora de proporção; cores-fantasia.

Os planetas e os demais corpos celestes existentes no atual Sistema Solar teriam surgido de uma grande nebulosa de gás e poeira cósmica, o protossol ou sol primitivo.

Segundo essa teoria, com a elevação da temperatura do protossol, materiais como gelo, amônia, ferro, metano e outros elementos se desprenderam do aglomerado, passando a vagar em torno da estrela primitiva. Os materiais sólidos desprendidos concentraram-se em aglomerados menores, dando origem aos planetas rochosos do Sistema Solar: Mercúrio, Vênus, Marte e Terra. Já os materiais gasosos condensaram-se e aglutinaram-se, originando os planetas gasosos de nosso sistema: Júpiter, Saturno, Urano e Netuno. Com grande quantidade de hidrogênio e hélio, o protossol adquiriu condições de gerar energia por fusão nuclear, tornando-se uma estrela de fato.

No início, a Terra era uma grande esfera de material incandescente, sobretudo de ferro, níquel e sílica. No decorrer de milhões de anos, ela foi se resfriando, formando uma camada delgada em sua parte mais exterior, denominada **crosta terrestre** ou **litosfera**. Era o início do éon Arqueano.

Durante o processo de resfriamento, uma grande quantidade de vapores de água e de gases, como o hélio e o hidrogênio, desprenderam-se do interior do planeta, por meio de imensas erupções vulcânicas. Esses materiais voláteis deram origem à **atmosfera** terrestre. Era o início do éon Proterozoico.

Concomitantemente, as massas de vapor de água aglutinaram-se em nuvens carregadas de umidade. Essa umidade precipitou-se na forma de chuvas torrenciais que duraram milhares de anos e encheram as partes mais baixas da crosta, dando origem a rios, lagos e oceanos, ou seja, à porção líquida de nosso planeta, a **hidrosfera**.

Somente há alguns milhões de anos, durante a Era Cenozoica, é que as esferas terrestres se tornaram relativamente estáveis. Esse fator, aliado à quantidade de energia solar recebida pela Terra, criou as condições adequadas para a existência de uma gigantesca variedade de formas de vida na **biosfera**.

A biosfera: interação e dinâmica do planeta **Capítulo 7**

▶ Energia solar: fonte da vida

A energia solar é primordial para a existência de vida na Terra. Atualmente, sabemos que diversos fenômenos naturais são desencadeados no momento em que a luz solar incide sobre nosso planeta. A intensidade e a frequência desses fenômenos na biosfera dependem de três fatores principais: a forma da Terra, os movimentos que ela realiza no espaço sideral e a quantidade de energia solar absorvida e refletida pela superfície terrestre.

O Sol e as zonas térmicas

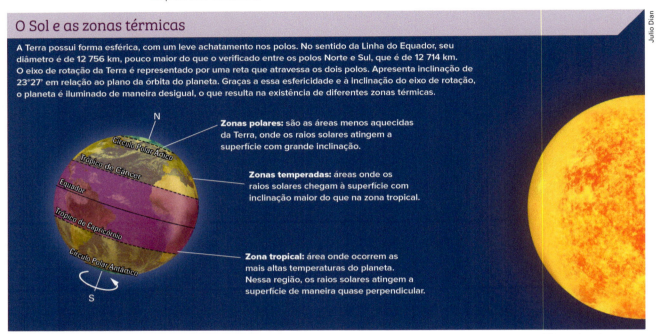

A Terra possui forma esférica, com um leve achatamento nos polos. No sentido da Linha do Equador, seu diâmetro é de 12 756 km, pouco maior do que o verificado entre os polos Norte e Sul, que é de 12 714 km. O eixo de rotação da Terra é representado por uma reta que atravessa os dois polos. Apresenta inclinação de 23°27' em relação ao plano da órbita do planeta. Graças a essa esfericidade e à inclinação do eixo de rotação, o planeta é iluminado de maneira desigual, o que resulta na existência de diferentes zonas térmicas.

Zonas polares: são as áreas menos aquecidas da Terra, onde os raios solares atingem a superfície com grande inclinação.

Zonas temperadas: áreas onde os raios solares chegam à superfície com inclinação maior do que na zona tropical.

Zona tropical: área onde ocorrem as mais altas temperaturas do planeta. Nessa região, os raios solares atingem a superfície de maneira quase perpendicular.

Ilustração fora de proporção; cores-fantasia.   Elaborado pelos autores.

O Sol e as estações do ano

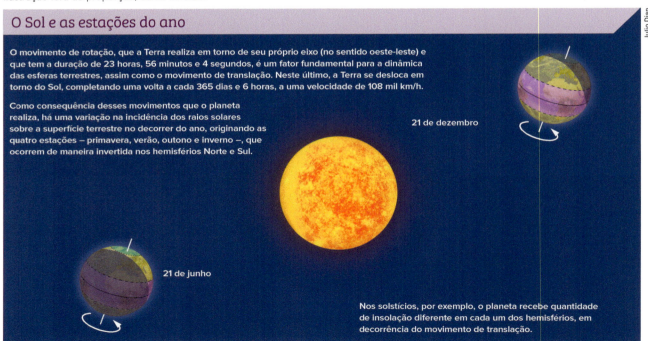

O movimento de rotação, que a Terra realiza em torno de seu próprio eixo (no sentido oeste-leste) e que tem a duração de 23 horas, 56 minutos e 4 segundos, é um fator fundamental para a dinâmica das esferas terrestres, assim como o movimento de translação. Neste último, a Terra se desloca em torno do Sol, completando uma volta a cada 365 dias e 6 horas, a uma velocidade de 108 mil km/h.

Como consequência desses movimentos que o planeta realiza, há uma variação na incidência dos raios solares sobre a superfície terrestre no decorrer do ano, originando as quatro estações – primavera, verão, outono e inverno –, que ocorrem de maneira invertida nos hemisférios Norte e Sul.

21 de dezembro

21 de junho

Nos solstícios, por exemplo, o planeta recebe quantidade de insolação diferente em cada um dos hemisférios, em decorrência do movimento de translação.

Ilustração fora de proporção; cores-fantasia.   Elaborado pelos autores.

100 Unidade 2 A biosfera e a dinâmica atmosférica

Culturas em foco

Nas culturas de antigas civilizações, como a dos incas, na América do Sul, e a dos egípcios, no norte da África, o Sol foi exaltado e muitas vezes considerado sagrado. Atualmente, muitos povos ainda cultuam esse astro. Para saber mais sobre isso, leia os textos a seguir.

Texto 1

OM. Meditemos no resplendor glorioso de Savitri, a Luz do Supremo, para que ilumine nossas mentes. OM.*

* No hinduísmo, esse mantra, fragmento da oração dos Vedas (um dos livros sagrados dessa religião), é chamado Gayatri e é dirigido ao deus denominado Savitri, o Sol.

Texto 2

O astrônomo solar John Eddy, do High Altitude Observatory de Boulder, no Colorado, fez recentemente sua própria peregrinação à Índia, onde observou o nascer do Sol no Templo do Sol de Galta, em Jaipur. Diz ele: "Em todos os continentes, o homem tem adorado o Sol desde as épocas mais remotas, erguendo-se para saudá-lo no amanhecer, louvando-o com toques de sineta e rufar de tambores, e inclinando-se diante dele. E convenhamos que tem boas razões para fazê-lo, visto tratar-se de fonte de luz, do calor, dos nossos alimentos e até do ar que respiramos (pois o oxigênio é reciclado por meio da fotossíntese). Sem o Sol não haveria vida, e muito pouca poesia. Não existiriam nem o dia, nem o azul do céu, nem alegres regatos, nem arco-íris".

WEINER, Jonathan. *Planeta Terra*. São Paulo: Martins Fontes, 2001. p. 211.

O Templo do Sol de Galta, em Jaipur, Índia, 2012.

Junte-se a alguns colegas e façam uma pesquisa a respeito dos aspectos antropológicos que envolvem a representação simbólica do Sol nas manifestações culturais brasileiras e de outros povos, tanto na religião como nas festas e datas comemorativas. A pesquisa pode ser feita na internet e em livros e revistas. Com o resultado em mãos, façam uma apresentação do que foi coletado e promovam uma discussão sobre o tema.

Reflexão e absorção da energia solar

A reflexão da energia solar ocorre quando os raios atingem as nuvens, a superfície dos continentes, as águas oceânicas, a vegetação e o próprio ar, retornando então, em parte, ao espaço. A maior parte da energia solar é absorvida por esses elementos, desencadeando fenômenos como o aquecimento do ar atmosférico, da água e dos solos, o ciclo da água e a fotossíntese das plantas, interferindo diretamente na interdependência entre a atmosfera, a hidrosfera e a litosfera.

Nos capítulos seguintes, veremos como a energia solar desencadeia diferentes dinâmicas em cada uma das esferas terrestres.

Observe o esquema a seguir e veja como ocorrem o aquecimento do ar atmosférico e alguns dos principais processos que a energia solar desencadeia na superfície terrestre. Nos continentes, a quantidade de radiação solar refletida ou absorvida varia conforme a composição dos solos, as formas do relevo, o tipo de ocupação humana, a cobertura vegetal e o índice de insolação (aspecto ligado à localização geográfica da região na superfície terrestre).

No que se refere à reflexão, foi estabelecido um índice, denominado **albedo** pelos especialistas. O objetivo desse índice é medir o quanto da radiação solar que incide sobre a superfície terrestre é refletida de volta para a atmosfera. Esse índice costuma ser aferido em percentuais que vão de 0% a 100% de reflexão – também representados no esquema a seguir –, de acordo com a superfície de incidência.

A forma e os movimentos da Terra, assim como os fenômenos de absorção e reflexão da energia solar pela superfície terrestre, estão entre os principais responsáveis pela existência da biosfera, com sua diversidade de ambientes e de formas de vida animal e vegetal.

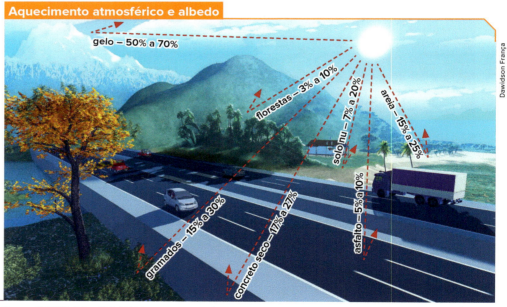

Aquecimento atmosférico e albedo

Em relação aos 100% da energia que chega na Terra:

- 40% incidem sobre as nuvens: 1% é absorvida e 25% são refletidas e se perdem no espaço; 14% são absorvidas pela superfície.

- 60% incidem sobre áreas sem nuvens: 7% são refletidas/difundidas por aerossóis, 16% são absorvidas por gases atmosféricos e 37% chegam à superfície.

Somando o total que chega à superfície (51%): 5% são refletidas pela própria superfície e 46% são absorvidas pela superfície.

Fontes: TORRES, Fillipe T. P.; MACHADO, Pedro José de O. *Introdução à climatologia*. São Paulo: Cengage Learning, 2011; MENDONÇA, Francisco de Assis; DANNI-OLIVEIRA, Inês Moresco. *Climatologia*: noções básicas e climas do Brasil. São Paulo: Oficina de Textos, 2007. Ilustração fora de proporção; cores-fantasia.

> Observando o albedo de cada tipo de superfície, o que podemos concluir sobre a capacidade de absorção e de reflexão dessas superfícies? Qual é a diferença entre elas? Analise-as e compare-as.

ESPAÇO E CARTOGRAFIA

A energia solar e o sensoriamento remoto

Como vimos, a energia solar é em parte refletida e em parte absorvida pelos elementos da superfície terrestre. Por meio da reflexão e da absorção da energia solar, desenvolveu-se uma técnica especial de obtenção de imagens da superfície de nosso planeta, denominada **sensoriamento remoto**. Essa técnica permite a captação de imagens por sensores instalados em satélites artificiais que giram em torno da Terra, como o Spot, de origem francesa, o Landsat, estadunidense, e o CBERS, resultado de um programa de cooperação entre chineses e brasileiros. Esses satélites encontram-se, em média, a cerca de 770 km de altitude.

A energia captada pelos satélites é transformada em sinais elétricos, que são registrados e transmitidos para estações de recepção na Terra. Esses sinais, então, são interpretados por *softwares* especiais e podem ser convertidos em tabelas, gráficos ou imagens.

Mas como a energia refletida pode ser transformada em imagem?

A energia utilizada para compor as imagens captadas pelo sensoriamento remoto é denominada **radiação eletromagnética**. Ela se propaga em forma de ondas **eletromagnéticas**, que são medidas em frequência e comprimento. O conjunto das ondas eletromagnéticas é representado pelo **espectro eletromagnético**.

A porção do espectro eletromagnético visível para o olho humano é muito restrita, mas os sensores remotos são desenvolvidos para captar as ondas em outras frequências. Observe abaixo a representação do espectro eletromagnético, na qual está demonstrada a distribuição da radiação conforme o comportamento das ondas, com a denominação de cada uma das partes. O comprimento da onda corresponde a unidades de metro, ou seja, é a distância entre dois picos de onda sucessivos.

Quanto mais distante um pico estiver do outro, maior será o comprimento da onda. A frequência (em unidades de hertz, Hz) é o número de vezes que a onda se repete em determinado tempo. Quanto maior o número de repetições, maior a frequência.

Cada elemento da superfície terrestre absorve e reflete a radiação eletromagnética de acordo com suas características físicas, químicas e biológicas. Em razão dessas variações, é possível distinguir um elemento do outro em uma imagem de sensoriamento remoto. Os sensores dos satélites são capazes de captar imagens em diferentes faixas do espectro eletromagnético. Desse modo, cada elemento aparecerá na imagem mais ou menos ressaltado, dependendo da faixa do espectro em que é registrado.

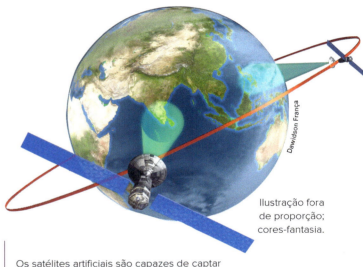

Ilustração fora de proporção; cores-fantasia.

Os satélites artificiais são capazes de captar imagens de extensas regiões do planeta.

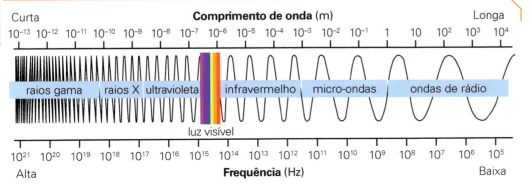

Hertz: unidade de medida que significa "oscilação por segundo" (1 Hz = 1 oscilação/s).

Fonte: FLORENZANO, Teresa G. *Iniciação em sensoriamento remoto*. São Paulo: Oficina de Textos, 2007.

Veja abaixo como se comporta graficamente a energia eletromagnética de alguns elementos, como a vegetação, a água e o solo.

Originalmente, as imagens obtidas pelos sensores remotos apresentam tonalidades que vão do preto ao branco. Para obter imagens coloridas, é necessário utilizar filtros ou filmes especiais. O emprego de cores é fundamental para ressaltar um ou outro aspecto dos elementos que se deseja observar. No caso das imagens em preto e branco, a tonalidade de cada elemento indica a quantidade de energia refletida: quanto maior a reflexão, mais clara a representação; quanto menor a reflexão, mais escuro o elemento aparecerá na imagem.

Comportamento eletromagnético (água, solo, vegetação)

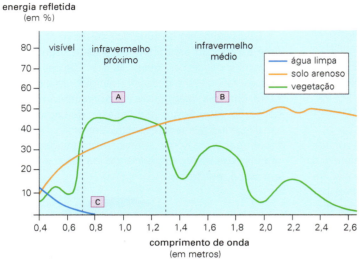

A. Na faixa do infravermelho próximo, a vegetação reflete mais energia e diferencia-se dos demais elementos.

B. O solo é o elemento que apresenta menor variação de energia refletida nas diferentes faixas do espectro.

C. A água, por sua vez, reflete mais energia na porção visível do espectro e muito pouco ou quase nada nas faixas do infravermelho próximo e médio.

Fonte: FLORENZANO, Teresa G. *Iniciação em sensoriamento remoto*. São Paulo: Oficina de Textos, 2007.

Atividade cartográfica

Observe como os elementos que refletem maior ou menor quantidade de energia são representados em duas imagens obtidas por sensoriamento remoto:

▸ a imagem 1 mostra a cidade de Visakhapatnam e suas imediações, na Índia;

▸ a imagem 2 mostra o Monte Egmont, na Nova Zelândia, cujo cume é coberto de gelo.

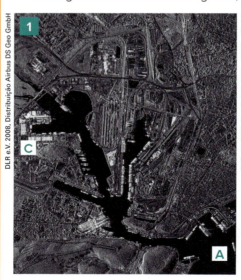
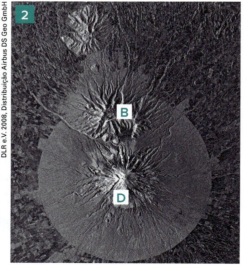

A. A água reflete menos energia em imagens em infravermelho e, assim, aparece em tons mais escuros.

B. As áreas de relevo acidentado e algumas áreas urbanas aparecem em tons claros.

C. As áreas densamente urbanizadas, que refletem muita energia, aparecem em tons mais claros.

D. O gelo reflete grande quantidade de energia, aparecendo em tons muito claros.

1. Quais são os elementos que refletem mais energia? Que tons eles têm?

2. Quais são os elementos que refletem menos energia? Quais são seus tons?

▶ A biosfera e os ecossistemas

É na biosfera, ou, como vimos, na "esfera da vida", que estão localizados os ecossistemas terrestres, conjuntos dinâmicos em que ocorrem trocas de energia e matéria entre seres vivos (componentes bióticos) e seres não vivos (componentes abióticos) característicos de determinada área geográfica.

Cada **ecossistema** apresenta uma série de particularidades decorrentes, entre outros fatores, da quantidade de energia solar recebida, de acordo com a região onde está localizado (ou seja, de acordo com sua latitude), do clima – no que se refere aos níveis anuais de precipitação e temperatura – e dos tipos de solo.

É possível identificar, na superfície terrestre, ecossistemas com dimensões variadas. Esses conjuntos dinâmicos podem ocorrer, por exemplo, em uma árvore, na qual há trocas da planta com o solo onde está enraizada, e com os insetos, répteis e fungos que se hospedam em seus troncos e galhos. Esses fatores compõem um conjunto característico de interações entre elementos bióticos e abióticos existentes na extensão de todo um ambiente. Veja abaixo a representação esquemática da interação entre os componentes bióticos e abióticos que pode ocorrer em um ecossistema.

Ilustração fora de proporção; cores-fantasia.

Fonte: CHRISTOPHERSON, Robert W. *Geossistemas*: uma introdução à Geografia Física. São Paulo: Bookman, 2012.

▶ Dos ecossistemas aos grandes biomas terrestres

Cada ecossistema terrestre, independentemente de sua dimensão, possui interfaces de troca de matéria e energia com outros ecossistemas. Nesse sentido, pode-se afirmar que, em níveis variados, todos os ecossistemas de nosso planeta se inter-relacionam.

Isso significa que qualquer tipo de alteração ecológica que ocorra em algum desses sistemas dinâmicos poderá afetar, direta ou indiretamente, a dinâmica de outros sistemas, próximos ou distantes.

Os grandes ecossistemas terrestres são denominados **biomas**, conjuntos dinâmicos de ampla extensão geográfica que possuem certo nível de homogeneidade em suas características naturais, com destaque para a fauna e a flora. De maneira geral, podemos identificar seis grandes biomas em nosso planeta: as Florestas Tropicais, as Savanas, os Campos, os Desertos, as Florestas Temperadas e a Tundra. Veja o planisfério a seguir.

Grandes biomas da Terra

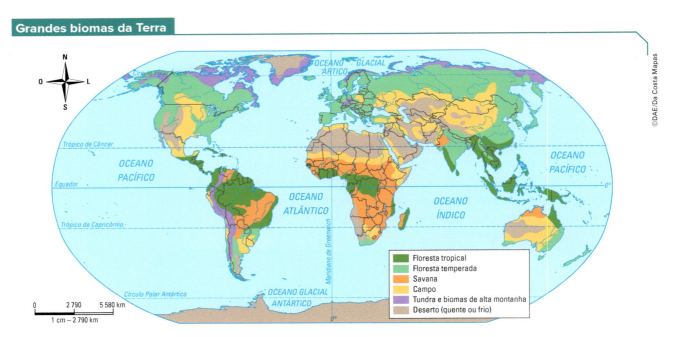

Fonte: SIMIELLI, Maria Helena. *Atlas geográfico escolar*. São Paulo: Ática, 2013. p. 7. Disponível em: <www.scipioneatica.com.br/fp/atlas_geografico_escolar>. Acesso em: 2 out. 2015.

Nas regiões de **Tundra** e altas montanhas predominam plantas baixas, como musgos e liquens, além de plantas herbáceas. As espécies animais características desse bioma são as aves e os insetos, mais abundantes no verão.

Tundra em Yukon, Canadá. Foto de 2012.

As **Florestas Temperadas** podem ser de dois tipos: a taiga, que recobre as regiões mais setentrionais do Hemisfério Norte, com inverno rigoroso e predominância de coníferas (espécies de pinheiros resistentes ao frio intenso); e a floresta decídua, que ocorre em áreas de inverno mais brando, com árvores e arbustos que perdem as folhas nas estações frias. Ambas são ricas em espécies animais, abrigando aves, anfíbios e insetos.

Floresta temperada na região de Vinton, estado da Virgínia, Estados Unidos. Foto de 2014.

As espécies vegetais e animais são extremamente abundantes nas **Florestas Tropicais**, cuja vegetação é densa, com árvores e arbustos de tamanhos muito variados e com o maior número de espécies entre os biomas terrestres. A fauna compreende grande diversidade de espécies de mamíferos, aves, anfíbios e insetos.

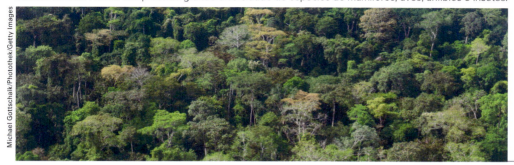

Floresta no Parque Nacional de Dzanga no triângulo da República Democrática do Congo. Foto de 2015.

As **Savanas** ocorrem em regiões de clima tropical, com chuvas concentradas e longos períodos de estiagem. São compostas basicamente de gramíneas e capim, com árvores e arbustos dispostos de forma esparsa na paisagem. Abrigam uma fauna muito rica, na qual se destacam os mamíferos e as aves de grande porte.

Savana no Parque Nacional Etosha, Namíbia. Foto de 2014.

Nos **Desertos quentes** vivem muitas espécies vegetais e animais. As plantas possuem tamanhos variados, geralmente com raízes profundas para alcançar os lençóis de água subterrâneos. Os animais predominantes são mamíferos roedores, répteis e insetos.

Deserto do Atacama, no Chile. Foto de 2015.

Os **Campos** ocorrem com maior frequência em regiões de clima temperado, onde predominam as gramíneas e outras plantas herbáceas, com poucos arbustos e praticamente sem a presença de árvores. Nas regiões de maior precipitação surgem os Campos de pradaria, formando extensas pastagens naturais. Já nas regiões semiáridas ocorrem os Campos de estepes, com vegetação mais rala e esparsa.

Campos de pradaria e coxilhas (colinas) em São José dos Ausentes, Rio Grande do Sul. Foto de 2013.

Os biomas e a interdependência entre os elementos da paisagem

Os mapas e os gráficos a seguir revelam importantes aspectos relacionados à interdependência entre os elementos físicos e biológicos que compõem as paisagens naturais de alguns dos biomas apresentados anteriormente.

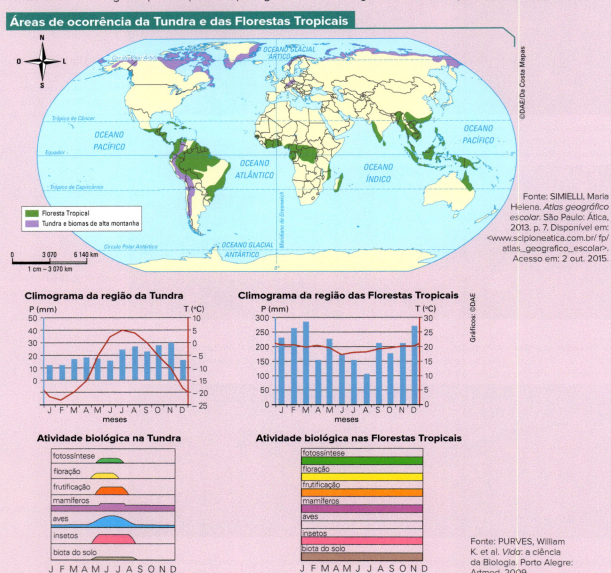

Fonte: SIMIELLI, Maria Helena. *Atlas geográfico escolar*. São Paulo: Ática, 2013. p. 7. Disponível em: <www.scipioneatica.com.br/fp/atlas_geografico_escolar>. Acesso em: 2 out. 2015.

Fonte: PURVES, William K. et al. *Vida*: a ciência da Biologia. Porto Alegre: Artmed, 2009.

Observe que a Tundra ocorre no norte dos continentes americano, asiático e europeu, e em regiões de altas montanhas. Nesses lugares, predominam verões curtos e temperaturas abaixo de 0 °C na maior parte do ano. O índice de pluviosidade também é baixo. Esses fatores contribuem para que a atividade biológica da fauna e da flora (como os períodos de reprodução e alimentação) se intensifique nos meses mais quentes do Hemisfério Norte, ou seja, no período de junho a setembro.

> Agora, compare a dinâmica da Tundra com a dinâmica das Florestas Tropicais. O que você notou? Como o mapa e os gráficos evidenciam as diferenças existentes entre esses biomas no que se refere à sua dinâmica? Anote as respostas em seu caderno.

Unidade 2 — A biosfera e a dinâmica atmosférica

▶ Os grandes biomas brasileiros

Por causa da sua extensão, sobretudo no que se refere à distribuição geográfica, entre aproximadamente as latitudes 5° N a 34° S, o nosso país apresenta uma grande diversidade de biomas. O mapa ao lado apresenta a delimitação do território brasileiro em seis grandes biomas: Amazônia, Caatinga, Cerrado, Mata Atlântica, Pampa e Pantanal.

É importante conhecer as características naturais de cada um desses patrimônios ambientais para que possamos compreender a interdependência de seus elementos, visando à conservação desses meios.

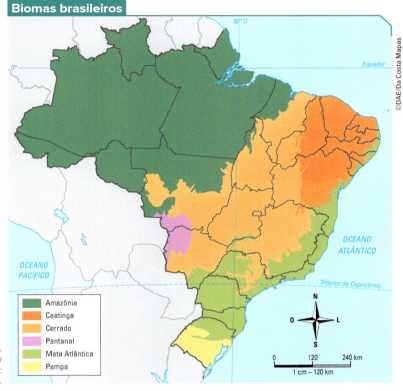

Fonte: MMA. Ministério do Meio Ambiente. Disponível em: <www.ibge.gov.br/home/presidencia/noticias/21052004biomas.html.shtm>. Acesso em: 11 abr. 2016.

Amazônia: o relevo desse bioma é formado principalmente por depressões e planícies. Predomina o clima equatorial, quente e úmido, com temperatura média anual em torno de 26 °C e chuvas abundantes o ano todo. De maneira geral, a vegetação é densa, com milhares de espécies de árvores e arbustos de portes variados. A região abriga uma das maiores biodiversidades do planeta. Pouco alterado até a segunda metade do século XX, esse domínio natural vem sendo devastado nas últimas décadas, em razão do avanço das grandes propriedades rurais, das madeireiras, dos garimpos e dos núcleos de povoamento.

A sombra da sumaúma da Floresta Amazônica impediu que as árvores em torno atingissem grandes proporções. Reserva Privada do Patrimônio Natural (RPPN) do Cristalino, Alta Floresta (MT). Foto de 2014.

A biosfera: interação e dinâmica do planeta   Capítulo 7

Caatinga: o relevo desse bioma é formado por depressões e planaltos cujas altitudes variam de 200 metros a 300 metros. Possui clima semiárido, com chuvas concentradas em alguns meses do ano. A vegetação caracteriza-se pela presença de arbustos espinhosos e espécies variadas de cactos. Essa área sofre alterações desde a época do Brasil Colônia, quando passou a ser utilizada para o desenvolvimento da pecuária bovina no Nordeste.

Na época das chuvas, a Caatinga forma uma cobertura verde, como revela esta imagem do sertão em Girau do Ponciano (AL). Foto de 2015.

Cerrado: nesse bioma predominam os planaltos e as chapadas. Possui clima bem definido, com temperatura média anual de 24 ºC e duas estações principais: uma seca e uma chuvosa. A vegetação caracteriza-se pela presença de arbustos distribuídos de forma esparsa, com galhos e troncos retorcidos, e grande quantidade de gramíneas. Nas últimas décadas, o Cerrado tem sido intensamente alterado para dar lugar a áreas de pastagem (destinadas à criação extensiva de gado) e para a instalação de lavouras (sobretudo voltadas à cultura de soja).

Imagem da vegetação típica do Cerrado no Parque Estadual dos Pireneus, em Pirenópolis (GO). Foto de 2015.

Mata Atlântica: bioma caracterizado pela presença de planaltos irregulares, com muitas serras e morros. Em sua ocorrência em áreas mais centrais do país, o clima é caracterizado pela alternância de duas estações: uma seca e uma chuvosa. Já na porção litorânea, os ventos oceânicos, carregados de umidade, proporcionam índices maiores de pluviosidade. No Sul do Brasil, em áreas de relevo planáltico de maior altitude, o clima atuante é o subtropical, com verões quentes e invernos frios. A vegetação remanescente dessa parte do domínio é composta especialmente de pinheiro-do-paraná, também chamado de araucária, uma árvore de grande porte. Por causa da exuberância de sua fauna e flora, o bioma da Mata Atlântica vem sendo devastado de forma ininterrupta desde a chegada dos portugueses, no século XVI. Estima-se que atualmente restem cerca de 7% da floresta original que encobria esse domínio natural.

As bromélias, plantas epífitas que vivem comumente em simbiose com as árvores da floresta, são muito numerosas na Mata Atlântica. Parque do Zizo, em Tapiraí (SP). Foto de 2015.

Pampa: região de relevo suave, ondulado, com colinas esparsas. O clima subtropical apresenta chuvas bem distribuídas o ano todo. A vegetação é composta de gramíneas e de outras plantas rasteiras. Atualmente, boa parte dessa forma de vegetação encontra-se alterada, em razão, sobretudo, da prática secular da criação extensiva de gado e, mais recentemente, à introdução das culturas de arroz, soja e trigo.

Imagem do Pampa gaúcho, campos naturais aproveitados para a criação de gado, em São Martinho da Serra (RS). Foto de 2012.

Pantanal: planície inundável que se localiza no sudoeste do Mato Grosso e oeste do Mato Grosso do Sul. Possui uma formação vegetal exuberante, com espécies típicas de florestas e do Cerrado. Na estação chuvosa (de novembro a abril), os rios da região transbordam, inundando as áreas mais baixas e planas.

Os capões de mato em meio às grandes extensões de campos inundáveis caracterizam o Pantanal. Fazenda Barra Mansa, em Aquidauana (MS). Foto de 2013.

Os domínios morfoclimáticos

Nesta e nas páginas 109 e 110, vimos que as paisagens naturais brasileiras estão classificadas em seis grandes biomas. Contudo, há pesquisadores que adotam critérios diferentes para delimitar essas unidades paisagísticas. Os estudos realizados pelo geógrafo brasileiro Aziz Nacib Ab'Sáber (1924--2012), por exemplo, levaram em consideração as características de ordem morfoclimática (interação de relevo e clima) e fitogeográfica (tipos de vegetação) para delimitar a extensão aproximada dessas paisagens naturais. Assim, Ab'Sáber utilizou o conceito de **domínios naturais** ou **domínios morfoclimáticos** para desenvolver seus estudos, indicando seis grandes domínios naturais no território brasileiro: Pradarias, Araucárias, Mares de Morros, Caatinga, Cerrado e Amazônico.

Entre essas regiões naturais, encontra-se o que Ab'Sáber chamou de **faixas de transição**, ou seja, áreas intermediárias que possuem características de dois ou mais domínios morfoclimáticos, como é o caso do Pantanal Mato--grossense, que apresenta formações da Caatinga, do Cerrado e da Mata Atlântica. Observe o mapa ao lado.

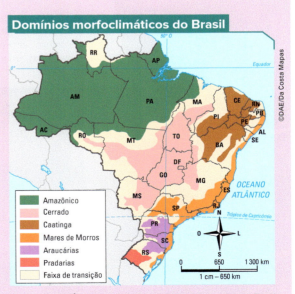

Fonte: THÉRY, Hervé; MELLO, Neli Aparecida. *Atlas do Brasil*: disparidades e dinâmicas do território. São Paulo: Edusp, 2008.

A biosfera: interação e dinâmica do planeta   Capítulo 7

O professor e geógrafo Aziz Nacib Ab'Sáber, considerado um dos maiores cientistas de nosso país, dedicou-se intensamente ao estudo dos domínios naturais e de sua devastação como consequência da ocupação humana. Ab'Sáber é reconhecido internacionalmente por seu trabalho, que contribuiu de maneira fundamental para o entendimento das características naturais e culturais do espaço geográfico brasileiro. No livro *Os domínios de natureza no Brasil – potencialidades paisagísticas*, o professor destaca as principais características das paisagens naturais brasileiras.

O professor Ab'Sáber (1924-2012), fotografado em 2010 na sua residência em Cotia (SP).

Neste livro, o professor Ab'Sáber aponta as principais paisagens naturais brasileiras e descreve suas características.

Identifique as áreas de ocorrência de cada um dos domínios morfoclimáticos e verifique qual deles abrange o estado onde você vive. De acordo com as descrições de cada domínio, converse com os colegas sobre que aspectos podem ser identificados em sua região.

▶ A interferência humana nas dinâmicas naturais

Sabemos que grande parte dos biomas terrestres sofre alteração, de alguma forma, pela interferência humana. De acordo com levantamentos recentes realizados por cientistas, entre os quais geógrafos, biólogos e zoólogos, grande parte dos biomas terrestres encontra-se parcial ou totalmente alterada pela ação humana, estando as áreas remanescentes na iminência de serem transformadas a curto e médio prazo. Dessa forma, os especialistas apontam para a necessidade de estabelecer, com urgência, medidas que protejam esses ambientes.

Foto do satélite Landsat 8, de setembro de 2013, mostrando campos já colhidos no Cazaquistão oriental, em verde-claro, ao lado de pastagens e matas, em verde-escuro.

Vista aérea da região de Krasnoyarsk, Rússia, que permite observar uma intensa transformação da paisagem pela ação humana: a enorme cratera da mina de ouro Titimukhta. Foto de 2015.

Unidade 2 — A biosfera e a dinâmica atmosférica

A interferência humana na dinâmica natural da biosfera leva a transformações intensas nas paisagens terrestres. A sociedade pode alterar fenômenos e processos biológicos, atmosféricos, hidrológicos e pedológicos. A atividade extrativista mineral, por exemplo, tanto nos países ricos e industrializados quanto nos países pobres e de economia primária, tem sido responsável por graves danos ambientais, como o desflorestamento de áreas de mineração, o desmantelamento de morros e serras e a criação de imensas crateras, alterando a paisagem e acelerando os processos erosivos. Em muitos casos, verifica-se a contaminação dos solos e de lençóis de água subterrâneos por resíduos de substâncias químicas resultantes do processo de extração.

Outra forma de interferência que tem alterado drasticamente o ambiente é a derrubada de vegetação para a prática de atividades agrícolas, prejudicando a vida da fauna – expulsando os animais de seu *habitat* e, muitas vezes, provocando a extinção de espécies. A ausência de vegetação, sobretudo nos países localizados nas zonas tropicais do planeta, transforma também as características dos solos, que, sem a cobertura vegetal, ficam vulneráveis à ação da água das chuvas e podem perder a capacidade de absorção – fato que interfere diretamente no ciclo hidrológico.

A construção de represas e a captação de água doce para a irrigação de campos de cultivo, práticas de países populosos como os Estados Unidos, a China e o Brasil, também alteram significativamente as dinâmicas naturais: provocam desequilíbrio na cadeia alimentar da fauna aquática, podem levar ao desaparecimento de espécies vegetais nas áreas inundadas e interferem no fluxo e no regime dos rios. A drenagem de canais para a irrigação, ao desviar a água dos cursos fluviais, pode privar de água as áreas localizadas à jusante. Para prevenir problemas relacionados à intensa interferência humana no ambiente, é importante conhecer os processos naturais da atmosfera, da hidrosfera e da litosfera. Os seres humanos habitam praticamente todos os pontos da superfície terrestre, e é objetivo da Geografia conhecer esses lugares e suas dinâmicas, a fim de melhor avaliar como o comportamento da sociedade impacta a natureza de nosso planeta.

Os canais de irrigação, como este na província de Hebei, norte da China, captam a água dos rios para a irrigação de áreas de cultivo. O desvio de águas fluviais pode alterar profundamente a dinâmica natural dos ambientes. Foto de 2013.

A retirada da vegetação para dar lugar ao plantio de produtos voltados à exportação, como na província de Kalimantan Central, na Ilha de Bornéu, Indonésia, tem provocado a destruição do *habitat* natural de muitas espécies da fauna e da flora e até mesmo sua extinção. Esta floresta abrigava tigres e orangotangos, agora ameaçados. Foto de 2014.

Bay Ismoyo/AFP

Zhu Xudong/Xinhua Press/Corbis/Latinstock

113

SABERES EM FOCO

Leia o texto a seguir.

Caviar some do mercado por causa da extinção do esturjão

No Mar Cáspio, onde se produz 90% do legítimo caviar consumido no planeta, os peixes estão desaparecendo por causa da contaminação da água

TEERÃ O progressivo desaparecimento das reservas de esturjão no Mar Cáspio está transformando o caviar selvagem iraniano em um luxo impossível de ser encontrado no Irã e cada vez mais raro no mercado mundial.

O Mar Cáspio é a maior reserva de esturjões selvagens do mundo, com cinco espécies diferentes responsáveis por 90% do legítimo caviar consumido no mundo. "Nos últimos seis meses, não produzimos nem dez gramas de caviar para o mercado", afirma Nasser Oktai, gerente comercial da Madar Takhasosi, a estatal iraniana que tem o monopólio de produção, comercialização e exportação de caviar.

[...]

"Nosso principal objetivo hoje é a reprodução, e não a produção de caviar", afirma. "Temos sete fábricas processando caviar no Norte, mas muitas unidades estão paradas ou cuidando apenas da reprodução."

Os pescadores passam semanas saindo ao mar de madrugada e retornando com as redes vazias. Quando capturados, os esturjões são levados vivos para reproduzir e ajudar a devolver mais peixes para repovoar o Mar Cáspio.

Os técnicos das fábricas promovem cesáreas para extrair as ovas e devolver os peixes ao mar, embora a recuperação seja problemática.

[...]

Todo o caviar exportado atualmente pelo Irã vem da produção artificial. O caviar selvagem que ainda se podia consumir no país está praticamente em extinção.

As autoridades apontam a desintegração do bloco soviético (a antiga URSS) no fim dos anos 1990 e o consequente fim dos controles de gestão de recursos naturais como uma das causas do problema.

Outra causa é a poluição causada por indústrias militares no rio Volga, além da contaminação provocada pela produção de algodão e exploração de petróleo na região.

Disponível em: <http://economia.estadao.com.br/noticias/geral,caviar-some-do-mercado-por-causa-da-extincao-do-esturjao,171708e>. Acesso em: 27 ago. 2016.

Imagem de esturjão. Foto de 2013.

Responda

O caviar é uma iguaria composta de ovas não fertilizadas da fêmea do peixe esturjão selvagem e que possuem alto valor comercial. De acordo com a reportagem, a produção do autêntico caviar iraniano, produzido pelos peixes que vivem no Mar Cáspio, vem diminuído ano após ano. Agora resolva as questões:

1. Por que a produção de caviar vem diminuindo?
2. O que tem sido feito para manter a população de esturjões?
3. Liste as principais interferências humanas no meio ambiente do Mar Cáspio.
4. Proponha uma discussão, em sala de aula, com os professores de Geografia e Biologia, sobre como essas interferências humanas podem impactar em ecossistemas aquáticos e terrestres. Se possível, pesquise sobre alguns casos do impacto de grandes obras no Brasil e traga a pesquisa na ocasião, de forma a enriquecer ainda mais o debate.

Revisitando o capítulo

1. O que é biosfera? Discorra sobre as principais interações e os fenômenos que ocorrem nessa porção do planeta Terra.
2. Leia com atenção o trecho a seguir e responda o que se pede.

    "O sol nasce e se põe, e tende ao seu lugar, donde volta a levantar-se. [...]" (Eccl. 1, 6-9).
    - A que elementos e fenômenos da natureza o autor faz referência na canção?
    - Qual é a importância deles para a dinâmica e as interações que ocorrem na biosfera?
3. Descreva os processos de reflexão e absorção da radiação solar em nosso planeta.
4. O que é albedo?
5. Qual é a importância da radiação eletromagnética para a técnica do sensoriamento remoto?
6. Identifique os principais fatores que influenciam as particularidades de um ecossistema.
7. O que é um bioma? De acordo com o mapa da página 111, identifique os biomas existentes no território brasileiro.
8. Diferencie bioma de domínio morfoclimático.

▶ ANÁLISE DE IMAGEM

Observe com atenção a imagem de satélite a seguir, que mostra parte de Helsinque, na Finlândia.

Com base no que você estudou sobre o comportamento de reflexão dos elementos naturais nas imagens de sensoriamento remoto, procure identificar os elementos indicados pelas letras A e B na imagem de satélite.

▶ TRABALHANDO COM GÊNEROS TEXTUAIS

A interação entre os elementos naturais das paisagens pode atribuir identidades marcantes aos lugares. Veja como o autor do texto a seguir descreve o lugar onde vive.

> Aqui o solo ondula graciosamente em colinas de suave declive, separadas umas das outras por cristalinos córregos, orlados de capões, cujo tope escuro se destaca vivamente em meio do brilhante e verde-claro matiz das campinas [...]. Acolá os espigões se abaúlam, como leivas gigantescas divididas pelos buritizais que se estendem como filas de guerreiros ao longo dos brejais. Aqui o horizonte é limitado ao longe por uma linha de serras, cujos topes, longe de serem coroados de ásperos alcantis, são lisos e risonhos tabuleiros cobertos de viçosas e suculentas pastagens.
>
> GUIMARÃES, Bernardo. *O garimpeiro*. São Paulo: Melhoramentos, 1962. p. 11.

O romancista e poeta mineiro Bernardo Guimarães (1825-1884) é considerado o criador do romance sertanejo e regional brasileiro. Além de *O garimpeiro*, estão entre as suas obras mais conhecidas os romances *O seminarista*, de 1872, e *A escrava Isaura*, publicado em 1875.

1. Aponte dois aspectos que chamaram sua atenção no que se refere ao estilo do texto do autor.
2. Identifique os elementos naturais que estão interagindo na paisagem descrita.
3. É possível dizer que o autor descreve um dos grandes biomas brasileiros? Em caso positivo, qual seria esse bioma? Explique por quê.

Bernardo Guimarães, retratado *post mortem* por M. J. Garnier na década de 1890.

ANÁLISE DE MAPAS

Atualmente, a maior parte dos grandes biomas brasileiros encontra-se alterada ou completamente devastada pela ocupação humana. Acompanhe, por meio da sequência de mapas, o processo de alteração desses biomas nos últimos 70 anos, aproximadamente.

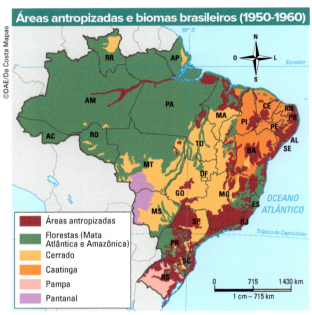

Fonte: IBGE. *Atlas nacional do Brasil Milton Santos*. Rio de Janeiro, 2010. Disponível em: <http://biblioteca.ibge.gov.br/visualizacao/livros/ liv47603_cap4_pt9.pdf>. Acesso em: 2 out. 2015.

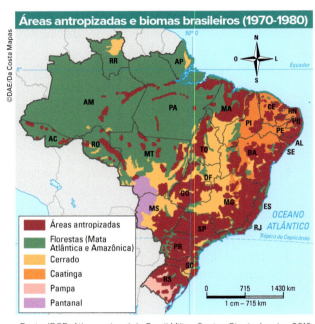

Fonte: IBGE. *Atlas nacional do Brasil Milton Santos*. Rio de Janeiro, 2010. Disponível em: <http://biblioteca.ibge.gov.br/visualizacao/livros/ liv47603_cap4_pt9.pdf>. Acesso em: 2 out. 2015.

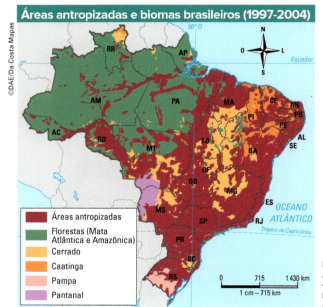

Fonte: IBGE. *Atlas nacional do Brasil Milton Santos*. Rio de Janeiro, 2010. Disponível em: <http://biblioteca.ibge.gov.br/visualizacao/ livros/ liv47603_cap4_pt9.pdf>. Acesso em: 2 out. 2015.

1. Quais são os biomas brasileiros que mais sofreram alterações no período indicado?

2. De acordo com os textos das páginas 109 a 111, por que isso ocorreu ou vem ocorrendo?

3. Converse com os colegas a respeito de medidas que poderiam ser estabelecidas para minimizar o processo de devastação desses biomas. Escreva no caderno as principais ideias que surgirem entre vocês.

A ATMOSFERA TERRESTRE

CAPÍTULO 8

Leia a seguir o trecho de uma reportagem sobre a passagem de um tornado no interior de Santa Catarina, estado da Região Sul do Brasil, em abril de 2015.

Tornado em Xanxerê-SC

Na tarde desta segunda-feira [20/04/2015], um tornado com ventos de 84 km/h passou por Xanxerê, no oeste de Santa Catarina, trazendo destruição e duas mortes. 191 mil unidades consumidoras ficaram sem luz, quase 47% da região. Às 22h, a Defesa Civil confirmava que 1 mil pessoas estavam desabrigadas e foram encaminhadas à escola Pequeno Príncipe.

DIÁRIO CATARINENSE. Agência RBS. Disponível em: <http://diariocatarinense.clicrbs.com.br/sc/geral/noticia/2015/04/tornado-em-xanxere-entenda-como-o-fenomeno-se-formou-e-veja-video-de-moradores-4744481.html>. Acesso em: 18 ago. 2015.

Dependendo da região do país onde você vive, é possível que já tenha passado por situações parecidas com a que é relatada no texto acima. Ele revela que mudanças repentinas nas características do tempo meteorológico podem criar situações inesperadas, como a passagem de uma grande tempestade, interferindo em nosso cotidiano.

Entre todas as dinâmicas da natureza abordadas neste volume, talvez a atmosférica seja a que se faz presente de maneira mais clara, sendo facilmente reconhecida por nós. Isso acontece porque o conjunto das condições atmosféricas (temperatura, umidade e pressão do ar) está sempre mudando, seja de maneira lenta – levando dias ou semanas para gerar uma alteração perceptível –, seja de forma rápida – produzindo mudanças bruscas no decorrer de um mesmo dia.

Mas por que isso ocorre? É o que estudaremos a seguir.

Após a passagem do tornado, a paisagem de Xanxerê (SC), era desoladora. Muitas casas foram completamente destruídas, especialmente as de madeira. As casas de alvenaria foram destelhadas. Na foto, de 20 de abril de 2015, casas de Xanxerê após o tornado.

Camadas da atmosfera

Última das camadas atmosféricas, a **exosfera** se estende da termósfera até o espaço exterior. É a camada na qual, em geral, posicionam-se os satélites artificiais.

A **termosfera** ou **ionosfera** vai da mesosfera até cerca de 500 km de altitude. É uma camada muito importante para a comunicação humana, porque contém grande quantidade de gases ionizados que refletem alguns tipos de onda de rádio. É onde ocorrem as auroras boreais e austrais.

A **mesosfera** se estende da estratosfera até aproximadamente 80 km de altitude. É a camada atmosférica com as temperaturas mais baixas (podem chegar a −90 °C). É nessa camada que os meteoritos se tornam incandescentes.

A **estratosfera** vai da troposfera até cerca de 50 km de altitude. Nela, a aproximadamente 22 km de altitude, encontra-se a camada de gás ozônio (O_3), responsável pela filtração dos raios ultravioleta emitidos pelo Sol.

A **troposfera**, a camada mais baixa da atmosfera, estende-se até cerca de 15 km de altitude. É nessa camada que ocorre a maioria dos fenômenos meteorológicos e está contida a maior parte dos gases atmosféricos.

- Exosfera — 500 km
- Termosfera
- 80 km — Mesosfera
- 50 km — Estratosfera
- 15 km — Troposfera

A troposfera e a radiação solar

A atmosfera é uma camada de gases que envolve a superfície terrestre, com espessura entre 750 km e 1 000 km. Ela é mantida ao redor do planeta por causa da atração gravitacional exercida pela Terra. Entre os gases que a compõem, predominam o nitrogênio (78%) e o oxigênio (21%). Apenas 1% da atmosfera é formada por outros gases – argônio, hélio, neônio, ozônio e dióxido de carbono –, além de vapor de água.

A concentração dos gases atmosféricos, no entanto, varia de acordo com a altitude, originando diferentes camadas na atmosfera. Observe o gráfico abaixo e o esquema ao lado, e leia suas legendas com atenção.

Gases que compõem a atmosfera

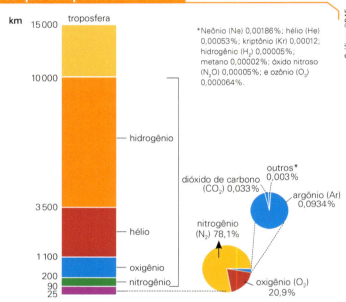

*Neônio (Ne) 0,00186%; hélio (He) 0,00053%; kriptônio (Kr) 0,00012; hidrogênio (H_2) 0,00005%; metano 0,00002%; óxido nitroso (N_2O) 0,00005%; e ozônio (O_3) 0,000064%.

Fonte: MENDONÇA, Francisco de Assis; DANNI-OLIVEIRA, Inês Moresco. *Climatologia*: noções básicas e climas do Brasil. São Paulo: Oficina de Textos, 2007. p. 27.

Entre as camadas atmosféricas, a que tem maior importância para os estudos geográficos é a **troposfera**. Nela ocorrem os principais fenômenos meteorológicos, como as tempestades, os ventos, as chuvas, as precipitações de neve ou granizo e a formação de geadas. Muitos desses fenômenos influenciam o cotidiano das pessoas – afinal, quem não dá uma olhadinha para o céu antes de sair de casa? – e até mesmo as atividades econômicas de um país.

Além disso, pode-se dizer que as características físicas dessa camada atmosférica – como a temperatura do ar (com média global de 15 °C), os gases que a compõem e a presença de poeira e vapor de água em suspensão –, são um dos fatores responsáveis pelo desenvolvimento da vida em nosso planeta e, portanto, pela existência da biosfera.

Fonte: ENCICLOPÉDIA DO ESTUDANTE. *Ciências da Terra e do Universo*: da Geologia à exploração do espaço. São Paulo: Moderna, 2008. p. 27.

Ilustração fora de proporção; cores-fantasia.

118

A importância da radiação solar

Observe as imagens:

A Lapônia está localizada na zona polar norte, estendendo-se pelos territórios da Noruega, Suécia, Finlândia e Rússia.

Fonte: IBGE. *Atlas Geográfico Escolar*, Rio de Janeiro, 2009.

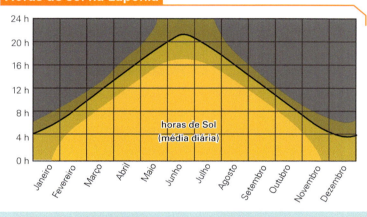

Fonte: Finnish Meteorological Institute. Disponível em: <http://archive-fi.com/page/98396/2012-07-09/http://en.ilmatieteenlaitos.fi/length-of-day>. Acesso em: 30 abr. 2016.

A Lapônia está localizada na zona polar Norte, estendendo-se pelos territórios da Noruega, Suécia, Finlândia e Rússia. Observe no gráfico a quantidade média de horas de Sol no decorrer dos meses do ano naquela região. O fato de o Sol aparecer em alguns meses durante cerca de 24 horas, ocorre em razão do eixo de inclinação da Terra e da incidência solar no Hemisfério Norte no verão. Assim, o Sol não chega a "se por" no horizonte. Esse fenômeno é chamado de "Sol da meia-noite".

O principal fator desencadeante dos fenômenos atmosféricos na troposfera é a distribuição desigual da radiação solar sobre a superfície terrestre. Vimos, no capítulo anterior, que a insolação desigual das partes do planeta cria diferentes zonas térmicas. Assim, nas zonas localizadas entre os trópicos (**zona tropical**), áreas de menor latitude, os raios solares incidem sobre a superfície dos oceanos e continentes de maneira quase perpendicular, aquecendo-os intensamente (veja o esquema da próxima página). Consequentemente, essas superfícies irradiam grande quantidade de calor para o ar atmosférico. Por isso, as temperaturas nessas regiões são geralmente mais altas do que em outras regiões do planeta, durante a maior parte do ano.

Nas zonas localizadas em latitudes médias (**zonas temperadas**), a incidência da radiação solar varia bastante conforme a estação do ano, sendo mais intensa no verão e mais branda no inverno, o que resulta em temperaturas respectivamente altas e baixas nessas estações. A insolação diminui em direção às zonas de maior latitude. Assim, nas **zonas polares**, a incidência dos raios solares é bastante difusa, o que leva as superfícies a irradiar pouco calor para o ar atmosférico. Por essa razão, as temperaturas médias nessas regiões são as mais baixas do planeta.

Observe as imagens a seguir, que ilustram esse processo.

Ilustrações fora de proporção; cores-fantasia.

Fonte: CHRISTOPHERSON, Robert W. *Geossistemas*: uma introdução à Geografia física. Porto Alegre: Bookman, 2012. p. 48.

O mapa abaixo apresenta, por meio de linhas isotermas – ou seja, linhas que unem pontos com a mesma média de temperatura –, a delimitação prática das principais zonas térmicas do planeta Terra (média dos meses mais quentes e mais frios).

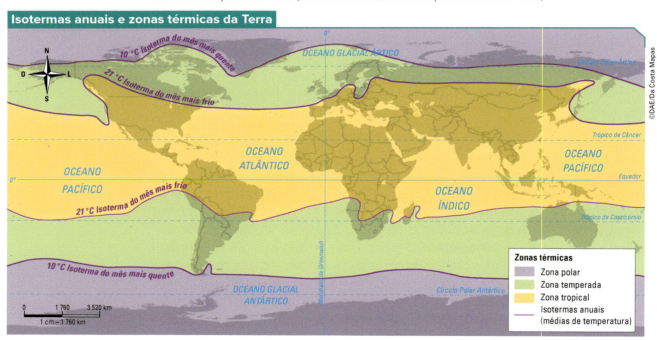

Fonte: MENDONÇA, Francisco de Assis; DANNI-OLIVEIRA, Inês Moresco. *Climatologia*: noções básicas e climas do Brasil. São Paulo: Oficina de Textos, 2007. p. 56.

Compare o mapa acima com o esquema que mostra a extensão teórica das zonas térmicas do planeta, que pode ser vista no topo desta página e no mapa da página 100. Que diferenças é possível identificar? Observe também a posição do Brasil em relação às linhas isotermas. Como você caracterizaria o nível de insolação recebido pelo nosso país durante o ano?

A circulação atmosférica global

Os ventos são um elemento fundamental na dinâmica dos fenômenos naturais que ocorrem na troposfera. Em escala local, eles vão desde as brisas leves até os ventos de altas velocidades. Em escala global, existem grandes correntes de vento que carregam, por exemplo, a umidade dos oceanos para os continentes, ou que dispersam o calor das zonas tropicais, aquecendo as regiões mais frias em determinadas épocas do ano. Esses fenômenos globais proporcionam certo equilíbrio térmico ao planeta. A seguir, veremos como isso ocorre.

A pressão atmosférica

Denomina-se **pressão atmosférica** o peso que a atmosfera exerce sobre a superfície terrestre. Esse fenômeno ocorre por causa da força gravitacional da Terra, que mantém os gases ao redor do planeta e pressiona-os em direção à superfície. A pressão atmosférica varia de um lugar para outro, conforme a altitude do terreno e de acordo com as zonas térmicas.

A pressão atmosférica e a altitude

No que se refere à altitude, quanto mais alto é um lugar em relação ao nível do mar, mais rarefeito é o ar atmosférico, ou seja, mais afastadas ficam as moléculas de ar umas das outras e, portanto, menor é a pressão atmosférica. Isso significa que, ao nível do mar, ocorre o nível máximo da pressão atmosférica de uma região. Observe, no esquema ao lado, a variação de pressão de acordo com a altitude de um lugar e como se comportam as moléculas de ar.

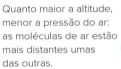

Variação da pressão atmosférica conforme a altitude

Quanto maior a altitude, menor a pressão do ar: as moléculas de ar estão mais distantes umas das outras.

Fonte: CPTEC/Inpe. Disponível em: <http://videoseducacionais.cptec.inpe.br/swf/mov_atm/2/02_01_ba_01_a_00_x.swf>. Acesso em: 8 abr. 2016.

No gráfico, a unidade de medida usada para aferir a pressão atmosférica é o *milibar (mb)**, equivalente a 1 mm de mercúrio. Note que, ao nível do mar, a pressão está em torno de 1050 mb, mas a uma altitude de 6 mil metros cai para cerca de 200 mb.

Nas áreas de menor altitude, mais próximas do nível do mar, a pressão atmosférica é maior: as moléculas de ar estão mais concentradas.

Ilustração fora de proporção; cores-fantasia.

Dawidson França

As áreas de alta e baixa pressão atmosférica

A distribuição desigual da radiação solar sobre a superfície terrestre também é responsável pela existência de áreas de alta e de baixa pressão atmosférica. Vejamos no esquema a seguir como isso ocorre.

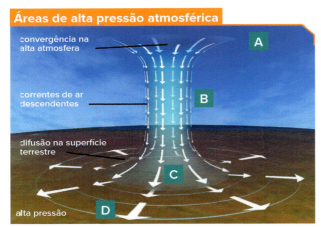

Fonte: Inpe. Disponível em: <http://videoseducacionais.cptec.inpe.br/swf/mov_atm/2/02_01_ba_01_a_00_x.swf>. Acesso em: 23 abr. 2016.

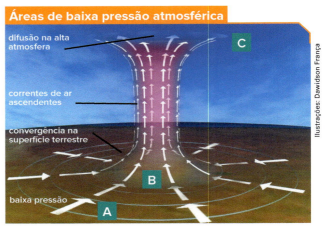

Fonte: Inpe. Disponível em: <http://videoseducacionais.cptec.inpe.br/swf/mov_atm/2/02_01_ba_01_a_00_x.swf>. Acesso em: 23 abr. 2016.
Ilustrações fora de proporção; cores-fantasia.

A. Em regiões da alta troposfera, há a convergência de correntes de ar frias.
B. O ar frio mais denso e, portanto, mais pesado, desce das altas altitudes, sobretudo em zonas temperadas e polares do planeta.
C. Em altitudes mais baixas, o ar frio forma uma área de difusão, ou seja, de alta pressão, também chamada de anticiclone.
D. Dessas áreas os ventos sopram com força, sobretudo em direção à Linha do Equador.

A. Em regiões de maior insolação, como aquelas localizadas na zona tropical do planeta, correntes de ar quente convergem em baixas altitudes.
B. Nessas áreas, o ar quente e rarefeito, portanto mais leve, ascende para grandes altitudes. Ocorre, então, uma área de convergência ou de baixa pressão, também chamada de ciclone ou depressão.
C. O ar eleva-se até aproximadamente 10 mil metros de altitude. Nesse ponto, formam-se as grandes correntes de vento que sopram em alta velocidade nas direções norte e sul, reiniciando o ciclo.

Podemos visualizar a ocorrência de áreas de alta e baixa pressão atmosférica analisando um mapa barométrico, que contém as linhas isóbaras, ou seja, linhas imaginárias contínuas que unem pontos da troposfera com a mesma pressão. Veja-o.

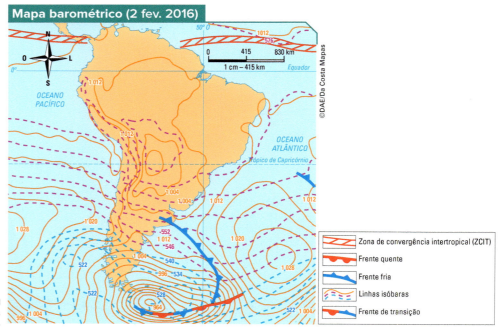

Fonte: CPTEC/Inpe. Disponível em: <http://tempo.cptec.inpe.br>. Acesso em: 8 abr. 2016.

Unidade 2 A biosfera e a dinâmica atmosférica

Os padrões circulatórios da troposfera

O esquema abaixo mostra que os movimentos de ascensão e descendência do ar na atmosfera estabelecem padrões circulatórios denominados células de Hadley e células de Ferrel. Nas células de Hadley, o ar circula na direção do Equador, já nas de Ferrel, o ar circula na direção contrária, ou seja, na dos polos. Ao longo da superfície, essas células criam três correntes de ventos principais: os ventos polares de leste, os ventos alísios e os ventos predominantes de oeste.

Essa dinâmica que ocorre na troposfera entre as áreas de alta e baixa pressão é denominada **circulação atmosférica global**.

Padrões de circulação da atmosfera

Ventos predominantes do oeste: deslocam-se dos trópicos em direção aos polos, soprando no sentido contrário ao dos ventos alísios.

Ventos alísios: deslocam-se dos trópicos em direção à Linha do Equador.

Ventos polares de leste: deslocam-se dos polos em direção aos trópicos.

Fonte: TORRES, Fillipe T. P.; MACHADO, Pedro José de O. *Introdução à climatologia*. São Paulo: Cengage Learning, 2011. p. 100.

SABERES EM FOCO

O efeito Coriolis e a direção dos ventos na troposfera

No esquema acima, podemos observar a direção das principais correntes de vento existentes na atmosfera. É possível notar que a direção das correntes é diferente entre os hemisférios norte e sul do planeta. O texto a seguir busca explicar a razão dessa diferença, que está na atuação do chamado **efeito Coriolis**.

Foi em 1835 que o cientista Gustave Gaspard Coriolis (1792-1843) explicou por que a pontaria do exército francês, nos tiros de canhão a longa distância, não andava lá essas coisas. As balas não atingiam o alvo e sistematicamente caíam à direita. Coriolis determinou que a rotação da Terra (giro ao redor do eixo) era a causadora dos desvios dessas balas para a direita. E ele descreveu isso matematicamente.

A descoberta de Coriolis não serviu apenas para explicar a má pontaria dos soldados franceses. Teve muitas outras aplicações. [...]

Nas ciências atmosféricas, por exemplo, a descoberta de Gustave Gaspard Coriolis é usada para explicar por que o ar que circula em torno de um centro de alta ou de baixa pressão apresenta um deslocamento para direções opostas, dependendo se está no hemisfério Norte ou no hemisfério Sul.

Que o vento sopra de um ponto de alta para um de baixa pressão, todo mundo sabe. Então, por que ele simplesmente não se movimenta em linha reta do ponto de alta para o de baixa pressão? Na prática, o que se observa são movimentos mais assemelhados a uma espiral, com o ar se dirigindo para fora ou para o

A atmosfera terrestre **Capítulo 8** 123

interior, dependendo se é um centro de alta ou de baixa pressão, respectivamente (vide as imagens de satélites de furacões, nos noticiários de televisão ou em fotos nos jornais, por exemplo). O desvio na trajetória do ar em deslocamento ocorre sempre: para a direita, no hemisfério Norte, ou para a esquerda, no hemisfério Sul. E é o efeito de Coriolis que explica isso. [...]

Imagine uma massa de ar começando a se deslocar de uma posição na altura dos 45 graus de latitude, no hemisfério Norte, rumo ao Sul, para uns 30 graus de latitude, por exemplo. [...] Olhando na direção para onde este vento está soprando, você veria que ele está fazendo uma curva para a direita. E essa curvatura no movimento é o chamado efeito de Coriolis. No hemisfério Sul, esta mesma movimentação de ar apresentaria uma curvatura para a esquerda. [...]

O efeito de Coriolis influencia também a circulação oceânica, além da atmosférica, sendo considerado ainda na navegação aérea e em lançamentos de foguetes. O efeito de Coriolis é máximo nos polos e nulo no Equador. Por isso, não é à toa que a França mantém uma base de lançamento de foguetes na Guiana Francesa, junto à Linha do Equador.

CUNHA, Gilberto R. Muito prazer, Gustave-Gaspard Coriolis. In: *Meteorologia*: fatos & mitos. Passo Fundo (RS): Embrapa Trigo, 2000. v. 2, p. 99-102. Disponível em: <www.cnpt.embrapa.br/pesquisa/agromet/agromet/artigos/coriolis.html>. Acesso em: 3 out. 2015.

> Que fato levou o cientista Gustave-Gaspard Coriolis a descrever o "efeito" que ganhou seu nome? Que aplicações essa descoberta teve na meteorologia? Pesquise também como os trabalhos realizados por esse matemático francês contribuíram para os conhecimentos a respeito das leis da Cinética, em Física.

Furacões e tornados: sistemas de baixa pressão

O mecanismo de circulação atmosférica global é responsável pela origem de grandes correntes de vento com tendências sazonais. Furacões e tornados são exemplos desse fenômeno, que ocorre com maior frequência no Hemisfério Norte do planeta. Os furacões resultam de sistemas de baixa pressão atmosférica que se formam sobre os oceanos, em áreas tropicais do Hemisfério Norte. Em geral, deslocam-se no sentido leste-oeste e medem, em média, 300 quilômetros de diâmetro, gerando tempestades com ventos superiores a 120 km/h. São classificados em uma escala chamada Saffir-Simpson, que, de acordo com a velocidade do vento, estabelece uma categoria que vai de 1 (menor velocidade) a 5 (maior velocidade).

Os furacões ou ciclones são fundamentais para levar calor e umidade das áreas equatoriais para as regiões de latitudes mais altas do Hemisfério Norte. Na Ásia, esse fenômeno é denominado **tufão** pelos meteorologistas. Observe o esquema abaixo, que mostra a estrutura de um furacão.

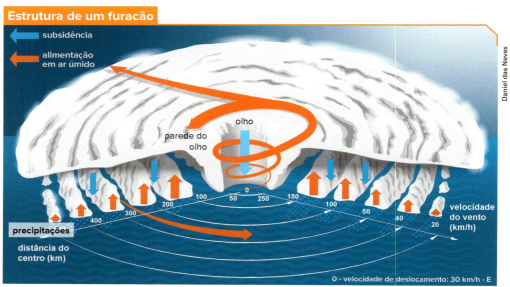

Fonte: MENDONÇA, Francisco de Assis; DANNI-OLIVEIRA, Inês Moresco. *Climatologia*: noções básicas e climas do Brasil. São Paulo: Oficina de Textos, 2007. p. 94.

Os tornados também são sistemas de baixa pressão atmosférica, porém de dimensões espaciais menores e muito mais efêmeros do que um furacão. Caracterizam-se como fortes redemoinhos de vento, com velocidade máxima em torno de 500 km/h, e cuja extremidade pode tocar o solo algumas vezes, causando sérios danos materiais por onde passam. Diferentemente dos furacões, os tornados ocorrem em áreas continentais, como no interior dos Estados Unidos, país que, a cada ano, pode ser acometido por mais de mil tornados.

No entanto, como vimos na reportagem reproduzida no início deste capítulo, o Brasil também vem sendo acometido por tornados. Isso porque, sobretudo na Região Sul, o território brasileiro está sob a influência do sistema de baixa pressão atmosférica do Chaco. Veja no infográfico a seguir por que isso ocorre.

Fonte: Erich Casagrande. Diário Catarinense/Inmet.

▶ As massas de ar

Outro fenômeno atmosférico importante que ocorre na troposfera e interfere diretamente nas condições meteorológicas é o deslocamento das massas de ar. É provável que você já tenha visto, em noticiários da televisão ou em jornais impressos, imagens parecidas com as apresentadas a seguir. Leia algumas explicações sobre elas.

No dia 15 de junho de 2010, uma massa de ar polar avançou sobre o sul da América do Sul.

Ainda no dia 15 de junho, essa mesma massa de ar frio continuou avançando e provocando a queda de temperatura na região.

Fotos: CPTEC/Inpe

No dia 16 de junho do mesmo ano, a massa polar deslocou-se para o Oceano Atlântico.

As massas de ar apresentam-se como gigantescos "bolsões" de ar atmosférico, com características próprias de temperatura, umidade e pressão. Por isso, podemos dizer que a troposfera não é uma camada de ar homogênea. Nela se encontram basicamente três tipos diferentes de massas de ar: as equatoriais, as tropicais e as polares.

As **massas equatoriais** se formam na região do Equador; por isso, são quentes e, em geral, úmidas.

As **massas tropicais**, que também são bolsões quentes, originam-se nas áreas próximas aos trópicos (de Capricórnio e de Câncer). Quando se formam sobre os oceanos, geralmente apresentam bastante umidade; quando provêm de áreas continentais são, sobretudo, secas.

As **massas polares** têm origem nos polos Norte e Sul do planeta; por isso, são muito frias. Também podem ser secas ou úmidas, conforme a área (continental ou oceânica) por onde se deslocam.

As frentes de transição

As alterações nas condições do tempo de determinados lugares decorrem, em boa parte das vezes, dos encontros entre massas de ar com características físicas diferentes. Nas áreas onde ocorre o encontro entre essas massas formam-se as chamadas frentes de transição, que podem ser frias ou quentes.

Frente fria

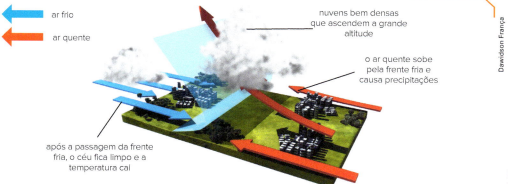

Uma **frente fria** se forma quando uma massa de ar frio polar avança em direção a uma massa de ar quente tropical, por exemplo, empurrando-a para altitudes maiores e ocupando seu lugar. Ao ganhar altitude, a massa de ar quente se resfria, provocando a formação de ventos e nuvens e, frequentemente, a precipitação de chuvas.

Ilustrações fora de proporção; cores-fantasia.

Fonte: *ATLAS Visual da Ciência* – clima. Barcelona/Buenos Aires: Editorial Sol 90, 2007. p. 14-15.

Frente quente

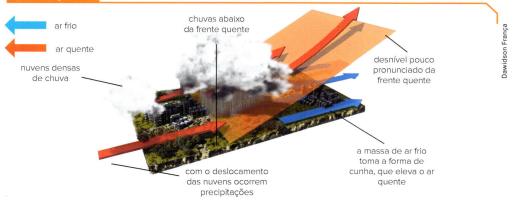

Já uma **frente quente** surge quando uma massa de ar quente (tropical ou equatorial) avança sobre uma massa de ar frio polar, ocupando seu espaço. Esse fenômeno também pode provocar alterações meteorológicas, como chuvas e ventos moderados.

Fonte: *ATLAS Visual da Ciência* – clima. Barcelona/Buenos Aires: Editorial Sol 90, 2007. p. 14-15.

Existe ainda a **frente estacionária**, quando há um equilíbrio de forças entre as massas de ar e acaba não ocorrendo o avanço nem de ar quente nem de ar frio. Nas frentes estacionárias, as condições atmosféricas (precipitações, temperatura etc.) podem se manter estáveis por vários dias.

O mapa ao lado mostra a simbologia que se convencionou usar para representar as frentes de transição e as frentes estacionárias. Observe-o.

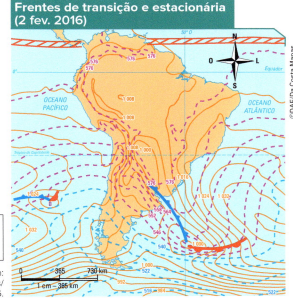

Fonte: CPTEC/INPE. Disponível em: <www.cptec.inpe.br/noticias/noticia/127739>. Acesso em: 2 fev. 2016.

A atmosfera terrestre   Capítulo 8   127

As massas de ar e as estações do ano no Brasil

Como o Brasil está localizado em sua quase totalidade na zona tropical do planeta, sobre o nosso território predomina a atuação das massas de ar equatorial e tropical. Contudo, de acordo com a estação do ano e a variação nos níveis de insolação, há uma mudança no comportamento das massas de ar e, consequentemente, no avanço ou no recuo das frentes de transição sobre o território brasileiro. Veja abaixo a sequência de mapas.

Observe que no verão há o predomínio da Massa de ar Equatorial Continental (mEc) sobre quase todo o território brasileiro. Como sua origem está sobre a Floresta Amazônica, essa massa de ar fornece umidade e altas temperaturas para as demais regiões brasileiras. No outono, a mEc perde força, recuando e dando espaço para a atuação predominante da Massa de ar Tropical Atlântica (mTa). Esta atinge quase todo o território nacional durante o inverno, sendo muito influenciada nesse período pela Massa de ar Polar Atlântica (mPa). Esse fenômeno dá origem a várias frentes frias que avançam país adentro, reduzindo as temperaturas, sobretudo na Região Centro-Sul do país.

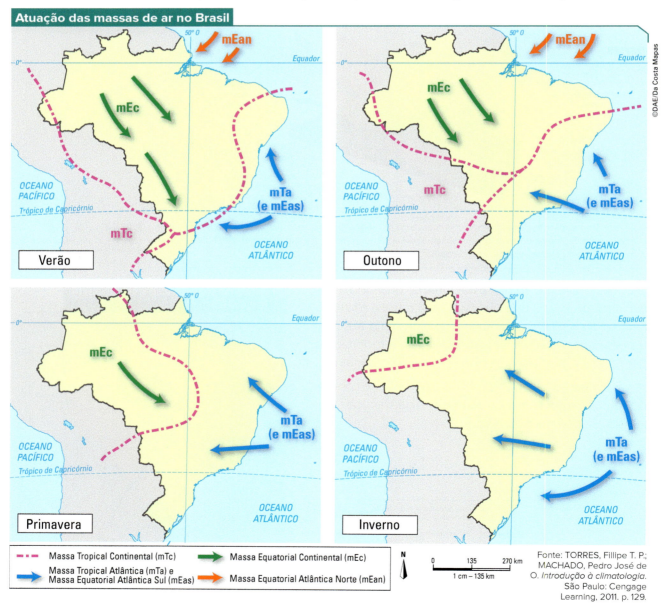

Fonte: TORRES, Fillipe T. P.; MACHADO, Pedro José de O. *Introdução à climatologia*. São Paulo: Cengage Learning, 2011. p. 129.

As zonas de convergência

Além da atuação das massas de ar, há outros dois fenômenos importantes que interferem diretamente nas condições climáticas de nosso país durante o ano: são as zonas de convergência Intertropical e do Atlântico Sul.

O encontro dos ventos alísios dos Hemisférios Norte e Sul desencadeia um importante fenômeno meteorológico, chamado pelos especialistas de zona de convergência. O encontro desses ventos na área de baixa pressão atmosférica, próximo à Linha do Equador, no contato entre as duas células de Hadley, cria a chamada **Zona de Convergência Intertropical (ZCIT)**. A ZCIT se caracteriza por um grande anel de ar úmido e quente em torno do planeta, que interfere diretamente nas características climáticas dos territórios ali localizados, como é o caso das regiões Norte e Nordeste do Brasil, que sofrem com maiores ou menores índices de pluviosidade.

Também possui grande importância para as condições climáticas e meteorológicas de nosso país a chamada **Zona de Convergência do Atlântico Sul (ZCAS)**, uma área de encontro dos ventos alísios que ocorre sobre o território brasileiro, criando alta nebulosidade, desde a Amazônia até a Região Sudeste. A ZCAS pode trazer maiores níveis de pluviosidade durante o final do verão e o começo do outono, dependendo da temperatura da superfície do oceano.

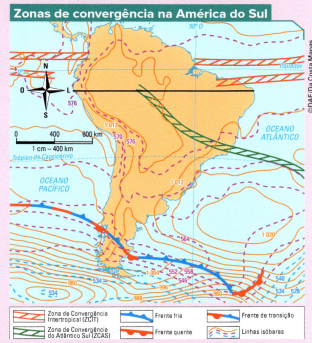

Fonte: CPTEC. Disponível em: <www.cptec.inpe.br/noticias/faces/noticias.jsp?idConsulta=FidQuadros=142>. Acesso em: 2 fev. 2016.

De olho no Enem – 2014

A convecção na Região Amazônica é um importante mecanismo da atmosfera tropical e sua variação, em termos de intensidade e posição, tem um papel importante na determinação do tempo e do clima dessa região. A nebulosidade e o regime de precipitação determinam o clima amazônico.

FISCH, G.; MARENGO, J. A.; NOBRE, C. A. "Uma revisão geral sobre o clima da Amazônia". *Acta Amazônica*, v. 28, n. 2, 1998 (adaptado).

O mecanismo climático regional descrito está associado à característica do espaço físico de:

a. resfriamento da umidade da superfície.
b. variação da amplitude de temperatura.
c. dispersão dos ventos contra-alísios.
d. existência de barreiras de relevo.
e. convergência de fluxos de ar.

Gabarito: E

Justificativa: A Amazônia situa-se na Zona de Convergência Intertropical, situada no encontro dos ventos alísios do Hemisfério Norte com os do Hemisfério Sul.

A incidência quase vertical de radiação solar durante todo o ano confere expressivo aquecimento à superfície, resultando em elevados índices de evapotranspiração local e produzindo um bolsão de baixa pressão atmosférica. Nessas condições, ocorrem movimentos convectivos do ar aquecido e úmido, contribuindo para a ocorrência de abundantes chuvas. Está correta, portanto, a alternativa **e**. A alternativa **a** está incorreta, pois o movimento convectivo do ar está associado ao aquecimento e não ao resfriamento da umidade da superfície. A alternativa **b** está incorreta, pois, nessa região, a amplitude térmica é pequena e apresenta pouca variação ao longo do ano. A alternativa **c** está incorreta, pois, embora ocorra na Região Amazônica, de fato, a dispersão de ventos contra-alísios, eles são ventos de altitude resultantes do movimento convectivo mencionado no texto apresentado como suporte, e não causadores desse movimento. Finalmente, a alternativa **d** está incorreta, pois a maior parte da Região Amazônica está situada em uma extensa planície, não havendo barreiras de relevo que justifiquem o movimento convectivo citado no texto.

Revisitando o capítulo

1. Qual é a camada atmosférica de maior importância para os estudos geográficos? Por quê?
2. Com base no que você estudou neste capítulo, quais as relações que podemos estabelecer entre radiação solar, latitudes e zonas térmicas?
3. Em relação à pressão atmosférica, responda:
    a. O que a caracteriza?
    b. Qual é a unidade de medida utilizada para aferir a pressão atmosférica?
    c. De que maneira a pressão atmosférica pode variar?
4. Por que as correntes de vento (alísios e predominantes de oeste) circulam em direções diferentes nos dois hemisférios terrestres?
5. Sobre furacões e tornados, responda:
    a. O que esses dois fenômenos naturais têm em comum? E o que os diferencia?
    b. Onde eles ocorrem com maior frequência?
    c. Furacões ou tornados podem ocorrer no Brasil? Explique.
6. Transcreva para o caderno a frase a seguir que contenha informações corretas a respeito das frentes de transição ou da frente estacionária.
    ▸ As frentes frias têm origem em uma massa de ar quente equatorial e demoram dias para alterar as condições meteorológicas.
    ▸ As frentes quentes sempre provocam alterações meteorológicas, já que empurram a massa de ar tropical para maiores altitudes.
    ▸ As frentes frias avançam sobre a massa de ar polar, provocando várias alterações meteorológicas.
    ▸ Uma frente estacionária forma-se do encontro de massas de ar com forças equilibradas, não ocorrendo o avanço de uma sobre a outra, o que faz com que as condições atmosféricas permaneçam estáveis por dias.
7. Com base no que estudou nos últimos capítulos, que tipo de relação você estabeleceria entre a atuação das diferentes massas de ar no decorrer das estações do ano e o movimento de translação da Terra?
8. Identifique, por meio dos mapas da página 128, as massas de ar que atingem a região onde você vive, no verão e no inverno. Depois, descreva como essas massas de ar influenciam as características climáticas durante o ano.

▸ TRABALHANDO COM GÊNEROS TEXTUAIS

Em várias obras literárias, há momentos em que os escritores usam algum fenômeno da natureza como "pano de fundo" para ambientar a cena em que os personagens da trama interagem. O trecho a seguir foi extraído do romance *Inocência*, de Visconde de Taunay. Leia-o com atenção.

> [...]
> Não chovia; mas o tempo estava carregado e sombrio. Tinha o céu cor acinzentada e do lado do poente linhas negras e contínuas denunciavam trovoada talvez para a tarde.
> [...]
>
> TAUNAY, Visconde de. *Inocência*. São Paulo: Ática, 1984. p. 114.

As obras literárias de Visconde de Taunay (1843-1899) são representativas do Romantismo regionalista, estilo que, para alguns linguistas, já possuía traços do Realismo. Por isso, em *Inocência* (de 1872), Taunay usa diversas vezes a natureza como moldura para as ações de seus personagens.

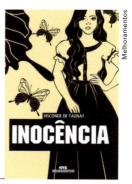

130

Com base no que você aprendeu neste capítulo, a descrição do narrador refere-se à aproximação de qual dos fenômenos atmosféricos abaixo? Transcreva a alternativa correta em seu caderno e explique sua resposta.

a. Um furacão.
b. Uma frente estacionária.
c. Uma frente de transição.
d. Um tornado.

ANÁLISE DE INFOGRÁFICO E DE TEXTO

O infográfico a seguir apresenta uma classificação que estabelece categorias de intensidade para o fenômeno dos tornados. Leia-o com atenção.

Intensidade dos tornados

F0 – Ventos com velocidade entre 65 km/h e 115 km/h. Podem causar danos leves, com prejuízos em chaminés, arrancar galhos e árvores, além de destruir placas e cartazes.

F1 – Ventos com velocidade entre 115 km/h e 175 km/h. Danos moderados. Podem destelhar casas, tombar caminhões e desviar carros em movimento de estradas.

F2 – Ventos com velocidade entre 175 km/h e 250 km/h. Danos consideráveis. Telhados inteiros são levantados e grandes árvores arrancadas. Objetos viram mísseis.

F3 – Ventos com velocidade entre 250 km/h e 330 km/h. Danos severos. Derrubam telhados e paredes, descarrilam e tombam trens, arrancam árvores e as erguem do chão e atiram longe carros pesados.

F4 – Ventos com velocidade entre 330 km/h e 415 km/h. Danos devastadores. Podem demolir casas. Carros e edifícios com fundações frágeis são atirados a distância.

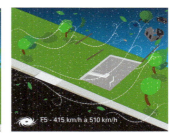

F5 – Ventos com velocidade entre 415 km/h e 510 km/h. Danos inacreditáveis. Arrancam casas e as atiram longe. Carros vão parar a mais de 100 metros de distância.

Fonte: DIAS, Maria Assunção F. da Silva. Professora do Depto. de Ciências Atmosféricas do Instituto Astronômico e Geofísico da USP. Disponível em: <http://galileu.globo.com/edic/107/sem_duvida2.htm>. Acesso em: 2 fev. 2016.

1. De acordo com sua análise a respeito das informações contidas no infográfico, quais são os critérios utilizados para classificar os tornados?
2. Leia novamente o trecho da matéria apresentado no início deste capítulo, na página 117. Com base nas informações do infográfico, como você classificaria o tornado que afetou o município catarinense de Xanxerê em abril de 2015? Em qual categoria o enquadraria? Explique por quê.

CAPÍTULO 9
CONDIÇÕES METEOROLÓGICAS E CLIMAS DA TERRA

Acompanhe, a seguir, o quadro sinótico que mostra as condições meteorológicas na cidade de Curitiba, no Paraná, durante uma semana do mês de outubro de 2015.

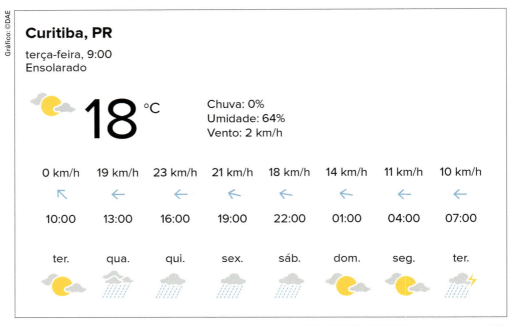

Disponível em: THE WEATHER CHANNEL. Acesso em: 4 out. 2015.

O que você diria a respeito das condições meteorológicas na capital paranaense? Elas mudaram no decorrer da semana ou mantiveram-se estáveis? Como estava o tempo no sábado e no domingo? E, durante a semana houve mais chuva ou mais sol? Ventou pouco ou muito? Converse sobre essas questões com os colegas.

▶ Os fatores meteorológicos

Vimos, no capítulo anterior, que a circulação dos ventos e o deslocamento das massas de ar são fatores preponderantes nas mudanças quase diárias do tempo meteorológico. Esses fenômenos afetam e são afetados por três fatores básicos: a **temperatura**, a **pressão** e a **umidade do ar atmosférico**. Vamos conhecê-los melhor a seguir.

Temperatura atmosférica

A temperatura refere-se ao nível de aquecimento do ar atmosférico (mais quente ou mais frio) em determinado lugar e horário do dia. Vimos, no Capítulo 7, que esse nível de aquecimento é determinado pela intensidade de radiação solar que uma porção da superfície do planeta recebe em certa época do ano.

É importante lembrarmos também que o aquecimento do ar atmosférico ocorre, em sua maior parte, de maneira indireta. Ou seja, primeiro há o aquecimento da superfície terrestre para, em seguida, a superfície transmitir o calor da radiação solar para o ar, aquecendo-o. É o nível do aquecimento do ar que proporciona a variação de temperatura durante um único dia ou ao longo de vários dias do ano.

Para entendermos melhor a influência da temperatura do ar no comportamento das condições atmosféricas, é fundamental controlarmos dois tipos de informação: a temperatura média e a amplitude térmica.

▸ A **temperatura média** é obtida por meio da soma das temperaturas aferidas em horários diferentes do dia, do mês ou do ano, em intervalos constantes, dividida pela quantidade de medições realizadas no período estabelecido.

▸ A **amplitude térmica** é a diferença entre as temperaturas máxima e mínima durante um período estabelecido, em geral um dia. Veja um exemplo desse tipo de amplitude na foto do aplicativo de celular.

O termômetro é o instrumento utilizado para medir a temperatura do ar atmosférico.

De acordo com as informações do aplicativo, no dia 10/11/2012, a temperatura máxima em Berlim, Alemanha, era de 7 °C e a temperatura mínima seria de 4 °C. Assim, subtraindo a temperatura mínima da máxima, a amplitude térmica nesse dia, em Berlim, foi de 3 °C.

Pressão atmosférica e ventos locais

Aprendemos, no capítulo anterior, o que é pressão atmosférica e como as diferenças de pressão entre as regiões do planeta desencadeiam grandes correntes de vento nas escalas global, regional e local. Quando consideramos a escala local, a diferença de pressão atmosférica é verificada por meio de ventos rotineiros que mudam de direção ou de intensidade de acordo com o horário do dia. Esses ventos podem ser classificados em três tipos principais: a **brisa marinha** e a **brisa terrestre**, que ocorrem em áreas costeiras; e a **brisa de vale**, que ocorre em regiões interioranas e de relevo acidentado. Veja os esquemas da página seguinte.

O barômetro é o instrumento utilizado para aferir a pressão do ar atmosférico. Na imagem ao lado há o registro de mais de 1040 milibares (mb), uma pressão bastante alta e indicativa de tempo estável e ensolarado.

Condições meteorológicas e climas da Terra · Capítulo 9 · 133

Tipos de vento local

Brisa marinha diurna

Brisa terrestre noturna

Brisa de vale diurna

Brisa de montanha noturna

Ilustração fora de proporção; cores-fantasia.

Fonte: CHRISTOPHERSON, Robert W. *Geossistemas*: uma introdução à Geografia Física. São Paulo: Bookman, 2012. p. 160-161.

Umidade atmosférica, nuvens e precipitações

A umidade presente no ar atmosférico tem sua origem nas águas dos oceanos, dos lagos e dos rios, assim como na **evapotranspiração** de plantas e animais. A quantidade de vapor de água em suspensão na atmosfera possui um determinado limite, chamado de **ponto de saturação**. Quando o ar atmosférico atinge o ponto de saturação, ele está com a maior quantidade possível de vapor de água em suspensão. A partir desse momento, o vapor se condensa e forma **nuvens**. A água contida nessas nuvens pode ou não se precipitar. Caso a saturação cesse, não ocorre a precipitação. Se ela continuar aumentando, a precipitação ocorrerá na forma de **chuva**, **neve** ou **granizo**.

> **Evapotranspiração:** liberação de água para a atmosfera sob a forma de vapor, por meio da respiração e da transpiração de animais e plantas e da evaporação da umidade presente no solo.

O higrômetro é o instrumento utilizado para medir a quantidade de vapor de água presente na atmosfera e expressa o resultado em porcentagem, ou seja, mede a umidade relativa do ar. O aparelho da foto registra 60% de umidade relativa; o ponto de saturação corresponderia a uma umidade relativa de 100%.

Os principais tipos de nuvem

Podemos dizer que existem três grandes tipos de nuvem: cirros, cúmulos e estratos.

▶ **Cirros:** por estarem em grandes altitudes, são formadas por cristais de gelo. Possuem aparência fibrosa, por isso são conhecidas como "crina de cavalo" ou "rabo de galo".

▶ **Cúmulos:** aparentam grandes flocos de algodão. São brancas e verticalmente alongadas, geralmente com a base reta e o topo arredondado.

▶ **Estratos:** surgem no céu na forma de camadas horizontais, em altitudes menores que a das demais nuvens.

Acompanhe-as por meio do esquema a seguir.

Fonte: NASA. Disponível em: <http://science-edu.larc.nasa.gov/SCOOL/pdf/Cloud_ID.pdf>. Acesso em: 4 out. 2015.

Condições meteorológicas e climas da Terra **Capítulo 9** 135

Principais tipos de chuva

É possível identificar três tipos básicos de chuva: a chuva convectiva; a chuva orográfica ou de relevo; e a chuva frontal. Acompanhe o esquema a seguir.

Os principais tipos de chuva

Chuva convectiva: resulta do forte aquecimento do ar e caracteriza-se por movimentos ascendentes que elevam o ar úmido. A saturação promove a formação de nuvens que logo precipitam na forma de chuvas vigorosas.

Chuva orográfica ou de relevo: o vento carregado de umidade eleva-se ao atingir a vertente de uma serra ou uma montanha. Ao encontrar a temperatura mais baixa em maiores altitudes, o vapor de água atinge o ponto de saturação, formando nuvens carregadas que se precipitam na forma de chuvas leves a moderadas.

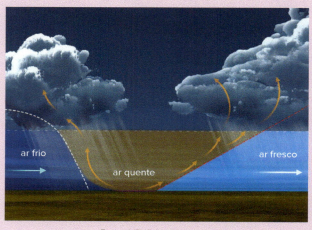

Chuva frontal: resulta do encontro de massas de ar com características diferentes. Logo, é o tipo de chuva típico de frentes de transição.

Ilustrações fora de proporção; cores-fantasia.

Fonte: MENDONÇA, Francisco de Assis; DANNI-OLIVEIRA, Inês Moresco. *Climatologia*: noções básicas e climas do Brasil. São Paulo: Oficina de Textos, 2007. p. 72.

▶ Tempo e clima: qual é a diferença?

O tempo hoje está quente, com previsões de chuva para o final da tarde. Essas condições, nessa época do ano, são típicas do clima da nossa região.

> Nessa frase, é possível identificar a diferença entre tempo e clima? Troque ideias com seus colegas.

Como vimos neste capítulo, as condições básicas de temperatura, pressão e umidade do ar atmosférico afetam diretamente o tempo meteorológico dos lugares na Terra.

Tempo meteorológico é o estado momentâneo de uma parcela de atmosfera que está sobre uma porção da superfície terrestre. Ele é determinado por meio da temperatura (frio ou calor) e da presença ou ausência de chuva, nuvens, brisa ou vendaval, entre outras condições atmosféricas. Como exemplo, veja o quadro sinótico que analisamos na página 132, no início deste capítulo.

Com base na observação contínua do tempo meteorológico, é possível estabelecer as principais características do **clima** de uma região, que é caracterizado pelas condições atmosféricas (temperatura, umidade e pressão do ar) mais marcantes em cada época do ano. Portanto, o clima é a sucessão habitual de tipos semelhantes de tempos meteorológicos, que acabam por caracterizar os meses como mais frios ou mais quentes, mais secos ou mais chuvosos, e assim por diante. Voltando ao exemplo dado na página 132, poderíamos dizer que, para conhecermos o clima de Curitiba, por exemplo, precisaríamos analisar os quadros sinóticos das suas condições atmosféricas durante vários anos. Dessa forma, saberíamos qual é a regularidade das condições atmosféricas em cada estação do ano nessa cidade.

A previsão do tempo meteorológico

Há séculos, as diferentes sociedades buscam saber, com antecedência, como será o comportamento do tempo meteorológico. Esse conhecimento é essencial para o bom desempenho de atividades econômicas, como a agricultura, a pesca, o transporte e a telecomunicação. Além disso, ajuda na prevenção de catástrofes naturais.

Na nossa sociedade, os casos citados acima criaram uma demanda por prognósticos meteorológicos cada vez mais precisos. Atualmente, o emprego de um avançado aparato tecnológico, composto de satélites artificiais orbitais, supercomputadores e uma rede mundial de coleta de dados atmosféricos, entre outros recursos, tem garantido previsões mais seguras em todas as partes do planeta. Atualmente, o índice de acerto nas previsões do tempo feitas de um dia para o outro é superior a 95%.

Por meio de boletins meteorológicos, torna-se possível, por exemplo, monitorar com antecedência fenômenos atmosféricos adversos, como a formação de nevascas e de geadas, a precipitação de granizo, a passagem de um furacão ou, ainda, a ocorrência de períodos de estiagem ou de fortes chuvas.

Hoje em dia, a previsão meteorológica é muito utilizada por institutos de pesquisas agronômicas, cooperativas de produtores agrícolas, empresas de navegação aérea e marítima, agências de turismo, eventos e publicidade, entre outras instituições. Na extração de petróleo, por exemplo, é imprescindível saber a velocidade e a direção dos ventos para o planejamento das operações nas plataformas localizadas em alto-mar.

De que maneira os meteorologistas obtêm as informações e os dados necessários para realizar as análises e os prognósticos a respeito do tempo? Antes de o jornal diário ter a possibilidade de apresentar aos telespectadores a previsão do dia, muita coisa já aconteceu! Observe o infográfico.

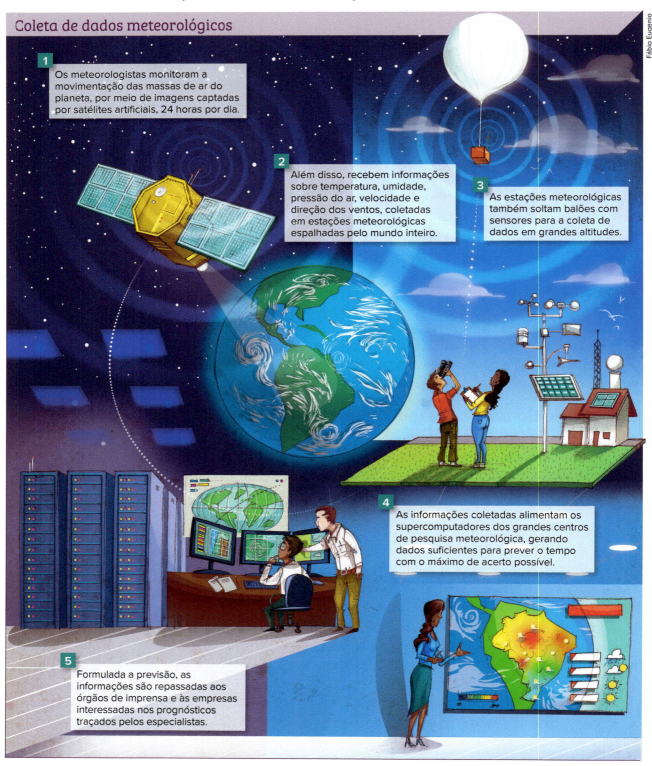

Coleta de dados meteorológicos

1. Os meteorologistas monitoram a movimentação das massas de ar do planeta, por meio de imagens captadas por satélites artificiais, 24 horas por dia.

2. Além disso, recebem informações sobre temperatura, umidade, pressão do ar, velocidade e direção dos ventos, coletadas em estações meteorológicas espalhadas pelo mundo inteiro.

3. As estações meteorológicas também soltam balões com sensores para a coleta de dados em grandes altitudes.

4. As informações coletadas alimentam os supercomputadores dos grandes centros de pesquisa meteorológica, gerando dados suficientes para prever o tempo com o máximo de acerto possível.

5. Formulada a previsão, as informações são repassadas aos órgãos de imprensa e às empresas interessadas nos prognósticos traçados pelos especialistas.

Ilustração fora de proporção; cores-fantasia.

Fonte: Elaborado pelos autores.

138 Unidade 2 A biosfera e a dinâmica atmosférica

SABERES EM FOCO

A observação do tempo e a sabedoria popular

O conhecimento acumulado por várias gerações a respeito dos fenômenos da natureza é considerado, por muitos pesquisadores, um conjunto de crendices que pouco colaboram para a investigação científica, sobretudo no que diz respeito às condições meteorológicas e climáticas. No entanto, o meteorologista gaúcho Eugenio Hackbart tem uma visão diferente a respeito desse tema. Vamos conhecê-la? Leia o texto a seguir.

Quando as andorinhas voam muito baixo, bem perto do solo, é sinal de chuva; quando o joão-de-barro canta, é anúncio de dia ensolarado. O que para muitas pessoas não passa apenas de ditados populares, para quem trabalha com previsão do tempo, como o meteorologista e diretor-geral da MetSul Meteorologia, Eugenio Hackbart, é sabedoria popular.

Segundo Hackbart, a observação da natureza é muito importante, "talvez até mais do que os sofisticados computadores". Para o meteorologista, a sabedoria popular desenvolveu-se em análise constante e com a importância da sobrevivência, como a de pescadores e agricultores. "Os pescadores têm uma observação admirável. [...] determinados tipos de movimento do mar, do vento, das nuvens, alguma sensação de desconforto, uma série de aspectos sensoriais são sinais de alerta para eles."

Conforme o diretor-geral da MetSul, antes de existirem todos os equipamentos e por consequência todas as informações por satélites e computadores sobre a previsão do tempo, somente existia a observação. "Hoje se confia muito mais em um computador do que em um observador. Os 'tecnocratas da meteorologia' quase que ridicularizam a sabedoria popular, mas é, pelo contrário, pela observação que se chegou ao conhecimento", enfatiza.

Hackbart lembra que, entre uma série de exames de plantas da região Sul em relação à época de floração, está a do maricá. O arbusto, que vive nos banhados às margens do rio dos Sinos, tem épocas diferentes para florescer. "Quando a floração é mais tardia, observa-se que as massas de ar polar passam por aqui mais tarde. Este ano, o maricá floresceu bem mais cedo, e nós tivemos uma onda de frio em março e depois outra no fim de maio e que ainda não acabou", afirma.

Não são somente as plantas que sofrem essas alterações. Hackbart cita como exemplo a agitação das formigas antes da chuva. Ele diz que o próprio instinto de sobrevivência dos animais fez com que eles estabelecessem instintivamente essas mudanças. "É uma incorporação de sinais que o animal capta e que reage de acordo com essa informação", frisa.

[...] Para Hackbart, o essencial é que as pessoas tenham mais contato com a natureza para não depender tanto de uma televisão para saber se vai chover. "A natureza fala com a gente. Só que a gente não quer ouvir, fecha os olhos, não cheira, fecha-se em apartamentos. O observador do tempo está sendo extinto pela própria forma de viver, que isola o ser humano totalmente."

Luciana Reichert. *Novo Olhar*. Disponível em: <www.novolhar.com.br/noticia_edicoes.php?id=5413>. Acesso em: 4 out. 2015.

Responda

1. De acordo com o texto, que tipos de sinais fornecidos pela natureza ajudam na previsão do tempo?
2. Você sabe algum conhecimento popular relacionado à previsão do tempo meteorológico? Converse com os colegas.
3. Segundo Eugenio Hackbart, a sabedoria popular a respeito dos fenômenos meteorológicos e a previsão científica do tempo são conhecimentos conflitantes? E você, o que pensa sobre isso?

▶ Os conjuntos climáticos da Terra

Observe as imagens a seguir.

Vilarejo de Sandviken, Noruega, 1895. Óleo sobre tela, 73,4 x 92,5 cm. Art Institute of Chicago, Illinois, Estados Unidos. As pinturas de Monet feitas durante o período em que passou na Noruega expressam o fascínio do artista pelo branco da neve nas paisagens.

Vilarejo de Bordighera, Itália, 1884. Óleo sobre tela, 65 × 80,8 cm. Em sua passagem pela região mediterrânea, na Itália, Monet pintou muitas paisagens com os tons vibrantes da vegetação e do mar.

O parisiense Oscar-Claude Monet (1840-1926), considerado um grande mestre da pintura impressionista, deixou em seus trabalhos as marcas da incidência da luz, das condições atmosféricas e das variações de luminosidade entre as estações do ano em diferentes lugares. Apaixonado pela pintura ao ar livre, Monet imprimiu em suas telas tanto as cores sóbrias do clima frio da Noruega quanto as cores vibrantes do clima mediterrâneo da Itália.

Conforme pode ser visto nas obras acima, Claude Monet utilizou cores diferentes para pintar as paisagens da Noruega, caracterizadas por invernos rigorosos acompanhados de alta precipitação de neve e verões curtos, e a região do Mediterrâneo, marcada por verões quentes e invernos chuvosos com temperaturas amenas. Com base no que estudamos, podemos concluir que essas diferentes paisagens refletem especialmente as características do clima.

Essas obras de Monet mostram a presença de climas distintos em um mesmo continente, nesse caso, a Europa. Essa variação ocorre porque sobre a superfície terrestre atuam diversos tipos de clima, cada qual com características muito particulares, que se refletem nas paisagens. O estudo dessas particularidades permitiu que os cientistas definissem a existência de dez grandes conjuntos climáticos em nosso planeta.

Veja a seguir a localização de cada tipo de clima no planisfério terrestre e conheça suas principais características.

140 Unidade 2 A biosfera e a dinâmica atmosférica

Conjuntos climáticos da Terra

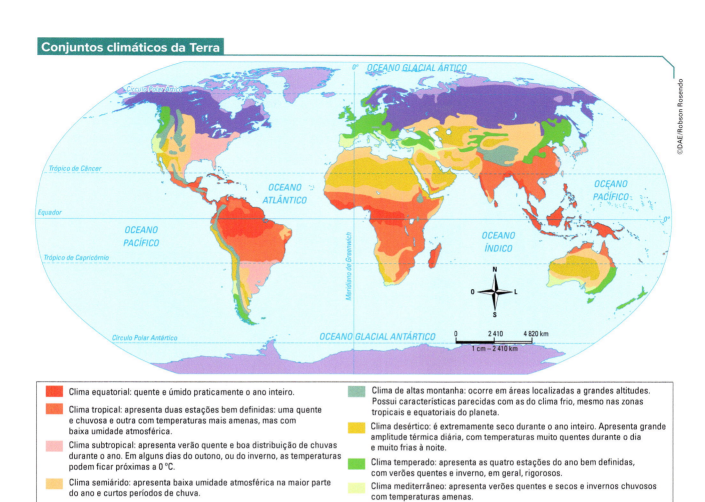

- **Clima equatorial:** quente e úmido praticamente o ano inteiro.
- **Clima tropical:** apresenta duas estações bem definidas: uma quente e chuvosa e outra com temperaturas mais amenas, mas com baixa umidade atmosférica.
- **Clima subtropical:** apresenta verão quente e boa distribuição de chuvas durante o ano. Em alguns dias do outono, ou do inverno, as temperaturas podem ficar próximas a 0 °C.
- **Clima semiárido:** apresenta baixa umidade atmosférica na maior parte do ano e curtos períodos de chuva.
- **Clima polar:** apresenta temperaturas muitos baixas o ano todo, com grande precipitação de neve.
- **Clima de altas montanha:** ocorre em áreas localizadas a grandes altitudes. Possui características parecidas com as do clima frio, mesmo nas zonas tropicais e equatoriais do planeta.
- **Clima desértico:** é extremamente seco durante o ano inteiro. Apresenta grande amplitude térmica diária, com temperaturas muito quentes durante o dia e muito frias à noite.
- **Clima temperado:** apresenta as quatro estações do ano bem definidas, com verões quentes e inverno, em geral, rigorosos.
- **Clima mediterrâneo:** apresenta verões quentes e secos e invernos chuvosos com temperaturas amenas.
- **Clima frio:** apresenta invernos muito rigorosos, com alta precipitação de neve, e verões curtos, com temperaturas brandas.

Fonte: IBGE. *Atlas Geográfico Escolar*. Rio de Janeiro, 2012. p. 58. Disponível em: <http://biblioteca.ibge.gov.br/index.php/biblioteca-catalogo?view=detalhes&id=264669>. Acesso em: 4 out. 2015.

▶ Os fatores do clima

No capítulo anterior, vimos que a localização em relação às zonas térmicas da Terra, a dinâmica das massas de ar e o deslocamento das grandes correntes de vento influenciam as características climáticas de uma região. Há ainda outros fatores importantes, como a influência, nessas características, das correntes marítimas, da altitude, do relevo e dos efeitos da continentalidade e da maritimidade, que estudaremos a seguir.

As correntes marítimas

O deslocamento de grandes correntes marítimas em regiões costeiras pode exercer forte influência sobre as características do clima no interior dos continentes. A explicação para esse fenômeno é que as massas de ar têm suas características de temperatura, pressão e umidade alteradas ao se deslocarem sobre as correntes marítimas. De maneira geral, as correntes marítimas frias absorvem o calor e a umidade das massas de ar, e as correntes marítimas quentes fornecem calor e umidade a esses bolsões de ar atmosférico.

A corrente marítima fria de Humboldt, por exemplo, se desloca por boa parte das costas chilena e peruana, e retira umidade das massas de ar quente que provêm do Pacífico. Esse fenômeno explica o clima extremamente seco que ocorre no norte do Chile e no sul do Peru e que origina o Deserto do Atacama.

Outro exemplo é a corrente quente do Golfo, também chamada de Gulf Stream, que tem origem no golfo do México. Essa corrente atravessa a porção norte do Oceano Atlântico e, assim, fornece calor e umidade às massas de ar que atuam sobre o noroeste da Europa, amenizando o clima da região, principalmente no inverno. Conforme pode ser visto no mapa abaixo, ao se aproximar da Europa, a corrente do Golfo passa a ser denominada corrente do Atlântico Norte. O calor e a umidade fornecidos por essa corrente às massas de ar que atuam na região tornam o inverno no Reino Unido bastante chuvoso.

O guarda-chuva é acessório fundamental para qualquer inglês, sobretudo no inverno. A imagem mostra um dia chuvoso em Oxford Street, Londres. Inglaterra. Foto de 2014.

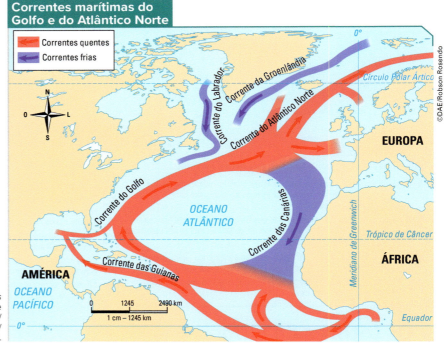

Fonte: IBGE. *Atlas Geográfico das zonas costeiras e oceânicas do Brasil*. Rio de Janeiro, 2011. Disponível em: <http://biblioteca.ibge.gov.br/visualizacao/livros/liv55263.pdf>. Acesso em: 4 out. 2015.

O efeito da altitude

A posição vertical de um lugar em relação ao nível do mar pode ter papel fundamental no estabelecimento de suas características climáticas. Isso porque quanto maior a altitude de um ponto na superfície terrestre, menor será sua temperatura média. De acordo com mensurações técnicas, a cada 200 metros de altitude, a temperatura do ar diminui, em média, 1 °C. Como exemplo, podemos citar as regiões montanhosas e serranas, que, mesmo localizadas nas zonas tropicais e equatoriais do planeta, apresentam climas mais frios. Veja o esquema na página seguinte.

Enquanto em Fortaleza, capital do Ceará, as temperaturas permanecem quase o ano todo acima dos 25 °C, em Guaramiranga, município cearense localizado a cerca de 100 quilômetros da capital, as temperaturas são bem mais amenas. Na foto, termômetro de rua nesta cidade cearense no ano de 2016.

Influência da altitude no clima

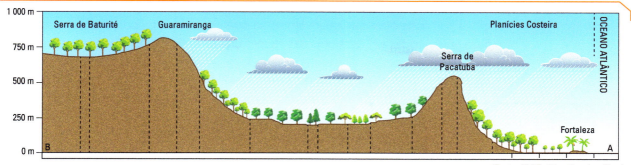

Fonte: IBGE. *Atlas Escolar*. Rio de Janeiro, 2008. p. 165.

Trecho Guaramiranga – Fortaleza

Fonte: IBGE. *Atlas Escolar*. Rio de Janeiro, 2008. p. 165.

O efeito da maritimidade e da continentalidade

O efeito da **maritimidade** consiste na influência que a água dos oceanos exerce sobre a amplitude térmica diária das localidades litorâneas. O calor absorvido pelo mar durante o dia, proveniente da radiação solar, atinge grandes profundidades e, por isso, é liberado muito vagarosamente durante a noite. Esse fenômeno cria certo equilíbrio térmico entre o período diurno e o noturno nas áreas costeiras. Já as regiões localizadas no interior dos continentes são pouco influenciadas pela massa de água oceânica. Nelas, o calor absorvido durante o dia permanece bem próximo à superfície terrestre, sendo rapidamente liberado para a atmosfera já no entardecer. Dessa forma, as temperaturas declinam mais no período noturno. Esse fenômeno cria amplitudes térmicas maiores, dando origem ao chamado efeito da **continentalidade**. Veja o esquema a seguir.

Efeito da maritimidade e da continentalidade

Ilustrações fora de proporção; cores-fantasia.

Fonte: TORRES, Fillipe T.P.; MACHADO, Pedro José de O. *Introdução à climatologia*. São Paulo: Cengage Learning, 2011. p. 84.

▶ Os climas do Brasil

Os tipos de clima que atuam em nosso extenso território proporcionam a existência de paisagens variadas em cada uma das regiões brasileiras. De maneira geral, destacam-se no Brasil os climas quentes, característica que decorre do domínio de massas de ar equatoriais e tropicais e da posição geográfica do território brasileiro, localizado quase totalmente em baixas latitudes. Na área de atuação dos climas equatorial e tropical, há duas estações bem definidas durante o ano: uma seca e outra chuvosa, ambas com médias térmicas elevadas.

Na porção meridional do país, há o domínio do clima Subtropical, em que o inverno apresenta temperaturas médias mais baixas do que em outras partes do Brasil, em decorrência da intensa influência das frentes frias polares. Reveja, no Capítulo 2, as explicações sobre as estações do ano brasileiras e, no Capítulo 8, informações referentes à atuação das massas de ar em nosso território.

Observe, no mapa, nas legendas explicativas e nos climogramas das próximas páginas, os tipos de clima predominantes no Brasil, suas principais características em relação à atuação das massas de ar, às médias de temperatura e pluviosidade, além de outros aspectos climáticos importantes.

Tipos de clima do Brasil

- Equatorial
- Tropical típico
- Tropical úmido
- Semiárido
- Subtropical ou temperado

Fonte: IBGE. *Atlas Geográfico Escolar*. Rio de Janeiro, 2008. Disponível em: <http://atlas escolar.ibge.gov.br/images/atlas/mapas_brasil/brasil_clima.pdf>. Acesso em: 4 out. 2015.

Os **climogramas** são gráficos mistos (com linhas e colunas) que apresentam informações sobre a temperatura e a pluviosidade ou a precipitação de determinado lugar no decorrer dos meses do ano. Por meio desse recurso, é possível generalizar e conhecer as características climáticas de determinada região. De maneira geral, os valores de pluviosidade são representados na forma de colunas e os valores de temperatura por meio de uma linha. Nas laterais, observamos as graduações de valores de ambas as variáveis.

Manaus (AM)

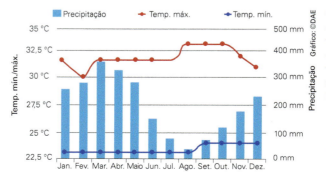

Clima equatorial: caracteriza-se pelo domínio da Massa de ar Equatorial Continental, com pluviosidade média anual em torno de 2 500 mm, originando um tipo de clima extremamente úmido, sobretudo por causa da presença da Floresta Amazônica.

Fonte: Climatempo. Disponível em: <www.climatempo.com.br/climatologia/25/manaus-am>. Acesso em: 4 out. 2015.

Juazeiro (BA)

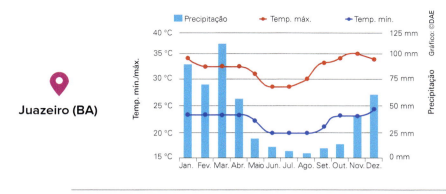

Clima semiárido: caracteriza-se pelo domínio das massas de ar Equatorial Marítima e Tropical Marítima, com temperatura média anual de 27 °C e precipitação escassa (cerca de 750 mm), distribuída irregularmente durante o ano.

Fonte: Climatempo. Disponível em: <www.climatempo.com.br/climatologia/923/juazeiro-ba>. Acesso em: 4 out. 2015.

Brasília (DF)

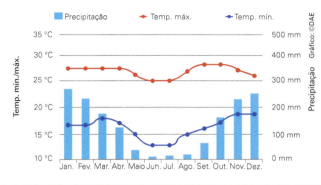

Clima tropical típico: caracteriza-se pelo domínio das massas de ar Tropical Marítima, Tropical Continental e Equatorial Continental. Apresenta elevado nível de pluviosidade (com cerca de 1500 mm anuais), temperatura média de 24 °C e duas estações do ano bem definidas: uma seca (de maio a setembro) e outra chuvosa (de outubro a abril).

Fonte: Climatempo. Disponível em: <www.climatempo.com.br/climatologia/61/brasilia-df>. Acesso em: 4 out. 2015.

Vitória (ES)

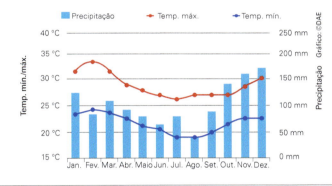

Clima tropical úmido: caracteriza-se pelo domínio das massas de ar Equatorial Marítima e Tropical Marítima. Com temperatura média de 25 °C, apresenta alta pluviosidade (1800 mm anuais), por causa da intensa umidade trazida pelas massas de ar marítimas.

Fonte: Climatempo. Disponível em: <www.climatempo.com.br/climatologia/84/vitoria-es>. Acesso em: 4 out. 2015.

Porto Alegre (RS)

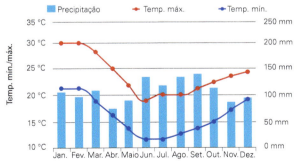

Clima subtropical: caracteriza-se pelo domínio das massas de ar Tropical Marítima, Tropical Continental e Polar Marítima. Apresenta verões quentes e invernos com as temperaturas mais baixas do país, o que acarreta em uma temperatura média anual em torno de 18 °C. Outra característica importante desse clima são as chuvas bem distribuídas durante todos os meses do ano (com cerca de 1500 mm anuais).

Fonte: Climatempo. Disponível em: <www.climatempo.com.br/climatologia/363/portoalegre-rs>. Acesso em: 4 out. 2015.

> Com base no mapa dos tipos de clima do Brasil, nos climogramas e nos textos anteriores, responda: Quais são as características do clima que atua no estado onde você vive?

Condições meteorológicas e climas da Terra **Capítulo 9** 145

Revisitando o capítulo

1. Quais são os três fatores básicos que afetam as condições atmosféricas?

2. Leia as frases a seguir.

    Frase A
    "Após o almoço sentávamos na varanda para sentir o frescor do ventinho que soprava trazendo o cheiro do mar."

    Frase B
    "Ao anoitecer já sentia o forte vento que descia a montanha abaixo, fazendo a lona da barraca tremular sem parar."

    Transcreva no caderno a sequência que indica os nomes corretos dos tipos de vento descritos em cada frase.

    ▸ Frase **A**: brisa terrestre diurna; Frase **B**: brisa marinha noturna.
    ▸ Frase **A**: brisa marinha diurna; Frase **B**: brisa de montanha.
    ▸ Frase **A**: brisa de vale; Frase **B**: brisa de montanha.
    ▸ Frase **A**: brisa de montanha; Frase **B**: brisa terrestre noturna.

3. Você costuma consultar as previsões meteorológicas? Você confia nelas? Explique por quê.

4. A diversidade de serviços oferecidos pelas empresas que trabalham com a previsão do tempo aumenta progressivamente, assim como o número de clientes à procura dessas informações. Dê exemplos de atividades econômicas em que as informações meteorológicas são fundamentais.

5. Além da localização em relação às zonas térmicas, da dinâmica das massas de ar e das grandes correntes de ventos, que outros fatores importantes influenciam as características climáticas de uma região?

6. Quais são os tipos de clima predominantes no Brasil?

▸ TRABALHANDO COM GÊNEROS TEXTUAIS

Responda às questões com base na leitura e na interpretação do texto a seguir.

Os continentes da Terra, o manto e todos os oceanos estão em movimento; grande parte de sua ação é tão desconhecida e distante da experiência humana que só agora a percebemos. No entanto, só a atmosfera que cobre todo o mundo é tão imprevisível e variável como nós próprios, nas mesmas escalas de tempo e nos mesmos lugares. Seu estado influencia nossa disposição – a chuva, a neblina, a luz do Sol, o granizo, a neve, as tempestades, as inundações, as secas, todo o cerimonial do ciclo das estações impõem-se a nós num interminável desfile que não podemos controlar. Para aqueles que vivem refugiados nas cidades, andando por entre os edifícios a que chamamos de arranha-céus, o tempo e as estações são os únicos fenômenos que nos fazem lembrar que o planeta Terra é muito maior que todos nós.

WEINER, Jonathan. *Planeta Terra*. São Paulo: Martins Fontes, 2001. p. 93.

▸ O que o autor quer dizer quando qualifica a atmosfera como "variável [...] nos mesmos lugares"?

▸ Você concorda com o autor quando ele afirma que o estado da atmosfera "influencia nossa disposição"? Nessa frase, ele se refere ao tempo ou ao clima? Explique.

▸ Em sua opinião, por que para quem vive em meio aos edifícios das grandes cidades é difícil perceber a dinâmica do planeta?

▸ Com base neste capítulo, identifique os fatores que influenciam diretamente as características climáticas da região onde você vive.

▸ ANÁLISE DE CLIMOGRAMAS

Analise os climogramas a seguir.

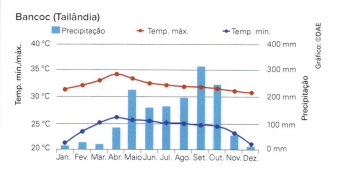

Fonte: World Weather. Disponível em: <http://worldweather.wmo.int/en/home.html>. Acesso em: 4 out. 2015.

Quebec (Canadá)

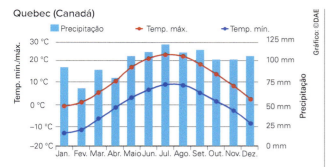

Fonte: World Weather. Disponível em: <http://worldweather.wmo.int/en/home.html>. Acesso em: 4 out. 2015.

Doha (Catar)

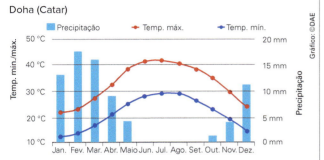

Fonte: World Weather. Disponível em: <http://worldweather.wmo.int/en/home.html>. Acesso em: 4 out. 2015.

1. Descreva as características das temperaturas médias e da pluviosidade em cada um dos climogramas.

2. De acordo com os dados extraídos, caracterize as estações do ano nas cidades a que se referem os climogramas.

3. Com base na legenda do planisfério da página 141 e com o auxílio de um mapa-múndi político, identifique o grande conjunto climático que atua na região onde estão localizadas essas cidades.

▶ **TRABALHO PRÁTICO**

O desenvolvimento tecnológico nos aproximou dos aparelhos celulares e dos aplicativos (APPs) gratuitos, tornando a previsão do tempo e o acompanhamento das mudanças meteorológicas muito mais fáceis. Utilizando esses recursos, você e seus colegas deverão registrar as mudanças do tempo no lugar onde vivem durante um período de, no mínimo, dez dias.

Para isso, é necessário que tenham disponível um **smartphone** (o "telefone inteligente", que possibilita a utilização de diferentes tecnologias integradas) e tenham instalado no aparelho um aplicativo de informações sobre o tempo meteorológico.

1. Consultem diariamente, no aplicativo, as condições do tempo em sua cidade (é possível salvar as informações da tela), como a temperatura média, a temperatura mínima e a máxima, a umidade do ar e a ocorrência de ventos, nuvens, chuvas etc. em determinados horários.

2. No decorrer das observações, preencham uma planilha com as informações coletadas, como no modelo a seguir.

Ficha de observação diária do tempo															
Dia do mês	Nebulosidade			Chuvoso	Intensidade do vento	Temperatura (em °C)	Pluviosidade (em °C)	Dia do mês	Nebulosidade			Chuvoso	Intensidade do vento	Temperatura (em °C)	Pluviosidade (em °C)
	Céu sem nuvens	Parcialmente nublado	Nublado					Céu sem nuvens	Parcialmente nublado	Nublado			
1								17							
2								18							
3								19							
4								20							
5								21							
6								22							
7								23							
8								24							
9								25							
10								26							
11								27							
12								28							
13								29							
14								30							
15								31							
16								Observações:						
Mês:								• Para preencher a ficha, pinte os quadradinhos ou marque-os com um **X**. • Crie símbolos para representar a intensidade do vento.						
Ano:															
Horários das medições:															

3. Depois de preencher a planilha, analisem as informações e respondam: Como se comportou o tempo meteorológico? Houve mais dias quentes ou frios? Houve mais chuva, dias nublados ou ensolarados? Como se comportou o vento? Ocorreram mudanças bruscas nas condições do tempo?

4. Elaborem um relatório sobre o comportamento do tempo meteorológico no período observado. Você deve indicar no texto as relações do tempo meteorológico com as características do clima que atua no lugar onde vocês vivem. Para acompanhar o texto, criem um gráfico de temperatura e descreva-o. Entreguem o relatório ao professor.

Condições meteorológicas e climas da Terra **Capítulo 9** 147

CAPÍTULO 10

AS MUDANÇAS CLIMÁTICAS E AS PAISAGENS GEOGRÁFICAS

Observe a fotografia e leia a legenda.

As árvores do Parque Nacional da Floresta Petrificada, no árido estado do Arizona, Estados Unidos, revelam indícios de como era o clima no passado. Há cerca de 200 milhões de anos, a região era coberta por uma exuberante floresta com grandes árvores. Ao caírem, muitas delas ficaram soterradas e, após milhões de anos, diferentes minerais, como a sílica e o crômio, agregaram-se à madeira, endurecendo-as. A erosão encarregou-se de desenterrá-las e hoje os troncos das grandes árvores são vistos sobre o solo seco do local. Foto de 2013.

> **Agora reflita:** Como é possível uma região árida, como o atual Deserto do Arizona, ter abrigado uma floresta tão exuberante? Converse com seus colegas, levantando hipóteses.

▶ A Terra e os climas do passado

Vimos que o tempo meteorológico é dinâmico, ou seja, muda diariamente, conforme as frentes de transição e a dinâmica das massas de ar. Já o clima é mais estável e indica as particularidades atmosféricas sazonais dos lugares.

Mas, ainda que o clima seja um fenômeno mais estável, suas características podem passar por alterações no decorrer do tempo. Vários estudos científicos têm indicado a ocorrência, no passado, de alterações significativas nos diversos tipos de clima do planeta, tanto em escala regional quanto global. Esses estudos mostram que houve períodos em que o ambiente terrestre apresentou temperaturas médias razoavelmente mais altas que as atuais e fases em que as temperaturas foram extremamente baixas, como nas chamadas **Eras Glaciais**. O gráfico a seguir mostra a oscilação da temperatura média global no Pleistoceno e no Holoceno.

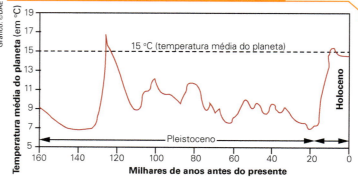

Fonte: TEIXEIRA, Wilson et al. (Orgs.) *Decifrando a Terra*. São Paulo: Companhia Editora Nacional, 2009. p. 121.

148 | Unidade 2 — A biosfera e a dinâmica atmosférica

Especialistas atribuem essas mudanças no clima aos seguintes fatores:

- **Tectonismo e vulcanismo**: em épocas passadas, a movimentação das placas litosféricas (ver página 201 em diante, Capítulo 13) provocou o deslocamento dos continentes, o avanço e a regressão do nível do mar, e intensa atividade vulcânica. O vulcanismo, por exemplo, teria sido responsável pelo lançamento de grande quantidade de gases e poeira na atmosfera, interferindo diretamente nas oscilações de temperatura.
- **Chuva de meteoros**: em várias épocas, a passagem de um cometa ou o desmantelamento de um asteroide pode ter ocasionado a desintegração de grande quantidade de meteoros na atmosfera. Isso teria aumentado a quantidade de partículas pulverizadas, influenciando o balanço de radiação (entrada e saída) na troposfera.
- **Inclinação do eixo de rotação da Terra**: o eixo de rotação varia em relação ao seu plano de órbita durante os séculos. Quanto mais inclinado, maior a diferença de temperatura entre o inverno e o verão.
- **Oscilações da atividade solar**: o Sol é um grande reator termonuclear, e a energia que emite varia de tempos em tempos. Logo, há períodos de aumento e de diminuição do fluxo de energia solar que chega ao nosso planeta.

Acredita-se que as alterações climáticas ocorridas no passado tenham causado transformações significativas nas paisagens terrestres, o que pode ser verificado por meio de diversos vestígios nas paisagens atuais. É possível identificar, por exemplo, alguns tipos de formação vegetal, de formas de relevo ou de camadas de rochas e solos que são remanescentes de períodos climáticos mais quentes ou mais frios, mais secos ou mais úmidos. Há ainda outros tipos de vestígio como fósseis de animais e plantas que viveram sob condições climáticas diversas da atual, característicos de períodos geológicos antigos, ou até mesmo registros feitos por grupos humanos que viveram em épocas remotas.

Por essas evidências, sabe-se, por exemplo, que durante dezenas de milhões de anos as geleiras polares avançaram e recuaram várias vezes sobre boa parte dos continentes e dos oceanos terrestres; que cerca de 5 milhões a 3 milhões de anos atrás, o Deserto do Saara foi bem menos extenso, tendo abrigado áreas de frondosas Savanas e de Florestas Tropicais; e que a região Amazônica passou por um período seco, aproximadamente entre 18 mil e 13 mil anos atrás, quando sua vegetação era parecida com a que atualmente encontramos no Semiárido nordestino brasileiro.

A Pequena Idade do Gelo

A última alteração climática terrestre significativa ocorreu entre o século XVII e o século XIX, quando as temperaturas médias baixaram bastante nas regiões localizadas em altas e médias latitudes do planeta. Devido à ocorrência de invernos muito rigorosos, esse período ficou conhecido como Pequena Idade do Gelo. Observe o gráfico ao lado.

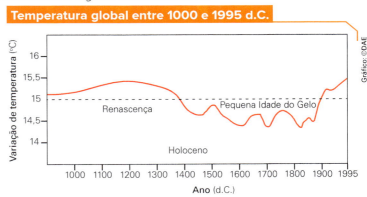

Fonte: TEIXEIRA, Wilson et al (Org.). *Decifrando a Terra*. São Paulo: Companhia Editora Nacional, 2009. p. 123.

Os pesquisadores comprovaram essas alterações climáticas por meio de obras de arte, documentos históricos e registros feitos por pensadores e naturalistas da época. Veja a imagem abaixo e leia o texto a seguir.

Jan Abrahamsz Beerstraten, *Vista de Regulierspoort*. 73 × 53 cm. O pintor holandês Beerstraten retratou essa paisagem em um inverno de meados do século XVII, período em que os canais na Holanda estiveram congelados por completo. Atualmente, esse fenômeno é muito raro.

Para pesquisar a tendência do clima na Terra e fazer previsões do clima no futuro, os cientistas tentam ampliar os dados antigos por meio de um autêntico trabalho de detetive. Todos os restos de dados antigos sobre o clima do passado são reunidos por eles. Estas pistas estranhas são os testemunhos do clima na Antiguidade, sendo usadas, em primeiro lugar, não para a previsão, mas para a história do clima. [...]

Os críticos de arte acreditam, por exemplo, que no século XVII os mestres holandeses Rembrandt, Frans Hals e Jan Vermeer teriam feito uso de uma certa liberdade artística para pintar as famosas paisagens holandesas de inverno, os canais gelados cheios de patinadores. Mas Huug van den Dool, do Instituto Meteorológico Real da Holanda, em De Bilt, estudou os antigos registros dos canais. Estes foram construídos no início do século XVII para ligar as maiores cidades da Holanda; desde 1633 que se guardam registros de viagens de lanchas. Parece que nessa época, durante muitos invernos, os canais estiveram realmente congelados e intransitáveis, por vezes, durante três meses. Houve dezessete invernos extremamente frios no século XVII. Até agora ocorreram apenas cinco no século XX. Os grandes pintores não mentiram.

[...] A partir deste e de outros fatos, poderemos concluir que uma longa e irregular onda de frio assolou por algumas décadas grande parte da Europa no século XVII.

WEINER, Jonathan. *Planeta Terra*. São Paulo: Martins Fontes, 2001. p. 112.

▶ O ser humano está alterando o clima da Terra?

Segundo vários pesquisadores, a alteração do clima no planeta é um processo natural, pois, como vimos anteriormente, existem evidências de que o clima na Terra sofreu alterações significativas ao longo dos séculos. Assim, a questão principal que se discute no momento é a possibilidade de esses processos estarem sendo acelerados pelas atividades humanas que provocam a emissão e a acumulação de gases poluentes na atmosfera.

De acordo com especialistas, a poluição atmosférica pode desencadear desde fenômenos globais, como o aquecimento atmosférico e o aumento do buraco na camada de ozônio, até fenômenos locais e regionais, como a formação de microclimas nas grandes cidades. A seguir, conheceremos melhor cada um desses fenômenos.

O aquecimento global

O fenômeno denominado **aquecimento atmosférico global**, ou aquecimento global, consiste no aumento gradativo da temperatura média da Terra, fato que poderá acarretar drásticas alterações climáticas, como a acentuação dos efeitos El Niño e La Niña (ver página 190, Capítulo 12), a expansão das áreas desérticas e o derretimento de geleiras. Segundo mensurações realizadas periodicamente no último século, houve um aquecimento atmosférico global médio de aproximadamente 0,6 °C. Observe o gráfico e as imagens a seguir.

Temperatura global entre 1870 e 1995

Fonte: TEIXEIRA, Wilson et al. *Decifrando a Terra*. São Paulo: Companhia Editora Nacional, 2009. p. 123.

O gráfico mostra que há um aumento gradativo da temperatura média do planeta a partir da década de 1910. Já as imagens da Nasa, acima, comprovam o derretimento da calota de gelo na região polar ártica entre os anos de 1980 (à esquerda) e 2012 (á direita), em consequência do aumento da temperatura média da Terra no último século.

O efeito estufa

Como sabemos, grande parte da energia solar que atinge nosso planeta é absorvida pela superfície terrestre. Essa energia é transformada em calor, que aquece a atmosfera da Terra. Parte desse calor atravessa a atmosfera, perdendo-se no espaço sideral. O restante fica aprisionado por uma camada de gases e de poeira que impede o resfriamento excessivo da atmosfera terrestre, mantendo a temperatura em uma média ideal para a existência da vida. Esse fenômeno natural é chamado pelos cientistas de **efeito estufa**.

O aquecimento global decorre da intensificação desse fenômeno natural. Desde o século XIX, sobretudo a partir da Segunda Revolução Industrial, o lançamento de milhares de toneladas de poluentes na atmosfera (principalmente o gás carbônico proveniente da queima de combustíveis fósseis, como o carvão, a gasolina e o óleo *diesel*) vem impedindo que o calor em excesso vá para o espaço, de modo que ele fica aprisionado na atmosfera, ocasionando a **intensificação do efeito estufa**.

Veja nos esquemas a seguir como esses fenômenos ocorrem.

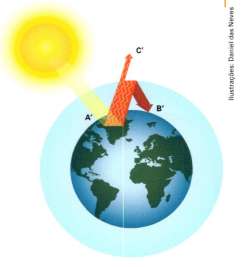

Fonte: INPE. Disponível em: <Http://videoseducacionais.cptec.inpe.br/swf/mud_clima/02_o_efeito_estufa/02_o_efeito_estufa.shtml>. Acesso em: 4 out. 2015.

As partículas de poeira suspensas na atmosfera funcionam como uma redoma natural (**A**), que retém parte do calor refletido pela superfície terrestre (**B**), mantendo a temperatura média em cerca de 15 °C. O restante do calor é irradiado para o espaço sideral (**C**).

A quantidade excessiva de gases e de fuligem produzida pelas atividades humanas acumula-se na atmosfera (**A'**). Dessa forma, a irradiação de calor para fora da atmosfera fica prejudicada (**C'**), e parte do calor que deveria ser liberado permanece aprisionado (**B'**), intensificando o efeito estufa e aumentando a temperatura média do planeta.

Ainda que o aquecimento global verificado no último século consista em uma discreta elevação na temperatura atmosférica (alguns décimos de grau Celsius), ele tem sido suficiente para provocar alterações significativas em algumas dinâmicas naturais, como as datas de migração de determinadas espécies de aves, as épocas de reprodução de animais e de floração das plantas, o crescimento e a despigmentação das formações coralíneas, entre outras.

Essas alterações são indícios de que, como foi previsto pelos cientistas, os aumentos na temperatura média do planeta poderão acarretar o desaparecimento de ecossistemas inteiros, caso não ocorram ações efetivas para diminuir o lançamento de poluentes na atmosfera.

Tais fatos mostram que a atual sociedade capitalista industrial tem provocado alterações na natureza que ultrapassam sua capacidade de se regenerar, ameaçando a fauna e a flora de todo o planeta, assim como a sobrevivência dos seres humanos.

A despigmentação e a morte destes corais, localizados no Oceano Pacífico, perto da Ilha de Okinawa, Japão, são indícios da alteração da temperatura e da poluição das águas oceânicas. Foto de 2013.

Qual é a sua pegada de carbono?

A pegada de carbono, expressão que vem do inglês *carbon footprint*, é um índice utilizado sobretudo por organizações não governamentais (ONGs) para mensurar a quantidade de dióxido de carbono produzida por uma pessoa ou empresa (pública ou privada) durante certo período de tempo (dia, mês ou ano).

Essa pegada representa as toneladas de dióxido de carbono lançadas por ano na atmosfera em consequência de sua vida cotidiana. Isso mede a influência que você tem sobre as mudanças climáticas. Para ser sustentável, a pegada de cada pessoa deveria medir algo próximo de zero. Em teoria, isso é possível porque o dióxido de carbono que você libera pode ser "compensado" por atitudes que tiram esse gás da atmosfera (como plantar uma árvore). Mas, na prática, isso é bem mais complicado.

Os australianos têm, em média, a maior pegada de carbono do mundo. Em seguida, vêm os americanos. As populações desses países têm altos gastos de energia. Elas têm muitas posses, fazem longas viagens e usam vários produtos que consomem muita eletricidade, como aparelhos de ar-condicionado.

Todos nós, por meio de atividades e hábitos diários, produzimos certa quantidade de gás carbônico, que é liberada para atmosfera. Em média, cada habitante do planeta produz cerca de 4 toneladas por ano. Contudo, essa quantidade é muito desigual quando comparamos as produções nos diversos países da Terra. Países desenvolvidos, como Estados Unidos, Canadá e Austrália, produzem até cinco vezes mais que a média mundial, ou seja, cerca de 20 toneladas de dióxido de carbono, anualmente. Já um cidadão que vive em um país subdesenvolvido, como Camboja, Sudão e Etiópia, produz menos de uma tonelada por ano.

É possível diminuir a pegada de carbono alterando alguns de nossos hábitos diários, como: usar o transporte público, dar preferência para produtos vendidos a granel ou com menos embalagens, reduzir gastos com energia elétrica, entre tantos outros.

Quer saber qual é a sua pegada de carbono? Calcule-a consultando um dos *sites* a seguir.

▸ <www.calculadoracarbono-cgd.com>;

▸ <www.iniciativaverde.org.br/pt/calculadora>.

Acessos em: 4 out. 2015

Para ser sustentável cada pessoa deveria ter uma pegada de carbono próxima de zero.

Fonte: PLANETA TERRA. Enciclopédia de Ecologia. São Paulo: Abril, 2008. p. 37.

De olho no Enem – 2009

Reunindo-se as informações contidas nas duas charges, infere-se que

a. os regimes climáticos da Terra são desprovidos de padrões que os caracterizem.

b. as intervenções humanas nas regiões polares são mais intensas que em outras partes do globo.

c. o processo de aquecimento global será detido com a eliminação das queimadas.

d. a destruição das florestas tropicais é uma das causas do aumento da temperatura em locais distantes como os polos.

e. os parâmetros climáticos modificados pelo homem afetam todo o planeta, mas os processos naturais têm alcance regional.

Gabarito: D

Justificativa: A análise conjunta dos materiais apresentados como suporte permite inferir uma relação de causalidade entre os fenômenos demonstrados nas charges, ou seja, que o desmatamento em florestas tropicais (que são identificadas pelo tipo de vestimenta dos indígenas retratados) está diretamente relacionado ao aquecimento das regiões polares. A alternativa que interpreta corretamente as imagens do suporte e atende ao comando da questão é a **d**. A alternativa **a** está incorreta, pois o estudo da climatologia revela a existência de padrões que caracterizam os tipos climáticos da Terra. A alternativa **b** sugere uma conclusão inválida, mesmo quando se consideram os efeitos das mudanças climáticas de origem antrópica nos polos, visto que há outras regiões do globo em que as intervenções humanas são bem mais evidentes, como, aliás, áreas gravemente degradadas pelo desflorestamento, conforme é retratado numa das charges apresentadas. A alternativa **c** afirma uma conclusão que não pode ser validada pela simples interpretação das charges utilizadas no suporte, nem constitui uma evidência científica, visto que há diversas outras fontes importantes de emissão de gases estufa de origem antrópica para a atmosfera, além das queimadas. Finalmente, a alternativa **e** estabelece uma distinção incorreta entre as modificações antrópicas e os processos climáticos naturais, uma vez que a avaliação das inter-relações entre eles e da extensão de seus efeitos é bem mais complexa do que é afirmado na alternativa.

O buraco na camada de ozônio

O ozônio (O_3) é um dos gases raros existentes na atmosfera terrestre. Ele está concentrado em uma fina camada na estratosfera, a aproximadamente 22 km de altitude (observe novamente a sua localização no esquema da página 152). A existência da camada de ozônio é fundamental para a biosfera, já que esse gás tem a propriedade de filtrar o nocivo **raio ultravioleta (UV)**, emitido pelo Sol.

A camada de ozônio na estratosfera é monitorada pelos cientistas desde a década de 1920. No final da década de 1970, percebeu-se que parte do ozônio existente na estratosfera estava desaparecendo. Foram detectadas várias falhas ou "buracos" na camada de ozônio, principalmente sobre a Antártida. Veja a imagem ao lado.

setembro de 1981 — setembro de 1987 — setembro de 1999 — setembro de 2010

unidades Dobson

menos ozônio — 100 — 200 — 300 — 400 — 500 — mais ozônio

Ilustração fora de proporção; cores-fantasia.

Embora o gás CFC tenha sido substituído na indústria por outras matérias-primas, ainda não há indícios da reversão dos buracos na camada de ozônio. A imagem ao lado mostra a região mais afetada da camada de ozônio, localizada sobre o continente antártico, onde o buraco chega a aproximadamente 30 milhões de quilômetros quadrados.

Unidade 2 A biosfera e a dinâmica atmosférica

Por meio de estudos, chegou-se à conclusão de que a principal causa da destruição da camada de ozônio é um gás denominado clorofluorcabono (CFC). Esse gás é muito utilizado na indústria para a fabricação de determinados produtos químicos, como o isopor, e em aparelhos de refrigeração, como geladeiras, *freezers* e condicionadores de ar. Quando esses aparelhos estão em funcionamento, o CFC escapa para a estratosfera. Nela, a intensa radiação divide a molécula desse gás, liberando átomos de cloro (Cl), que atacam as moléculas de ozônio, decompondo-as em moléculas de gás oxigênio (O_2).

A destruição da camada de ozônio permite que os raios ultravioleta passem pela estratosfera sem serem filtrados. A passagem dos raios ultravioleta traz várias consequências prejudiciais ao ser humano, como problemas de saúde (doenças visuais e de pele – inclusive câncer) e problemas socioeconômicos (diminuição da produtividade das lavouras, por exemplo).

A natureza também é afetada com a destruição do plâncton, que é a principal fonte de alimento dos ecossistemas oceânicos.

De olho no índice ultravioleta (IUV)

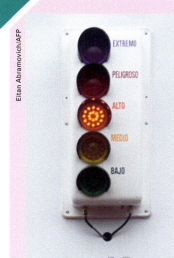

O índice experimental ultravioleta (IUV) foi criado para medir o nível de radiação solar na superfície terrestre, no horário em que o Sol encontra-se no zênite. Quanto maior for o índice UV, maior será o risco de uma pessoa danificar sua pele e de ocorrer o aparecimento de melanoma e de outros tipos de câncer de pele. Os índices UV entre 0 e 2 são considerados baixos e trazem riscos mínimos. Já os índices iguais ou acima de 8 podem causar danos à saúde. Observe o infográfico a seguir.

Você conhece um "solmáforo"? Ele é um indicador dos raios ultravioleta que sugere o estado de alerta, o tempo máximo de exposição aos raios solares e formas de proteção. Este aparelho está instalado em São Pedro do Atacama, no Deserto do Atacama, no Chile, região que recebe intensa radiação solar. Foto de 2012.

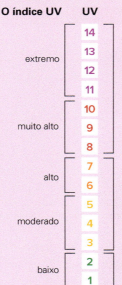

Há necessidade de proteção intensa. Evite ao máximo a exposição ao Sol entre 10 horas e 14 horas, se for se expor, esteja protegido com bloqueador solar, boné, camiseta e óculos escuros.

Há necessidade de proteção. Evite ficar durante um longo tempo em exposição ao Sol e esteja protegido com protetor solar e boné.

Não há necessidade de proteção, contudo evite se expor ao Sol próximo ao meio-dia.

 Como se proteger

Roupas e chapéus – use roupas com mangas compridas, se possível com proteção UV. Prefira chapéus e bonés com abas largas que protejam os olhos, o rosto, as orelhas e o pescoço.

 Óculos escuros – compre-os em óticas que certifiquem a você que as lentes possuem proteção UV.

Protetor ou bloqueador solar – devem ser usados diariamente e de acordo com o tipo de pele: quanto mais claro o tom, mais alto deve ser o fator de proteção indicado. Como garantia, recomenda-se que se utilize ao menos o fator de proteção 30.

As mudanças climáticas e as paisagens geográficas — Capítulo 10

O microclima urbano e as ilhas de calor

Nas últimas décadas, o acelerado processo de urbanização aumentou a quantidade de grandes cidades em todo o planeta. O adensamento de construções, pessoas, meios de transporte e atividades fabris em centros urbanos interfere diretamente nas características climáticas locais e regionais, dando origem ao que especialistas denominam microclima urbano. Entre as particularidades que mais se destacam no microclima dessas cidades, estão as variações térmicas e a alteração da composição do ar atmosférico.

No que se refere à temperatura, as metrópoles apresentam, em geral, grande variação térmica entre suas áreas centrais, onde geralmente se concentram os edifícios mais altos, as maiores construções e o maior número de avenidas, e sua periferia, onde as edificações são mais esparsas e, às vezes, existe maior número de áreas verdes. As áreas centrais de cidades como São Paulo, Nova York e Xangai podem apresentar, de acordo com a estação do ano, temperaturas até 10 °C mais altas que as de suas áreas periféricas. São as chamadas **ilhas de calor**. Analise o mapa ao lado e o gráfico a seguir (construído com base na reta AB do mapa), que mostram as variações térmicas na área urbana da capital paulista.

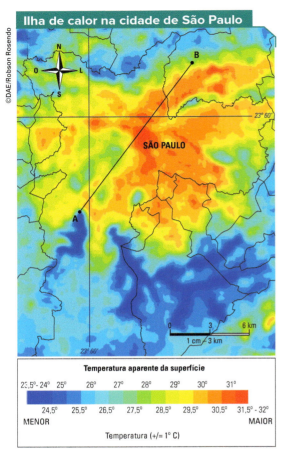

Fonte: ATLAS Ambiental do Município de São Paulo. Disponível em: <http://atlasambiental.prefeitura.sp.gov.br/mapas/105.pdf>. Acesso em: 4 out. 2015.

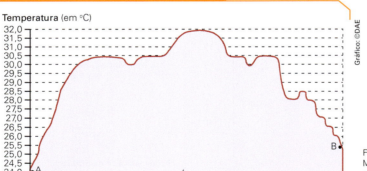

Fonte: ATLAS ambiental do Município de São Paulo. Disponível em: <http://atlasambiental.prefeitura.sp.gov.br/mapas/105.pdf>. Acesso em: 4 out. 2015.

Em relação à composição do ar nas grandes cidades, sobretudo naquelas onde estão instaladas muitas indústrias ou onde há grandes frotas de veículos automotores, são lançadas diariamente milhares de toneladas de poluentes na atmosfera. Estes são gases e partículas que alteram de maneira significativa as características físico-químicas do ar atmosférico local. De acordo com a atuação dos ventos e das massas de ar, esses poluentes podem interferir na composição do ar em escala regional. Estudos recentes mostram, por exemplo, que poluentes lançados na baixa atmosfera na Grande São Paulo podem atingir municípios relativamente distantes, como Jundiaí e Campinas, localizados, respectivamente, a 60 km e a 100 km da capital paulista.

A inversão térmica e a chuva ácida

Existem dois fenômenos decorrentes da poluição atmosférica, nos grandes centros urbanos, que preocupam bastante os cientistas, as autoridades e a população dessas cidades de maneira geral: a inversão térmica e a chuva ácida. Observe a fotografia abaixo e leia a legenda com atenção.

A **inversão térmica** é um fenômeno atmosférico que costuma ocorrer em grandes aglomerações urbanas industriais localizadas em áreas de depressão e cercadas por serras ou montanhas, como São Paulo, Cidade do México, Los Angeles e Santiago. Ela consiste no aprisionamento repentino de uma camada de ar frio por uma camada de ar quente, o que impede a dispersão dos poluentes lançados na atmosfera pelos veículos e pelas indústrias. Entenda melhor como a inversão térmica ocorre, observando o esquema abaixo.

Fonte: Disponível em: <http://sistemasinter.cetesb.sp.gov.br/Ar/anexo/inversao.htm>. Acesso em: 24 abr. 2016.

A chuva ácida pode danificar monumentos históricos e outras construções, assim como a vegetação. A longo prazo, pode contaminar a água potável e, em consequência, prejudicar a saúde humana. A ocorrência frequente de chuvas ácidas nos Estados Unidos, por exemplo, vem danificando monumentos com rapidez, como esta estátua na cidade de Scottsboro, Alabama, Estados Unidos, inaugurada em 1976.

A chamada **chuva ácida** é um fenômeno que ocorre principalmente nas grandes cidades, nas quais existe grande concentração de indústrias e veículos automotores, ou se localizam usinas termoelétricas. Nessas áreas, algumas substâncias contribuem para aumentar a acidez das partículas de água que formam as nuvens, entre elas o dióxido de enxofre, o óxido de nitrogênio e o dióxido de carbono, principal resíduo da queima de combustíveis fósseis.

A acidez de uma substância depende da concentração hidrogeniônica que ela apresenta, ou seja, da quantidade de íons de hidrogênio. Essa concentração é mensurada em "potencial hidrogeniônico", o pH. A escala do pH vai de 0 (acidez máxima) a 14 (alcalinidade máxima). Desse modo, quando poluentes, como o dióxido de carbono, que é um óxido ácido, reagem com a água presente na atmosfera, produzem uma solução com baixíssimo pH, constituindo o que chamamos de chuva ácida.

As mudanças climáticas e as paisagens geográficas   Capítulo 10   157

A ONU e as conferências sobre o clima

A partir da década de 1990, a Organização das Nações Unidas (ONU) vem promovendo uma série de ações político-ambientais como forma de comprometer os governantes de todo o mundo a mitigar e até mesmo eliminar as fontes poluentes em seus países, como é o caso dos gases causadores do efeito estufa intensificado. Conheça algumas ações promovidas nas últimas décadas.

Principais conferências sobre o clima

1990 — Criação do Painel Intergovernamental sobre Mudanças Climáticas, conhecido pela sigla em inglês IPCC. Esse painel reuniu pesquisadores de todos os países-membros da ONU, que elaboraram relatórios periódicos como forma de traçar um cenário a respeito da emissão de poluentes e dos impactos no processo de aquecimento global.

1992 — Durante a Conferência das Nações Unidas sobre Meio Ambiente e Desenvolvimento (a ECO 92), ocorrida no Rio de Janeiro em 1992, foi criada a Convenção-Quadro das Nações Unidas sobre Mudança do Clima (UNFCCC). Nesse documento, os países signatários comprometeram-se a elaborar uma estratégia global que vise estabilizar as concentrações de gases de efeito estufa na atmosfera em um nível que impeça uma interferência antrópica perigosa no sistema climático.

1995 — Foi realizada a primeira das Conferências das Partes (COP-1) em Berlim, na Alemanha, onde foram analisados os dados periódicos fornecidos pelo IPCC, que servem para regular as metas e as estratégias de diminuição de gases do efeito estufa. A partir dessa data, as COPs são realizadas quase anualmente.

1997 — Foi realizada na cidade de Kyoto, no Japão, a COP-3. Nesse encontro, formalizou-se um protocolo que estabeleceu metas para a diminuição da emissão de gases poluentes, principalmente de dióxido de carbono, nas próximas décadas. Para tanto, os países industrializados, que são os maiores consumidores de combustíveis fósseis, devem controlar a emissão dos poluentes lançados na atmosfera por suas fábricas e por sua gigantesca frota de automóveis. Comprometeram-se com o Protocolo de Kyoto cerca de 190 países, dos quais 37 são considerados desenvolvidos e deveriam reduzir até 2020 sua emissão de gases em cerca de 20% sobre o que emitiam em 1990.

2011 — Em decorrência do não cumprimento de várias das metas estabelecidas no Protocolo de Kyoto, foi realizada em Durban, na África do Sul, a COP-17. Na ocasião, os países industrializados que não haviam assinado o protocolo se comprometeram a cumprir as metas de redução dos gases do efeito estufa, também conhecidos pela sigla GEE, porém somente a partir de 2020.

2015 — Somente durante a **COP-21**, realizada em Paris, França, em dezembro de 2015, a ONU finalmente conseguiu fechar um acordo razoável envolvendo países desenvolvidos (incluindo os Estados Unidos) e países subdesenvolvidos, em relação às metas iniciais, estabelecidas quase duas décadas antes por ocasião do Protocolo de Kyoto.

Fonte: United Nations. Framework Convention on Climate Change, 2016.

158 Unidade 2 A biosfera e a dinâmica atmosférica

Revisitando o capítulo

1. Quais são os fatores que, no passado remoto, alteraram o clima da Terra?

2. Como é possível descobrir as características de climas existentes em tempos pretéritos de nosso planeta?

3. Como ficou conhecido o último período em que a Terra permaneceu com baixas temperaturas médias? Quando isso ocorreu?

4. Quais fatores podem estar ocasionando o aumento da temperatura média do planeta atualmente?

5. Diferencie efeito estufa, efeito estufa intensificado e aquecimento global.

6. O que é pegada de carbono?

7. Por que a camada de ozônio é fundamental para a vida na Terra?

8. Com base no que você aprendeu neste capítulo, responda: Por que é importante conhecer a dinâmica do microclima de um grande centro urbano? Justifique sua resposta com base no fenômeno das ilhas de calor.

9. Quais são os fatores de ordem natural e social que desencadeiam o fenômeno da inversão térmica? Com base no que você estudou, explique como ocorre esse fenômeno.

▶ LEITURA DE TEXTO E DEBATE

Leia o texto a seguir.

> Nas discussões atuais em torno do fenômeno do aquecimento atmosférico global, uma parcela de pesquisadores sustenta a tese de que, na realidade, as temperaturas médias de nosso planeta estariam declinando. Essa tese vem causando polêmica e acirrando os debates no interior da comunidade científica internacional. De acordo com alguns estudiosos, os oceanos e a atmosfera estariam passando por um período de resfriamento, ao contrário do que é propagado, de forma intensa, pelos órgãos de pesquisa e pela mídia em geral. Muitos deles reconhecem que as interferências da sociedade moderna afetaram a dinâmica atmosférica nos últimos duzentos anos, mas entendem que, mais do que isso, estaríamos vivendo os efeitos retardados da última Era Glacial. Entretanto, também concluem que presenciamos um período de grande variabilidade e de certa imprevisibilidade em relação aos fenômenos climáticos.

Texto dos autores.

Com base no texto acima, organize com os colegas um debate sobre a situação climática do nosso planeta: a Terra está passando por um período de aquecimento ou resfriamento atmosférico global?

Sigam os procedimentos indicados abaixo.

1. Formem dois grupos. Cada um deverá defender uma das teses em questão (aquecimento ou resfriamento).

2. Pesquisem textos teóricos e científicos para consolidar o ponto de vista que vão defender perante a turma e a escola. Procurem saber como as discussões entre os estudiosos das mudanças climáticas estão ocorrendo.

3. Reflitam sobre os problemas que os seres humanos poderão enfrentar no caso de ocorrer o agravamento do processo de aquecimento ou um processo de resfriamento atmosférico.

Enem e Vestibulares — Unidade 2

1. (Enem – 2010) As ruínas do povoado de Canudos, no sertão norte da Bahia, além de significativas para a identidade cultural dessa região, são úteis às investigações sobre a Guerra de Canudos e o modo de vida dos antigos revoltosos.

Essas ruínas foram reconhecidas como patrimônio cultural material pelo Iphan (Instituto do Patrimônio Histórico e Nacional) porque reúnem um conjunto de

a. objetos arqueológicos e paisagísticos.

b. acervos museológicos e bibliográficos.

c. núcleos urbanos e etnográficos.

d. práticas e representações de uma sociedade.

e. expressões e técnicas de uma sociedade extinta.

2. (PUC-SP – 2011) Analise com atenção as combinações ambientais a seguir:

Combinação 1: Clima quente e chuvoso + relevo de baixas altitudes + grande disponibilidade de água doce.

Combinação 2: Clima muito frio o ano inteiro + relevo irregular; montanhoso e bem elevado + águas congeladas.

A seguir, identifique a afirmação correta.

a. As duas combinações oferecem boas condições para a formação de biomas exuberantes, embora na combinação 2 com baixa biodiversidade.

b. A combinação 2 é o ambiente das grandes florestas temperadas que aparecem nos topos das cordilheiras.

c. A combinação 1 é o ambiente das maiores florestas tropicais do planeta, marcadas pela grande diversidade biológica.

d. A combinação 2 é o ambiente das grandes florestas de altitude dos altiplanos das cordilheiras do planeta.

e. A combinação 1 é o ambiente das grandes savanas das áreas tropicais, portadoras de uma grande biodiversidade.

3. (UFPR – 2015) Segundo o geógrafo Carlos Augusto de Figueiredo Monteiro, diferentes centros de ação atmosférica atuam sobre a América do Sul, sendo eles: Massa Tropical Atlântica, Massa Equatorial Continental, Massa Polar Atlântica, Massa Tropical Continental e Massa Equatorial do Atlântico Norte. Com base na atuação dessas massas de ar e em suas características, considere as seguintes afirmativas:

I. A Massa Equatorial Continental é a única massa continental do planeta com características úmidas, devido à grande extensão da floresta amazônica e sua evapotranspiração.

II. A Massa Polar Atlântica é a responsável pelas ondas de frio que atingem o Brasil devido ao abastecimento polar proveniente do Ártico.

III. A direção predominante dos ventos originados na Massa Tropical Atlântica sobre a fachada sul do Brasil é de oeste.

IV. As massas Tropical Atlântica e Equatorial do Atlântico Norte são as formadoras, respectivamente, dos alísios de sudeste e nordeste que atuam sobre o Brasil. Assinale a alternativa correta.

a. Somente a afirmativa I é verdadeira.

b. Somente as afirmativas I e IV são verdadeiras.

c. Somente as afirmativas II e III são verdadeiras.

d. Somente as afirmativas II, III e IV são verdadeiras.

e. Somente as afirmativas I, II e III são verdadeiras.

4. (Ucepel-RS – 2014) A temperatura atmosférica varia de um lugar para outro, mas também pode apresentar variações no decorrer do tempo, pois vários fatores estão relacionados à sua distribuição ou variação. Sobre os fatores que interferem na variação e distribuição da temperatura atmosférica, é correto afirmar que

a. a influência da altitude ocorre porque o calor é irradiado da superfície da Terra para o alto e a atmosfera se aquece por irradiação. Assim, quanto maior a altitude, maior a temperatura.

b. a variação da temperatura com a latitude deve-se, fundamentalmente, à forma esférica da Terra e, em função disso, a insolação diminui a partir do Equador em direção aos polos.

c. o relevo pode facilitar ou dificultar a passagem de massas de ar, por isso a presença de altas cadeias de montanhas no litoral evita a formação de desertos.

d. as variações de temperaturas no continente são menos acentuadas que nos oceanos devido à diferença do comportamento térmico no meio sólido e no líquido.

e. o fenômeno da continentalidade térmica explica por que, quanto mais distante estiver uma área do continente, menores serão suas oscilações térmicas.

5. (Unicamp-SP – 2014) Em algumas localidades do Estado de Santa Catarina, costuma-se registrar neve durante o período de inverno, caso de São Joaquim e de outros municípios da região serrana. Qual das alternativas abaixo associa corretamente dois fatores geográficos que favorecem a ocorrência do fenômeno na região indicada?

a. Altitudes acima de 1 000 metros; latitude entre 23° S e 66° S.

b. Altitudes abaixo de 1 000 metros; latitude entre 66° S e 90° S.

c. Altitudes acima de 1 000 metros; latitude entre 23° N e 66° N.

d. Altitudes abaixo de 1 000 metros; latitude entre 66° N e 90° N.

6. (Unesp-SP – 2010) O efeito estufa é um fenômeno natural e consiste na retenção de calor irradiado pela superfície terrestre, pelas partículas de gases e água em suspensão na atmosfera que garante a manutenção do equilíbrio térmico do planeta e da vida. O efeito estufa, de que tanto se fala ultimamente, resulta de um desequilíbrio na composição atmosférica, provocado pela crescente elevação da concentração de certos gases que têm a capacidade de absorver calor.

Qual das ações a seguir seria mais viável para minimizar o efeito acelerado do aquecimento global provocado pelas atividades do homem moderno?

a. Redução dos investimentos no uso de tecnologias voltada as para a captura e o sequestro de carbono.

b. Aumento da produção de energia derivada de fontes alternativas, como o xisto pirobetuminoso e os micro-organismos manipulados geneticamente.

c. Reduzir o crescimento populacional e aumentar a construção de usinas termelétricas.

d. Reflorestamento maciço em áreas devastadas e o consumo de produtos que não contenham CFCs (clorofluorcarbonetos).

e. Criação do Mecanismo de Desenvolvimento Limpo (MDL), pelo Brasil, e do Painel Intergovernamental sobre Mudança Climática (IPCC), pelos EUA.

3. (UEM-PR – 2012) Sobre o planeta Terra, sua idade e evolução, assinale o que for correto.

01. A Terra se originou há, aproximadamente, 9,6 bilhões de anos, juntamente com o início da formação do Universo. As primeiras formas de vida na Terra surgiram na Era Mesozoica. Atualmente, nos encontramos na Era Paleozoica, no Período Cretáceo.

02. O método de datação realizado a partir do carbono quatorze (C14), que é um elemento radioativo absorvido pelos seres vivos, é muito utilizado para a investigação da idade de achados arqueológicos mais recentes, de origem orgânica, pois sua meia-vida é de 5 700 anos.

04. O tempo geológico é dividido em Éons, Eras, Períodos e Épocas. A sua sistematização cronológica é conhecida como escala de tempo geológico. A partir dessa sistematização, foi possível estabelecer uma sucessão de eventos desde o presente até a formação da Terra.

08. A deriva dos continentes se iniciou na Era Cenozoica, por volta de 100 mil anos atrás, quando só existia um único continente chamado de Gondwana. Posteriormente, no Holoceno, este continente se dividiu em cinco outros continentes, chegando à configuração atual.

16. Geocronologia são as diferentes formas de investigação da escala de tempo das rochas, da evolução da vida e da própria Terra. O método de datação mais utilizado na Geocronologia envolve a medição da quantidade de energia emitida pelos elementos radioativos presentes nas rochas e minerais.

Unidade 2 **Enem e Vestibulares** 161

UNIDADE 3

AS DINÂMICAS HIDROLÓGICA E LITOSFÉRICA

Como parte de nossos estudos da biosfera, vamos nos dedicar agora às dinâmicas da hidrosfera e da litosfera. No Capítulo 11, vamos conhecer as principais características das águas continentais e, no Capítulo 12, das águas oceânicas. No Capítulo 13, estudaremos a estrutura da Terra, as forças endógenas e exógenas que agem na formação e na transformação das paisagens terrestres. O Capítulo 14, por fim, apresenta a composição da crosta terrestre e as formas de relevo.

O vulcão Calbuco expele gigantesca coluna de lava e cinzas ardentes nas proximidades de Puerto Montt, sul do Chile, em 23 de abril de 2015.

CAPÍTULO 11

A DINÂMICA HIDROLÓGICA E AS ÁGUAS CONTINENTAIS

O que significa para você um copo de água na hora da sede? Essa pergunta é fácil de responder, isso porque a água possui uma importância vital para o ser humano: cerca de 70% de nosso organismo é composto desse líquido. Até mesmo os seres vivos que não consomem água diretamente precisam dela para sobreviver e encontram alguma maneira de atender a essa necessidade: alguns roedores dos desertos, por exemplo, retiram o suprimento necessário de água das sementes que consomem.

Mas de onde vem a água? Para onde vai depois que a utilizamos? Como ela transforma as paisagens terrestres? Qual é seu valor para os diferentes grupos humanos? Neste capítulo e no próximo, buscaremos respostas para essas questões.

Culturas em foco

A água tem um caráter simbólico fundamental na cultura de diferentes povos. Veja as imagens e leia o texto das legendas.

A Lavagem das Escadarias do Bonfim é um ritual em que os devotos de Nosso Senhor do Bonfim lavam as escadarias da igreja dedicada ao santo com água de cheiro. O ritual acontece todos os anos e envolve católicos e praticantes do candomblé. As roupas usadas são brancas, que é a cor de Oxalá, deus da cultura iorubá associado a Nosso Senhor do Bonfim. Salvador (BA), 2011.

Nas religiões cristãs, o batismo na água é realizado tanto em crianças como em adultos. É um ritual que simboliza, entre outras coisas, a iniciação da vida cristã. Na imagem, batizado sendo realizado em uma igreja na Armênia, em 2013, primeiro país do mundo a se tornar oficialmente cristão.

As águas do Rio Ganges são consideradas sagradas pelos seguidores do hinduísmo. Ao banharem-se neste rio, que corre no norte da Índia, os hindus se consideram purificados de seus pecados pela deusa Ganga, moradora desse imenso curso d'água. Na fotografia, hindus em ritual de purificação nas águas do Rio Ganges, na Ilha Gangasagar. Foto de 2016.

Em grupos, façam uma pesquisa sobre a importância da água e sua simbologia no decorrer da história e na cultura de diferentes povos, envolvendo conceitos de Sociologia e de Filosofia. Discutam o sentido simbólico, filosófico e prático da água. Conversem sobre os rituais de purificação e de iniciação em diferentes religiões; e sobre a água como fonte de alimentos e de riquezas, e como ela foi transformada em mercadoria.

▶ O ciclo da água

A água é uma das substâncias mais abundantes em nosso planeta e pode ser encontrada em três estados físicos: **sólido**, como nas grandes geleiras; **líquido**, como nos oceanos e rios; e **gasoso**, como na forma de vapor de água na atmosfera.

Além de mantenedora da vida, a água desempenha papel fundamental na criação e na transformação das paisagens terrestres. Ela participa ativamente dos fenômenos atmosféricos, modela a superfície da litosfera e apresenta-se como elemento fundamental para a realização das atividades humanas. A dinâmica da água é muito intensa, pois, independentemente de seu estado físico, ela está em constante movimento.

O **ciclo da água**, ou **ciclo hidrológico**, consiste na dinâmica da água no interior da hidrosfera. Trata-se de um dos fenômenos essenciais da natureza. Assim como os ventos e as massas de ar, o ciclo da água depende da energia solar. Ao atingirem o planeta, os raios solares aquecem a água, fazendo-a evaporar para a atmosfera e desencadeando o ciclo. Com o ar saturado de vapor de água, ocorre condensação e formam-se as nuvens, que produzem a precipitação de água na superfície. Depois, a água segue por caminhos diferentes, de acordo com a superfície que encontra (tipo de solo e de relevo, vegetação etc.), para o interior dos cursos de água e para o mar, até voltar à atmosfera, onde reinicia-se o ciclo.

Conhecer o ciclo hidrológico é indispensável para o estudo da hidrosfera terrestre. Acompanhe no esquema simplificado da página ao lado algumas das principais etapas do ciclo da água.

▶ A distribuição da água na Terra

Estima-se que o volume de água na Terra seja o mesmo há bilhões de anos: cerca de 1,6 bilhão de metros cúbicos, distribuídos de maneira desigual na superfície terrestre. Observe os gráficos abaixo. Neles, vemos que a maior parte da água em nosso planeta está concentrada nos oceanos, cerca de 97%, e o restante, apenas 3%, é composto de água doce. De acordo com esse panorama, podemos perceber que a água disponível para o uso humano representa um percentual muito pequeno, se o compararmos com a quantidade total de água existente no planeta.

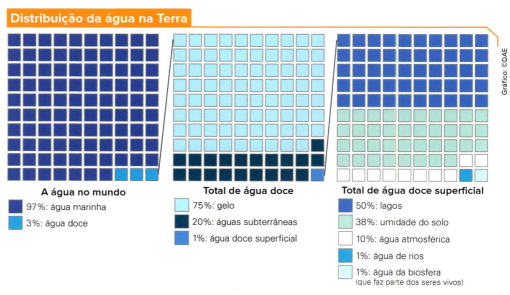

Fonte: ENCICLOPÉDIA DO ESTUDANTE. *Ciências da Terra e do Universo*: da Geologia à exploração do espaço. São Paulo: Moderna, 2008. p. 99.

Etapas do ciclo da água

1. As nuvens são aglomerados de partículas de água ou de cristais de gelo; elas se formam quando o ar está saturado de vapor de água.

2. A água passa do estado gasoso (em que se encontra na atmosfera) para o estado líquido quando se precipita ou se condensa na superfície da Terra.

3. A água da chuva modela o relevo terrestre. Dependendo do tipo de solo e de rocha que encontra, pode transportar maior ou menor quantidade de sedimentos.

4. Na superfície, a água pode tomar diferentes caminhos, dependendo das condições do ambiente, como a presença ou não de vegetação, a forma do relevo e o tipo de solo e sua forma de uso.

5. Os rios recebem a água que escoa pela superfície, processo chamado de **escoamento superficial**.

6. A vegetação desempenha um importante papel no ciclo da água, interferindo nesse processo de diferentes maneiras. Uma das principais formas de interferência da vegetação no ciclo hidrológico é a **interceptação**. Esse fenômeno ocorre quando parte da água da chuva fica retida em galhos e folhas. Dessa água, uma porção evapora novamente para a atmosfera e, portanto, não se infiltra no solo; outra porção escorre lentamente pelas folhas e galhos das árvores e arbustos, carregando consigo os nutrientes provindos dos excrementos dos animais e fertilizando o solo.

7. Quando a superfície é protegida por vegetação mais densa, o impacto das gotículas de chuva é amenizado, o que facilita a **infiltração** da água no solo.

8. A água que se infiltra do no solo alcança, devido à gravidade, as partes mais profundas, permeando as camadas de rochas e alimentando, assim, as águas subterrâneas. É o chamado movimento de **percolação**.

9. A percolação permite a formação de **aquíferos**, nos quais a água se concentra em torno das partículas dos sedimentos que formam as rochas.

10. Aquecida pela energia solar, a água da superfície dos oceanos, lagos, rios e mares evapora e forma o vapor de água, denominado **umidade atmosférica**.

Ilustração fora de proporção; cores-fantasia.

▶ As águas continentais superficiais

A porção de água doce, que chamamos de águas continentais, está distribuída em diferentes lugares, em especial nas calotas polares e nos aquíferos ou no cume das altas montanhas. Há uma pequena parcela no estado líquido, que flui por rios e lagos nas áreas continentais.

Os rios e as bacias hidrográficas

Os rios e os lagos estão presentes em muitas paisagens de nosso cotidiano. Esses elementos frequentemente são estudados tendo como foco as chamadas bacias hidrográficas.

Bacia hidrográfica ou **bacia de drenagem** é uma porção da superfície terrestre banhada por um rio principal e seus afluentes. Uma bacia hidrográfica é delimitada pelas partes mais elevadas do relevo em seu entorno, consideradas divisores de água, que podem ser compostas de serras, chapadas, cordilheiras ou outro tipo de elevação.

As características fisiográficas de uma bacia de drenagem são definidas por elementos naturais e culturais, como a forma do relevo, a composição das rochas e dos solos, o clima atuante na região e as atividades econômicas nela desenvolvidas.

Partes de uma bacia hidrográfica

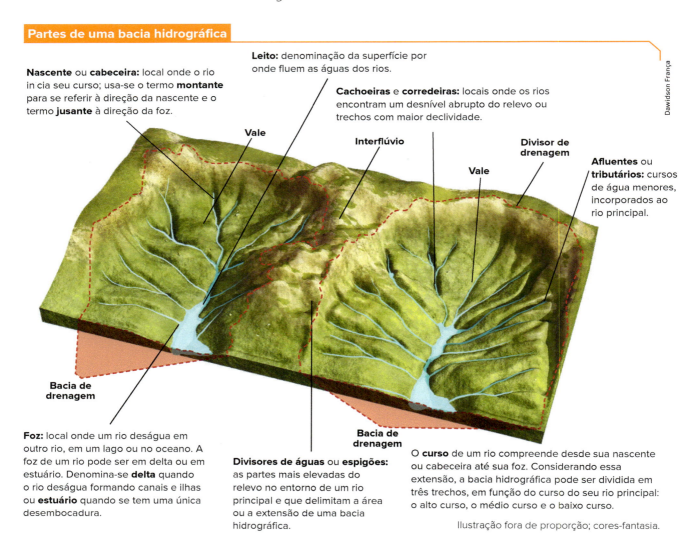

Nascente ou **cabeceira**: local onde o rio inicia seu curso; usa-se o termo **montante** para se referir à direção da nascente e o termo **jusante** à direção da foz.

Leito: denominação da superfície por onde fluem as águas dos rios.

Cachoeiras e **corredeiras**: locais onde os rios encontram um desnível abrupto do relevo ou trechos com maior declividade.

Afluentes ou **tributários**: cursos de água menores, incorporados ao rio principal.

Foz: local onde um rio deságua em outro rio, em um lago ou no oceano. A foz de um rio pode ser em delta ou em estuário. Denomina-se **delta** quando o rio deságua formando canais e ilhas ou **estuário** quando se tem uma única desembocadura.

Divisores de águas ou **espigões**: as partes mais elevadas do relevo no entorno de um rio principal e que delimitam a área ou a extensão de uma bacia hidrográfica.

O **curso** de um rio compreende desde sua nascente ou cabeceira até sua foz. Considerando essa extensão, a bacia hidrográfica pode ser dividida em três trechos, em função do curso do seu rio principal: o alto curso, o médio curso e o baixo curso.

Ilustração fora de proporção; cores-fantasia.

ESPAÇO E CARTOGRAFIA
Bacias e sub-bacias hidrográficas

A bacia hidrográfica de um rio principal pode ser composta de bacias hidrográficas menores, drenadas pelos rios, seus tributários ou afluentes, as quais são chamadas de sub-bacias hidrográficas. Portanto, a bacia hidrográfica de um grande rio, como o Amazonas ou o Paraná, pode reunir centenas ou até milhares de sub-bacias, com as mais variadas dimensões. O estudo das sub-bacias é fundamental para o planejamento de ações que visem à preservação dos recursos hídricos de uma região.

Os mapas a seguir mostram a bacia hidrográfica do Rio São Francisco e as de seus tributários, o Rio Grande e o Rio Preto. Observe, por meio das escalas cartográficas utilizadas, a dimensão dessas bacias, e confira nas legendas os propósitos de estudo possíveis em cada uma delas.

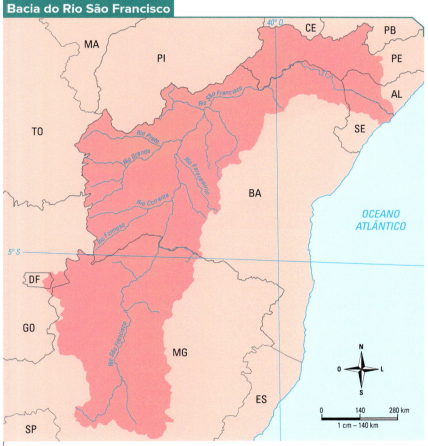

A área delimitada nessa escala cartográfica serve de base para o planejamento de vias de transporte, integração regional e ações conjuntas de estados, como a implantação de projetos de irrigação ou de produção de energia, entre outros.

A escala cartográfica utilizada permite a avaliação de impactos ambientais gerados por atividades econômicas, como a agricultura e a pecuária.

A escala cartográfica adotada fornece a delimitação própria para o planejamento municipal e permite avaliar o tipo de ocupação do solo no município.

Fonte dos mapas: AGÊNCIA NACIONAL DE ÁGUAS. Disponível em: <http://hidroweb.ana.gov.br>. Acesso em: 30 abr. 2016.

Atividade cartográfica

Observando a escala dos mapas apresentados, responda:
- Essas escalas são gráficas ou numéricas?
- A medida de 1 cm indicada nesses mapas corresponde a quantos **quilômetros** na superfície terrestre?
- E a quantos **centímetros** essa mesma medida (1 cm) corresponde na superfície terrestre?
- Escreva as escalas dos mapas na forma numérica.

Regime dos rios

Denomina-se **regime fluvial** a variação do volume e do nível das águas de um rio. O principal fator que determina o regime de um rio é o clima atuante nas regiões de seu curso, já que, de acordo com as estações do ano, pode haver variação na quantidade de água proveniente das chuvas (ou, no caso de regiões mais frias ou com grande altitude, proveniente do degelo de neve). Dessa forma, as cheias dos rios ocorrem na estação mais chuvosa, e as vazantes, nas estações de menor precipitação. Observe os esquemas ilustrativos abaixo.

Rio na cheia

Rio na vazante

Ilustrações: Dawidson França

Ilustrações fora de proporção; cores-fantasia.

Grandes cheias e a ação antrópica

Em áreas onde os níveis pluviométricos, nas estações das chuvas, são maiores que o normal, podem ocorrer grandes cheias, com as águas dos rios inundando as áreas mais baixas e planas que margeiam o leito principal. Essas áreas são chamadas de **várzeas** ou **planícies aluviais** ou, ainda, de **planícies de inundação**.

Em muitas cidades brasileiras, o processo de expansão urbana tem levado à ocupação de áreas de várzeas, causando vários problemas de ordem ambiental e econômica, como é o caso do Rio Itajaí, em Blumenau (SC), do Rio Tietê, em São Paulo (SP), e do Rio Arrudas, em Belo Horizonte (MG), cujas áreas de várzea foram ocupadas por construções e vias de circulação. Esse tipo de intervenção, associada ao fato de as vertentes de suas bacias hidrográficas encontrarem-se quase que totalmente impermeabilizadas pela presença de edifícios residenciais, comerciais e públicos, indústrias e ruas asfaltadas, tem tornado as inundações uma constante na vida dos moradores desses centros urbanos, principalmente no verão, época das chuvas em grande parte do território brasileiro.

Na fotografia, Rio Arrudas cheio, em Belo Horizonte, MG, no ano de 2015.

Doug Patricio/Brazil Photo Press/Folhapress

Rios perenes e intermitentes

De maneira geral, os rios localizados em regiões com índices pluviométricos anuais altos têm também um regime **perene** de águas, ou seja, nunca secam durante o ano. Já em áreas com baixas precipitações, muitos rios – sobretudo os afluentes menores – costumam secar nas épocas de longa estiagem: são os chamados rios de regime **intermitente** ou **temporário**.

Pluviosidade e regime dos rios brasileiros

Observe abaixo o mapa da pluviosidade no Brasil. Por meio das isoietas representadas, identificamos áreas de maior e menor pluviosidade no território brasileiro. Analisando o mapa, podemos verificar, por exemplo, que os menores índices pluviométricos anuais estão no sertão nordestino, justamente nas áreas onde se concentra a maioria dos rios temporários brasileiros (verifique o mapa da região hidrográfica da Região Nordeste). Já a Amazônia possui os índices pluviométricos mais altos, fator que colabora para a ocorrência de rios caudalosos e perenes em toda a região.

Isoieta: linha que indica os pontos com o mesmo índice médio de pluviosidade.

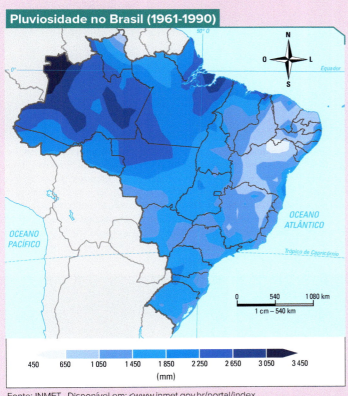

Fonte: INMET. Disponível em: <www.inmet.gov.br/portal/index.php?r=clima/normaisClimatologicas>. Acesso em: 4 set. 2015.

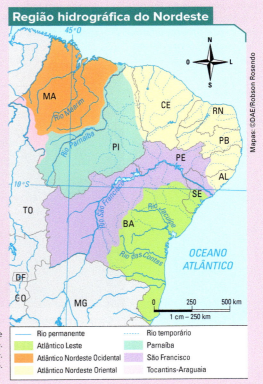

Fonte: IBGE. *Atlas geográfico escolar*. 6. ed. Rio de Janeiro, 2012. p. 105. Disponível em: <biblioteca.ibge.gov.br/visualizacao/livros/liv64669_cap4_pt1.pdf>. Acesso em: 9 out. 2015.

A dinâmica hidrológica e as águas continentais Capítulo 11

A forma dos rios

A interdependência dos elementos da paisagem, em especial no que se refere ao relevo, ao tipo de rocha, à vegetação e ao clima, atribui características fisiográficas marcantes aos rios de determinada região. Esses fatores podem influenciar os cursos de água em dois aspectos: no tipo da rede de drenagem, ou seja, no formato característico do conjunto de rios (rio principal e seus afluentes) que drenam uma bacia hidrográfica; e no formato dos canais por onde flui o leito de cada um desses cursos de água. Observe essas particularidades nos quadros a seguir.

Principais tipos de rede de drenagem

Drenagem paralela: ocorre em regiões onde a declividade é acentuada, apresentando rios que correm paralelamente.

Drenagem radial: é característica de lugares onde há cones vulcânicos, morros isolados etc. Os rios nascem próximos uns dos outros e irradiam-se para diferentes direções.

Drenagem treliça: ocorre quando os rios são paralelos entre si e as alterações de curso formam ângulos retos. É característica de terrenos onde as rochas são alternadas entre mais resistentes e menos resistentes à erosão.

Drenagem dendrítica: ocorre quando os rios fluem de modo semelhante a galhos de árvores, pois as rochas do substrato podem ter a mesma composição e apresentar a mesma resistência à erosão.

Principais formas dos canais dos cursos de água

Canais retilíneos: apresentam pouca curvatura, pois, de maneira geral, o leito do rio corre sobre rochas bastante resistentes à ação da erosão das águas.

Canais entrelaçados: característicos de regiões glaciais ou com intensa atividade tectônica. Há muitas ilhas e bancos de sedimentos dispostos ao longo desses tipos de canais.

Fonte: TEIXEIRA, Wilson et al. *Decifrando a Terra*. São Paulo: Companhia Editora Nacional, 2009. p. 310.   Ilustrações fora de proporção; cores-fantasia.

Canais meandrantes: característicos de rios com curvas sinuosas, em movimentação contínua. Formam-se geralmente em terrenos planos, com vegetação ciliar. A escavação ocorre na margem côncava do canal, e a deposição na margem convexa.

Fonte: TEIXEIRA, Wilson et al. *Decifrando a Terra*. São Paulo: Companhia Editora Nacional, 2009. p. 312.

Canais anastomosados: característicos de áreas mais planas, onde o rio não tem força para transportar os sedimentos mais grossos, criando canais entremeados por bancos de areia, ilhas e outras formas de elevação.

▶ As grandes regiões hidrográficas brasileiras

O Conselho Nacional de Recursos Hídricos (CNRH), órgão do governo federal, adota desde 2003 uma classificação que define para o território brasileiro 12 regiões hidrográficas, cada qual compreendendo uma ou mais bacias hidrográficas contíguas.

Nessa classificação, foram delimitadas áreas com características sociais, econômicas e naturais semelhantes, nas quais é possível perceber uma estreita interação entre o clima, a hidrografia, os solos e as formas de relevo.

Observe abaixo o mapa das regiões hidrográficas e conheça suas características.

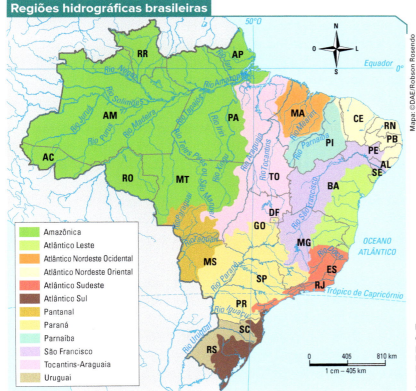

Fonte: IBGE. *Atlas geográfico escolar*. 6. ed. Rio de Janeiro, 2012. p. 105. Disponível em: <http://biblioteca.ibge.gov.br/index.php/biblioteca-catalogo?view=detalhes&id=264669>. Acesso em: 10 out. 2015.

A dinâmica hidrológica e as águas continentais   Capítulo 11

Amazônica: com cerca de 6 112 000 km², seus rios correm sobre um relevo predominantemente plano, fator que reduz a velocidade da água em seu leito, criando um padrão meândrico para o curso, com lagoas marginais e campos de inundação nos períodos das cheias, nos quais também são típicos os **igarapés**.

O alto índice pluviométrico na região (cerca de 2 500 mm/ano) é consequência, em grande parte, da evapotranspiração da Floresta Amazônica. O clima equatorial da região determina o regime equatorial perene dos rios. É uma região ameaçada pelos garimpos, que contaminam as águas com mercúrio (como no alto curso dos rios Teles Pires, Tapajós e Madeira), e pelas atividades madeireira e pecuária, que envolvem a derrubada de áreas de floresta, acelerando o processo erosivo nas margens e o assoreamento de canais.

Igarapé: denominação regional para os canais estreitos que surgem próximo ao leito dos grandes rios da Amazônia.

Encontro das águas escuras do Rio Negro com as águas mais claras do Rio Solimões, nas proximidades da cidade de Manaus (AM), em 2015.

Tocantins-Araguaia: a precipitação anual média de 1500 mm nessa área (de aproximadamente 757 mil km²) leva os rios da região a apresentar regime equatorial perene. Após a construção da hidrelétrica de Tucuruí no curso do Tocantins, o rio principal, e seu consequente represamento, houve aumento significativo na quantidade de sedimentos transportados. Além disso, muitos rios da região estão contaminados por mercúrio em razão da atividade garimpeira em suas margens.

Atlântico Nordeste Oriental, Parnaíba e Atlântico Nordeste Ocidental: em conjunto, ocupam uma área de cerca de 1 029 000 km². Na região da bacia do Nordeste Oriental, a precipitação é relativamente baixa (cerca de 750 mm/ano), o que leva os rios a apresentar um regime fluvial semiárido (temporário ou intermitente). No período de estiagem, a maioria dos rios permanece total ou parcialmente seca. Os rios dessa bacia nascem nas chapadas e nos planaltos do interior e, na faixa próxima ao litoral, assumem regime tropical. Na região da bacia do Nordeste Oriental, o regime fluvial é equatorial, pois a precipitação é bem mais intensa.

Atlântico Leste: com cerca de 551 mil km², apresenta rios com regime semiárido a tropical. O relevo da região, a presença de trechos de Mata Atlântica e o litoral determinam as características das chuvas nas bacias. Da Serra do Mar (Rio de Janeiro) até o litoral da Bahia chove cerca de 2 000 mm por ano. Nessa região, há grandes aglomerações populacionais e industriais (Rio de Janeiro, Vitória e Salvador), áreas de exploração mineral, atividades agrícolas e usinas hidrelétricas. Esses fatores interferem consideravelmente na dinâmica natural dos rios da região.

Paraná: com cerca de 880 mil km², essa região é formada por rios típicos de planalto, muito aproveitados para a geração de energia hidrelétrica. A pluviosidade na região é de 1500 mm ao ano, e o regime fluvial é tropical ao norte do Rio Paranapanema e temperado ao sul desse rio. Os rios dessa região têm passado por muitas transformações em sua dinâmica devido à grande interferência humana (atividades agrícolas, construção de usinas e ocupação de áreas por cidades). Essas alterações resultaram em um intenso processo de assoreamento.

Rio Tietê, afluente do Rio Paraná, na cidade de São Paulo, em 2014. Os rios dessa região passam por áreas intensamente urbanizadas e também por áreas agrícolas, onde recebem grande quantidade de sedimentos.

Pantanal: com aproximadamente 368 mil km², é formada por rios de regime perene tropical que transportam grande quantidade de sedimentos, fato decorrente da forma de ocupação da terra na área da bacia, onde se destacam as plantações de soja e os garimpos.

São Francisco: com cerca de 634 mil km², essa região recebe grande quantidade de chuva, em torno de 1500 mm ao ano. O clima atuante nessa área caracteriza o regime de rios como tropical perene (próximo às nascentes) e semiárido (na margem direita). Devido aos elementos naturais presentes na região (como a baixa densidade de vegetação e o relevo acidentado) e à ação antrópica (como as atividades agrícolas), o rio principal vem recebendo grande quantidade de sedimentos, fato que desencadeia seu assoreamento.

Uruguai: com cerca de 368 mil km², tem precipitação média de 1500 mm ao ano, com regime fluvial tropical e perene. A região está intensamente ocupada por atividades agropecuárias que vêm alterando a dinâmica natural de seus rios.

Atlântico Sudeste e Atlântico Sul: com precipitação média de 1500 mm ao ano, as bacias do Atlântico Sudeste e do Atlântico Sul possuem rios com regime fluvial temperado. Nascem nas encostas da Serra do Mar e correm na direção leste para o Oceano Atlântico. As regiões dessas bacias abrigam grandes centros urbanos, como Joinville, Itajaí, cidades da Grande Florianópolis e a Grande Porto Alegre.

Nascente do Rio Quiriri, da Bacia do Atlântico Sul, próximo à cidade de Joinville, (SC) em 2015.

De acordo com os mapas e os comentários apresentados, responda: Em qual das grandes regiões hidrográficas brasileiras está localizado o município onde você mora? E o seu estado, abrange mais de uma região hidrográfica? Em caso positivo, que regiões?

A dinâmica hidrológica e as águas continentais **Capítulo 11** 175

▶ As águas continentais subterrâneas

As águas continentais subterrâneas consistem na porção de água doce do planeta armazenada no interior de camadas rochosas no subsolo. São sistemas hídricos que levaram milhares de anos para se formar no interior da crosta terrestre e representam cerca de 20% do volume de água doce líquida existente nos continentes.

Parte dessas águas provém das chuvas que caem na superfície terrestre e infiltram-se no subsolo. Ao atingir camadas de rochas impermeáveis, essas águas acumulam-se e formam reservatórios subterrâneos, chamados de **lençóis** ou **aquíferos subterrâneos**, que podem ser encontrados a algumas dezenas ou até milhares de metros de profundidade. Na dinâmica do ciclo hidrológico, os aquíferos desempenham um papel fundamental, pois fornecem grande quantidade de água às nascentes de rios e lagos. Para a sociedade, essas reservas são muito importantes como fonte de água potável e para uso doméstico, agrícola e industrial.

Poços e águas subterrâneas

A água da chuva infiltra-se no solo e, muitas vezes, encontra uma camada de rocha impermeável que a impede de penetrar mais. Então, a água se acumula sobre essa rocha, formando um reservatório embaixo da terra, denominado **lençol freático**.

O nível desse reservatório pode aumentar ou diminuir, conforme a exploração que se faz dele e a quantidade de precipitação que ele recebe. Para chegar a essa água, é preciso cavar poços que atravessam a rocha impermeável, chamados de **poços freáticos**.

Eventualmente, a água fica entre duas camadas de rocha impermeável, a grande profundidade. Nesse caso, quando perfuramos a primeira delas para fazer o poço, a água jorra com muita força, devido à pressão das duas camadas rochosas. Esse tipo de poço é chamado de **artesiano**.

Ilustração fora de proporção; cores-fantasia.

Fonte: RIOS, Eloci Peres. *Água, vida e energia*. São Paulo: Atual, 2004. p. 18.

Águas subterrâneas: um frágil recurso

A crescente exploração dos reservatórios subterrâneos, principalmente a partir da segunda metade do século XX, vem colocando em risco o seu potencial hídrico. Especialistas acreditam que o uso descontrolado das águas subterrâneas e a exaustão de aquíferos poderão, em um futuro próximo, colocar em risco a oferta de alimentos no mercado mundial, principalmente em países que são grandes produtores agrícolas.

Alguns países já enfrentam sérios problemas relacionados a essa exploração, como a China, os Estados Unidos e os ricos países árabes do Golfo Pérsico.

Na China, embora as técnicas de irrigação sejam milenares, o intenso crescimento econômico das últimas décadas, com o aumento da produção de matérias-primas e da atividade industrial, elevou exponencialmente a demanda por água. Como resultado, verifica-se a diminuição do nível dos lençóis subterrâneos, já que a demanda hídrica ultrapassa a oferta. Dessa forma, poços, rios e lagos estão secando e desaparecendo em parte significativa do território chinês. Nos Estados Unidos, o Aquífero de Ogallala, que se estende sob a porção oeste do país (de clima mais seco), é intensamente explorado desde o início do século XX para irrigar lavouras e abastecer cidades de oito estados da região; como consequência, o Ogallala está diminuindo drasticamente sua vazão – segundo estimativas, deve exaurir-se em algumas décadas. Um processo similar vem ocorrendo com os países ricos do Golfo Pérsico, como é o caso da Arábia Saudita, dos Emirados Árabes, de Qatar e de Bahrein. Nesses países, a demanda por água tem crescido na mesma proporção do crescimento da economia (voltada para a produção de petróleo e gás natural) e da população, já que têm recebido milhares de imigrantes nas duas últimas décadas. A maior parte do fornecimento provém de aquíferos (em virtude da sua localização em uma região desértica), e é destinada à indústria petrolífera, ao uso doméstico e à agricultura irrigada.

As regiões desérticas da Arábia Saudita são irrigadas com água proveniente de aquíferos. O crescimento das áreas agrícolas nessas regiões tem aumentado a demanda por água subterrânea. Foto de 2013.

maps4media/Getty Images

Gigantesco pivô de irrigação em Grant County, Kansas, Estados Unidos, usa água do Aquífero Ogallala em plantação de milho, 2015.

Travis Heying/Wichita Eagle/TNS/Getty Images

Águas do subsolo brasileiro

O Brasil possui importantes aquíferos em seu subsolo, inclusive nas regiões de clima semiárido, como no interior do Nordeste. Isso porque cerca de 40% do território nacional apresenta rochas de muita porosidade, como arenitos, siltitos e argilitos, capazes de acumular grandes porções de água doce. Destacam-se entre esses reservatórios os aquíferos Alter do Chão e Guarani. Observe a localização desses aquíferos no mapa a seguir.

Fonte: MINISTÉRIO DE MINAS E ENERGIA. Secretaria de Geologia. Companhia de Pesquisa de Recursos Minerais – CPRM. *Projeto Rede Integrada de Monitoramento das Águas Subterrâneas*: relatório diagnóstico Aquífero Alter do Chão, Bacia Sedimentar do Amazonas. Belo Horizonte: CPRM, 2012. Disponível em: <http://rimasweb.cprm.gov.br/layout/pdf/PDF_RIMAS/VOLUME7_Aquifero_Alter_Chao_PA.pdf>. Acesso em: 10 out. 2015.

O **Aquífero Alter do Chão** ou **Aquífero Grande Amazônia** estende-se por aproximadamente 437 mil km², sob a porção central da bacia hidrográfica do Rio Amazonas. Possui uma capacidade estimada de 86 mil km³ de água doce, o que, segundo os especialistas, seria suficiente para abastecer toda a população mundial durante décadas. Por isso, esse aquífero é considerado a maior reserva de água potável do mundo.

O **Aquífero Guarani** é um sistema de lençóis subterrâneos que se estende por aproximadamente 1,2 milhão de km² e abrange parte dos territórios da Argentina, do Uruguai e do Paraguai, além de oito estados brasileiros: Goiás, Minas Gerais, Mato Grosso, Mato Grosso do Sul, São Paulo, Paraná, Santa Catarina e Rio Grande do Sul. Estima-se que esse aquífero retenha 39 mil km³ de água. Ainda que seja mais extenso do que o Aquífero Alter do Chão, pesquisas recentes mostram que o manejamento do lençol subterrâneo do Guarani exige diversos cuidados, pois seu potencial hídrico pode ser menor do que se supõe.

▶ Água potável: um recurso ameaçado

O planisfério abaixo mostra que a água, além de estar distribuída de maneira desigual nos meios terrestres (oceanos, rios, lagos etc.), também está irregularmente distribuída entre os continentes.

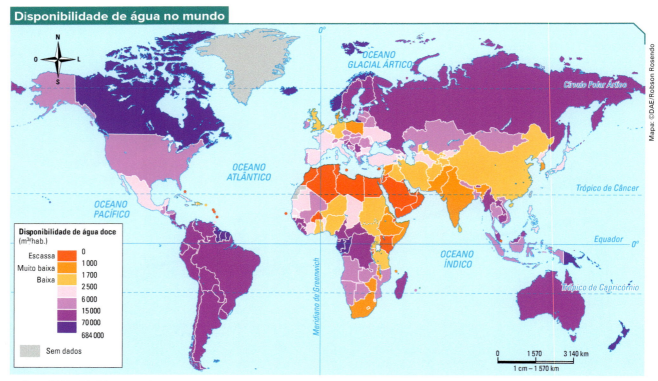

Fonte: REKACEWICZ, Philippe. *Le Monde Diplomatique*, 19 mar. 2008. Disponível em: <www.monde-diplomatique.fr/cartes/disponibiliteeau>. Acesso em: 10 out. 2015.

Como vimos no estudo das bacias hidrográficas, o clima é um dos fatores determinantes para a abundância ou a escassez de água em uma região. Se observarmos o mapa dos climas da Terra, na página 141 do Capítulo 9, e o compararmos ao da disponibilidade de água no mundo (mapa anterior), veremos que em regiões de clima árido e semiárido, por exemplo, a quantidade se concentra em poucos dias de uma estação do ano e, consequentemente, no restante do ano os rios recebem pouca água.

Nas regiões onde domina o clima desértico e semiárido, como no Oriente Médio, é comum a existência de rios temporários, que têm seu leito seco na época das estiagens. Já em regiões onde prevalece o clima úmido, com chuvas abundantes, a disponibilidade de água é maior. Nessas áreas, os rios são continuamente alimentados pelas águas de seus afluentes, como ocorre na região central da África.

Entretanto, nos últimos anos, a questão da disponibilidade de água no mundo tem sido condicionada a problemas de ordem ambiental, como a poluição e o assoreamento de rios e lagos. Anualmente, cursos de água e lençóis subterrâneos em todo o mundo são contaminados por milhões de toneladas de poluentes – resíduos industriais, dejetos domésticos, além de agrotóxicos e fertilizantes –, os quais comprometem a potabilidade da água em vários países e destroem a fauna e a flora em ambientes fluviais e lacustres. Tal fato tem gerado contradições e graves problemas sociais: em algumas nações com boa disponibilidade de recursos hídricos, como Congo, Bangladesh e Indonésia, parte da população não tem acesso à água própria para consumo; já em países com escassez de água, porém ricos em petróleo, como o Qatar e os Emirados Árabes, no Oriente Médio, a população dispõe de bons serviços de abastecimento.

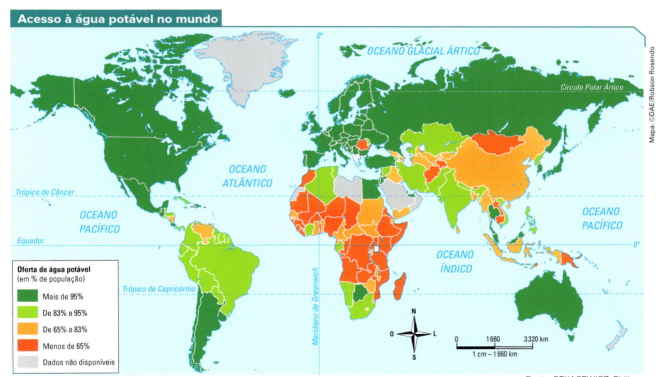

Fonte: REKACEWICZ, Philippe. *Le Monde Diplomatique*, 19 mar. 2008. Disponível em: <www.monde-diplomatique.fr/cartes/eaupotable>. Acesso em: 10 out. 2015.

Compare as informações do mapa acima com as apresentadas no mapa "Disponibilidade de água no mundo", na página 178. Além dos países citados no texto, em que países há contradição entre a disponibilidade de água doce e o acesso à água potável? Em qual(is) continente(s) a população mais sofre com o problema de acesso à água potável? Converse com os colegas a respeito das prováveis causas desse problema.

Águas brasileiras: o mito da abundância

O Brasil é um país privilegiado com relação à disponibilidade de água. Devido à extensão territorial, à existência de dois aquíferos grandiosos (Alter do Chão e Guarani) e aos climas que atuam sobre o território (equatorial, tropical e subtropical), com altos índices pluviométricos, o país detém cerca de 53% do manancial de água doce disponível na América do Sul. Calcula-se, ainda, que o Brasil registra aproximadamente 12% da vazão total dos rios do mundo. Todo esse potencial hídrico tem um papel fundamental para a população e para a economia brasileira. Veja o gráfico ao lado.

Consumo de água no Brasil (2013)
- 72% agricultura
- 7% indústria
- 9% urbano
- 1% rural
- 11% animal

Fonte: EMPRESA BRASILEIRA DE COMUNICAÇÃO. Dados da Agência Nacional de Águas. Relatório 2012. Disponível em: <www.ebc.com.br/noticias/internacional/2013/03/agricultura-e-quem-mais-gasta-agua-no-brasil-e-no-mundo>. Acesso em: 10 out. 2015.

> Quais são os setores da sociedade que mais consomem água no Brasil? O que você diria da participação da população (urbana e rural) no consumo de água? Com base nesses dados, converse com os colegas e o professor a respeito das campanhas voltadas à economia de água em um município, um estado e até mesmo no país.

Desigualdades hídricas entre regiões

Ainda que tenha grande disponibilidade de recursos hídricos, o Brasil enfrenta problemas relacionados à restrição de água potável em algumas regiões. Se compararmos os gráficos a seguir, veremos que a Região Norte concentra a maior parte da água doce disponível no país e tem uma das menores populações. Em contrapartida, a Região Sudeste tem disponibilidade de água muito menor e concentra boa parte da população nacional. Na Região Nordeste também é possível perceber uma grande disparidade entre a disponibilidade de água doce e o contingente populacional.

Disponibilidade de água doce por regiões brasileiras
- Norte – 68%
- Nordeste – 3%
- Sudeste – 6%
- Sul e Centro-Oeste – 23%

Fonte: SANASA. Disponível em: <www.sanasa.com.br/noticias/not_con3.asp?par_nrod=587&flag=PC-2>. Acesso em: 2 fev. 2016.

População brasileira por regiões
- Norte – 8,5%
- Nordeste – 27,5%
- Sudeste – 42%
- Sul e Centro-Oeste – 22%

Fonte: IBGE. Disponível em: <www.ibge.gov.br/home/estatistica/populacao/estimativa2015/estimativa_dou.shtm>. Acesso em: 10 out. 2015.

O Brasil vive uma crise hídrica?

Nas últimas décadas, a disponibilidade de recursos hídricos no Brasil, em qualidade e em volume, tem sido comprometida pelo aumento crescente da demanda por parte da população, sobretudo nas grandes áreas metropolitanas, e das atividades econômicas, principalmente do agronegócio, que se expande pelo interior do país. Além disso, é alarmante o processo de contaminação das águas por efluentes domésticos e por produtos químicos industriais e agrícolas, fora o assoreamento do leito de rios e lagos, inclusive em áreas urbanas. A falta de ações por parte do Estado e a baixa eficácia de algumas medidas adotadas para resolver essa questão podem, a médio e longo prazo, comprometer a disponibilidade desse recurso natural no Brasil. O texto a seguir ilustra essa situação, mostrando como o problema vem afetando a região metropolitana de São Paulo.

180 Unidade 3 As dinâmicas hidrológica e litosférica

O primeiro sinal veio em 2004. Foi nesse ano que a Sabesp, empresa de abastecimento de São Paulo, renovou a autorização para administrar a água na cidade. Mas tinha alguma coisa errada: a estrutura dos reservatórios parecia insuficiente para dar conta de tanta demanda e seria preciso realizar obras para aumentar a capacidade de armazenamento de água. De acordo com os planos da Sabesp, a cidade de São Paulo ficaria bastante dependente do Sistema Cantareira, o que era preocupante. Se a água dos tanques do sistema acabasse, seria o caos. E foi. Em julho de 2014, o volume útil da Cantareira, que atende 8,8 milhões de pessoas na Grande SP, esgotou. Com o esvaziamento do reservatório e as previsões pessimistas de falta de chuva, São Paulo se afogou na maior crise hídrica dos últimos 80 anos.

O Sistema Cantareira é um conjunto de represas criado nos anos 1970 como resposta ao rápido crescimento populacional em São Paulo. As represas ficam nas nascentes da bacia do Rio Piracicaba, a cerca de 70 quilômetros da capital. Para manter os reservatórios cheios, o sistema depende das chuvas de verão. Acontece que, nos primeiros três meses de 2014, choveu menos da metade do esperado para o período. A estiagem não foi de uma hora para a outra. Desde 2013, a chuva já estava abaixo da média na região. E olha que, dois anos antes, choveu tanto que o sistema operava com um nível superior a 100%.

Mas a culpa da crise na maior cidade do Brasil não é só da instabilidade de São Pedro. Ele jamais poderia prever, por exemplo, que a população crescesse tanto. De 4,8 milhões, em 1960, o número de habitantes da capital pulou para 11,8 milhões em 2013. Isso só a capital mesmo, sem contar as outras cidades da região metropolitana. A urbanização, que aumenta a poluição dos rios e dificulta o acesso à água potável, também entrou na mistura junto com todos aqueles outros vilões que a gente já conhece: verticalização, impermeabilização do solo, falta de planejamento, sobrecarga do sistema de abastecimento e coleta. A Sabesp estima que, em São Paulo, 25% da água se perca no caminho entre a distribuidora e as torneiras das casas. [...]

Mesmo se chover mais do que qualquer meteorologista é capaz de prever, mesmo se a população compreender a necessidade urgente de uma redução drástica no consumo de água, ainda será preciso haver um plano de gestão mais eficiente. A recuperação do nível do Sistema Cantareira pode levar até 10 anos. Enquanto isso, a população vai continuar a crescer. Em algumas décadas, pode ser que nem os reservatórios atuais cheios deem conta do recado.

COHEN, Otávio. O fundo do poço. *Superinteressante*, São Paulo: Abril Comunicações S/A. Especial A crise da água. Disponível em: <http://super.abril.com.br/crise-agua/ofundodopoco.shtml>. Acesso em: 10 out. 2015.

Após a leitura do texto, converse com os colegas sobre a relação entre o crescimento da população e a crise hídrica citada. Em seguida, realizem um debate a respeito das condições hídricas do município onde vivem. É possível discutir, por exemplo, sobre a qualidade da água distribuída à população; se existe racionamento no fornecimento de água e por quê; qual é a situação dos rios que correm em seu município: Existe poluição? Qual é a origem dela?.

De olho no Enem – 2012

A irrigação da agricultura é responsável pelo consumo de mais de 2/3 de toda a água retirada dos rios, lagos e lençóis freáticos do mundo. Mesmo no Brasil, onde achamos que temos muita água, os agricultores que tentam produzir alimentos também enfrentam secas periódicas e uma competição crescente por água.

MARAFON, G. J. et al. *O desencanto da terra*: produção de alimentos, ambiente e sociedade. Rio de Janeiro: Garamond, 2011.

No Brasil, as técnicas de irrigação utilizadas na agricultura produziram impactos socioambientais como:

a. redução do custo de produção.

b. agravamento da poluição hídrica.

c. compactação do material do solo.

d. aceleração da fertilização natural.

e. redirecionamento dos cursos fluviais.

Gabarito: E

Justificativa: A alternativa **a** está incorreta por não condizer com o comando da questão, já que a redução do custo de produção não é um impacto socioambiental. Além disso, é mais razoável afirmar que o uso de técnicas de irrigação tende a aumentar, e não a reduzir, o custo da produção. A alternativa **b**, embora apresente uma situação parcialmente verdadeira – pois, dependendo do tipo de cultivo e da técnica utilizada pela irrigação, ela pode, de fato, contribuir para a poluição hídrica –, não constitui a alternativa mais adequada à questão trazida pelo texto por não abordar o problema da poluição dos recursos hídricos, mas sim de seu consumo expressivo para fins agrícolas. A alternativa **c** está incorreta, visto que a irrigação não produz a compactação dos solos. A alternativa **d** está incorreta, pois a afirmação apresentada, mesmo que ocorresse – o que não é o caso –, não constitui um impacto ambiental negativo. Portanto, a alternativa correta é a **b**, já que em muitos casos o uso de irrigação afeta os fluxos fluviais, produzindo impactos ambientais na bacia hidrográfica e sociais para as comunidades ribeirinhas.

A dinâmica hidrológica e as águas continentais **Capítulo 11**

Revisitando o capítulo

1. Transcreva no caderno apenas a alternativa que apresenta fenômenos ligados diretamente ao ciclo hidrológico.
   a. Precipitação; interceptação; infiltração; percolação.
   b. Escoamento; evapotranspiração; infiltração; percolação.
   c. Radiação; insolação; escoamento; subducção.
   d. Tectonismo; evaporação; precipitação; percolação.

2. O que é bacia hidrográfica?

3. O que provoca a dinâmica das cheias e das vazantes nos rios durante o ano?

4. Existem rios temporários em sua região? A que se deve essa característica fluvial?

5. A respeito da grande região hidrográfica brasileira onde seu município está incluído, responda:
   a. Quais são as principais atividades econômicas nela desenvolvidas?
   b. De que maneira essas atividades podem interferir na dinâmica natural dos rios dessa região?

6. Diferencie poço freático de poço artesiano.

7. Como são chamados os dois maiores aquíferos brasileiros? Onde estão localizados?

8. Com base no estudo do capítulo, responda: Você acredita que o Brasil está passando por uma crise hídrica? Explique seu ponto de vista.

▼ ANÁLISE DE TEXTO

O texto a seguir fala sobre o Aquífero Guarani. Leia-o com atenção.

> Imagine uma caixa-d'água. Coloque dentro dela areia. A água vai preencher os poros entre os grãos. Cubra com concreto, deixando livre as bordas. Geologicamente, essa poderia ser uma simplificação do aquífero Guarani, o imenso reservatório de água subterrânea que se estende por mais de 1 milhão de quilômetros quadrados pelas fronteiras do Mercosul, antiga área ocupada pelo povo guarani e que hoje abrange os territórios brasileiro, argentino, uruguaio e paraguaio.
>
> Coberto por uma gigantesca estrutura de basalto sobre uma espessa camada de areia, o Guarani contém cerca de 33 mil quilômetros cúbicos de água, dos quais hoje poderiam ser explorados 6%. É um conjunto de rocha arenítica saturado de água – e não um rio subterrâneo, como muita gente imagina. Essas rochas basálticas são extremamente férteis, e sobre o aquífero vivem cerca de 30 milhões de pessoas, com solo de alta produtividade agrícola.
>
> AQUÍFERO Guarani e a água do Mercosul. *Planeta Sustentável*, ano 10, n. 121. p. 82. Disponível em: <http://planeta sustentavel.abril.com.br/noticia/ambiente/agua-mercosul-esponja-541694.shtml>. Acesso em: 18 out. 2015.

De acordo com o estudo do capítulo e com base no texto, responda:
   a. O que são aquíferos?
   b. Que função eles desempenham no ciclo hidrológico?
   c. Qual é a importância do Aquífero Guarani para a comunidade do Mercosul?
   d. Em sua opinião, que ações deveriam ser realizadas em conjunto pelos países onde o Aquífero Guarani está situado?

▼ ANÁLISE DE GRÁFICO

O gráfico a seguir mostra a evolução do consumo de água no mundo, do ano de 1940 ao ano 2000. Analise-o com atenção.

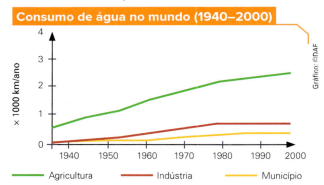

Fonte: TEIXEIRA, Wilson et. al. *Decifrando a Terra*. São Paulo: Companhia Editora Nacional, 2009. p. 451.

1. Descreva o uso da água, por setor representado, de 1940 a 2000.
2. Indique o ano em que o consumo de água passou a crescer mais aceleradamente em cada setor de atividade.
3. Se o consumo de água continuar a crescer na proporção atual, haverá água suficiente para todas as atividades humanas daqui a 100 anos? Explique sua resposta com base no que você aprendeu neste capítulo.

A ÁGUA NOS OCEANOS

CAPÍTULO 12

Imagens com esta ao lado podem nos levar a questionar: Por que chamar de "Terra" um planeta em que a maior parte de sua superfície é coberta por uma imensidão de águas azuis? Provavelmente, esse fato remonta a uma época em que nenhum povo ainda concebia as dimensões que os mares tinham realmente.

Atualmente, sabe-se que aproximadamente 71% da superfície terrestre é recoberta pelas águas oceânicas. Os oceanos e mares da Terra não estão separados, mas interligados, formando uma única massa de água. Observe a localização deles por meio do planisfério que segue.

NASA

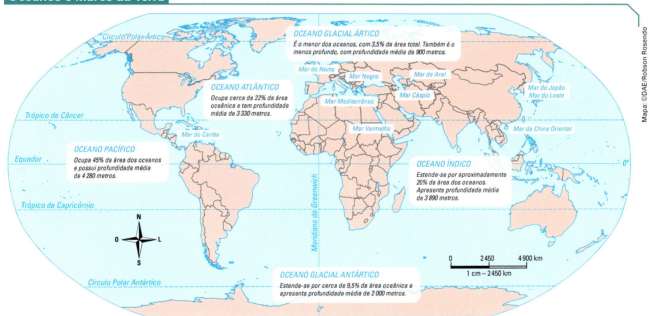

Oceanos e mares da Terra

Fonte: IBGE. *Atlas Geográfico Escolar*. Rio de Janeiro, 2015. Disponível em: <http://atlasescolar.ibge.gov.br/mapas-atlas/mapas-do-mundo> Acesso em: 5 abr. 2016.

▶ A vida nos oceanos e mares da Terra

As águas oceânicas concentram uma infinidade de seres vivos, muitos deles ainda pouco estudados ou conhecidos pelos seres humanos. Estima-se que, atualmente, existam cerca de 250 mil espécies de animais marinhos vivendo tanto nas faixas próximas à costa quanto nas águas oceânicas mais profundas.

Grande parte das espécies que se concentram na faixa litorânea, especialmente nos recifes e manguezais, possui hábitos estreitamente ligados às oscilações das marés e ao movimento das ondas, assunto que veremos nas páginas 186, 187 e 188. É o caso das tatuíras, dos pequenos peixes, dos corais e dos crustáceos. Outra parte significativa da vida marinha se concentra entre a superfície e os 200 metros de profundidade, aproximadamente. Mas muitos animais vivem nas águas escuras e frias das profundezas oceânicas, as espécies chamadas de abissais.

As águas oceânicas são comumente divididas em zonas, delimitadas por características como profundidade, luminosidade, temperatura e distância da costa. Observe a imagem a seguir.

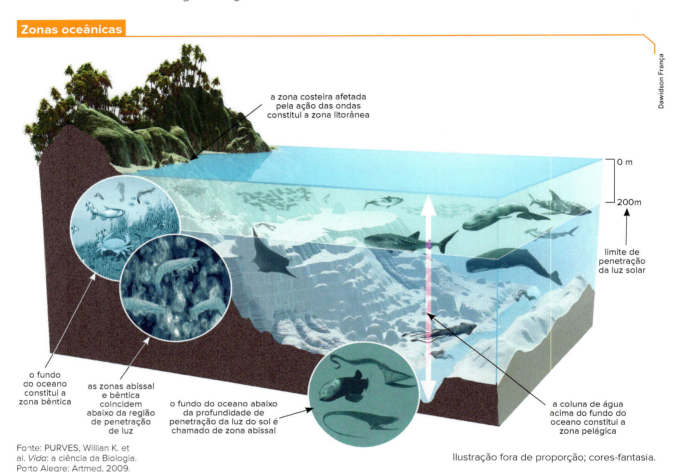

Fonte: PURVES, Willian K. et al. *Vida*: a ciência da Biologia. Porto Alegre: Artmed, 2009.

Ilustração fora de proporção; cores-fantasia.

▶ A dinâmica e a composição físico-química dos oceanos

As águas dos oceanos e mares estão continuamente se movimentando pelo planeta e mantêm uma interdependência direta com a litosfera e, especialmente, com a atmosfera. Tal dinâmica proporciona uma série de particularidades a essa grande massa de águas, sobretudo no que se refere à salinidade, à temperatura e aos movimentos. É o que vamos estudar a seguir.

Salinidade e temperatura

A salinidade e a temperatura são aspectos que variam nas águas oceânicas, especialmente em razão da profundidade e da latitude. Observe os gráficos que caracterizam a salinidade e a temperatura de acordo com a profundidade das águas do Oceano Pacífico.

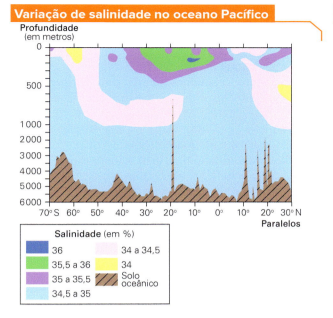
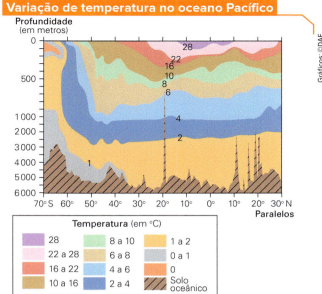

Fonte: *Planeta Terra*. Tradução de Patrícia Cenacchi. Rio de Janeiro: Abril, 1996.

Nas regiões mais quentes (baixas latitudes), onde a água do mar passa por um processo de evaporação mais intenso, a salinidade é maior. No entanto, outros fatores interferem nessa propriedade. Nas regiões onde os oceanos recebem grandes descargas de água doce, como na foz dos grandes rios, por exemplo, ou nas proximidades das geleiras, a salinidade é menor. Observe as variações de temperatura nas diferentes regiões do planeta.

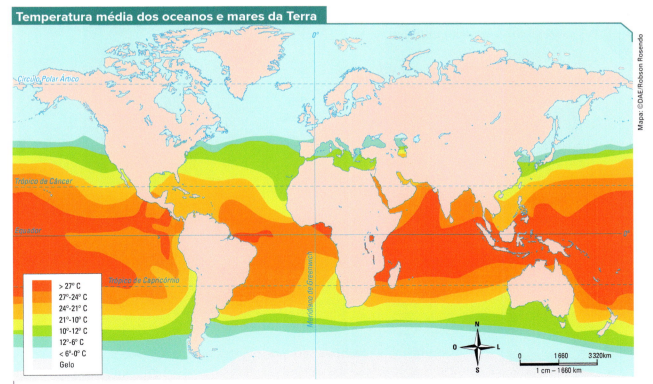

A temperatura das águas oceânicas é mais elevada na zona tropical e mais baixa nas zonas polares. Além disso, as águas da superfície, por receberem diretamente a energia solar, são mais aquecidas que as águas mais profundas.

Fonte: TEIXEIRA, Wilson. et al. *Decifrando a Terra*. São Paulo: Companhia Editora Nacional, 2009. p. 388.

A água nos oceanos Capítulo 12

Lixiviação: processo de remoção dos sais minerais solúveis presentes nas rochas ou no solo pelas águas das chuvas, o que, no caso deste último, resulta na diminuição progressiva de sua fertilidade.

Denudação: processo de erosão e transporte de sedimentos de uma ceterminada superfície.

Qual é a origem da salinidade dos oceanos?

A salinidade da água do mar decorre de dois fatores. Um é o transporte, em solução, dos elementos químicos dissolvidos a partir do intemperismo das rochas da crosta continental, cujos constituintes mais abundantes e mais solúveis são: Na, Ca, Mg e K e, portanto, são os mais lixiviados durante a denudação das terras emersas. [...] O outro fator para a salinidade da água é o vulcanismo oceânico, que traz, do manto, água juvenil carregada em elementos químicos metálicos dissolvidos das rochas atravessadas. Esses elementos podem ser a fonte para os nódulos observados em certas regiões do assoalho oceânico.

TEIXEIRA, Wilson et al. *Decifrando a Terra*. São Paulo: Companhia Editora Nacional, 2009. p. 377.

Movimentos das águas oceânicas

Entre os principais movimentos das águas oceânicas destacam-se as ondas, as marés e as correntes marítimas. Todos eles estão diretamente relacionados à constante interação entre as esferas terrestres. Vamos conhecer melhor cada um desses movimentos.

As ondas

Leia o título da reportagem e o texto que segue.

Gabriel Medina é o primeiro brasileiro campeão mundial de *surf*

No mês de janeiro do ano de 2014, o paulista Gabriel Medina foi destaque na mídia nacional e internacional ao conquistar o campeonato mundial de *surf* no Havaí (EUA), sendo o primeiro brasileiro campeão na categoria. Medina mostrou-se imbatível ao domar as superondas havaianas. Na ocasião, imagens impressionantes de ondas foram veiculadas. Veja foto ao lado.

Fonte: ESPN. Disponível em: <http://espn.uol.com.br/noticia/469527_gabriel-medina-e-o-primeiro-brasileiro-campeao-mundial-de-surf>. Acesso em: 21 mar. 2016.

O fotógrafo Clark Little, surfista veterano, especializou-se em imagens de ondas. Nesta imagem, onda na praia de North Shore, Havaí, Estados Unidos.

As **ondas** ou **vagalhões** são movimentos originados pela ação dos ventos na superfície dos oceanos. Seu tamanho e forma resultam da combinação de fatores como a constância e a força dos ventos que as produzem, além das características do relevo litorâneo, especialmente de sua declividade. Observe as principais características da formação das ondas.

Formação das ondas

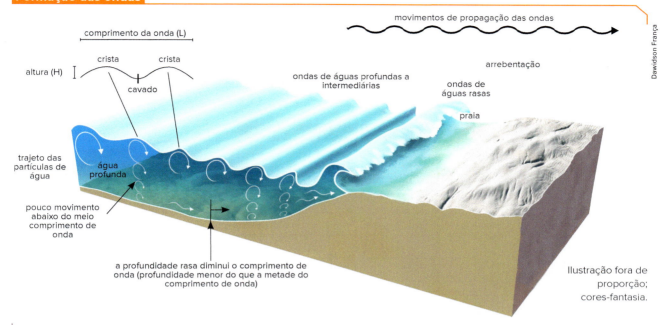

Ilustração fora de proporção; cores-fantasia.

Fonte: CHRISTOPHERSON, Robert W. *Geossistemas:* uma introdução à Geografia Física. Porto Alegre: Bookman, 2012. p. 506.

Na onda, a água realiza movimentos circulares. O comportamento das ondas ao chegarem à costa depende da forma do relevo litorâneo. Em áreas de declividade acentuada, as ondas quebram abruptamente, propiciando a prática de esportes como o surfe. Já em áreas de relevo com baixa declividade, as ondas se desfazem de modo suave.

As marés

Observe as fotografias.

O movimento das marés provoca mudanças rápidas nas paisagens litorâneas. Em imagens de 2013, a Baía de São Marcos, São Luís (MA), está com maré baixa na foto A e com maré alta na foto B.

A água nos oceanos **Capítulo 12** 187

Se você vive em uma cidade litorânea, provavelmente está familiarizado com o movimento das marés, como visto nas fotografias anteriores. As marés são fenômenos desencadeados pela força gravitacional de atração do Sol e da Lua sobre as superfícies fluidas líquidas da Terra. A força de atração provoca a alternância de períodos diários de subida e de descida do nível da superfície dos oceanos. Dessa forma, temos duas **marés-altas** ou **marés-cheias** (processo de subida das águas) e duas **marés-baixas** ou **vazantes** (processo de regressão das águas) durante as 24 horas do dia. Os horários das marés mudam no decorrer do mês.

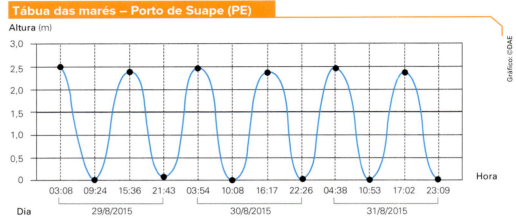

Fonte: DIRETORIA DE HIDROGRAFIA E NAVEGAÇÃO (DHN); Centro de Hidrografia da Marinha (CHM); Banco Nacional de Dados Oceanográficos (BNDO). Disponível em: <www.mar.mil.br/dhn/chm/box-previsaomare/tabuas/30685Ago2015>. Acesso em: 12 abr. 2016.

A força de atração gravitacional é maior quando há o alinhamento entre o Sol, a Lua e a Terra. São as chamadas **marés de sizígia**. A atração gravitacional é menor quando não há essa conjunção entre os astros, dando origem às **marés de quadratura**. Observe o esquema abaixo.

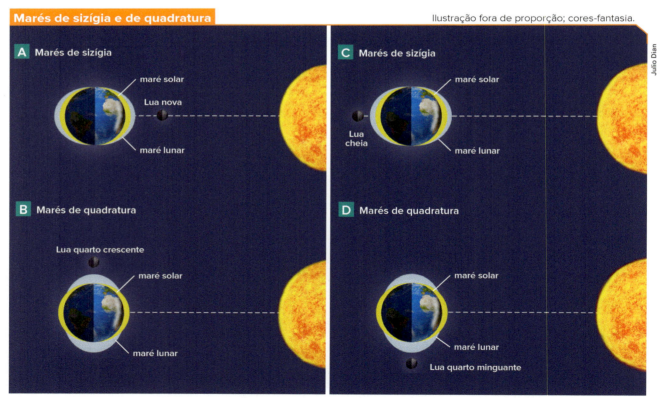

Fonte: CHRISTOPHERSON, Robert W. *Geossistemas*: uma introdução à Geografia Física. Porto Alegre: Bookman, 2012. p. 503.

SABERES EM FOCO

Manguezais: complexos ecossistemas

As marés não ocorrem da mesma maneira em todos os lugares do planeta, e a variação no nível do mar tanto pode ser de poucos centímetros como de uma dezena de metros. No Mar Mediterrâneo, por exemplo, a amplitude das marés é muito menor do que a que ocorre no Oceano Atlântico. Esses movimentos são fundamentais para a dinâmica oceânica, já que proporcionam, por exemplo, o transporte de sedimentos e a formação de ambientes onde vivem e se reproduzem muitas espécies marinhas, como crustáceos, moluscos e peixes. Esse é o caso dos chamados ecossistemas de **manguezais**.

Os manguezais localizam-se principalmente na costa litorânea das regiões tropicais e subtropicais do planeta, como o que vemos na foto, no litoral brasileiro. A abundância de nutrientes e a temperatura da água fazem dos manguezais verdadeiros berçários de centenas de espécies marinhas, especialmente de caranguejos, outros crustáceos, moluscos e peixes. Esses seres, por sua vez, são a base alimentar de muitas outras espécies que vivem em profundidades maiores.

No que se refere ao ser humano, os manguezais representam uma importante fonte de alimentos e renda para milhares de famílias que vivem em comunidades tradicionais na zona costeira. Do manguezal são extraídos moluscos, crustáceos e peixes que são consumidos pelas próprias famílias ou comercializados em feiras livres e com grandes compradores.

Devido à sua complexidade, o ecossistema de manguezal é objeto de estudo não somente para **geógrafos**, mas também para vários especialistas, como **oceanógrafos** e **biólogos marinhos**. Esses profissionais desenvolvem pesquisas voltadas, sobretudo, para as características físicas, biológicas, geológicas, geográficas e químicas da vida marinha. Tais pesquisas permitem conhecer detalhadamente os movimentos das águas oceânicas e sua interdependência em relação à atmosfera terrestre; os seres que habitam os oceanos, sua diversidade e as características dos ecossistemas; a origem, a distribuição e a composição das águas e do fundo marinho. Além disso, as pesquisas **oceanográficas** possibilitam o monitoramento e o planejamento do uso dos recursos hídricos pelos seres humanos.

Na fotografia, de 2015, podemos observar uma área de mangue na Ilha do Boipeba, Cairu (BA).

As correntes marítimas

Os processos oceânicos são os mais importantes reguladores das temperaturas do planeta, e as correntes marítimas, ou marinhas, em especial, mantêm forte interdependência com os processos atmosféricos, dinamizando-os e sendo dinamizadas por eles.

A circulação das correntes marítimas permite o equilíbrio climático da Terra porque leva as águas quentes das zonas equatoriais para as zonas mais frias (de maiores latitudes) e vice-versa. Isso determina as características climáticas de diferentes regiões. A corrente quente do golfo, por exemplo, ameniza o rigor do inverno na Inglaterra. Já a corrente fria de Humboldt, na costa oeste da América do Sul, traz águas frias e muitos nutrientes para latitudes mais baixas, tornando as águas extremamente piscosas.

As correntes marítimas movimentam grandes porções de água oceânica. Elas são como grandes rios que fluem em meio a um corpo de água maior, o oceano. Esse movimento é provocado especialmente pela interação entre a energia solar, os fenômenos atmosféricos (ventos, ciclones, anticiclones etc.) e os movimentos de rotação e translação do planeta, responsáveis pelo efeito Coriolis, como vimos no Capítulo 8. As correntes marítimas possuem características diferentes, tanto em relação à temperatura e à cor quanto em relação à salinidade. Veja como se dá o movimento das correntes marítimas no planisfério abaixo. E, no esquema que o acompanha, observe o exemplo de como ocorre o seu resfriamento nas regiões polares.

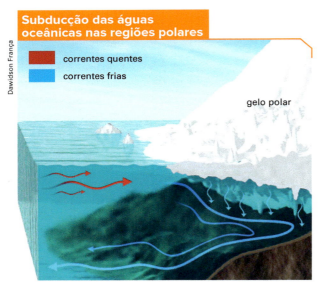

Fonte: REFERENCE atlas of the world. London: Dorling Kindersley, 2007.
Ilustração fora de proporção; cores-fantasia.

Correntes marítimas

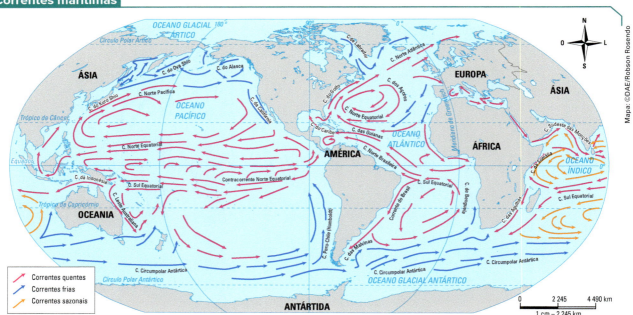

No Hemisfério Norte, as correntes deslocam-se no sentido horário. No Hemisfério Sul, as correntes deslocam-se no sentido anti-horário.

Fonte: IBGE. Atlas Geográfico das zonas costeiras e oceânicas do Brasil. Rio de Janeiro, 2011. p. 73. Disponível em: <http://biblioteca.ibge.gov.br/visualizacao/livros/liv55263.pdf>. Acesso em: 2 fev. 2016.

El Niño: fenômeno atmosférico e oceânico

O **El Niño**, denominado **Enos** pelos meteorologistas (El Niño – Oscilação Sul), é um fenômeno natural que ocorre em intervalos cíclicos de três a cinco anos na região tropical do Oceano Pacífico e envolve processos de interação entre a atmosfera e a hidrosfera, acentuando a atuação do clima e modificando as características térmicas de algumas correntes marítimas, o que afeta diretamente a paisagem de diferentes lugares do planeta.

Os pesquisadores ainda não sabem exatamente o que desencadeia o fenômeno. Afirma-se, contudo, que ele tem início com a diminuição dos ventos alísios, fato que provoca o aquecimento das águas de superfície no Oceano Pacífico, entre a costa do Peru e a da Austrália, interferindo no sistema da circulação atmosférica global. Observe no esquema abaixo como ocorre o fenômeno.

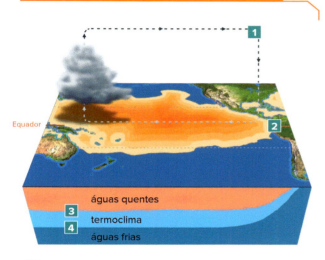

Condições atmosférico-oceânicas normais

1. Célula de circulação do ar.
2. Os ventos alísios sopram no sentido leste-oeste.
3. A temperatura da superfície do mar é maior próximo ao continente australiano e na Indonésia.
4. Formam-se zonas de transição entre as águas quentes e as mais frias, as termoclimas. Os ventos alísios levam as águas mais quentes para oeste, fazendo as águas mais frias aflorarem a leste (mecanismo chamado ressurgência).

Ilustrações fora de proporção; cores-fantasia.

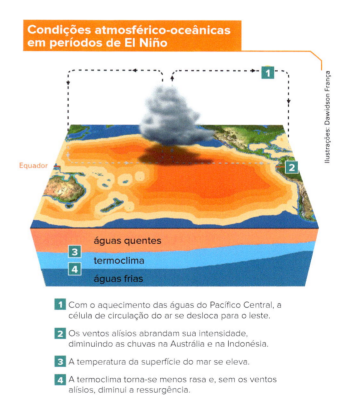

Condições atmosférico-oceânicas em períodos de El Niño

1. Com o aquecimento das águas do Pacífico Central, a célula de circulação do ar se desloca para o leste.
2. Os ventos alísios abrandam sua intensidade, diminuindo as chuvas na Austrália e na Indonésia.
3. A temperatura da superfície do mar se eleva.
4. A termoclima torna-se menos rasa e, sem os ventos alísios, diminui a ressurgência.

Ilustrações: Dawidson França

Fonte: CENTRO DE PREVISÃO DE TEMPO E ESTUDOS CLIMÁTICOS (CPTEC). Disponível em: <http://enos.cptec.inpe.br>. Acesso em: 15 set. 2015.

Outro fenômeno que também ocorre nas águas do Pacífico é o La Niña, que se caracteriza de modo inverso. Geralmente após os anos de El Niño muito forte, os ventos alísios intensificam-se e, como consequência, a temperatura média da água no oceano diminui, tornando-se mais baixa que o normal. Assim, novamente as condições atmosféricas em várias partes do planeta são alteradas.

Efeitos do El Niño no clima global

El Niño 1

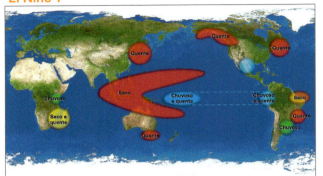

dezembro, janeiro e fevereiro

El Niño 2

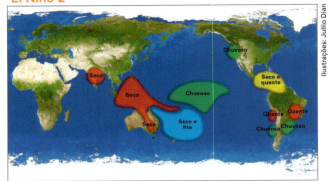

junho, julho e agosto

Invernos mais chuvosos nos Estados Unidos, no norte do Chile e no sul do Peru. Secas extremas no Sudeste Asiático, como nas Filipinas, Indonésia e Tailândia. Invernos mais frios nos países do Leste Europeu e na Rússia. Temporada de fortes tufões no Oceano Pacífico e de poucos furacões no Oceano Atlântico. No Brasil: secas prolongadas na região Nordeste e fortes chuvas na região Sul.

Fonte: INPE. Disponível em: <http://enos.cptec.inpe.br/#>. Acesso em: 2 fev. 2016.

Efeitos do La Niña no clima global

La Niña 1

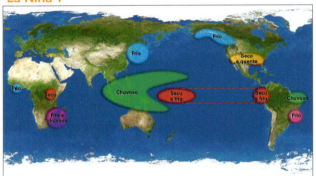

La Niña 2

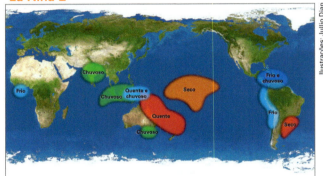

Invernos rigorosos na costa oeste da América do Norte, Japão e leste da China. Chuvas intensas com enchentes no Sudeste Asiático. Invernos com temperaturas acima da média na Oceania. No Brasil: chuvas abundantes nas regiões Norte e Nordeste e secas prolongadas na região Sul.

Fonte: INPE. Disponível em: <http://enos.cptec.inpe.br/#>. Acesso em: 2 fev. 2016.

Por que El Niño?

O fenômeno que recebeu esse nome tão peculiar é conhecido há muito tempo. Existem documentos do século XV que testemunham esse fenômeno. Seu nome, contudo, se deve à chamada corrente do Niño, nome que os pescadores do Peru davam às águas quentes que se aproximavam da costa por volta do Natal. Justamente por isso, eles deram esse nome em homenagem ao Menino Jesus (Niño Jesus). Posteriormente, o nome estendeu-se ao conjunto dos fenômenos dos quais essa corrente é apenas uma parte.

ENCICLOPÉDIA DO ESTUDANTE. *Ciências da Terra e do Universo*. São Paulo: Moderna. 2008. p.111.

▶ A poluição dos oceanos

Os oceanos são grandes fontes de alimento pela riqueza de sua vida marinha, porém vêm enfrentando vários problemas provocados por ações humanas. Cerca de 40% da população mundial vive em regiões litorâneas, onde também se localizam 13 das 20 metrópoles mais populosas do mundo. Desse modo, o mar, que recebe toda a carga vinda dos rios, tornou-se depósito do lixo produzido nessas imensas áreas urbanizadas, além de receber anualmente toneladas de esgoto doméstico e industrial, de elementos químicos como pesticidas etc. Assim, a fauna marinha acaba sendo contaminada. O **plâncton**, por exemplo, quando atingido pela poluição das águas, contamina os animais maiores e os peixes que dele se alimentam.

A pesca predatória é outro problema que atinge a fauna oceânica. Esse tipo de atividade ocorre principalmente quando os grandes navios pesqueiros retiram do mar milhares de toneladas de peixes sem nenhum controle quanto à seleção das espécies e à época de reprodução de cada uma, podendo acarretar a extinção de espécies.

Algumas áreas pesqueiras já estão em declínio. Além disso, a busca por recursos genéticos fósseis vem afetando os oceanos. Existem no mundo, aproximadamente, 6 mil plataformas de gás e petróleo, e os acidentes de manutenção dessas estruturas descarregam até 70% do óleo que polui o mar e afeta a vida marinha.

Observe no planisfério a seguir as principais áreas oceânicas afetadas pela ação antrópica no planeta.

Plâncton: pequenos organismos aquáticos que são a base da cadeia alimentar marinha. Pode ser dividido em zooplâncton (como minúsculos crustáceos) e fitoplâncton (como algas microscópicas).

Áreas oceânicas afetadas pela ação antrópica

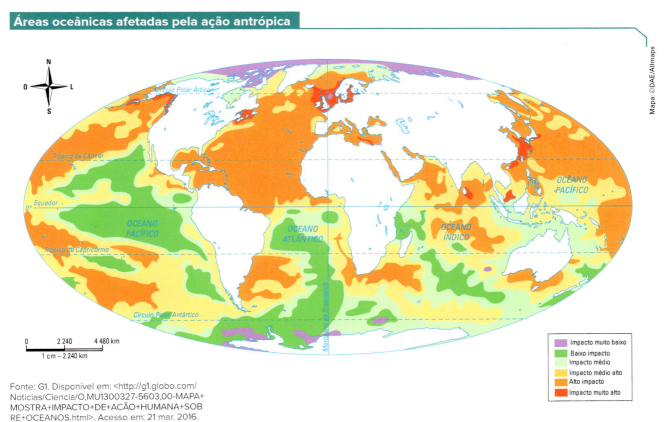

Fonte: G1. Disponível em: <http://g1.globo.com/Noticias/Ciencia/O,MU1300327-5603,00-MAPA+MOSTRA+IMPACTO+DE+ACÃO+HUMANA+SOBRE+OCEANOS.html>. Acesso em: 21 mar. 2016.

A água nos oceanos Capítulo 12 193

Plástico: vilão do mar

Leia o texto a seguir e observe os mapas.

Em pleno oceano Pacífico, a mais de 3 000 quilômetros de distância de qualquer continente, sem uma única fábrica ou cidade por perto, numa reserva de vida selvagem administrada pelos Estados Unidos, o plástico jogado no lixo causa uma devastação: ao ingeri-lo, filhotes de albatroz morrem aos milhares, engasgados, envenenados ou desnutridos.

Trata-se das Ilhas Midway, uma estreita faixa de areia e corais que serve de abrigo a 2 milhões de albatrozes e que, para infortúnio deles, fica próximo ao que se convencionou chamar de "lata de lixo do Pacífico" – um ponto no oceano para onde convergem correntes marítimas que, na passagem por grandes centros urbanos, arrastam todo tipo de lixo descartado indevidamente. Ao vasculharem o mar atrás de alimento, os albatrozes de Midway confundem lixo com comida. Parte eles engolem (uma pesquisa mostrou que todas as aves trazem algum tipo de plástico no corpo), parte levam de volta aos filhotes, resultando no que se vê no estomago da ave na foto desta página.

Calcula-se que um terço dos filhotes morra por causa disso. Para documentar a tragédia, o fotógrafo americano Chris Jordan pôde visitar a reserva de Midway durante um mês em 2009. Ao longo do trabalho, manteve-se, segundo afirma, totalmente fiel às imagens que encontrou: "Nem um único pedaço de plástico nas fotos foi movido, colocado, manipulado, ajeitado ou alterado de alguma forma". Em outras palavras, poluição em estado bruto.

BYDLOWSKI, Lizia. Abatido pelo plástico. *Veja*. São Paulo: Abril Comunicações S/A. Disponível em: <http://planetasustentavel.abril.com.br/noticia/lixo/atol-perdido-pacifico-albatrozes-alimentam-filhotes-morrem-poluicao-682966.shtml>. Acesso em: 2 fev. 2016/

Restos de plantas e saco plástico nas águas equatoriais do Oceano Índico, perto de Pulau Bunaken, Indonésia, 2013.

Lixo plástico flutuante nos oceanos

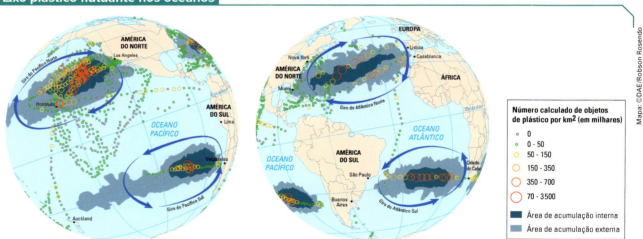

Milhares de toneladas de objetos plásticos flutuam pela superfície dos oceanos da Terra e formam grandes ilhas de lixo, de acordo com a direção e a velocidade das correntes marinhas. Onde essas áreas estão concentradas? Descreva sua localização de acordo com os hemisférios da Terra (Oriental, Ocidental, Norte ou Sul). Após analisar o mapa e o texto, em sua opinião, é possível você ter alguma participação ativa para evitar os problemas destacados no texto e nos mapas? Explique.

Fonte: PARKER, Laura. La prima mappa della spazzatura oceânica. *National Geographic Italia*. Disponível em: <www.nationalgeographic.it/ambiente/2014/07/17/news/mappa_estensione_plastica_oceani-2216804/?refresh_ce>. Acesso em: 2 fev. 2016

194 Unidade 3 As dinâmicas hidrológica e litosférica

Revisitando o capítulo

1. Sobre as zonas dos oceanos, responda:
   a. Em qual delas vive um maior número de espécies? Por quê?
   b. Existe alguma zona oceânica onde não haja vida? Explique.
2. Que fatores determinam as variações de salinidade e temperatura nas águas oceânicas?
3. Por que as águas oceânicas são salgadas? De quais fatores decorre essa particularidade?
4. A forma e o tamanho de uma onda resultam de uma combinação de fatores. Quais são eles?
5. As marés-cheias e as preia-mares ocorrem todos os dias no mesmo horário? Por quê?
6. O que são marés de sizígia e marés de quadratura?
7. Qual é a importância dos manguezais para os ecossistemas oceânicos?
8. No que se refere às correntes marítimas, diga:
   a. Quais são as suas principais características térmicas?
   b. Qual é a importância do seu movimento de circulação?
   c. Por que esse movimento ocorre?
9. Os fenômenos El Niño e La Niña deixam explícita a interdependência entre as esferas terrestres. Explique por quê.

▶ ANÁLISE DE MAPA

Diferentes atividades, como a pesca e os esportes náuticos, contam com o auxílio de mapas especializados que permitem conhecer os movimentos do mar. O mapa das ondas, por exemplo, apresenta a previsão da altura e da direção das ondas na região litorânea. Observe o gráfico das ondas e, em seguida, responda às questões.

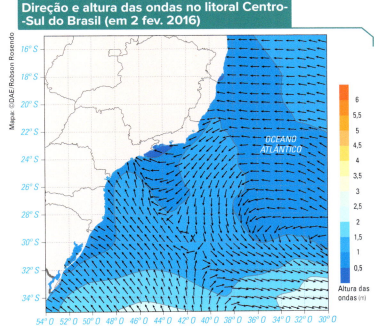

Fonte: CENTRO DE INFORMAÇÕES DE RECURSOS AMBIENTAIS E DE HIDROMETEOROLOGIA DE SANTA CATARINA. Disponível em: <http://ciram.epagri.sc.gov.br/index.php?option=com_content&view=article&id=113&Itemid=427>. Acesso em: 16 abr. 2016.

Sobre o gráfico de ondas, resolva as questões:
a. Que áreas do litoral brasileiro são mostradas no mapa?
b. Descreva a situação das ondas mostradas no mapa.
c. Como a altura das ondas está representada? Quais são as áreas de ondas mais altas e as mais baixas?

A água nos oceanos **Capítulo 12** 195

CAPÍTULO 13

A DINÂMICA LITOSFÉRICA E AS PAISAGENS TERRESTRES

Observe a imagem a seguir.

As paisagens de nosso planeta possuem características peculiares porque resultam da interação dos elementos pertencentes às diferentes esferas terrestres. Estudaremos neste capítulo a dinâmica da litosfera, impulsionada pelas forças provenientes do interior da Terra e também por vários agentes externos ligados à hidrosfera e à atmosfera. Hoje sabemos, por meio de várias evidências, que a litosfera não é estática – ao contrário, encontra-se em contínuo processo de transformação. Exemplo disso é a extraordinária força que se manifesta nos vulcões ativos, como o apresentado na fotografia.

A litosfera é a camada que separa o que há no interior de nosso planeta das esferas superficiais: a hidrosfera e a atmosfera. Composta principalmente de rochas e solo, é a mais rígida das esferas. Esse estrato terrestre corresponde ao meio onde vivem os seres humanos: é nele que são construídas cidades e estradas, plantadas lavouras e pastagens, entre outras tantas atividades. É na litosfera que a sociedade obtém boa parte de seu sustento, e é nela que ocupa e estabelece territórios, organizando o espaço geográfico.

Vulcanólogos desenvolvendo trabalho de coleta de amostras de lava na cratera do vulcão Kilauea, no Havaí, em 2015.

▶ A litosfera e a estrutura interna da Terra

A litosfera, ou crosta terrestre, consiste em uma das três partes que compõem a estrutura interna da Terra. As outras duas partes são o manto e o núcleo. Essas porções de nosso planeta se diferenciam bastante, tanto em relação às propriedades físicas – temperatura e espessura – quanto no que se refere à composição química.

- ▶ A **crosta**, de composição rochosa, é a camada mais rígida. Pode ser dividida em dois tipos: a **crosta oceânica**, que corresponde ao fundo dos oceanos, composto principalmente de rochas basálticas, e a **crosta continental**, que corresponde às terras emersas; esta é composta de tipos diferentes de rochas e é mais espessa do que a crosta oceânica.

- ▶ O **manto**, também chamado de astenosfera, localiza-se abaixo da crosta e está separado dela por uma camada denominada descontinuidade de Moho. Pode ser dividido em duas regiões: o **manto superior**, em contato com a crosta, é composto de rochas em processo de solidificação; já o **manto inferior**, mais próximo ao núcleo, onde há altas temperaturas, é composto de rochas em estado pastoso, o **magma**.

- ▶ A parte central do planeta chama-se núcleo. Acredita-se que ele seja formado por um **núcleo interno**, de composição metálica e que constitui a região mais quente da Terra (cerca de 5 000 °C), e por um **núcleo externo**, com temperaturas um pouco mais baixas, composto de elementos químicos fundidos.

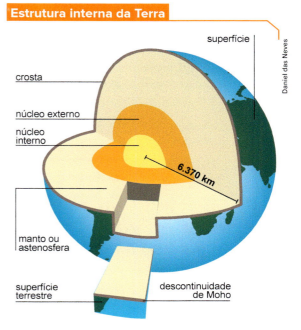

Estrutura interna da Terra

Ilustração fora de proporção; cores-fantasia.

Fonte: CALDINI, Vera L. de Moraes; ISOLA, Leda. *Atlas geográfico Saraiva*. São Paulo: Saraiva, 2013. p. 18.

Veja, acima, as camadas internas de nosso planeta, esquematicamente representadas.

SABERES EM FOCO

Como sabemos o que há no interior da Terra?

A porção mais profunda da crosta terrestre já atingida pelo ser humano situa-se a aproximadamente 12 km abaixo da superfície, o que representa uma parcela ínfima dos cerca de 6 370 km de raio da Terra. Mas, então, como é possível conhecer a estrutura interna do planeta?

Diferentes profissionais se dedicam ao estudo dessa porção do planeta. Entre eles, podemos destacar o trabalho dos geólogos e dos geofísicos. Os geólogos estudam a origem, a formação e a transformação da crosta terrestre, analisando elementos como os fósseis e as rochas, e fenômenos naturais, como os terremotos e os vulcões (os especialistas nesses fenômenos são, respectivamente, os sismólogos e os vulcanólogos). Já os geofísicos, por meio de estudos matemáticos, físicos e químicos, analisam os fenômenos e processos dinâmicos do planeta, podendo então detectar terremotos e maremotos, estudar a estrutura e a composição físico-química das rochas e das águas marinhas, entre outros.

Dessa forma, os estudos a que se dedicam esses especialistas são realizados tanto por meio de observação direta, como a análise de **afloramentos** rochosos e do material expelido por vulcões, quanto por meio de técnicas de observação indireta, ou seja, de aferições realizadas na superfície da Terra. Uma das formas mais importantes de observação indireta é o registro das ondas sísmicas emitidas por terremotos, denominadas ondas P, que ocorrem diariamente nas partes mais profundas da crosta. As ondas sísmicas geradas pelos tremores propagam-se pelo interior do planeta em diferentes direções, sendo por isso registradas por **sismógrafos** em pontos distantes do **hipocentro** do terremoto. Considerando a localização das estações de pesquisa, onde são feitos os registros, e a velocidade com que as ondas sísmicas atravessam o interior da Terra, os cientistas conseguiram definir, por exemplo, a temperatura e a espessura de cada uma das partes internas do planeta e o tipo de material que as compõe. Veja o esquema a seguir.

> **Afloramento:** rochas expostas na superfície terrestre, seja por processos naturais, seja artificialmente, como em cortes para a construção de ferrovias e rodovias.
>
> **Sismógrafo:** aparelho utilizado para registrar e medir as ondas sísmicas na crosta terrestre.
>
> **Hipocentro:** ponto de origem dos terremotos, de onde partem as ondas sísmicas.

Propagação das ondas sísmicas (P)

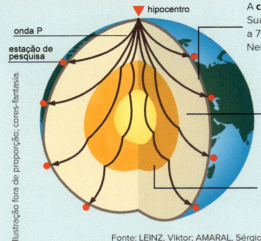

A **crosta terrestre** é constituída basicamente de silício, alumínio e magnésio. Sua espessura varia de 7,5 km, em média, nas porções sob os oceanos, a 70 km nas áreas continentais. Tem uma temperatura média de 800 °C. Nela, as ondas sísmicas P viajam a uma velocidade média de 6,0 km/s.

O **manto** tem em sua composição o peridotito, rocha que contém ferro e sulfeto em abundância. Sua espessura aproximada é de 2 900 km, com temperatura média de 3 500 °C. No manto, as ondas P viajam a uma velocidade de aproximadamente 11 km/s.

O núcleo é composto basicamente de ferro e níquel. O **núcleo externo** tem espessura média de 2 250 km, com temperatura em torno de 3 000 °C. É percorrido pelas ondas P a uma velocidade de 8 km/s. Já o **núcleo interno** tem 1 220 km de raio e uma temperatura aproximada de 6 000 °C. Nessa porção do planeta, as ondas P viajam, em média, a 11 km/s.

Fonte: LEINZ, Viktor; AMARAL, Sérgio Estanislau. *Geologia Geral*. São Paulo: Companhia Editora Nacional, 2003. p. 321.

As ondas sísmicas P propagam-se de diferentes maneiras pelo interior do planeta, fato que levou os cientistas a deduzir que a Terra possui estruturas internas com diferentes composições.

MULHERES EM FOCO

A formulação do atual modelo científico das camadas internas da Terra foi concluída em 1936 e resultou dos trabalhos da sismóloga e geofísica dinamarquesa Inge Lehmann (1888-1993). Com base nos estudos do geólogo irlandês Richard D. Oldham (1858-1936) e nos do sismólogo croata Andrija Mohorovicic (1857-1936) — que descobriu a descontinuidade de Mohorovicic, ou de Moho —, Lehmann deduziu, por meio dos estudos das ondas P, que o núcleo interno da Terra é sólido e rico em ferro (80%) e níquel, dados que foram fundamentais para a conclusão desse modelo. A cientista dinamarquesa contribuiu também com outros estudos no campo da Geologia e da Geofísica.

Imagem de Inge Lehmann na década de 1940, quando já era uma cientista famosa e premiada.

198 **Unidade 3** As dinâmicas hidrológica e litosférica

▶ As forças endógenas e a dinâmica interna da Terra

O cruzamento de informações obtidas por meio das técnicas de observação direta e indireta permitiu aos cientistas detectar a existência de forças no interior de nosso planeta, as quais estão continuamente transformando o modelado terrestre e interferindo na dinâmica da biosfera. Trata-se das chamadas **forças endógenas** do planeta. Essas forças estão relacionadas ao magma, material de maior plasticidade do que as rochas da crosta, composto basicamente de silício e magnésio, e que circula no interior do manto. Nessa camada, nas regiões próximas ao núcleo, o magma encontra-se praticamente fundido, em estado pastoso, devido às altas temperaturas.

Acredita-se que o intenso calor do núcleo do planeta faz o magma presente no manto fluir em grandes correntes, denominadas **correntes de convecção**. Os cientistas supõem que essas correntes se movimentem de forma bastante morosa, levando séculos para completar um ciclo de convecção no interior do manto.

A estrutura interna da Terra mantém uma dinâmica constante entre suas partes. Assim como o núcleo é o grande responsável pelos fenômenos do manto, este desencadeia as mais diferentes atividades tectônicas na crosta por meio das correntes de convecção, fenômeno responsável, em grande parte, pelas transformações que ocorrem na fisionomia do relevo de nosso planeta.

Observe o esquema abaixo, que ilustra a dinâmica das correntes de convecção no interior do manto terrestre. Neste percurso, o magma perde calor e torna-se mais denso e pesado, descendo novamente em direção ao núcleo, onde é reaquecido, em um movimento circular constante.

Correntes de convecção

Daniel das Neves

Próximo ao núcleo do planeta, o magma é aquecido e, consequentemente, expande-se, subindo em direção à crosta.

Fonte: TEIXEIRA, Wilson et al. *Decifrando a Terra*. 2. ed. São Paulo: Companhia Editora Nacional, 2009. p. 97.

A dinâmica litosférica e as paisagens terrestres   **Capítulo 13**   199

▶ A teoria da deriva continental

Muitas evidências levaram os cientistas a acreditar na existência de uma dinâmica interna na litosfera. Os pesquisadores concluíram, além disso, que a crosta terrestre não é uma camada rochosa inteiriça, e sim fragmentada e em constante movimento. A primeira teoria de defesa dessa tese ficou conhecida como **deriva continental**. Apresentada pela primeira vez em 1912 pelo geofísico e meteorologista alemão Alfred Lothar Wegener, essa teoria estabelece que continentes e oceanos estariam se deslocando "à deriva". Wegener utilizava como evidência o contorno de continentes, que se encaixavam como em um grande "quebra-cabeça", como no caso do litoral do Brasil e da África ocidental. Para ele, tal fato não era mera coincidência, mas sim a prova de que, em um passado remoto, todas as terras emersas do planeta teriam formado um único continente, chamado Pangea ("Terra Total"), circundado por um único oceano, denominado Pantalassa ("Mar Total").

Alfred Lothar Wegener (1880-1930), o teórico da deriva continental.

Segundo a teoria da deriva continental, de Alfred L. Wegener, há aproximadamente 300 milhões de anos, na Era Paleozoica, os continentes estariam unidos, formando o supercontinente Pangea, que por sua vez agregava dois outros grandes continentes: Laurásia, ao norte, e Gondwana, ao sul.

Observe a seguir uma sequência de mapas que ilustra a teoria da deriva dos continentes.

Deriva continental

Mapa A – Era Paleozoica
(300 milhões de anos)

PANGEIA

Mapa B – Período Cretáceo
(130 milhões de anos)

LAURÁSIA

GONDWANA

Mapa C – Período Terciário
(70 milhões de anos)

AMÉRICA DO NORTE
EURÁSIA
AMÉRICA DO SUL
ÁFRICA
ÍNDIA
AUSTRÁLIA
ANTÁRTIDA

Mapa D – Período Quaternário
(configuração atual)

AMÉRICA DO NORTE
EURÁSIA
ÁFRICA
AMÉRICA DO SUL
OCEANIA
ANTÁRTIDA

Fonte: Enciclopédia do Estudante. *Ciências da Terra e do Universo*: da Geologia à exploração do espaço. v. 3. São Paulo: Moderna, 2008. p. 23.

200 Unidade 3 As dinâmicas hidrológica e litosférica

As pistas da deriva continental

Embora não tenha sido nem o primeiro nem o único de seu tempo a considerar a possibilidade de movimentos horizontais dos continentes, Wegener foi o pesquisador mais influente a investigar seriamente a teoria da deriva continental. Como evidências de sua teoria, Wegener enumerou várias coincidências geomorfológicas entre os continentes, além do encaixe das linhas de costa atuais de vários continentes. [...] Entretanto, entre as evidências mais impressionantes que Wegener apresentou estava a distribuição de fósseis [de animais e vegetais], principalmente de plantas representativas de gimnospermas e samambaias extintas, conhecidas, coletivamente, como a flora de *Glossopteris*, na África e no Brasil (e também na Austrália, Índia e Antártica, entre outros lugares), que se correlacionava perfeitamente, ao juntar, hipoteticamente, os dois continentes.

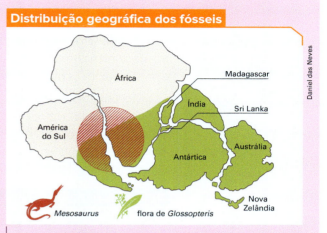

Distribuição geográfica dos fósseis

A distribuição espacial dos fósseis do *Mesosaurus*, um réptil aquático que viveu há cerca de 250 milhões de anos, e da flora *Glossopteris*, plantas do Período Permiano.

Fonte: TEIXEIRA, Wilson et al. *Decifrando a Terra*. 2. ed. São Paulo: Companhia Editora Nacional, 2009. p. 81.

▶ A teoria da tectônica global de placas

A comprovação das ideias de Alfred L. Wegener aconteceu somente na década de 1960, por meio de pesquisas realizadas por geofísicos ingleses que analisaram e dataram amostras de rochas e sedimentos recolhidos do fundo oceânico. A datação do material colhido mostrou que a crosta oceânica era mais nova quanto mais perto estivesse de sua parte central, na chamada Cordilheira ou Dorsal Meso-Oceânica; e, ao contrário, que as rochas eram mais antigas nas proximidades das áreas continentais. Observe o planisfério a seguir.

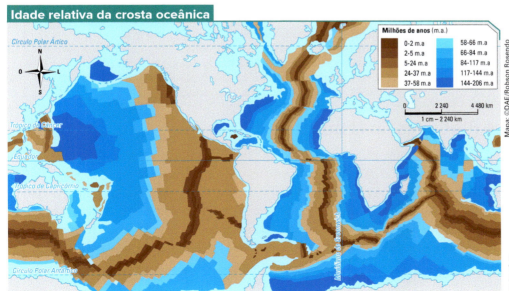

Idade relativa da crosta oceânica

Fonte: CHRISTOPHERSON, Robert W. *Geossistemas*: uma introdução à Geografia Física. Porto Alegre: Bookman, 2012. p. 342.

A dinâmica litosférica e as paisagens terrestres **Capítulo 13** 201

Esses dados fundamentaram a chamada **teoria da tectônica global de placas**, a qual propunha que as partes da crosta, denominadas **placas litosféricas** ou **tectônicas**, "flutuavam" sobre o magma do manto, compreendendo partes de continentes e o fundo de oceanos e mares.

Supõe-se que as correntes de convecção (o magma circulante no interior do manto) funcionam como um motor, gerando forças que empurram horizontalmente a crosta e movimentam as placas litosféricas.

Recentemente, a análise dos resultados de medições periódicas feitas por satélites artificiais em órbita terrestre comprovou os movimentos das placas litosféricas. Os dados indicaram um processo extremamente lento de colisão, de afastamento ou de deslizamento entre elas, a uma velocidade média de 2 a 3 centímetros por ano. Observe, no mapa a seguir, as diferentes velocidades com que se deslocam as placas litosféricas.

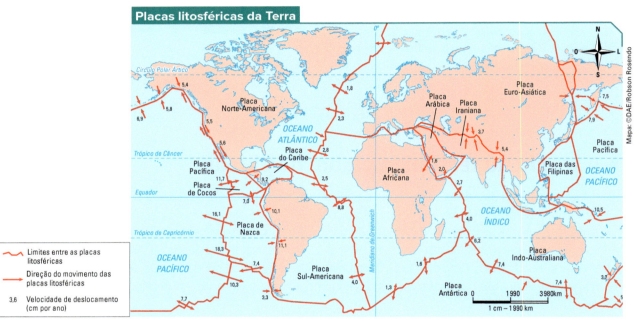

Fonte: TEIXEIRA, Wilson et al. *Decifrando a Terra*. 2. ed. São Paulo: Companhia Editora Nacional, 2009. p. 86.

> Compare as informações do mapa acima com aquelas presentes no planisfério da página anterior, que mostra as idades da crosta oceânica. O que é possível perceber? Qual é o nome da placa litosférica onde a América do Sul e, consequentemente, o Brasil estão localizados? Essa placa está se separando de qual(is) outra(s) placa(s)? E com qual(is) outra(s) ela está em processo de colisão?

A dinâmica dos limites de placas

Como foi visto, o deslocamento das placas litosféricas é decorrente de forças endógenas do planeta, geradas pelas correntes de convecção no interior do manto terrestre. Pode-se dizer que essas forças são responsáveis pela existência de zonas de grande tensão na superfície terrestre, sobretudo nas áreas de contato entre as placas litosféricas – ou seja, nos limites de placas. Nessas regiões, ocorre intensa atividade tectônica, como terremotos, erupções vulcânicas, dobramentos e falhamentos da crosta.

De maneira geral, temos três tipos de limites entre as placas litosféricas: os limites divergentes, os limites convergentes e os limites conservativos.

Limites divergentes

Nas zonas de **limites divergentes**, as correntes de convecção provocam o afastamento das placas litosféricas. Como, de maneira geral, o encontro dessas placas se dá em meio aos oceanos, onde a crosta terrestre é menos espessa, a pressão do magma abre fendas no assoalho oceânico, deixando extravasar grande quantidade de material magmático. Como vimos na página anterior, esse fenômeno, que ocorre há milhões de anos, tem originado novos terrenos na crosta, assim como extensas cadeias montanhosas submersas, chamadas de dorsais meso-oceânicas. Observe por meio do esquema abaixo como ocorre esse fenômeno.

Grande parte das ilhas oceânicas são picos emersos de montanhas pertencentes às dorsais meso-oceânicas. A ilha na imagem surgiu em novembro de 2013, perto das Ilhas Ogasawara, no Japão, que também surgiram recentemente, na década de 1960. Todas foram formadas pela lava expelida por vulcões submersos e ainda são desertas.

Dinâmica de limites divergentes

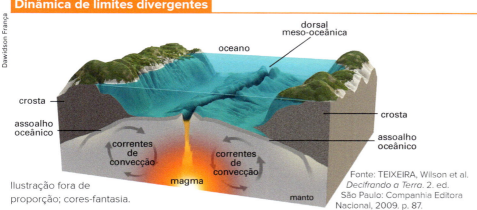

Ilustração fora de proporção; cores-fantasia.

Fonte: TEIXEIRA, Wilson et al. *Decifrando a Terra*. 2. ed. São Paulo: Companhia Editora Nacional, 2009. p. 87.

Limites convergentes

Nas zonas de limites convergentes, o choque entre duas placas provoca o "mergulho", ou seja, a **subducção** de uma delas, em direção ao interior do planeta. Ao ganhar profundidade, a placa subduzida funde-se devido às altas temperaturas e à proximidade do manto, seu destino final. A outra placa é pressionada no sentido contrário ao de seu deslocamento, o que produz grandes dobramentos no limite de contato entre as placas. As **dobras** ou **dobramentos** são formações da crosta decorrentes da atuação de pressões horizontais sobre as rochas, e que dão origem a grandes elevações do terreno, como as montanhas. Algumas elevações resultantes do fenômeno da subducção são a Cordilheira do Himalaia, localizada na zona de tensão entre as placas Australo-Indiana e Eurasiática; a Cordilheira dos Andes, entre a Placa Sul-Americana e a de Nazca; e os Alpes, entre as placas Africana e Eurasiática.

Dinâmica de limites convergentes

Ilustração fora de proporção; cores-fantasia.

Fonte: TEIXEIRA, Wilson et al. *Decifrando a Terra*. 2. ed. São Paulo: Companhia Editora Nacional, 2009. p. 87.

Limites conservativos

Em certas zonas de tensão, as placas são pressionadas umas contra as outras, deslizando horizontalmente em direções opostas. O deslizamento provoca **fissuras** e **falhas** na crosta terrestre, dando origem a vales e depressões ao longo da borda de contato entre as placas, como representado na ilustração a seguir. Nessas áreas, também é comum a ocorrência de terremotos de grande intensidade, como é o caso da região da Falha de San Andreas, no estado da Califórnia, nos Estados Unidos. Essa grande falha presente na crosta terrestre decorre da colisão entre as placas Pacífica e Norte-Americana, que deslizam de maneira transcorrente e em sentidos contrários. Dessa forma, por ser uma área de grande tensão tectônica, a Califórnia costuma sofrer fortes tremores de terra.

Na fotografia abaixo, vista parcial da Falha de San Andreas, no estado da Califórnia, nos Estados Unidos, em 2015.

Dinâmica de limites conservativos

Fonte: TEIXEIRA, Wilson et al. *Decifrando a Terra*. 2. ed. São Paulo: Companhia Editora Nacional, 2009. p. 87.

Ilustração fora de proporção; cores-fantasia.

▶ O vulcanismo

Vulcão entra em erupção inesperadamente em ilha japonesa

Um vulcão pegou de surpresa os moradores da Ilha de Kyushu, no Japão, nesta segunda-feira. O Monte Aso entrou em erupção inesperadamente, mas ninguém se feriu, segundo autoridades.

BBC Brasil, 14 set. 2015. Disponível em: <www.bbc.com/portuguese/noticias/2015/09/150914_bbc_shorts_vulcao_japao_rb>. Acesso em: 15 set. 2015.

Monte Aso em erupção no dia 15 de novembro de 2015.

204

A notícia da página anterior é comum nos meios de comunicação. No Japão, esse tipo de fenômeno ocorre frequentemente, pois o país é o que tem maior número de vulcões ativos do planeta (cerca de 110 vulcões). Essa característica se deve ao fato de esse país asiático encontrar-se na borda de contato de três importantes placas litosféricas, entre elas a Placa Pacífica. O Japão está em uma região de limites convergentes, assim como o Chile, por isso a atividade tectônica costuma ser intensa nesses países, sobretudo no que se refere ao vulcanismo. Nessas regiões, devido à pressão interna do manto, as camadas rochosas podem apresentar fissuras, por onde o magma extravasa na forma de lava. O extravasamento do magma, chamado de erupção, pode recobrir extensas áreas de terreno ou originar cones vulcânicos.

A grande concentração de vulcões em atividade na borda da Placa Pacífica levou os especialistas a denominar a região de **Círculo** ou **Cinturão de Fogo**. Veja o mapa abaixo.

Círculo de Fogo

Fonte: IBGE. *Atlas geográfico escolar*. Rio de Janeiro: 2002. (Adaptado).

▶ Os terremotos

Em nosso planeta, a maioria dos chamados sismos ou terremotos ocorre nos limites de contato das placas litosféricas. Essas áreas apresentam rochas que estão sob intensa pressão pela força do atrito entre as placas. Quando o limite de resistência de uma camada é atingido, as rochas se rompem e provocam deslocamentos, criando falhas e ondas sísmicas que se propagam em todas as direções. Observe o esquema ao lado.

Ilustração fora de proporção; cores-fantasia.

1 É chamado hipocentro o ponto no interior da crosta que se encontrava sob pressão e que originou as ondas sísmicas.

2 É chamado epicentro o local ou área na superfície terrestre imediatamente acima do hipocentro e onde o sismo é mais intenso.

Fonte: ENCICLOPÉDIA DO ESTUDANTE. *Geografia Geral*. São Paulo: Moderna, 2008. p. 27.

A dinâmica litosférica e as paisagens terrestres Capítulo 13

Embora somente uma ínfima parcela dos tremores que ocorrem no interior da crosta seja sentida pelas pessoas, milhares deles são registrados diariamente por sismógrafos em vários pontos do planeta. Os terremotos têm **intensidades** (efeitos sobre a superfície terrestre) e **magnitudes** (quantidade de energia liberada) muito variadas. Vejamos como essas variáveis são medidas pelos cientistas.

A escala de Mercalli

A chamada escala de Mercalli Modificada (MM) é empregada para aferir a intensidade de um terremoto, de acordo com seus efeitos na paisagem de um lugar ou região, ou seja, no seu epicentro. Acompanhe a tabela apresentada a seguir.

Escala de Intensidade Mercalli Modificada (simplificada)		
Grau	Descrição dos efeitos	Aceleração (g)*
I	Não sentido. Leves efeitos de período longo de terremotos grandes e distantes.	
II	Sentido por poucas pessoas paradas, em andares superiores ou locais favoráveis.	< 0,003
III	Sentido dentro de casa. Alguns objetos pendurados oscilam. Vibração parecida com a da passagem de um caminhão leve. Pode não ser reconhecido como um abalo sísmico.	0,004 – 0,008
IV	Objetos suspensos oscilam. Vibração parecida com a da passagem de um caminhão pesado. Janelas, louças, portas fazem barulho. Paredes e estruturas de madeira rangem.	0,008 – 0,015
V	Sentido fora de casa. Pessoas acordam. Líquido em recipiente é perturbado. Objetos pequenos e instáveis são deslocados. Portas oscilam, fecham, abrem.	0,015 – 0,04
VI	Sentido por todos. Muitos se assustam e saem às ruas. Pessoas andam sem firmeza. Janelas e louças quebradas. Objetos e livros caem de prateleiras. Reboco fraco e construção de má qualidade racham.	0,04 – 0,08
VII	Difícil manter-se em pé. Objetos suspensos vibram. Móveis quebram. Danos em construção de má qualidade, algumas trincas em construção normal. Queda de reboco, ladrilhos ou tijolos mal assentados e telhas. Ondas em piscinas. Pequenos escorregamentos de barrancos arenosos.	0,08 – 0,15
VIII	Danos em construções normais com colapso parcial. Algum dano em construções reforçadas. Queda de estuque e alguns muros de alvenaria. Queda de chaminés, monumentos, torres e caixas-d'água. Galhos quebram-se das árvores. Trincas no chão.	0,15 – 0,3
IX	Pânico geral. Construções comuns bastante danificadas, às vezes colapso total. Danos em construções reforçadas. Tubulação subterrânea quebrada. Rachaduras visíveis no solo.	0,3 – 0,6
X	Maioria das construções destruídas até nas fundações. Danos sérios às barragens e diques. Grandes escorregamentos de terra. Água jogada nas margens de rios e canais. Trilhos levemente entortados.	0,6 – 1
XI	Trilhos bastante entortados. Tubulações subterrâneas completamente destruídas.	~ 1 – 2
XII	Destruição quase total. Grandes blocos de rocha deslocados. Linhas de visada e níveis alterados. Objetos atirados ao ar.	~ 2

*Aceleração da gravidade em m/s².

Fonte: TEIXEIRA, Wilson et al. *Decifrando a Terra*. 2. ed. São Paulo: Companhia Editora Nacional, 2009. p. 90.

A escala Richter

A escala Richter é utilizada para medir a magnitude de um terremoto, ou seja, a quantidade de energia liberada pelo hipocentro do sismo. Quando foi estabelecida, essa escala previa terremotos com magnitude de 1 a 9. Atualmente, porém, os cientistas entendem que, teoricamente, não há limite para os sismos, por isso se fala em "escala aberta" para aferir as magnitudes. Veja a tabela da página 207.

Escala aberta de magnitudes	
Magnitude	Descrição
2,0 ou menos	São chamados pelos sismólogos de microtremores. Não são sentidos pelas pessoas e somente os sismógrafos locais conseguem registrá-los.
4,5 a 7,0	Ocorrem aos milhares todos os anos. São fortes o suficiente para serem registrados por sismógrafos em todo o mundo.
8,0 e 8,9	Ocorre ao menos um grande terremoto de tal dimensão a cada ano em algum lugar do planeta.
Acima de 9,0	São mais raros, mas é possível a ocorrência de um tremor dessa magnitude a cada século, sobretudo nas zonas de grande tensão tectônica do planeta.

Fonte: U.S. GEOLOGICAL SURVEY. U.S. DEPARTMENT OF THE INTERIOR. Disponível em: <http://pubs.usgs.gov/gip/earthq4/severitygip.html>. Acesso em: 12 out. 2015.

Em abril de 2015, um forte terremoto de magnitude 7,8 atingiu o Nepal, deixando mais de 8 mil mortos, e destruindo milhares de casas, edifícios e monumentos seculares.

De olho no Enem – 2012

De repente, sente-se uma vibração que aumenta rapidamente; lustres balançam, objetos se movem sozinhos e somos invadidos pela estranha sensação de medo do imprevisto. Segundos parecem horas, poucos minutos são uma eternidade. Estamos sentindo os efeitos de um terremoto, um tipo de abalo sísmico.

ASSAD, L. Os (não tão) imperceptíveis movimentos da Terra. *ComCiência*, n. 117, abr. 2010. Disponível em: <http://comciencia.br>. Acesso em: 2 mar. 2012.

O fenômeno físico descrito no texto afeta intensamente as populações que ocupam espaços próximos às áreas de:

a. alívio da tensão geológica.
b. desgaste da erosão superficial.
c. atuação do intemperismo químico.
d. formação de aquíferos profundos.
e. acúmulo de depósitos sedimentares.

Gabarito: A

Justificativa: Os terremotos resultam da acomodação de terrenos no subsolo, decorrente da incidência de forças que causam tensão geológica. Está correta, portanto, a alternativa **a**. As alternativas **b** e **c** estão incorretas, pois nem a erosão superficial, que está associada ao desgaste de solos, nem o intemperismo químico, que produz a degradação das rochas, produzem terremotos. A alternativa **d** não é a resposta mais adequada, pois a formação de aquíferos profundos é um processo que leva muito tempo, e mesmo quando, eventualmente, está associado à acomodação de terrenos no subsolo, não invalida a alternativa correta, pois essa acomodação não deixaria de ser um alívio da tensão geológica. Finalmente, a alternativa **e** está incorreta, pois o acúmulo de sedimentos é um processo associado à superfície terrestre, que não produz terremotos, mesmo quando, no longo prazo geológico, essas camadas são recobertas e originam a formação de rochas sedimentares.

O que são *tsunamis*?

Ocorrência dos *tsunamis*

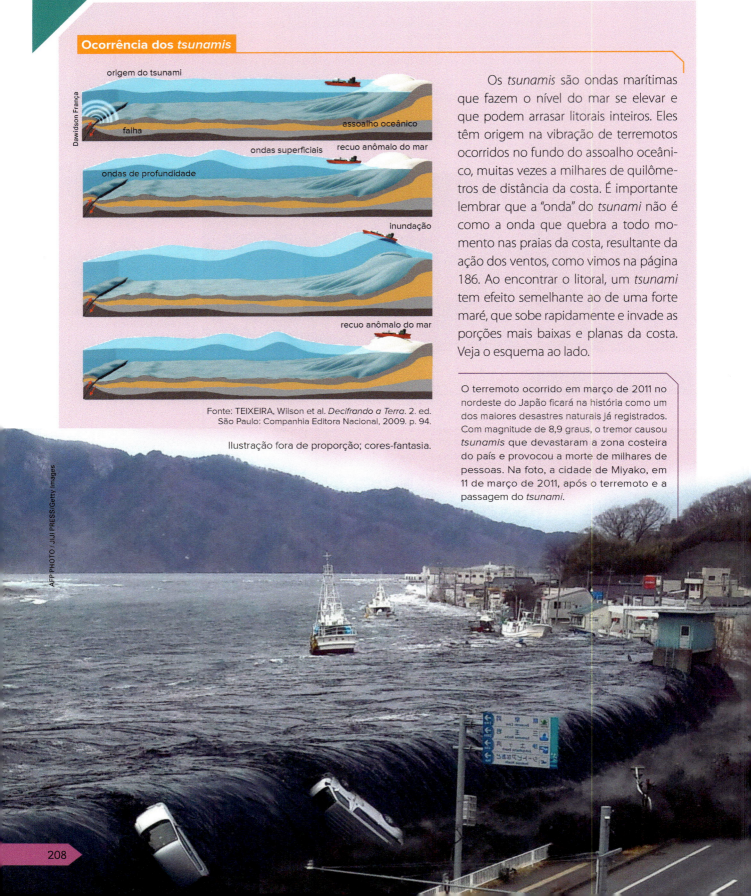

Fonte: TEIXEIRA, Wilson et al. *Decifrando a Terra*. 2. ed. São Paulo: Companhia Editora Nacional, 2009. p. 94.

Ilustração fora de proporção; cores-fantasia.

Os *tsunamis* são ondas marítimas que fazem o nível do mar se elevar e que podem arrasar litorais inteiros. Eles têm origem na vibração de terremotos ocorridos no fundo do assoalho oceânico, muitas vezes a milhares de quilômetros de distância da costa. É importante lembrar que a "onda" do *tsunami* não é como a onda que quebra a todo momento nas praias da costa, resultante da ação dos ventos, como vimos na página 186. Ao encontrar o litoral, um *tsunami* tem efeito semelhante ao de uma forte maré, que sobe rapidamente e invade as porções mais baixas e planas da costa. Veja o esquema ao lado.

O terremoto ocorrido em março de 2011 no nordeste do Japão ficará na história como um dos maiores desastres naturais já registrados. Com magnitude de 8,9 graus, o tremor causou *tsunamis* que devastaram a zona costeira do país e provocou a morte de milhares de pessoas. Na foto, a cidade de Miyako, em 11 de março de 2011, após o terremoto e a passagem do *tsunami*.

▶ A atividade tectônica no Brasil

Observando o planisfério da página 202, podemos verificar que boa parte do território brasileiro se encontra distante dos limites de contato entre as placas litosféricas, situando-se na porção mais central da Placa Sul-Americana. Essa localização proporciona certa estabilidade tectônica ao país, no qual atualmente não ocorre nenhum tipo de atividade vulcânica relevante e onde há baixa frequência de sismos de maior magnitude, como exemplifica a notícia reproduzida a seguir.

Terremoto de 4.7 graus é registrado na região de Ariquemes

Na noite deste domingo (25) às 18h57, um terremoto de 4,7 graus de magnitude na Escala Richter e energia de 165 tons de TNT foi registrado a 30 km da cidade de Rio Crespo (RO), 34 km de Jamari (RO) e 44 km da cidade de Alto Paraíso (RO), a 19 km de profundidade e teve seu hipocentro localizado abaixo das coordenadas 9.46 S e 63.01 W.

Ariquemes Notícias. 26 nov. 2012. Disponível em: <www.ariquemesnoticias.com.br/noticia/2012/11/26/terremoto-de-47-graus-e-registrado-na-regiao-de-ariquemes.html>. Acesso em: 12 out. 2015.

O mapa ao lado mostra os terremotos ocorridos em território brasileiro de 1811 a 2008, indicando a localização e a intensidade de cada um. Verifique as áreas de maior e de menor ocorrência de sismos no país.

Fonte: OBSERVATÓRIO SISMOLÓGICO. Universidade de Brasília. Disponível em: <www.obsis.unb.br/sismologia/sismicidade-natural-e-antropogenica/sismicidade-brasileira>. Acesso em: 12 out. 2015.

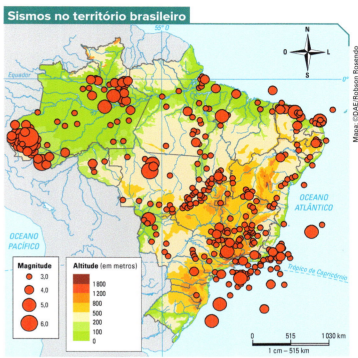

Vulcanismo no Brasil

Ainda que exista certa estabilidade tectônica no território brasileiro, há evidências de que em um passado geológico não muito distante o vulcanismo e as atividades sísmicas foram intensos na área que atualmente corresponde ao nosso país. Cerca de 130 milhões de anos atrás, no Período Cretáceo Inferior, com a separação do continente sul-americano do africano, houve uma intensa atividade tectônica que provocou o fraturamento da crosta e o extravasamento de grande quantidade de material magmático. Essa atividade durou cerca de 10 milhões de anos, fazendo com que o material se espalhasse por aproximadamente 1,2 milhão de km², área que atualmente corresponde à Bacia Hidrográfica do Paraná.

Fonte: LEINZ, Viktor; AMARAL, Sérgio Estanislau. *Geologia Geral.* São Paulo: Companhia Editora Nacional, 2003. p. 284.

Especialistas consideram que esse evento vulcânico foi um dos maiores já ocorridos em nosso planeta. A solidificação do magma extravasado deu origem às espessas camadas de rocha basáltica que recobrem boa parte da Bacia do Paraná, cuja decomposição é responsável pelo fértil latossolo roxo, tipo de solo argiloso e com grande quantidade de nutrientes, existente nessa região. Na mesma época, importantes eventos vulcânicos ocorreram também na região Amazônica e no sul do Maranhão. Observe novamente o mapa de derrame de larvas no Brasil da página anterior.

▶ As forças exógenas da Terra

Como você pôde perceber, a litosfera é um meio dinâmico no qual forças colossais provenientes do interior do planeta promovem eventos como o soerguimento de montanhas ou o rebaixamento dos terrenos, originando vales e depressões. Por outro lado, essa esfera terrestre também é alvo de forças naturais externas, ou exógenas, como os fenômenos atmosféricos (chuvas, ventos e neve) e a ação das águas dos rios e dos oceanos. Observe.

Os cânions são escavados pela ação das águas no decorrer de muitos anos. Na imagem, vemos o Parque Nacional do Grand Canyon, Arizona, EUA, 2015.

A **ação das águas das chuvas e dos rios**: em uma bacia hidrográfica, a força das águas das chuvas desgasta as rochas e os solos, levando os sedimentos para o rio principal e seus afluentes. De acordo com o volume de água, o rio pode esculpir suas margens, transportando mais sedimentos (o chamado aluvião), que são depositados em suas margens ou em seu leito no médio e baixo curso. A ação das águas fluviais pode formar vales e desfiladeiros.

As falésias são importantes exemplos do desgaste das formas de relevo pelas águas do mar. Na imagem, vemos os Penhascos Brancos de Dover, Inglaterra, 2014.

A **ação das águas do mar**: a atuação constante da força das ondas, das marés e das correntes marítimas sobre as áreas litorâneas provoca o desgaste das formas de relevo costeiras, como praias e costões. Além disso, o movimento das águas oceânicas transporta os sedimentos desgastados e os deposita em outras áreas, formando grandes bancos de areia: as restingas.

Os glaciares, como o que vemos na imagem em Santa Cruz, Argentina, 2014, modelam o relevo de acordo com seu movimento, desgastando as rochas que estão no entorno.

A **ação das geleiras**: nas zonas polares do planeta e nas porções mais altas das cordilheiras, a litosfera é modificada pela ação das geleiras. Essas grandes massas de gelo deslocam-se lentamente das partes mais altas para as mais baixas, por efeito da gravidade ou do processo de degelo e de acúmulo de neve (devido à alternância das estações do ano), desgastando as superfícies rochosas onde se encontram acomodadas. Esse processo forma vales e depressões.

As dunas, como as do Deserto do Saara, na Tunísia, que vemos na imagem de 2014, são formas de relevo constituídas pela ação dos ventos.

A **ação dos ventos**: em regiões de clima árido ou semiárido, pequenas partículas de rocha (areia fina e silte) são arremessadas pela força do vento contra a superfície do relevo. O atrito desgasta as rochas, podendo dar origem a monólitos e falésias. Os sedimentos desgastados também são transportados pelos ventos e acumulados em outras áreas, dando origem a grandes depósitos de areia: as dunas.

As etapas de modelagem da superfície terrestre

Seja qual for o agente externo responsável (chuvas, rios, mar, geleiras ou vento), desencadeia-se o processo natural de transformação e de modelagem da superfície terrestre. Esse processo consiste basicamente em três etapas: a decomposição ou desagregação; o transporte; e a deposição ou sedimentação. Conheça cada uma delas a seguir.

Decomposição ou **desagregação** é o fenômeno de desmanche das rochas e minerais. Ocorre devido à ocorrência de intempéries atmosféricas, como as variações de temperatura entre o dia e a noite e as diferenças de pluviosidade entre as estações do ano. Por isso, também é conhecido como **intemperismo**.

As sucessivas variações térmicas acabam fragmentando as rochas em pedaços menores, abrindo fendas por onde penetra a água das chuvas. A água reage com os minerais que formam a rocha, o que altera sua composição química e facilita o processo de desagregação.

O **transporte** ou processo de **erosão** representa a fase em que os sedimentos intemperizados são deslocados de um lugar para outro por meio de agentes como os ventos, a água das chuvas e dos rios, a neve derretida, ou, ainda, pelo deslocamento das correntes marítimas, no caso das áreas litorâneas.

Quando os agentes erosivos deixam de atuar no transporte de sedimentos, criam-se áreas de **deposição** ou **sedimentação** em rios, lagos ou no litoral. É o que ocorre, por exemplo, nos deltas, locais onde os sedimentos trazidos em suspensão pela água corrente são depositados em grande quantidade, formando ilhas e canais.

As forças exógenas da Terra estão em constante interação com as forças endógenas: assim como as intempéries desgastam o relevo, transportam e depositam os sedimentos, os processos tectônicos geram novas formas de relevo continuamente. A litosfera é, portanto, um meio dinâmico e integrado à biosfera.

Processo de alteração e decomposição esferoidal, na forma de cascas ou escamas concêntricas, de uma rocha sedimentar. Namíbia, África, 2014.

Grandes fragmentos de rochas deslocados pela força das águas do Rio Mãe Catira, em Morretes, Paraná, 2015.

Os seixos ou pedregulhos são fragmentos arredondados de rochas, intensamente desgastados pela ação das águas fluviais, que os jogam uns contra os outros. Na fotografia ao lado, seixos na Península de Peloponeso, Grécia, em 2015.

A dinâmica litosférica e as paisagens terrestres Capítulo 13

Revisitando o capítulo

1. Observe a seguir o modelo da estrutura interna da Terra.

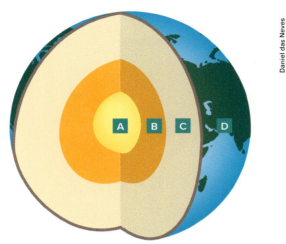

Ilustração fora de proporção; cores-fantasia.

Agora, observe as sequências abaixo e transcreva no caderno a que contém o nome e a composição correta de cada uma das partes internas de nosso planeta.

A – crosta (ferro e níquel)
B – núcleo externo (elementos fundidos)
C – núcleo interno (silício, alumínio e magnésio)
D – manto (periodotito)

A – núcleo interno (ferro e níquel)
B – núcleo externo (elementos fundidos)
C – manto (periodotito)
D – crosta (silício, alumínio e magnésio)

A – manto (periodotito)
B – núcleo interno (ferro e níquel)
C – núcleo externo (elementos fundidos)
D – crosta (silício, alumínio e magnésio)

2. Sobre as forças naturais exógenas, responda:
    a. Quais são os principais agentes externos que atuam na transformação da superfície terrestre?
    b. Cite as três etapas de modelagem da superfície terrestre.
    c. Com base no que você estudou sobre as forças exógenas da Terra, identifique pelo menos duas formas de interdependência dos elementos da natureza que atuam no processo de transformação e modelagem da litosfera.

3. Observe a tabela a seguir e, depois, responda às questões.

| Quantidade de terremotos na Terra ||||||||
Mag/Data	2008	2009	2010	2011	2012	2013	2014
8.0 a 8.9	0	1	1	1	2	2	1
7.0 a 7.9	12	16	23	19	12	17	11
6.0 a 6.9	168	144	150	185	108	122	144
5.0 a 5.9	1 768	1 896	2 209	2 276	1 401	1 395	1 569
4.0 a 4.9	12 291	6 805	10 164	13 315	9 534	8 842	14 940
Total	14 239	8 862	12 547	15 796	11 057	10 378	16 665

Apolo11.com – Monitoramentos de Terremotos. Disponível em: <www.apolo11.com/terremotos.php>. Acesso em: 14 out. 2015.

   a. Quais são as magnitudes de terremoto que mais ocorrem na Terra?
   b. Explique como são originados os terremotos e tremores de terra e diga como é possível conhecer a estrutura interna do planeta por meio da análise desses fenômenos.

4. O que são correntes de convecção?

5. Sobre a teoria da deriva continental, faça o que se pede:
    a. Cite três pistas ou evidências nas quais Alfred L. Wegener se baseou para formular essa teoria.
    b. Explique a importância dessa teoria para a compreensão das transformações que ocorrem na crosta terrestre.

6. Indique a origem da força das correntes de convecção nas zonas de limites:
    a. divergentes.
    b. convergentes.
    c. conservativos.

7. Leia o conteúdo do quadro abaixo.

Cordilheira dos Andes   Placas de Nazca e Sul-Americana

Falha de San Andreas   Placas Pacífica e Norte-Americana

Dorsal Meso-Oceânica do Atlântico Sul   Limite divergente

Placas Sul-Americana e Africana   Limite convergente

Limite conservativo

Em seu caderno, organize as informações do quadro, indicando a relação entre as formações do relevo, as zonas de tensão (limites) e as placas litosféricas correspondentes.

8. No que se refere ao tectonismo de placas, explique o que há em comum entre os seguintes países: Japão, Chile, México e Filipinas.

9. Existe atividade tectônica no Brasil? Explique.

▶ **ANÁLISE DE TEXTOS**

Leia os textos a seguir.

Reportagem 1

Terremoto de magnitude 5.2 atinge Tóquio e deixa nove feridos

Pelo menos nove pessoas ficaram feridas, neste sábado [11/09/2015] (12h horário local), em Tóquio, em um terremoto de magnitude 5.2, segundo a Agência Nacional de Meteorologia.

O epicentro do tremor, registrado às 5h49 (17h49 de sexta em Brasília), situou-se a 57 km de profundidade na baía de Tóquio, relatou a agência japonesa.

O tremor, de cerca de 10 segundos, passou do nível 5 da escala japonesa, ou seja, uma situação difícil para que uma pessoa consiga se manter de pé.

A emissora de televisão NHK anunciou que ainda não há informações de danos materiais.

G1. Disponível em: <http://g1.globo.com/mundo/noticia/2015/09/terremoto-de-magnitude-52-atinge-toquio-e-deixa-nove-feridos.html>. Acesso em: 14 out. 2015.

Reportagem 2

Terremoto no sudoeste da China deixa 367 mortos; mais de mil estão feridos

Sobe para, ao menos, 367 o número de mortos no terremoto de 6,1 graus de magnitude registrado neste domingo (3) nas regiões montanhosas do sudoeste da China, segundo a agência oficial "Xinhua". Mais de mil pessoas estão feridas. [...]

O terremoto derrubou e causou dano a muitos edifícios, em particular nas construções mais antigas e residenciais. Foram derrubadas mais de 12 mil casas e danificadas outras 30 mil, detalhou a "Xinhua". A televisão local CCTV disse que o terremoto é o mais forte a atingir a província nos últimos 14 anos, de acordo com a rede inglesa BBC.

UOL. Terremoto no sudoeste da China deixa 367 mortos, mais de mil estão feridos. FOLHAPRESS. Disponível em: <http://noticias.uol.com.br/internacional/ultimas-noticias/2014/08/03/terremoto-no-sudoeste-da-china-deixa-mortos-e-feridos.htm>.

Pela leitura dos textos é possível inferir que, ainda que tivessem magnitudes próximas, os terremotos ocorreram com intensidades diferentes em cada uma das regiões.

Com base na tabela da escala de Mercalli Modificada (MM), presente na página 206, identifique qual foi a intensidade de cada um dos terremotos noticiados nas reportagens.

▶ **TRABALHANDO COM GÊNEROS TEXTUAIS**

Leia o texto a seguir com atenção.

O mar cria e o mar destrói, ou melhor, modifica. Transforma e devora. Com inesgotável paciência, o mar trabalha há milênios como um escultor incansável do mundo seco, modelando a terra firme a seu bel-prazer. Ele martela, cava, esmigalha, tira lascas e desintegra a rocha até reduzi-la a areia, entalha fiordes, levanta falésias, desenha penínsulas e cabos e semeia praias de pedregulhos ou areia fina ao logo do litoral. Como um paisagista embelezando um parque, o mar arruma, ao longo da costa, destroços arrastados por correntes ou marés e soprados pelo vento. [...]

CAFIERO, Gaetano et al. O mar. Rio de Janeiro: Sextante, 2008. p. 48.

1. O texto descreve a ação de qual tipo de força natural exógena?

2. O autor do texto utiliza-se de algumas metáforas para ilustrar a maneira pela qual essa força atua sobre a superfície terrestre. Extraia do texto dois trechos em que isso ocorre.

3. As transformações provocadas por esse agente externo no relevo litorâneo ocorrem rapidamente ou de maneira lenta? Indique o trecho do texto em que há essa informação.

4. Liste no caderno as formas de relevo que podem ser produzidas por esse tipo de agente externo.

5. Extraia do texto o trecho que ilustra a etapa de modelagem de:

a. decomposição ou desagregação.

b. deposição ou sedimentação.

Elabore um esquema ilustrativo que demonstre cada uma das etapas de modelagem descritas no texto.

A dinâmica litosférica e as paisagens terrestres **Capítulo 13** **213**

CAPÍTULO 14

AS ROCHAS, OS SOLOS E AS FORMAS DE RELEVO

As forças formadoras e transformadoras da litosfera interferem diretamente na fisionomia das paisagens do planeta. Essas forças têm origens distintas – podem ser endógenas ou exógenas –, e os processos e fenômenos desencadeados por elas, ao longo de bilhões de anos, são responsáveis pela composição litológica atual da crosta terrestre, marcada pela presença de vários tipos de rochas, solos, estruturas geológicas e formas de relevo.

▶ As rochas

A crosta terrestre é uma das principais fontes de recursos naturais: é o caso das rochas, que são extraídas em grande quantidade. As **rochas** são agregados sólidos compostos de um ou vários tipos de minerais. Elas podem também ter origem orgânica, como é o caso das rochas provenientes da solidificação de plantas e da fossilização de animais.

As rochas exploradas comercialmente, como o basalto, o mármore e a argila, são retiradas da natureza em estado bruto e posteriormente tratadas conforme a finalidade de uso. Existe também interesse na exploração de determinados **minérios** que se encontram em meio às rochas, como o ferro, o ouro, o cobre e o diamante. A exploração de jazidas minerais provoca o desmantelamento de morros e serras inteiras e, algumas vezes, resulta na abertura de gigantescas crateras nas formações rochosas.

Minério: termo utilizado para designar minerais que possuem valor econômico e podem ser explorados comercialmente.

A exploração de jazidas minerais pode resultar em grandes alterações no relevo, como vemos na imagem, que mostra a maior mina de cobre do mundo, Chuquicamata, em Calama, norte do Chile, em 2012. A mina tem cerca de mil metros de profundidade e aproximadamente 5 mil metros de largura.

O ciclo das rochas

Na crosta terrestre, podemos encontrar uma infinidade de tipos de rochas. De maneira geral, os geólogos as classificam de acordo com aspectos como a composição química e mineralógica, a origem e o processo de formação, entre outros. Em nosso estudo, levaremos em consideração a origem das rochas, classificando-as em três grupos diferentes: ígneas ou magmáticas, sedimentares e metamórficas.

Embora sejam classificadas em grupos distintos, todas as rochas – e os minerais que as compõem – submetem-se a um constante processo de transformação, que constitui uma espécie de ciclo. Veja a seguir explicações sobre a origem das rochas e sua classificação.

Ciclo das rochas

Rochas ígneas ou magmáticas: originam-se da solidificação do magma no interior da crosta ou de lavas que extravasam para a superfície terrestre por meio das erupções vulcânicas. Quando o magma se solidifica na superfície, dá origem a rochas do tipo magmáticas extrusivas ou vulcânicas, como é o caso do basalto. Já quando o magma se solidifica em meio a outras rochas, em porções mais profundas da crosta, origina rochas do tipo magmáticas intrusivas ou plutônicas, como é o caso do granito.

Rochas sedimentares: são formadas por sedimentos desagregados, isto é, partículas fragmentadas de outras rochas ou de matéria orgânica, as quais, transportadas pelo vento ou pela água, depositam-se nas partes mais baixas do relevo de uma região, acumulando-se. Após alguns milhares de anos, os minerais que se encontram nas camadas mais profundas desses depósitos de sedimentos, submetidos à intensa pressão das camadas mais superficiais, unem-se e formam aglomerados rochosos. São exemplos de rochas sedimentares a ardósia, o arenito e a argila.

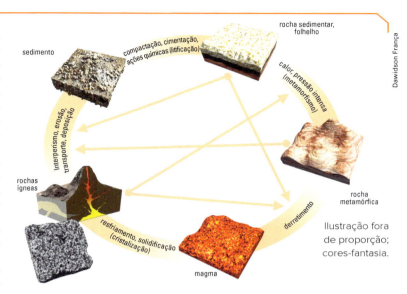

Ilustração fora de proporção; cores-fantasia.

Fonte: CHRISTOPHERSON, Robert W. *Geossistemas:* uma introdução à Geografia Física. Porto Alegre: Bookman, 2012. p. 332.

Rochas metamórficas: originam-se de outros tipos de rocha. Quando rochas magmáticas e sedimentares são expostas a níveis elevados de temperatura e pressão, sofrem o chamado processo de metamorfismo, que consiste na alteração de sua composição química e mineralógica original. O mármore e o quartzito são exemplos desse tipo de rocha.

As rochas sob a lupa

Como vimos, a maioria das rochas consiste em aglomerados de diferentes tipos de minerais. Esses minerais podem ter tamanhos variados – são desde elementos químicos microscópicos até cristais com algumas dezenas de centímetros de diâmetro. Veja a seguir as principais características mineralógicas de alguns tipos de rocha e sua utilização econômica.

Basalto

O basalto (foto A) é composto de diferentes minerais, como a labradorita, a bytownita, a augita, a magnetita, a hematita, a apatita e o quartzo. É uma rocha muito conhecida e utilizada no mundo todo. No Brasil, ele é usado principalmente na pavimentação de estradas e na construção civil.

Mármore

O mármore (foto B) é formado basicamente por calcita – mineral bastante comum na superfície da Terra –, e dolomita. Trata-se de uma rocha muito utilizada na construção civil, principalmente como ornamento. No Brasil, existem diferentes tipos de mármore, que são identificados pela cor característica de cada um.

Argila

A argila (foto C) é constituída de minerais como a caulinita, a ilita, a montmorileonita, os quartzos e os feldspatos. Os sedimentos que a formam são muito finos. Quando misturada à água, torna-se uma massa maleável, muito utilizada na fabricação de utensílios como vasos, azulejos, pisos etc.

As rochas, os solos e as formas de relevo **Capítulo 14** 215

De olho no Enem – 2010

O esquema mostra depósitos em que aparecem fósseis de animais do Período Jurássico. As rochas em que se encontram esses fósseis são:

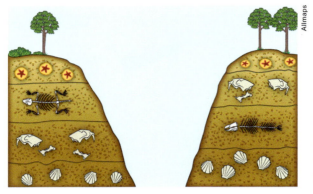

a. magmáticas, pois a ação de vulcões causou as maiores extinções desses animais já conhecidas ao longo da história terrestre.
b. sedimentares, pois os restos podem ter sido soterrados e litificados com o restante dos sedimentos.
c. magmáticas, pois são as rochas mais facilmente erodidas, possibilitando a formação de tocas que foram posteriormente lacradas.
d. sedimentares, já que cada uma das camadas encontradas na figura simboliza um evento de erosão dessa área representada.
e. metamórficas, pois os animais representados precisavam estar perto de locais quentes.

Gabarito: B
Justificativa: A alternativa **a**, embora associe corretamente o conceito de rochas magmáticas às erupções vulcânicas, está incorreta, pois as rochas resultantes do derrame de lavas não teriam fósseis incrustados em seu interior, já que os sedimentos seriam recobertos por essa camada. A alternativa **c** está incorreta, pois as rochas magmáticas não são facilmente erodidas, como foi afirmado. A alternativa **d** está incorreta pelo uso inadequado do conceito de erosão, tendo em vista que as rochas sedimentares resultam da deposição e posterior compactação de sedimentos. A alternativa **e** sugere, de forma incorreta, que a origem das rochas metamórficas se daria na superfície terrestre e teria relação com a temperatura do local onde viviam os animais fossilizados, quando na verdade esse tipo de rochas se forma a partir da transformação de outras rochas no interior da Terra. A alternativa correta é a **b**, já que aponta uma origem válida para os fósseis representados no suporte e mencionados no comando da questão.

▶ A produção brasileira de minérios

O Brasil apresenta uma das mais variadas reservas de minérios do mundo, o que se deve à extensão e à **composição litológica** do território nacional. Podemos destacar dois principais grupos de reservas ou jazidas no Brasil: aquelas localizadas em **terrenos antigos** – como crátons ou escudos cristalinos –, onde há abundância de minerais metálicos, como ferro, manganês e bauxita; e aquelas localizadas em **terrenos sedimentares**, geologicamente mais recentes, compostas de minérios como o calcário e de recursos fósseis como o carvão e o petróleo. Observe novamente, no Capítulo 5, o mapa com a localização das principais jazidas minerais brasileiras (página 66).

Gema: mineral cujas características permitem transformá-lo em joia ou objeto de arte.

Atualmente, o Brasil se destaca na extração de ferro, manganês e bauxita (segundo produtor mundial), estanho (quinto produtor mundial), petróleo (autossuficiente na produção) e **gemas**. Entretanto, as reservas do país são insuficientes para consumo interno de minérios como enxofre, potássio, cobre e prata, que são importados de outros países. Veja os gráficos a seguir.

Exportações e importações de minérios no Brasil

Exportações

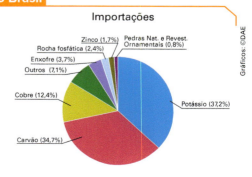

Importações

Fonte: IBRAM. *Balança Mineral 2014 – Comércio Exterior*. Disponível em: <www.ibram.org.br/sites/1300/1382/00006008.pdf>. Acesso em: 14 out. 2015.

216 Unidade 3 As dinâmicas hidrológica e litosférica

▶ Os solos

Camada superficial da crosta terrestre, o solo compõe-se principalmente de aglomerados minerais oriundos da decomposição das rochas e de matéria orgânica vegetal e animal. Dessa forma, atua como fonte de nutrientes das plantas, viabilizando o cultivo agrícola e a formação de pastagens.

O processo natural de formação dos solos, chamado **pedogênese**, que deriva da desagregação de rochas, pode levar milhares de anos. Por isso, para que um solo possa ser bem aproveitado pela sociedade, é imprescindível conhecer sua origem e suas características.

Em um **solo bem desenvolvido** ou maduro encontramos diferentes camadas, também chamadas de **horizontes**, com composições orgânicas e litológicas distintas. Com o intuito de facilitar o estudo, especialistas criaram uma convenção para discriminar os horizontes dos solos. Nessa distinção são utilizadas as seguintes letras do alfabeto: **O**, **A**, **B**, **C** e **R**.

Horizontes do solo e suas características	
O	Trata-se do horizonte mais superficial, com matéria orgânica em decomposição (húmus). É também denominado horizonte orgânico.
A	Horizonte que abriga as raízes mais superficiais dos vegetais e possui grande quantidade de matéria orgânica misturada aos minerais.
B	Esta camada possui grande quantidade de minerais e pouca matéria orgânica.
C	Horizonte composto basicamente de regolito, conjunto de fragmentos desagregados da rocha matriz.
R	Camada formada pela rocha matriz inalterada.

Verifique, no esquema abaixo, um exemplo de processo de formação do solo.

Formação de solo

Ilustração fora de proporção; cores-fantasia.

Fonte: LEINZ, Viktor; AMARAL, Sérgio Estanislau. *Geologia Geral*. São Paulo: Companhia Editora Nacional, 2003. p. 68.

A pedogênese inicia-se com modificações causadas nas rochas por **intempéries** atmosféricas, pela ação humana e de outros organismos vivos (vegetais e animais), entre outros fatores.

A variação de temperatura entre o dia e a noite, por exemplo, age sobre as rochas, fragmentando-as. É o chamado **intemperismo físico**. A água das chuvas, por sua vez, reage com os minerais que as compõem, originando substâncias ácidas e corrosivas. É o chamado **intemperismo químico**.

Quando já existe uma camada superficial de rochas desagregadas, surgem uma vegetação de maior porte e os micro-organismos, que se ocupam do restante do processo de decomposição da rocha e formação do solo.

Os tipos de solo

Existem solos cujos horizontes não são todos desenvolvidos da maneira como observamos no esquema acima. Além disso, os solos se diferenciam por terem propriedades específicas que dependem de diversos aspectos, como o tipo de vegetação, a incidência da radiação solar e o clima predominante. Esses fatores, aliados à forma do relevo existente no local, à duração do processo de decomposição e ao tipo da rocha que o originou, chamada rocha matriz, levam à formação de distintos tipos de solo, que podem, por exemplo, ter mais ou menos argila (solos **argilosos**), areia (solos **arenosos**), calcário (solos **calcários**) ou matéria orgânica (solos **humíferos**), apresentando cores, texturas e espessuras diferentes.

Verifique no mapa a seguir os tipos de solo presentes no território brasileiro.

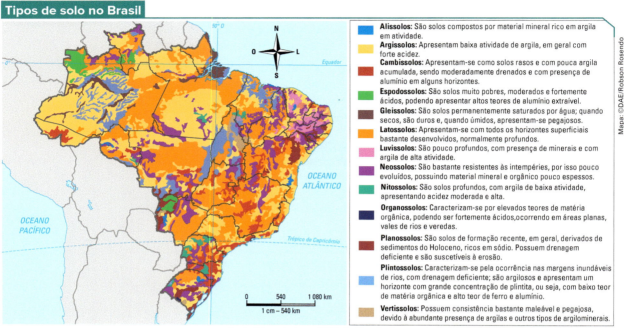

Fonte: Disponível em: IBGE <ftp://geoftp.ibge.gov.br/mapas_tematicos/mapas_murais/solos.pdf>. Acesso em: 28 jun. 2016

Latossolos e argissolos no Brasil

Observe as imagens e leia o texto.

Latossolo nas proximidades de Floresta (PR), em 2011.

Argissolo na zona rural de Capixaba (AC), 2012.

Muitos são os solos que podem ser encontrados no Brasil. Contudo, dois deles ocupam boa parte do território nacional: o latossolo e o argissolo.

Os solos brasileiros são tropicais, ou seja, são muito desenvolvidos porque estão sempre sob ação da água da chuva e do calor ao longo do ano. Isso faz com que as rochas sejam alteradas cada vez mais rápido. Por isso, os solos tropicais são mais profundos do que os solos das regiões frias e também dos desertos, que não têm muita água.

Os latossolos são os que cobrem a maior parte do território brasileiro, e podem ser encontrados em todos os estados. São solos avermelhados, por causa da grande quantidade de argila e ferro, apresentam porosidade e boa drenagem. Os latossolos brasileiros são bem desenvolvidos e espessos, chegando a atingir dezenas de metros por causa da forte atuação das temperaturas elevadas e das chuvas abundantes a que foram submetidos.

Por estarem sujeitos ao intemperismo intenso, os latossolos brasileiros são pobres em nutrientes e ácidos. Atualmente, com o avanço das pesquisas, há cada vez mais o emprego adequado de corretivos de acidez, ou seja, calagem (acréscimo de calcário triturado) e adição de fertilizantes em quantidades certas, tornando os solos mais férteis. Os latossolos aparecem em relevo mais plano, o que dificulta a erosão, e, por serem estáveis, suportam grandes construções e estradas. No Brasil, existem os latossolos vermelhos, vermelho-amarelos (alaranjados), amarelos e brunos (marrons).

Os argissolos ocupam grande parte do território nacional e encontram-se em quase todos os estados. Localizam-se em relevo ondulado, o que acaba favorecendo a erosão. Isso acontece porque esses solos apresentam, abaixo do horizonte A, um horizonte arenoso (horizonte E) sobre um horizonte argiloso (horizonte B textural, ou simplesmente Bt).

Esses solos são menos profundos do que os latossolos e apresentam limitações para a agricultura. Dependendo da rocha-mãe, podem ser ácidos, pobres em nutrientes e suscetíveis à erosão. No Brasil, é possível encontrar argissolos vermelhos, vermelho-amarelos (alaranjados), amarelos, brunos (marrons) e acinzentados.

OLIVEIRA, Déborah. *O solo sob nossos pés*. São Paulo: Atual, 2010. p. 37-38.

▶ As grandes estruturas geológicas da Terra

Há bilhões de anos as rochas da crosta terrestre vêm sendo desgastadas pela ação erosiva de agentes externos – como os ventos, as chuvas e as geleiras –, que as decompõem, transportam seus fragmentos e os sedimentam, dando origem às rochas sedimentares. Da mesma forma, desde tempos remotos, é intensa a ação de agentes internos, como as erupções vulcânicas, que criam novas rochas magmáticas, e os tectonismos, que provocam a subducção de rochas sedimentares e magmáticas, metamorfoseando-as, em um ciclo perpétuo de transformação.

Apesar desse contínuo processo de formação e transformação da litosfera, é possível identificar atualmente três grandes conjuntos de estruturas geológicas, ou seja, tipos de terrenos rochosos que compõem os continentes terrestres. São eles: os crátons ou escudos antigos, as bacias sedimentares e as cadeias orogênicas.

Estrutura geológica da Terra

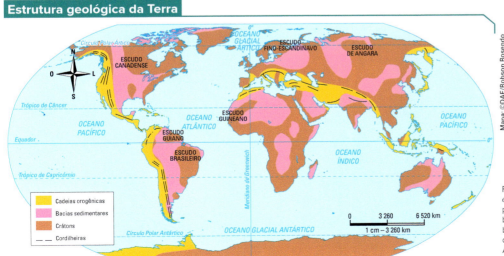

Fonte: IBGE. *Atlas geográfico escolar*. Rio de Janeiro, 2012. p. 57. Disponível em: <http://biblioteca.ibge.gov.br/index.php/biblioteca-catalogo?view=detalhes&id=264669>. Acesso em: 14 out. 2015.

Os crátons

Os crátons, também chamados de **escudos cristalinos** ou **maciços antigos**, são terrenos que comportam formas de relevo intensamente desgastadas por longos períodos de erosão. De maneira geral, são planaltos com altitudes relativamente baixas e depressões localizadas ao longo de bacias sedimentares e de cadeias orogênicas. Essas formas de relevo geralmente têm sua origem no fenômeno da **epirogênese**, que consiste em movimentos muito lentos de subida e descida de grandes áreas da crosta por **isostasia**. Esses movimentos atingem sobretudo as bordas dos crátons, originando **falhas** ou **falhamentos**. As rochas encontradas nesses terrenos (magmáticas, metamórficas e sedimentares) têm entre 1 bilhão e 4,5 bilhões de anos de idade, e são consideradas as mais antigas do planeta.

Falhamento

Ilustração fora de proporção; cores-fantasia.

Fonte: IBGE. *Atlas geográfico escolar*. Rio de Janeiro, 2012. p. 57. Disponível em: <http://biblioteca.ibge.gov.br/index.php/biblioteca-catalogo?view=detalhes&id=264669>. Acesso em: 14 out. 2015.

Isostasia: estado de equilíbrio da litosfera, quando porções da crosta afundam ou soerguem sob o manto buscando a compensação de pressões.

As bacias sedimentares

As bacias sedimentares compõem extensos terrenos que recobrem cerca de 75% da superfície dos continentes no planeta. São constituídas de espessas camadas de rochas sedimentares, formadas sobretudo no Éon Fanerozoico, que teve início cerca de 500 milhões de anos atrás. Durante esse período, houve intensa **deposição de sedimentos** de origem marinha, glacial e continental nas partes mais baixas do relevo. Com o processo da deriva continental, muitas dessas bacias sedimentares passaram a fazer parte das terras emersas do planeta.

Formação das bacias sedimentares

intemperismo

sedimentação

erosão

Ilustração fora de proporção; cores-fantasia.

Fonte: ENCICLOPÉDIA DO ESTUDANTE. *Geografia Geral*: os fenômenos físicos e humanos do planeta. São Paulo: Moderna, 2008.

Unidade 3 As dinâmicas hidrológica e litosférica

As cadeias orogênicas

As cadeias orogênicas são terrenos que vêm passando por intensa atividade tectônica, como vulcanismos, falhamentos e sobretudo dobramentos, pois se encontram nas zonas de tensão da crosta, principalmente nos limites de placas litosféricas. Nessas áreas, por estar sob grande pressão, a crosta dobra-se continuamente e forma grandes cadeias de montanhas, processo denominado **orogênese**.

A maioria das cadeias orogênicas foi soerguida a partir da Era Cenozoica, ou seja, há cerca de 65 milhões de anos, em um processo que de certa forma ainda está em andamento. Por isso, essas estruturas geológicas também são denominadas **dobramentos modernos**, já que são recentes na história da Terra. No Brasil, não existem terrenos dessa natureza; há somente dobramentos antigos e bastante desgastados pela erosão.

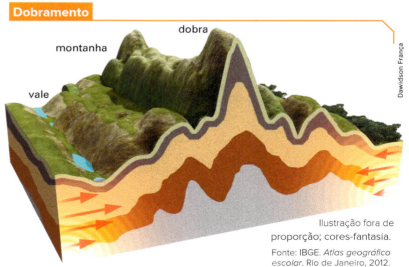

Ilustração fora de proporção; cores-fantasia.

Fonte: IBGE. *Atlas geográfico escolar*. Rio de Janeiro, 2012. p. 57. Disponível em: <http://biblioteca.ibge.gov.br/index.php/biblioteca-catalogo?view=detalhes&id=264669>. Acesso em: 14 out. 2015.

▶ As formas de relevo continental

As formas do modelado terrestre são constantemente recriadas pelos fenômenos endógenos e exógenos que ocorrem no planeta. Assim, podemos dizer que as dinâmicas atmosférica, hidrológica e litosférica influenciam diretamente na caracterização das formas de relevo das terras emersas.

De acordo com as classificações atuais, encontram-se entre as paisagens terrestres quatro grandes tipos de relevo: as cadeias montanhosas, os planaltos, as depressões e as planícies. Conheça as características de cada um nos quadros a seguir.

Cadeias montanhosas: são grandes elevações do terreno, localizadas próximas umas das outras. De maneira geral, originam-se de dobramentos ou falhamentos da crosta ou de uma intensa atividade vulcânica regional. Essas formas de relevo são intensamente erodidas pela ação dos ventos, das chuvas e das geleiras. Assim, fornecem grande quantidade de sedimentos para as regiões ao seu redor. Foto da cadeia de Harinder, Himachal Pradesh, Índia, 2015.

Planaltos: são constituídos por grandes extensões de terra, geralmente com superfície ondulada, delimitadas por escarpas. As regiões serranas existentes no Brasil são, em sua maioria, escarpas localizadas nas bordas de planaltos. Assim como as cadeias montanhosas, os planaltos sofrem intensos processos erosivos, fornecendo grande quantidade de sedimentos para as áreas ao redor, em geral depressões ou planícies, Uiramutã (RR), 2014.

Depressões: são formas de relevo que apresentam altitudes mais baixas do que as das áreas ao seu redor. Sua superfície vai de ondulada a plana, o que revela o intenso desgaste erosivo sofrido no passado. Quando se encontra abaixo do nível do mar, essa forma de relevo recebe o nome de depressão absoluta – é o caso da região do Mar Morto, entre Israel e a Jordânia, que se encontra a –395 metros de altitude. Quando não está abaixo do nível do mar, a depressão é considerada relativa. Serra do Roncador, Barra do Garças (MT), 2013.

Planícies: são áreas mais ou menos planas, que recebem grande quantidade de sedimentos erodidos, provenientes de áreas de maior altitude e trazidos, geralmente, pela força das águas dos rios. Existem também as planícies litorâneas, localizadas na costa dos continentes; são áreas de depósito de sedimentos transportados pelas correntes marítimas. Vista aérea da Planície Alagada do Pantanal – Parque Nacional do Pantanal Mato-Grossense em 2014.

As formas do relevo continental brasileiro

Como vimos, não existem grandes cadeias montanhosas no Brasil, já que a maioria das áreas de dobramento em nosso país são muito antigas, remontando aproximadamente ao Pré-cambriano (Arqueozoico e Proterozoico). A maior parte do território nacional é composta de estruturas litológicas que datam do Paleozoico ao Mesozoico, tendo sido, portanto, desgastadas durante bilhões de anos. As exceções são os terrenos de bacias sedimentares mais recentes, que tiveram origem no Cenozoico e limitam-se a algumas áreas, como a porção mais a jusante da Bacia Amazônica e o Pantanal Mato-Grossense.

Existem vários estudos geomorfológicos voltados à litologia e à fisiografia do relevo brasileiro. O estudo mais recente a respeito da origem das estruturas geológicas e das formas de nosso relevo foi apresentado em 1989 pelo professor Jurandyr L. Sanchez Ross, geógrafo e pesquisador da Universidade de São Paulo (USP).

Com base em imagens obtidas pelo rastreamento de toda a superfície do território nacional, por meio de radares instalados em aviões, Ross propôs a existência de três macrounidades geomorfológicas para o Brasil: os planaltos, as depressões e as planícies. Além disso, levando em consideração a diversidade litológica, fisiográfica e genética dessas macrounidades, propôs sua subdivisão em 28 porções distintas:

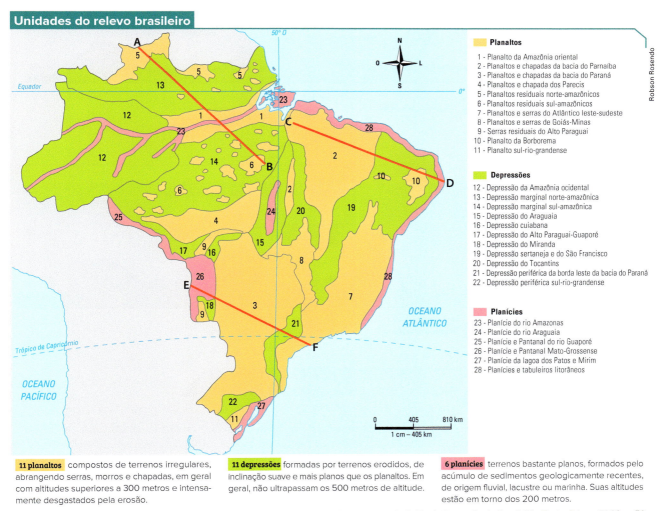

11 planaltos compostos de terrenos irregulares, abrangendo serras, morros e chapadas, em geral com altitudes superiores a 300 metros e intensamente desgastados pela erosão.

11 depressões formadas por terrenos erodidos, de inclinação suave e mais planos que os planaltos. Em geral, não ultrapassam os 500 metros de altitude.

6 planícies terrenos bastante planos, formados pelo acúmulo de sedimentos geologicamente recentes, de origem fluvial, lacustre ou marinha. Suas altitudes estão em torno dos 200 metros.

Fonte: ROSS, Jurandyr L. S. (Org.). *Geografia do Brasil*. São Paulo: Edusp, 2008. p. 53.

Agora, observe os perfis topográficos esquemáticos correspondentes aos segmentos de reta AB, CD e EF, indicados no mapa anterior.

Perfil AB

Perfil CD

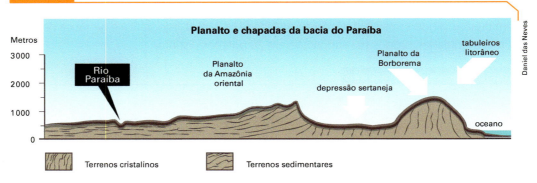

Ilustrações fora de proporção; cores-fantasia.

Fonte: ROSS, Jurandyr L. S. (Org.). *Geografia do Brasil*. São Paulo: Edusp, 2008. p. 54-55 e 63. Disponível em: <https://books.google.com.br/books?id=V5xaWPTL_IYC&printsec=frontcover&dq=livro+geografia+do+brasil+edusp&hl=pt-BR&sa=X&ved=0CBwQ6AEwAGoVChMls6rbipX6xwIVx0GQCh0iSAjX#v=onepage&q=livro%20geografia%20do%20brasil%20edusp&f=false>. Acesso em: 2 fev. 2016.

Perfil EF

Outras formas do relevo brasileiro

É importante lembrar que, no Brasil, além das macrounidades geomorfológicas que estudamos, podemos encontrar outras formas importantes de relevo, sobretudo quando investigamos a paisagem na escala local ou regional. Entre essas formas estão os morros e as colinas, as serras, as chapadas e as falésias. Veja os quadros a seguir.

224 **Unidade 3** As dinâmicas hidrológica e litosférica

Os **morros** e as **colinas** são formas de relevo pouco elevadas, ou seja, com altitudes abaixo dos 200 metros, bastante desgastadas pela ação erosiva e, por isso, com formas mais arredondadas. Morros na região do Vale do Paraíba (SP), 2015.

No Brasil, são denominados **serras** os conjuntos de elevações formadas por escarpas (relevo em forma de rampa ou aclive muito íngreme), morros ou chapadas, localizados nas bordas dos planaltos, em geral com altitudes acima de 800 metros. A Serra do Mar (PR), com seu conjunto de escarpas que deslizam em direção ao litoral, 2015.

As **chapadas** são formas de relevo que possuem superfície plana, geralmente acima de 600 metros de altitude, com bordas abruptas e aspecto semelhante a uma "mesa". São muito comuns na região Central do Brasil, por exemplo, nos estados de Goiás e Tocantins, no sul do Maranhão e no oeste da Bahia. As chapadas são uma forma de relevo encontradas em diversos locais do Brasil. Na fotografia, a chapada de Vale da Lua no município de Alto Paraíso de Goiás, 2015.

As **falésias** são formas de relevo abruptas características das áreas litorâneas da Região Nordeste do Brasil. Estendem-se do litoral da Bahia até o litoral do Ceará, quase ininterruptamente. Na fotografia, as falésias no litoral estado do Ceará, 2013.

As rochas, os solos e as formas de relevo **Capítulo 14**

ESPAÇO E CARTOGRAFIA

Mapas altimétricos, perfis topográficos e o relevo brasileiro

Os estudos sobre o relevo terrestre vêm se tornando cada vez mais sofisticados. Novas tecnologias, como o uso de imagens de satélite tridimensionais, ajudam a reconhecer e mapear as formas da litosfera. No entanto, é fundamental conhecer o processo de elaboração das representações gráficas do relevo, pois assim podemos compreender como ocorre a transposição de informações do espaço geográfico para o plano cartográfico.

Os **mapas altimétricos** são exemplos importantes de representação gráfica do espaço geográfico e possibilitam o reconhecimento do relevo de uma região. Neles, o relevo está representado por meio de **curvas de nível**, ou seja, por uma série de linhas imaginárias que assinalam as partes da superfície terrestre situadas em uma mesma altitude. Observe a seguir o mapa altimétrico do território brasileiro.

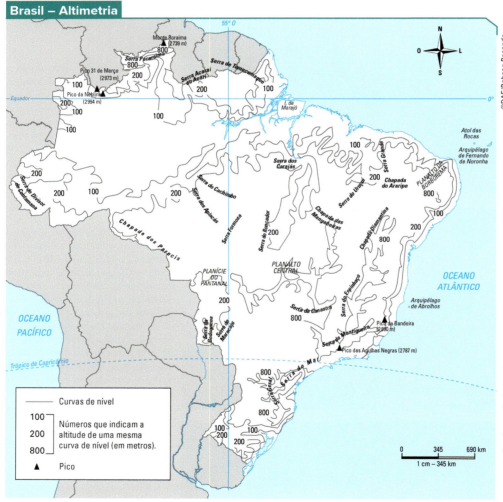

Curvas de nível: São linhas imaginárias criadas para representar os pontos de um terreno que têm a mesma altitude. Para estabelecer a altitude de um relevo, toma-se como referência o nível do mar (0 metro de altitude).

Fonte: IBGE. *Atlas geográfico escolar*. Rio de Janeiro, 2012. p. 88.

Para facilitar a observação das altitudes do relevo em uma representação, utilizam-se diferentes cores. Essas cores são convencionadas, isto é, seu significado nas representações gráficas de relevo foi previamente definido por geógrafos, cartógrafos e outros cientistas, a fim de que elas sejam compreendidas em diferentes partes do mundo. Compare o mapa altimétrico acima com o mapa hipsométrico do território brasileiro apresentado a seguir, em que são empregadas cores para a representação das altitudes do relevo.

O relevo de um lugar também pode ser interpretado pela análise do perfil topográfico elaborado com base nos dados altimétricos. Observe o segmento AB que consta no mapa hipsométrico a seguir: ele é a base para a construção do perfil topográfico da página 227.

226
Unidade 3 As dinâmicas hidrológica e litosférica

Brasil – Hipsometria

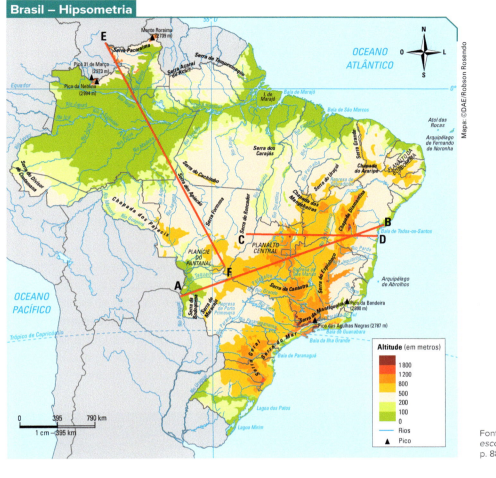

Fonte: IBGE. *Atlas geográfico escolar*. Rio de Janeiro, 2012. p. 88.

Perfil topográfico

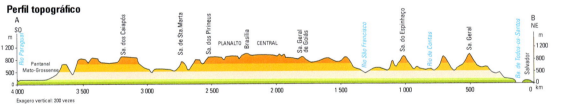

Exagero vertical: 200 vezes

Atividade cartográfica

Tomando como exemplo o perfil topográfico do segmento AB, apresentado acima, construa o perfil dos segmentos de reta CD e EF que estão traçados no mapa hipsométrico do território brasileiro. Utilize uma folha de papel milimetrado ou quadriculado e siga os passos indicados:

▸ Encoste uma tira de papel paralelamente ao segmento CD.
▸ Marque no papel cada cota de altitude que passa pelos segmentos mencionados.
▸ Crie um gráfico com dois eixos: um vertical, para as altitudes, e um horizontal, para as distâncias.

No eixo vertical, determine a equivalência de valores para cada quadriculado do papel (por exemplo: cada centímetro de quadriculado corresponde a 100 metros de altitude).
▸ Transponha os pontos marcados nas tiras de papel para o eixo horizontal do gráfico.
▸ Encontre as altitudes correspondentes a cada marcação, com base nos valores indicados no eixo vertical.
▸ Trace uma linha unindo os pontos de altitude encontrados para definir o perfil topográfico.
▸ Repita os procedimentos para definir o perfil do segmento EF traçado no mapa.

Os túneis são construídos para viabilizar projetos de infraestrutura viária. Essas obras alteram o relevo local e transformam as paisagens. Na fotografia de 2014, túneis na cidade de Cajazeiras (PB).

▶ O relevo, os seres humanos e as paisagens terrestres

Desde os primórdios de sua história, o ser humano promove inúmeras transformações nas características naturais das esferas terrestres, sobretudo na litosfera, substrato rochoso sobre o qual vivemos.

Ao criar elementos culturais, o ser humano altera as formas de relevo e modifica a fisionomia das paisagens terrestres. É o que ocorre, por exemplo, quando a construção de casas e edifícios exige o aplainamento de terrenos irregulares; ou quando são necessários cortes na encosta de morros para a implantação de rodovias e ferrovias; ou, ainda, quando a construção de acesso a lugares isolados ou a melhoria no trânsito dos grandes centros urbanos exigem a abertura de túneis, entre outras formas de intervenção.

Por outro lado, o relevo pode influenciar a maneira como determinadas áreas são ocupadas pelos seres humanos. É o caso das sociedades agrícolas que vivem em regiões montanhosas da Ásia e da América do Sul. Essas sociedades desenvolveram técnicas de cultivo especiais, como o **terraceamento**, que permitem aproveitar as encostas íngremes do relevo para a agricultura. Outro exemplo é a ocupação das áreas urbanas, que varia de uma cidade para outra, de acordo com o modelado do terreno. Assim, verificamos traçados e formatos peculiares em ruas e quarteirões, que podem ser mais planos ou mais acidentados.

Em regiões acidentadas do planeta, como nas encostas das altas cordilheiras, diferentes civilizações desenvolveram a técnica do terraceamento, que permite cultivar plantas alimentícias. Na fotografia, terraços com cultivo de arroz na região de San'in, Japão, no ano de 2013.

A vegetação, a ação humana e os processos erosivos

A vegetação desempenha um importante papel nos processos de erosão do relevo, sobretudo devido ao fenômeno da interceptação. Como vimos por meio do esquema do ciclo da água, na página 166 do Capítulo 11, esse fenômeno ocorre quando parte da água da chuva fica retida nos galhos e nas folhas da vegetação que recobre uma área. Dessa água, uma porção evapora novamente para a atmosfera sem se infiltrar no solo; outra porção escorre lentamente pelas folhas e galhos das árvores e arbustos, carregando consigo os nutrientes provindos dos excrementos dos animais e fertilizando o solo.

Por meio da interceptação, a superfície do relevo fica protegida do impacto das gotículas de chuva, o que permite sua infiltração no solo ou seu lento escoamento para o interior dos cursos de água. Contudo, em áreas onde a vegetação natural foi retirada pela ação humana, a água escoa com maior velocidade e em maior volume, o que dificulta o processo de infiltração, aumentando o escoamento superficial e acelerando os processos erosivos, como o movimento de massas nas encostas mais íngremes e a formação de ravinas e voçorocas.

Movimento de massas

O **movimento de massas** consiste no deslocamento de porções significativas de rochas e solos das vertentes do relevo. O deslocamento é ocasionado, muitas vezes, pelo encharcamento do solo ou pelo intemperismo químico ou físico das rochas. O material deslocado pode cair, deslizar, fluir ou rastejar para as partes mais baixas por ação da força gravitacional. No Brasil, os movimentos de massas são muito comuns nas encostas da Serra do Mar, desde Santa Catarina até o Espírito Santo. Observe nos esquemas a seguir alguns desses movimentos de massas.

Deslizamento rotacional

Fluxo de terra

Avalancha de detritos

Fluxo de lama

Ilustrações: Dawidson França

Ilustrações fora de proporção; cores-fantasia.

Fonte: CHRISTOPHERSON, Robert W. *Geossistemas*: uma introdução à Geografia Física. Porto Alegre: Bookman, 2012. p. 418.

As fortes chuvas de verão no mês de janeiro de 2011 provocaram uma série de movimentos de massas na região serrana do estado do Rio de Janeiro. Em Nova Friburgo, por exemplo, bairros inteiros foram destruídos.

Ravinas e voçorocas

As **ravinas** e **voçorocas** são feições erosivas causadas pela denudação de rochas sedimentares pouco consolidadas, sobretudo pelo efeito das águas pluviais. No Brasil, essas feições ameaçam tanto áreas de pastagens e lavouras como áreas urbanas. Observe o esquema abaixo.

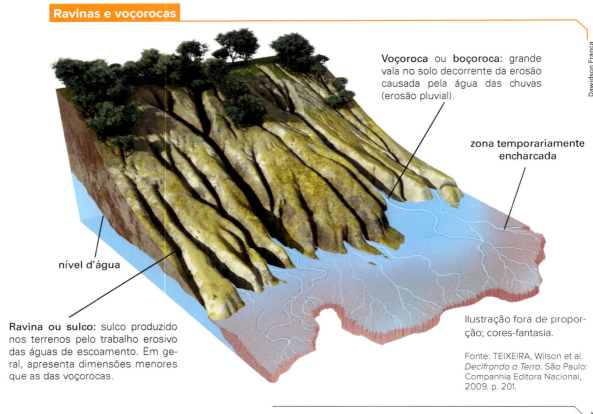

Ravinas e voçorocas

Voçoroca ou **boçoroca**: grande vala no solo decorrente da erosão causada pela água das chuvas (erosão pluvial).

zona temporariamente encharcada

nível d'água

Ravina ou **sulco**: sulco produzido nos terrenos pelo trabalho erosivo das águas de escoamento. Em geral, apresenta dimensões menores que as das voçorocas.

Ilustração fora de proporção; cores-fantasia.

Fonte: TEIXEIRA, Wilson et al. *Decifrando a Terra*. São Paulo: Companhia Editora Nacional, 2009. p. 201.

Muitas áreas de pastagens do interior do Brasil são afetadas por ravinas e voçorocas. A criação de animais, que promove o pisoteio do pasto, aliada à presença de certos tipos de solo e de clima, promove uma combinação que gera intenso desgaste do relevo, resultando muitas vezes a processos erosivos como o da formação de voçorocas. Na fotografia, Ritápolis (MG) 2013.

Revisitando o capítulo

1. Analise as informações do diagrama a seguir.

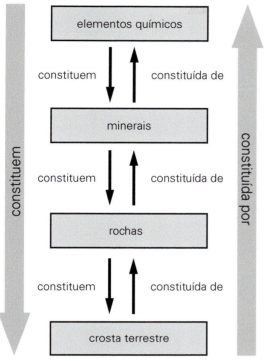

Fonte: TORRES, Fillipe T. P.; MARQUES NETO, Roberto; MENEZES, Sebastião de O. *Introdução à Geomorfologia*. São Paulo: Cengage Learning, 2012. p. 26.

Com base no estudo do capítulo e nas informações do diagrama ao lado, responda:
   a. Quais são as menores porções que constituem a crosta terrestre?
   b. Quais são os elementos constituintes das rochas?
   c. O que são rochas?

2. Qual é a importância do uso das rochas para a sociedade?

3. Diferencie minério de mineral. Dê exemplos.

4. Observe novamente o esquema da página 215 e identifique:
   a. os tipos de materiais (rochas e sedimentos) que dão origem às rochas ígneas, às rochas metamórficas e às rochas sedimentares.
   b. os principais fatores ou fenômenos responsáveis pela formação de cada um desses tipos de rocha.

5. Existe alguma atividade extrativa mineral que se destaca na economia do estado ou do município onde você vive? Qual minério é extraído?

6. Os esquemas abaixo representam perfis de três solos diferentes.

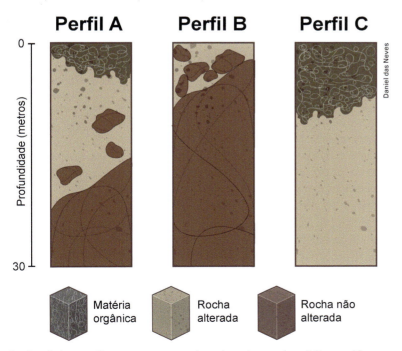

▶ Qual dos perfis apresenta um tipo de solo maduro? Por quê?

7. Diferencie os latossolos dos argissolos, citando três características de cada um desses tipos de solo.

8. Com base no estudo do capítulo e nas informações do planisfério da página 219, identifique e caracterize as principais estruturas geológicas que compõem o território brasileiro.

9. De acordo com as informações do mapa da página 218, quais são as principais macrounidades geomorfológicas do estado onde você vive?

10. Sobre a apropriação do relevo pelos seres humanos, responda:

    a. De que maneira a sociedade promove alterações no modelado terrestre?

    b. Como o relevo pode influenciar as atividades humanas? Dê exemplos.

11. Qual é a importância da vegetação no processo de erosão do relevo?

12. Explique o que são:

    a. movimentos de massas;

    b. ravinas;

    c. voçorocas.

▼ TRABALHANDO COM GÊNEROS TEXTUAIS

Leia com atenção o texto a seguir.

O Sudeste e sua paisagem humanizada

Estamos voando, a sete mil metros de altitude [...]. É de manhã cedo. Lá embaixo, a sombra do 747 desliza na névoa outonal. Pelo visor, parece circundada por um arco-íris, como um pássaro etéreo em alça de mira celestial. A névoa se dissipa e revela o **escudo arqueano** gasto e carcomido de Minas Gerais e uma confusão de cumes que se entrecruzam distribuídos pela serra do Espinhaço. A oeste, córregos marrons serpenteiam preguiçosos rumo ao seu encontro com o rio São Francisco. A leste, corredeiras se precipitam para o rio Doce e o oceano Atlântico. É uma paisagem cicatrizada pelo trabalho humano. No horizonte azul-escuro, distinguem-se vagamente os grandes reservatórios das barragens de Furnas e Três Marias. No primeiro plano, estendem-se as voçorocas alaranjadas e gredosas, incisões talhadas por séculos de mineração, agricultura e pecuária imprevidentes. Em terrenos planos de **aluvião**, aqui e acolá, o cultivo persiste. Em campos recém-arados, pode-se distinguir o tom vermelho-tijolo de solos férteis e ricos em ferro. Os pastos das montanhas ainda estão verdes por causa das chuvas de verão; logo irão secar e então serão queimados para eliminar os carrapatos e a macega. Aqui e ali, há encostas plantadas com eucalipto, madeira apreciada para compensados, celulose e carvão. Estradas de terra adernam por essa caótica colcha de retalhos, como se abertas por formigas batedoras. Cidades se amontoam nos vales, cintilando ao sol claro da manhã como joias desengastadas e espalhadas à beira do caminho.

> DEAN, Warren. *A ferro e fogo*: a história e a devastação da Mata Atlântica brasileira. São Paulo: Companhia das Letras, 1996.

Escudo arqueano: conjunto de rochas muito antigas que surgiram no Período Arqueano, há mais de 2 bilhões de anos.

Aluvião: depósito de sedimentos transportados pelas águas dos rios.

1. Observe no mapa hipsométrico da página 227 a localização das áreas descritas no texto.

2. O texto descreve as paisagens de qual estado brasileiro?

3. Liste as formas de relevo citadas pelo narrador.

4. Em qual tipo de estrutura geológica podemos classificar o escudo arqueano? Explique.

5. O que o autor pretende comunicar com a frase "É uma paisagem cicatrizada pelo trabalho humano"?

6. Quem são as formigas batedoras mencionadas no texto?

► TRABALHO PRÁTICO

Coleção de rochas

Para conhecer melhor os tipos de rocha que existem no lugar onde vive, você pode fazer uma coleção de rochas. A coleção pode ser simples; o importante é que seja bem organizada. Inicie a coleção juntando diferentes amostras de rochas de lugares pelos quais você passa diariamente ou de locais que venha a visitar. O tamanho ideal para as amostras é de cerca de 5 cm x 10 cm x 10 cm. Se for necessário quebrá-las, com a ajuda de um adulto, utilize um pequeno martelo, luvas e proteção para os olhos.

Embale as amostras em sacos plásticos e anote em fichas, ou no próprio saco, a data, o local da coleta e algumas informações sobre o ambiente de onde foram retiradas. Descreva também exemplos de uso mais comuns das rochas coletadas. Se você optar por escrever fichas para as descrições das amostras, identifique os sacos e as fichas com números.

Durante a análise e identificação das amostras de rocha coletadas, utilize uma lupa para identificar os minerais que compõem as rochas. A partir de sua observação, registre a cor, a forma e dureza das amostras, e verifique se elas apresentam magnetismo (como os ímãs). As rochas podem ser classificadas em sedimentares, metamórficas ou magmáticas.

Proteja suas amostras em local apropriado e boa coleção!

Coleção de rochas (entre as quais uma sodalita originária de Minas Gerais) em exposição na capital da Polônia, Varsóvia, em 2016.

As rochas, os solos e as formas de relevo **Capítulo 14** 233

Enem e Vestibulares — Unidade 3

1. (Unesp-SP – 2015) A escassez de recursos hídricos pode ser vista como resultado de um conjunto de fatores naturais e humanos que variam em cada região. No caso da região Sudeste, em especial da região metropolitana de São Paulo, entre os fatores humanos que contribuem diretamente para a restrição da disponibilidade de água estão:

a. a transposição de bacias hidrográficas e o grande consumo agrícola de recursos hídricos.

b. a intensa poluição de rios e lençóis freáticos e o grande consumo urbano e industrial de recursos hídricos.

c. o grande consumo urbano e agrícola de recursos hídricos e a inexistência de infraestruturas de captação, tratamento e distribuição de água.

d. a preservação de vastas extensões de floresta nativa e a transposição de bacias hidrográficas.

e. a inexistência de infraestruturas de captação, tratamento e distribuição de água e a intensa poluição de rios e lençóis freáticos.

2. (Unicamp-SP – 2015) No mês de julho de 2014, uma chuva de granizo em uma praia do rio Ob, na cidade de Novosibirsk, na Sibéria, produziu duas vítimas fatais. Esse tipo de evento atmosférico é relativamente raro em latitudes médias e altas, sendo sua ocorrência mais frequente em regiões equatoriais, onde há maior incidência de formação de nuvem do tipo cumulonimbus. A ocorrência do mencionado fenômeno está associada

a. ao fenômeno do "El Niño", que produz mais evaporação da água de rios, mares e canais, afetando também as regiões temperadas e polares.

b. a uma anomalia das condições atmosféricas locais, resultante da influência dos ventos quentes vindos do sul da Rússia.

c. ao período de verão, estação em que ocorre mais frequentemente o aumento da temperatura média e maior evaporação da água.

d. ao deslocamento de nuvens da Europa mediterrânea, de clima quente e úmido, produzindo chuvas torrenciais nas regiões polares.

3. (UFRGS-RS – 2014) Considere as seguintes afirmações sobre os problemas ambientais dos oceanos.

I. As grandes extensões dos oceanos reduzem a concentração dos poluentes, oriundos de atividades humanas, não oferecendo riscos significativos à fauna marinha.

II. A pesca predatória em escala industrial retira do mar milhares de toneladas de peixes sem nenhum controle quanto à seleção das espécies e à época de reprodução, podendo levar cardumes inteiros ao desaparecimento.

III. O vazamento de petróleo pode ocorrer em navios petroleiros, nas plataformas de extração e nos oleodutos de distribuição, causando danos enormes ao ecossistema marinho.

Quais estão corretas?

a. Apenas I.

b. Apenas II.

c. Apenas III.

d. Apenas II e III.

e. I, II e III.

4. (UFES – 2015) Em 1960, ocorreu, no Chile, o maior terremoto já registrado na história, com tremor de terra de 9,5 graus na escala Richter, matando cerca de 5,7 mil pessoas. Em 2010, esse fenômeno se repetiu, matando mais de 500 pessoas. Em 2014, mais uma vez, um forte terremoto de 6,4 graus de magnitude na escala Richter abalou o centro do Chile. Os terremotos de maior intensidade, normalmente, ocorrem no limite entre as placas tectônicas. Além de terremotos, outros fenômenos naturais ocorrem nesses limites.

a. Cite e explique os 3 (três) tipos de limite de placas tectônicas existentes no planeta Terra e identifique, entre eles, o tipo de limite entre a placa tectônica Sul-Americana e a placa de Nazca, o qual é responsável pelos terremotos no Chile.

b. Exemplifique 1 (um) tipo de relevo gerado no limite entre as placas tectônicas Sul-Americana e de Nazca.

5. (Enem – 2011)

Um dos principais objetivos de se dar continuidade às pesquisas em erosão dos solos é o de procurar resolver os problemas oriundos desse processo, que, em última análise, geram uma série de impactos ambientais. Além disso, para a adoção de técnicas de conservação dos solos, é preciso conhecer como a água executa seu trabalho de remoção, transporte e deposição de sedimentos. A erosão causa, quase sempre, uma série de problemas ambientais, em nível local ou até mesmo em grandes áreas.

GUERRA, A. J. T. Processos erosivos nas encostas. In: GUERRA, A. J. T.; CUNHA, S. B. *Geomorfologia:* uma atualização de bases e conceitos. Rio de Janeiro: Bertrand Brasil, 2007 (adaptado).

A preservação do solo, principalmente em áreas de encostas, pode ser uma solução para evitar catástrofes em função da intensidade de fluxo hídrico. A prática humana que segue no caminho contrário a essa solução é

a. a aração.

b. o terraceamento.

c. o pousio.

d. a drenagem.

e. o desmatamento.

6. (UFU-MG – 2011) O território brasileiro é formado, basicamente, por duas unidades geológicas: os escudos cristalinos e as bacias sedimentares, cuja ação dos agentes modeladores deu origem a três formas básicas de relevo denominadas de planaltos, planícies e depressões. Sobre a estrutura geológica e o modelado brasileiro, assinale a alternativa correta.

a. As planícies, ao contrário dos planaltos, são áreas onde predominam os processos de sedimentação sobre a erosão, sendo o acúmulo de sedimentos realizado pela ação da água dos rios, mares ou lagos. São exemplos no Brasil a Planície do Rio Amazonas e as Planícies e Tabuleiros Litorâneos.

b. Os planaltos são áreas onde predominam os processos de erosão sobre a deposição de sedimentos, podendo ser classificados em planaltos cristalino e sedimentar, como os Planaltos Residuais Norte-Amazônicos e os Planaltos e Chapadas da Bacia do Paraná.

c. Nas depressões caracterizadas por serem áreas baixas, circundadas por regiões de relevo mais elevado, predomina o processo de sedimentação, como nas planícies, causado pelo desgaste do relevo no entorno.

d. O relevo brasileiro, na classificação de Jurandyr Ross, é constituído, predominantemente, por planaltos e depressões, estando as planícies restritas a vales de importantes rios e à extensa faixa costeira.

e. As camadas rochosas da bacia sedimentar do Paraná atestam a ocorrência de extensos derrames vulcânicos durante o Pré-Cambriano.

7. (Fuvest-SP – 2015)

As perspectivas ficaram mais pessimistas porque a seca atual do Sistema Cantareira é mais crítica que a de 1953, até então a pior da história e que servia de parâmetro para os técnicos dos governos estadual e federal.

O Estado de S. Paulo, 17/03/2014. Adaptado.

Acerca da crise hídrica apontada no texto anterior e vivida pela cidade de São Paulo e pela Região Metropolitana, é correto afirmar que a situação apresentada é de natureza, entre outras,

a. geográfica e geopolítica, dado que a grave crise no abastecimento experimentada por essa região levou à importação de água de outros estados, assim como de países do Cone Sul.

b. social e demográfica, já que políticas públicas de incentivo às migrações, na última década, promoveram o crescimento desordenado da população em áreas que seriam destinadas a represas e outros reservatórios de água.

c. climática e pedológica, pois as altas temperaturas durante o ano provocaram a formação de chuva ácida e a consequente laterização dos solos.

d. econômica e jurídica, levando-se em conta a flexibilidade da legislação vigente em relação a desmatamentos em áreas de nascente para implantação de atividades industriais e agrícolas.

e. ecológica e política, posto que a reposição de água dos reservatórios depende de fatores naturais, assim como do planejamento governamental sobre o uso desse recurso.

Unidade 3 **Enem e Vestibulares** 235

UNIDADE 4

A DINÂMICA DA INDÚSTRIA E AS FONTES DE ENERGIA

Há séculos, os diversos povos de todas as partes do planeta procuram desenvolver técnicas e conhecimentos para adaptar-se aos diferentes ambientes terrestres. Para tanto, constroem novos espaços (canais, lavouras, cidades, estradas), transformam matérias-primas em produtos industrializados e buscam dominar as forças da natureza (dos átomos, dos ventos, das águas etc.). Nesta unidade procuraremos compreender essa dinâmica da sociedade humana. No Capítulo 15, estudaremos o advento da atividade industrial, como ela transformou as relações de trabalho e os fatores de sua distribuição espacial pelo mundo. No capítulos 16, discutiremos a importância das fontes de energia no mundo industrializado e para a sociedade brasileira.

Neurath, Alemanha, em 2015.

CAPÍTULO 15
A NATUREZA, O TRABALHO E A ATIVIDADE INDUSTRIAL

Nas unidades anteriores vimos que, em cada uma das esferas terrestres (atmosfera, hidrosfera e litosfera), os diferentes elementos físicos – como o clima, a água, o solo e a vegetação – encontram-se intimamente relacionados, influenciando-se de forma mútua. Aprendemos que as dinâmicas entre esses elementos são fundamentais para a configuração das características naturais dos lugares, e que podemos percebê-las por meio da observação das paisagens existentes na biosfera terrestre.

Vimos também que a humanidade vive em estreita relação com a natureza. Diversas atividades econômicas são influenciadas por fenômenos naturais, como a agricultura, cujo desenvolvimento satisfatório depende em grande parte do tipo de solo presente e dos climas atuantes em cada lugar. Por outro lado, muitas ações da sociedade interferem nas dinâmicas naturais. A construção de barragens ou a canalização de cursos de rios, por exemplo, pode alterar o regime hídrico fluvial, causando importantes mudanças de ordem espacial, evidenciadas nas paisagens do planeta. A sequência de imagens abaixo mostra as principais etapas da construção da barragem da hidrelétrica de Itaipu. Observe as profundas alterações provocadas na paisagem da região, aproximadamente no médio curso do Rio Paraná, na fronteira entre Brasil (estado do Paraná) e Paraguai.

Construção da barragem de Itaipu (1974-1989)

1974

Local escolhido pelos técnicos dos governos brasileiro e paraguaio para a construção da barragem principal de Itaipu.

1977

Construção do canal de desvio do curso do Rio Paraná, que permitiria o início das obras da barragem.

1982

Com o fechamento do desvio, começou a ser abastecido o reservatório de Itaipu.

1989

Com o reservatório cheio, iniciou-se o funcionamento da usina que mais gera energia elétrica no mundo. Das 20 unidades geradoras, as duas últimas foram instaladas em 2006 e 2007.

▶ O trabalho, as técnicas e o espaço geográfico

Os seres humanos estão sempre buscando superar as limitações impostas pelos diferentes elementos e fenômenos físicos. Por outro lado, é da natureza que provêm os recursos necessários ao desenvolvimento de nossas atividades e à sobrevivência da sociedade. Apropriamo-nos dos recursos naturais (rochas, plantas, água, gases etc.) e os utilizamos como matérias-primas na produção de bens materiais, como habitações, combustíveis, roupas, alimentos, ferramentas e meios de transporte.

A natureza é transformada por meio do **trabalho** humano, ou seja, pela prática de atividades cuja finalidade é produzir ou criar algo que supra uma necessidade individual ou coletiva. Cultivar um alimento, fabricar as peças de um automóvel ou, ainda, criar uma escultura são exemplos de realização do trabalho humano.

A capacidade transformadora do ser humano está diretamente ligada às técnicas de que dispõe para a realização de um trabalho. **Técnicas** são conhecimentos e habilidades desenvolvidos por uma sociedade na produção de instrumentos e máquinas; ou seja, referem-se a modos de realizar determinada tarefa que têm aplicação prática no desenvolvimento das atividades produtivas.

É por meio do trabalho e das técnicas utilizadas para sua realização que as diferentes sociedades humanas têm se apropriado dos elementos naturais e, consequentemente, do lugar onde vivem, criando um espaço humanizado composto de elementos culturais, como lavouras, pastagens, cidades e estradas. Esse espaço humanizado no qual encontramos a natureza socialmente transformada pelo ser humano é denominado **espaço geográfico**.

SABERES EM FOCO

Veja as obras de arte a seguir.

Irmã, ou *O portador*, de Vik Muniz, 2011. Obra feita com materiais recicláveis descartados.

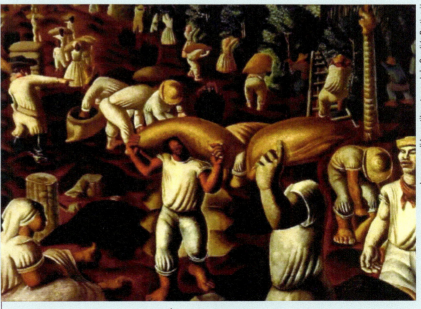

Café, de Candido Portinari, 1935. Óleo sobre tela, 130 × 195,4 cm.

Vida no canavial, de José Rodrigues de Miranda. Óleo sobre tela, 68 × 99 cm.

As três obras de arte reproduzidas, de autoria de importantes artistas brasileiros, retratam cenas do cotidiano de diferentes lugares do nosso país e têm como tema principal o trabalho humano. Observe-as com atenção e identifique, em cada uma das cenas, as atividades representadas, as técnicas e os instrumentos utilizados, os elementos naturais que estão sendo aproveitados como recursos ou que estão sendo transformados. Busque mais informações em livros e em *sites*, assim como com o professor de Arte, a respeito de obras de artistas brasileiros que expressaram a transformação da paisagem, o trabalho e o cotidiano urbano e rural do Brasil. Compartilhe com os colegas as informações obtidas e procure saber o que eles encontraram.

A indústria, as tecnologias e o mundo do trabalho

As transformações mais intensas da natureza em decorrência do trabalho humano ocorreram em meados do século XVIII, após o advento da atividade industrial. Nesse período houve importantes avanços no conhecimento científico, que passaram a ser aplicados no desenvolvimento de tecnologias, o que permitiu a criação de novos meios de transporte, máquinas e equipamentos de produção, além do aproveitamento de diferentes fontes de energia. Essas inovações tecnológicas transformaram radicalmente as relações sociais e as formas de trabalho, assim como o ritmo de exploração dos recursos naturais, expandindo o capitalismo em nível mundial e causando profundas mudanças nas paisagens do planeta. Vamos conhecer, a seguir, as etapas que antecederam o advento da indústria e tais transformações espaciais.

Marceneiro em seu local de trabalho, em quadro do século XV. Jean Bourdichon (1457-1521). Biblioteca da Escola de Belas Artes, Paris, França.

O artesanato e a manufatura

O **artesanato** constituiu a forma de trabalho predominante na Europa até os primórdios do capitalismo, no início do século XVI. Ferramentas, utensílios domésticos, roupas e alimentos eram produzidos manualmente e com a utilização de instrumentos rudimentares. A execução das tarefas dependia de uma única pessoa, o **artesão**, que conhecia todas as etapas de elaboração do produto e tinha como local de trabalho sua própria residência ou uma pequena oficina.

As matérias-primas e as ferramentas utilizadas – ou seja, os **meios de produção** – eram geralmente de propriedade do artesão, assim como pertencia a ele a **renda** obtida com a venda das mercadorias.

240 Unidade 4 A dinâmica da indústria e as fontes de energia

A **manufatura** prevaleceu como modo de trabalho na Europa do século XVI até meados do século XVIII. Caracterizou-se pela introdução de máquinas de tração animal e humana no processo produtivo, tornando a **divisão social do trabalho** mais complexa, pois o desenvolvimento das tarefas ligadas à confecção de um produto passou a envolver um número maior de pessoas. Os meios de produção pertenciam a um **único dono**, que pagava um **salário** pelo trabalho dos operários e apropriava-se do produto final. Ainda que a escala de produção tenha se tornado maior do que no estágio artesanal, a qualidade das mercadorias no período da manufatura ainda dependia muito da habilidade dos **trabalhadores assalariados**.

Tecelão em uma manufatura, em gravura do século XVIII. Ludovico Buti. Florença, Itália.

A Primeira Revolução Industrial

Na segunda metade do século XVIII, o estabelecimento da indústria moderna provocou uma mudança radical na forma de produção. Ocorreu primeiramente na Inglaterra, e depois em outros países europeus – como França, Bélgica, Holanda e Alemanha –, assim como nos Estados Unidos. A nova atividade econômica promoveu a produção de produtos manufaturados em grande escala, destinando-os ao consumo da população em geral e a outros ramos da economia. Essa mudança no processo produtivo ficou conhecida como **Revolução Industrial**.

Divisão social do trabalho: divisão de tarefas entre os membros de uma sociedade.

Nesse primeiro estágio de desenvolvimento da atividade industrial, foram introduzidas máquinas mais sofisticadas do que as utilizadas na manufatura, movidas por fontes de energia inovadoras – como o vapor, obtido por meio da queima do **carvão fóssil** –, e com capacidade de produzir mercadorias de forma **padronizada** e em **larga escala**.

A utilização do maquinário fabril implicou maior **especialização das tarefas**, pois os novos recursos tecnológicos exigiam que um operário dominasse apenas uma das diversas etapas que compreendem o processo produtivo. Além disso, a grande capacidade de produção das indústrias, sobretudo as têxteis, metalúrgicas e de mineração, gerou uma demanda sem precedentes de mão de obra, matérias-primas e energia. Nesse sentido, o processo de industrialização – ou seja, de aprimoramento e de expansão da atividade fabril – imprimiu transformações profundas não apenas no espaço geográfico dos países em que se desenvolveu, mas também em outras partes do mundo.

No processo de industrialização, a demanda por mão de obra levou um grande número de pessoas ao trabalho fabril. Na gravura acima, do século XIX, mulheres trabalham na produção de tecidos em uma fábrica na França.

A indústria e as transformações socioespaciais

Nos países considerados berços da Revolução Industrial, como a Inglaterra, a França e os Estados Unidos, a demanda por matérias-primas agrícolas e minerais, imposta pela atividade industrial, exigiu a expansão das áreas ocupadas com lavouras e rebanhos e o aumento do número de jazidas exploradas, assim como a modernização dessas atividades, possibilitando o crescimento da produtividade e, consequentemente, o aumento da oferta de recursos primários. Sobretudo a partir do século XIX, a modernização das atividades agrícolas tornou dispensável um grande número de trabalhadores, ao passo que na indústria crescia a demanda por mão de obra. Tal fato acabou intensificando o processo de **êxodo rural**, no qual grandes contingentes de trabalhadores abandonaram o campo em direção às cidades, em busca de melhores condições de vida. Como consequência, diversas cidades cresceram desordenadamente: no entorno das fábricas surgiram muitos bairros operários, e a pobreza e a poluição passaram a ser aspectos marcantes na paisagem urbana.

Em meados do século XIX, Londres já tinha quase 2 milhões de habitantes – população em grande parte oriunda da zona rural, em busca de trabalho na indústria. Além da explosão demográfica pela qual passou, a capital britânica tornou-se a cidade mais poluída do mundo, por causa das chaminés de suas inúmeras fábricas.

Com o advento da indústria, o comércio se tornou mais intenso, sobretudo entre as regiões fornecedoras de matérias-primas e as áreas industriais, consumidoras desses produtos. Além disso, a produção industrial em larga escala levou um grande número de pessoas a consumir as mercadorias industrializadas, o que estimulou ainda mais o comércio (interno e externo) e, consequentemente, incentivou o desenvolvimento dos meios de transporte de cargas e de passageiros, sobretudo o ferroviário e o naval.

Trens e barcos a vapor tiveram grande importância no transporte de cargas e de passageiros durante o século XIX.

De olho no Enem – 2010

A Inglaterra pedia lucros e recebia lucros. Tudo se transformava em lucro. As cidades tinham sua sujeira lucrativa, suas favelas lucrativas, sua fumaça lucrativa, sua desordem lucrativa, sua ignorância lucrativa, seu desespero lucrativo. As novas fábricas e os novos altos-fornos eram como as Pirâmides, mostrando mais a escravização do homem que seu poder.

DEANE. P. *A Revolução Industrial*. Rio de Janeiro: Jorge Zahar, 1979 (adaptado).

Qual relação é estabelecida no texto entre os avanços tecnológicos ocorridos no contexto da Revolução Industrial Inglesa e as características das cidades industriais no início do século XIX?

a. A facilidade em se estabelecer relações lucrativas transformava as cidades em espaços privilegiados para a livre iniciativa, característica da nova sociedade capitalista.

b. O desenvolvimento de métodos de planejamento urbano aumentava a eficiência do trabalho industrial.

c. A construção de núcleos urbanos integrados por meios de transporte facilitava o deslocamento dos trabalhadores das periferias até as fábricas.

d. A grandiosidade dos prédios onde se localizavam as fábricas revelava os avanços da engenharia e da arquitetura do período, transformando as cidades em locais de experimentação estética e artística.

e. O alto nível de exploração dos trabalhadores industriais ocasionava o surgimento de aglomerados urbanos marcados por péssimas condições de moradia, saúde e higiene.

Gabarito: E

Justificativa: Questão complexa, contando com distratores bem elaborados, que envolve conhecimentos de geografia e história, avaliando a compreensão das estruturas do Estado Moderno no contexto da eclosão da Revolução Industrial e de sua primeira etapa, no início do século XIX. A alternativa **a** está incorreta, pois ainda não havia sido incorporada em larga escala a prática da livre iniciativa no período indicado no enunciado da questão, mesmo na Inglaterra. A alternativa **b** está incorreta, pois o planejamento urbano, nessa época, também não pode ser apontado como regra, mas sim como eventual exceção, em alguns casos. A alternativa **c** está incorreta, pois não havia a integração de centros urbanos através de meios de transporte que facilitassem, como descrito, o acesso dos trabalhadores às fábricas. A alternativa **d** também enfatiza um aspecto que não era destacado na época em que se dá o recorte temporal da questão: as mencionadas grandiosidade de prédios e experimentação estética ocorreram apenas posteriormente. A alternativa correta é a **e**, que retrata fielmente as condições de moradia da classe proletária, altamente explorada naquele período.

A Segunda Revolução Industrial

No final do século XIX teve início a segunda etapa do processo de ascensão da atividade fabril. Essa fase foi marcada por importantes descobertas científicas e avanços tecnológicos, como o uso do **petróleo** para a produção de energia, e a invenção dos **motores de combustão** e do **aço de alta resistência**. Os segmentos fabris que mais se destacaram nesse período foram o siderúrgico, o metalúrgico, o petroquímico e aqueles relacionados aos novos meios de transporte, como o aéreo e o automobilístico.

Taylorismo e fordismo nas linhas de produção

No início do século XX, um conjunto de novos métodos de organização da produção iria transformar a dinâmica de trabalho no interior das fábricas. Criado pelo engenheiro estadunidense Frederick W. Taylor (1856-1915), esse conjunto de métodos, chamado **taylorismo**, consistia em levar o trabalhador das fábricas a executar tarefas cada vez mais específicas dentro do processo produtivo, operando máquinas e instrumentos com precisão cada vez maior. Essa **especialização de tarefas**, característica da atividade industrial que posteriormente se estenderia a outras atividades econômicas, não permite que os operários tenham domínio sobre todas as etapas de produção de uma mercadoria.

A natureza, o trabalho e a atividade industrial   **Capítulo 15**   243

> VOU ME APOSENTAR AMANHÃ E SABE O QUE VOU FAZER? ANDAR ATÉ O FIM DESTA LINHA DE MONTAGEM E DESCOBRIR O QUE ESTOU FAZENDO HÁ 30 ANOS!

De forma bem-humorada, Bob Thaves aborda nessa charge a questão da alienação do trabalho operário na especialização de tarefas.

Linha de montagem em indústria de automóveis na Itália, por volta de 1920.

Esse processo de **alienação do trabalho operário** foi intensificado com a introdução de outra mudança radical na organização do processo fabril: o chamado **fordismo**. Elaborada pelo industrial estadunidense Henry Ford (1863-1947), essa nova forma de organização introduziu nas fábricas as chamadas **linhas de montagem ou de produção**. Nelas, os trabalhadores passaram a operar ao lado de esteiras rolantes nas quais se deslocavam as peças a serem montadas ou confeccionadas, o que exigiu que o trabalho humano se adaptasse ao ritmo das máquinas, tornando-o ainda mais **mecânico** e **repetitivo**. As linhas de montagem possibilitaram aos donos das fábricas obter o maior aproveitamento possível do esforço físico e mental dos trabalhadores, assim como permitiram um controle maior do tempo gasto na fabricação de um produto. Esse modelo de organização do trabalho ampliou a produção em larga escala e, consequentemente, aumentou a obtenção de lucros pelos industriais.

Inventos que transformaram radicalmente nossas paisagens

Como vimos, cada nova etapa de industrialização foi marcada por inovações tecnológicas que, além de permitirem avanços significativos na atividade fabril, causaram verdadeiras revoluções em outros setores econômicos, como o da construção civil, o dos transportes e o da agricultura. Essas inovações muitas vezes traduziram-se em inventos (máquinas, equipamentos e utensílios) que mudariam radicalmente as paisagens rurais e urbanas de todo o mundo, sobretudo a partir da primeira metade do século XIX.

Entre essas invenções está o arado autolimpante, tracionado por animais (bois ou cavalos), desenvolvido na década de 1830 pelo ferreiro estadunidense John Deere (1804-1886). Feito de aço, o arado de Deere substituiu o arado de ferro fundido, que exigia limpeza constante por causa da terra que se grudava nele, o que tornava o trabalho dos agricultores demasiadamente lento e cansativo. A superfície de aço, lisa e polida, limpava a si mesma à medida que revirava o solo. Com a invenção, Deere fundou uma empresa que ainda hoje é voltada a desenvolver instrumentos e máquinas, como tratores e colheitadeiras, em escala industrial.

Na imagem, o arado de aço autolimpante criado por John Deere e seus ajudantes, na década de 1830.

A criação de equipamentos agrícolas cada vez mais avançados viabilizou o uso de grandes extensões de terras para o cultivo, com menor gasto de tempo no preparo da terra, no plantio e na colheita. Em meados do século XIX, um trabalhador com um arado puxado por dois cavalos gastava cerca de 13 horas e 40 minutos para arar um hectare de terra, trabalho que um trator moderno realiza em aproximadamente 30 minutos.

Assim como os arados e os tratores revolucionaram a vida no campo, duas outras invenções do final do século XIX e início do século XX foram marcantes na transformação do espaço urbano: o elevador e o automóvel.

Sabe-se que o elevador é uma invenção que remonta à Antiguidade. Contudo, o sistema de elevação que conhecemos atualmente, com toda a sua tecnologia e segurança, foi desenvolvido somente em 1852, pelo comerciante estadunidense Elisha Otis (1811-1861). Ao patentear sua invenção, Otis percebeu que havia uma grande demanda por esse tipo de plataforma elevatória, já que o preço da terra urbana se tornava cada vez mais alto, sobretudo nos grandes centros urbanos, como Nova York, cidade onde vivia.

Essa tecnologia permitiu que fossem erguidos edifícios com dezenas de pavimentos, abrindo caminho para a era dos arranha-céus.

A produção de automóveis em série, a partir da década de 1920, também causou mudanças radicais nas paisagens e na organização espacial de muitas cidades de todo o mundo. Para possibilitar a circulação de automóveis particulares e de veículos coletivos, muitas adaptações precisaram ser feitas, como a ampliação da largura de ruas e avenidas e a construção de viadutos, pontes e trevos de acesso rodoviário. Além disso, foi necessário estabelecer regras para essa circulação, com a criação de leis de trânsito para pedestres e veículos, o que imprimiu um novo ritmo ao cotidiano das cidades modernas.

A invenção dos elevadores proporcionou significativas mudanças na paisagem de grandes cidades em todo o mundo, nas primeiras décadas do século XX. Nas imagens, vemos as transformações na paisagem da cidade de Nova York, entre os anos 1900 e 1930.

SABERES EM FOCO

Os movimentos sociais operários: resistência e luta dos trabalhadores

Durante a primeira metade do século XIX, a exploração da força de trabalho, expressa principalmente nos baixos salários e nas longas e exaustivas jornadas (de 12 a 16 horas diárias), fez com que surgissem, inicialmente na Europa e nos Estados Unidos, movimentos de resistência e luta por parte dos trabalhadores. As greves operárias (especialmente na Inglaterra) levaram à formação de sindicatos, associações e partidos políticos que defendiam os interesses dos trabalhadores perante a classe patronal e o poder público. Gradativamente, o movimento operário expandiu-se pelo mundo. No início do século XX, nasceram as primeiras entidades sindicais brasileiras, que passaram a organizar greves por melhores condições de trabalho e de renda, redução da jornada de trabalho para 8 horas diárias e criação de leis trabalhistas, que até então praticamente não existiam no país.

A origem do Dia do Trabalho

A redução da jornada diária de trabalho é uma antiga reivindicação dos trabalhadores em todo o mundo. Nos Estados Unidos, por exemplo, já no final do século XIX, ocorreram intensas campanhas, lideradas por sindicatos de operários da indústria, para exigir a redução da jornada de 16 para 8 horas diárias. Em 1886, centenas de paralisações de trabalhadores eclodiram por todo o país. Essas manifestações culminaram em gigantescas passeatas e protestos de rua, realizados no dia 1º de maio nas principais cidades estadunidenses. Na cidade de Chicago, no entanto, os protestos foram duramente reprimidos pela polícia. Além de várias prisões, seis trabalhadores foram mortos.

Em 1889, um congresso realizado em Paris, reunindo os principais sindicatos de trabalhadores da Europa, instituiu a data de 1º de maio como o Dia do Trabalho, em homenagem aos trabalhadores mortos três anos antes.

Cena da primeira grande greve brasileira, que ocorreu em 1917 na cidade de São Paulo (SP) e reuniu cerca de 70 mil operários. Na ocasião, os trabalhadores reivindicavam aumento salarial, redução da jornada de trabalho de 12 para 8 horas diárias e proibição do trabalho para menores de 14 anos.

MULHERES EM FOCO

No século XIX, com a expansão da Revolução Industrial, o mercado, cada vez mais exigente, requeria produções fabris rápidas e numerosas, entretanto as condições de trabalho eram precárias. [...]

O número de mulheres nas fábricas havia aumentado significativamente, e a diferença salarial entre os sexos era abissal. Mesmo desempenhando a mesma função, os homens ganhavam mais do que as mulheres e eram mais valorizados. Em condições precárias de trabalho, enfrentando jornadas exaustivas e com salários inferiores aos dos homens, algumas mulheres tornaram-se economicamente ativas. Entretanto, passaram a enfrentar um de seus maiores desafios, a "dupla jornada de trabalho", já que suas tarefas domésticas as esperavam após o expediente. [...]

Várias manifestações trabalhistas começaram a surgir em todas as partes da Europa e das Américas. [...]

As mulheres já estavam envolvidas nos vários movimentos da reforma trabalhista, mas necessitavam de uma manifestação que defendesse, especificamente, os direitos feministas na sociedade. Realizou-se, então, a primeira convenção dos direitos da mulher em Sêneca Falls, Nova Iorque, em 1848. [...]

Nove anos mais tarde, em 1857, nada havia mudado, e as mulheres nova-iorquinas, em movimento grevista, saíram às ruas protestando contra as más condições de trabalho e salários inferiores aos dos homens. As manifestações cresciam, contagiando outras mulheres. Em 1908, 50 anos mais tarde, 15 mil mulheres invadiram as ruas de Nova Iorque, exigindo a redução dos horários de trabalho, melhores salários e direitos ao voto.

Cartaz a favor do voto feminino na Alemanha, publicado em 1914.

ROCHA, Patrícia. *Mulheres sob todas as luzes*: a emancipação feminina e os últimos dias do patriarcado. Belo Horizonte: Leitura, 2009. p. 152-154.

Discuta com os colegas a importância dos movimentos sociais operários e a participação das mulheres no estabelecimento das leis trabalhistas e na melhoria das condições de vida da população no Brasil e no mundo. Destaquem no debate os movimentos operários femininos e as questões atuais relacionadas ao tema.

A Terceira Revolução Industrial ou revolução técnico-científica e informacional

No decorrer dos últimos dois séculos, a atividade industrial tornou-se o sustentáculo da economia capitalista, influenciando o desenvolvimento de outros segmentos de atividades, impulsionando os avanços tecnológicos e científicos e, sobretudo, intensificando a acumulação de capital nas mãos dos donos dos meios de produção.

Vimos que a mecanização da produção, isto é, a introdução de máquinas no processo fabril durante a Revolução Industrial, foi um passo decisivo para a produção em larga escala, assim como para o aumento dos lucros dos empresários industriais. Além disso, muitos processos importantes ocorreram na atividade fabril, entre eles a **estandardização**, isto é, o estabelecimento de um modelo – um padrão – para cada tipo de produto, o que possibilitou resolver diversos problemas relacionados à incompatibilidade de peças, como no caso dos parafusos e dos bocais de lâmpadas. Ao passar por uma padronização, esses produtos puderam ser amplamente difundidos em diferentes mercados mundo afora.

Desde as últimas décadas do século XX, uma nova etapa vem se consolidando no que se refere à acumulação de capital pelos donos dos meios de produção: trata-se da introdução dos recursos tecnológicos da informática no processo produtivo.

Robôs montam automóveis em Hambach, França, 2015.

Em diversos segmentos industriais, os computadores têm substituído não somente o esforço físico antes despendido pelo trabalhador, mas também sua capacidade mental de realizar operações. Alguns *softwares*, desenvolvidos por empresas especializadas, comandam máquinas de alta precisão, inclusive robôs, cada um dos quais executa de maneira automática as tarefas antes realizadas por dezenas e até centenas de operários, processo denominado **automação da produção industrial**.

O emprego de tecnologias avançadas direcionadas para a automação da produção visa aumentar a produtividade e intensificar a exploração da força de trabalho (apenas um operário, com o mesmo salário, faz o trabalho de dezenas), proporcionando maior acumulação de capital. Nessa etapa da dinâmica de produção industrial foi implantada uma nova forma de organização do trabalho no interior das fábricas, chamada de **produção flexível**. Segundo esse tipo de organização do trabalho, o crescimento da atividade fabril está baseado na integração efetiva entre a produção de conhecimentos científicos, tecnológicos e de produção e a sua aplicação imediata no processo produtivo. Despontam então segmentos industriais de **alta tecnologia**, como os de telecomunicações (telefonia, televisão, internet etc.), microeletrônica e cibernética (fabricação de *chips* e robôs), além do aeroespacial (criação de satélites artificiais e aviões).

Linha de produção de uma indústria farmacêutica em Tochigi, Japão, 2015.

O capital investido em novas tecnologias

A aplicação de tecnologia no processo produtivo não se restringe à indústria. Nos diferentes segmentos de atividades econômicas – agricultura, comércio, prestação de serviços etc. –, os recursos tecnológicos diminuem os custos de operação e aumentam a produtividade, elevando os lucros e intensificando a acumulação de capital. Tomemos como exemplo o processo pelo qual vem passando o setor bancário: a informatização das agências, com a introdução da internet e de máquinas eletrônicas de atendimento, diminuiu drasticamente a quantidade de funcionários. Os clientes dessas agências foram induzidos, por meio de campanhas de *marketing* nas mídias de massa (televisão, rádio e jornais), a utilizar os serviços *on-line* e as máquinas de autoatendimento sempre que possível. Observe as imagens a seguir.

A introdução da tecnologia da informação e da comunicação (TIC) constitui uma das principais causas do chamado desemprego estrutural em diversos setores da economia. Esse processo consiste, entre outros fatores, na eliminação de determinado tipo de qualificação ou posto de trabalho devido às inovações tecnológicas. As fotografias mostram como se deu esse fenômeno no setor financeiro: há poucas décadas uma agência bancária necessitava de dezenas de funcionários para atender ao público (foto A, Rio de Janeiro-RJ, 1985). Atualmente, a maior parte daqueles funcionários foi substituída por caixas eletrônicos de autoatendimento (foto B, João Pessoa-PB, 2011).

A tecnologia no processo produtivo

Elaborado pelos autores.
Ilustração fora de proporção; cores-fantasia.

Muitas empresas investem o capital acumulado no desenvolvimento de pesquisas em diferentes áreas do conhecimento, sobretudo em setores estratégicos, como a eletrônica, a informática, a genética, entre outras. O objetivo é buscar inovações científicas que possam ser transformadas em produtos de alta tecnologia, como máquinas, equipamentos, meios de comunicação, organismos geneticamente modificados, *softwares* etc. Ao serem aplicadas no processo produtivo, essas inovações possibilitam a melhoria da qualidade dos produtos industrializados, o aumento da produtividade agrícola e o aprimoramento dos métodos de trabalho e dos serviços prestados pelas empresas (bancos, lojas, supermercados etc.). Nesse sentido, o lucro obtido pelos donos do capital aumenta de maneira significativa e gera mais capital, que poderá ser reinvestido em mais desenvolvimento de tecnologias (veja o esquema ao lado).

A indústria no mundo atual

Atualmente, em qualquer parte do mundo, as pessoas consomem produtos industrializados, mesmo aquelas que vivem a centenas de quilômetros de distância de uma unidade fabril. Existem regiões do globo onde praticamente não existem indústrias, ou seja, apenas uma pequena parcela de nações do mundo apresenta níveis expressivos de industrialização. Observe o planisfério a seguir.

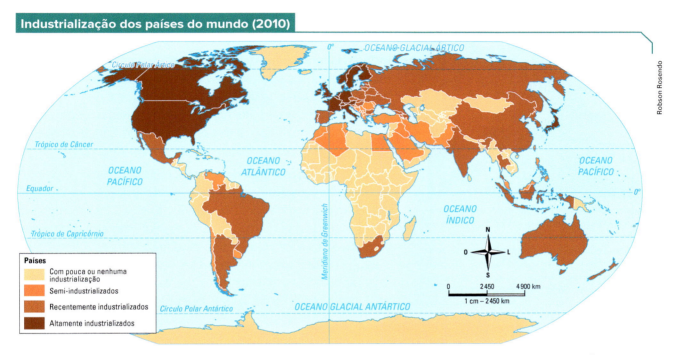

Fonte: SIMIELLI, Maria Elena. *Geoatlas*. 34. ed. São Paulo: Ática, 2012. p. 33.

> Com base nas informações do planisfério, faça uma análise comparativa entre países e entre continentes, identificando, por exemplo, aqueles que apresentam os maiores e os menores níveis de desenvolvimento industrial. Agora, reflita: Por que o Brasil é considerado um país recentemente industrializado?

A indústria moderna não se desenvolveu da mesma forma, nem no mesmo momento histórico em todos os países do mundo. Veja:

▶ Ainda hoje, diversas nações têm uma economia baseada predominantemente em atividades primárias, como a agricultura, a pecuária e a extração vegetal e mineral. Países como Bolívia e Suriname, na América do Sul, Níger e Sudão, na África, e Camboja e Mianmar, na Ásia, são alguns exemplos de países que apresentam níveis pouco expressivos de industrialização.

▶ No Brasil, a indústria passou a ser uma atividade econômica representativa somente a partir das primeiras décadas do século XX, ganhando maior impulso a partir da década de 1950. Por isso, o Brasil é considerado pelos especialistas um **país recentemente industrializado**, assim como o México, a Índia e a África do Sul, por exemplo.

▶ O grupo dos países altamente industrializados se refere às nações que passaram por praticamente todas as etapas da Revolução Industrial, como os Estados Unidos, a Inglaterra, a França, a Alemanha e o Japão.

▶ Os tipos de indústria

A partir do estabelecimento da indústria como novo ramo de atividade econômica, níveis diferenciados de tecnologia foram empregados no processo fabril em diferentes países. De acordo com o **nível tecnológico**, atualmente, podemos classificar a atividade industrial em:

Atualmente, o parque industrial brasileiro apresenta-se bastante diversificado. Existem no país desde importantes indústrias de base até empresas sofisticadas que produzem mercadorias utilizando alta tecnologia (acima). Linha de produção de indústria de confecção de roupas de bebês na cidade de Amparo (SP), 2015.

▶ **indústrias tradicionais** – pouco automatizadas, elas utilizam máquinas pesadas e, muitas vezes, ainda empregam grande número de operários. São exemplos de indústrias tradicionais as têxteis, de vestuário e de calçados, as moveleiras, as metalúrgicas e as siderúrgicas.

▶ **indústrias modernas** – caracterizam-se pela utilização de recursos tecnológicos mais avançados e por um nível de automação maior que o das indústrias tradicionais; tal fato fez que o número de funcionários desse segmento diminuísse nas últimas décadas. São exemplos de indústrias modernas as petroquímicas, as fábricas de papel e de celulose e as montadoras de automóveis.

▶ **indústrias de tecnologia de ponta** – produzem recursos tecnológicos altamente sofisticados, resultantes da aplicação imediata das descobertas científicas no processo de produção. São exemplos de indústrias de tecnologia de ponta as de informática (que produzem computadores e *softwares*), as de produtos eletrônicos, a aeroespacial (que produz aviões e satélites artificiais) e as de biotecnologia (que produzem medicamentos, alimentos e herbicidas a partir de organismos geneticamente modificados).

Também é possível classificar as indústrias levando em consideração a função que cada segmento fabril desempenha na economia das atuais sociedades capitalistas. Observe o quadro.

Tipo de indústria	Características gerais	Exemplos
Indústria de bens de produção ou de base	Transformação de matérias-primas brutas (minérios e recursos de origem fóssil e vegetal), em matérias-primas processadas, base para outros ramos industriais.	• Química: pesticidas, fertilizantes, fibras artificiais e cimento. • Refinaria: querosene, óleo *diesel*, lubrificantes e gasolina. • Siderúrgica: ferro-gusa, coque e aço. • De papel e celulose.
Indústria de bens intermediários	Produção de máquinas e equipamentos que serão utilizados em outros segmentos da indústria e em diversos setores da economia.	• Mecânica: motores automotivos, máquinas industriais, colheitadeiras, tratores, arados e semeadeiras mecânicas. • De autopeças: pneus, rodas e bancos automotivos.
Indústria de bens de consumo	Fabricação de bens que são consumidos pela população em geral. Está dividida em: • indústria de bens de consumo duráveis; • indústria de bens de consumo não duráveis.	**De bens de consumo duráveis** • Eletrodomésticos: geladeiras, televisores, condicionadores de ar e DVDs. • Automobilística: carros e motocicletas. • Moveleira: móveis comerciais e residenciais. **De bens de consumo não duráveis** • Têxtil: vestuário, tecidos e toalhas. • Alimentícia: doces, laticínios e bebidas. • Higiene: cremes dentais, sabonetes e xampus.

▶ Fatores da localização espacial da indústria

Durante a Primeira Revolução Industrial, grandes concentrações de indústrias surgiram em áreas vizinhas a jazidas de minerais, como o ferro (imprescindível ao desenvolvimento dos segmentos siderúrgico e metalúrgico), e nas proximidades de bacias carboníferas, de onde se extraía a hulha ou o carvão, principal fonte energética na época. Como exemplo, podemos citar as regiões industriais de Manchester e Nottingham, na Inglaterra, de Essen, Düsseldorf e Colônia, na Alemanha, e de Pittsburgh, Baltimore e Filadélfia, nos Estados Unidos.

No Brasil, um importante parque industrial siderúrgico e metalúrgico formou-se, em meados do século XX, no chamado Vale do Aço (municípios de Ipatinga, Timóteo, Coronel Fabriciano etc.), região próxima ao Quadrilátero Ferrífero, no estado de Minas Gerais. Trata-se de uma área com grande número de jazidas minerais, como ferro e manganês.

Máquinas extraem carvão de uma mina na Inglaterra, no início do século XIX.

Esses exemplos mostram que existiram determinados fatores que interferiram no estabelecimento e no desenvolvimento de regiões industriais. De maneira geral, destacam-se cinco **fatores clássicos** que influenciam a localização da atividade econômica no interior dos territórios nacionais. São eles:

- ▶ **Disponibilidade de mão de obra** – as indústrias instalam-se em centros urbanos, onde há grande disponibilidade de trabalhadores qualificados.
- ▶ **Proximidade do mercado consumidor** – as indústrias de bens de consumo buscam regiões com grande concentração populacional, pois representam a possibilidade de um amplo mercado consumidor para seus produtos.
- ▶ **Proximidade das fontes de matérias-primas** – é vantajosa para vários segmentos industriais, pois facilita o transporte e diminui gastos com a produção das mercadorias.
- ▶ **Disponibilidade de energia** – boa parte das atividades industriais demanda uma grande quantidade de energia, seja ela proveniente da queima de combustíveis fósseis, hidrelétrica ou termonuclear, o que faz com que o acesso a essas fontes de energia seja de fundamental importância.
- ▶ **Existência de uma rede de transportes bem estruturada** – a proximidade de vias rodoviárias, ferroviárias, hidroviárias, portos e aeroportos é de extrema importância para a circulação da matéria-prima até as fábricas e dos produtos industrializados até os pontos de comercialização e consumo.

A desconcentração industrial

Nas últimas décadas, vários países do mundo com níveis relativamente expressivos de industrialização, entre eles o Brasil, vêm passando por um processo denominado **desconcentração industrial**. Tal processo se caracteriza tanto pela diminuição do ritmo de crescimento da indústria nos grandes centros urbanos e nas metrópoles, como pelo aumento do número de empresas que transferem suas unidades de produção para cidades de médio porte, geralmente localizadas no interior ou até mesmo para outros países.

Eventualmente, a proximidade das fontes de matérias-primas ou do mercado consumidor deixa de constituir fator preponderante da localização das atividades industriais no espaço geográfico. Os avanços tecnológicos alcançados pelos meios de telecomunicação (telefonia, internet, satélites de transmissão) e de transporte (aviões cargueiros, navios de grande calado, trens de alta velocidade) tornaram as distâncias menos significativas em termos operacionais e de custos.

Além disso, o crescimento exacerbado das metrópoles, sobretudo nas últimas três décadas, vem ocasionando sérios problemas urbanos que têm desestimulado os investimentos de capital industrial. Alguns exemplos são o estrangulamento do sistema viário (com grandes congestionamentos de trânsito quase diários), o encarecimento dos imóveis e o aumento das taxas de impostos (o que dificulta a instalação de novas unidades fabris ou a ampliação das antigas), além dos altos índices de poluição atmosférica e hídrica.

Atualmente, as indústrias têm buscado cidades que ofereçam melhor infraestrutura urbana, com área útil disponível para a expansão de suas atividades, onde os governos municipais concedam incentivos fiscais (como a redução de taxas ou mesmo a isenção total de impostos durante certo período de tempo), e, ainda, onde os sindicatos de trabalhadores sejam pouco organizados.

O que é guerra fiscal?

Guerra fiscal no Brasil

Os Estados e as regiões brasileiras, ao longo do século XX, procuraram atrair investimentos geradores de emprego, produção, renda e crescimento econômico. Existem registros de disputas fiscais entre Estados desde a década de 1920. Na década de 1970, grande parte dos investimentos foram executados ou, pelo menos, direcionados pelo governo central para as regiões Norte e Nordeste do País. No início da década de 1980, surge um movimento que busca o fortalecimento dos Estados e municípios, alcançando êxito na Constituição de 1988. Houve, com isto, transferência de maior fatia do bolo tributário e, consequentemente, maior autonomia para as UF legislarem sobre suas fontes de receita.

Durante a década de 1990, o governo do estado do Paraná adotou medidas fiscais pesadas como forma de atrair investimentos do capital industrial internacional. Como resultado, atualmente o estado abriga o segundo maior polo automobilístico do país. Linha de montagem, em São José dos Pinhais (PR), 2015.

A maior liberdade fiscal foi um dos elementos que propiciou o desenvolvimento e o acirramento da chamada "guerra fiscal", que é um termo pejorativo encontrado na literatura para definir a competição tributária. Por "guerra fiscal" entende-se a disputa entre as UF para atrair à sua esfera de domínio investimentos e/ou receita tributária oriundos de outros Estados. Esta prática se dá com a concessão de benefícios fiscais, financeiros e de infraestrutura às empresas interessadas em investir ou transferir seus investimentos para o Estado que concede o benefício. A guerra é chamada de fiscal por estar centrada no jogo com a receita e a arrecadação futura de tributos, geralmente o ICMS. A guerra fiscal pode ser entendida como um típico comportamento de *rent seeking*, onde a disputa por novas rendas dissipa o valor da renda que se pretende obter.

NASCIMENTO, Sidnei Pereira do. Guerra Fiscal: uma avaliação comparativa entre alguns estados participantes. *Economia Aplicada*, v. 12, n. 4. Ribeirão Preto, out./dez. 2008. Disponível em: <www.scielo.br/scielo.php?pid=S1413-80502008000400007&script=sci_arttext>. Acesso em: 3 fev. 2016.

Revisitando o capítulo

1. De acordo com o estudo do capítulo, explique em que está baseada a capacidade transformadora dos seres humanos em relação à natureza. Para isso, utilize os seguintes termos: trabalho; técnicas; espaço geográfico.

2. Transcreva em seu caderno somente a alternativa que contenha os termos que se encontrem ligados diretamente à manufatura:
    a. Produtos manuais – máquinas – artesão.
    b. Trabalhadores assalariados – máquinas – artesão.
    c. Artesão – produtos manuais – salário.
    d. Máquinas com tração animal – único dono – salário.

3. Quando surgiu a indústria moderna? Onde isso ocorreu?

4. Podemos dividir o desenvolvimento da atividade industrial em três etapas. Quais são elas?

5. Explique como o taylorismo e o fordismo colaboraram:
    a. Para o processo de alienação da força de trabalho;
    b. Para uma maior acumulação de capital pelos industriais.

6. O que é produção flexível? Cite três características dessa forma de organização do trabalho fabril.

7. Quais são os fatores clássicos que influenciam a localização industrial no mundo?

8. Por que os fatores clássicos que influenciam na localização da atividade industrial têm, atualmente, sua importância relativizada?

9. Verifique se alguma indústria de seu município passou ou passa pelo processo de desconcentração (saiu dele ou instalou-se nele). Cite um exemplo.

▶ TRABALHANDO COM GÊNEROS TEXTUAIS

O texto a seguir é uma sinopse de um filme considerado clássico da história do cinema. Leia com atenção e, em seguida, responda às questões.

Filme: Tempos Modernos (Modern Times, EUA, 1936, 87 min, preto e branco, Continental)
Direção: Charles Chaplin
Elenco: Charles Chaplin, Paulette Goddard

Trata-se do último filme mudo de Chaplin, que focaliza a vida urbana nos Estados Unidos nos anos 30, imediatamente após a crise de 1929, quando a depressão atingiu toda sociedade norte-americana, levando grande parte da população ao desemprego e à fome. A figura central do filme é Carlitos, o personagem clássico de Chaplin, que, ao conseguir emprego numa grande indústria, transforma-se em líder grevista conhecendo uma jovem, por quem se apaixona. O filme focaliza a vida do trabalhador na sociedade industrial caracterizada pela produção com base no sistema de linha de montagem e especialização do trabalho. É uma crítica à "modernidade" e ao capitalismo representado pelo modelo de industrialização, onde o operário é engolido pelo poder do capital e perseguido por suas ideias "subversivas".

Em sua segunda parte, o filme trata das desigualdades entre a vida dos pobres e das camadas mais abastadas, sem representar, contudo, diferenças nas perspectivas de vida de cada grupo. Mostra ainda que a mesma sociedade capitalista que explora o proletariado, alimenta todo conforto e diversão para burguesia. Cenas como a que Carlitos e a menina órfã conversam no jardim de uma casa, ou aquela em que Carlitos e sua namorada encontram-se numa loja de departamento, ilustram bem essas questões. Se inicialmente o lançamento do filme chegou a dar prejuízo, mais tarde tornou-se um clássico na história do cinema. Chegou a ser proibido na Alemanha de Hitler e na Itália de Mussolini por ser considerado "socialista". Aliás, nesse aspecto Chaplin foi boicotado também em seu próprio país na época do "macartismo".

Juntamente com *O Garoto* e *O Grande Ditador*, *Tempos Modernos* está entre os filmes mais conhecidos do ator e diretor Charles Chaplin, sendo considerado um marco na história do cinema.

Historianet. Disponível em: <www.historianet.com.br/conteudo/default.aspx?codigo=181>. Acesso em: 3 fev. 2016.

> **Macartismo (ou macarthismo):** forma de pensamento intolerante, de cunho anticomunista. O termo foi inspirado no movimento do político estadunidense Joseph Raymond McCarthy (1908-1957) nos anos 1950.

1. Quando se passa a história do filme? Indique pelo menos um aspecto da história da Revolução Industrial da época.

2. Como se caracterizou o fordismo? Como o filme o retrata?

A natureza, o trabalho e a atividade industrial **Capítulo 15** 253

3. No filme, Carlitos, personagem de Charles Chaplin, torna-se um líder grevista no movimento operário. O que Chaplin criticava no filme?

4. Que fatores na Segunda Revolução Industrial levaram ao surgimento de movimentos de resistência e luta organizados por trabalhadores? Quando isso ocorreu no Brasil?

5. Por que o filme de Chaplin chegou a ser proibido em alguns lugares?

▶ ANÁLISE DE TEXTO E IMAGENS

A primeira lâmpada incandescente viável, com um filamento de carbono em bulbo de vidro, foi criada, em 1879, pelo estadunidense Thomas Alva Edison (1847-1931).

A primeira locomotiva a vapor que puxava um trem de passageiros começou a circular na Inglaterra em 1825, invento criado pelo inglês George Stephenson (1781-1848).

O inglês Alexander Graham Bell (1847-1922) inventou o telefone em 1876 a partir de seus estudos de sons e vibrações.

Os inventos retratados foram aperfeiçoados no decorrer do tempo, porém, foram fundamentais para a ocorrência de intensas transformações no espaço geográfico em todo o mundo.

1. Como essas invenções influenciaram transformações no espaço geográfico?

2. Qual a importância desses inventos para a sociedade na época da invenção e atualmente?

3. Pesquise sobre outros inventores e seus inventos. Organize sua pesquisa cronologicamente, destacando o ano da invenção, sua importância para as atividades econômicas e o que proporcionaram à transformação do espaço geográfico. Crie uma apresentação por meio de *slides* e apresente para a turma. O trabalho pode ser realizado em grupo.

▶ TRABALHO PRÁTICO

Leia a notícia a seguir.

Último mecanógrafo da UEL se aposenta

Agência UEL

Amanhã, 11 de agosto, será um dia de despedida para o técnico de manutenção de equipamentos Ivair Teodoro de Faria, da Diretoria de Equipamentos da Prefeitura do Campus Universitário. O motivo é a aposentadoria compulsória. No dia 13, Ivair completa 70 anos de idade.

Durante 37 anos, o funcionário consertou máquinas de escrever das marcas Remington, Facit, Olivetti, IBM, relógios de ponto, mimeógrafos, retroprojetores, projetores de filmes, calculadoras e outros equipamentos, considerados hoje obsoletos. Com a aposentadoria, a Instituição também deixa de realizar manutenção a estes equipamentos.

Universidade Estadual de Londrina. *Agência UEL de Notícias*. Londrina, Paraná, 2009. Disponível em: <www.uel.br/com/agenciaueldenoticias/index.php?arq=ARQ_not&FWS_Ano_Edicao=1&FWS_N_Edicao=1&FWS_N_Texto=8046&FWS_Cod_Categoria=2>. Acesso em: 3 fev. 2016.

O texto mostra que existem profissões que estão deixando de existir, sobretudo, devido aos avanços das tecnologias aplicadas no desenvolvimento de novas mercadorias de produção e de consumo.

Com outros colegas faça uma pesquisa buscando descobrir ao menos três profissões que desapareceram nos últimos vinte anos. Faça um relatório mostrando qual era a profissão, qual a sua função e por que ela deixou de existir. Se possível, descubram um profissional que trabalhava em uma das atividades pesquisadas. Façam uma pequena entrevista com essa pessoa, buscando saber mais detalhes a respeito da profissão que exercia. Preparem também uma apresentação para a turma, com os principais resultados da pesquisa.

AS FONTES DE ENERGIA E SUA IMPORTÂNCIA NO MUNDO ATUAL

CAPÍTULO 16

Observe a imagem a seguir.

As luzes de habitações humanas à noite na Terra, como seriam vistas a partir do espaço sem nuvens. Esse ponto de vista da Terra completa é uma composição de muitas imagens de diferentes satélites.

A imagem acima é uma montagem de fotografias noturnas da Terra captadas por satélites artificiais nos primeiros anos da década de 2000. Ela mostra aglomerações de luzes que representam, basicamente, cidades, poços de petróleo e áreas de queimadas (pastagens, lavouras e matas). Se observarmos com atenção, veremos que as maiores aglomerações luminosas estão localizadas justamente nos países que representam a vanguarda do desenvolvimento tecnológico e industrial: Estados Unidos, Canadá, países da União Europeia, China e Japão. Já os países com menor desenvolvimento econômico apresentam poucas concentrações de pontos luminosos, o que demonstra que consomem menos energia.

A atual **sociedade capitalista industrial** é muito dependente de recursos energéticos, como petróleo, carvão e gás natural, que são empregados como combustíveis para o funcionamento das máquinas industriais e agrícolas e dos meios de transporte, e para a geração de eletricidade – consumida nas residências, na indústria, no comércio etc. Além disso, alguns desses recursos, por exemplo, o petróleo e o carvão, são utilizados como matéria-prima na indústria química.

▶ As principais fontes energéticas

Nos gráficos a seguir estão indicadas as fontes energéticas sobre as quais se apoia o desenvolvimento das atividades econômicas na atualidade, bem como a desigualdade no consumo de energia entre os países ricos industrializados e os países com menor desenvolvimento econômico.

Analise os gráficos e identifique as fontes de energia mais utilizadas, os países que mais consomem energia e a posição do Brasil nesse contexto.

Gráfico 1

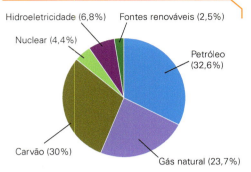

Produção de energia no mundo (por fonte de energia) – 2015

- Hidroeletricidade (6,8%)
- Fontes renováveis (2,5%)
- Nuclear (4,4%)
- Petróleo (32,6%)
- Carvão (30%)
- Gás natural (23,7%)

Fonte: BRITISH PETROLEUM (BP). *Statistical Review of World Energy*. jun. 2015. Disponível em: <www.bp.com/content/dam/bp/pdf/energy-economics/statistical-review-2015/bp-statistical-review-of-world-energy-2015-full-report.pdf>. Acesso em: 3 fev. 2016.

Gráfico 2

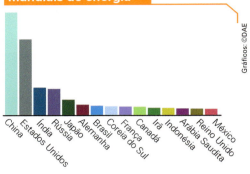

Maiores consumidores mundiais de energia

China, Estados Unidos, Índia, Rússia, Japão, Alemanha, Brasil, Coreia do Sul, França, Canadá, Irã, Indonésia, Arábia Saudita, Reino Unido, México

Fonte: BANCO MUNDIAL. *World Development Indicators*. Disponível em: <http://wdi.worldbank.org/table/3.6>. Acesso em: 25 out. 2015.

O carvão: fonte histórica de energia

Gravura representando um dos primeiros trens ingleses movidos a carvão.

Como vimos, o carvão teve papel fundamental no desenvolvimento das atividades fabris, pois foi a principal fonte de energia utilizada para movimentar as máquinas a vapor durante a Primeira Revolução Industrial. Seu uso maciço estendeu-se até o início da Segunda Revolução Industrial, quando foram inventados os motores a explosão, nos quais são usados derivados do petróleo – gasolina, querosene e óleo *diesel* – como combustível.

O carvão ainda constitui uma fonte de energia de grande importância na geração de eletricidade em usinas termoelétricas, como mostra o gráfico 1. Ele também é imprescindível como fonte de energia e como matéria-prima na fabricação de aço pelas indústrias siderúrgicas: produz o calor necessário aos altos-fornos de fundição e fornece o carbono que se liga ao ferro e dá origem ao aço.

Apesar da intensa exploração das jazidas nos dois últimos séculos, o carvão continua relativamente abundante na natureza e sua produção cresce a cada ano.

Veja no mapa ao lado quais são os países com maior produção de carvão no mundo.

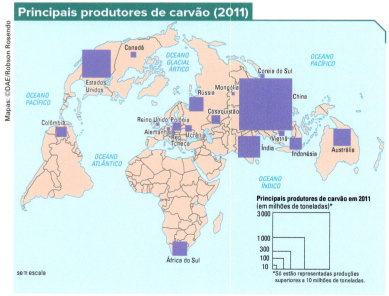

Principais produtores de carvão (2011)

Principais produtores de carvão em 2011 (em milhões de toneladas)*
3 000 / 1 000 / 300 / 100 / 10
*Só estão representadas produções superiores a 10 milhões de toneladas.

Fonte: *El Atlas de Le Monde Diplomatique*. Madri: Ined, 2012. p. 27.

256 Unidade 4 A dinâmica da indústria e as fontes de energia

A origem do carvão

As reservas de carbono formaram-se há cerca de 300 milhões de anos, especialmente durante o período geológico Carbonífero. Durante esse período, extensas florestas foram soterradas pela elevação do nível do mar nas proximidades de lagos e pântanos. A matéria orgânica resultante da decomposição dessa vegetação e de outros organismos, depositada sob grossas camadas de sedimentos marinhos e altas temperaturas, foi sendo transformada no que hoje denominamos carvão, um material rochoso de origem fóssil, rico em carbono, que pode ser encontrado principalmente em bacias sedimentares. Veja no esquema abaixo como ocorre o processo de formação desse recurso natural.

Processo de formação do carvão

Durante o Período Carbonífero, grande quantidade de vegetação foi soterrada, sobretudo em regiões lacustres do planeta. Ao longo das eras e dos períodos geológicos, esses restos de vegetação foram encobertos por camadas de sedimentos.

A pressão exercida pelas camadas superiores e o calor natural em grandes profundidades fizeram com que os depósitos de vegetais situados mais abaixo perdessem todo o oxigênio e o nitrogênio, restando grande quantidade de carbono (proveniente da celulose das plantas e outras matérias orgânicas).

A matéria orgânica endurecida formou o carvão. De acordo com as características do processo de formação do carvão, há jazidas com maior ou menor quantidade de carbono. Quanto maior o teor de carbono, maior é seu poder de combustão do carvão.

Ilustrações fora de proporção; cores-fantasia.

Fonte: LEINZ, Viktor; AMARAL, Sérgio Estanislau. *Geologia geral*. São Paulo: Nacional, 2003. p. 208.

A classificação do carvão e sua produção brasileira

Podem-se identificar quatro tipos de carvão, de acordo com o teor de carbono:

- o **antracito**, mais raro na natureza, com cerca de 95% de carbono em sua composição química;
- a **hulha** ou o **carvão betuminoso**, com teor de carbono entre 75% e 90% (é o tipo de carvão mais abundante e mais consumido pelas indústrias, além de ser utilizado para a geração de energia elétrica);
- o **linhito**, com teor entre 60% e 75%;
- a **turfa**, de menor poder calorífico, com até 55% de carbono em sua composição.

O Brasil abriga apenas 0,7% das reservas mundiais de carvão conhecidas, com jazidas exploradas principalmente no estado do Rio Grande do Sul, que produz cerca de 90% do carvão nacional. Veja novamente o mapa da página 66, que mostra a extensão das jazidas no território nacional.

Pelo fato de possuir baixo teor de carbono e grande quantidade de impurezas, com a maior parte composta de linhito e hulha, 85% do carvão nacional são destinados à queima nos fornos de usinas termoelétricas. O restante precisa ser misturado ao importado, adquirindo maior poder calorífico, para ser utilizado nas indústrias, sobretudo em siderúrgicas.

A mina de carvão existente no município de Candiota (RS) responde por 40% da produção nacional de carvão. Foto de 2012.

A usina termoelétrica Presidente Médici, em Candiota (RS), é abastecida com o carvão das jazidas desse município. Foto de 2011.

O petróleo: base energética na atualidade

O petróleo é a principal fonte de energia utilizada no mundo. Assim como o carvão, esse combustível tem origem fóssil e é considerado um **recurso natural não renovável**, ou seja, que não pode ser reposto pela natureza nem recriado pelo ser humano.

A formação da maioria das bacias petrolíferas conhecidas remonta a um passado geológico não muito distante, entre 135 milhões e 65 milhões de anos atrás, no Período Cretáceo. Observe o esquema a seguir, que ilustra o processo de formação do petróleo.

Processo de formação do petróleo

Hidrocarboneto: composto orgânico formado por carbono e hidrogênio.

Prospecção: trabalho de pesquisa com o objetivo de localizar jazidas minerais, como as reservas petrolíferas, calculando sua dimensão e seu valor.

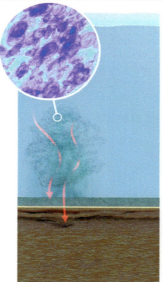

Durante o Período Cretáceo, grande quantidade de microrganismos marinhos, sobretudo zooplâncton e fitoplâncton, acumulou-se no fundo dos mares e dos oceanos, formando espessas camadas de matéria orgânica.

Ao longo do tempo, sedimentos de rocha recobriram a matéria orgânica depositada, enquanto bactérias fizeram sua decomposição. O calor do manto e a pressão das camadas de rocha superiores fizeram com que os restos de vida marinha se transformassem em uma substância viscosa de cor escura, composta predominantemente de **hidrocarbonetos**.

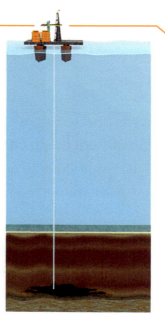

A movimentação das placas litosféricas criou depósitos de petróleo que ficaram armazenados entre camadas de rochas sedimentares durante milhões de anos. Atualmente, estudos de **prospecção** têm encontrado esses depósitos tanto em alto-mar como em áreas continentais.

Ilustração fora de proporção; cores-fantasia.

Fonte: LEINZ, Viktor; AMARAL, Sérgio Estanislau. *Geologia Geral*. São Paulo: Nacional, 2003. p. 208.

Unidade 4   A dinâmica da indústria e as fontes de energia

O petróleo e seus derivados

O petróleo é extraído de depósitos naturais presentes no subsolo, nos quais também se encontram outras substâncias energéticas fósseis, como o gás natural e o xisto betuminoso. Embora o gás natural venha ganhando espaço como fonte de energia alternativa e menos poluente, nada supera a importância do petróleo na sociedade atual. Por meio do refino do petróleo, são obtidos produtos como a gasolina, o óleo *diesel*, o querosene e a nafta, matérias-primas fundamentais da indústria petroquímica, um dos segmentos fabris que mais crescem na atualidade. Observe o esquema do refino de petróleo e veja quais são os produtos obtidos por meio do seu processamento.

Derivados do petróleo

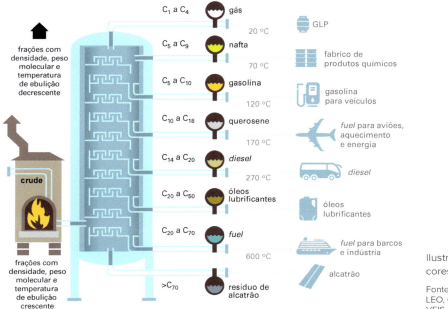

Ilustração fora de proporção; cores-fantasia.

Fonte: AGÊNCIA NACIONAL DO PETRÓLEO, GÁS NATURAL E BIOCOMBUSTÍVEIS. Disponível em: <www.anp.gov.br/?pg=7854&m=&t1=&t2=&t3=&t4=&ar=&ps=&1442884175376>. Acesso em: 25 out. 2015.

O estudo dos produtos derivados do petróleo

Diferentes profissionais, como químicos, bioquímicos e farmacêuticos, especializam-se no estudo das propriedades e aplicações dos produtos derivados do petróleo. Esses técnicos realizam pesquisas voltadas, por exemplo, ao desenvolvimento de processos industriais e à utilização de matérias-primas derivadas do petróleo em produtos como medicamentos, tintas e solventes, plásticos, tecidos, papéis e cosméticos. Esses profissionais trabalham em indústrias farmacêuticas, de cosméticos, petroquímicas, agroquímicas e de química fina, assim como em laboratórios de análise e em companhias de desenvolvimento biotecnológico.

Como parte de um estudo dos riscos e a avaliação do impacto da atividade industrial sobre o meio ambiente, e para testar as plantas que consomem os poluentes químicos ambientais pesquisadora realiza testes em plantas e no solo, no Instituto de Proteção Ambiental, em Creil, França, 2015.

SABERES EM FOCO

A civilização do petróleo

O processamento industrial dos produtos derivados do petróleo dá origem a tecidos sintéticos, inseticidas, medicamentos, tintas, explosivos entre outros, com destaque para o plástico – tecnicamente classificado como polímero –, que se transformou em símbolo da sociedade contemporânea.

O texto a seguir trata da importância dos subprodutos do petróleo e de sua presença em nosso cotidiano. Converse com os colegas e cada um fará uma lista dos produtos que vocês consomem no dia a dia. Depois, verifiquem: Em cada lista, qual é a porcentagem dos produtos que têm como matéria-prima um ou mais derivados do petróleo?

É praticamente impossível pensar o dia a dia sem a participação de algum produto obtido a partir da indústria petroquímica. Essa indústria, que utiliza derivados do petróleo ou do gás natural como matéria-prima, nos traz conforto e praticidade, sem que imaginemos quanta tecnologia e conhecimento estão envolvidos nas coisas mais simples. Existem produtos oriundos dessa indústria em roupas, colchões, embalagens para alimentos e medicamentos, brinquedos, móveis e eletrodomésticos, carros, aviões e até nos xampus e cosméticos. Isso se deve em parte à petroquímica, que transforma o petróleo refinado em produtos que são a base para grande parte da indústria química.

As matérias-primas para os petroquímicos são a nafta, produzida nas refinarias, e o gás natural. Os produtos petroquímicos são classificados como básicos, intermediários e finais. Os petroquímicos básicos são eteno, propeno, butadieno, aromáticos, amônia e o metanol, a partir dos quais é produzida uma grande diversidade de intermediários. Estes, por sua vez, serão transformados em produtos petroquímicos finais, como os plásticos, borrachas sintéticas, detergentes, solventes, fios e fibras sintéticos, fertilizantes etc. [...]

Conheça as principais aplicações de alguns dos produtos petroquímicos básicos:

Eteno – o seu principal derivado é o polietileno, que é usado na fabricação de sacos plásticos para embalagem de produtos alimentícios e de higiene e limpeza, utensílios domésticos, caixas-d'água, brinquedos e *playgrounds* infantis. Dentre suas outras aplicações podemos destacar o PVC, usado na construção civil, em calçados e em bolsas de sangue.

Propeno – é a matéria-prima para o polipropileno, usado, por exemplo, em embalagens alimentícias e de produtos de higiene e limpeza, peças para automóveis, tapetes, tecidos e móveis. Apresenta, além dessa, diversas outras aplicações como, por exemplo, produção de derivados acrílicos para tintas, adesivos, fibras e polímero superabsorvente para fraldas descartáveis.

Butadieno – usado principalmente na produção de borracha sintética, em pneus e solados para calçados, por exemplo.

Aromáticos – são matérias-primas para produtos como o PET utilizado em garrafas e fibras sintéticas, e o poliestireno, material empregado em eletroeletrônicos, eletrodomésticos, embalagens de iogurtes, copos, pratos e talheres e material escolar.

Metanol – é insumo para produção de biocombustíveis e de diversos intermediários químicos usados, por exemplo, pela indústria de móveis e de defensivos agrícolas.

Amônia – é uma das matérias-primas para a indústria de fertilizantes, sendo usada na produção de ureia e de fertilizantes nitrogenados utilizados nas culturas de milho, cana-de-açúcar, café, algodão e laranja, entre outras.

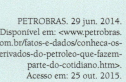

PETROBRAS. 29 jun. 2014. Disponível em: <www.petrobras.com.br/fatos-e-dados/conheca-os-derivados-do-petroleo-que-fazem-parte-do-cotidiano.htm>. Acesso em: 25 out. 2015.

▶ A produção e o comércio mundial do petróleo

A importância do petróleo para a sociedade capitalista moderna é tão grande que alguns estudiosos afirmam que estamos vivendo a "era do petróleo". A invenção dos motores a explosão e o uso desse hidrocarboneto como combustível, a partir do final do século XIX, viabilizaram o desenvolvimento de novos meios de transporte, como o automobilístico e o aéreo, além de promover a mecanização das atividades agrícolas, com a invenção de tratores e colheitadeiras, entre outros equipamentos.

O fato de o petróleo apresentar-se na natureza geralmente em estado líquido facilitou seu transporte, que é feito por oleodutos, gasodutos (no caso do gás natural retirado durante a extração do petróleo) e navios petroleiros com capacidade para carregar milhares de **barris de petróleo** de uma só vez. No século XX, o comércio de petróleo tornou-se uma das mais importantes atividades econômicas mundiais, sobretudo entre as regiões produtoras – como os países da ex-URSS (Rússia, Azerbaijão, Cazaquistão, Uzbequistão etc.), do Oriente Médio, da África Saariana e da África Equatorial, o México, o Equador, o Brasil e a Venezuela, na América Latina – e as regiões consumidoras, como os países da Europa, os Estados Unidos e o Japão.

> **Barril de petróleo:** unidade de medida equivalente a aproximadamente 159 litros de petróleo.

Compare as informações do planisfério abaixo e dos gráficos apresentados a seguir com a imagem noturna da Terra, na página 255.

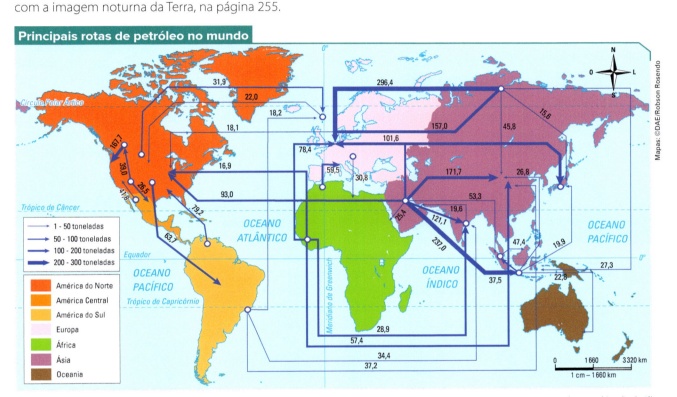

Fonte: BRITISH PETROLEUM (BP). *Statistical Review of World Energy*. jun. 2015. Disponível em: <www.bp.com/content/dam/bp/pdf/energy-economics/statistical-review-2015/bp-statistical-review-of-world-energy-2015-full-report.pdf>. Acesso em: 5 fev. 2016.

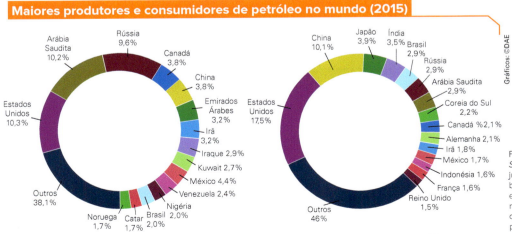

Fonte: British Petroleum (BP). *Statistical Review of World Energy*. jun. 2015. Disponível em: <www.bp.com/content/dam/bp/pdf/energy-economics/statistical-review-2015/bp-statistical-review-of-world-energy-2015-full-report.pdf>. Acesso em: 5 fev. 2016.

As fontes de energia e sua importância no mundo atual **Capítulo 16**

As grandes multinacionais do petróleo

Desde a abertura dos primeiros poços nos Estados Unidos, em meados do século XIX, a maior parte das atividades de extração, transporte e refinamento de petróleo no mundo vem sendo executada por um número restrito de empresas especializadas.

As etapas de processamento e de transporte do petróleo exigem a utilização de tecnologias altamente sofisticadas, que envolvem profissionais e cientistas de diversas áreas. A explosão do consumo de hidrocarbonetos, ocorrida no início do século XX, gerou enormes lucros e fez com que a tecnologia de exploração desse recurso natural se concentrasse nas mãos das maiores empresas do ramo, como as estadunidenses Exxon, Mobil, Standard Oil, Texaco e Gulf, a britânica British Petroleum e a holandesa Royal Dutch Shell, que passaram a ser chamadas de **Grupo das Sete Irmãs**. Esse grupo controlou o negócio do petróleo no mundo durante várias décadas, determinando o aumento ou a redução do valor do barril do produto de acordo com seus interesses econômicos. As empresas do grupo exploravam jazidas em diversos países produtores, sobretudo no Oriente Médio, na África e na América Latina, pagando *royalties* ao governo dessas nações pelos direitos de exploração em seu território.

Royalty: valor pago pelos direitos de exploração comercial de um produto, uma marca ou um processo produtivo.

Essas empresas ainda hoje concentram boa parte da tecnologia de exploração do petróleo e têm poder sobre a distribuição do produto e de seus derivados no mundo. Ainda que paguem pela exploração das jazidas, os enormes lucros obtidos no passado conferiram a essas empresas capacidade financeira e poderes que, muitas vezes, sobrepõem-se aos do próprio Estado onde atuam.

O papel da Opep na atualidade

Oligopólio: poder de concentração de domínio do mercado entre poucas empresas de grande porte.

Com o objetivo de acabar com o *oligopólio* das "Sete Irmãs", um grupo de países subdesenvolvidos produtores e exportadores de petróleo fundou, na década de 1960, a Organização dos Países Exportadores de Petróleo (Opep). Por reunir alguns dos mais importantes produtores de petróleo do mundo, a Opep passou a desempenhar papel fundamental nas decisões econômicas e políticas mundiais, influindo nos preços de comercialização desse produto no mercado internacional. Prova disso foi a crise de abastecimento de petróleo ocorrida em 1973, quando os países-membros decidiram reduzir a oferta do produto no mercado mundial como forma de retaliação às multinacionais e aos governos das grandes potências econômicas, o que acabou elevando em cerca de 400% o preço do barril no período de apenas um ano (1974-1975).

Atualmente, a Opep reúne 12 países, seis dos quais estão localizados no Oriente Médio (Irã, Iraque, Kuwait, Catar, Arábia Saudita e Emirados Árabes Unidos), quatro na África (Angola, Argélia, Líbia e Nigéria), e dois na América Latina (Equador e Venezuela). Por meio dessa organização, os países-membros buscam controlar o volume da oferta de petróleo no mercado mundial, já que juntos são responsáveis por cerca de 40% da produção e por aproximadamente 75% das reservas mundiais de hidrocarbonetos. Veja o mapa e o gráfico da próxima página.

Reunião dos representantes da Opep (ou, em inglês, Organization of the Petroleum Exporting Countries), em Viena, Áustria, no ano de 2015.

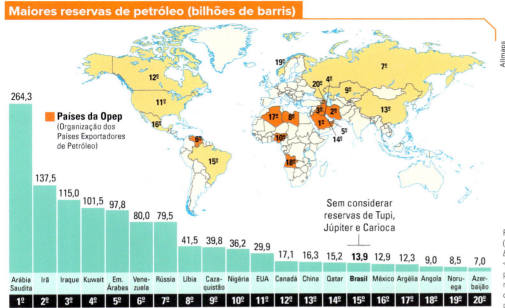

Maiores reservas de petróleo (bilhões de barris)

Fonte: BRITISH PETROLEUM (BP). *Statistical Review of World Energy*. jun. 2015. Disponível em: <www.bp.com/content/dam/bp/pdf/energy-economics/statistical-review-2015/bp-statistical-review-of-world-energy-2015-full-report.pdf>. Acesso em: 5 fev. 2016.

▸ A produção de petróleo no Brasil

Alguns países importadores de petróleo também reagiram ao oligopólio das multinacionais, criando empresas estatais de prospecção e extração, desenvolvendo tecnologias próprias e explorando bacias petrolíferas em seu território. Esse foi o caso do Brasil: na década de 1950 foi fundada a Petrobras, com o propósito de diminuir a dependência nacional em relação ao petróleo importado e, por meio da consolidação de um amplo parque industrial de base, composto de petroquímicas, siderúrgicas e metalúrgicas, viabilizar o projeto de industrialização do país.

Dessa maneira, foram realizados investimentos maciços, por parte do Estado brasileiro, em pesquisa, prospecção, extração e refino do petróleo em território nacional. Os trabalhos de prospecção levaram à descoberta de jazidas consideráveis (conhecidas como **bacias**), sobretudo na área da chamada **plataforma continental marítima** (veja o mapa da página seguinte), região do relevo submarino relativamente próxima da costa, na qual se extraem cerca de 90% do petróleo brasileiro. A maior e mais importante dessas bacias em exploração é a de Campos, no litoral do estado do Rio de Janeiro, responsável por aproximadamente 80% da produção nacional. Outras áreas importantes estão em São Paulo, no Espírito Santo, no Rio Grande do Norte e na Bahia. A produção nessas áreas representa a quase totalidade do petróleo consumido no país.

Além disso, em 2007, foi anunciada pela Petrobras a descoberta de um conjunto de bacias com grandes reservas de petróleo, entre o litoral paulista e o carioca, denominado **Campo de Tupi** (veja o mapa da página 266). Com a exploração dessas reservas, o Brasil tornou-se autossuficiente em extração de petróleo bruto em 2015, e o mesmo deve ocorrer em relação à produção de derivados a partir de 2020, quando ficarão prontas as refinarias em construção. Observe no gráfico a evolução da produção brasileira de petróleo nos últimos anos.

Produção de petróleo no Brasil (2004-2014)

Fonte: BRITISH PETROLEUM (BP). *Statistical Review of World Energy*. jun. 2015. Disponível em: <www.bp.com/content/dam/bp/pdf/energy-economics/statistical-review-2015/bp-statistical-review-of-world-energy-2015-full-report.pdf>. Acesso em: 5 fev. 2016.

A Petrobras, embora não exerça monopólio sobre a atividade petrolífera no Brasil, é a principal empresa do segmento, controlando refinarias e boa parte da rede nacional de distribuição de combustíveis e derivados. O mapa desta página mostra a localização das principais áreas produtoras de petróleo no Brasil, em terra e mar, além das mais importantes refinarias do país. Observe que essas refinarias estão próximas dos portos, que recebem o óleo bruto das plataformas e o petróleo importado. As refinarias também se localizam perto das regiões de maior concentração industrial, a fim de atender à demanda por matérias-primas desse setor.

Fontes: AGÊNCIA NACIONAL DO PETRÓLEO, GÁS NATURAL E BIOCOMBUSTÍVEIS (ANP). Disponível em: <www.anp.gov.br>. Acesso em: 25 out. 2015; PETROBRAS. Disponível em: <www.petrobras.com.br>. Acesso em: 25 out. 2015.

A maior parte do petróleo nacional é extraído por meio de plataformas do tipo *offshore*, nome dado às estruturas instaladas em alto-mar. Na fotografia vemos o navio-plataforma P-35, da Petrobras, na Bacia de Campos, no estado do Rio de Janeiro, em 2011.

264   **Unidade 4**   A dinâmica da indústria e as fontes de energia

O Brasil e a autossuficiência em petróleo

De acordo com especialistas, existem basicamente dois tipos de petróleo em exploração no mundo: o chamado petróleo leve, do qual é mais fácil extrair nafta, querosene, gasolina, óleos lubrificantes e outros derivados nobres, e o denominado petróleo pesado, mais denso, usado como matéria-prima para produzir sobretudo *diesel* e asfalto. A diferença química entre eles está no tamanho de suas moléculas. Enquanto o petróleo leve, mais fino, é composto de pequenas cadeias, com cerca de dez átomos de carbono, o petróleo pesado, mais denso, pode abrigar cadeias de carbono com mais de 70 átomos. Dessa forma, extrair gasolina, por exemplo, de petróleo pesado é mais trabalhoso e aumenta substancialmente os custos de refino.

O Brasil é autossuficiente em produção de petróleo no que se refere à quantidade, ou seja, a produção é praticamente equivalente ao consumo. No entanto, a quase totalidade dessa produção é de petróleo pesado, o que leva o país a depender de importações de grande quantidade de petróleo leve.

Segundo dados da Petrobras, atualmente um quinto do petróleo que vai para as refinarias brasileiras é importado, pois apenas cerca de 6% da produção nacional pode ser qualificada como petróleo leve. Com o uso de petróleo importado é possível produzir, além de asfalto, derivados mais finos, como gasolina, nafta e combustível para aviação. Isso porque a maior parte das refinarias brasileiras em operação na atualidade foi construída nas décadas de 1950 e 1960, período em que a quase totalidade do petróleo necessário ao país era importada; dessa forma, são refinarias com tecnologia para processar preferencialmente petróleo leve. Com a exploração do Campo de Tupi e com todo o potencial da camada pré-sal, impõe-se um novo desafio ao país: construir refinarias com tecnologia apropriada para o processamento de petróleo pesado, o que poderá eliminar totalmente a dependência da matéria-prima importada. Segundo a Petrobras, até 2020, a Refinaria Abreu e Lima, em Pernambuco, estará em pleno funcionamento, e estarão parcialmente em operação as refinarias Premium I, no Maranhão (2018) e Premium II, no Ceará (2019), garantindo o refino do petróleo pesado e a autossuficiência em derivados.

A Refinaria do Nordeste (Rnest) ou Refinaria Abreu e Lima, localizada no município de Ipojuca, em Pernambuco, começou a ser construída em 2014. Ela será voltada ao refino do petróleo pesado brasileiro e deve produzir principalmente óleo *diesel*. Na fotografia, vista parcial da refinaria em 2014.

O potencial da exploração na camada pré-sal

A camada pré-sal é uma faixa de aproximadamente 200 km de largura, localizada a 340 km da costa e se estende por cerca de 800 km entre os estados do Espírito Santo e de Santa Catarina, abaixo do leito do mar. Ela engloba três bacias sedimentares: a do Espírito Santo; a de Campos, no Rio de Janeiro; e a de Santos, em São Paulo. Nessas bacias, a Petrobras descobriu uma imensa reserva de petróleo que está alojada a profundidades entre 5 mil e 7 mil metros, abaixo de uma extensa camada rochosa de sal. Segundo geólogos, essa localização garante a qualidade do produto. Veja o mapa e o esquema a seguir.

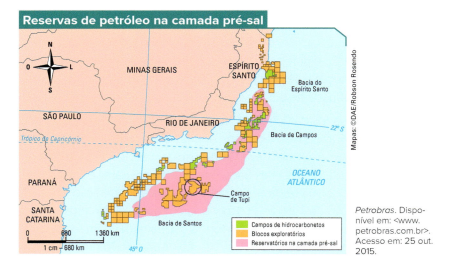

Fonte: Petrobras. Disponível em: <www.petrobras.com.br/pt/nossas-atividades/areas-de-atuacao/exploracao-e-producao-de-petroleo-e-gas/pre-sal>. Acesso em: 5 fev. 2016.

Ilustração fora de proporção; cores-fantasia.

Petrobras. Disponível em: <www.petrobras.com.br>. Acesso em: 25 out. 2015.

De olho no Enem – 2003

Os dados abaixo referem-se à origem do petróleo consumido no Brasil em dois diferentes anos.

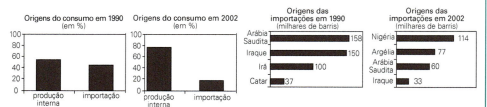

Analisando os dados, pode-se perceber que o Brasil adotou determinadas estratégias energéticas, dentre as quais podemos citar:

a. a diminuição das importações dos países muçulmanos e redução do consumo interno.

b. a redução da produção nacional e diminuição do consumo do petróleo produzido no Oriente Médio.

c. a redução da produção nacional e o aumento das compras de petróleo dos países árabes e africanos.

d. o aumento da produção nacional e redução do consumo de petróleo vindo dos países do Oriente Médio.

e. o aumento da dependência externa de petróleo vindo de países mais próximos do Brasil e redução do consumo interno.

Gabarito: D

Justificativa: Mais do que averiguar os conhecimentos do aluno sobre o histórico do consumo brasileiro de petróleo, a questão avalia a capacidade de interpretação dos gráficos apresentados no suporte. A alternativa **a** está incorreta, pois, além de todos os países mencionados nos dois gráficos à direita possuírem a maioria de sua população adepta da fé islâmica, não há elementos presentes no suporte da questão que permitam inferir que houve redução do consumo interno de petróleo no Brasil, visto que os gráficos explicitam apenas a origem do petróleo consumido e não o seu montante. A alternativa **b** está incorreta, pois os gráficos à esquerda apresentados no suporte revelam que a produção nacional aumentou em 2002 em relação a 1990. No caso da alternativa **c**, as duas afirmações estão incorretas, pois, como já foi dito, a produção nacional aumentou no período destacado e o percentual de petróleo importado dos países árabes e africanos mencionados diminuiu. A alternativa **e** está incorreta, pois, assim como no caso da alternativa **a**, não há elementos que indiquem redução do consumo interno. Além disso, não se pode falar em aumento da dependência externa desses países, pois o gráfico de 2002 indica exatamente o oposto. A alternativa correta é a **d**, que interpreta fielmente os dados apresentados no suporte.

Em novembro de 2007, o anúncio da existência de extensos campos de petróleo na camada pré-sal brasileira, como o de Tupi, fez com que o Brasil se tornasse um dos protagonistas da indústria petrolífera mundial. A Petrobras estima que só no Campo de Tupi existam entre 5 bilhões e 8 bilhões de **boe** (sigla em inglês para "barril de óleo equivalente", ou seja, barril de óleo e gás natural). Já as empresas estrangeiras, parceiras da estatal brasileira na extração de petróleo, divulgaram nota estimando que a capacidade das jazidas do Campo de Tupi seja de 12 bilhões a 30 bilhões de boe. A título de comparação, no total das reservas comprovadas de petróleo e gás natural da Petrobras, no Brasil havia, em 2007, cerca de 14 bilhões de boe, segundo análise da Agência Nacional do Petróleo (ANP). Dessa forma, o conjunto da camada pré-sal pode ser considerado uma das maiores descobertas do mundo no início do século XXI.

Estima-se que, em toda a sua extensão, a camada pré-sal abrigue campos de petróleo com um total de 100 bilhões de boe em reservas, o que pode colocar o Brasil no grupo dos maiores produtores desse recurso do mundo.

Os técnicos da Petrobras, pioneira em prospecção e extração de petróleo em águas profundas, ainda não sabem o quanto de óleo e gás podem ser extraídos de cada campo nem qual será o impacto da exploração desses recursos na economia nacional. Contudo, é possível afirmar que as jazidas do pré-sal podem mudar o perfil da produção de petróleo no país, reduzindo a importação de petróleo leve e de gás natural. O governo brasileiro estuda a criação de uma nova empresa estatal para administrar os chamados megacampos de petróleo. A exploração do produto, por outro lado, poderá ser feita por companhias estrangeiras, já que a extração implica investimentos altíssimos. Para viabilizar a produção nacional de petróleo em larga escala, estão sendo feitos investimentos maciços na indústria naval, com a construção de novas plataformas, no desenvolvimento de novas tecnologias de prospecção e na formação de uma malha de gasodutos e novas refinarias.

A Petrobras começou a explorar petróleo da camada pré-sal, em quantidade reduzida, em setembro de 2008. Essa exploração inicial ocorreu no Campo de Jubarte, na Bacia de Campos (ES), por meio da plataforma P-34. Atualmente, a região do pré-sal já produz aproximadamente 500 mil barris de petróleo por dia, e esse volume tende a aumentar gradativamente nos próximos anos.

As fontes de energia e sua importância no mundo atual **Capítulo 16**

▶ O futuro energético do Brasil

Em nosso país, aproximadamente 39% da energia produzida provém de fontes renováveis, como a hidreletricidade e a bioenergia. Os outros 61% são provenientes de fontes fósseis não renováveis, sobretudo de petróleo e carvão. Veja o gráfico a seguir.

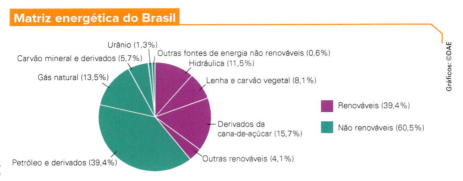

Fonte: EMPRESA DE PESQUISA ENERGÉTICA. *Balanço Energético Nacional 2015* – ano-base 2014. Rio de Janeiro: EPE, 2015. p. 16.

A energia hidrelétrica

A geração de energia hidráulica ou hidrelétrica no Brasil ganhou impulso com a crise mundial do petróleo, no início da década de 1970, quando houve a implantação, pelo Estado, de políticas públicas de redução do consumo de combustíveis fósseis e, consequentemente, dos custos de importação. A partir desse período, várias usinas hidrelétricas foram construídas, sobretudo no Centro-Sul do país, aproveitando o grande potencial hídrico da região. Observe o mapa abaixo.

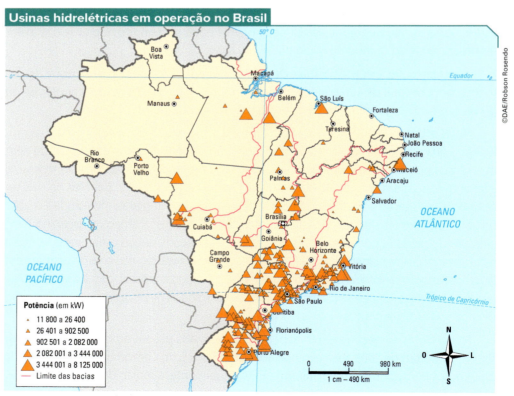

Fonte: AGÊNCIA NACIONAL DE ENERGIA ELÉTRICA. Disponível em: <www.aneel.gov.br/aplicacoes/atlas/energia_hidraulica/4_6.htm>. Acesso em: 26 out. 2015.

O Brasil é uma das nações do mundo que mais investiram na construção de barragens, cujos lagos artificiais geram atualmente cerca de 65% da energia elétrica produzida no país. Ainda que a fonte de energia hidrelétrica seja renovável, já que se usa água como matéria-prima, a construção das barragens causa grandes impactos sociais e ambientais.

Organizações não governamentais calculam que, nas últimas décadas, aproximadamente 1 milhão de pessoas tenham sido atingidas pela construção das usinas, perdendo suas propriedades e sendo obrigadas a migrar. Estima-se que, desse total, 70% não receberam nenhum tipo de indenização por parte do Estado ou das empresas responsáveis.

No que se refere ao meio ambiente, a inundação de grandes extensões de terra atinge a fauna e a flora ribeirinhas de maneira irreversível, consumindo matas e florestas, além de alterar o ciclo de reprodução de peixes e anfíbios, entre outros impactos.

A Usina Hidrelétrica de Belo Monte, que está em construção em um braço do Rio Xingu, no município de Altamira, no Pará, terá capacidade para gerar cerca de 11 mil MW (megawatts), potencial que a tornará a terceira maior usina do mundo, perdendo apenas para Itaipu, no estado do Paraná, e Três Gargantas, na China. Entretanto, cerca de 300 comunidades extrativistas e 12 povos indígenas terão boa parte de suas terras alagadas. Além disso, aproximadamente 20 mil moradores ribeirinhos deverão ser transferidos para novas áreas, devido ao aumento do nível das águas do lago da barragem. Na fotografia, construção de hidrelétrica de Belo Monte, em Altamira (PA), em 2014.

A energia eólica

O Brasil apresenta grande potencial para a geração de energia eólica, considerada uma fonte renovável e de baixo impacto ambiental. De acordo com estudos, as áreas de maior potencial eólico em nosso país se encontram na Região Nordeste, que pode chegar a gerar cerca de 4 mil MW de energia. A principal delas, com o mais elevado potencial, se estende do litoral do estado da Paraíba até o litoral cearense. Outra área importante corresponde à região de serras e chapadas centrais do estado da Bahia, com destaque para a Chapada Diamantina. Atualmente, estudos indicam que, no total, o Brasil tem um potencial eólico de aproximadamente 60 mil MW, ou seja, o equivalente à capacidade instalada de quatro usinas hidrelétricas como Itaipu. Observe o mapa da página seguinte.

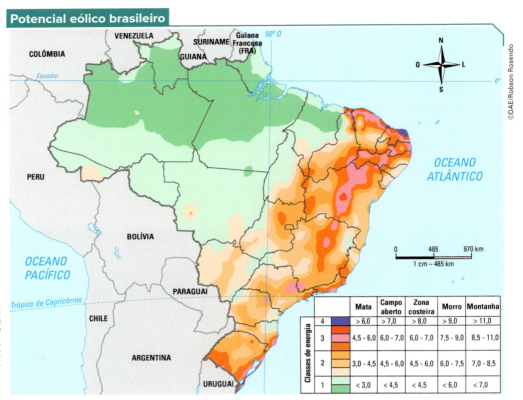

Potencial eólico brasileiro

Fonte: AGÊNCIA NACIONAL DE ENERGIA ELÉTRICA. Disponível em: <www.aneel.gov.br/aplicacoes/atlas/energia_eolica/6_3.htm>. Acesso em: 27 out. 2015.

Complexo eólico União dos Ventos, instalado em São Miguel do Gostoso (RN) 2015.

> Verifique na legenda do mapa como a velocidade dos ventos está relacionada às classes de energia. Identifique as regiões do território brasileiro que apresentam as maiores escalas de velocidade.

As pesquisas e os investimentos voltados a essas fontes alternativas de energia deverão, em primeiro lugar, diminuir a dependência do Brasil em relação ao petróleo importado, reduzindo a participação do país na degradação do meio ambiente e colaborando para um modelo de desenvolvimento socioeconômico sustentável.

270

A bioenergia

Outra estratégia utilizada pelo governo brasileiro para buscar alternativas a uma matriz energética amplamente baseada no petróleo foi, por meio de pesquisas pioneiras, investir na produção de bioenergia, obtida dos chamados biocombustíveis ou combustíveis biológicos, como a cana-de-açúcar, os óleos vegetais e a gordura animal.

Desde a década de 1970, o país vem desenvolvendo tecnologia para o uso do álcool etanol, extraído da cana-de-açúcar e utilizado como combustível. Nos últimos anos, somam-se esforços na pesquisa de outros recursos vegetais para a produção de óleo combustível, como a mamona e o dendê, entre outras plantas oleaginosas. Em relação ao álcool, há a adição desse produto na proporção de 27% em cada litro de gasolina comercializada. Já os óleos biocombustíveis vêm sendo testados na proporção de cerca de 7% em cada litro de óleo *diesel*, com a possibilidade de aumento dessa proporção até o desenvolvimento de motores que possam queimá-los integralmente.

Várias entidades de pesquisa brasileiras estão investindo no desenvolvimento de tecnologias que aumentem o uso da bioenergia. O infográfico a seguir mostra a viabilidade atual do uso dessa fonte alternativa e seus impactos sociais e ambientais.

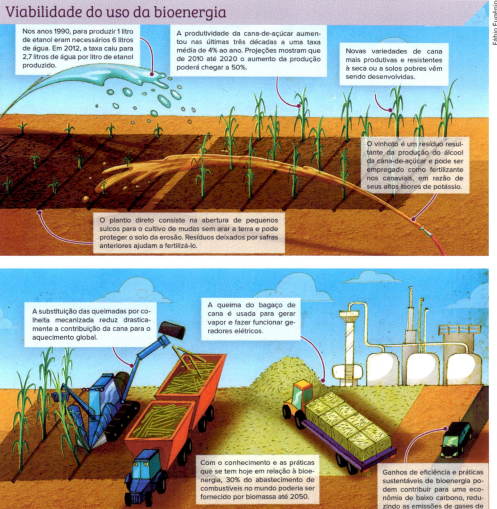

Ilustração fora de proporção; cores-fantasia.

Fonte: PARA UM FUTURO mais equilibrado. *Revista Pesquisa Fapesp*, São Paulo, n. 231, maio 2015. Disponível em: <http://revistapesquisa.fapesp.br/2015/05/15/para-um-futuro-mais-equilibrado>. Acesso em: 27 out. 2015.

Revisitando o capítulo

1. Quais são as principais fontes de energia utilizadas atualmente no mundo?
2. Por que o carvão é considerado, historicamente, uma fonte importante de energia? Qual é o principal uso do carvão na atualidade?
3. Descreva o processo de formação do carvão e o do petróleo, apontando semelhanças e diferenças entre eles.
4. Por que o petróleo é tão importante para a moderna sociedade industrial? Aponte problemas e benefícios decorrentes do uso desse recurso fóssil.
5. Explique o que são o Grupo das Sete Irmãs e a Opep. Qual é a relação histórico-econômica entre as duas organizações?
6. Quando e de que maneira o Brasil tornou-se um produtor de petróleo? Onde estão localizadas as principais jazidas do país?
7. De acordo com o estudo do capítulo, quando o Brasil poderá ser autossuficiente na produção de petróleo? Que fatores podem levá-lo a essa condição?
8. De que maneira o Brasil vem buscando alternativas para a matriz energética baseada no petróleo e seus derivados? Explique com base no que foi visto no capítulo.

▼ ANÁLISE DE GRÁFICOS

Analise com cuidado os gráficos apresentados e responda:

Gráfico 1 — Evolução dos preços internacionais do petróleo

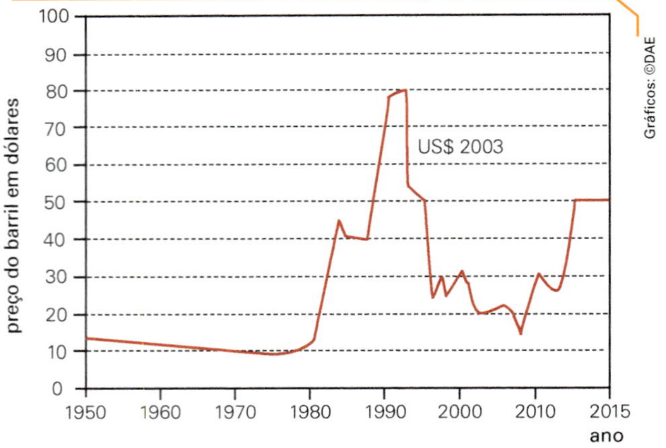

Fonte: VARGAS, José Israel; ALVIM, Carlos Feu. Preços de petróleo: o terceiro choque?. *Economia e Energia*, ano VIII, n. 47, dez. 2004/jan. 2005. Disponível em: <http://ecen.com/eee47/eee47p/precos_petroleo_3choq.htm>. Acesso em: 26 out. 2015. Uol. Economia. Disponível em: <http://economia.uol.com.br/cotacoes/indices-economicos>. Acesso em: 26 out. 2015.

Gráfico 2 — Produção de petróleo por estados no Brasil

Fonte: AGÊNCIA NACIONAL DO PETRÓLEO, GÁS NATURAL E BIOCOMBUSTÍVEIS. *Anuário Estatístico Brasileiro de Petróleo, Gás Natural e Biocombustíveis*. Rio de Janeiro: ANP, 2008. p. 71. Disponível em: <www.anp.gov.br/?dw=68644>. Acesso em: 26 out. 2015.

a. Qual deles é um gráfico do tipo sectograma? E qual é um gráfico linear?
b. Qual é a relação entre o comportamento do preço do petróleo no mercado internacional a partir da década de 1970, mostrado pelo gráfico 1, e o estabelecimento da Opep? Explique com base no que foi estudado no capítulo.
c. De acordo com o gráfico 2, quais são os estados brasileiros que mais produzem petróleo?
d. Por que o estado do Rio de Janeiro concentra a maior parte da produção brasileira de hidrocarbonetos?

Enem e Vestibulares — Unidade 4

1. (Enem – 2011)

    > Estamos testemunhando o reverso da tendência histórica da assalariação do trabalho e socialização da produção, que foi característica predominante na era industrial. A nova organização social e econômica baseada nas tecnologias da informação visa à administração descentralizadora, ao trabalho individualizante e aos mercados personalizados. As novas tecnologias da informação possibilitam, ao mesmo tempo, a descentralização das tarefas e sua coordenação em uma rede interativa de comunicação em tempo real, seja entre continentes, seja entre os andares de um mesmo edifício.
    >
    > CASTELLS, M. *A sociedade em rede*. São Paulo: Paz e Terra, 2006 (adaptado).

    No contexto descrito, as sociedades vivenciam mudanças constantes nas ferramentas de comunicação que afetam os processos produtivos nas empresas. Na esfera do trabalho, tais mudanças têm provocado

    a. o aprofundamento dos vínculos dos operários com as linhas de montagem sob influência dos modelos orientais de gestão.
    b. o aumento das formas de teletrabalho como solução de larga escala para o problema do desemprego crônico.
    c. o avanço do trabalho flexível e da terceirização como respostas às demandas por inovação e com vistas à mobilidade dos investimentos.
    d. a autonomização crescente das máquinas e computadores em substituição ao trabalho dos especialistas técnicos e gestores.
    e. o fortalecimento do diálogo entre operários, gerentes, executivos e clientes com a garantia de harmonização das relações de trabalho.

2. (Uerj – 2015)

    Acervo Artístico-Cultural dos Palácios do Governo do Estado de São Paulo. Foto: Romulo Fialdini/Tempo Composto.

    A década de 1930, quando a tela *Operários* foi pintada, caracterizou-se pela deflagração do processo de industrialização na sociedade brasileira. Nessa tela, por meio da representação proposta pela artista, pode-se observar o seguinte aspecto do operariado nacional na época:

    a. defasagem salarial.
    b. diversidade cultural.
    c. associativismo sindical.
    d. disparidade educacional.

3. (Enem – 2012) Suponha que você seja um consultor e foi contratado para assessorar a implantação de uma matriz energética em um pequeno país com as seguintes características: região plana, chuvosa e com ventos constantes, dispondo de poucos recursos hídricos e sem reservatórios de combustíveis fósseis. De acordo com as características desse país, a matriz energética de menor impacto e risco ambientais é a baseada na energia

    a. dos biocombustíveis, pois tem menor impacto ambiental e maior disponibilidade.
    b. solar, pelo seu baixo custo e pelas características do país favoráveis à sua implantação.
    c. nuclear, por ter menor risco ambiental e ser adequada a locais com menor extensão territorial.
    d. hidráulica, devido ao relevo, à extensão territorial do país e aos recursos naturais disponíveis.
    e. eólica, pelas características do país e por não gerar gases do efeito estufa nem resíduos de operação.

4. (UFRGS – 2015) Considere as afirmações abaixo, sobre o sistema de produção de energia elétrica no Brasil.

    I. A maior parte da energia elétrica é gerada pelas hidrelétricas.
    II. O sistema operacional para complementação da energia elétrica utiliza termelétricas, sempre que necessário.
    III. As termelétricas, embora de custo mais baixo que as hidrelétricas, são mais poluentes.

    Quais estão corretas?

a. Apenas I.

b. Apenas III.

c. Apenas I e II.

d. Apenas I e III.

e. I, II e III.

5. (UFSC – 2014) O pré-sal se tornou uma importante página da história dos recursos energéticos no Brasil. A partir de sua descoberta, um novo universo de possibilidades foi aberto para a indústria petrolífera brasileira. Sobre o pré-sal, assinale a(s) proposição(ões) correta(s).

01. As formações da camada pré-sal estão localizadas em bacias sedimentares entre o litoral do Espírito Santo e o litoral de Santa Catarina.

02. Em face da grande profundidade, a exploração do petróleo da camada pré-sal não afetará o ambiente.

04. As camadas do pré-sal estão localizadas nas áreas da planície amazônica e do pantanal mato-grossense.

08. A descoberta da camada de petróleo do pré-sal poderá dar ao Brasil uma independência energética de derivados deste hidrocarboneto.

16. Considerando o tempo geológico, as formações do pré-sal são recentes, ou seja, datam do Quaternário da Era Cenozoica, mesmo período em que surge o *Homo sapiens*.

6. (UFPR – 2015)

Taxa média anual de variação da produtividade por trabalhador ocupado na indústria de transformação (em porcentagem)	
Brasil 1970/2011	
1970/1980	2,4
1980/1990	0,1
1990/2000	6,5
2000/2011	0,3

Observe a tabela acima. Com base na tabela e nos conhecimentos de Geografia Industrial, assinale a alternativa correta.

a. Na década de 70, a política de substituição de importações de petróleo levou à modernização tecnológica do setor petrolífero e ao consequente salto de produtividade expresso nos dados da tabela.

b. Na década de 80, o retrocesso da indústria foi resultado da opção do governo de privilegiar as exportações de produtos agrícolas com o fim de obter divisas para o pagamento da dívida externa.

c. Na década de 90, a produtividade cresceu mais rapidamente em função dos estímulos criados pelo controle da inflação, pela abertura da economia e também pela atração de investimento direto estrangeiro.

d. A desconcentração espacial da indústria tem como contrapartida a redução do ritmo de inovação tecnológica, razão pela qual a produtividade só cresceu com força nas décadas de 70 e 90, quando aumentou o nível de concentração industrial em São Paulo.

e. Na primeira década do séc. XXI, o fraco crescimento da produtividade resultou da privatização de empresas do setor produtivo estatal, medida que implicou a desativação dos centros de pesquisa científica dessas empresas.

7. (Enem – 2011)

Uma empresa norte-americana de bioenergia está expandindo suas operações para o Brasil para explorar o mercado de pinhão manso. Com sede na Califórnia, a empresa desenvolveu sementes híbridas de pinhão manso, oleaginosa utilizada hoje na produção de biodiesel e de querosene de aviação.

MAGOSSI, E. *O Estado de São Paulo*.
19 maio 2011 (adaptado).

A partir do texto, a melhoria agronômica das sementes de pinhão manso abre para o Brasil a oportunidade econômica de

a. ampliar as regiões produtoras pela adaptação do cultivo a diferentes condições climáticas.

b. beneficiar os pequenos produtores camponeses de óleo pela venda direta ao varejo.

c. abandonar a energia automotiva derivada do petróleo em favor de fontes alternativas.

d. baratear cultivos alimentares substituídos pelas culturas energéticas de valor econômico superior.

e. reduzir o impacto ambiental pela não emissão de gases do efeito estufa para a atmosfera.

8. (Enem – 2011)

Os biocombustíveis de primeira geração são derivados da soja, milho e cana-de-açúcar e sua produção ocorre através da fermentação. Biocombustíveis derivados de material celulósico ou bicombustíveis de segunda geração – coloquialmente chamados de "gasolina de capim" – são aqueles produzidos a partir de resíduos de madeira (serragem, por exemplo), talos de milho, palha de trigo ou capim de crescimento rápido e se apresentam como uma alternativa para os problemas enfrentados pelos de primeira geração, já que as matérias-primas são baratas e abundantes.

DALE, B. E.; HUBER, G. W. Gasolina de capim e outros vegetais. *Scientific American Brasil*. Ago. 2009, n. 87 (adaptado).

O texto mostra um dos pontos de vista a respeito do uso dos biocombustíveis na atualidade, os quais

a. são matrizes energéticas com menor carga de poluição para o ambiente e podem propiciar a geração de novos empregos, entretanto, para serem oferecidos com baixo custo, a tecnologia da degradação da celulose nos biocombustíveis de segunda geração deve ser extremamente eficiente.

b. oferecem múltiplas dificuldades, pois a produção é de alto custo, sua implantação não gera empregos, e deve-se ter cuidado com o risco ambiental, pois eles oferecem os mesmos riscos que o uso de combustíveis fósseis.

c. sendo de segunda geração, são produzidos por uma tecnologia que acarreta problemas sociais, sobretudo decorrente do fato de a matéria-prima ser abundante e facilmente encontrada, o que impede a geração de novos empregos.

d. sendo de primeira e segunda geração, são produzidos por tecnologias que devem passar por uma avaliação criteriosa quanto ao uso, pois uma enfrenta o problema da falta de espaço para plantio da matéria-prima e a

outra impede a geração de novas fontes de emprego.

e. podem acarretar sérios problemas econômicos e sociais, pois a substituição do uso de petróleo afeta negativamente toda uma cadeia produtiva na medida em que exclui diversas fontes de emprego nas refinarias, postos de gasolina e no transporte de petróleo e gasolina.

9. (UEPG-PR – 2015) Sobre petróleo e assuntos a ele relacionados, assinale o que for correto.

01. A Petrobras, Petróleo Brasileiro S.A., é uma empresa estatal de economia mista, cujo acionista majoritário é a União Federal. Foi instituída no governo de Getúlio Vargas e opera nas áreas de exploração, produção, refino, comercialização e transporte de petróleo, gás natural e seus derivados.

02. O Brasil é um grande importador de derivados de petróleo e de petróleo bruto.

04. O petróleo tem aplicação muito diversificada e dentre seus subprodutos provenientes da indústria petroquímica estão fibras sintéticas, objetos de plástico, roupas sintéticas, chicletes, entre outros. No Brasil, destaca-se apenas a produção de óleos lubrificantes e de gasolina, que é uma das mais baratas do mundo.

08. A Opep, Organização dos Países Exportadores de Petróleo, é um cartel legalizado e é composta por Arábia Saudita, Emirados Árabes Unidos, Irã, Iraque, Kuwait, Catar, Venezuela, Equador, Angola, Argélia, Líbia e Nigéria. Tem como objetivo a centralização da elaboração das políticas sobre produção e venda do petróleo de seus países integrantes. Os países integrantes representam por volta de 75% das reservas mundiais de petróleo.

16. As vantagens da utilização do petróleo na produção de combustíveis é o fato de que todos os derivados produzidos pela indústria petroquímica são biodegradáveis, o que não prejudica o meio ambiente.

UNIDADE 5

URBANIZAÇÃO E QUESTÕES DEMOGRÁFICAS DA ATUALIDADE

Nesta unidade serão estudadas as cidades e as características da população mundial e da população brasileira.
No Capítulo 17 estudaremos como o crescimento da indústria esteve relacionado ao processo de urbanização e como isso ocorreu nos países com alto ou baixo nível de industrialização. Verificaremos, no Capítulo 18, os principais aspectos da dinâmica demográfica mundial, como a distribuição espacial, o crescimento e a estrutura da população. No Capítulo 19, último da unidade, serão observados aspectos importantes da população brasileira, especialmente relacionados ao crescimento, à estrutura etária, à formação étnica e cultural e, ainda, aos movimentos migratórios.

As grandes multidões anônimas são uma característica das metrópoles atuais, que reúnem milhões de pessoas em poucas centenas de quilômetros quadrados. Na foto, multidão em cruzamento no centro de Tóquio, Japão, em 2013.

CAPÍTULO 17

AS CIDADES E O FENÔMENO DA URBANIZAÇÃO

▶ Os primórdios do urbano

As primeiras cidades surgiram há cerca de cinco mil anos, sobretudo no Oriente Médio e na Índia. A partir de então, elas se multiplicaram e estabeleceram-se como aglomerados humanos complexos, em que se desenvolveram, ao longo de gerações, diversas atividades econômicas, destinadas a prover as necessidades de consumo dos habitantes da área urbana e das comunidades rurais.

A condição principal para o estabelecimento das cidades foi o processo de **sedentarização** pelo qual passaram determinados povos, que, com a prática da agricultura, puderam produzir mais alimentos do que consumiam. Os excedentes incrementaram a atividade de **troca** e tornaram possível a sobrevivência das pessoas em cidades. São exemplos de cidades antigas as erguidas próximo aos vales dos rios Nilo (no atual Egito), Tigre e Eufrates (no atual Iraque) e Indo (na Índia), aproximadamente, em 3000 a.C. Foram importantes também na Antiguidade as cidades gregas e romanas. A cidade de Roma, no apogeu do Império, aproximadamente no século II, chegou a abrigar cerca de um milhão de habitantes.

No início do século IV, Roma contava com sistemas de esgoto, vias pavimentadas, edifícios residenciais com até oito pavimentos, teatros, templos e palácios, assim como dezenas de aquedutos que forneciam cerca de um milhão de metros cúbicos de água potável diariamente para a população. Observe a fotografia abaixo.

Contudo, essas cidades eram exceções em um mundo em que predominava a população rural, e o afluxo de pessoas para os centros urbanos, assim como o crescimento vegetativo, era muito limitado.

Essa realidade iria mudar a partir do século XVIII, na Europa, com o desenvolvimento de uma nova atividade econômica que sobrepujaria todas as demais e transformaria radicalmente a organização do espaço geográfico mundial: a indústria.

Sedentarização: processo histórico e cultural em que determinados povos deixaram a condição de nômades – que necessitavam se deslocar sempre, geralmente em razão da atividade de caça, coleta ou pastoreio – e passaram a fixar-se em um território, dedicando-se, sobretudo, à agricultura.

Vista aérea da parte antiga de Roma, em foto de 2014. Essa área ainda mostra características do século IV, como o traçado das ruas.

Culturas em foco

O poder da arte do grafite

A área metropolitana da Cidade do México, com aproximadamente 20 milhões de habitantes, é uma das mais populosas do planeta. E tal particularidade vem de longa data: a capital mexicana foi construída sobre as ruínas de Tenochtitlán, sede do império asteca que já abrigava mais de 300 mil habitantes na ocasião da chegada dos conquistadores espanhóis no século XVI.

Como outras metrópoles de países subdesenvolvidos, atualmente a Cidade do México possui inúmeros problemas, como falta de infraestrutura e imensas áreas ocupadas por bairros pobres e violentos. Em meio a tantas mazelas, a arte do grafite surge como um instrumento de resgate da cidadania para as populações das áreas suburbanas. Leia a respeito do que ocorreu com uma comunidade carente na municipalidade de Pachuca:

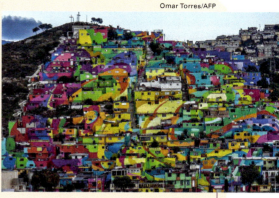

A comunidade de Las Palmitas, em Pachuca, no México, ficou famosa pelas casas coloridas. Esse arco-íris urbano é fruto de um projeto artístico para resgatar a vida comunitária. Foto de 2015.

> Em parceria com o governo do México, a organização Germen Crew, conhecida por criar trabalhos artísticos em comunidades e espaços públicos, revitalizou a comunidade de Las Palmitas, na cidade de Pachuca.
>
> Com objetivo de integrar a comunidade e tirar a imagem negativa do bairro, o trabalho na quebrada mexicana durou 14 meses. Os artistas pintaram 209 casas, ou vinte mil metros quadrados de fachadas, com as cores: lavanda, verde-limão, laranja, entre outras. Formando, pra quem observa de longe, um belo arco-íris abstrato.
>
> A obra é uma homenagem ao vento: a cidade de Pachuca é apelidada de "La Bella Airosa", uma frase espanhola que pode ser entendida como "a cidade de belos ventos".
>
> "Cada cor representa a alma do bairro. Tem sido um esforço de toda quebrada, cada família tem participado de alguma forma", disse o diretor do projeto, Enrique "Mybe" Gomez [...].
>
> No total, 452 famílias (1808 pessoas) foram beneficiadas. E segundo relatos locais, o índice de violência entre os jovens diminuiu consideravelmente, fazendo o objetivo do projeto ser alcançado.
>
> De acordo com o diretor Mybe, antes da grafitagem ser feita, Las Palmitas era mais uma área onde as pessoas evitavam sair às ruas depois de anoitecer ou até interagir uns com os outros depois de certa hora. Mas quando o projeto se aproximava de sua fase final, Mybe relatou que começou a notar pessoas na rua conversando entre si e mais crianças pra fora de casa.
>
> "Honestamente, o que mais me surpreende é ver que as pessoas estão realmente mudando", disse o diretor da grafitagem. "Eles estão crescendo, há mais espírito comunitário. As pessoas estão cuidando da segurança do bairro com suas próprias mãos". [...]

COPINI, Luana. Programa Cidades Sustentáveis, 14 ago. 2015. Disponível em: <www.cidadessustentaveis.org.br/noticias/grafiteiros-pintam-quebrada-inteira-no-mexico-e-violencia-na-regiao-diminui>. Acesso em: 7 mar. 2016.

A pintura grafite ou grafitagem é realizada, geralmente, em muros e paredes. Uma das principais características da maior parte dos desenhos grafitados é refletir as tensões e conflitos próprios das cidades. Os artistas buscam deixar sua impressão pessoal sobre determinados temas nos espaços públicos por meio dos grafites elaborados. Na imagem, grafite em São Paulo (SP), 2012.

▶ A urbanização nos países de origem da Revolução Industrial

Leia o relato feito pelo escritor irlandês William Cooke Taylor, em 1842, ao avistar Manchester, que era um dos grandes centros industriais da Inglaterra:

> Lembro-me muito bem do efeito que causou em mim minha primeira visão de Manchester, quando olhei para a cidade pela primeira vez no final da linha férrea que vinha de Liverpool, e vi uma floresta de chaminés expelindo vapor de fumaça, formando uma cobertura escura que parecia abraçar e envolver todo o lugar... Muitos anos se passaram desde aquela manhã, mas repetidas visitas a Manchester não diminuíram os efeitos daquela primeira impressão.
>
> DECCA, Edgar de; MENEGUELLO, Cristina. *Fábricas e homens*. São Paulo: Atual, 2006. p. 160.

Xilogravura de autor desconhecido mostra Manchester, Inglaterra, em 1850.

A partir da segunda metade do século XVIII, uma mudança radical na forma de produção de bens materiais ocorreu primeiramente na Inglaterra, e depois em outros países europeus, como a França, a Alemanha, a Holanda e a Bélgica, e nos Estados Unidos da América. Tratava-se do estabelecimento da **indústria moderna**, atividade econômica por meio da qual foi possível transformar em grande escala os recursos naturais e os produtos manufaturados, destinando-os ao consumo da população em geral e a outros ramos da economia. Essa mudança no processo produtivo ficou conhecida como **Revolução Industrial**.

Nesse momento histórico, as cidades representaram o ambiente ideal para o florescimento da indústria, pois nelas viviam os donos dos meios de produção (comerciantes, banqueiros e proprietários das manufaturas), que possuíam o capital necessário para investir no desenvolvimento de novas tecnologias de produção. Além disso, os habitantes desses centros urbanos representavam um importante mercado consumidor para os produtos industrializados e ofereciam mão de obra barata para as fábricas, fatores intensificados a partir de então por um expressivo êxodo rural.

O deslocamento de trabalhadores das pequenas aldeias e das áreas agrícolas para as cidades acarretou um vertiginoso crescimento da população urbana dos países em processo de industrialização: em poucas décadas o número de habitantes das cidades era maior que o do meio rural. Na Inglaterra, por exemplo, considerada o berço da Revolução Industrial, a maioria dos habitantes vivia nas cidades já no início do século XIX. Nas décadas seguintes, esse processo de **urbanização** iria ocorrer em outros países nos quais a atividade fabril se desenvolvia, como Bélgica, Holanda, França, Alemanha e Estados Unidos, e o continente europeu ganharia, então, suas primeiras aglomerações industriais com mais de um milhão de habitantes, como as de Londres e Paris.

As cidades da era industrial e o planejamento urbano

Ainda que, com a Revolução Industrial, as cidades representassem a possibilidade de novas oportunidades de trabalho e a melhora nas condições de vida de milhões de pessoas, o processo de urbanização desencadeou vários problemas, como a escassez de moradias e, consequentemente, a superpopulação dos bairros operários, a falta de saneamento e de acesso à água potável, o estrangulamento das vias públicas, além da intensa poluição do ar e dos cursos de água. A insalubridade das aglomerações urbanas desencadeava epidemias de cólera, tifo e outras doenças contagiosas, assim como a insatisfação da classe trabalhadora mais pobre que, em várias ocasiões, eclodiu na forma de violentas revoltas populares.

Ilustração de Gustave Doré mostra a condição miserável dos pobres de Londres em 1872: mães e filhos caminham descalços pela Rua Dudley, onde sapatarias instaladas no subsolo vendem calçados baratos, expostos na calçada em frente da entrada.

Como forma de conter tais insurgências, durante o século XIX e início do século XX, o Estado lançou mão do processo técnico e político do **planejamento urbano**, estudando intervenções no espaço das cidades e colocando em prática diversas medidas que possibilitassem a melhora das condições de vida das pessoas nos centros urbanos industriais. Entre essas medidas estavam a criação de sistemas de abastecimento de água e de coleta de esgoto; a derrubada de edifícios decadentes e a ampliação de ruas e avenidas; a criação de amplas praças e outros espaços públicos, além da implantação de transportes coletivos de massa, o que melhoraria consideravelmente as condições paisagísticas e sanitárias dessas cidades.

Em razão do rápido crescimento urbano e da explosão populacional em algumas cidades europeias, durante o século XIX, muitas obras de infraestrutura foram necessárias, como a ampliação das redes de abastecimento de água e de coleta de esgoto, a abertura de avenidas e a criação de sistemas de transporte mais eficientes, como o metrô. Na foto, operários nas obra do metrô de Paris em 1899.

As cidades e o fenômeno da urbanização Capítulo 17

▶ A urbanização nos países de industrialização tardia

Nas primeiras décadas do século XX, a expansão da atividade industrial para outros continentes acabou desencadeando um intenso processo de urbanização em determinadas nações subdesenvolvidas. Em países como Brasil, México, África do Sul e Coreia do Sul, a sociedade tornou-se predominantemente urbana em apenas algumas décadas, processo que, na Europa e nos Estados Unidos havia levado mais de um século.

O desenvolvimento da indústria nesses países, chamados posteriormente de **países capitalistas de industrialização tardia**, foi impulsionado principalmente por investimentos do Estado e pela implantação de empresas estrangeiras, provocando profundas transformações socioeconômicas.

Novos postos de trabalho foram criados no setor industrial e em outros setores da economia – sobretudo nos de comércio e serviços –, instalados preferencialmente nas cidades. Além disso, houve uma rápida modernização das atividades agrícolas, com a expansão das lavouras monocultoras e a introdução de máquinas e implementos, que passaram a substituir a mão de obra camponesa, fatores que levaram à dispensa em massa dos trabalhadores outrora necessários às atividades primárias.

Assim, um grande contingente populacional passou a migrar para as áreas urbanas, sobretudo para as cidades onde se localizavam as indústrias, fazendo com que o ritmo de urbanização crescesse na mesma proporção que nos países europeus durante a Primeira e a Segunda Revolução Industrial. Observe no quadro abaixo a evolução da população urbana e a rural em alguns países de industrialização tardia.

A foto de 1960 mostra tratores ingleses no pátio do porto de Santos (SP). Também eram importados tratores da Polônia, dos Estados Unidos e de outros países.

Evolução da população rural e urbana em países de industrialização tardia

Brasil
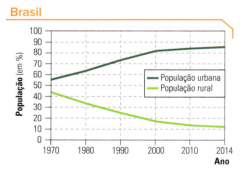

México
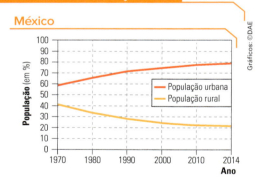

Coreia do Sul
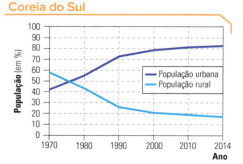

África do Sul
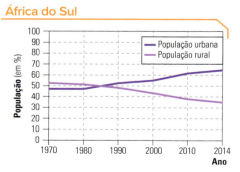

WORLD BANK. Economy Policy and External Debt Data. Disponível em: <http://data.worldbank.org/top c/economic-policy-and-external-debt>. Acesso em: 18 dez. 2015.

Gráficos: ©DAE

Contudo, o setor industrial não foi capaz de absorver a demanda de trabalhadores provenientes do campo. De maneira geral, a mão de obra foi absorvida pelo setor terciário da economia e, a maior parte, trabalhando de maneira informal. Dessa forma, uma das principais marcas da urbanização nesses países é a forte **segregação socioespacial** existente, sobretudo, nos grandes centros urbanos.

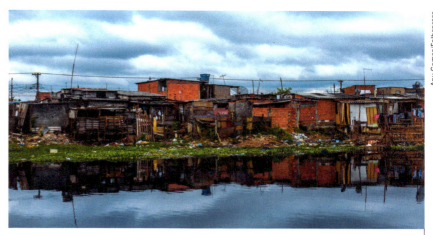

Favela às margens do Rio Tietê, em São Paulo (SP). Foto de 2014.

▶ A urbanização nos países com baixo nível de industrialização

Até o início da década de 1990, dezenas de países da Ásia, da África e da América Latina possuíam grande parte da população fixada no campo. Contudo, nas últimas décadas, um expressivo processo de urbanização, alimentado pelo êxodo rural, tem ocorrido entre essas nações, as quais têm em comum uma economia baseada na exploração de matérias-primas minerais e na produção agrícola voltadas para a exportação e com um baixo nível de industrialização. Como exemplos desse processo, é possível citar o Laos e o Camboja, na Ásia, o Equador e a Bolívia, na América do Sul, e vários países da África. Entre as causas do intenso fluxo migratório campo-cidade nesses países, sobretudo, nas últimas duas décadas, destacam-se:

- ▶ a miséria em que vivem os trabalhadores camponeses;
- ▶ a concentração de terras agricultáveis nas mãos dos latifundiários e de empresas estrangeiras ligadas ao agronegócio;
- ▶ as guerras civis e os conflitos entre grupos étnicos rivais;
- ▶ a guerrilha promovida por traficantes de narcóticos e de pedras preciosas.

Entre as consequências desse rápido afluxo de migrantes para as cidades, temos a explosão de áreas com moradias precárias, as chamadas **megafavelas**, onde faltam até mesmo as mínimas condições de infraestrutura, como o acesso a água potável.

Mulheres e crianças no campo de refugiados Kabalewa, região de Diffa, no Níger. Foto de 2015.

283

ESPAÇO E CARTOGRAFIA

A paisagem em texto, fotografia e imagem orbital

O texto que segue destaca algumas particularidades de Kibera, a favela mais populosa da África, em Nairóbi, na capital do Quênia. Leia com atenção.

> Em 2001, conflitos étnicos entre núbios e luos, duas das principais tribos do Quênia – ao todo são mais de 40 –, resultaram em milhares de refugiados e centenas de mortos na maior favela da África: Kibera, localizada na capital Nairóbi. Ali, vivem hoje, numa área de aproximadamente um quilômetro quadrado, 800 mil pessoas. Os conflitos de outrora se estabilizaram, mas outros não pararam de emergir. Num país em que cerca de 57% da população sobrevive com menos de um dólar por dia e onde a taxa de desemprego é das maiores, Kibera não deixou de ser um lugar violento. Este, no entanto, não parece ser o principal problema das famílias que ali vivem, amontoadas em casas de pau a pique e telhado de zinco. O dilema desses homens e mulheres, e das crianças que correm pelas estreitas vielas da favela, é saber até quando ficarão ali.
>
> Diferente do que acontece em algumas comunidades no Brasil, em Kibera ninguém detém a posse da terra. Pior: não há nenhuma perspectiva nem programa governamental que aponte no sentido da regularização da ocupação desta grande área próxima ao centro de Nairóbi. Pelo contrário, os diversos programas habitacionais desenvolvidos pelo governo queniano demonstraram, nos últimos anos, incapacidade para enfrentar a realidade local.
>
> O último deles, alardeado pelo governo do presidente Mwai Kibaki, funciona sob a seguinte lógica: empreiteiras, com financiamento do Banco Mundial, compram áreas estatais ao redor de Kibera e ali constroem o que seriam, em teoria, conjuntos habitacionais populares. A população da favela, no entanto, está longe de conseguir pagar as prestações da moradia ofertada, a partir de então, pela iniciativa privada – com direito a toda sorte de especulação imobiliária. Às casas construídas em terreno público só resta serem vendidas para a classe média queniana, que se beneficia daquilo que deveria ser ofertado às famílias extremamente carentes de Kibera – por conta de tais programas, constantemente ameaçadas de despejo. [...]
>
> BARBOSA, Bia. Maior favela da África aposta na juventude e organização popular como saída. *Carta maior*, São Paulo, 29 jan. 2007. Disponível em: <www.cartamaior.com.br/?Editoria/Direitos-Humanos/Maior-favela-da-africa-aposta-na-juventude-e-organizacao-popular-como-saida/5/12318>. Acesso em: 11 abr. 2015.

Observe, nesta página, uma fotografia que mostra parte da favela de Kibera, no ano de 2014.

Por fim, analise com atenção a imagem orbital abaixo, que apresenta a localização da favela de Kibera dentro do sítio urbano de Nairóbi.

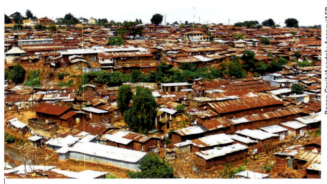

Comunidade de Kibera, em Nairóbi, Quênia 2014.

1 cm : 430 m

Imagem de satélite mostra a comunidade de Kibera (ao centro), em Nairóbi, Quênia 2016.

Atividade cartográfica

1. Quais são as características citadas no texto, a respeito de Kibera, que podem ser identificadas na fotografia e na imagem orbital apresentadas?
2. O texto menciona que Kibera possui uma extensão aproximada de um quilômetro quadrado. Como a imagem orbital nos permite ter ideia dessa dimensão? Cite duas maneiras diferentes de se identificar esse aspecto e explique sua opção.

De olho no Enem – 2013

> Embora haja dados comuns que dão unidade ao fenômeno da urbanização na África, na Ásia e na América Latina, os impactos são distintos em cada continente e mesmo dentro de cada país, ainda que as modernizações se deem com o mesmo conjunto de inovações.
>
> ELIAS, D. Fim do século e urbanização no Brasil. *Ciência geográfica*, ano IV, n. 11, set./dez. 1988.

O texto aponta para a complexidade da urbanização nos diferentes contextos socioespaciais. Comparando a organização socioeconômica das regiões citadas, a unidade desse fenômeno é perceptível no aspecto:

a. espacial, em função do sistema integrado que envolve as cidades locais e globais.

b. cultural, em função da semelhança histórica e da condição de modernização econômica e política.

c. demográfico, em função da localização das maiores aglomerações urbanas e continuidade do fluxo campo-cidade.

d. territorial, em função da estrutura de organização e planejamento das cidades que atravessam as fronteiras nacionais.

e. econômico, em função da revolução agrícola que transformou o campo e a cidade e contribui para a fixação do homem ao lugar.

Gabarito: C

Justificativa: Questão de nível de exigência elevado, por demandar a interpretação comparativa dos processos de urbanização ocorridos no mundo periférico. A alternativa **a** está incorreta, pois a rede urbana dos países subdesenvolvidos e em desenvolvimento caracteriza-se por ser descontínua e desintegrada, ao contrário do proposto no distrator. A alternativa **b** está incorreta, pois embora haja, de fato, semelhanças entre determinados processos e algumas características comuns, não se pode ignorar a influência das identidades culturais próprias e dos contextos locais, que conferiram aspectos peculiares no processo de urbanização ocorrido nos diferentes espaços mencionados, o que impede tratá-los de forma padronizada. A alternativa **d** está incorreta, pois no mundo periférico a urbanização acelerada e a falta de planejamento produziram uma desorganização espacial das cidades, opostamente ao que está alegado no distrator. A alternativa **e** está incorreta por ignorar que a revolução agrícola provocou o deslocamento de milhares de trabalhadores rurais para os espaços urbanos, não havendo, portanto, a alegada fixação do homem ao lugar. A alternativa correta está na letra **c**, pois a continuidade dos fluxos demográficos do campo para a cidade é uma característica comum ao mundo periférico, e que está diretamente relacionada à tendência de formação de grandes aglomerações urbanas nessas regiões.

▶ Urbanização: fenômeno mundial

Atualmente, cerca de 53% da população mundial, o equivalente a 3,5 bilhões de pessoas, vivem em cidades, percentual que deve aumentar ainda mais nas próximas décadas. De acordo com a Organização das Nações Unidas (ONU), até 2030, cinco bilhões de pessoas viverão em centros urbanos, o equivalente a 60% da população do planeta, que deverá ser, então, de 8,5 bilhões de habitantes. Observe, no gráfico ao lado, a evolução da população rural e da população urbana mundial no decorrer das últimas décadas e as estimativas para os próximos anos.

Fonte: FAOSTAT. Disponível em: <http://faostat3.fao.org/download/O/OA/E>. Acesso em: 19 mar. 2016.

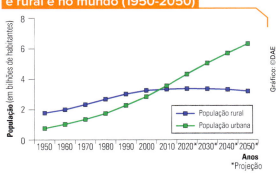

Evolução da população urbana e rural e no mundo (1950-2050)
*Projeção

Metrópoles e hierarquia urbana

Observe no mapa abaixo a distribuição da população no mundo, de acordo com as **taxas de urbanização** de cada país.

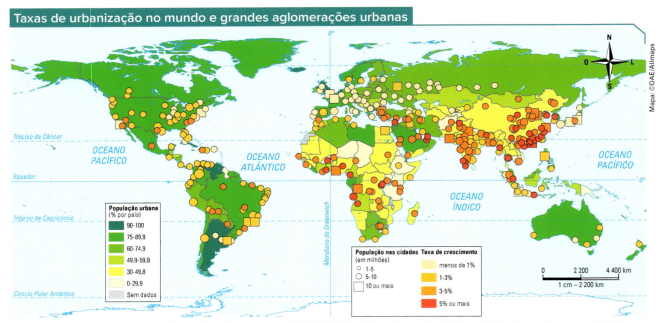

Fontes: (Taxa de urbanização) WORLD WATCH. Reino Unido: Collins, 2014. p. 16-17; (aglomerações urbanas) GU, Danan. *Sustainable Urbanization. Expert Group Meeting on The Post-2015 Era: Implications for the Global Research. Agenda on Population and Development.* Nova York: United Nations, 2015. p. 7. Disponível em: <www.un.org/en/development/desa/population/events/pdf/expert/22/2015-EGM_Urbanization.pdf>. Acesso em: 19 mar. 2016.

Além da taxa de urbanização de cada país, o planisfério acima mostra a localização das principais metrópoles do planeta. Mas, afinal, o que é uma metrópole?

Durante o século XX, boa parte da população que migrou para áreas urbanas fixou-se em cidades que detinham algum poder de atração: concentravam atividades industriais, atividades comerciais e serviços, ou eram sedes de instituições públicas e governamentais. Nesse sentido, esses centros urbanos passaram a oferecer melhor infraestrutura (acesso à educação, à saúde e ao saneamento básico, por exemplo) e mais oportunidades de empregos, concentrando capitais e exercendo uma forte influência sobre extensas porções do território nacional. Essas cidades, denominadas **metrópoles**, atualmente abrigam, na maioria das vezes, mais de um milhão de habitantes e estão no topo da **hierarquia urbana** dos países onde estão localizadas. Muitas delas, como Nova York, Londres e Tóquio, exercem influência mundial, sendo, por isso, chamadas de cidades globais. Reveja o mapa acima.

Fenômeno da metropolização

O fenômeno de **metropolização** – denominação dada por especialistas ao processo de concentração populacional e de poder econômico e administrativo nas metrópoles – não está limitado aos países ricos e industrializados; também ocorre em várias nações subdesenvolvidas do mundo, nas quais a maioria das metrópoles mais populosas está concentrada, como bem mostrou o mapa acima. Os gráficos a seguir apresentam a evolução da metropolização em cidades de países ricos e industrializados e em cidades de países subdesenvolvidos desde 1955.

Taxa de urbanização: razão entre o número de pessoas que vivem em áreas urbanas e o total de habitantes de um país, região, estado ou município.

Hierarquia urbana: nível de importância de cada cidade no interior de uma rede de cidades ou rede urbana, levando-se em consideração sua população absoluta, a diversificação de suas atividades econômicas e o grau de influência que exerce sobre uma região.

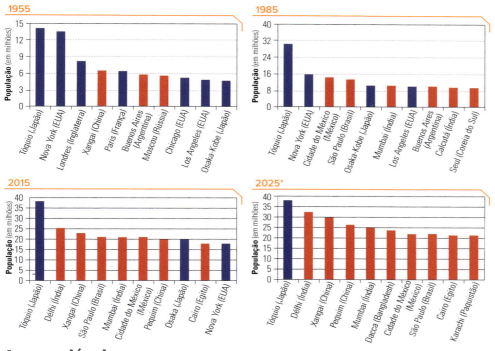

Evolução do processo de metropolização no mundo

Fontes: (Dados de 1955 e 1985) ONU. *Urban Agglomerations 2005*. Disponível em: <www.esa.un.org>. Acesso em: 19 ago. 2011; ONU. *World Urbanization Prospects*-The 2014 Revision. Disponível em: <http://esa.un.org/unpd/wup/CD-ROM/WUP2014_XLS_CD_FILES/WUP2014-F11a-30_Largest_Cities.xls> (dados de 2015 e projeções de 2025). Acesso em: 19 mar. 2016.

*Estimativa

As megalópoles

Em alguns países do mundo, o crescimento de duas ou mais metrópoles e das aglomerações urbanas no seu entorno tem dado origem às chamadas **megalópoles**. Essa expansão geralmente ocorre devido à expansão das áreas industriais ao longo de eixos viários, como rodovias, ferrovias e hidrovias. No Capítulo 10, você conhecerá o caso da megalópole brasileira. Os mapas a seguir (A e B) mostram algumas características das duas megalópoles mais populosas do mundo.

A megalópole japonesa (mapa A), também chamada de **Tokkaido**, com cerca de 45 milhões de habitantes, e a do nordeste dos Estados Unidos (mapa B), conhecida como **Boswash**, com aproximadamente 50 milhões de habitantes, formaram-se no entorno de grandes eixos rodoferroviários que ligam as metrópoles ali localizadas. Observe os mapas.

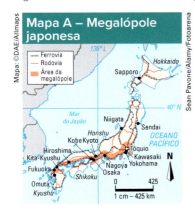

Fonte: PHILLIPSON, Olly. *Atlas geográfico mundial*. São Paulo: Fundamento, 2014. p. 62, 105 e 127.

A cidade de Tóquio é o coração político e econômico da megalópole japonesa. Imagem de 2014.

Fonte: PHILLIPSON, Olly. *Atlas geográfico mundial*. São Paulo: Fundamento, 2014. p. 62, 105 e 127.

Nova York é o grande centro comercial, industrial e financeiro da megalópole estadunidense. Imagem de 2014.

As cidades e o fenômeno da urbanização   Capítulo 17

Problemas urbanos das metrópoles: desafios para o século XXI

A ONU calcula que, em cerca de trinta anos, seis em cada dez habitantes do planeta viverão em cidades, sendo que, destes, cinco estarão em grandes metrópoles. Essa imensa concentração de pessoas – milhões em alguns quilômetros quadrados de área – impõe uma série de desafios a serem enfrentados pela administração pública, por empresas e pela sociedade de maneira geral, sobretudo nos países subdesenvolvidos. Conheça alguns desses desafios no painel que segue.

Transporte: a expansão urbana, em boa parte dos casos, ocorre sem planejamento, não priorizando a ampliação e a modernização das vias públicas, assim como a circulação do transporte público de massa. Como consequência ocorrem gigantescos congestionamentos, fazendo trabalhadores perderem horas em seu deslocamento diário.

Renato S. Cerqueira/Futura Press

Lixo: as grandes metrópoles produzem milhares de toneladas de lixo doméstico e industrial todos os dias. Contudo, na maior parte dessas cidades não existem sistemas eficientes de descarte, como aterros sanitários ambientalmente seguros, ou de reciclagem de lixo.

Apu Gomes/Folhapress

Violência: a existência de profundas desigualdades socioeconômicas, de altas taxas de desemprego e de informalidade e a ausência de um sistema de segurança pública eficiente, criam condições para que grupos criminosos, sobretudo aqueles ligados ao tráfico de drogas, se instalem nos bairros de baixa renda, gerando conflitos e violência.

Davi Ribeiro/Folhapress

288 Unidade 5 Urbanização e questões demográficas da atualidade

Poluição do ar e das águas: a imensa frota de automóveis e a grande concentração de indústrias aumentam a poluição do ar a níveis alarmantes. Além disso, a existência de uma rede coletora de esgotos domésticos e de resíduos fabris contamina os solos e os cursos de água.

Moradia: o afluxo de migrantes e o próprio crescimento da população urbana aumenta a demanda por moradias. Contudo, a especulação imobiliária eleva o preço da terra e "empurra" a população de baixa renda para áreas degradadas e menos favorecidas por infraestrutura.

As cidades e o fenômeno da urbanização   Capítulo 17

O caso da cidade de Seul, Coreia do Sul

Seul, a capital da Coreia do Sul, é uma metrópole com cerca de dez milhões de habitantes. No final da década de 1990, a cidade enfrentava sérios problemas relacionados aos congestionamentos e à poluição das águas dos rios e canais que atravessavam a área urbana. O poder público local colocou em prática um projeto de saneamento das áreas degradadas e reestruturou o sistema viário e de transporte público. O resultado foi a despoluição das águas e a revitalização das margens do rio Cheonggyecheon e a expansão do sistema de metrô e de ônibus em toda a área central, o que melhorou significativamente a qualidade de vida de boa parte de seus habitantes. Observe as mudanças que ocorreram por meio das fotos desta página:

Até 2003, boa parte do curso do Rio Cheonggyecheon corria enterrado sob autopistas que cortavam o centro de Seul, capital da Coreia do Sul. Naquele ano foi decidido que o rio seria desenterrado. Na imagem ao lado, de 2005, estavam em andamento as obras para fazer aflorar novamente o rio.

Atualmente, o rio está despoluído e ganhou um grande parque linear com quase 6 km de extensão em suas margens, onde os moradores podem caminhar e fazer atividades físicas. Acima, foto de 2012.

> Entre os problemas urbanos mostrados no painel, quais deles ocorrem com maior frequência ou gravidade na cidade onde você vive? Converse com os colegas e o professor sobre possíveis soluções que poderiam ser colocadas em prática para resolver esses problemas, assim como ocorreu em Seul, capital da Coreia do Sul.

290 Unidade 5 Urbanização e questões demográficas da atualidade

Revisitando o capítulo

1. No que se refere às cidades, responda:
   a. Quando e em que regiões do mundo surgiram as primeiras cidades?
   b. Qual foi o principal fator histórico-cultural que contribuiu para o surgimento das cidades? Explique.
   c. Você conhece a história da fundação da cidade onde vive? Busque informações a respeito e traga-as para as aulas seguintes.
2. Que evento mudou radicalmente a história das cidades na Europa e no mundo a partir do século XVIII? Como ocorreu o processo histórico que envolveu esse evento?
3. Com base no estudo do capítulo, explique o que é o processo de urbanização.
4. Analise comparativamente os gráficos da página 282 e explique a relação entre os processos de industrialização e o de urbanização nos chamados países de industrialização tardia.
5. O que tem intensificado o expressivo processo de urbanização em vários países com baixo nível de industrialização? Explique.
6. Como deverá ser a distribuição mundial da população rural e urbana em um futuro próximo, de acordo com a ONU?
7. O que são metrópoles?
8. Diferencie urbanização de metropolização.
9. O que é megalópole? Quais são as maiores megalópoles mundiais?
10. Analise com atenção o planisfério da página 286 e responda:
    a. Em que continentes estão os países com as maiores taxas de urbanização? E aqueles com as menores taxas?
    b. Quais são os continentes onde há maior número de metrópoles com um milhão de habitantes ou mais? E quais são aqueles em que há menor número?
    c. Quantas cidades com um milhão de habitantes ou mais há no Brasil? Quais são as duas maiores metrópoles brasileiras?
11. Cite alguns dos principais problemas urbanos existentes nas grandes cidades da atualidade.

▼ TRABALHANDO COM GÊNEROS TEXTUAIS

Leia com atenção o texto jornalístico que segue. Ele foi escrito em janeiro de 2003 pela cineasta Tata Amaral, que é moradora da cidade de São Paulo.

São Paulo é mesmo superlativo. Aqui tudo é muito. É a maior cidade da América do Sul, a mais populosa. Tudo aqui tem mais: violência, conivência, indiferença, estresse, saco cheio, medo também. Trombadinha não tem mais: caiu em desuso. Foram trocados pelos meninos com canivete no farol, pela abordagem direta, pelo assalto à mão armada. Mas isso não é privilégio de São Paulo, que, aliás, das brasileiras, é a mais cosmopolita, a que mais tem museus, cinemas, salas de espetáculos, galerias...

Mais público para isso também. Tem mais diversidade cultural, mais artistas, produtores culturais, industriais, operários, bancários, comerciantes, ambulantes, desempregados, trabalhadores informais, marginais, traficantes, mendigos, meninos de rua, prostitutas, cabeleireiros, marceneiros... Tem mais lojas, magazines, *shoppings*, estacionamentos, restaurantes. (Ah! Os restaurantes de São Paulo...) Mais dinheiro, mais miséria. Viver em São Paulo é aprender a viver entre a luz e a sombra.

Olho pro céu para saber se levo o guarda-chuva e me deparo com os fios da Net, da TVA, da Eletropaulo, da Telefônica, os gatos dos vizinhos. Tudo vai construindo uma trama aérea interminável que se prolifera, se acrescenta. E os prédios que de tão altos tampam o sol – e a visão das nuvens – da minha casa! Não tem graça o céu de São Paulo.

Se ao menos os prédios fossem mais humanos... Três ou quatro andares é uma medida humana. Um ou outro arranha-céu, vá lá. Ali do lado do Martinelli, ou na Paulista. Mas para onde quer que a gente olhe, tem prédio. E essa visão não tem nem mesmo a magia de um filme de ficção científica. [...]

Aqui tem muita ganância, muita gente querendo vender coisas. Além disso, tem muito carro, muito ônibus, muita moto, muita ambulância, muito caminhão, muita bicicleta. Todos acelerando, buzinando, tocando sirenes... Reclamam das ruas. Mas e as calçadas? Sou pedestre militante, não sei dirigir. Ando de ônibus, metrô, táxi, muitas vezes a pé. Olha, difícil fazer um percurso com carrinho de feira por aqui. Uma buraqueira só. O cotidiano em São Paulo não é fácil.

Mas o coração da América Latina é aqui. Vá lá que o centro geodésico da América do Sul fique na Chapada dos Guimarães, a capital em Brasília, o pulmão do mundo na Amazônia, que a mais linda cidade seja o Rio de Janeiro, a mais agradável, Salvador, a mais combativa, Porto Alegre, a modelo de consumo, Curitiba, a que tem mais mangueiras, Natal... Mas o coração está aqui. Não por São Paulo ser a locomotiva do Brasil, a cidade que não pode parar, ou porque tenha importância econômica capital, ou por ser uma das mais antigas do Brasil, nem mesmo por ser a meca dos emigrantes esperançados de um futuro melhor. Nada disso. O coração da América Latina é aqui porque esta é a cidade que mais emoções provoca: mais amor, mais horror.

Eu mesma adoro e detesto São Paulo. Adoro sua miscelânea sonora, adoro sua hospitalidade, que a todos acolhe – às vezes de uma maneira madrasta, verdade, mas acolhe. Adoro as vilas do meu bairro, adoro as casinhas com quase extintas roseiras na frente, choro quando terraplanam o jardinzinho para virar garagem; adoro o Brás, o Pacaembu, a Cidade Tiradentes; adoro mostrar meus filmes para o público de São Paulo, tão solidário. Adoro perambular pelas calçadas escangalhadas, tomar o metrô (e a estação Sumaré, que linda!), adoro ir ao cinema. Adoro as azaleias em maio, os ipês de novembro, os manacás de janeiro. [...] Adoro o centro da cidade. Adoro o Centro Cultural São Paulo, o Copan, o Vale do Anhangabaú. Adoro trocar ideias com o cobrador do ônibus, discutir a possível guerra contra o Iraque com o dono da padaria. (As padarias de São Paulo, o café em geral bem tirado, o cheiro do pão...) Adoro o paulistano, sua pressa e sua cordialidade.

Quero viver – e vivo – em São Paulo. Mas quero tanto que esta seja uma cidade melhor... Que tenha menos edifícios, mais árvores, mais praças, menos automóveis, mais metrô. Quero que o rio Tietê, o Pinheiros, o lendário Tamanduateí tenham águas límpidas e margens acolhedoras. Por falar nisso, e as plácidas do Ipiranga? Quero que recuperemos um pouco da topografia original da cidade. Quero que todos tenham emprego e que não haja fome, que todas as casas da periferia tenham luz, saneamento, que sejam pintadas e [...] quero que todos possam comer. Quero que não haja mais meninos de rua nem atropelamentos. Quero que o céu de São Paulo seja mais livre de fios, de *outdoors*... Quero mais beleza, mais calma, mais prazer. Quero que todos queiram e possam ir ao cinema, ao teatro. Quero cinemas em todos os bairros centrais e da periferia. Quero viver e fazer filmes aqui por muitos e muitos anos.

Tanta coisa eu quero porque, preciso dizer, eu adoro São Paulo.

AMARAL, Tata. Viver aqui é viver entre luz e sombra. Folha de S.Paulo. FOLHAPRESS. Disponível em: <www1.folha.uol.com.br/folha/cotidiano/ult95u67437.shtml>. Acesso em: 21 dez. 2015.

Agora, extraia do texto:

a. Três aspectos que caracterizam São Paulo como uma metrópole.

b. Três problemas urbanos enfrentados pela população dessa metrópole.

c. Propostas para transformar a cidade em um lugar melhor para viver.

CAPÍTULO 18
DINÂMICA DEMOGRÁFICA MUNDIAL NA ATUALIDADE

Observe a fotografia.

Cartaz na entrada da sede da ONU, em Nova York, Estados Unidos. Foto de 1º de novembro de 2011.

A imagem acima mostra um painel de rua, na cidade de Nova York, com uma campanha realizada pelo Fundo de População das Nações Unidas (UNFPA), cujo tema destaca o número total de habitantes do planeta, marca atingida, segundo estimativas, no dia 31 de outubro de 2011. Neste capítulo, vamos estudar sobre as dinâmicas que interferem na distribuição espacial, no comportamento e na composição da população de nosso planeta. O que você sabe a respeito das características populacionais do Brasil e do mundo? Converse com os colegas e o professor sobre esse tema.

▶ A distribuição da população mundial

Vimos no capítulo anterior que, com a Revolução Industrial, o processo de urbanização se intensificou, levando boa parte da população mundial a viver em cidades, sobretudo, em grandes aglomerações urbanas. Esse fato nos mostra que há uma desigualdade espacial na distribuição dos habitantes do planeta, existindo desde áreas densamente **povoadas**, até porções do planeta onde a presença humana se faz quase que ausente, como é o caso das regiões desérticas, de altas montanhas e de florestas. Observe o planisfério na página seguinte.

Densidade demográfica no mundo

Fonte: PHILLIPSON, Olly. *Atlas geográfico mundial.* São Paulo: Fundamento, 2014. p. 14-15.

O mapa acima nos mostra a **densidade demográfica** de cada área da superfície terrestre. A densidade demográfica é um índice obtido dividindo-se a **população absoluta** (total de habitantes) de um município, estado ou país, pela sua área territorial, o que é dado pela medida: habitantes por quilômetro quadrado (hab./km²).

Como é possível identificar por meio do mapa, a densidade demográfica varia de uma região para outra do planeta, assim como internamente dentro dos territórios dos próprios países. A China, por exemplo, um dos **países** mais **populosos** do mundo (veja a tabela a seguir), possui áreas de seu território com densidades demográficas acima de 200 hab./km², caso das regiões leste e sudeste do país. Por outro lado, existem regiões interioranas, localizadas no norte e oeste do país, onde as densidades demográficas são menores que 1 hab./km². Analise essa situação da China por meio do mapa que segue.

País populoso é aquele que, quando comparado aos demais países do mundo, possui uma elevada população absoluta. A tabela abaixo mostra a população absoluta dos dez países mais populosos do planeta. Juntos, eles reúnem cerca de 60% da população mundial.

Densidade demográfica na China

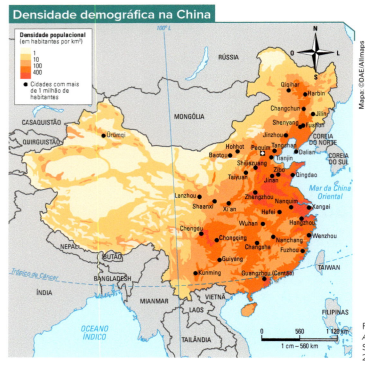

Dez países mais populosos do mundo	
País	População (em milhões)
China	1 393
Índia	1 267
Estados Unidos	323
Indonésia	253
Brasil	205
Paquistão	185
Nigéria	178
Bangladesh	159
Rússia	142
Japão	123

Fonte: IBGE. Países@. Disponível em: <www.ibge.gov.br/paisesat/main_frameset.php>. Acesso em: 7 mar. 2016.

Fonte: PHILLIPSON, Olly. *Atlas geográfico mundial.* São Paulo: Fundamento, 2014. p. 85.

294 Unidade 5 Urbanização e questões demográficas da atualidade

▶ O crescimento da população mundial

Observe o gráfico.

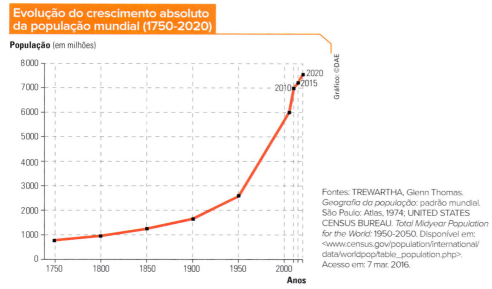

Concomitantemente ao processo de industrialização e de urbanização, provocado pela Revolução Industrial, houve, de maneira geral, uma rápida evolução do crescimento absoluto da população mundial, como atesta o gráfico acima. Somente nos últimos cinquenta anos, saltamos de cerca três bilhões para sete bilhões de habitantes. Mas como chegamos a esse número impressionante? Para entender a evolução do crescimento da população, os especialistas utilizam os chamados modelos demográficos. Entre os modelos mais bem aceitos pelos demógrafos na atualidade está o da **transição demográfica**. De acordo com esse modelo, a população mundial cresce em quatro etapas distintas, as quais podem ser observadas por meio do gráfico a seguir.

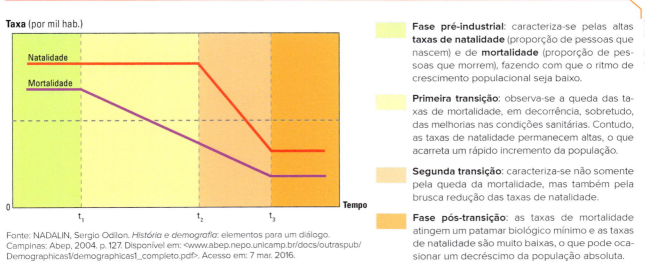

A seguir, vamos conhecer os principais estágios da transição demográfica pelas quais a população mundial vem passando nos últimos dois séculos.

Dinâmica demográfica mundial na atualidade   Capítulo 18   295

A teoria malthusiana

O livro *Um ensaio sobre o princípio da população*, de 1798, é a obra mais relevante de Malthus, cujas ideias influenciaram vários pensadores importantes no século seguinte, entre eles o economista David Ricardo e o naturalista Charles Darwin. Acima, *Retrato de Thomas Robert Malthus*, óleo sobre tela de John Linnel pintado em 1833.

No final do século XVIII, ao analisar o ritmo de crescimento da população dos Estados Unidos e de alguns países da Europa, o economista britânico **Thomas Robert Malthus** (1766-1834) formulou uma teoria demográfica que previa um futuro assustador para a humanidade. Segundo ele, o crescimento populacional se daria em progressão geométrica (2, 4, 8, 16, …), portanto, em um ritmo bem mais acelerado que o do crescimento da produção de alimentos, o qual ocorreria em progressão aritmética (2, 4, 6, 8, …), provocando, assim, um quadro de fome sem precedentes. Esses são os princípios que os demógrafos chamaram de **teoria malthusiana**.

Malthus baseou-se na chamada **lei dos rendimentos decrescentes**, segundo a qual a entrada de trabalhadores no setor agrícola nunca é suficiente para se produzir um excedente de alimentos proporcional ao número de trabalhadores que ingressam nesse setor. Dessa forma, a produção de alimentos tende a não acompanhar o ritmo de crescimento da população, o qual ocorreria, segundo ele, em progressão geométrica.

O crescimento natural ou vegetativo

As projeções de Malthus baseavam-se nas mudanças provocadas pela Revolução Industrial, que já podiam ser percebidas em relação a um desequilíbrio entre as taxas de natalidade e as de mortalidade, ocasionando o aumento do chamado **crescimento natural** ou **vegetativo** da população. Esse índice demográfico consiste na diferença entre a proporção de pessoas que nascem (**taxa de natalidade**) e a de pessoas que morrem (**taxa de mortalidade**) em um local, região ou país, no período de um ano e pode ser expresso por grupos de cem (%) ou de mil (‰) habitantes. Veja como se calcula o índice de crescimento vegetativo:

> Taxa de natalidade − taxa de mortalidade = crescimento vegetativo

Segundo especialistas, o acentuado desequilíbrio verificado entre as taxas de natalidade e as de mortalidade indica um período de transição demográfica, no qual se observam mudanças no índice de crescimento natural.

A primeira transição demográfica

A partir do final do século XIX, inicia-se um período de grande desequilíbrio demográfico devido, entre outros fatores, ao processo de urbanização, às melhorias das condições de saneamento (acesso a água potável, tratamento de esgoto, coleta de lixo), sobretudo nas áreas urbanas, e ao desenvolvimento de tecnologias aplicadas à fabricação de medicamentos e vacinas que seriam colocados à disposição da população, controlando a disseminação de grandes epidemias. Além disso, melhoraram as condições alimentares da população, sobretudo, com a ampliação da produção de cereais. Esses fatores desencadearam uma acentuada **queda nas taxas de mortalidade**. Como as taxas de natalidade não acompanharam o mesmo ritmo de declínio, ou seja, não apresentaram a mesma queda, observou-se um vertiginoso crescimento da população mundial. Reveja, o gráfico da página anterior.

As famílias numerosas, com dez ou mais filhos, eram muito comuns até meados do século XX. Na foto, grande família canadense posa para retrato em Toronto, no ano de 1936.

A explosão demográfica no pós-guerra

As taxas de natalidade foram ainda mais incrementadas no período imediatamente após o final da Segunda Guerra Mundial, quando ocorreu a chamada **explosão demográfica**. O índice de crescimento natural alcançou elevados patamares, sobretudo entre países como os Estados Unidos, o Japão e em alguns países da Europa, nações que ingressaram em um período de reconstrução de suas economias. Durante a década de 1950, por exemplo, a sociedade estadunidense estava no auge da prosperidade financeira, levando muitos casais a optar por um número maior de filhos do que até então. Nesse período, as taxas de natalidade bateram recordes no país, fenômeno que ficou conhecido como *baby boom*. Observe.

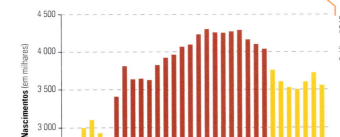

Fonte: FELDER, Jesse. How the baby boomers blew up the stock market. *The Felder Report*. mar. 2015. Disponível em: <http://thefelderreport.com/2015/03/24/this-simple-indicator-explains-persistently-high-equity-valuations-for-now>. Acesso em: 7 mar. 2016.

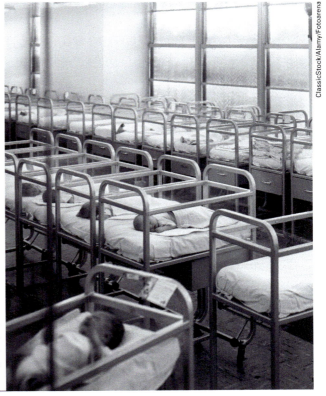

Durante o período do *baby boom*, que durou cerca de duas décadas, foram registrados mais de 70 milhões de nascimentos nos Estados Unidos, um acréscimo de aproximadamente um terço da população registrada no final da Segunda Guerra. Na foto, área de berçário em maternidade desse país na década de 1960.

Casal de chineses com seu bebê passa diante de cartaz da campanha governamental em prol do filho único. Pequim, China, 2005.

Contracepção: conjunto de métodos contraceptivos, como pílulas anticoncepcionais, preservativos e planejamento familiar.

A segunda transição demográfica

A partir da década de 1960, iniciou-se um período de declínio das taxas de natalidade em boa parte das nações do globo, fazendo com que o índice de crescimento natural da população mundial diminuísse rapidamente. Hoje em dia, esse índice é cerca de um terço menor que há dois séculos.

Essa nova fase de transição demográfica decorreu, em grande parte, dos seguintes fatores:

▸ o acentuado processo de urbanização, que, como vimos, disseminou-se durante esse período até mesmo entre boa parte das nações mais pobres do planeta;

▸ a entrada das mulheres no mercado de trabalho, principalmente nos países desenvolvidos e nos de industrialização tardia;

▸ as campanhas de **contracepção** promovidas por governos, instituições humanitárias e organizações internacionais, como a ONU, que passaram a incentivar os casais a ter um número cada vez menor de filhos.

Além desses fatores, em alguns países do mundo, o Estado passou a intervir no ritmo de crescimento demográfico por meio da implantação de austeras políticas de controle de natalidade. Esse é o caso da China onde, aproximadamente nos últimos trinta anos, foi permitido aos casais terem um único filho. Em 2015, entretanto, o governo central chinês passou a permitir até dois filhos, sendo vetado o terceiro, sob pena de o casal receber uma pesada multa.

Estamos na fase pós-transição?

Leia os trechos das reportagens abaixo.

População de países pobres triplicará até ano 2050

O número de pessoas vivendo nos 48 países mais pobres deverá triplicar até o ano 2050, quando a população da Terra deve chegar a 9 bilhões de pessoas.

BBC Brasil, 28 fev. 2001. Disponível em: <www.bbc.com/portuguese/noticias/2001/010228_populacao.shtml>. Acesso em: 7 mar. 2016.

Escassez de bebês e queda da população são desafios para a Alemanha

Apesar de esperar receber 800 mil pessoas em busca de asilo neste ano, a previsão é que a população do país diminua do pico de 82 milhões de pessoas em 2002 para 74,5 milhões em 2050.

STEFAN, Wagstyl. Financial Times, 8 ago. 2015. Disponível em: <www1.folha.uol.com.br/mercado/2015/09/1678815-escassez-de-bebes-e-queda-da-populacao-sao-desafios-para-alemanha.shtml>. Acesso em: 7 mar. 2016.

Embora o crescimento vegetativo esteja em declínio em todo o mundo, este índice apresenta-se de maneira muito diversificada entre os países, sobretudo entre as nações pobres de economia primária e as nações ricas e industrializadas. Enquanto nos primeiros o índice é muito alto, em razão das elevadas taxas de natalidade, em alguns países ricos o crescimento vegetativo chega a ser negativo, já que são baixas tanto as taxas de mortalidade como as de natalidade. Veja o gráfico e o mapa na página a seguir.

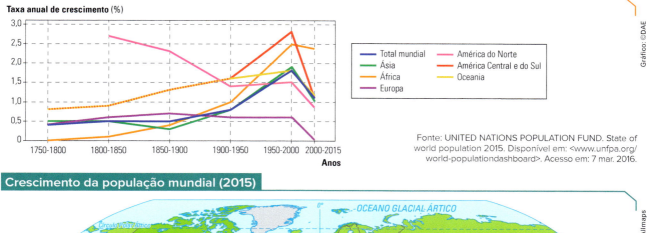

Fonte: UNITED NATIONS POPULATION FUND. State of world population 2015. Disponível em: <www.unfpa.org/world-populationdashboard>. Acesso em: 7 mar. 2016.

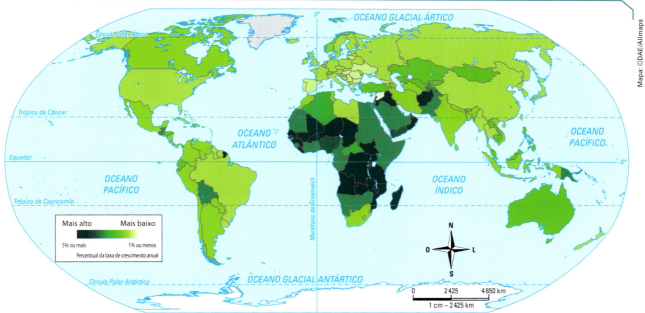

Fontes: TREWARTHA, Glenn Thomas. *Geografia da população*: padrão mundial. Tradução de Veneranda Barreto Hellmeister. São Paulo: Atlas, 1974; ESTADOS UNIDOS. Census Bureau, 2015. Disponível em: <www.census.gov/population/international/data/idb/informationGateway.php; www.census.gov/population/international/data/worldpop/table_population.php>. Acessos em: 7 mar. 2016.

Após analisar os dados do gráfico e do mapa acima e, com base no que estudou no capítulo até o momento, busque, com os colegas e o professor, respostas para o título desse tópico: "Estamos na fase pós-transição?".

Por que as projeções de Malthus não deram certo?

Cerca de dois séculos mais tarde, podemos dizer que as previsões de Thomas Malthus, de certa forma, não se concretizaram, pois os países utilizados como objeto de seu estudo para a formulação de sua teoria transformaram-se nas nações mais desenvolvidas do mundo, com populações bem nutridas e que, em geral, usufruem de uma alta qualidade de vida. Malthus também não levou em consideração que os avanços tecnológicos ocorridos nesse período, sobretudo nos países industrializados, permitiriam grandes saltos na produção agrícola mundial. Além disso, esse pensador, que possuía postura bastante religiosa e conservadora, de forma alguma conseguiria prever que, gerações mais tarde e em várias sociedades, as mulheres alcançariam um novo papel, ingressando no mercado de trabalho e decidindo o número de filhos que desejam ter, algo inimaginável nos tempos em que viveu.

Dinâmica demográfica mundial na atualidade   Capítulo 18

A queda da taxa de fecundidade

O novo papel desempenhado pelas mulheres e a melhoria dos níveis de alimentação, trabalho e escolaridade, em diversos países do mundo, são fatores que passaram a interferir fortemente na chamada taxa de fecundidade.

A **taxa de fecundidade** refere-se à média do número de filhos que as mulheres de um determinado país ou região podem ter durante sua idade fértil ou reprodutiva (em geral dos 15 aos 49 anos).

Atualmente, a taxa de fecundidade média mundial é de 2,5 filhos por mulher em idade reprodutiva. Há cinquenta anos essa mesma taxa era de 5,1 filhos por mulher. Observe o gráfico.

Fonte: ONU, DEPARTAMENT OF ECONOMIC AND SOCIAL AFFAIRS. World Population Prospects: The 2012 Revision. Disponível em: <http://esa.un.org/unpd/wpp>. Acesso em: 7 mar. 2016.

Contudo, devemos lembrar que essas condições sociais, econômicas e sanitárias mencionadas variam entre os países e regiões do mundo. Dessa forma, temos na África uma taxa de fecundidade média em torno de cinco filhos por mulher, enquanto que as mulheres europeias não têm atingido nem mesmo o número necessário para a renovação de gerações, que é de dois filhos por mulher, o que tem causado um decréscimo populacional em alguns países do continente.

Mulheres em foco

A pílula e a revolução

Quando me perguntam qual foi a maior invenção, aquela que revolucionou a história provocando uma evolução social de gênero, respondo, sem hesitar: a pílula anticoncepcional.

Até pouco tempo atrás, as mulheres não podiam controlar sua fertilidade, a sexualidade delas era um problema dos homens.

Durante séculos, a humanidade procurou e experimentou várias receitas contraceptivas na tentativa de encontrar algum resultado eficaz no controle de natalidade. O registro médico contraceptivo mais antigo, encontrado por arqueólogos, data de 1850 a.C. Em um papiro, uma receita ensina uma mistura de mel e bicarbonato de sódio para ser aplicado na vagina. Já no Velho Testamento, 1000 a.C., existem registros, resultantes de observações realizadas por estudiosos da época, de que as mulheres não engravidavam quando tinham relações sexuais às vésperas da menstruação. No Egito antigo, a rainha Cleópatra, para não engravidar, inseria na vagina esponjas marinhas embebidas em vinagre. E, assim, sucederam-se receitas e mais receitas, que demonstraram, sobretudo, a grande preocupação com o controle de natalidade e o planejamento familiar. [...]

Entre 1950 e 1955, a pílula anticoncepcional foi desenvolvida por dois grandes médicos americanos – Gregory Pincus e Carl Djerassi – que, por meio de incentivos da feminista e ativista social Margaret Sanger, receberam financiamento da rica herdeira industrial Katharine McCormick. Entretanto, foi preciso uma década de intenso trabalho para que o primeiro anticoncepcional oral "Enovid" fosse comercializado e colocado no mercado americano, em 1961, pela Searle. No mercado brasileiro, o Enovid chegou no ano seguinte (1962).

As primeiras pílulas comercializadas, apesar de eficientes, possuíam altas doses de hormônio, provocando efeitos colaterais indesejados. Desde então, várias pesquisas foram realizadas para minimizar as doses e os riscos provocados pelo uso constante dos hormônios sem interferir na eficácia contraceptiva, melhorando, assim, a qualidade de vida das usuárias.

A libertação de centenas de milhões de mulheres do fardo da gravidez indesejada teve enorme impacto social. Essa descoberta foi a principal causa da "revolução sexual feminina" da década de 1970 e, consequentemente, da atual busca por novos modelos na estrutura familiar convencional. Foi a maior e mais significativa modificação no comportamento humano, ajudando no surgimento de uma nova mulher que pôde, enfim, controlar melhor o próprio corpo. [...]

ROCHA, Patrícia. *Mulheres sob todas as luzes*: a emancipação feminina e os últimos dias do patriarcado. Belo Horizonte: Leitura, 2009. p.168-169.

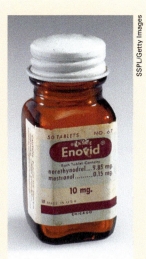

A primeira pílula anticoncepcional, Enovid, começou a ser vendida no Brasil em 1962. O conteúdo desse pequeno vidro provocou importante revolução nos hábitos e costumes de todas as sociedades humanas.

Responda

De acordo com o texto acima, por que a pílula anticoncepcional ocasionou o que a autora chama de "revolução sexual feminina"? Converse com os colegas de turma a respeito dos diferentes métodos contraceptivos que existem na atualidade. Reflitam sobre a importância das pessoas sexualmente ativas usarem esses métodos, não somente como forma de evitar a gravidez indesejada, mas também como forma de prevenção às chamadas doenças sexualmente transmissíveis (DST). Você e seus colegas sabem quais são elas? Conversem com o professor a respeito.

De olho no Enem – 2006

Nos últimos anos, ocorreu redução gradativa da taxa de crescimento populacional em quase todos os continentes. A seguir, são apresentados dados relativos aos países mais populosos em 2000 e também as projeções para 2050.

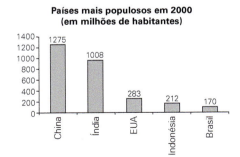

Internet: <www.ibge.gov.br>.

Com base nas informações acima, é correto afirmar que, no período de 2000 a 2050,

a. a taxa de crescimento populacional da China será negativa.
b. a população do Brasil duplicará.
c. a taxa de crescimento da população da Indonésia será menor que a dos EUA.
d. a população do Paquistão crescerá mais de 100%.
e. a China será o país com a maior taxa de crescimento populacional do mundo.

Dinâmica demográfica mundial na atualidade   Capítulo 18

Gabarito: D

Justificativa: Embora a população paquistanesa do ano 2000 não seja apontada no primeiro gráfico apresentado como suporte, é possível inferir que ela seja inferior a 170 milhões de habitantes (população do Brasil, que, de acordo com a fonte apresentada, era o 5º país mais populoso naquele ano). Como em 2050 a previsão apresenta a população do Paquistão com 344 milhões de habitantes, está correto afirmar, com base nos dados apresentados, que a população daquele país mais do que dobrará no período. Está correta, portanto, a alternativa **d**. A alternativa **a** está incorreta, pois se os dados apresentados informam a previsão de um incremento populacional na China entre 2000 e 2050, não haverá taxa de crescimento populacional negativa no período. A alternativa **b** está incorreta, pois se o Brasil não aparece entre os cinco países com maior população em 2050, é possível inferir que, de acordo com as previsões apresentadas, sua população naquele ano será inferior à da Indonésia (311 milhões), e assim não terá duplicado em relação à população brasileira aferida no ano 2000. A alternativa **c** está incorreta, pois embora o volume total do incremento populacional apresentado na população dos EUA no período seja superior ao verificado na Indonésia, proporcionalmente (ou seja: considerando o percentual representado pelo acréscimo populacional em relação à população total), o incremento previsto para este último país apresenta-se maior do que o estadunidense. Finalmente, a alternativa **e** está incorreta, pois se nos dados apresentados, a China, que detinha a maior população em 2000, será superada pela Índia em 2050, isso revela que a taxa de crescimento populacional indiana é maior do que a chinesa, invalidando o distrator. Além disso, de acordo com os dados apresentados, a taxa de crescimento populacional paquistanesa também é muito superior à chinesa. Também a afirmação apresentada no distrator não pode ser validada já que os gráficos apresentados revelam apenas os cinco países mais populosos do mundo em cada período, e não as maiores taxas de crescimento populacional verificadas no planeta.

A estrutura da população mundial

Vários demógrafos têm afirmado que a entrada da sociedade na etapa pós-transição demográfica, trará mudanças significativas na estrutura etária e na estrutura econômica da população mundial. Mas o que isso significa? É o que veremos a seguir.

As mudanças na estrutura etária

A melhoria da qualidade de vida em vários países do mundo tem aumentado a expectativa de vida da população. A **expectativa de vida ao nascer** refere-se ao número médio de anos que uma pessoa poderá viver, levando-se em consideração as condições socioeconômicas mundiais como um todo, ou mesmo de um país ou região. Na primeira metade da década de 2010, a expectativa de vida média mundial era de 70 anos, sendo que no início da década de 1960 esse índice era de 50 anos, ou seja, as pessoas passaram a viver em média 20 anos a mais, seis décadas depois.

O aumento da expectativa de vida aliado à queda na taxa de fecundidade, tem levado, já há algumas décadas, a importantes mudanças na estrutura etária da população. A **estrutura etária** refere-se à maneira como os habitantes de um país ou região estão distribuídos de acordo com a faixa etária e o sexo. De maneira geral, analisa-se a população dividindo-a em três faixas etárias: crianças e jovens (de 0 a 19 anos), adultos (de 20 a 59 anos) e idosos (a partir dos 60 anos). Essa análise é feita por meio da leitura da chamada **pirâmide etária**, um gráfico que mostra a distribuição das faixas etárias divididas em duas colunas: uma para a população masculina e outra para a população feminina. Veja as mudanças ocorridas na pirâmide etária do Japão, a partir da década de 1950.

302 **Unidade 5** Urbanização e questões demográficas da atualidade

Estrutura etária no Japão

Pirâmide etária do Japão (1950 e 2015)

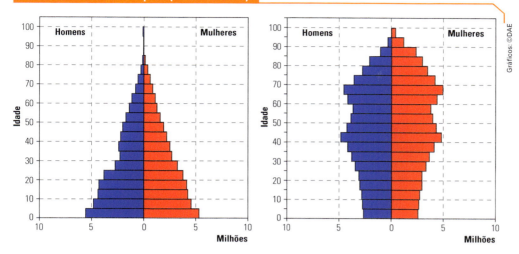

Fonte: ONU. Department of Economic and Social Affairs. Population Division. *World Population Prospects*: The 2015 Revision. Disponível em: <http://esa.un.org/unpd/wpp/Graphs/DemographicProfiles/>. Acesso em: 7 mar. 2016.

Observe que a pirâmide etária japonesa de 1950 possui uma **base** larga, o que indica que havia uma proporção muito maior de jovens no total da população do que há atualmente. Ao comparar com a pirâmide de 2015, é possível observar que, nesse período, houve uma forte queda nas taxas de natalidade e de fecundidade no país. A pirâmide etária de 2015 apresenta um **ápice** alargado, mostrando que a proporção de idosos cresceu grandemente durante as últimas seis décadas. Tal fato decorre da elevada expectativa de vida alcançada pelos japoneses nesse período, atualmente uma das mais altas do mundo, com 83 anos.

Idosos japoneses dançando em Tóquio, no Japão. Foto de 2012.

Entretanto, devemos lembrar que a situação socioeconômica e cultural difere bastante entre os países do mundo, existindo regiões do planeta onde a dinâmica populacional ainda se assemelha muito àquela da primeira etapa de transição, com elevadas taxas de natalidade e de fecundidade e com uma baixa expectativa de vida. É o caso, por exemplo, de Serra Leoa.

Dinâmica demográfica mundial na atualidade   Capítulo 18   303

Estrutura etária em Serra Leoa

Analise a pirâmide etária desse país africano.

Observe que, ainda que a **base** da pirâmide seja larga, o que indica uma elevada taxa de natalidade no país, ela se **afunila** rapidamente, sendo pequena a proporção de habitantes idosos acima de 60 anos. Esse fato se deve à expectativa de vida da população de Serra Leoa, hoje uma das mais baixas do mundo, de 50 anos.

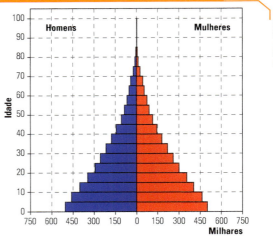

Fonte: ONU. Department of Economic and Social Affairs. Population Division. *World Population Prospects*: The 2015 Revision. Disponível em: <http://esa.un.org/unpd/wpp/Graphs/DemographicProfiles>. Acesso em: 7 mar. 2016.

Em Freetown, Serra Leoa, no início de 2015, aluno faz a lição orientado pela rádio, para evitar aglomerações e possível contaminação pelo vírus Ebola.

As mudanças na estrutura econômica da população

Levando-se em consideração a maneira como a população de um país está engajada nas atividades econômicas, é possível dividi-la em dois grupos diferentes: a População Economicamente Ativa (PEA) e a População Economicamente Inativa (PEI).

A **PEA** é a parcela dos habitantes que exerce ou pode exercer uma atividade remunerada. Ela é composta de dois grupos: os habitantes que estão **ocupados** em alguma atividade remunerada (pessoas que possuem um emprego ou trabalho); e os habitantes que estão aptos ao trabalho, porém encontram-se **desocupados** ou **desempregados** (pessoas que estão à procura de um emprego).

A **PEI** corresponde aos habitantes que não trabalham e dependem economicamente da PEA, como as **crianças** e os **aposentados**.

No caso de países subdesenvolvidos, como dezenas de países da África, da Ásia e da América Latina, a elevada parcela da população composta de crianças e jovens gera uma grande demanda por gastos estatais em saúde e educação. Além disso, o número de jovens que chegam à idade economicamente ativa é maior do que a taxa de crescimento dos postos de trabalho, gerando desemprego ou o aumento do setor informal da economia (pessoas trabalhando em subempregos e sem direitos trabalhistas).

Por outro lado, nas nações desenvolvidas, que estão saindo da segunda etapa de transição demográfica, como é caso do Japão, dos Estados Unidos, do Canadá e de parte dos países da União Europeia, o aumento da expectativa de vida e, consequentemente, da parcela de idosos, gera altos gastos por parte do Estado em saúde e assistência social. Já a baixa taxa de fecundidade entre eles reduz cada vez mais a parcela de jovens para ingressar na PEA, gerando *deficit* de mão de obra, o que pode acarretar problemas socioeconômicos para esses países.

O bônus demográfico

Existe ainda uma parcela de nações que se encontra em um estágio intermediário em relação à composição da estrutura etária. É o caso, por exemplo, dos países de industrialização tardia, como o Brasil, a África do Sul e o México, onde, ainda que as taxas de fecundidade estejam em plena queda, a proporção de idosos em relação ao total de habitantes ainda é pequena se comparada com a população adulta. A tendência para esses países nas próximas décadas é um **alargamento da porção central da pirâmide**, indicando um aumento significativo da parcela da População Economicamente Ativa (PEA). Observe nas pirâmides etárias abaixo a tendência para o México nas próximas décadas.

O fato de haver uma tendência de concentração de pessoas na faixa etária correspondente à PEA favorece significativamente o crescimento econômico dos países que estão nesse estágio demográfico. Esse fenômeno é denominado pelos especialistas de **bônus demográfico**, ou seja, essas nações ganham com o fato de existir uma parcela formada pela maioria dos seus habitantes, exercendo atividades econômicas, pagando impostos e recolhendo fundos de poupança e de assistência e previdência social. Contudo, tal fenômeno somente poderá se reverter em desenvolvimento social se o Estado investir na qualificação da mão de obra, na formalização das atividades e dos empregos, na criação de novos postos de trabalho, assim como em uma melhor distribuição das riquezas geradas.

Fonte: ONU. Department of Economic and Social Affairs, Population Division. *World Population Prospects*: The 2015 Revision. Disponível em: <http://esa.un.org/unpd/wpp/Graphs/DemographicProfiles>. Acesso em: 19 mar. 2016.

*Projeção

Os países de industrialização tardia vivem o momento do bônus demográfico, como é o caso do México. Fotografia de linha de produção de roupas, em Acuna, 2012.

Revisitando o capítulo

1. Explique a teoria demográfica de Thomas Malthus, a chamada teoria malthusiana.
2. Como se calcula o índice de crescimento natural ou vegetativo de uma população?
3. Indique ao menos dois aspectos que caracterizam:
    a. a primeira transição demográfica.
    b. a segunda transição demográfica.
    c. o período pós-transição.
4. Por que podemos dizer que os prognósticos de Malthus a respeito do futuro da humanidade não se confirmaram?
5. Os índices de crescimento natural são os mesmos em todas as partes do mundo? Explique com base no estudo do capítulo.
6. Explique os seguintes conceitos:
    a. explosão demográfica;
    b. taxa de fecundidade;
    c. expectativa de vida ao nascer.
7. O que foi a chamada "revolução sexual feminina"?
8. Quais são as mudanças que o aumento da expectativa de vida e a queda das taxas de fecundidade podem provocar na estrutura etária de uma população?
9. Explique o que são PEA e PEI.
10. O que é e como ocorre o bônus demográfico? Em que situação ele ocorre?

▼ ANÁLISE DE GRÁFICOS

Observe os gráficos e, em seguida, responda às questões em seu caderno.

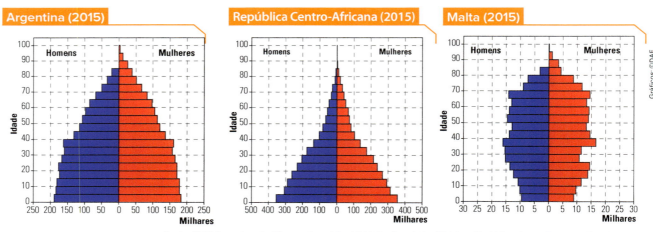

Fonte: ONU. Department of Economic and Social Affairs. Population Division. *World Population Prospects*: The 2015 Revision. Disponível em: <http://esa.un.org/unpd/wpp/Graphs/DemographicProfiles>. Acesso em: 7 mar. 2016.

1. Identifique no mapa-múndi a localização dos países apresentados. Em quais continentes estão localizados?
2. Qual dos países você enquadraria na primeira etapa de transição demográfica? E qual o que estaria na segunda etapa? Algum deles poderia ser enquadrado na etapa pós-transição? Justifique suas escolhas.
3. Qual é o gráfico que mostra um país com alta expectativa de vida? Explique por quê.

ANÁLISE DE TEXTO

Leia o texto a seguir com atenção.

> Há alguns dias, a empresa americana Netflix anunciou a extensão das licenças concedidas por maternidade e paternidade. Ela oferecerá aos seus funcionários e funcionárias até um ano de afastamento remunerado, sem fazer distinções entre homens e mulheres.
>
> Essa política da empresa supera bastante o "padrão" de licenças desse tipo usado ao redor do mundo.
>
> Atualmente, existe uma preocupação no mundo desenvolvido por melhorar as condições do nascimento dos bebês. Os especialistas têm enfatizado cada vez mais a necessidade de ampliar o período de licença-maternidade para conseguir isso. E a licença-paternidade também tem entrado nessa discussão, já que é ainda um direito pouco implantado. [...]
>
> Só 34 países (incluindo o Brasil) cumprem a recomendação da Organização Internacional do Trabalho (OIT) de conceder ao menos 14 semanas de licença à mãe com remuneração não inferior a dois terços dos seus ganhos mensais no trabalho.
>
> A maioria das mulheres trabalhadoras do mundo – cerca de 830 milhões – ainda carece de uma proteção de maternidade suficiente. Quase 80% delas são da África e da Ásia, segundo a OIT.
>
> Os últimos dados da organização apontam que as maiores licenças-maternidade estão na Europa.
>
> Em destaque, estão os países de economia mais forte, como o Reino Unido, com 315 dias de licença; a Noruega, também com 315; a Suécia, com 240; e os países do Leste Europeu como a Croácia, com 410 dias de licença – o país com maior tempo de licença maternidade no mundo todo. [...]

Quais países oferecem as maiores e as menores licenças-maternidade? *BBC Brasil*. Disponível em: <www.bbc.com/portuguese/noticias/2015/08/150812_licenca_maternidade_paises_rm>. Acesso em: 12 abr. 2016.

a. De acordo com o conteúdo da reportagem, em que região do mundo estão os países que proporcionam o maior tempo de licença-maternidade? Com base no que você estudou neste capítulo, por que esse grupo de países estaria proporcionando esse tipo de benefício à sua população feminina? Elabore sua hipótese e discuta com os colegas.

b. Qual é o tempo de licença-maternidade a que as brasileiras têm direito? Você considera que é um período suficiente? Por quê?

CAPÍTULO 19

A POPULAÇÃO BRASILEIRA

Veja o demografômetro da página eletrônica do Instituto Brasileiro de Geografia e Estatística (IBGE) no dia 24 de dezembro de 2015:

Fonte: IBGE. Disponível em: <www.ibge.gov.br/apps/populacao/projecao>. Acesso em: 19 mar. 2016.

Printscreen da página de entrada do IBGE.

No ano de 2015, a população brasileira atingiu a marca de 205 milhões de habitantes, número que, como vimos no capítulo anterior, torna nosso país o **quinto mais populoso** do mundo. Ainda que seja populoso, o Brasil possui, assim como muitas nações, uma população irregularmente distribuída pelo território. Observe o mapa.

Fonte: IBGE. *Atlas Escolar*. Rio de Janeiro, 2015. p. 114. Disponível em: <http://atlasescolar.ibge.gov.br/images/atlas/mapas_brasil/brasil_densidade_demografica.pdf>. Acesso em: 19 mar. 2016.

308 Unidade 5 Urbanização e questões demográficas da atualidade

Como é possível perceber por meio da análise do mapa da página anterior, a maior parte da população brasileira está concentrada na faixa leste do país. Nessa faixa estão localizadas as aglomerações urbanas mais populosas do Brasil, as regiões metropolitanas de São Paulo (com 21 milhões de habitantes) e do Rio de Janeiro (com 11 milhões de habitantes), assim como as metrópoles de Salvador, Recife, Porto Alegre e Curitiba, entre outras. O mapa mostra que as maiores densidades demográficas (acima de 100 hab./km²) encontram-se justamente nas áreas onde estão localizadas essas grandes cidades, nas regiões Nordeste, Sudeste e Sul, historicamente de ocupação e povoamento mais antigo. Juntas, elas reúnem cerca de 85% da população do país, distribuída em uma área que representa aproximadamente 36% do território nacional.

A parte oeste do Brasil apresenta-se bem menos povoada, em geral com densidades demográficas iguais ou inferiores a 10 hab./km², já que se caracteriza como uma área de povoamento mais recente. Ela compreende as regiões Norte e Centro-Oeste, que, juntas, reúnem cerca de 15% da população brasileira, distribuída em uma superfície que representa aproximadamente dois terços do território nacional.

Neste capítulo, vamos conhecer um pouco mais da população brasileira, sua dinâmica de crescimento, estrutura etária e composição étnica, assim como dos movimentos migratórios internos e externos.

▶ A evolução demográfica da nação brasileira

O **recenseamento** da população de um país é fundamental para o desenvolvimento de ações políticas governamentais ligadas ao setor social (saúde, alimentação, educação e emprego). No Brasil, foi com o estabelecimento da República, no final do século XIX, que se iniciaram os primeiros registros demográficos oficiais, como os de nascimento, de óbito e de casamento. Os recenseamentos ou censos periódicos, no entanto, começariam a ser realizados somente a partir da década de 1940, pelo IBGE.

Até o fim do século XIX, a população brasileira era relativamente pequena se comparada à de determinados países europeus e asiáticos. Os índices de crescimento natural ou vegetativo apresentavam-se baixos, visto que, mesmo com os nascimentos de muitas crianças, as taxas de mortalidade eram altas. Podemos dizer que, nesse período, o Brasil estava na fase demográfica pré-industrial.

Durante o século XX, esse comportamento demográfico mudou e a população brasileira cresceu em um ritmo acelerado. O país adentrou, então, na primeira etapa de transição demográfica. Para ter uma ideia do incremento populacional ocorrido, basta dizer que, em 1910, no Brasil, a população era de 18 milhões de habitantes e que, em 2010, esse número havia se multiplicado mais de dez vezes, passando para cerca de 190 milhões de pessoas, de acordo com o censo realizado pelo IBGE.

A seguir, conheceremos as características de cada etapa da transição demográfica brasileira. Acompanhe.

O elevado índice de crescimento vegetativo

Como vimos no capítulo anterior, quando ocorre um desequilíbrio muito acentuado entre a proporção de pessoas que nascem e a de pessoas que morrem, ou seja, entre as taxas de natalidade e as de mortalidade, o índice de crescimento vegetativo altera-se, acelerando ou retardando o ritmo de crescimento da população; com isso, inicia-se um período de transição demográfica. Observe, no gráfico da próxima página, o índice de crescimento vegetativo da população brasileira durante o século passado e as projeções de sua evolução para a próxima década.

A população brasileira   **Capítulo 19**   309

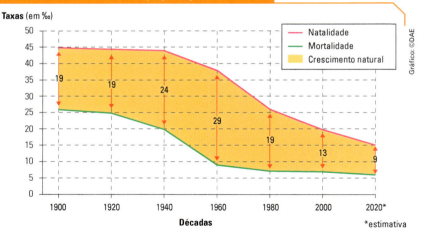

Crescimento natural da população brasileira

Fontes: CARVALHO, Alceu V. W. de. *A população brasileira*: estudo e interpretação. Rio de Janeiro: IBGE, 1960; IBGE; *Anuário estatístico do Brasil*. Rio de Janeiro, 1998; IBGE. *Anuário estatístico do Brasil* 2014. Disponível em: <http://biblioteca.ibge.gov.br/visualizacao/periodicos/20/aeb_2014.pdf>. Acessos em: 19 mar. 2016.

O gráfico mostra que até a década de 1920 as altas taxas de natalidade (45 nascimentos para cada grupo de mil habitantes no período de um ano – 45‰) e de mortalidade (25 óbitos para cada grupo de mil habitantes no período de um ano – 25‰) registradas no Brasil mantiveram o índice de crescimento natural nacional relativamente constante e não muito elevado (19‰). A alta mortalidade estava ligada às precárias condições médico-sanitárias, tanto nas áreas rurais quanto nas áreas urbanas. Os remédios eram escassos e havia grande resistência da população em aderir às campanhas de vacinação. Além disso, os sistemas de água encanada e de esgoto das cidades serviam apenas a uma pequena parcela das residências. Dessa forma, era comum a disseminação de epidemias, como as de febre amarela, varíola, tuberculose e coqueluche. Essa realidade somente começaria a mudar com as ações de combate a essas doenças e as melhorias nas condições sanitárias no campo e nas cidades. Nesse sentido, foi fundamental o papel do médico sanitarista Oswaldo Cruz (1872-1917), no início do século XX.

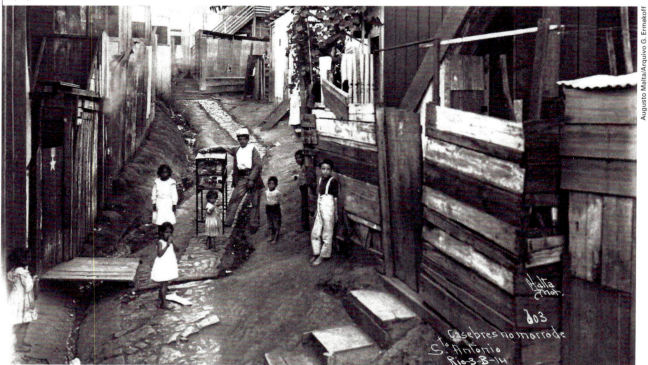

Na virada do século XIX para o XX, boa parte da população das maiores cidades brasileiras vivia em péssimas condições sanitárias e de moradia. Na imagem, cortiço na cidade do Rio de Janeiro (RJ), em 1914.

SABERES EM FOCO

Oswaldo Cruz e a revolução sanitária no Brasil

Oswaldo Cruz, médico e sanitarista brasileiro, fundador da medicina experimental no Brasil, nasceu em São Luís do Paraitinga (SP), em 5 de agosto de 1872. Seu nome completo era Oswaldo Gonçalves Cruz. Aos 14 anos ingressou na Faculdade de Medicina do Rio de Janeiro. Durante os seis anos em que frequentou o curso, não demonstrou grande interesse pela clínica, mas sentiu-se completamente fascinado pelo mundo microscópico, que começava a ser revelado pelas descobertas de Louis Pasteur, Robert Koch e outros investigadores. A chamada revolução pausteuriana estava promovendo uma transformação radical na medicina. Doutorou-se em 1892, defendendo a tese A Veiculação Microbiana pelas Águas.

[...] Clinicou no Rio de Janeiro até meados de 1896, quando viajou para a França. Em Paris, estagiou no Instituto Pasteur e, em seguida, na Alemanha. Regressou ao Brasil em 1899, quando foi designado para organizar o combate ao surto de peste bubônica em Santos (SP) e em outras cidades portuárias. Nomeado em 1902 para dirigir o Instituto Soroterápico, atual Fundação Oswaldo Cruz (Fiocruz), conseguiu reunir uma excelente equipe de jovens pesquisadores, com os quais fez a instituição atingir elevado nível como centro de fabricação de vacinas e de medicina experimental.

Em 26 de março de 1902, foi nomeado diretor geral da Saúde Pública, com o objetivo de erradicar a febre amarela, a peste bubônica e a varíola no Rio de Janeiro. Iniciou um rigoroso programa de combate às moléstias, com isolamento dos doentes, vacinação obrigatória e suas famosas brigadas de "mata-mosquitos", guardas sanitários que percorriam as residências eliminando focos do mosquito transmissor da febre amarela. Teve que enfrentar cerrada oposição de parte dos positivistas, de políticos e de vários jornais cariocas, entre eles o *Correio da Manhã*, que o ridicularizavam em caricaturas. Mesmo diante da antipatia popular, Oswaldo Cruz não cedeu em nenhum momento, graças ao apoio do presidente da República Rodrigues Alves, que enfrentou até uma revolta popular, que passou para a história como a Revolta da Vacina, causada pela ação do sanitarista. Graças à sua determinação, em 1906 só se registraram 39 casos de febre amarela no Rio de Janeiro, quatro casos em 1907 e nenhum em 1908. Outras medidas preventivas acabaram com as epidemias de peste bubônica e de varíola. [...]

CRUZ, Oswaldo. *Jornal Brasileiro de Patologia e Medicina Laboratorial*. Rio de Janeiro, v. 38, n. 2, 2002. p. 75. Disponível em: <www.scielo.br/pdf/jbpml/v38n2/a01v38n2.pdf>. Acesso em: 19 mar. 2016.

A charge ao lado, de 1904, satiriza os conflitos ocorridos no início do século XX, na cidade do Rio de Janeiro (RJ), entre agentes sanitaristas e a população. Esta havia se rebelado contra a obrigatoriedade da vacinação, entendida como uma medida autoritária do governo. Em alguns anos, a Agência Nacional de Saúde Pública, liderada pelo médico sanitarista Oswaldo Cruz (no centro da charge), conseguiu transformar a capital do país em uma cidade mais saudável, combatendo doenças como a febre amarela e a leptospirose.

A explosão demográfica brasileira

A partir das décadas de 1930 e 1940, o Estado passou a combater a disseminação de epidemias colocando em prática vários projetos na área da saúde, como a ampliação da infraestrutura de saneamento urbano (água encanada, tratamento de esgoto, coleta de lixo etc.), além de realizar melhorias nos serviços de assistência médica e hospitalar, que gradativamente foram estendidos a parcelas cada vez maiores da população.

Essas ações resultaram em uma drástica diminuição das taxas de mortalidade e, consequentemente, em um aumento no índice de crescimento natural brasileiro, já que as taxas de natalidade ainda permaneciam em patamares altos. Teve início então um período de **explosão demográfica**, fenômeno caracterizado pelo crescimento vertiginoso da população absoluta, fazendo o Brasil despontar no cenário mundial como um país que se tornou **populoso** em curto intervalo de tempo. Observe o gráfico abaixo.

Os reflexos da explosão demográfica brasileira podiam ser observados por meio das multidões que lotavam as partidas de futebol, já na década de 1960. Passaram a ser construídos estádios cada vez maiores para abrigar as crescentes torcidas. Na fotografia, partida entre Atlético Mineiro e Cruzeiro, no estádio do Mineirão, em Belo Horizonte (MG), no ano de 1967.

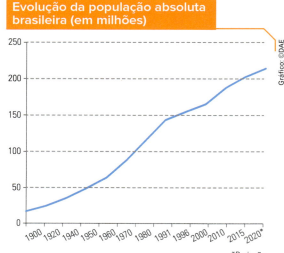

Fonte: IBGE. *Anuário estatístico do Brasil 2014*. Disponível em: <http://biblioteca.ibge.gov.br/visualizacao/periodicos/20/aeb_2014.pdf>. Acesso em: 19 mar. 2016.

A queda do crescimento vegetativo brasileiro

O comportamento demográfico caracterizado por um alto índice de crescimento natural perdurou no Brasil até a década de 1970, quando as taxas de natalidade começaram a declinar (reveja o gráfico da página 310). Entre as principais causas dessa diminuição do número de nascimentos está a intensificação do processo de industrialização do país, o qual estudaremos na Unidade 7, que passou a atrair a mão de obra feminina para o mercado de trabalho. As empresas, sobretudo as de grande porte, começaram a oferecer um número maior de vagas para mulheres, já que contratá-las representava a oportunidade de obter mais lucros. Até hoje, os salários pagos às profissionais femininas são, em média, 26% menores do que os pagos aos homens que desempenham as mesmas funções.

Assim, uma parcela significativa da mão de obra masculina foi dispensada, fazendo aumentar as taxas de desemprego e crescer a proporção de mulheres obrigadas a assumir a posição de chefe de família, fato que influenciou diretamente nas taxas de fecundidade no país. Veja os gráficos da próxima página.

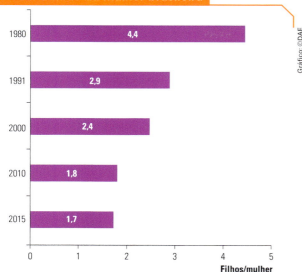

Fecundidade da mulher brasileira

Fontes: IBGE. *Censo demográfico 2000*: fecundidade e mortalidade infantil, resultados preliminares da amostra. Rio de Janeiro, 2002; (anos de 2000, 2010 e 2015); IBGE. *Anuário estatístico do Brasil 2014*. Disponível em: <http://biblioteca.ibge.gov.br/visualizacao/periodicos/20/aeb_2014.pdf>. Acessos em: 7 mar. 2016.

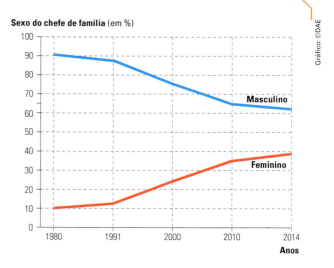

Pessoa responsável pelo domicílio

Fontes: IBGE. *Anuário estatístico do Brasil*. Rio de Janeiro, 1995. Disponível em: <www.ibge.gov.br>; (Ano 2013) IBGE. Sidra. Banco de dados agregados. Disponível em: <www.sidra.ibge.gov.br/bda/tabela/protabl.asp?c=1942&z=pnad&o=3&i=P>. Acessos em: 19 mar. 2016.

Atualmente, as mulheres exercem as mesmas funções dos homens, mas seus ganhos salariais são menores que os deles, em média. Na imagem, mulheres trabalhando na linha de montagem de uma fábrica de máquinas de lavar e de fogões, em Rio Claro (SP), 2013.

Há cerca de cinquenta anos, apenas 15% dos postos de trabalho no Brasil eram ocupados por mulheres. Atualmente, elas representam aproximadamente 47% da População Economicamente Ativa (PEA). Esse dado mostra que o contingente de mulheres responsáveis pela renda familiar aumentou significativamente nas últimas décadas. A redução do tempo de convivência familiar em razão da permanência no trabalho, além dos altos custos com alimentação, saúde, lazer e educação, levou as mulheres a optar por um número menor de filhos. Também colaboraram para esse comportamento demográfico os programas de planejamento familiar desenvolvidos pelo Estado por meio do Ministério da Saúde e a difusão de métodos contraceptivos, como preservativos e pílulas anticoncepcionais. Assim, o que se verifica nas últimas décadas é a queda gradual da taxa de natalidade.

O índice de crescimento natural da população brasileira calculado pelos especialistas para a década de 2010 é de 0,8% ao ano, quatro vezes e meia menor que o índice registrado na década de 1950, que era de 3,6%.

▶ A estrutura etária da população brasileira

Nas últimas décadas, as mudanças ocorridas no Brasil, relacionadas à transição demográfica, têm alterado também as características da estrutura etária da população. Observe os gráficos a seguir, nos quais é representada a evolução da estrutura etária da população brasileira:

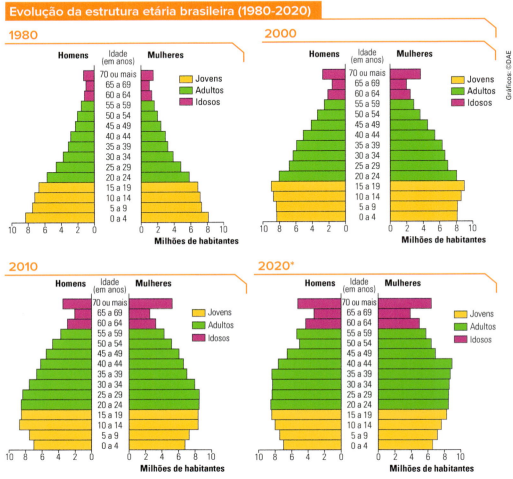

Fontes: IBGE. *Anuário estatístico do Brasil*. Rio de Janeiro, 1998; IBGE. *Censo 2010*: sinopse dos resultados. Disponível em: <www.censo2010.ibge.gov.br/sinopse/webservice>; IBGE. *Anuário estatístico do Brasil 2014*. Disponível em: <http://biblioteca.ibge.gov.br/visualizacao/periodicos/20/aeb_2014.pdf>. Acessos em: 19 mar. 2016.

Até a década de 1980, o Brasil era caracterizado como um país de população jovem, faixa representada na pirâmide etária por uma base larga, e uma proporção reduzida de idosos, o que se verificava por meio do estreito ápice do gráfico. Desde então, devido à brusca queda na taxa de fecundidade iniciada na década de 1970, a parcela de jovens vem diminuindo gradativamente e a de idosos crescendo cada vez mais.

Os motivos dessa transformação, que os especialistas chamam de **envelhecimento da população**, estão ligados principalmente aos avanços nas áreas da medicina e da tecnologia farmacêutica. Para se ter uma ideia da velocidade dessa mudança, basta observar que na década de 1940 a expectativa de vida do brasileiro não ultrapassava 46 anos. Na década de 1960, tinha alcançado 52 anos. Já por volta de 2015, a expectativa atingiu 75 anos. Essa evolução mostra que um número cada vez maior de brasileiros atinge a idade adulta – gerando o chamado **bônus demográfico** (visto na página 305, do capítulo anterior) – e a **velhice**, fato que, como vimos por meio dos gráficos, está mudando o perfil demográfico de nosso país, originando transformações de ordem socioeconômica e cultural. A respeito disso, leia o texto a seguir.

Bônus demográfico e previdência social no Brasil

O Brasil está envelhecendo como país afluente, mas sem ter ficado rico. Em 1960 a taxa de fecundidade brasileira era de 6,0 filhos por mulher; em 2010, caiu para 1,9. A população crescia 3,2% por ano, mas em 2010 a taxa caiu para 1,17%. Muitas décadas de turbulência econômica induziram os 190,8 milhões de brasileiros do Censo de 2010 à opção por famílias menores. A continuação dessa redução voluntária deverá levar ao crescimento zero em 2039, num país de 219 milhões de pessoas, e a partir daí a população entrará em decréscimo.

Comparado a outros países, o Brasil chegará ao futuro com um território rico de recursos, terra agriculturável, água e florestas, e com uma população altamente urbanizada (84% já vivem em cidades). Além disso, desfrutamos de um "bônus demográfico": o número de pessoas em idade de trabalhar ainda cresce mais rápido do que o número de dependentes (crianças até 15 anos e idosos de 60 anos ou mais), o que aumenta a força de trabalho e turbina o crescimento econômico. [...]

A partir de 2020, o envelhecimento da sociedade pesará muito. Um estudo do Banco Mundial, Envelhecendo em um Brasil Mais Velho, mostra que os atuais 19,6 milhões de brasileiros idosos (10,2% da população) poderão ser 64 milhões em 2050 (29,7%) – "números similares aos do Japão", segundo o diretor do Banco Mundial no Brasil, o senegalês Makhtar Diop. Portanto, temos 20 anos para consertar o país e preparar a transição para uma sociedade envelhecida, na qual os gastos de saúde com idosos serão oito vezes maiores do que com crianças.

O desafio é tremendo, sobretudo diante do atual *deficit* da Previdência Social, de quase R$ 100 bilhões por ano. Com a demanda crescente por aposentadorias, o sistema gasta mais do que arrecada e o rombo aumenta. Há graves distorções entre as aposentadorias dos servidores públicos e as dos trabalhadores privados: os 24 milhões de aposentados do INSS (em geral 1 salário mínimo) geram R$ 42 bilhões de *deficit*, enquanto apenas 1 milhão de servidores aposentados (juízes, políticos, militares e funcionários aposentados com salário integral) geram R$ 52 bilhões.

Os impostos criados pela Constituição para sustentar a Previdência são desviados para outros fins, como é o caso da Contribuição para o Financiamento da Seguridade Social (Cofins) e da extinta Contribuição Provisória sobre Movimentação Financeira (CPMF). Além disso, a sonegação é gigantesca: uma pesquisa do Instituto Brasileiro de Planejamento Tributário mostra que a contribuição previdenciária é o imposto mais sonegado do país, à frente do Imposto sobre Circulação de Mercadorias (ICMS) e do Imposto de Renda. [...] Se estivesse nos eixos, o sistema poderia ser superavitário e não deficitário.

A precariedade do sistema público empurra os brasileiros aos fundos de aposentadoria privada [...]. Mas é óbvio que nem todos podem pagar por planos privados.

"É importante defender a reforma e o saneamento da Previdência Social, sem calote nem perda de direitos, em vez de empurrar a população para transferir recursos para fundos de capitalização privada", diz o economista Jorge Felix, do Núcleo de Pesquisas Políticas para o Desenvolvimento Humano da PUC de São Paulo, autor do livro *Viver Muito*.

O conserto da previdência caminha na direção contrária dos interesses do mercado financeiro, mas é evidente que pode ser solucionado – como a hiperinflação foi no passado. "Com políticas adequadas é possível envelhecer e se tornar desenvolvido ao mesmo tempo", diz Makhtar Diop.

ARNT, Ricardo. 7 bilhões: expresso Terra lotado. *Planeta*, São Paulo, n. 465. 1º jun. 2011. Disponível em: <www.revista planeta.com.br/7-bilhoes-expresso-terra-lotado>. Acesso em: 7 mar. 2016.

Mulher idosa vendendo roupas usadas na calçada do Bairro Pirajá, em Juazeiro do Norte (CE), 2015.

De olho no Enem – 2013

IBGE. *Censo demográfico 2010*: resultados gerais de amostra. Disponível em: <http://ibge.gov.br>. Acesso em: 12 mar. 2016.

O processo registrado no gráfico gerou a seguinte consequência demográfica:

a. decréscimo da população absoluta.
b. redução do crescimento vegetativo.
c. diminuição da proporção de adultos.
d. expansão de políticas de controle da natalidade.
e. aumento da renovação da população economicamente ativa.

Gabarito: B

Justificativa: O declínio das taxas de fecundidade registradas no Brasil, de acordo com o gráfico apresentado como suporte, reflete diretamente na redução do crescimento vegetativo da população brasileira, uma vez que este dado considera apenas a dinâmica vertical da população, ou seja, a diferença entre o número de nascimentos e óbitos registrados em determinado período. Se o número de nascimentos diminui, a tendência é que haja redução na taxa de crescimento vegetativo, confirmando a alternativa **b** como a correta. A alternativa **a** está incorreta, pois o conceito de população absoluta leva em consideração outros aspectos, como as migrações. Dessa forma, não necessariamente uma redução das taxas de fecundidade resultará em decréscimo da população absoluta. A alternativa **c** está incorreta, pois a redução das taxas de fecundidade afeta o contingente de população jovem e não o da adulta, até porque a estatística apresentada no suporte não revela ou considera a tendência de envelhecimento da população brasileira. A alternativa **d** está incorreta, pois o comando da questão aponta para supostas consequências do fenômeno descrito e não para as possíveis causas dele. Mesmo se a relação causal fosse inversa, a alternativa ainda estaria incorreta, pois não houve qualquer política de controle de natalidade aplicada no Brasil, no período mencionado no gráfico apresentado como suporte. Finalmente, a alternativa **e** está incorreta, pois a redução das taxas de fecundidade pode provocar a redução e não o aumento da renovação da População Economicamente Ativa.

▶ A formação étnica e cultural da população brasileira

Historicamente, a formação da população brasileira congregou diferentes grupos humanos. Nos primeiros séculos da nossa história, esse processo envolveu principalmente os **povos indígenas** (Tupi, Jê, Aruaque, Cariri etc.) que originalmente habitavam as terras brasileiras; os **portugueses** que vieram se apropriar das riquezas existentes nas terras indígenas; e os **povos africanos** (Nagô, Jejê, Haussá, Benguela, Moçambique etc.) trazidos para trabalhar como mão de obra escrava nas atividades econômicas coloniais.

Brasileiros que congregaram a população do país.

Na realidade, o encontro entre os povos indígenas, os europeus (a princípio, basicamente portugueses) e os africanos não ocorreu de forma harmoniosa. A interferência da sociedade europeia na cultura indígena dizimou grupos inteiros que haviam se constituído milhares de anos antes. O contato com os povos trazidos à força da África também foi marcado pela violência.

A partir da segunda metade do século XIX, povos de outras origens passaram a fazer parte da composição da população brasileira. Eram sobretudo europeus (espanhóis, italianos, alemães, eslavos etc.) e asiáticos (árabes e japoneses), povos que, fugindo de guerras e da pobreza que assolava seus países de origem, aportaram no Brasil em busca de melhores condições de vida.

▶ Os movimentos migratórios

Os movimentos migratórios foram fundamentais para a composição étnica e cultural do Brasil. Os **movimentos migratórios** ou as **migrações** são deslocamentos que a população realiza de um lugar para outro e levam a uma mudança do local de residência. Existem dois tipos de movimento migratório: o movimento de saída do local de origem para a fixação em outra localidade ou país, denominado **emigração**; e o movimento de entrada no local de destino para a fixação, chamado **imigração**. Dessa forma, denomina-se a pessoa que se muda para outra localidade ou país de **emigrante**; essa mesma pessoa, ao chegar ao local ou país de destino, é considerada uma **imigrante**. Como já foi mencionado, de maneira geral, as pessoas migram para buscar melhores condições de vida e de trabalho no lugar de destino. É o que estudaremos a seguir.

Os primeiros movimentos imigratórios

A entrada de estrangeiros (**imigrantes**) no Brasil foi um fator que influenciou a composição étnica do povo brasileiro e favoreceu o incremento demográfico do país. No Brasil, fluxos imigratórios mais intensos ocorreram no final do século XIX e nas primeiras décadas do século XX. Nesse período, calcula-se que cerca de quatro milhões de imigrantes tenham chegado ao Brasil, vindos, sobretudo, de Portugal, Espanha, Itália, Alemanha e Japão. Esses imigrantes fixaram-se principalmente nas regiões Sudeste e Sul do país. Observe o gráfico a seguir.

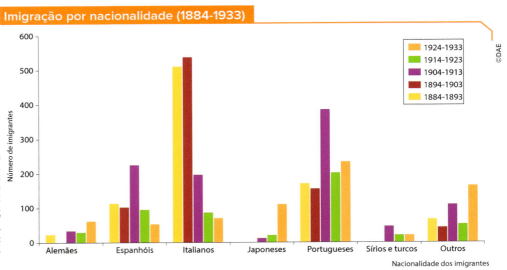

Fonte: IBGE. *Brasil*: 500 anos de povoamento. Rio de Janeiro, 2000. p. 226. Apêndice: Estatísticas de 500 anos de povoamento. Disponível em: <http://brasil500anos.ibge.gov.br/estatisticas-do-povoamento/imigracao-por-nacionalidade-1884-1933.html>. Acesso em: 7 mar. 2016.

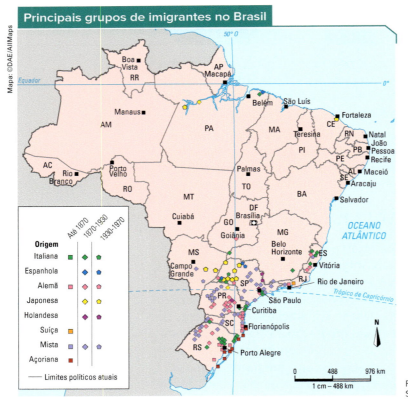

O principal elemento de atração de imigrantes para o Sudeste foi o trabalho na lavoura cafeeira, quando foi substituída mão de obra escrava, proibida no país a partir de 1888. Já no Sul, eles promoveram a efetiva ocupação das terras e asseguraram a posse do território nacional. Nessa região, os imigrantes instalaram-se em pequenas propriedades rurais de áreas interioranas ainda não desbravadas.

Veja, no mapa ao lado, as áreas onde se fixaram os principais contingentes de imigrantes no Brasil.

Após a década de 1930, as restrições impostas pelo governo brasileiro atenuaram os fluxos imigratórios. Com isso, a entrada de estrangeiros deixou de ser um fator demográfico de destaque para o país durante as décadas seguintes.

Fonte: ATLAS histórico IstoÉ Brasil. São Paulo: Três, 2003. p. 80.

Unidade 5 Urbanização e questões demográficas da atualidade

Culturas em foco

Vida de imigrante

O processo de estabelecimento dos imigrantes, no fim do século XIX e início do século XX, ocorreu de maneira distinta nas regiões do Brasil. O texto 1 caracteriza o processo nos núcleos agrícolas coloniais implantados pelo governo na Região Sul, e o texto 2 mostra como ocorreu, em grande parte, o processo nas fazendas de café no interior da Região Sudeste.

Texto 1

[...] Mas havia aqueles que já vinham para o Brasil com a promessa de se transformarem em proprietários, recebendo um lote em um núcleo de colonização oficial. Entretanto, a despeito da enorme diversidade [...], as condições de vida enfrentadas por esse [...] tipo de colono também não foram fáceis. Isto porque, sobretudo no caso dos italianos, os quais chegaram ao sul do país após os alemães, os núcleos coloniais para os quais foram encaminhados estavam mais distantes das regiões já habitadas, situando-se em áreas pouco férteis e desprovidas de meios de comunicação que permitissem o escoamento de produtos ou uma maior integração com a sociedade brasileira.

Assim, muitas vezes após meses de espera, chegavam a regiões cobertas por florestas, algumas em fronteira com povos indígenas, onde deviam, por dever contratual, construir casas e realizar plantações, ignorando as características do solo, as técnicas agrícolas adequadas e a forma de usar as sementes de que dispunham. Nestas tarefas, embora fossem os "brancos civilizadores", foram em muito ajudados por negros e caboclos que atuaram como agentes transmissores de um saber vital para a sobrevivência em nosso "paraíso" tropical.

IBGE. *Brasil*: 500 anos de povoamento. Rio de Janeiro, 2000. p. 167-168.

Texto 2

Partiam para as fazendas muitas vezes amontoados nos vagões das ferrovias [...].

Alcançando a fazenda, que olham como um oásis desejado e o fim dos seus males, qual é o desalento em que caem quando encontram tudo diferente daquilo que lhes tinha sido pintado [...].

Distante da casa do fazendeiro se estende uma fileira de casinhas, normalmente construídas com barro e cobertas de palha, minúsculas para o número de pessoas que devem abrigar e com portas assinaladas por números progressivos, porque, de agora em diante, cada família, mais do que pelo sobrenome, devia se reconhecer pelo número da casa em que mora [...].

É um espetáculo desolador, de enternecer o mais duro coração, assistir à tomada de posse de semelhante moradia [...]. Vi velhos [...] circundados dos filhos, noras e netos irromperem em prantos inconsoláveis e aumentar com seus gemidos profundos o desespero na pequena família [...]. Depois da primeira e triste refeição [...] começa-se a falar um pouco com a família e entre os vizinhos. Enxugam-se as lágrimas [...] se levantam do monte de palha onde normalmente estão sentados e saem para seus trabalhos. Os mais corajosos animam os outros.

CARLOS, Eduardo; FILIPPINI, Elizabeth. Cem anos de imigração italiana. In: SEVCENKO, Nicolau; A. NOVAIS, Fernando (Org.). *História da vida privada no Brasil*, São Paulo: Companhia das Letras, 1998. v. 3. p. 252.

Imigrantes italianos posam com cestas e balaios usados na colheita de uva em Caxias do Sul (RS), por volta do ano de 1907.

Chegada de imigrantes ao porto de Santos (SP), por volta de 1900.

Responda

1. Aponte diferenças no estabelecimento dos imigrantes nas regiões Sul e Sudeste, no que diz respeito ao processo de adaptação das famílias.
2. Cite diferenças no que se refere às condições de trabalho oferecidas aos imigrantes.

Os movimentos emigratórios de brasileiros

Durante as décadas de 1980 e 1990, milhares de brasileiros deixaram o país para trabalhar no exterior, devido a sucessivas crises econômicas pelas quais o Brasil passou nesse período. As altas taxas de desemprego e os elevados índices de inflação levaram muitas pessoas a **emigrar** em direção aos países ricos do Hemisfério Norte, sobretudo para os Estados Unidos, o Japão, o Canadá e vários países da União Europeia, como Portugal, Espanha e Inglaterra. Além disso, conflitos pela posse da terra e o processo de concentração fundiária também levaram milhares de brasileiros a buscar novas oportunidades de trabalho em países limítrofes ao território nacional, como Uruguai, Venezuela e, sobretudo, Paraguai. Calcula-se que, no período destacado, cerca de quatro milhões de brasileiros tenham deixado o país.

A partir do final da década de 2000, uma parte significativa desses emigrantes retornou ao país, devido à crise econômica mundial, desencadeada em 2008, e às melhorias socioeconômicas observadas no Brasil. Contudo, o Ministério das Relações Exteriores calculou que em 2014 ainda existiam aproximadamente três milhões de brasileiros vivendo fora do país. Esses emigrantes enviam boa parte de seus ganhos aos familiares no Brasil, injetando todos os anos cerca de dois bilhões de dólares em nossa economia. Veja no planisfério a seguir, quais são as principais comunidades de emigrantes brasileiros no mundo.

Muitos brasileiros que emigram procuram estabelecer-se como comerciantes, muitas vezes tendo como clientela os próprios compatriotas. Na imagem, restaurante de comida brasileira em Londres, Inglaterra. Foto de 2013.

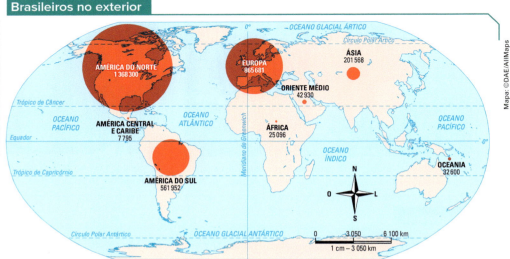

Brasileiros no exterior

10 países com mais brasileiros no mundo	
1. Estados Unidos	1 315 000
2. Paraguai	349 842
3. Japão	179 649
4. Portugal	166 775
5. Espanha	128 638
6. Reino Unido	120 000
7. Alemanha	113 716
8. Suíça	80 000
9. França	70 000
10. Itália	69 000

Fonte: BRASIL. Ministério das Relações Exteriores. Brasileiros no mundo. *Estimativas populacionais das comunidades brasileiras no mundo – 2014*. Disponível em: <www.brasileirosnomundo.itamaraty.gov.br/a-comunidade/estimativas-populacionais-das-comunidades/estimativas-populacionais-brasileiras-mundo-2014/Estimativas-RCN2014.pdf>. Acesso em: 7 mar. 2016.

Os movimentos imigratórios da atualidade

Como vimos, os fluxos migratórios de estrangeiros para o Brasil foram pouco significativos durante boa parte do século XX. Contudo, na última década, registrou-se um aumento na entrada de imigrantes no país. Segundo dados da Polícia Federal, o Brasil possui atualmente cerca de 1,8 milhão de estrangeiros residindo em território nacional, a maioria em grandes centros urbanos das regiões Sudeste e Sul, como São Paulo, Belo Horizonte e Curitiba. Muitos fogem da pobreza e do desemprego de seus países, como os bolivianos, os angolanos e os senegaleses, outros das consequências de desastres naturais, por exemplo, os haitianos, ou ainda de conflitos militares, como ocorre com os sírios e os palestinos. Há ainda um contingente significativo de imigrantes que entraram no país para trabalhar em grandes empresas, sobretudo multinacionais, transferidos das matrizes ou das filiais localizadas em países desenvolvidos, como Estados Unidos e Espanha. Esses grupos têm se dirigido ao Brasil atraídos principalmente pelo crescimento econômico alcançado pelo país na última década.

A praça Kantuta foi transformada no principal ponto de encontro dos imigrantes bolivianos na cidade de São Paulo (SP). Na foto, de 2013, apresentação de bloco carnavalesco com roupas típicas.

Trabalho escravo é ainda uma realidade no Brasil

Os imigrantes oriundos de países pobres da América Latina e da África têm buscado o Brasil para trabalhar de forma digna e ter uma renda que possibilite o envio de recursos aos membros de suas famílias que ainda se encontram nos países de origem. Como boa parte deles acaba entrando no país de maneira ilegal, ou seja, sem a documentação que permite sua permanência, acabam se submetendo a trabalhar em subempregos, muitas vezes em condições similares ou análogas às de escravos, como vem ocorrendo com diversos bolivianos e chineses. Mas no que consiste o trabalho escravo contemporâneo? Para entender esse conceito na atualidade, leia o texto a seguir.

O trabalho escravo não é somente uma violação trabalhista, tampouco se trata daquela escravidão dos períodos colonial e imperial do Brasil. Essa violação de direitos humanos não prende mais o indivíduo a correntes, mas compreende outros mecanismos, que acometem a dignidade e a liberdade do trabalhador e o mantêm submisso a uma situação extrema de exploração. [...]

Qualquer um dos quatro elementos [...] [a seguir] é suficiente para configurar uma situação de trabalho escravo:

▶ **Trabalho forçado**: o indivíduo é obrigado a se submeter a condições de trabalho em que é explorado, sem possibilidade de deixar o local, seja por causa de dívidas, seja por ameaça e violências física ou psicológica.

▶ **Jornada exaustiva**: expediente penoso que vai além de horas extras e coloca em risco a integridade física do trabalhador, já que o intervalo entre as jornadas é insuficiente para a reposição de energia. Há casos em que o descanso semanal não é respeitado. Assim, o trabalhador também fica impedido de manter vida social e familiar.

▶ **Servidão por dívida**: fabricação de dívidas ilegais referentes a gastos com transporte, alimentação, aluguel e ferramentas de trabalho. Esses itens são cobrados de forma abusiva e descontados do salário do trabalhador, que permanece sempre devendo ao empregador.

▶ **Condições degradantes:** um conjunto de elementos irregulares que caracterizam a precariedade do trabalho e das condições de vida sob a qual o trabalhador é submetido, atentando contra a sua dignidade, como descrito no diagrama a seguir.

Trabalho escravo contemporâneo		
Anulação da dignidade	e/ou	Privação da liberdade
Alojamento precário		Dívida ilegal/servidão por dívida
Falta de assistência médica		Isolamento geográfico
Péssima alimentação		Retenção de documentos
Falta de saneamento básico e de higiene		Retenção de salário
Maus-tratos e violência		Maus-tratos e violência
Alvo de ameaças físicas e psicológicas		Alvo de ameaças físicas e psicológicas
Jornada exaustiva		Encarceramento e trabalho forçado

Quem é o trabalhador escravo? Em geral, são migrantes que deixaram suas casas em busca de melhores condições de vida e de sustento para as suas famílias. Saem de suas cidades atraídos por falsas promessas de aliciadores ou migram forçadamente por uma série de motivos, que pode incluir a falta de opção econômica, guerras e até perseguições políticas. No Brasil, os trabalhadores provêm de diversos estados das regiões Centro-Oeste, Nordeste e Norte, mas também podem ser migrantes internacionais de países latino-americanos – como a Bolívia, Paraguai e Peru –, africanos, além do Haiti e do Oriente Médio. Essas pessoas podem se destinar à região de expansão agrícola ou aos centros urbanos à procura de oportunidades de trabalho.

Tradicionalmente, o trabalho escravo é empregado em atividades econômicas na zona rural, como a pecuária, a produção de carvão e os cultivos de cana-de-açúcar, soja e algodão. Nos últimos anos, essa situação também é verificada em centros urbanos, principalmente na construção civil e na confecção têxtil.

No Brasil, 95% das pessoas submetidas ao trabalho escravo rural são homens. Em geral, as atividades para as quais esse tipo de mão-de-obra é utilizado exigem força física, por isso os aliciadores buscam principalmente homens e jovens. Os dados oficiais do Programa do Seguro-Desemprego de 2003 a 2014 indicam que, entre os trabalhadores libertados, 72,1% são analfabetos ou não concluíram o quinto ano do Ensino Fundamental. [...]

SUZUKI, Natália; CASTELI, Thiago. *Carta Educação*. Disponível em: <www.cartaeducacao.com.br/aulas/fundamental-2/trabalho-escravo-e-ainda-uma-realidade-no-brasil>. Acesso em: 9 maio 2016.

Os movimentos migratórios internos

Além dos deslocamentos entre as nações, a população pode realizar movimentos dentro do território de um mesmo país. No Brasil, vários foram os movimentos migratórios internos que ocorreram ao longo de sua história de ocupação e povoamento. Contudo, os deslocamentos populacionais mais significativos foram desencadeados durante o século XX, sobretudo a partir da década de 1950. É possível apontar, como polos principais de **repulsão populacional** no Brasil, nesse período, as regiões Nordeste, Sul e Sudeste; e, como polos principais de **atração populacional**, as regiões Sudeste, Centro-Oeste e Norte.

Unidade 5 Urbanização e questões demográficas da atualidade

O mapa ao lado mostra os principais movimentos migratórios internos ocorridos no Brasil entre os polos de atração e repulsão, a partir da década de 1950. Observe-o.

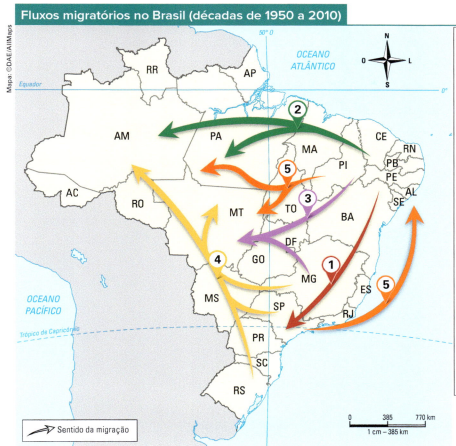

Fluxos migratórios no Brasil (décadas de 1950 a 2010)

(1) Fluxos migratórios do Nordeste para os grandes centros urbanos do Sudeste, sobretudo em direção ao estado de São Paulo, ocorridos mais intensamente a partir da década de 1950.

(2) Fluxos migratórios do Nordeste para a Amazônia, em direção a novas áreas agrícolas e garimpos a partir da década de 1960.

(3) Fluxos migratórios do Nordeste e Sudeste para a Região Centro-Oeste entre o final da década de 1950 e o início da década de 1970, principalmente em razão da construção de Brasília.

(4) Fluxos migratórios dos estados do Sul, além de São Paulo e de Minas Gerais, para as regiões Centro-Oeste e Norte, especialmente nas décadas de 1970 e 1980, graças à expansão das áreas de fronteira agrícola na Amazônia.

(5) Fluxos migratórios entre regiões diminuem a partir da década de 1990. Porém, são significativos os movimentos de retorno de migrantes nordestinos dos estados do Sudeste para seus estados de origem, assim como do Nordeste em direção ao Norte e ao Centro-Oeste.

Fonte: CENTRO DE ESTUDOS MIGRATÓRIOS. *Migrações no Brasil:* o peregrinar de um povo sem-terra. São Paulo: Paulinas, 1986. p. 22-23.

Em 1956, o governo federal deu início à construção da nova capital do país, Brasília. A obra exigiu o trabalho de aproximadamente 80 mil homens, a maioria deles migrantes nordestinos que deixaram seus estados para se fixar na região do Planalto Central brasileiro. A maior parte desses migrantes acabou se fixando definitivamente nas cidades-satélites no entorno da capital. Na fotografia vemos o início da construção do prédio do Congresso Nacional, em Brasília, no ano de 1959.

A população brasileira Capítulo 19 323

Revisitando o capítulo

1. Quais são as regiões do Brasil com as maiores densidades demográficas? E quais são as regiões menos povoadas do país?

2. Quando os recenseamentos demográficos passaram a ser feitos periodicamente no Brasil? Qual é o órgão federal responsável pela sua realização?

3. Por que o crescimento vegetativo brasileiro era estável até a década de 1920?

4. Quais foram os principais fatores que desencadearam o período de transição demográfica no Brasil?

5. O que ocasionou a queda do crescimento vegetativo brasileiro a partir da década de 1970?

6. Por que a população brasileira está envelhecendo? Quais são as principais consequências desse processo para o país?

7. Quais são os grupos humanos que inicialmente contribuíram para a formação étnica do povo brasileiro?

8. Explique o que é:

   a. imigração;

   b. emigração;

   c. imigrante;

   d. emigrante.

9. Quais foram os principais grupos de imigrantes que chegaram ao Brasil no fim do século XIX e início do século XX?

10. Existem movimentos imigratórios no Brasil atualmente? Qual é a origem desses imigrantes?

11. Leia o texto.

Haitianos são resgatados em condições de escravidão em SP

Fiscalização também encontrou bolivianos em oficinas de costura. 31 pessoas foram libertadas em operações no Brás e no Mandaqui.

G1. Disponível em: <http://g1.globo.com/sao-paulo/noticia/2014/08/haitianos-sao-resgatados-em-condicoes-de-escravidao-em-sp.html>. Acesso em: 7 mar. 2016.

   a. Com base no estudo do capítulo, defina o termo "trabalho em condições similares ou análogas ao de escravo".

   b. Por que parte dos imigrantes que adentram no Brasil atualmente acabam sendo aliciados para o trabalho análogo ao de escravo?

12. O que são os movimentos migratórios internos?

▶ **TRABALHANDO COM GÊNEROS TEXTUAIS**

Leia a letra de música.

> O meu pai era paulista
> Meu avô, pernambucano
> O meu bisavô, mineiro
> Meu tataravô, baiano
> Meu maestro soberano
> Foi Antonio Brasileiro [...]

Disponível em: <https://letras.mus.br/chico-buarque/45158>. Acesso em: 7 mar. 2016.

Na primeira estrofe da letra de música da página anterior, o compositor Chico Buarque de Holanda presta uma homenagem aos seus ancestrais que têm origem em diferentes estados brasileiros. Esse aspecto da família de Chico Buarque, muito comum também a várias famílias brasileiras, é decorrente de um fenômeno populacional característico do Brasil. Explique que fenômeno é esse e como ele ocorreu durante o século XX.

▼ **ANÁLISE DE GRÁFICO E DEBATE**

Observe a pirâmide etária da população brasileira projetada para o ano de 2050:

Pirâmide etária do Brasil (2050)

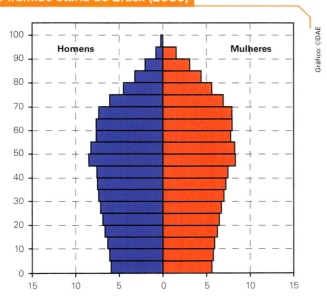

Fonte: ONU. Department of Economic and Social Affairs. Population Division (2015). World Population Prospects: The 2015 Revision. Disponível em: <http://esa.un.org/unpd/wpp/Graphs/DemographicProfiles>. Acesso em: 7 mar. 2016.

a. Reveja as pirâmides etárias apresentadas na página 314 e compare-as com a pirâmide acima. Aponte as principais mudanças identificadas no que se refere a cada uma das faixas etárias (jovens, adultos e idosos).

b. O que é possível afirmar em relação à proporção de jovens brasileiros em 2050 no total da população? E de adultos?

c. Converse com os colegas sobre a realidade da população idosa do lugar onde vocês vivem, discutindo questões como:

▶ Qual é a participação dessa parcela da população na comunidade?

▶ Como os jovens têm se relacionado com os idosos?

▶ Os idosos têm participado do mercado de trabalho? Em que condições?

Enem e Vestibulares — Unidade 5

1. (Enem – 2015)

No início foram as cidades. O intelectual da Idade Média – no Ocidente – nasceu com elas. Foi com o desenvolvimento urbano ligado às funções comercial e industrial – digamos modestamente artesanal – que ele apareceu, como um desses homens de ofício que se instalavam nas cidades nas quais se impôs a divisão do trabalho. Um homem cujo ofício é escrever ou ensinar, e de preferência as duas coisas a um só tempo, um homem que, profissionalmente, tem uma atividade de professor e erudito, em resumo, um intelectual – esse homem só aparecerá com as cidades.

LE GOFF, J. *Os intelectuais na Idade Média*. Rio de Janeiro: José Olympio, 2010.

O surgimento da categoria mencionada no período em destaque no texto evidencia o (a):

a. apoio dado pela Igreja ao trabalho abstrato.

b. relação entre desenvolvimento urbano e divisão do trabalho.

c. importância organizacional das corporações de ofício.

d. progressiva expansão da educação escolar.

e. acúmulo de trabalho dos professores e eruditos.

2. (UEL-PR – 2015) Leia o texto e observe as figuras a seguir.

O esquema clássico de hierarquia urbana teve origem no final do século XIX e se estendeu até meados da década de 1970. Porém, essa concepção tradicional de hierarquia urbana não explica as relações travadas entre as cidades no interior da rede urbana. Dessa forma, uma nova hierarquia urbana foi elaborada, aproximando-se da realidade de uma rede urbana.

Adaptado de: MOREIRA, J. C.; SENE, E. *Geografia para o Ensino Médio: Geografia geral e do Brasil*. Volume único. São Paulo: Scipione, 2002. p.101-102.

Dawidson França

I — Esquema clássico tradicional
Metrópole Nacional / Metrópole Regional / Centro Regional / Cidade Local / Vila

II — Esquema clássico atual
Metrópole Nacional / Metrópole Regional / Centro Regional / Cidade Local / Vila

Com base no texto, associe os elementos da figura com as descrições apresentadas a seguir.

(A) As relações seguem uma hierarquia crescente sob a influência de certos centros urbanos.

(B) Em função dos avanços tecnológicos nos transportes e nas comunicações, rompe-se com a hierarquia rígida.

(C) A cidade local pode se relacionar diretamente com a metrópole nacional, pois a hierarquia é rompida.

(D) As relações das cidades são diretas com a metrópole nacional, sem a intermediação de cidade de porte médio.

(E) A hierarquia é destacada a partir da submissão das cidades menores às grandes cidades.

Assinale a alternativa que contém a associação correta.

a. I-A, I-B, II-D, II-E, II-C.

b. I-A, I-E, II-B, II-C, II-D.

c. I-B, I-C, II-D, II-A, II-E.

d. I-B, I-D, II-A, II-C, II-E.

e. I-C, I-E, II-A, II-B, II-D.

3. (Enem – 2010)

Um fenômeno importante que vem ocorrendo nas últimas quatro décadas é o baixo crescimento populacional na Europa, principalmente em alguns países como Alemanha e Áustria, onde houve uma brusca queda na taxa de natalidade. Esse fenômeno é especialmente preocupante pelo fato de a maioria desses países já ter chegado a um índice inferior ao "nível de renovação da população", estimado em 2,1 filhos por mulher. A diminuição da natalidade europeia tem várias causas, algumas de caráter demográfico, outras de caráter cultural e socioeconômico.

OLIVEIRA, P. S. *Introdução à Sociologia*. São Paulo: Ática, 2004.

As tendências populacionais nesses países estão relacionadas a uma transformação:

a. na estrutura familiar dessas sociedades, impactada por mudanças nos projetos de vida das novas gerações.

326

b. no comportamento das mulheres mais jovens, que têm imposto seus planos de maternidade aos homens.

c. no número de casamentos, que cresceu nos últimos anos, reforçando a estrutura familiar tradicional.

d. no fornecimento de pensões de aposentadoria, em queda diante de uma população de maioria jovem.

e. na taxa de mortalidade infantil europeia, em contínua ascensão decorrente de pandemias na primeira infância.

4. (Enem – 2011)

O professor Paulo Saldiva pedala 6 km em 22 minutos de casa para o trabalho, todos os dias. Nunca foi atingido por um carro. Mesmo assim, é vítima diária do trânsito de São Paulo: a cada minuto sobre a bicicleta, seus pulmões são envenenados com 3,3 microgramas de poluição particulada – poeira, fumaça, fuligem, partículas de metal em suspensão, sulfatos, nitratos, carbono, compostos orgânicos e outras substâncias nocivas.

ESCOBAR, H. Sem Ar. O Estado de S. Paulo, ago. 2008.

A população de uma metrópole brasileira que vive nas mesmas condições socioambientais das do professor citado no texto apresentará uma tendência de:

a. ampliação da taxa de fecundidade.

b. diminuição da expectativa de vida.

c. elevação do crescimento vegetativo.

d. aumento na participação relativa de idosos.

e. redução na proporção de jovens na sociedade.

5. (Enem – 2011)

Subindo morros, margeando córregos ou penduradas em palafitas, as favelas fazem parte da paisagem de um terço dos municípios do país, abrigando mais de 10 milhões de pessoas, segundo dados do Instituto Brasileiro de Geografia e Estatística (IBGE).

MARTINS, A. R. A favela como um espaço da cidade. Disponível em: </www.revistaescola.abril.com.br>. Acesso em: 31 jul. 2010.

A situação das favelas no país reporta a graves problemas de desordenamento territorial. Nesse sentido, uma característica comum a esses espaços tem sido:

a. o planejamento para a implantação de infraestruturas urbanas necessárias para atender as necessidades básicas dos moradores.

b. a organização de associações de moradores interessadas na melhoria do espaço urbano e financiadas pelo poder público.

c. a presença de ações referentes à educação ambiental com consequente preservação dos espaços naturais circundantes.

d. a ocupação de áreas de risco suscetíveis a enchentes ou desmoronamentos com consequentes perdas materiais e humanas.

e. o isolamento socioeconômico dos moradores ocupantes desses espaços com a resultante multiplicação de políticas que tentam reverter esse quadro.

6. (Uesb-BA – 2015) Com relação à população brasileira, à latino-americana e à mundial, pode-se afirmar:

01. O Brasil está posicionado entre os dez países com melhor expectativa de vida, calculada pela ONU, o que reflete a melhoria da condição de vida e saúde no país.

02. A América Latina é um continente populoso e povoado, não sendo encontradas áreas anecúmenas no seu espaço territorial.

03. O crescimento demográfico brasileiro, acompanhando a tendência mundial, vem desacelerando nas últimas quatro décadas.

04. O Brasil, no *ranking* mundial do Índice de Desenvolvimento Humano (IDH), suplanta alguns vizinhos, como o Chile, a Argentina e o Uruguai.

05. A África é o continente mais populoso do planeta, ocupando essa posição desde o declínio da população da Europa, que no passado era o continente mais habitado.

Unidade 5 **Enem e Vestibulares** 327

UNIDADE
6

ESPAÇO AGRÁRIO NO MUNDO CONTEMPORÂNEO

Em quase todas as regiões ocupadas do planeta é possível observar extensas e impressionantes paisagens rurais. Nesta Unidade, verificaremos a organização desses espaços e a forma como os seres humanos ocupam e desenvolvem as atividades agropecuárias na atualidade. No Capítulo 20, estudaremos as relações entre a produção do campo e a produção industrial nas cidades e a coexistência de uma agropecuária moderna e de sistemas agrícolas tradicionais. No Capítulo 21, conheceremos as contradições entre o próspero mercado de *commodities* e a fome como realidade para uma parcela significativa da humanidade. Por fim, no Capítulo 22, aprofundaremos o estudo do agronegócio, seu funcionamento e os impactos ambientais decorrentes de sua expansão em escala global.

Keren Su/China Span/Alamy/Fotoarena

Camponesa em terraços de arroz na província de Guangxi, China. Foto de 2007.

CAPÍTULO 20

AGROPECUÁRIA MODERNA E SISTEMAS AGRÍCOLAS TRADICIONAIS

As atividades agrícolas e pecuárias são desenvolvidas pelos seres humanos há mais de 10 mil anos. Durante esse período, povos de várias partes do mundo aprenderam a cultivar diferentes tipos de planta, como o trigo, o arroz e a cana-de-açúcar, na Ásia; a aveia, o centeio e a beterraba, na Europa; e milho, a mandioca e o cacau, na América. O domínio dessas técnicas possibilitou a fixação do ser humano, antes nômade, em uma região e contribuiu para aumentar sua população. A domesticação e a criação de animais em rebanhos também foram fatores importantes para a subsistência de diversos grupos humanos.

Mas, para que fosse possível desenvolver a agricultura e a pecuária, os seres humanos precisaram criar instrumentos, como arados, enxadas e foices; desenvolver técnicas de cultivo, como a **irrigação** e o **pousio**, que visa interromper o uso de determinada área de plantio durante certo tempo, a fim de recuperar a fertilidade do solo; e técnicas de criação, como a **transumância**, migração periódica dos rebanhos, realizada em diferentes épocas do ano, em busca de melhores pastagens.

Esses recursos possibilitaram maior controle sobre os processos naturais. Como resultado, obtiveram-se colheitas mais fartas e rebanhos mais sadios. Além disso, surgiram diferentes formas de organização em torno do trabalho agropecuário, envolvendo, por exemplo, a divisão de tarefas no interior dos grupos sociais, como a preparação da terra, o plantio e a colheita, o que estreitou as relações entre os indivíduos e ampliou ainda mais seus laços culturais.

Culturas em foco

O campo ontem e hoje

As iluminuras, tipo de pintura decorativa, são características do período da Idade Média na Europa. Na época, costumavam-se ilustrar calendários, livros e pergaminhos com essas pinturas. Muitas delas representavam o dia a dia das pessoas, como as atividades da semeadura e da colheita.

As imagens ao lado mostram o cotidiano dos trabalhadores rurais na França, durante o final da Idade Média. Nelas podemos observar a maneira como os camponeses trabalhavam a terra em cada estação do ano. Elas fazem parte da obra *As riquíssimas horas do duque de Berry*, foram encomendadas por volta de 1410 por João, duque de Berry, e executadas pelos irmãos Paul Herman e Jean de Limbourg.

Musée Conde, Chantilly

Essas imagens correspondem, da esquerda para a direita, aos meses que caracterizam cada estação do ano: março (primavera), mês de plantio e poda; junho (verão), mês de colheita; outubro (outono), mês de arar a terra e fazer novo plantio; e fevereiro (inverno), quando há pouco a fazer além de se aquecer e esperar a primavera.

Observe nas imagens as técnicas e os tipos de equipamento utilizados na época para o cultivo da terra. O que mudou na forma de produzir alimentos no campo desde então? Converse com os colegas a respeito disso.

330 | Unidade 6 Espaço agrário no mundo contemporâneo

Em todos os continentes, áreas florestais e de campos foram desmatadas para dar lugar a plantações, pastagens e áreas de extração vegetal e mineral, processo que transformou antigas paisagens naturais em paisagens rurais. O campo tornou-se então o espaço geográfico da produção agrícola e do pastoreio, alimentando e suprindo com matérias-primas os camponeses e a população que vivia nas aldeias e nas cidades.

▶ A indústria e as novas relações entre campo e cidade

Com a consolidação da atividade fabril ocorrida nos últimos dois séculos, houve profundas transformações tanto nas formas de produção agrícola quanto nas relações econômicas entre o campo e a cidade, sobretudo nas nações que foram berço da Revolução Industrial, como Inglaterra, França e, posteriormente, Estados Unidos.

A atividade fabril, sediada principalmente nas cidades, subordinou a seus interesses econômicos as atividades agropecuárias e de mineração. Dessa forma, o campo passou a produzir alimentos para a crescente população urbana e fornecer matérias-primas (como grãos, fibras, madeira, resinas, carvão e minérios) para a indústria em desenvolvimento.

Divisão Territorial do Trabalho (DTT) entre campo e cidade

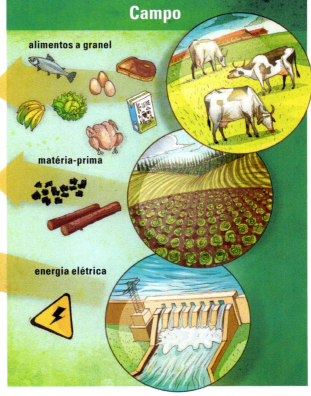

Agropecuária moderna e sistemas agrícolas tradicionais   Capítulo 20   331

Para atender à demanda da indústria, o setor agropecuário precisou produzir em grande quantidade e em tempo menor, o que exigiu o aperfeiçoamento das tecnologias empregadas na produção. Essa condição foi alcançada graças a estudos científicos empreendidos nas áreas agronômica e veterinária, incluindo o desenvolvimento de máquinas e insumos cada vez mais eficazes, fornecidos pela própria indústria.

Além disso, foram criadas novas relações de trabalho, com os trabalhadores passando a exercer funções diversificadas ou mesmo tendo sua mão de obra substituída por novas técnicas e equipamentos. O campo deixou de ser exclusivamente um espaço de produção, tornando-se também importante espaço de consumo de bens industrializados. Assim, estabeleceu-se uma nova configuração espacial, uma nova **Divisão Territorial do Trabalho** (**DTT**) entre o campo e a cidade. Observe o esquema da página anterior.

Nos próximos tópicos iremos compreender melhor como esse processo vem ocorrendo no espaço agrário do mundo capitalista contemporâneo, onde coexistem sistemas agrícolas modernos e tradicionais.

▸ Agropecuária comercial moderna

A partir do final do século XIX, o consumo de alimentos pela população e de matérias-primas agrícolas pelo setor industrial atingiu patamares sem precedentes na história das sociedades capitalistas.

Para que fosse possível suprir essa demanda, as empresas ligadas aos setores químico e mecânico e os governos dos países industrializados começaram a investir grandes quantias no desenvolvimento de tecnologias agropecuárias, viabilizando a ampliação das áreas cultivadas e de pastoreio, assim como o aumento da **produtividade**, ou seja, da quantidade de produto obtido por área de lavoura e da criação.

Nesse contexto estabeleceu-se a chamada **agropecuária comercial moderna**, caracterizada pelo **uso intensivo** de recursos tecnológicos, como **máquinas** (arados, tratores, semeadeiras, colheitadeiras, ordenhadeiras) e **insumos** (adubos químicos, pesticidas, sementes geneticamente selecionadas, vacinas). Observe, nesta página, uma propaganda da época.

Sistema agrícola: maneira como as sociedades organizam econômica, social e espacialmente a atividade agrícola em determinada área cultivada.

Como **sistema agrícola**, a agricultura comercial moderna caracteriza-se pelo fato de boa parte das propriedades rurais ser administrada como uma empresa, ou seja, controlam-se os custos de produção em todas as etapas, do preparo do solo à colheita. Com a modernização, a agricultura e a pecuária tornaram-se atividades econômicas geradoras de **lucro**, fato que marcou, de maneira definitiva, a introdução das relações capitalistas de produção no espaço agrário tanto dos países desenvolvidos, como Estados Unidos, Canadá, Austrália e países da Europa Ocidental, quanto nos países de industrialização tardia, como México, Brasil, Argentina e África do Sul. Assim, na agricultura comercial moderna, a terra e os produtos dela extraídos são considerados **mercadorias** que possibilitam aos donos dos meios de produção (fazendeiros, industriais, banqueiros, comerciantes) acumular cada vez mais riquezas.

Pôster francês de 1850 fazendo propaganda de novo modelo de colheitadeira de trigo.

Mão de obra especializada, monoculturas e extensas áreas de criação

Atualmente, o nível tecnológico aplicado na agropecuária comercial moderna exige que a produção seja acompanhada por mão de obra especializada, como de técnicos agrícolas, engenheiros agrônomos e veterinários (veja a seção "Saberes em foco" na próxima página), mas limita o número de empregados nas propriedades rurais, já que as máquinas substituem grande parte da força de trabalho humana, sobretudo a mão de obra menos qualificada. Com isso, desde 1950, verifica-se o declínio da participação da População Economicamente Ativa (PEA) no setor primário, sobretudo nos países industrializados. Observe o gráfico.

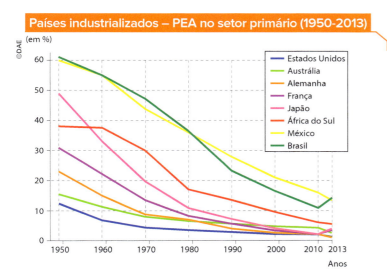

Fonte: ONU. Food and Agriculture Organization (FAO). Statistics Division. Disponível em: <http://faostat3.fao.org/download/Q/QC/E>. Acesso em: 16 jan. 2016.

Em razão do alto custo dos equipamentos e dos insumos, a agropecuária moderna é praticada geralmente em médias e grandes propriedades rurais, com o plantio e a criação de um número restrito de espécies vegetais e animais – de uma única espécie, na maioria das vezes. É por isso que hoje grande parte das paisagens rurais é ocupada por lavouras monocultoras e por extensas áreas de criação.

Essa especialização da produção também decorre da imposição de grandes corporações transnacionais do setor alimentício. Elas decidem quais são as matérias-primas de seu interesse e quais devem ser cultivadas ou criadas, o que tem influenciado diretamente os preços de comercialização dos produtos agropecuários.

Modernas colheitadeiras em lavoura monocultora de soja em grande propriedade do município de Chapada dos Guimarães, (MT), área de cerrado recuperada para o cultivo em larga escala. Foto de 2015.

Entre os gêneros agropecuários altamente valorizados no mercado internacional e produzidos por meio da agropecuária comercial moderna, destacam-se o milho, o trigo, a soja, o gado bovino e suíno e as aves, especialmente frangos e galinhas poedeiras. Veja na tabela a seguir os maiores produtores mundiais desses gêneros. Note também a posição do Brasil nos quadros em que ela aparece.

Mundo – maiores produtores agropecuários (2014)					
Lavouras	Países produtores	Produção (em milhares de toneladas)	Criações	Países produtores (carne abatida)	Produção (em dólares)
Trigo	1º China 2º Índia 3º Estados Unidos 4º Rússia	121 930 93 510 57 966 52 090	Aves	1º Estados Unidos 2º China 3º Brasil 4º Rússia	17 396 881 13 371 800 12 387 323 3 462 656
Milho	1º Estados Unidos 2º China 3º Brasil 4º Argentina	353 700 218 489 80 273 32 120	Bovinos	1º Estados Unidos 2º Brasil 3º China 4º Argentina	11 698 479 9 675 000 6 408 200 2 822 000
Soja	1º Estados Unidos 2º Brasil 3º Argentina 4º China	89 483 81 724 49 306 11 951	Suínos	1º China 2º Estados Unidos 3º Alemanha 4º Espanha	53 752 000 10 509 704 5 494 164 3 431 214

Fonte: ONU. FAO. Statistics Division. Disponível em: <http://faostat3.fao.org/download/Q/QC/E>. Acesso em: 16 jan. 2016.

SABERES EM FOCO

Profissionais do campo

O desenvolvimento das atividades agropecuárias modernas ocorre com o auxílio de diferentes profissionais, como os agrônomos, que acompanham todo o processo de produção agrícola; os médicos veterinários e os zootecnólogos, que assistem as criações de animais; os engenheiros agrícolas e florestais; além dos especialistas em viticultura, administração rural, irrigação e drenagem etc.

Os profissionais ligados às chamadas Ciências Agrárias buscam o desenvolvimento das práticas agropecuárias por meio de inovações tecnológicas, como novas técnicas de produção e aprimoramento genético e da biotecnologia. Eles também orientam os produtores rurais em relação às técnicas de irrigação, à utilização de fertilizantes e agrotóxicos, à armazenagem e conservação de produtos agrícolas etc.

Além disso, os profissionais do campo estudam e pesquisam o ambiente e suas características naturais e culturais, a fim de atuar com maior propriedade no espaço rural.

Os profissionais que trabalham com atividades agrárias podem se especializar em campos específicos. Na foto, engenheiro-agrônomo em plantação de cereal, nos Estados Unidos, em 2014.

334 Unidade 6 Espaço agrário no mundo contemporâneo

Agricultura moderna em pequenas e médias propriedades

Em várias partes do mundo, principalmente nos países desenvolvidos e de industrialização tardia, uma parcela significativa das pequenas e médias propriedades rurais também desenvolve atividades agrícolas de forma **intensiva**, com o uso de tecnologia avançada, mão de obra familiar e poucos empregados assalariados. Nesses casos, a produção não está voltada para a subsistência da família de agricultores, mas para a **venda** ao mercado de alimentos e a obtenção de **lucro**.

Muitas vezes, esses produtores rurais trabalham em associação com grandes empresas produtoras de alimentos industrializados que cedem máquinas e insumos de boa qualidade, além da assistência técnica necessária para que obtenham alta produtividade. Em contrapartida, essas empresas têm a preferência na compra das safras ou dos rebanhos. No Brasil, por exemplo, boa parte das criações de suínos e de aves da Região Sul é desenvolvida de forma intensiva em pequenas propriedades e sob o chamado **sistema de integração**, no qual se estabelece uma parceria entre esses criadores e grandes empresas do setor alimentício.

Galpão de criação de frangos para o abate em pequena propriedade rural no município de Cunha Porã, Santa Catarina, em 2015.

No Brasil, a maior parte da carne de frango usada em indústrias de alimentos e para exportação, ou para a venda em supermercados, é produzida por pequenos e médios produtores rurais. Na fotografia, etapa de evisceração em frigorífico de abate na cidade de Jaguapitã, Paraná, em 2013.

De olho no Enem – 2009

O clima é um dos elementos fundamentais não só na caracterização das paisagens naturais, mas também no histórico de ocupação do espaço geográfico. Tendo em vista determinada restrição climática, a figura que representa o uso de tecnologia voltada para a produção é:

a.
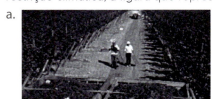
Exploração vinícola no Chile.

b.

Pequena agricultura praticada em região andina.

c.

Parque de engorda de bovinos nos Estados Unidos.

d.

Zonas irrigadas por aspersão na Arábia Saudita.

e.

Parque eólico na Califórnia, Estados Unidos.

> Gabarito: D
>
> Justificativa: Interessante questão que exige a aplicação do conhecimento sobre os diferentes tipos climáticos, as restrições produtivas a eles associadas e as formas pelas quais os seres humanos buscam superá-las. A única das situações apresentadas como alternativas que representam o uso de uma tecnologia (no caso, a irrigação por aspersão) destinada a superar uma limitação climática à produção (por tratar-se de produção agrícola realizada em clima desértico) está na alternativa **d**, a correta. No caso das alternativas **a** e **b**, ambos os climas das regiões mencionadas (mediterrâneo, no Chile, e de montanha, nos contrafortes andinos) são propícios, e não restritivos, às produções apresentadas. A alternativa **c** está incorreta, pois a pecuária intensiva é uma atividade que tem pouca dependência das condições climáticas para ser realizada, visto que os animais são criados em estábulos e alimentados à base de ração. Quanto ao distrator inserido na alternativa **e**, ele pode confundir o aluno por não referir-se, como os demais, especificamente à produção agropecuária. Considere-se, no entanto, que no comando da questão essa exigência não é explícita. Assim, a alternativa deve ser considerada incorreta, pois a instalação de uma fazenda eólica só é viável em locais apropriados, onde haja ventos constantes, o que caracteriza a existência de uma condição climática adequada, e não restritiva à produção de energia apresentada na alternativa.

▶ Sistemas agrícolas tradicionais

Ainda que a agricultura comercial moderna tenha se expandido em escala planetária durante o século XX, em boa parte dos países persistem os chamados **sistemas agrícolas tradicionais**. Vamos conhecer os sistemas mais representativos.

Agricultura comercial tropical: *plantation*

Em muitos países subdesenvolvidos localizados em regiões tropicais ocorrem as culturas comerciais no sistema de *plantation*. Essa prática agrícola tem origem na expansão do colonialismo europeu em diversas regiões dos continentes americano, africano e asiático a partir do século XVI. Em seus domínios, os colonizadores desenvolveram monoculturas de gêneros tropicais (como a cana-de-açúcar, o algodão e o café) em grandes extensões de terra, mantidas por mão de obra escravizada e com produção destinada à exportação para as metrópoles no continente europeu.

Ainda hoje o sistema de *plantation* é praticado nos países tropicais subdesenvolvidos da América do Sul e da América Central (cultivo de cana-de-açúcar, café, cacau e frutas), da África (cultivo de café, cana-de-açúcar, amendoim, algodão, chá, cacau e frutas) e da Ásia (cultivo de chá, juta, cana-de-açúcar, algodão, fumo, borracha e frutas) com características semelhantes às dos séculos passados: produção em larga escala de gêneros tropicais em grandes propriedades rurais; emprego de mão de obra barata e, em alguns casos, escravizada; cultivo de produtos destinados ao abastecimento, sobretudo, do mercado consumidor dos países desenvolvidos.

Quase toda a produção mundial de chocolate, inclusive dos chocolates belgas e suíços – considerados os melhores do mundo – é feita com cacau cultivado no sistema de *plantation*, em países da África Equatorial, como Gana e Costa do Marfim, e da Ásia de monções, como na Indonésia. Na foto A, colheita de cacau perto de Gagnoa, na Costa do Marfim, em 2015. Na foto B, interior de fábrica de chocolates em Bruxelas, Bélgica, 2012.

336 Unidade 6 Espaço agrário no mundo contemporâneo

Uma diferença importante dos cultivos atuais em relação aos do período colonial é a introdução de recursos tecnológicos e de insumos desenvolvidos pela chamada Revolução Verde (como veremos no Capítulo 22), aumentando a produtividade em várias regiões agrícolas de *plantations*. Veja, na tabela a seguir, quais são os maiores produtores de alguns dos gêneros agrícolas tropicais mais valorizados no mercado internacional.

Mundo – maiores produtores dos principais gêneros agrícolas tropicais (2013)					
Países produtores (1º, 2º e 3º) – Produtos – Produção (tonelada)					
Brasil	Cana-de-açúcar	768 090 444	Índia	Banana	27 575 000
Índia	Cana-de-açúcar	341 200 000	China	Banana	12 370 238
China	Cana-de-açúcar	128 850 908	Filipinas	Banana	8 645 749
Costa do Marfim	Cacau	1 448 992	China	Fumo	3 150 197
Gana	Cacau	835 466	Brasil	Fumo	850 673
Indonésia	Cacau	777 500	Índia	Fumo	830 000
China	Chá	1 939 457	Brasil	Café	2 964 538
Índia	Chá	1 208 780	Vietnã	Café	1 461 000
Quênia	Chá	432 400	Indonésia	Café	698 900

Fonte: ONU. FAO. Statistics Division. Disponível em: <http://faostat3.fao.org/download/Q/QC/E>. Acesso em: 16 jan. 2016.

Agropecuária tradicional de subsistência

A disseminação da agropecuária comercial moderna pelo mundo alterou as práticas agrícolas, os ecossistemas, os hábitos das populações nativas e, consequentemente, as paisagens geográficas. No entanto, é importante ressaltar que existem ainda grandes extensões de terra, sobretudo nos países em desenvolvimento, em que, por meio da utilização de práticas tradicionais, cultivam-se alimentos, como arroz, feijão, mandioca e batata, e criam-se bovinos, ovinos e caprinos.

De maneira geral, as atividades ligadas à chamada **agropecuária tradicional de subsistência** são desenvolvidas por meio de **técnicas seculares** de cultivo (como o terraceamento e o pousio) e de pastoreio (como a transumância). São exemplos de sistemas agrícolas tradicionais a atividade rizicultora na Ásia, a agricultura itinerante ou de roça na América do Sul e na África Subsaariana e o pastoreio nômade na África Setentrional. Nesses sistemas agrícolas, as tarefas diárias são desenvolvidas por **famílias camponesas** dentro de suas propriedades (**mão de obra familiar**) ou ainda, como no caso da atividade rizicultora asiática, por todos os integrantes da comunidade, em uma área de propriedade coletiva.

Para os camponeses, a terra é um meio de garantir a subsistência da família e da comunidade a que pertencem. Os excedentes da produção são trocados ou vendidos para que possam ser adquiridos bens não produzidos nas propriedades ou nas terras comunais. Portanto, mantêm-se nesses lugares relações de produção muito distintas daquelas vigentes na agropecuária capitalista moderna.

Vamos conhecer melhor alguns sistemas agrícolas de subsistência.

Agropecuária moderna e sistemas agrícolas tradicionais **Capítulo 20** 337

Agricultura itinerante

A agricultura itinerante (ou de roça, como também é conhecida no Brasil) desenvolve-se plenamente em áreas pouco integradas ao sistema agrícola capitalista, principalmente nas regiões interioranas da América Latina e da África Subsaariana.

Área sendo preparada para o cultivo por pequeno agricultor em comunidade da costa do Pacífico do Equador, em 2012.

Nesse sistema agrícola, geralmente aplicado em pequenas propriedades rurais ou em áreas de posse, emprega-se mão de obra familiar e técnicas bastante rudimentares de cultivo. Uma delas consiste em derrubar a floresta ou a mata próxima ao local onde os camponeses estão sediados, aproveitando a madeira das grandes árvores. Em seguida faz-se a queimada, ou seja, ateia-se fogo à capoeira remanescente da derrubada, como forma de limpar o terreno para o preparo do solo e a semeadura.

Com a utilização continuada dessas técnicas tradicionais, em poucos anos ocorre o esgotamento da fertilidade dos solos, obrigando as famílias camponesas a buscar novas áreas para o cultivo, o que as mantém em constante deslocamento (daí a denominação agricultura itinerante para esse sistema agrícola). A área abandonada, por sua vez, entra em um período de repouso, que permite a regeneração parcial da fertilidade do solo.

Observe, no esquema abaixo, como ocorre o uso da terra por meio do sistema de roça.

Agricultura itinerante

1. O agricultor queima a vegetação nativa e planta sobre as cinzas.

2. Depois de alguns anos, o solo perde a fertilidade, e se não receber maiores cuidados, é erodido pelas chuvas.

3. Sem possibilidades de plantio, o agricultor busca novas áreas para cultivo, utilizando as mesmas técnicas.

SABERES EM FOCO

Agricultura quilombola de roça

No Brasil, a agricultura itinerante ou de roça foi, durante muito tempo, criticada por especialistas, que a consideravam uma técnica danosa para a fertilidade dos solos e para o meio ambiente de maneira geral, já que destrói parte da fauna e da flora nativas. Contudo, um grupo de pesquisadores da Universidade Estadual de Campinas (Unicamp) e da Universidade de São Paulo (USP) vem contestando essa ideia. Eles tomam como base a maneira como comunidades quilombolas da região do Vale do Ribeira, interior do estado de São Paulo, usam a técnica de roça.

Os estudos mais recentes desse grupo reforçaram a hipótese de que o método de plantio adotado pelos quilombolas – à primeira vista aparentemente agressivo por implicar o corte e a queima de áreas de vegetação nativa – tem baixo impacto sobre a floresta e os animais que a ocupam, como os próprios agricultores diziam há tempos. "O fogo destrói?", indagou o biólogo Alexandre Ribeiro Filho [...] no Instituto de Energia e Ambiente (IEE) da USP, ao apresentar os resultados de sua pesquisa de doutorado, em um debate organizado [...] sobre as formas de uso do território quilombola. "Nem sempre", respondeu ele. Por meio de sensores enterrados no solo, Ribeiro Filho verificou que o fogo usado para abrir uma área de plantio faz a temperatura do solo subir em média 10 graus Celsius. Suas análises indicaram que as chamas, apesar do espetáculo impressionante, em geral queimam principalmente folhas e galhos finos, de modo que 85% da vegetação resiste e os nutrientes permanecem no solo. "De modo geral o fogo não altera a quantidade de matéria orgânica", concluiu.

As roças, antes criticadas por supostamente prejudicarem a biodiversidade da floresta, podem até mesmo servir de fonte de alimento para animais da floresta, de acordo com a pesquisa de doutorado do biólogo Herbert Medeiros Prado, orientado [...] pelo antropólogo Rui Murrieta e concluído em 2012 no IB-USP. Em 60 áreas, usando câmeras fotográficas noturnas, Prado identificou antas, jaguatiricas, catetos (porcos selvagens), tamanduás-mirins, pacas, veados mateiros, cachorro-do-mato, gambás e um bicho raro, a irara-branca, mamífero de corpo comprido, pernas curtas e cauda peluda e longa. Os animais eram vistos tanto nas matas em regeneração ou secundárias, usadas para o plantio, quanto na floresta preservada.

FIORAVANTI, Carlos. Com os pés fincados na história. *Pesquisa Fapesp*, ed. 232, jun. 2015. Disponível em: <http://revistapesquisa.fapesp.br/2015/06/16/com-os-pes-fincados-na-historia>. Acesso em: 16 jan. 2016.

Área de cultivo, no sistema de roça, em comunidade quilombola do Vale do Ribeira, São Paulo, em fotografia de 2015.

A denominação **quilombola** é usada no Brasil para se referir aos descendentes de africanos escravizados que, durante ou após o período de escravidão (abolida oficialmente em 1888), refugiavam-se em quilombos, comunidades agrícolas estabelecidas em terras devolutas de difícil localização. No Brasil, existiam, em 2015, cerca de 2 600 comunidades quilombolas certificadas. Pesquise sobre a existência de comunidades quilombolas em seu estado ou em estados vizinhos, buscando novas informações a respeito da história, do trabalho, dos costumes e do seu dia a dia, bem como sobre a situação legal das terras que ocupam. Troque informações com os colegas.

Rizicultura asiática

Na Ásia, continente mais populoso do mundo, há grande demanda por alimentos. Por isso, as áreas rurais são intensamente aproveitadas, sobretudo para o cultivo de arroz, base da alimentação de grande parte da população dos países asiáticos.

A escassez de áreas para cultivo levou os camponeses asiáticos a praticar a rizicultura mesmo em lugares de relevo bastante acidentado, como nas encostas das montanhas. Isso foi possível graças ao emprego da técnica de **terraceamento**, isto é, construção de "degraus" (terraços) em áreas de encostas íngremes (reveja a foto das páginas 326 e 327), que aumentam a área cultivável e protegem os terrenos da ação erosiva das águas pluviais. Além da rizicultura em terraços, são cultivadas áreas de planícies inundáveis (foto ao lado), por meio do sistema de **jardinagem**.

As técnicas de terraceamento e de jardinagem são empregadas há mais de 2 mil anos e exigem o trabalho contínuo e conjunto dos camponeses em todas as etapas da produção: no plantio e no replantio de mudas, no controle de pragas e do nível da água armazenada nos terraços e na colheita dos grãos. Em geral, famílias inteiras trabalham em áreas agrícolas comunais e dividem equitativamente as safras.

No verão, ventos úmidos provenientes do Oceano Índico e do Pacífico provocam chuvas abundantes nas áreas continentais sul e sudeste da Ásia. É a chamada **monção úmida**, que ocorre entre os meses de maio e outubro. Com a chegada das chuvas, os agricultores iniciam o ciclo de plantio do arroz. Veja como ocorre todo o processo no esquema a seguir.

Terraço de plantação de arroz na província de Guangxi, China. Foto de 2014.

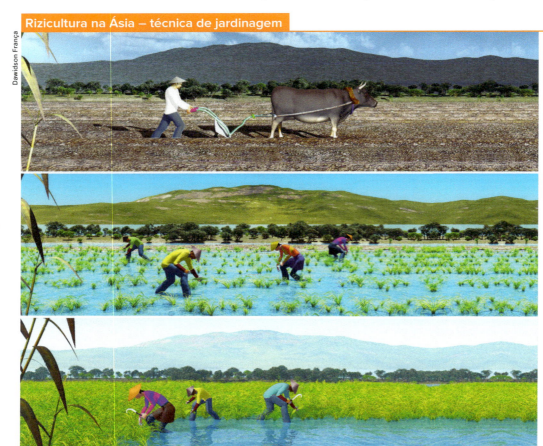

Rizicultura na Ásia – técnica de jardinagem

1. Na estação chuvosa (que é influenciada pelas monções), os agricultores preparam os solos nas áreas de várzea, próximas aos rios e canais.

2. Com os canteiros cheios de água, os camponeses iniciam o plantio das mudas. Estas recebem, durante seu desenvolvimento, os cuidados de toda a comunidade.

3. Na estação seca, os agricultores realizam a colheita de arroz, geralmente feita de forma manual.

340 Unidade 6 Espaço agrário no mundo contemporâneo

Pastoreio nômade na África

O pastoreio nômade é uma prática tradicional de pecuária que ainda persiste em algumas partes do mundo, especialmente onde a agricultura é impraticável ou antieconômica, como as áreas desérticas e semidesérticas do planeta.

Na região do **Sahel**, área que margeia o sul do Deserto do Saara, na África, diversos povos praticam o pastoreio nômade. Na estação úmida, eles conduzem seus rebanhos (ovinos, bovinos, equinos, entre outros) para as áreas de pastagens na estepe, que ficam ao norte. Quando começa o período de estiagem, os pastores migram para o sul, nas áreas de campos de savanas, onde permanecem até o ciclo de chuvas seguinte.

Pastoreio nômade caprino e bovino no interior do Níger, África, em 2012.

Mulheres em foco

O Chapeleiro Maluco e as camponesas colhedoras de chá

Você já se imaginou tomando chá com o Chapeleiro Maluco de *Alice no País das Maravilhas*? O livro do autor Lewis Carroll, publicado em 1865, faz várias menções a esse típico hábito inglês.

O famoso "chá das cinco" tornou-se tradição na Inglaterra, sobretudo a partir de meados do século XIX. Inicialmente apreciado pela nobreza, tomar chá transformou-se uma mania nacional entre ingleses de todas as classes sociais a qualquer hora do dia, e não somente às cinco da tarde, como muitos imaginam.

O chá (*Camellia sinensis*) possui mais de 1500 variedades e é uma das iguarias que os britânicos importavam de suas colônias na Ásia, região de onde, até hoje, provém a maior parte do fornecimento desse produto. A planta é cultivada em grandes propriedades no sistema de *plantation*, com todas as etapas feitas manualmente e em péssimas condições de trabalho, sobretudo por mulheres camponesas que, em geral, ganham menos de 3 dólares por dia pela colheita de quase 30 quilogramas da folha da planta. Enquanto isso, algumas das marcas inglesas de chá mais prestigiadas cobram até 200 dólares por uma caixinha com 100 gramas do produto processado.

Cena do filme *Alice no País das Maravilhas*, lançado em 2010.

Camponesas colhedoras em plantação de chá no estado de Assan, Índia, em 2013.

Com base na situação apresentada pelo texto, reflita com os colegas a respeito das condições de trabalho das mulheres camponesas no mundo. O que você sabe a respeito do trabalho das mulheres do campo em nosso país? E de todos os demais trabalhadores campesinos no Brasil? Anote as principais informações e ideias da turma.

Revisitando o capítulo

1. De que maneira a criação de instrumentos e o uso de novas técnicas de cultivo e de criação favoreceram o desenvolvimento das atividades agropecuárias no mundo? Como esse processo transformou as paisagens naturais do planeta?

2. Explique a influência do desenvolvimento da indústria na atividade agrícola mundial destacando o papel da tecnologia.

3. Caracterize a agropecuária comercial moderna.

4. Por que houve, nos últimos 60 anos, um declínio da participação da PEA no setor primário em todo o mundo?

5. Sobre o sistema agrícola de *plantation*:
   a. explique sua origem histórica;

   b. indique onde esse sistema ainda é amplamente utilizado;

   c. cite os principais produtos agrícolas cultivados sob esse sistema.

6. Mencione dois exemplos de sistemas agropecuários tradicionais de subsistência.

7. Vimos que, atualmente, em todo o mundo são desenvolvidos diferentes sistemas agrícolas. Caracterize e compare os sistemas agrícolas tradicionais de subsistência e a agropecuária comercial moderna, destacando:
   a. o nível de tecnologia aplicado;

   b. o tipo de mão de obra empregado;

   c. os principais impactos causados ao meio ambiente.

8. Em seu caderno, reproduza o texto a seguir, completando-o com a frase correta.

   Desde que a atividade fabril passou a subordinar a seus interesses econômicos as atividades agropecuárias e de mineração, o campo passou a

   ▶ produzir alimentos para a crescente população urbana e matérias-primas para a indústria em desenvolvimento.

   ▶ receber a população urbana que buscava trabalho nas fábricas.

   ▶ produzir alimentos para a exportação e para a população rural.

   ▶ vender seus excedentes para a indústria e produzir cada vez mais para alimentar a população rural.

▶ ANÁLISE DE IMAGEM E PRODUÇÃO DE TEXTO

O desenvolvimento de ferramentas, maquinários (como tratores e colheitadeiras) e produtos químicos (como fertilizantes e agrotóxicos) com o intuito de aumentar a produtividade no campo decorreu de estudos e tecnologias promovidas pela própria indústria.

O anúncio a seguir, publicado em 1900, divulgava um novo maquinário agrícola de uma indústria estadunidense. Com base no conteúdo do anúncio e do capítulo que acabou de estudar, componha em seu caderno um texto que explique, historicamente, a introdução desse tipo de tecnologia no campo. Para tanto, utilize as palavras-chave destacadas no quadro da próxima página.

mão de obra – tecnologia – maquinário – solo – indústria – produtividade – propaganda – rentabilidade

Publicidade da International Harvester Company of America, Chicago, Estados Unidos, 1900.

INTERPRETAÇÃO DE TEXTO, PESQUISA E DEBATE

Leia o texto a seguir.

Polícia liberta 48 crianças escravizadas na Costa do Marfim

A polícia da Costa do Marfim libertou 48 crianças escravizadas durante uma operação realizada em plantações no cinturão de cacau do país africano e prendeu 22 pessoas acusadas de tráfico humano e exploração infantil, afirmou a Interpol nesta segunda-feira [22 de junho de 2015].

As crianças, de 5 a 16 anos, são do Mali, Guiné e Burkina Fasso, assim como do norte da Costa do Marfim, e foram libertadas durante uma operação entre 1º e 6 de junho [de 2015] na região produtora de cacau de San Pedro, afirmou a polícia internacional.

Algumas delas estavam trabalhando nas lavouras há um ano em condições extremas que estavam "comprometendo gravemente a sua saúde".

Uma autoridade da Organização Internacional para as Migrações (OIM) disse que centros de cuidados foram criados na região para dar assistência médica e psicológica às crianças.

As prisões fazem parte de uma série de operações planejadas contra o tráfico e exploração de crianças na África Ocidental, disse a Interpol. "Estamos enviando uma mensagem muito clara aos proprietários de plantações e estamos enviando uma mensagem muito alta aos próprios traficantes", disse o diretor assistente de serviços de tráfico humano e exploração infantil da Interpol, Michael Moran. "Se vocês traficarem essas crianças, haverá uma resposta da polícia."

FARGE, Emma; BRICE, Makini. Polícia liberta 48 crianças escravizadas na Costa do Marfim. *Reuters Brasil*, 22 jun. 2015. Disponível em: <http://br.reuters.com/article/worldNews/idBRKBN0P301O20150623>. Acesso em: 16 jan. 2016.

a. Utilizando um mapa político do continente africano, localize os países citados no texto.

b. Onde estavam trabalhando as crianças? E por quem foram resgatadas?

c. Em que sistema agrícola tradicional é possível destacar a produção de cacau na Costa do Marfim?

d. Pesquise sobre as diferentes formas de trabalho infantil escravizado no Brasil e no mundo e sobre o tráfico de crianças para o trabalho. Em seguida, debata sobre o tema em sala de aula, utilizando como ponto de partida o texto apresentado acima.

CAPÍTULO 21
A FOME E O MERCADO GLOBAL DE ALIMENTOS

Observe as fotografias.

Multidão espera por água em campo de refugiados da ONU que abriga cerca de 45 mil pessoas em Bentiu, no Sudão do Sul, 2014.

Colheitadeira adentra plantação de milho em Wumaying, província de Hebei, norte da China, em 2015.

> Se existem vastas áreas do planeta destinadas ao cultivo e à criação, e safras cada vez maiores são colhidas a cada ano, por que há parcela significativa da população mundial em estado de desnutrição crônica? Converse com os colegas a respeito e anote as principais ideias da turma.

Ao contrário do que anunciava Thomas Malthus (1776-1834), no final do século XVIII, o ritmo de crescimento da população mundial não ultrapassou o da produção de alimentos (reveja o texto e o gráfico da página 295). Além disso, nas últimas décadas as safras têm batido sucessivos recordes por causa, principalmente, do uso e do aprimoramento de tecnologias ligadas ao setor agrícola e da ocupação de novas áreas para o cultivo, que deram origem às **zonas de fronteira agrícola** no interior dos continentes.

Ainda que a produção de alimentos tenha crescido em proporções maiores que a da população mundial, verifica-se que a **fome** (leia o texto complementar a seguir) ainda é uma realidade em diversas partes do planeta. A quantidade de pessoas em estado de **desnutrição crônica** não declinou como almejava a Cúpula do Milênio, evento promovido pela Organização das Nações Unidas (ONU) em 2000, em que dezenas de chefes de Estado se comprometeram a reduzir pela metade o número de desnutridos em todo o mundo até 2015. De acordo com a própria ONU, existe atualmente cerca de 1 bilhão de pessoas em todo o mundo que vive em **estado de desnutrição**, ou seja, que não consegue consumir alimentos suficientes para suprir suas necessidades básicas diárias de energia (calorias).

Definindo pobreza, desnutrição e fome

Dos três problemas, a pobreza talvez seja o mais fácil de definir. De modo bastante simples, pode-se dizer que pobreza corresponde à condição de não satisfação de necessidades humanas elementares como comida, abrigo, vestuário, educação, assistência à saúde, entre várias outras. A desnutrição ou, mais corretamente, as deficiências nutricionais – porque são várias as modalidades de desnutrição – são doenças que decorrem do aporte alimentar insuficiente em energia e nutrientes ou, ainda, com alguma frequência, do inadequado aproveitamento biológico dos alimentos ingeridos – geralmente motivado pela presença de doenças, em particular doenças infecciosas. A fome é certamente o problema cuja definição se mostra mais controversa. Haveria inicialmente que se distinguir a fome aguda, momentânea, da fome crônica. A fome aguda equivale à urgência de se alimentar, a um grande apetite, e não é relevante para nossa discussão. A fome crônica, permanente, a que nos interessa aqui, ocorre quando a alimentação diária, habitual, não propicia ao indivíduo energia suficiente para a manutenção do seu organismo e para o desempenho de suas atividades cotidianas. Nesse sentido, a fome crônica resulta em uma das modalidades de desnutrição: a deficiência energética crônica.

MONTEIRO, Carlos Augusto. A dimensão da pobreza, da desnutrição e da fome no Brasil. *Estudos Avançados*, São Paulo, v. 17, n. 48, maio/ago. 2003. Disponível em: <www.scielo.br/scielo.php?pid=S0103-40142003000200002&script=sci_arttext>. Acesso em: 16 jan. 2016.

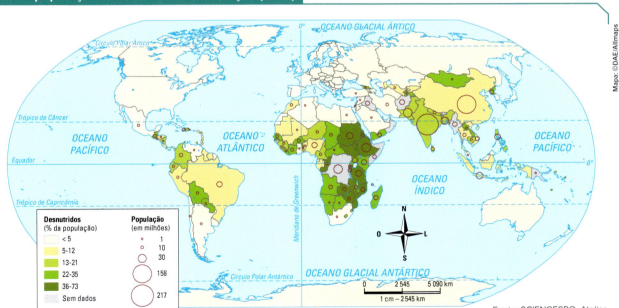

Mundo – população em estado de desnutrição (2013)

Fonte: SCIENCESPO. *Atelier de cartographie pour le Sénat, 2013*. Disponível em: <http://cartographie.sciences-po.fr/sites/default/files/maps/Sous_alimentes_2010-2012-01.jpg>. Acesso em: 16 jan. 2016.

Por que existe fome?

A pobreza e a fome não estão necessariamente vinculadas aos índices de crescimento natural das populações, como se pensava no passado. Tais flagelos humanos relacionam-se muito mais ao modelo de desenvolvimento agrícola adotado pela maioria dos países, baseado no **agronegócio**, que visa à produção de matérias-primas para a indústria de alimentos processados, para a produção de biocombustíveis, para a alimentação de rebanhos e para as redes de comércio de alimentos atacadistas e varejistas.

A implantação desse modelo não respeitou as práticas agrícolas de **subsistência** que já existiam em muitos países há milhares de anos e, ainda, impôs o plantio das culturas que interessavam ao mercado mundial de produtos agrícolas. Isso fez com que muitas comunidades rurais, além de perder suas terras, alterassem suas tradições alimentares.

Nas últimas décadas, 25% da população chinesa (cerca de 350 milhões de pessoas) ascenderam à classe média, fazendo disparar o consumo de alimentos industrializados. Esse fato colaborou para o encarecimento desses produtos no mercado mundial. Na foto, consumidores chineses em supermercado na cidade de Yichang, província de Hubei, China, em 2015.

Calcula-se, por exemplo, que até o início da década de 1960, metade das proteínas ingeridas diariamente pelos camponeses de nações subdesenvolvidas provinha de plantas leguminosas e de tubérculos. A introdução de plantações monocultoras de cereais (com cerca de um terço da quantidade de proteínas) e de produtos alimentares industrializados mudou os hábitos de consumo da população, provocando um quadro de carência alimentar crônica em vários países, sobretudo na Ásia, África e América Latina (leia o texto complementar, a seguir).

Além desses fatores, a ascensão social de parcela significativa da população à classe média, nos chamados **países de economia emergente**, como China, Índia e Brasil, desencadeou na última década uma alta brutal no preço dos alimentos no mercado internacional, agravando a dificuldade de acesso a alimentos básicos pela população das nações mais pobres. Observe o gráfico.

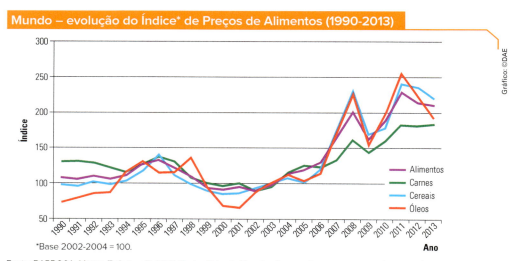

Mundo – evolução do Índice* de Preços de Alimentos (1990-2013)

*Base 2002-2004 = 100.

Fonte: BARBOSA, Marina Zeferino; BUENO, Carlos Roberto Ferreira. Perspectivas para o mercado mundial de alimentos. In: *Análises e Indicadores do Agronegócio*, vol. 9, n. 4, abr. 2014. Disponível em: <www.iea.agricultura.sp.gov.br/out/Lertexto.php?codtexto=13381>. Acesso em: 16 jan. 2016.

Frango no Solimões

Pesquisa aponta que ribeirinhos comem hoje menos peixe

Substituição de cardápio tradicional expõe população a várias doenças.

A alimentação da população ribeirinha da Amazônia, historicamente baseada no consumo de peixes locais e nos produtos derivados da mandioca, *vem sendo substituída por um cardápio com produtos mais industrializados*. A mudança dos hábitos alimentares foi revelada por um estudo de pesquisadores do Centro de Energia Nuclear na Agricultura (Cena), da Universidade de São Paulo (USP), em Piracicaba, em parceria com a Universidade Federal do Amazonas (Ufam) e do seu Núcleo de Estudos e Pesquisas das Cidades na Amazônia Brasileira (Nepecab).

A pesquisa tem o objetivo de determinar o quanto o padrão alimentar da população residente ao longo do rio Solimões está vinculada ao acesso à economia de mercado e ao processo de urbanização. [...]

A pesquisadora Gabriela Bielefeld Nardoto, doutora em Ecologia Aplicada pela USP e professora da Universidade de Brasília (UnB), disse que, de uma forma geral, a transição alimentar no Brasil está ocorrendo no sentido da urbanização do meio rural, isto é, a economia de consumo e a economia de excedente estão sendo substituídas pela economia de mercado, ocasionando, assim, mudanças socioculturais.

"Os principais fatores que contribuem no processo de transição nutricional ao longo do rio Solimões parecem estar relacionados tanto ao aumento do papel-moeda oriundo de diferentes programas sociais que chegam às mãos dos ribeirinhos, mas também têm um componente cultural. Com o acesso à televisão, eles acabam se identificando com os produtos valorizados no meio urbano, como a diversidade de comida processada. Obter e preparar o peixe tende a dar mais trabalho do que o frango, que já chega congelado e pronto para ser consumido. Além disso, na época das cheias dos rios, pode sair mais barato comprar o frango congelado do que pescar", explicou a pesquisadora.

Ela ressaltou também que as implicações desse novo hábito alimentar levam ao sedentarismo, uma vez que os ribeirinhos não gastam mais energia física para obter o alimento diário. Além disso, há um expressivo aumento no consumo de gorduras, açúcares e sal, por exemplo.

"Essas populações estão tendo acesso a uma maior variedade de produtos industrializados, que muitas vezes se enquadram dentro daqueles de uma alimentação tipo 'fast food', nada saudável. O grande desafio está em relacionar educação e a prevenção de doenças relacionadas ao abandono progressivo dos alimentos locais e à adoção de alimentos processados", enfatizou a pesquisadora. [...]

Rede Diário de Comunicação, Manaus, 13 abr. 2016. Disponível em: <http://new.d24am.com/amazonia/ciencia/pesquisa-aponta-ribeirinhos-comem-hoje-menos-peixe/81019>. Acesso em: 13 abr. 2016.

Responda

Converse com os colegas: quais os problemas de saúde que podem acarretar a troca de uma dieta de baixa caloria – como é tradicionalmente a dos ribeirinhos amazônicos, baseada em peixes, mandioca e frutas – por uma baseada em carne de frango e produtos industrializados? Que relação pode ser estabelecida entre esse fato e o problema da desnutrição crônica que afeta povos de várias partes do planeta?

A fome e o mercado global de alimentos **Capítulo 21** 347

Um mercado comandado pelas *commodities*

No atual estágio do capitalismo financeiro-industrial, os grandes investimentos das empresas multinacionais ligadas ao setor agrícola no desenvolvimento de tecnologias aplicadas à produção de insumos (fertilizantes, agrotóxicos, rações, vacinas, sementes selecionadas e geneticamente modificadas etc.), assim como os subsídios financeiros concedidos por bancos estatais e privados aos produtores rurais, são preferencialmente destinados àqueles alimentos e matérias-primas que alcançam maior valor de comercialização no mercado internacional, produtos estes denominados pelos especialistas de **commodities**.

Entre as *commodities* de maior destaque estão a soja, o milho, o trigo, o café e o algodão, comercializados em centros financeiros especializados nesses tipos de transação (compra e venda) ou em bolsas de valores, como as de Chicago, Nova York e Londres. Há ainda outras *commodities* importantes e que são comercializadas semiprocessadas, como o suco concentrado de laranja e a carne bovina e de frango. Por sua vez, culturas alimentares tradicionais, como o arroz, as batatas nativas, a mandioca e o milhete, que são a base da subsistência de boa parte da população mundial, encontram-se à margem desse mercado global de alimentos, como é possível observar por meio dos gráficos abaixo. Fique atento à diferença da escala dos gráficos que mostra a tonelagem da produção.

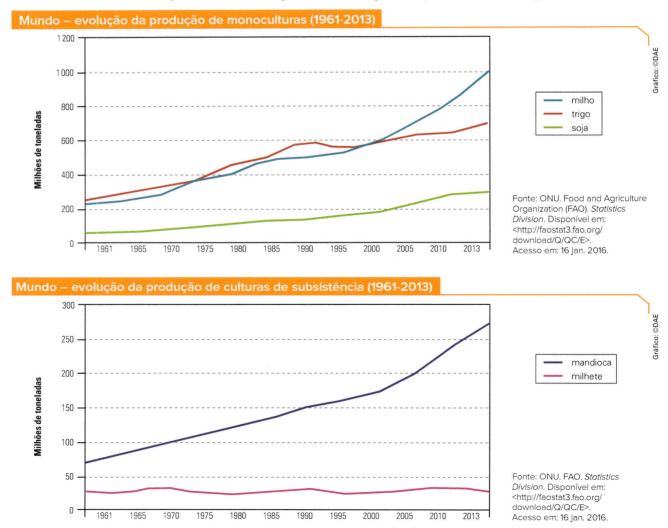

348 Unidade 6 Espaço agrário no mundo contemporâneo

As nações agroexportadoras e o mercado de alimentos

De acordo com a Organização das Nações Unidas para Alimentação e Agricultura (FAO), boa parte das nações pobres tem sua economia baseada na exportação de produtos agrícolas. Segundo esse órgão da ONU, aproximadamente 26% do Produto Interno Bruto (PIB) desses países é gerado pelo campo, onde as culturas de *commodities* são desenvolvidas sob sistemas agrícolas diferenciados (comercial, *plantations* ou subsistência), empregando parcela significativa da População Economicamente Ativa (PEA).

É o que ocorre em vários países latino-americanos, africanos e asiáticos, que acabam ficando condicionados às oscilações e à instabilidade das cotações de valores das *commodities*, em geral, atreladas à oferta e à procura desses produtos no mercado internacional. Assim, a quebra de safras de produtos tropicais, como o café e o cacau, pode desencadear sérias crises econômicas nos países produtores, como a Colômbia e a Costa do Marfim, respectivamente, que dependem desses produtos para equilibrar suas balanças comerciais.

Operação de embarque de soja no Porto de Santos, SP, em 2012. Quando um país exporta mais do que importa, ocorre o chamado **superávit** na balança comercial. Já o contrário é quando o país importa mais do que exporta, havendo um **déficit** na balança comercial. Para equilibrar a balança, o Brasil depende bastante da exportação de produtos como a soja.

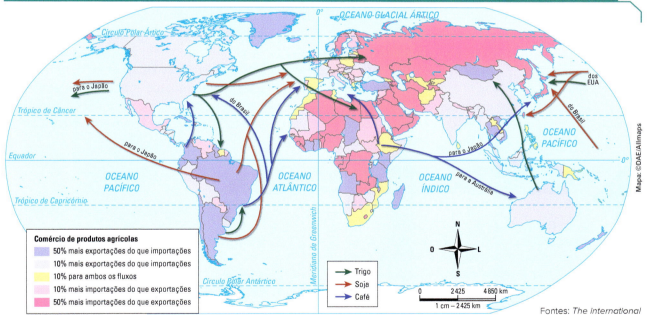

Fontes: *The international school atlas*. London: George Philip, 2006; CALDINI, Vera; ISOLA, Leda. *Atlas geográfico Saraiva*. São Paulo: Saraiva, 2013. p. 185.

Protecionismo agrícola

Outro fator importante na regulação do mercado mundial de produtos agropecuários é a política protecionista praticada, sobretudo, pelas nações ricas e desenvolvidas. O **protecionismo**, como também é chamada essa prática, constitui um conjunto de medidas adotadas por empresas e pelo Estado com o objetivo de dificultar ou mesmo impedir a entrada de produtos estrangeiros em um país.

A fome e o mercado global de alimentos   Capítulo 21   349

Entre as práticas protecionistas adotadas por países como Estados Unidos e Japão e pelo bloco econômico da União Europeia, destaca-se a imposição de **barreiras alfandegárias** (altos impostos e restrições sanitárias) a diversos produtos de origem vegetal e animal provenientes dos países subdesenvolvidos. Como forma de justificar o estabelecimento dessas barreiras, os países citados acusam os países produtores de ***dumping***, termo usado para se referir a práticas desleais ou ilegais no processo de produção dos cultivares, como o desrespeito à legislação trabalhista (pessoas trabalhando em péssimas condições e com baixíssimos salários) ou ambiental (em que os cultivos provocam, por exemplo, a poluição do solo ou dos cursos de água), para diminuir os custos da produção.

Já os países subdesenvolvidos agroexportadores denunciam que, nas nações desenvolvidas, o Estado destina vultosos subsídios financeiros aos seus agricultores, como forma de proteger a produção nacional de alimentos e matérias-primas. Tal política protecionista cria uma profunda desigualdade de mercado, já que as nações mais pobres e com economia baseada nas atividades primárias têm sua produção subordinada às restrições impostas pelos países ricos.

O papel da OMC

Como forma de regulamentar o mercado mundial de produtos agrícolas, mediar divergências ou até mesmo coagir as práticas protecionistas, foi criada em 1995 a **Organização Mundial do Comércio** (**OMC**).

Atualmente, um dos pontos mais polêmicos nas reuniões anuais de negociação promovidas pela instituição envolve as reivindicações dos países subdesenvolvidos, que exigem a eliminação das barreiras alfandegárias e a diminuição dos subsídios agrícolas usufruídos pelos agricultores dos países ricos. Esse ponto de negociação se arrasta desde a chamada **Rodada de Doha**, no Qatar, evento realizado em 2001, em que os países desenvolvidos, sobretudo os Estados Unidos e os da União Europeia, comprometeram-se em reduzir apenas parcialmente as tarifas sobre produtos importados, mantendo a maior parte das condições que privilegiam seus mercados agrícolas internos. Sobre essa questão, leia o texto a seguir, que trata das discussões que ocorreram em um dos últimos eventos da OMC, na Indonésia, em 2013.

Subsídios agrícolas, a eterna polêmica na OMC

Os subsídios agrícolas se transformaram na eterna polêmica nas negociações da OMC: os países em desenvolvimento exigem o direito de subsidiar alimentos para lutar contra a fome, e alegam, além disso, que a Europa e os Estados Unidos subsidiam maciçamente sua agricultura. "Estamos fartos. Fartos", se queixa Nandini Kharadahalli Singarigowda, que percorreu milhares de quilômetros para manifestar na ilha indonésia de Bali sua oposição à Organização Mundial de Comércio (OMC) [...].

O futuro de um acordo global na OMC sobre a liberalização do comércio mundial parece depender agora em boa medida de agricultores ou de trabalhadores agrícolas indianos, como Nandini.

Com efeito, a Índia, que lidera os 46 países em desenvolvimento de "G33", exige poder aumentar os subsídios aos produtos agrícolas para ajudar aos agricultores e manter os preços baixos para os mais pobres, o que se choca com as regras da OMC, que vê isso como uma forma de *dumping*. [...]

Os países em desenvolvimento reunidos no "G33" consideram que o sistema é injusto, já que, segundo eles, a União Europeia (UE) e os Estados Unidos estão autorizados a subsidiar maciçamente a agricultura.

Subsídios agrícolas, a eterna polêmica na OMC. *AFP*, Paris, 2013. Disponível em: <http://exame.abril.com.br/economia/noticias/subsidios-agricolas-a-eterna-polemica-na-omc>. Acesso em: 16 jan. 2016.

Revisitando o capítulo

1. Com base na leitura do texto do boxe da página 345, quais relações podemos estabelecer entre os conceitos de pobreza, fome e desnutrição?
2. O que significa "população em estado de desnutrição"?
3. Com base no estudo do capítulo, relacione três fatores que estimulam o problema da fome no mundo na atualidade.
4. O que são *commodities*?
5. Cite as *commodities* de maior destaque no mercado mundial de produtos agrícolas. Depois, responda: o estado onde você vive é produtor de *commodities*? Quais são elas?
6. Qual é a importância das *commodities* no mercado mundial de produtos agrícolas?
7. Explique o que é:
   a. protecionismo;
   b. barreira alfandegária;
   c. *dumping*.

▸ ANÁLISE DE TEXTO E IMAGEM

Leia o título e o destaque da notícia a seguir.

Trigo importado encarece pão no Amazonas

Hoje 100% do trigo utilizado em pães e massas no Amazonas é importado dos Estados Unidos

CÂMARA, Lucas. *Jornal do Commercio*. 23 fev. 2015. Disponível em: <http://portalamazonia.com/noticias-detalhe/economia/governo-do-amazonas-busca-diminuir-importacao-de-insumos/?cHash=8dbd24e739b0c0a8d0f65f6f087fcaae>. Acesso em: 16 jan. 2016.

Diversos tipos de pães, típicos de diferentes países. Feito em toda parte à base de farinha de trigo e fermento, o pão é há milhares de anos o alimento mais consumido no mundo.

Agora responda:
a. O que o texto fala sobre o trigo consumido no Amazonas?
b. Os Estados Unidos é um grande produtor de trigo? Como é o mercado dessa *commodity* em nível mundial?
c. De acordo com o texto da página 347 poderíamos afirmar que o consumo de pão de trigo é um indício de mudança nos hábitos da população nativa da região amazônica? Por quê?

CAPÍTULO 22

AGRONEGÓCIO E PROBLEMAS AMBIENTAIS NO CAMPO

Observe a imagem.

Maçãs de variedades comerciais diferentes: uma delas é geneticamente modificada.

Qual maçã parece mais suculenta? Qual você gostaria de experimentar? Pagaria mais por ela? Em sua opinião, existem maçãs desses dois tipos que possam ser colhidas diretamente da natureza? Converse com os colegas sobre essas questões buscando saber o que eles pensam a respeito desse assunto.

▶ Bases do agronegócio

Ao final da Segunda Guerra Mundial, o processo de modernização da agropecuária deu um ousado salto tecnológico com o aprimoramento das técnicas de manipulação genética de plantas e animais em laboratório. Genes de rebanhos e de diversas espécies vegetais foram alterados para aumentar a produtividade e torná-los comercialmente mais atrativos, ou seja, mais bonitos e duráveis, com maiores teores calóricos (caso de determinados tubérculos, como a batata) e proteicos (caso do milho e da carne bovina), mais doces e graúdas (caso das frutas, como a maçã, a banana e o tomate). Em muitos casos, essas novas variedades de produtos agrícolas somente puderam ser comercializadas sob a **patente** das empresas que as desenvolveram em laboratório.

Patente: permissão de uso de algo que foi registrado como uma descoberta ou invenção exclusiva.

Além disso, foi criado o chamado **pacote verde**, um conjunto de inovações estabelecido pelas indústrias química (defensivos e fertilizantes) e de maquinários agrícolas (tratores, colheitadeiras, pulverizadores, semeadeiras etc.), entre outros aparatos, que prometiam aumentar ainda mais a produtividade das lavouras e dos rebanhos, nos moldes do sistema agrícola comercial. Dessa forma, a manipulação genética, os novos insumos e maquinários mais eficientes tornaram-se as bases do chamado agronegócio a partir da segunda metade do século XX.

352 Unidade 2 Espaço agrário no mundo contemporâneo

A mídia influencia a sua alimentação?

A disseminação do uso de insumos e maquinários pelos produtores rurais, assim como o consumo de novas variedades de alimentos pelos moradores das cidades, foi impulsionada, a partir do pós-guerra, por "pesadas" campanhas publicitárias. Elas visavam convencer o público em geral das vantagens proporcionadas pelos produtos oriundos da agropecuária moderna.

A mídia estadunidense – revistas, jornais e a recém-criada televisão – foi a que mais recebeu investimentos em propaganda por parte das grandes empresas de agronegócios, estratégia que logo ganharia outros mercados mundo afora.

Observe a propaganda ao lado, com a descrição das imagens.

> Reflita com os colegas a respeito da influência da mídia e da propaganda nos hábitos alimentares das pessoas.
> Você já sentiu vontade de consumir um alimento depois de ver a propaganda dele em uma revista, na internet ou na televisão? Troque ideias com a turma sobre o poder de persuasão que as campanhas publicitárias têm sobre os consumidores.

Propaganda de produtos alimentícios industrializados, frutas e legumes, no Reino Unido, década de 1950.

Cadeia de produção do agronegócio

O principal objetivo da produção agropecuária com elevados índices de produtividade foi, e continua sendo, atender à demanda do mercado por matérias-primas na quantidade e na qualidade esperadas. Desde as propriedades rurais, um produto passa por várias etapas de comercialização e processamento até chegar ao supermercado, ao restaurante ou à lanchonete de *fast-food*. Essa cadeia ou circuito de etapas entre fornecedores, agricultores, pecuaristas e grandes empresas é denominada **agronegócio**.

O conceito de agronegócio ou *agrobusiness* (em inglês) foi desenvolvido em 1957 pelos pesquisadores John Davis e Ray Goldberg, professores da Universidade de Harvard, nos Estados Unidos. De acordo com esses pesquisadores, há três etapas principais no agronegócio:

- **Antes da porteira** do sítio ou da fazenda: envolve os setores de pesquisa, assistência técnica, produção e suprimento de insumos (sementes, fertilizantes, defensivos etc.) e de máquinas agrícolas, além da concessão de crédito financeiro.
- **Dentro da porteira** da propriedade rural: a produção agrícola e pecuária propriamente dita (preparo do solo, cuidados com o rebanho, plantio, colheita, ordenha etc.).
- **Depois da porteira**: etapa que envolve a armazenagem, o abate, o processamento industrial, a embalagem, a distribuição, o transporte e a comercialização no atacado ou no varejo dos produtos agropecuários.

Observe, na próxima página, um exemplo da cadeia produtiva do agronegócio.

Sabe aquela batata que você adora? Veja a espinha dorsal da cadeia de empresas e de atividades que envolvem a produção, o processamento e a comercialização dessa batata.

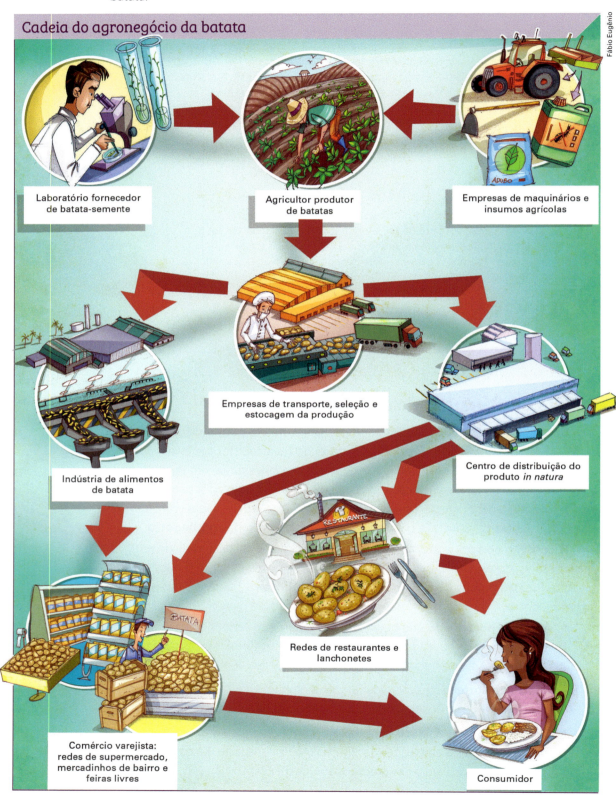

Cadeia do agronegócio da batata

SABERES EM FOCO

Agronegócio afeta biodiversidade

No último século, a busca por variedades agrícolas mais resistentes às pragas e aos rigores climáticos e com melhores aspectos "comerciais" diminuiu a biodiversidade ao acarretar uma grande perda de espécies que ainda poderiam fazer parte da nossa alimentação. A Organização das Nações Unidas para Alimentação e Agricultura (FAO) estima que, do início do século XX até agora, 75% da diversidade genética das culturas agrícolas foram perdidos. Como exemplo, tem-se a perda de 120 mil espécies de arroz, 18 mil espécies de legumes e 5 mil espécies de batatas. Veja no gráfico abaixo o exemplo do que ocorreu com os Estados Unidos.

Atualmente é possível afirmar que três quartos dos produtos alimentícios processados têm sua origem em somente 12 espécies de plantas e em 5 espécies de animais. Além disso, estima-se que 60% das calorias e das proteínas consumidas pela população mundial provenham de apenas três plantas: arroz, milho e trigo. Em resumo, a perda da biodiversidade provocou um profundo empobrecimento da alimentação da maior parte dos habitantes do planeta.

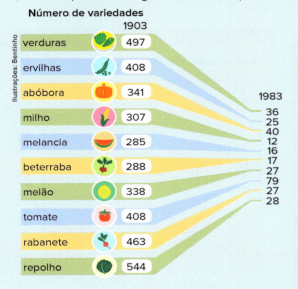

Em 1903, nos Estados Unidos, era possível encontrar à venda 3 879 variedades de legumes e frutas. Passados 80 anos, em 1983, seriam encontradas apenas 307 variedades desses alimentos.

Fonte: Fondazione Slow Food per la Biodiversità Onlus. Disponível em: <www.slowfood.com/expo2015/wp-content/uploads/2015/05/varieta%CC%80-vegetali-.pdf?7ae2bf>. Acesso em: 16 jan. 2016.

Reflita sobre a variedade de alimentos que você consome diariamente. Conseguiria estabelecer quais são as espécies vegetais e animais que formam a base da sua alimentação? Troque ideias com os colegas e descubra semelhanças e diferenças entre os seus hábitos alimentares e os deles.

▶ Revolução verde

A partir da década de 1960, as multinacionais detentoras das patentes de produtos agropecuários, principalmente aquelas de origem estadunidense, passaram a vender o chamado "pacote verde" aos países subdesenvolvidos. Composto de sementes geneticamente modificadas, maquinários, defensivos, fertilizantes e outros insumos, esse pacote foi adquirido sobretudo pelos países que passavam por um rápido processo de industrialização, como Egito, Índia, México e Brasil.

O processo de disseminação de um modelo de desenvolvimento agrícola importado, com base na mecanização do campo e no uso da biotecnologia e de insumos químicos, ficou conhecido como **Revolução Verde**, já que se assegurava de uma produção de alimentos suficiente para exterminar a fome nas nações mais pobres. Essa "revolução" provocou profundas transformações no espaço agrário dos países subdesenvolvidos, alterando as práticas agrícolas e a estrutura fundiária. Isso significa que se modificou em grande parte a maneira como os camponeses desenvolviam o cultivo de alimentos e a criação de animais, assim como a forma de organização e de distribuição das propriedades rurais, de acordo com sua quantidade e extensão.

Houve a concessão de financiamentos bancários subsidiados pelos governos nacionais e por fundos dos países desenvolvidos, principalmente aos médios e grandes produtores rurais. Isso possibilitou a transformação de muitas áreas antes ocupadas por culturas de subsistência (como arroz, na Ásia; feijão e mandioca, no Brasil e na África Subsaariana; e batata, na América Andina) em extensas lavouras monocultoras mecanizadas (de soja, milho e trigo), desenvolvidas com tecnologia importada e destinadas ao mercado internacional. Observe, no gráfico a seguir, o impressionante aumento do consumo de fertilizantes a partir desse período.

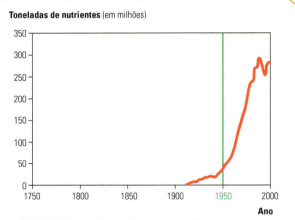

Fonte: STEFFEN, Will et al. *Global change and the Earth system*: a planet under pressure. Executive Summary. Berlin/Nova York: Springer-Verlag/Hildelberg, 2004. Disponível em: <www.igbp.net/download/18.1b8ae20512db6 92f2a680007761/IGBP_ExecSummary_eng.pdf>. Acesso em: 16 jan. 2016.

Agricultores preparados para pulverizar agrotóxico em área de cultivo em Nicarágua, em 1980. Desde a década de 1960, muitos países subdesenvolvidos passaram a utilizar produtos químicos nas lavouras. Ainda hoje, entretanto, muitos trabalhadores rurais não dispõem de equipamentos de proteção.

Monoculturas e fronteiras agrícolas

As monoculturas avançaram também em direção às regiões ambientalmente preservadas dos países subdesenvolvidos, dando origem às chamadas **regiões** ou **zonas de fronteira agrícola**, território de um país onde ocorre o avanço das atividades agropecuárias. As zonas de fronteira agrícola estenderam-se por florestas, matas e campos naturais, drenaram pântanos e alagadiços, dando lugar a plantações e pastagens, criaram milhares de represas e açudes para a irrigação de lavouras (veja os gráficos da página seguinte). No caso do Brasil, o avanço da fronteira agrícola ocorreu, principalmente, sobre áreas de Cerrado e da Floresta Amazônica, nas Regiões Centro-Oeste e Norte do país.

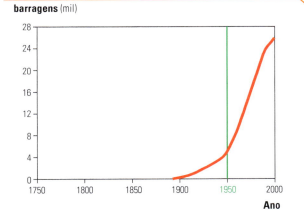

Mundo – represamento de rios (1900-2000)

Fonte: STEFFEN, Will et al. *Global change and the Earth system*: a planet under pressure. Executive Summary. Berlin/Nova York: Springer-Verlag/Hildelberg, 2004. Disponível em: <www.igbp.net/download/18.1b8ae20512db692f2a680007761/IGBP_ExecSummary_eng.pdf>. Acesso em: 16 jan. 2016.

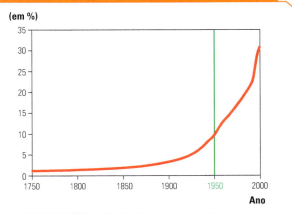

África, América Latina, Sul e Sudeste da Ásia – perda de matas nativas e de florestas tropicais (1750-2000)

Fontes: RICHARDS (1990). In: *The Earth as transformed by human action*. Cambridge University Press; STEFFEN, Will et al. *Global change and the Earth system*: a planet under pressure. Executive Summary. Berlin/Nova York: Springer-Verlag/Hildelberg, 2004. Disponível em: <www.igbp.net/download/18.1b8ae20512db692f2a680007761/IGBP_ExecSummary_eng.pdf>. Acesso em: 16 jan. 2016.

Nas últimas décadas, milhares de hectares de Floresta Amazônica foram derrubados para dar lugar às monoculturas de soja, algodão, milho e cana-de-açúcar na Região Norte do Brasil. Na imagem, desmatamento em São José do Xingu, Mato Grosso, 1997.

Concentração de terra

A Revolução Verde também acentuou o processo de concentração de terra nos países em que foi implantada. Muitos produtores rurais não atingiram os níveis de produtividade esperados, em razão de intempéries climáticas ou inadaptação dos produtos plantados às condições ambientais do território (relevo, solo etc.). Dessa forma, os produtores acabaram endividados, sendo obrigados, muitas vezes, a ceder suas terras aos bancos credores para saldar as dívidas contraídas na compra de maquinários e insumos ou a vender suas propriedades a fazendeiros mais bem-sucedidos.

Oligopólio: poder de concentração de propriedade; domínio do mercado entre poucas empresas de grande porte.

Atualmente, calcula-se que os produtores rurais que se valem de recursos da agricultura moderna comprometam cerca de 55% dos custos da produção na compra de agroquímicos (sementes, fertilizantes e defensivos). Isso os torna "reféns" do **oligopólio** formado por um pequeno grupo de empresas multinacionais que fabricam esses insumos e dos bancos que financiam esse tipo de produção.

Protesto de pequenos agricultores em Assunção, Paraguai, 2014, exigindo melhores condições de trabalho, reforma agrária e financiamento das atividades agrícolas.

Agronegócio e problemas ambientais no campo Capítulo 22

Ainda que tenha aumentado consideravelmente a produção agrícola mundial, a Revolução Verde não eliminou o problema da fome, uma vez que os produtos plantados (basicamente cereais) nos países subdesenvolvidos têm se destinado ao abastecimento do mercado consumidor dos países ricos industrializados (Estados Unidos, Canadá e Japão, além da União Europeia).

Soma-se a isso o fato de o uso de agrotóxicos e de máquinas agrícolas não adaptadas aos tipos de solo tropical e a substituição de ecossistemas importantes por áreas de monocultura e de pastagem terem acarretado uma série de impactos ambientais irreversíveis, como veremos adiante.

▶ Transgênicos: uma nova revolução verde?

Nos últimos anos, um recurso decorrente de avançadas pesquisas biotecnológicas voltadas à produção agrícola tem causado polêmica em todo o mundo: o uso dos chamados **organismos transgênicos**. A denominação aceita pela comunidade científica para um organismo que recebe genes de outros seres vivos é **Organismo Geneticamente Modificado**, também identificado pela sigla **OGM**.

A polêmica tem origem no fato de que, diferentemente da manipulação genética feita até então, em que se buscava o melhoramento da espécie por meio da manipulação dos próprios genes da planta, nas últimas décadas, os cultivos de interesse comercial, como a soja e o milho, estão tendo seus genes alterados por meio da introdução de material genético de outras espécies vegetais e, até mesmo, de animais, fungos e bactérias. Isso quer dizer que uma planta pode receber o gene de uma bactéria que a deixe mais resistente, por exemplo, a determinado tipo de praga ou a longos períodos de estiagem. Embora revolucionário, para muitos essa novidade é algo aterrador e envolve uma questão ética, já que o ser humano estaria criando uma nova forma de vida. Veja o exemplo do milho no esquema da página seguinte.

Os transgênicos também têm desencadeado uma série de discussões a respeito dos impactos ambientais que envolvem sua produção e seu uso, já que não existem ainda pesquisas com resultados convincentes que mostrem se a introdução desses organismos na natureza é segura.

> **Royalty:** valor pago pelos direitos de exploração comercial de um produto, uma marca ou um processo de produção.

Outro aspecto importante está no fato de as empresas criadoras dos transgênicos registrarem a patente desses produtos, cobrando *royalties* pelo uso das sementes. Isso quer dizer que os agricultores devem comprar novas sementes a cada safra, sendo vetado que produzam suas próprias sementes. Além disso, precisam aderir ao pacote de insumos que acompanha a venda das sementes, composto de pesticidas e herbicidas produzidos pelo mesmo fabricante.

Os defensores dos transgênicos argumentam que, com seu cultivo e utilização, será possível aumentar consideravelmente a produção de alimentos no mundo, algo contestado por boa parte dos cientistas e ecologistas.

No Brasil, desde quando foram liberados no início da década de 2000, os transgênicos têm ganhado cada vez mais espaço na produção nacional de soja, milho e algodão. O mesmo vem ocorrendo nos Estados Unidos, no Canadá, na Argentina, na Índia e na China. Já a União Europeia tem várias restrições ao plantio de transgênicos, ainda que tenha liberado a importação dos produtos.

358 Unidade 6 Espaço agrário no mundo contemporâneo

Observe, no gráfico abaixo, o aumento das áreas cultivadas com OGMs em alguns países.

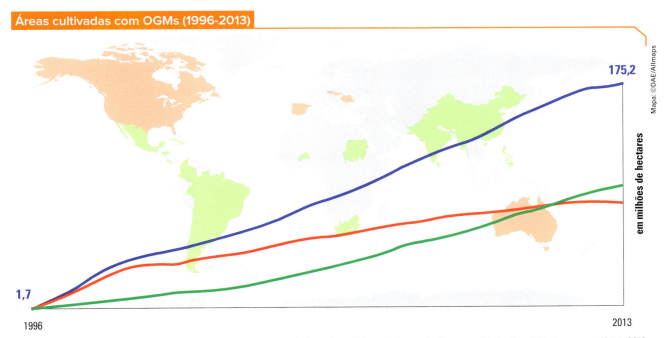

Fonte: Le Dessous des Cartes. Disponível em: <http://ddc.arte.tv/nos-cartes/les-ogm-etat-des-lieux-1-2>. Acesso em: 16 jan. 2016.

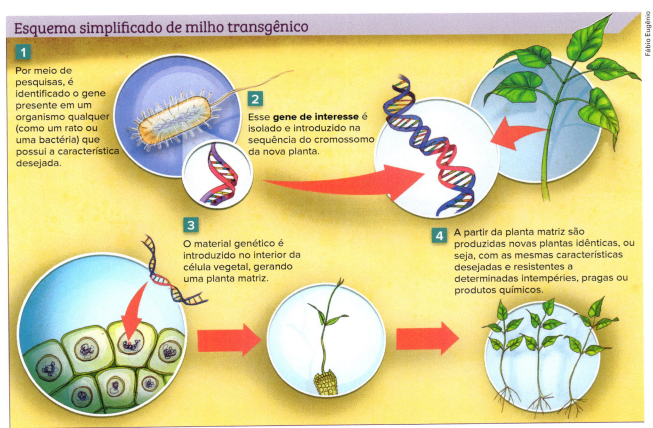

Fonte: ROBERT, Odile. *Clonage et OGM*: quels risques, quels espoirs? França: Larousse, 2005.

Ilustrações sem escala; cores-fantasia.

Agronegócio e problemas ambientais no campo   Capítulo 22   359

ESPAÇO E CARTOGRAFIA

Mapa temático: representações quantitativas

Os mapas temáticos devem conter, de forma organizada e clara, a visualização de informações que nos permitam analisar a organização do espaço geográfico, no passado ou na atualidade. Os mapas que representam assuntos ou fenômenos específicos podem ser confeccionados em escala local, regional, nacional ou mundial e trazer temas relacionados aos aspectos **naturais** (como hidrografia, relevo, solo, vegetação), **econômicos** (agricultura, comércio, indústria, mineração), **demográficos** e **culturais** (distribuição da população, religião, línguas faladas, fluxos migratórios), **históricos** (áreas coloniais, frentes pioneiras).

No planisfério a seguir são destacados aspectos a respeito dos organismos geneticamente modificados de forma quantitativa. Nesse tipo de representação, utilizam-se valores absolutos em forma de figuras geométricas proporcionais, às quais são atribuídos valores numéricos. Essas figuras, no caso os círculos, foram inseridas sobre o território dos países, permitindo que visualizemos imediatamente o local da ocorrência do fenômeno.

Observe o planisfério.

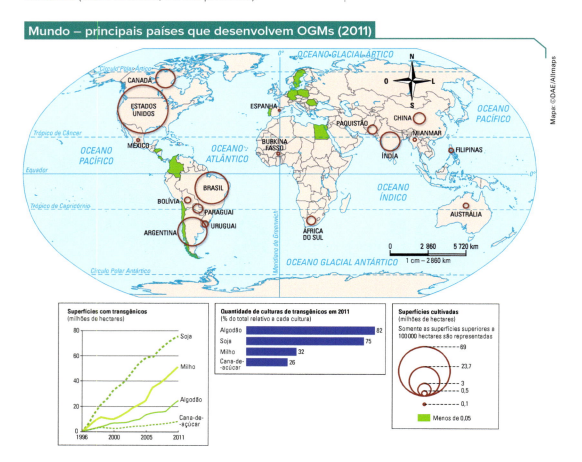

Fonte: SciencesPo. Atelier de cartographie de SciencesPo, 2012. Disponível em: <http://cartographie.sciences-po.fr/fr/principais-paises-que-desenvolvem-organismos-transgenicos-2011>. Acesso em: 16 jan. 2016.

> Observe o mapa e os gráficos e converse com os colegas sobre as questões a seguir. Como vem evoluindo o uso de transgênicos no mundo? Quais são os principais cultivos? Em que países estão as maiores áreas com cultivos de transgênicos? Em que tipo de mapa temático podemos classificar essa representação (natural, econômico, demográfico ou histórico)?

O direito de saber e de escolher

No Brasil, existem alimentos transgênicos autorizados para consumo: soja e alguns tipos de milho e de algodão. Como sabemos, a soja e o milho são usados na produção de muitos alimentos, como papinhas para crianças, salgadinhos e cereais matinais, óleos, biscoitos e massas, margarinas e enlatados.

Diversas pesquisas de opinião feitas no país atestam que os consumidores querem saber se o alimento é ou não transgênico: 74% da população (Ibope, 2001); 71% (Ibope, 2002); 74% (Ibope, 2003); e 70,6% (Iser, 2005). E estão certos. Esta é uma vontade legítima, que está garantida pelo Código de Defesa do Consumidor.

Também o Decreto de Rotulagem de Transgênicos (Decreto 4.680/03) exige a informação sempre que o alimento contiver mais de 1% de ingrediente transgênico, mesmo que não seja possível detectá-lo por meio de testes de laboratório. A regra é: usou transgênico, tem que informar. E vale para todos os alimentos, sejam eles *in natura* ou processados. Mesmo os alimentos originários de animais alimentados com ração transgênica – como leite, ovos, carnes – têm que ter um rótulo para avisar o consumidor com o símbolo "T".

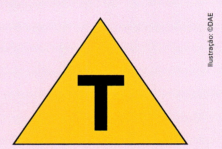

O direito do consumidor está ameaçado

Muitas empresas alimentícias não querem informar o consumidor se usam ou não grãos transgênicos nos alimentos que vendem.
As empresas de biotecnologia, donas dos transgênicos, também são contra esse direito do consumidor. O Ministério Público já ajuizou ações para obrigar a rotulagem de marcas de óleos de soja que omitiam a informação sobre a origem transgênica da soja.

Instituto Brasileiro de Defesa do Consumidor. *Transgênicos:* feche a boca e abra os olhos. Disponível em: <www.idec.org.br/uploads/publicacoes/publicacoes/cartilha-transgenico.pdf>. Acesso em: 16 jan. 2016.

> Observe os rótulos dos produtos que utiliza no seu dia a dia. Algum deles traz a informação sobre a presença de transgênicos na composição? Pesquise sobre leis brasileiras que permitem ou revogam a utilização da indicação de transgênicos nas embalagens de produtos industrializados. Converse com os colegas e o professor a respeito desse assunto.

▶ Atividade agropecuária e problemas ambientais

Como vimos, o processo de subordinação das atividades agrárias à produção industrial, sobretudo no desenvolvimento da agropecuária comercial moderna, vem alterando substancialmente os elementos presentes nas paisagens rurais em grande parte do planeta.

Nessas áreas, o campo apresenta-se cada vez mais como um espaço impregnado de objetos técnicos, engenhos criados pela sociedade industrial, como torres de transmissão de energia, silos e armazéns de grãos, estradas, extensas monoculturas, máquinas agrícolas, entre outros. Além desses engenhos, muitos dos elementos da natureza presentes nesse espaço geográfico apresentam sua forma ou suas propriedades alteradas pela tecnologia. Veja alguns exemplos.

▶ Atualmente, boa parte dos solos utilizados para cultivo agrícola tem sua composição química modificada por meio da aplicação de adubos e fertilizantes industrializados.

> Em diversas partes do mundo, rios e córregos têm o curso alterado a fim de favorecer a canalização, a ocupação das margens ou, ainda, a utilização de parte de suas águas na irrigação de plantações.

> Muitas das plantas que observamos nas paisagens rurais têm suas características naturais alteradas pela ação humana. Por exemplo, algumas delas são exóticas do hábitat em que foram plantadas, tendo sido, para tanto, climaticamente adaptadas ou manipuladas geneticamente em laboratório.

Hábitat: meio onde vive determinada espécie. O hábitat natural (ou original) é o lugar onde a espécie animal ou vegetal surgiu.

Pode-se dizer, então, que muitos dos elementos naturais presentes nas paisagens rurais passaram, de alguma forma, pela ação transformadora do ser humano. Em muitos casos essa ação desencadeou uma série de impactos ambientais, alguns dos quais vamos conhecer melhor a partir de agora.

Poluição ambiental

A intensa utilização de produtos químicos, como fertilizantes, adubos e defensivos agrícolas (inseticidas e herbicidas), durante décadas, tem degradado os ambientes de cultivo em várias partes do mundo. Isso vem ocorrendo porque:

> um único tipo de cultivo (monocultura) favorece o desenvolvimento de poucas espécies de seres vivos, como insetos, bactérias e fungos que atacam as plantações. Com a ausência de predadores naturais, eliminados de seu hábitat pelo desmatamento, e com a fartura de alimento, esses animais reproduzem-se rapidamente.

> o crescimento de pragas nas lavouras leva ao aumento da utilização de inseticidas e herbicidas, também denominados agrotóxicos.

> a utilização frequente de agrotóxicos pode eliminar os insetos não nocivos. Desse modo, os animais maiores desaparecem porque a base da cadeia alimentar está falha ou contaminada por produtos tóxicos.

> com a utilização dos agrotóxicos, ocorre também a contaminação das águas e do solo. Ao infiltrar-se no solo, a água transporta o veneno para as camadas inferiores do terreno. Assim, a biota do solo, ou seja, os microrganismos e outros animais que nele vivem, é contaminada, podendo até desaparecer, tornando o solo estéril.

> por meio do escoamento superficial e subsuperficial da água, os produtos químicos podem ser transportados para rios e lagos, disseminando a contaminação para outros animais, como peixes e aves que deles se alimentam.

O bicudo-do-algodoeiro (*Anthonomus grandis*) é um besouro que tem, em média, 7 mm de comprimento. Ele ataca as lavouras de algodão, perfurando os botões florais (foto) ou as maçãs do algodoeiro para alimentar-se e depositar seus ovos, o que provoca a perda total da pluma em formação. Sem predadores naturais, esse inseto prolifera-se rapidamente nas monoculturas, exigindo o uso intenso de inseticidas.

Imagem fora de proporção.

Museu de História Natural, Londres/SPL/Latinstock

362 Unidade 6 Espaço agrário no mundo contemporâneo

SABERES EM FOCO

Abelhas: muito mais que mel

Muita gente tem muito de medo de abelhas, não é? Essas pessoas não sentiriam tanta fobia se soubessem o bem que tais insetos fazem para a humanidade! E não estamos falando apenas de mel, própolis e derivados.

As abelhas, em suas diferentes espécies, são responsáveis por boa parte da produção de alimentos no mundo. Isso porque elas polinizam cerca de 70% das espécies de plantas cultivadas no planeta. Se esse trabalho tivesse de ser feito pelos próprios agricultores, o agronegócio teria que desembolsar aproximadamente 40 bilhões de dólares todos os anos.

Ainda que possa parecer absurdo, corre-se o risco de que isso realmente tenha que ser feito pelas mãos humanas em um futuro próximo. Ocorre que, nos últimos anos, colônias inteiras de abelhas têm simplesmente desaparecido em diversas partes do mundo. É um fenômeno que os especialistas denominam de **Distúrbio de Colapso de Colônias (DCC)**. E por qual motivo isso estaria acontecendo? Entre as prováveis causas estão os milhões de toneladas de pesticidas despejados nas lavouras. A intenção é nobre: controlar insetos, ervas daninhas e fungos que causam queda na produção de alimentos, mas, ao fazer isso, os componentes químicos presentes nos **neonicotinoides** (uma classe de pesticidas amplamente utilizada em todo o planeta) provocam a desorientação espacial das abelhas, que não conseguem voltar para casa, ou seja, para a colmeia. Dessa forma, estamos matando as maiores aliadas na produção de alimentos. Sem abelhas para polinizar as lavouras, haverá uma queda drástica na produtividade e na qualidade dos produtos agropecuários, levando, inclusive, à escassez de vários deles.

Abelha carregando uma bolota de pólen nas patas.
Imagem fora de proporção.

Exaustão dos solos

Além da contaminação da fauna, da flora e da água por produtos químicos, a agricultura moderna tem desencadeado uma série de problemas que resultam da má utilização do solo e de sua exaustão.

A **erosão** do solo é um processo natural que pode ser intensificado pela ação humana. Ao perder a cobertura vegetal, por exemplo, o solo fica desprotegido contra a ação das águas das chuvas, podendo ser facilmente erodido no processo de escoamento.

Além disso, a realização de atividades agrícolas não compatíveis ao tipo de solo explorado pode acarretar graves processos erosivos, pois cada solo possui suas especificidades, tornando necessário, por isso, o uso de técnicas de manejo apropriadas. No Brasil, por exemplo, o uso de maquinário inadequado, geralmente de tecnologia importada e fabricado para outros tipos de solo, pode revolver demasiadamente a terra, deixando-a mais suscetível à erosão.

Professor, retome com os alunos os conteúdos relacionados à erosão do solo que já foram estudados em anos anteriores.

Nas áreas onde a acidez do solo é elevada, utilizam-se técnicas de correção mediante aplicação de calcário. Na fotografia ao lado, calcário pronto para ser espalhado no solo, em Novo Horizonte do Norte, Mato Grosso, 2013.

Observe, na tabela ao lado, as taxas de perda do solo com diferentes tipos de cobertura vegetal e, no planisfério a seguir, a situação dos solos em cada um dos continentes do mundo.

Perda de solos por tipo de cobertura vegetal	
Tipo de cobertura	Perda média de solo (t/ha/ano)
floresta	0,04
pastagem	0,4
milho ou soja	10-20
feijão	30-40

Fontes: ROSA, Antônio Vítor. *Agricultura e meio ambiente*. São Paulo: Atual, 1998; ROSS, Jurandyr L. S. (Org.). *Geografia do Brasil*. São Paulo: Edusp, 2008.

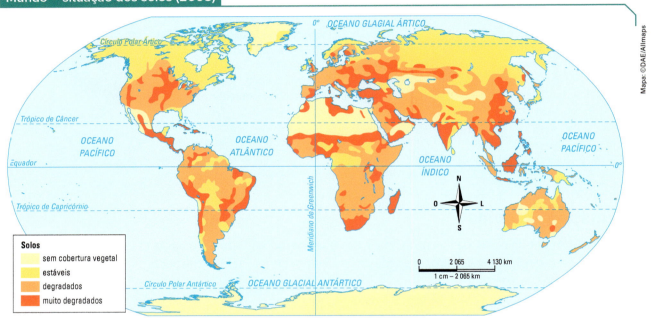

Fonte: GRID-ARENDAL. United Nations Environment Programme (Unep). *Maps and graphics at Unep*. Disponível em: <www.grida.no/graphicslib/detail/global-soil-degradation_9aa7>. Acesso em: 16 jan. 2016.

Competência de área 6: Compreender a sociedade e a natureza, reconhecendo suas interações no espaço em diferentes contextos históricos e geográficos.

Habilidade 26: Analisar de maneira crítica as interações da sociedade com o meio físico, levando em consideração aspectos históricos e(ou) geográficos.

De olho no Enem – 2011

Um dos principais objetivos de se dar continuidade às pesquisas em erosão dos solos é o de procurar resolver os problemas oriundos desse processo, que, em última análise, geram uma série de impactos ambientais. Além disso, para a adoção de técnicas de conservação dos solos, é preciso conhecer como a água executa seu trabalho de remoção, transporte e deposição de sedimentos. A erosão causa, quase sempre, uma série de problemas ambientais, em nível local ou até mesmo em grandes áreas.

GUERRA, A. J. T. Processos erosivos nas encostas. In: GUERRA, A. J. T.; CUNHA, S. B. *Geomorfologia*: uma atualização de bases e conceitos. Rio de Janeiro: Bertrand Brasil, 2007 (adaptado).

A preservação do solo, principalmente em áreas de encostas, pode ser uma solução para evitar catástrofes em função da intensidade de fluxo hídrico. A prática humana que segue no caminho contrário a essa solução é.

a. a aração.
b. o terraceamento.
c. o pousio.
d. a drenagem.
e. o desmatamento.

Gabarito: E

Unidade 6 Espaço agrário no mundo contemporâneo

Justificativa: A técnica da aração permite que o solo tenha maior capacidade de infiltração das águas superficiais, contribuindo, dessa forma, para que a erosão pluvial seja menos intensa. Por essa razão, constitui uma prática humana importante para a agricultura e que contribui para a conservação do solo, e não o contrário, o que invalida a alternativa **a**. A alternativa **b** também está incorreta, pois o terraceamento também contribui para evitar o plantio em terrenos inclinados, preservando dessa maneira o solo. A alternativa **c**, da mesma forma, apresenta uma prática importante para a conservação dos solos, já que o pousio permite a renovação da fertilidade e a recomposição de seus horizontes superficiais. A drenagem, mencionada no distrator **d**, também constitui uma técnica de vital importância para reduzir os efeitos da erosão pluvial, visto que direciona os fluxos de água, impedindo que removam quantidades expressivas de húmus. A alternativa correta, que apresenta uma prática humana que contribui para o aumento da erosão, especialmente quando ocorre em área de encostas, é a que está na letra **e**, ou seja, o desmatamento.

Agropecuária sustentável e soberania alimentar

Como foi possível perceber, o modelo de desenvolvimento agrícola adotado nos países capitalistas tem apresentado uma série de limitações, não sendo economicamente acessível a toda a população e causando expressivos impactos ao meio ambiente. Esses fatos colocam em dúvida a sua sustentabilidade a médio e longo prazos.

De acordo com a FAO, uma **atividade agrícola sustentável** é aquela em que o manejo e a conservação dos recursos naturais e a introdução de novas tecnologias ocorrem de maneira a assegurar a satisfação das necessidades de toda a sociedade, tanto para as gerações presentes como para as gerações futuras. Ou seja, a ideia de **desenvolvimento sustentável** é aquela que prevê a conservação dos solos, dos recursos hídricos e da biodiversidade, não degradando o meio ambiente e sendo economicamente viável e socialmente aceitável.

Diante dessas questões, grupos de agricultores em várias partes do mundo vêm lutando para que os Estados apoiem mais a agricultura local, de pequena escala, de forma a aumentar a produção de alimentos ecologicamente sustentáveis e preservar os conhecimentos tradicionais dos camponeses.

Além disso, tornou-se imprescindível que as nações passem realmente a decidir, a partir da demanda da sociedade, o que cultivar em seus territórios, não ficando mais subordinadas aos interesses do mercado internacional de **commodities** e a um grupo restrito de empresas multinacionais ligadas ao agronegócio. É uma postura política, que os especialistas têm chamado de **soberania alimentar**.

Essa postura envolve também quem está na outra ponta da cadeia de produção de alimentos: o **consumidor**. Ou seja, os consumidores também devem se mobilizar de modo a ter o controle sobre tudo aquilo que "levam à boca", interrogando-se sobre a origem desse alimento, quem o produziu e em que condições isso aconteceu e, ainda, porque pagou determinado valor por ele. Dessa forma, a soberania alimentar se dá em níveis: desde decisões estatais até as nossas decisões como consumidores, controlando nossa alimentação.

Clientes comprando vegetais em supermercado na cidade de Hangzhou, China. Foto de 2015.

Shan He/Imaginechina/AFP

Agronegócio e problemas ambientais no campo **Capítulo 22** 365

Revisitando o capítulo

1. O que foi o chamado "pacote verde"?
2. Leia abaixo o trecho de uma entrevista, do então Ministro da Agricultura Roberto Rodrigues, durante o governo de Luiz Inácio Lula da Silva, entre os anos de 2003 e 2006:

   > A cadeia produtiva do agronegócio é a atividade que começa na prancheta do pesquisador científico que está investigando variedades novas e termina na gôndola do supermercado [...].
   >
   > Revista da ESPM, v. 11, ano 10, ed. 3, maio/jun. 2004, p. 10.

   Com base na fala do ministro, explique o que é agronegócio e quais são as principais etapas que constituem sua cadeia produtiva.
3. Explique a importância dos avanços na área da genética para o desenvolvimento do agronegócio no século XX e no início do século XXI.
4. Por que podemos afirmar que o desenvolvimento do agronegócio afetou a biodiversidade em todo o planeta?
5. O que foi a Revolução Verde?
6. Quais foram as principais transformações causadas pela Revolução Verde no espaço agrário dos países subdesenvolvidos na segunda metade do século XX?
7. Por que é possível afirmar que boa parte dos produtores rurais ficou "refém" de um pequeno grupo de multinacionais fabricantes de insumos?
8. O que são organismos geneticamente modificados? Como são vulgarmente chamados?
9. Pesquise em jornais e na internet a respeito dos principais problemas ambientais enfrentados atualmente no espaço agrário de seu estado ou município. Traga o resultado da sua pesquisa para a sala de aula e troque informações com os colegas.
10. Explique o que é:
    a. agricultura sustentável;
    b. soberania alimentar.

▼ TRABALHANDO COM GÊNEROS TEXTUAIS

Veja a seguir a charge de Vicente Mendonça sobre os OGMs.

a. Que aspecto referente ao uso dos OGMs é ironizado por Vicente Mendonça nessa charge?
b. Quais são os principais aspectos que têm tornado polêmico o uso de transgênicos no mundo?
c. Com base no estudo do capítulo e em sua opinião, existem exageros por parte daqueles que são contra o uso dos OGMs? Explique seu ponto de vista.

▼ ANÁLISE DE IMAGEM E DEBATE

A fotografia ao lado, tirada em 2012, é de autoria do artista Pedro David. A imagem faz parte do ensaio "Sufocamento", que mostra uma árvore nativa do bioma Cerrado em meio a uma plantação de eucaliptos no norte de Minas Gerais. Observe.

Agora, responda:

a. Em sua opinião, qual foi o objetivo do artista ao fazer esse retrato?

b. De acordo com a imagem e com o conteúdo estudado neste capítulo, responda: por que regiões do Cerrado brasileiro podem ser chamadas de fronteiras agrícolas?

c. É possível identificar aspectos do agronegócio na imagem? Explique.

d. Em sala de aula, troque ideias com os colegas a respeito do estudo do capítulo e o título do ensaio fotográfico "Sufocamento".

O ensaio "Sufocamento" ganhou o prêmio da Fundação Conrado Wessel, em 2012.

▼ TRABALHO PRÁTICO – REDAÇÃO

Leia o texto e observe a imagem a seguir. Com base neles e no estudo desta Unidade, produza um texto dissertativo-argumentativo sobre os organismos geneticamente modificados. Para isso, utilize argumentos fundamentados em seu ponto de vista e no conteúdo estudado a respeito do tema. É importante que você use vocabulário adequado, ressaltando termos tratados no decorrer de seus estudos, citando exemplos e informações estatísticas. Lembre-se do título, das regras gramaticais, da pontuação e da ortografia, compondo um texto claro, objetivo e coerente. Conclua sua redação com propostas, soluções ou ideias.

O professor de agronomia da Universidade de Wisconsin Jim Nienhuis descobriu o passado de nossas melancias a partir do quadro ao lado, do pintor Giovanni Stanchi, terminado em 1672. Por meio da imagem, dá para perceber como fomos selecionando a fruta para que ela ficasse com cada vez mais licopeno, o pigmento vermelho que dá cor a tomates e melancias. Por consequência, ao longo dos séculos, a melancia foi se tornando mais doce também. Isso que é seleção artificial.

Uma breve história da melancia. *Superinteressante*, São Paulo, ed. 351, set. 2015. Disponível em: <https://super.abril.com.br/historia/uma-breve-historia-da-melancia>. Acesso em: 16 jan. 2016.

Giovanni Stanchi. *Melancias, pêssegos, peras e outras frutas em uma paisagem*. 1672. Óleo sobre tela. 98 × 133,5 cm.

Enem e Vestibulares — Unidade 6

1. (Uepa – 2015)
"O uso dos objetos através do tempo mostra histórias sucessivas desenroladas no lugar e fora dele", mediada pelas técnicas que são responsáveis pela diferenciação espacial ocorrida nas relações campo-cidade, ao longo dos tempos. Analisando essa relação é correto afirmar que:
   a. o espaço agrário originou-se da sedentarização do homem, caracterizando-se pela concentração industrial e como espaço de consumo e de troca dos produtos primários oriundos da cidade.
   b. na sociedade contemporânea, a relação entre o campo e a cidade é conflituosa, pois o campo determina as relações político-econômicas, enquanto a cidade se restringe ao espaço de lazer subordinada à produção do campo.
   c. as técnicas que mediam a relação campo-cidade produzem um espaço complexo que vai além da troca de produtos, uma vez que ambos atendem às necessidades do capital, ou seja, à acumulação do lucro.
   d. no mundo contemporâneo, a relação campo-cidade é definida pela utilização de tecnologias de ponta que aumentam a produtividade da agricultura familiar, reduzindo as desigualdades socioespaciais e ambientais.
   e. a relação campo-cidade define o espaço agrário como lugar das decisões políticas e econômicas, pois este é responsável pela territorialização do capital industrial.

2. (Enem – 2009) Até o século XVII, as paisagens rurais eram marcadas por atividades rudimentares e de baixa produtividade. A partir da Revolução Industrial, porém, sobretudo com o advento da revolução tecnológica, houve um desenvolvimento contínuo do setor agropecuário.
São, portanto, observadas consequências econômicas, sociais e ambientais inter-relacionadas no período posterior à Revolução Industrial, as quais incluem
   a. a erradicação da fome no mundo.
   b. o aumento das áreas rurais e a diminuição das áreas urbanas.
   c. a maior demanda por recursos naturais, entre os quais os recursos energéticos.
   d. a menor necessidade de utilização de adubos e corretivos na agricultura.
   e. o contínuo aumento da oferta de emprego no setor primário da economia, em face da mecanização.

3. (Unitins-TO – 2015) Os dois sistemas agrícolas mais típicos das áreas tropicais são a roça e o *plantation*. O sistema de *plantation* foi introduzido nos países tropicais da América, da Ásia e da África a partir do século XVI pelos colonizadores europeus. Constitui característica do sistema de *plantation*:
   a. monocultura agroindustrial.
   b. mão de obra cara e importada.
   c. pequenos investimentos de capital.
   d. elevada mecanização.
   e. utilização de pequenas propriedades.

4. (Enem – 2015)

AMARILDO. *Blog* do Amarildo. Disponível em: <www.amarildo.com.br>. Acesso em: 3 mar. 2013.

Na charge há uma crítica ao processo produtivo agrícola brasileiro relacionada ao
   a. elevado preço das mercadorias no comércio.
   b. aumento da demanda por produtos naturais.
   c. crescimento da produção de alimentos.
   d. hábito de adquirir derivados industriais.
   e. uso de agrotóxicos nas plantações.

5. (Enem – 2012)

Na charge faz-se referência a uma modificação produtiva ocorrida na agricultura. Uma contradição presente no espaço rural brasileiro derivada dessa modificação produtiva está presente em
a. Expansão das terras agricultáveis, com manutenção de desigualdades sociais.
b. Modernização técnica do território, com redução do nível de emprego formal.
c. Valorização de atividades de subsistência, com redução da produtividade da terra.
d. Desenvolvimento de núcleos policultores, com ampliação da concentração fundiária.
e. Melhora da qualidade dos produtos, com retração na exportação de produtos primários.

6. (Enem – 2015)
Diante de ameaças surgidas com a engenharia genética de alimentos, vários grupos da sociedade civil conceberam o chamado "princípio da precaução". O fundamento desse princípio é: quando uma tecnologia ou produto comporta alguma ameaça à saúde ou ao ambiente, ainda que não se possa avaliar a natureza precisa ou a magnitude do dano que venha a ser causado por eles, deve-se evitá-los ou deixá-los de quarentena para maiores estudos e avaliações antes de sua liberação.

SEVCENKO, N. *A corrida para o século XXI*: no loop da montanha-russa. São Paulo: Cia. das Letras, 2001 (adaptado).

O texto expõe uma tendência representativa do pensamento social contemporâneo, na qual o desenvolvimento de mecanismos de acautelamento ou administração de riscos tem como objetivo
a. priorizar os interesses econômicos em relação aos seres humanos e à natureza.
b. negar a perspectiva científica e suas conquistas por causa de riscos ecológicos.
c. instituir o diálogo público sobre mudanças tecnológicas e suas consequências.
d. combater a introdução de tecnologias para travar o curso das mudanças sociais.
e. romper o equilíbrio entre benefícios e riscos do avanço tecnológico e científico.

7. (Uesb-BA – 2015)
Bilhões de pessoas devem a vida a uma única descoberta, feita há um século. Em 1909, o químico alemão Franz Haber, da Universidade de Karlsruhe, mostrou como transformar o gás nitrogênio – abundante, e não reagente, na atmosfera, porém inacessível para a maioria dos organismos – em amônia, o ingrediente ativo em adubos sintéticos. Vinte anos depois, quando outro cientista alemão, Carl Bosch, desenvolveu um meio para aplicar a ideia de Haber em escala industrial, a capacidade mundial de produzir alimentos disparou. Nas décadas seguintes, novas fábricas converteram tonelada após tonelada de amônia em fertilizante e hoje se considera a solução Haber-Bosch uma das maiores dádivas da história da saúde pública.
(TOWNSEND; HOWARTH, 2010).

Com base na análise do texto e nos conhecimentos sobre o uso de fertilizantes na agricultura e suas implicações, marque V nas afirmativas verdadeiras e F nas falsas.
( ) Um dos pilares da "Revolução Verde" é a utilização dos adubos químicos.
( ) O aumento da produtividade agrícola eliminou a fome endêmica na África e no Sudeste Asiático.
( ) O uso excessivo do nitrogênio tem contribuído para o aparecimento de zonas mortas, antes confinadas à América do Norte e à Europa, em outras regiões do planeta.
( ) A utilização do nitrogênio em larga escala é aconselhável porque, quando as águas pluviais, carregadas de fertilizantes, chegam aos oceanos, ocorre o florescimento de plantas microscópicas, consumidoras de pouco oxigênio.
( ) O aumento da biodiversidade é uma das consequências do uso do nitrogênio, principalmente nos ecossistemas costeiros.

A alternativa que indica a sequência correta, de cima para baixo, é a
a. F V F V V
b. F V V F V
c. F F V F V
d. V F V F F
e. V F F V F

UNIDADE 7

ESPAÇO GEOGRÁFICO BRASILEIRO

Nesta unidade, conheceremos a organização do espaço geográfico brasileiro, em seus aspectos territoriais, socioeconômicos e regionais. No Capítulo 23, serão observados os aspectos ligados às dimensões, ao processo de ocupação e gestão do território brasileiro. No Capítulo 24 analisaremos as etapas de industrialização e de modernização da economia brasileira. Já no Capítulo 25, veremos como ocorreu o processo de modernização das atividades agropecuárias e suas consequências fundiárias e sociais. No Capítulo 26, verificaremos como ocorreram o êxodo rural e a urbanização no Brasil e, por fim, no Capítulo 27, conheceremos melhor as principais características da região Amazônica, a última fronteira econômica do território brasileiro.

No passado, como no futuro, ao longo dos séculos, sucessivas gerações de brasileiros criaram e recriarão o espaço geográfico de nosso país com trabalho e engenho, moldando-o à feição de suas necessidades e aspirações. Na foto, crianças fotografadas ao pôr do sol com o Corcovado ao fundo, no Rio de Janeiro. Foto de 2014.

CAPÍTULO 23

BRASIL: ORGANIZAÇÃO DO TERRITÓRIO

Rio de Janeiro. Foto de 2016.

O lugar onde se vive tem um significado para cada pessoa, pois é nele que se estabelecem relações de afetividade, como o círculo familiar, o profissional, o de amizades, e de identidade com os elementos paisagísticos e com as práticas culturais do grupo social ao qual se pertence.

A partir de agora, veremos que esse lugar ao qual chamamos Brasil constitui um imenso território com inúmeras paisagens naturais e culturais. Nosso desafio será entender como a sociedade brasileira vem organizando o território nacional ao longo do tempo.

▶ Grandeza do território brasileiro

O Brasil é o quinto país mais extenso do mundo. Com área de **8 515 767,049 km²**, o território brasileiro só é menor que o da Rússia, do Canadá, dos Estados Unidos e da China. Sua dimensão territorial é maior do que a do total dos países do continente europeu, excetuando-se a parte europeia da Rússia.

Compare as dimensões territoriais dos cinco países mais extensos do mundo.

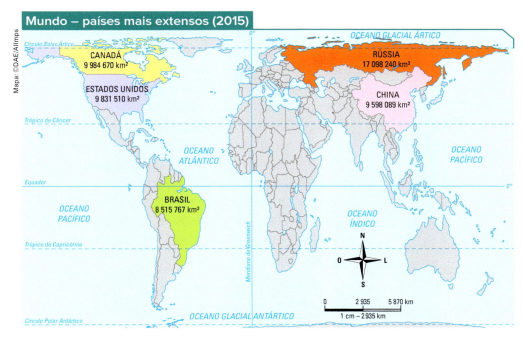

A projeção cartográfica do mapa ao lado, utilizada para comparar a extensão dos países em destaque, é a **projeção** equivalente de Arno Peters. Nela são mantidas as proporções corretas dos territórios, porém os contornos deles apresentam grandes distorções em relação à sua forma real.

Fonte: IBGE. *Países@*. Disponível em: <www.ibge.gov.br/paisesat/main_frameset.php>. Acesso em: 16 jan. 2016.
IBGE. Atlas Geográfico Escolar. 6. ed. Rio de Janeiro, 2012.

Mudanças na extensão territorial brasileira

Desde o final do século XIX, quando foram estabelecidas as primeiras medições oficiais, várias retificações foram feitas em relação à área total do território brasileiro. Isso ocorreu porque os avanços tecnológicos possibilitaram uma considerável melhoria na qualidade dos instrumentos utilizados nas medições feitas em gabinete, como os planímetros, e em campo, como o GPS (Sistema de Posicionamento Global). Melhoraram também as imagens obtidas por radar, por fotografias aéreas e por satélites artificiais. Além disso, o uso de *softwares* específicos possibilitou a confecção de mapas cada vez mais precisos e sofisticados.

Todos esses recursos colaboraram para que, no decorrer deste século e do anterior, tivéssemos cálculos mais rigorosos e precisos, que, como podemos verificar na tabela abaixo, resultaram em uma série de alterações nos números oficiais.

Brasil – diferentes medições do território brasileiro, em km² (1889-2013)

Ano	Área oficial do território brasileiro (em km²)
1889	8 337 218
1922	8 511 189
1946	8 516 037
1952	8 513 844
1980	8 511 965
1993	8 547 403,5
2000	8 514 215,3
2007	8 514 876,599
2013	8 515 767,049

Planímetro: instrumento utilizado em trabalhos cartográficos que possibilita a medição das áreas traçadas em uma representação.

Fonte: IBGE. Disponível em: <http://ibge.gov.br/home/geociencias/areaterritorial/historico.shtm>. Acesso em: 16 jan. 2016.

Brasil: organização do território   Capítulo 23   373

Brasil – extensão das fronteiras territoriais (2015)

Limites terrestres e marítimos

O Brasil apresenta uma extensa faixa litorânea, com 7 367 km de extensão, e uma linha de fronteira terrestre ainda maior, com 15 719 km, que estabelece **limites** com dez países sul-americanos. Observe o mapa ao lado.

É nesse imenso **território** (que corresponde a 1,6% das terras emersas do globo e a 48% da área total da América do Sul) que o Estado brasileiro exerce sua **soberania**. Isto é, a autoridade e o controle irrestrito sobre os elementos naturais e culturais situados em seus limites, não somente sobre as terras emersas mas também sobre tudo aquilo que existe em sua faixa de mar territorial, em seu espaço aéreo e no subsolo.

Fontes: IBGE. *Atlas geográfico escolar*. Rio de Janeiro, 2012. p. 90-91; IBGE. *Atlas geográfico das zonas costeiras e oceânicas do Brasil*. Rio de Janeiro, 2011. p. 37. Disponível em: <http://biblioteca.ibge.gov.br/visualizacao/livros/liv55263.pdf>. Acesso em: 16 jan. 2016.

Fronteira e limite: qual é a diferença?

A identificação entre "limite" e "fronteira internacional" decorre provavelmente da mobilidade e imprecisão cartográfica que na maior parte do tempo acompanhou o desenvolvimento das sociedades. Mas os Estados modernos necessitam de limites precisos onde possam exercer sua soberania, não sendo suficientes as mais ou menos largas faixas de fronteira. Assim, hoje o "limite" é reconhecido como linha, e não pode, portanto, ser habitado, ao contrário da "fronteira" que, ocupando uma faixa, constitui uma zona, muitas vezes bastante povoada onde os habitantes de Estados vizinhos podem desenvolver intenso intercâmbio. [...]

MARTIN, André Roberto. *Fronteiras e nações*. São Paulo: Contexto, 1998. p. 47.

As plataformas de exploração de petróleo na bacia de Campos, no estado do Rio de Janeiro, estão localizadas na ZEE. Na foto, a Plataforma P-51 no Campo de Marlim Sul, bacia de Campos, ao largo de Campos, Rio de janeiro, 2011.

Mar territorial

O **mar territorial brasileiro** é uma faixa de 12 milhas náuticas (correspondentes a 22 quilômetros) contada a partir da linha da costa. Além dessa faixa, desde 1988, o país conquistou o direito de explorar mais uma porção de oceano com 200 milhas náuticas (aproximadamente 370 quilômetros), já que é um dos signatários da Convenção das Nações Unidas sobre o Direito do Mar.

Essa nova área é denominada **Zona Econômica Exclusiva (ZEE)**, onde o governo brasileiro pode explorar todo tipo de recurso natural (minérios, fauna e flora) e tem responsabilidade sobre sua gestão ambiental. Isso já ocorre, por exemplo, com as zonas de prospecção e de exploração de petróleo, como são os casos das bacias de Campos e de Tupi, localizadas a mais de 100 quilômetros da costa brasileira.

▶ Fusos horários do Brasil

O Brasil está totalmente localizado no hemisfério Ocidental do planeta, ou seja, todas as suas terras encontram-se a oeste do Meridiano de Greenwich. Já em relação aos hemisférios Norte e Sul, cerca de 93% do nosso território está ao sul da Linha do Equador; o restante, apenas 7%, localiza-se ao norte desse paralelo.

A grande extensão do território brasileiro no sentido leste-oeste (4 319 quilômetros entre os pontos extremos) estabelece a existência de quatro fusos horários diferentes no país, todos atrasados em relação ao horário de Greenwich. Observe o mapa abaixo.

No mapa, é possível notar que um dos fusos abrange a região das ilhas oceânicas localizadas no Oceano Atlântico e os outros três abrangem a parte continental do país. O fuso horário em que está a capital do Brasil, Brasília, é considerado o fuso horário oficial brasileiro. Veja o quadro a seguir.

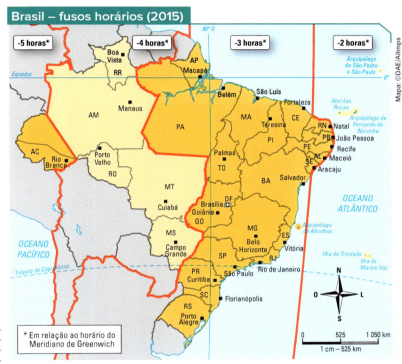

Fonte: MINISTÉRIO DA CIÊNCIA E TECNOLOGIA. Observatório Nacional. Divisão Serviço da Hora (DSHO). Disponível em: <http://pcdsh01.on.br>. Acesso em: 16 jan. 2016.

Quadro 1: Brasil – fusos horários (2015)		
Horas em relação a Greenwich	Abrangência dos fusos	Horas em relação a Brasília
–2 horas	Compreende as ilhas de Fernando de Noronha, Trindade, Martin Vaz, Penedos de São Pedro e São Paulo e o Atol das Rocas.	+1 hora
–3 horas	Abrange todos os estados das regiões Nordeste, Sudeste e Sul, além do Distrito Federal, Goiás, Tocantins, Amapá e Pará.	Horário oficial brasileiro
–4 horas	Compreende os estados de Roraima, Amazonas, Acre, Rondônia, Mato Grosso e Mato Grosso do Sul.	–1 hora
–5 horas	Abrange a porção mais ocidental ou oeste do estado do Amazonas e todo o estado do Acre.	–2 horas

Essa vasta dimensão territorial do Brasil possibilita a existência de imensa diversidade de paisagens naturais e culturais. Em muitas delas encontram-se marcas ou vestígios que remetem à história da ocupação e da formação do território nacional.

Brasil: organização do território   Capítulo 23

▶ Estado e gestão do território brasileiro no século XX

E por aqueles campos que ele agora via da janela do trem em movimento na certa passara um dia o Cap. Rodrigo Cambará, montado em seu flete, de espada à cinta, violão a tiracolo, chapéu de aba quebrada sobre a fronte altiva. De certo modo, ele simbolizava a tradição de hombridade do Rio Grande, uma tradição – achava Rodrigo – que as gerações novas deviam manter, embora dentro dum outro ambiente. Tinham-se acabado as guerras com os castelhanos. As fronteiras estavam definitivamente traçadas. Trilhos de estrada de ferro cortavam os campos, e ao longo dessas paralelas de aço, através de centenas de quilômetros, estavam plantados postes telegráficos. Em algumas cidades havia já telefones e até luz elétrica. Os inventos e descobrimentos da ciência, as máquinas que a inteligência e o engenho humano inventavam e construíam para melhorar e facilitar a vida, aos poucos iam entrando no Rio Grande e um dia chegariam a Santa Fé.

VERÍSSIMO, Érico. *O retrato*. Porto Alegre: Globo, 1963. v. 2. p. 316-317.

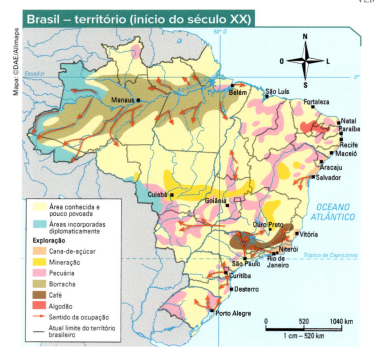

Fonte: FENAME/MEC. *Atlas histórico e geográfico brasileiro*. Rio de Janeiro, 1967.

O trecho da obra de Érico Veríssimo ilustra uma nova etapa na História e na Geografia do Brasil. A partir do início do século XX, as fronteiras nacionais estavam definidas, e começava a se implantar em determinadas áreas o processo de **tecnificação do território**, ou seja, de prolongamento das estradas de ferro, da rede de distribuição de energia elétrica, telegrafia, telefonia, entre outras. Contudo, a organização espacial interna do país ainda se configurava como um grande "**arquipélago**", com as principais regiões econômicas coexistindo de maneira desarticulada, voltadas basicamente para o abastecimento do mercado externo.

Observe o mapa que mostra a configuração do território brasileiro no início do século XX e verifique o que ocorria em termos econômicos, em cada atual região do país. Note que no Sudeste se destacavam a atividade cafeeira no interior paulista e a mineração de ferro em Minas Gerais. No Sul, as áreas coloniais de imigração europeia, baseadas em pequenas propriedades rurais, voltavam-se à policultura e à produção de erva-mate. O Centro-Oeste, que despontava como área de pecuária extensiva, era o principal fornecedor de carne bovina para o Sudeste. O Nordeste organizava-se em torno da atividade canavieira na Zona da Mata e do cultivo de algodão no Agreste, produção em sua maior parte destinada à exportação. Já a Amazônia destacava-se, até o início da década de 1920, como o grande polo mundial da produção de borracha natural.

O intercâmbio entre essas regiões, e entre os estados que as compunham, era muito restrito em decorrência dos pesados impostos alfandegários internos e da modesta infraestrutura das vias de transportes que vigoravam na época.

Essa realidade socioespacial somente mudaria a partir da década de 1930, com o processo de **centralização político-administrativa** promovido pelo governo federal, que passou a restringir drasticamente o poder dos governos estaduais e municipais e a intervir de forma planejada na organização do espaço geográfico nacional por meio de novas **políticas territoriais**.

Política territorial: toda atividade do Estado que implique intervenções no território nacional, como nas áreas de política regional, urbana ou ambiental, além da integração nacional e das questões de fronteira.

Determinadas ações do Estado, como a extinção dos impostos interestaduais e a realização de altos investimentos em obras de infraestrutura (rodovias federais, usinas hidrelétricas, portos etc.), possibilitaram o desenvolvimento da atividade fabril no país, facilitando a circulação de pessoas, informações e mercadorias. Todas as regiões econômicas passaram, então, a se articular em torno do centro industrial que se erguia no Sudeste.

A partir do final da década de 1940, o Estado também passou a estimular a expansão das chamadas fronteiras econômicas ou agrícolas em direção às grandes áreas, ainda pouco povoadas, do Cerrado e da Floresta Amazônica, que passaram a ser desmatadas. Para tanto, nas décadas seguintes, colocou em prática planos que visavam ao desenvolvimento regional:

- Transferiu a capital do país para a Região Centro-Oeste, criando um novo Distrito Federal e inaugurando em 1960 a cidade de Brasília.
- "Rasgou" o interior do país com extensas rodovias, como a Cuiabá-Santarém, a Belém-Brasília e a Transamazônica.
- Implantou grandes projetos de colonização agrícola e de mineração (Rondônia, Jari, Carajás, entre outros) nas regiões Centro-Oeste e Norte, desencadeando um amplo processo de povoamento dessas porções do território brasileiro.

Essas ações promoveriam a integração efetiva do território nacional e uma melhor distribuição populacional, diminuindo a pressão demográfica na região costeira do país.

Trecho da Rodovia Transamazônica ainda em construção perto de Altamira (PA), fotografado em 1972.

De olho no Enem – 2011

> O Centro-Oeste apresentou-se como extremamente receptivo aos novos fenômenos da urbanização, já que era praticamente virgem, não possuindo infraestrutura de monta, nem outros investimentos fixos vindos do passado. Pôde, assim, receber uma infraestrutura nova, totalmente a serviço de uma economia moderna.
>
> SANTOS, M. A. *Urbanização brasileira.* São Paulo: Edusp, 2005 (adaptado).

O texto trata da ocupação de uma parcela do território brasileiro. O processo econômico diretamente associado a essa ocupação foi o avanço da:

a. industrialização voltada para o setor de base.
b. economia da borracha no sul da Amazônia.
c. fronteira agropecuária que degradou parte do Cerrado.
d. exploração mineral na Chapada dos Guimarães.
e. extrativismo na região pantaneira.

Gabarito: C

Justificativa: A partir do final da década de 1940, o Estado brasileiro passou a estimular a expansão das fronteiras agrícolas em direção a áreas ainda pouco povoadas do território brasileiro. Entre os espaços mais afetados por essa nova orientação, está o bioma Cerrado, especialmente nos vastos territórios da Região Centro-Oeste — embora a região do Pantanal Mato-grossense também tenha sido impactada. Atividades de pecuária extensiva e, posteriormente, monoculturas de soja, passaram a transformar expressivamente as paisagens locais. Está correta, portanto, a alternativa **c**. A alternativa **a** está incorreta, pois não houve expressiva industrialização voltada para o setor de base na região Centro-Oeste do Brasil. A alternativa **b** está incorreta, pois o Ciclo da Borracha, cujo auge ocorreu na virada do século XIX para o XX, não tinha a porção sul da Amazônia como seu principal território de expansão, mas sim as áreas no entorno dos grandes rios da Bacia Amazônica, afetando, portanto, a Região Norte, e não a Centro-Oeste. A alternativa **d** está incorreta, pois, embora a Chapada dos Guimarães esteja localizada na Região Centro-Oeste, nunca teve um expressivo ciclo de exploração mineral que justificasse as afirmações mencionadas no texto apresentado como suporte. A alternativa **e** está incorreta, pois a atividade econômica que melhor caracteriza a região pantaneira é a pecuária extensiva, e não o extrativismo.

▶ Marcas da ocupação do território e paisagens brasileiras

Fonte: Anuário estatístico do Brasil 1996. Rio de Janeiro: IBGE, 1997. Anuário estatístico do Brasil 2007. Rio de Janeiro: IBGE, 2008.

A disposição no território dos elementos naturais e daqueles criados pela sociedade, como cidades, plantações, rodovias, ferrovias, portos e hidrelétricas, e a distribuição espacial da população configuram a organização do espaço de um país. O mapa ao lado mostra, de maneira esquemática, a organização atual do espaço geográfico brasileiro.

Durante os últimos cinco séculos, novas áreas foram gradativamente incorporadas ao território brasileiro, que passou por várias transformações até chegar à presente organização espacial interna. Pode-se afirmar que muitos dos aspectos da atual organização do espaço geográfico brasileiro decorrem da maneira como o território foi ocupado e constituído, de acordo principalmente com as relações sociais de produção que se sucederam ao longo dos séculos.

Nesse sentido, nas paisagens de diversos lugares do Brasil coexistem elementos culturais estabelecidos de acordo com as novas relações sociais de produção e elementos característicos de antigas relações, permanências históricas ou marcas de um tempo passado que foram incorporadas às atividades contemporâneas. Podemos citar como exemplos a cultura de cana-de-açúcar da Zona da Mata nordestina, que ainda é, em grande parte, desenvolvida por meio do tradicional sistema de *plantation*, como no Período Colonial; as manufaturas artesanais, que se desenvolveram praticamente em todas as regiões brasileiras; o trabalho servil empregado nas atividades primárias, ainda muito comum no interior do país.

Para que a cana pudesse se espalhar na Zona da Mata, o gado e o carro de boi enfrentaram e venceram a caatinga e a seca, rumo ao interior. Na foto, carro de boi na zona rural de Serra Talhada, Pernambuco, em 2014.

Nas paisagens de diferentes regiões brasileiras também há, junto desses elementos culturais, muitos elementos naturais originais, sobretudo no que se refere às formas de relevo e às formações vegetais. Essas últimas surgem em áreas reduzidas como elementos remanescentes que constituem marcas de um tempo anterior à ocupação efetiva do território brasileiro pela sociedade moderna.

A descoberta de ouro em Minas Gerais, no século XVII, criou verdadeiros monumentos de arte barroca, como a cidade de Ouro Preto. Na foto, de 2015, praça da cidade com monumento em homenagem a Tiradentes.

Nas fotografias ao lado, podemos identificar "marcas" da ocupação do território brasileiro, de acordo com as funções econômicas que cada uma das regiões representadas nas imagens desempenhou na história do país.

▸ As regiões brasileiras

O Estado brasileiro lançou mão de ações centralizadoras para modernizar a economia do país. Entre essas ações, destaca-se, a partir da década de 1930, a criação de uma série de órgãos gestores que auxiliaram na execução do plano desenvolvimentista brasileiro de integração nacional.

Nesse contexto, foi criado, em 1934, o **Instituto Brasileiro de Geografia e Estatística** (**IBGE**). Reunindo pesquisadores de diversas áreas do conhecimento, como geógrafos, economistas e matemáticos, o IBGE tornou-se responsável pelo levantamento de dados estatísticos a respeito das realidades municipais, estaduais e regionais, bem como pelo tratamento e pela análise dessas informações. Desde então, os levantamentos têm sido feitos por meio de **recenseamentos (censos)** periódicos realizados em todo o país.

Além disso, o IBGE tem criado propostas oficiais de regionalização do espaço geográfico brasileiro, auxiliando no planejamento das ações estatais.

Homepage do IBGE. Foto de 2016.

▸ O IBGE e as regionalizações oficiais

A primeira proposta de regionalização apresentada pelo IBGE data da década de 1940 e foi fundamentada principalmente em critérios de ordem natural, como formas de relevo, clima e vegetação. Contudo, grandes transformações na organização espacial interna do país ocorreram desde então, como a formação de centros urbano-industriais, a expansão das fronteiras agrícolas, a modernização das atividades econômicas e o rápido crescimento da população nacional, o que promoveu uma profunda mudança no perfil geográfico do Brasil. Diante dessa nova realidade, o IBGE mudou os critérios de regionalização e passou a se basear, sobretudo, em aspectos de ordem socioeconômica e demográfica, mas sempre considerando os limites estaduais, a fim de facilitar a coleta e a organização dos dados estatísticos.

Observe, nos mapas desta página, a evolução das propostas oficiais de divisão regional do território brasileiro durante o século XX.

Fonte: IBGE. Disponível em: <http://teen.ibge.gov.br/-/mao-na-roda/divisao-politico-administrativa-e-regional.html>. Acesso em: 5 fev. 2016.

Fonte: IBGE. Disponível em: <http://teen.ibge.gov.br/mao-na-roda/divisao-politico-administrativa-e-regional.html>. Acesso em: 5 fev. 2016.

Fonte: IBGE. Disponível em: <http://teen.ibge.gov.br/mao-na-roda/divisao-politico-administrativa-e-regional.html>. Acesso em: 5 fev. 2016.

A atual regionalização oficial do IBGE

A atual regionalização oficial proposta pelo IBGE considera três níveis de análise para a divisão do território nacional:

- uma divisão do território em 558 microrregiões homogêneas (mapa 1);
- uma divisão do território em 137 mesorregiões homogêneas (mapa 2); e
- uma divisão do território em cinco macrorregiões ou grandes regiões homogêneas (mapa 3).

Fonte: IBGE. Disponível em: <www.ibge.gov.br/home/geociencias/cartogramas/microrregiao.html>. Acesso em: 5 fev. 2016.

Fonte: IBGE. Disponível em: <www.ibge.gov.br/home/geociencias/cartogramas/mesorregiao.html>. Acesso em: 5 fev. 2016.

Mapa 3 – Grandes regiões homogêneas – IBGE

Norte
A maior região do país (3 853 669,7 km²) é caracterizada pela presença da Floresta Amazônica e pela baixa densidade populacional (cerca de 4,5 hab./km²).

Nordeste
Nessa região está o segundo maior contingente populacional do país e dela partem importantes fluxos migratórios nacionais. Vem crescendo economicamente nas últimas décadas, mas boa parte de sua população ainda enfrenta graves problemas sociais.

Centro-Oeste
Região caracterizada pela forte presença das fronteiras agropecuárias, que ocupam áreas cada vez maiores do Cerrado com atividades extensivas e modernas.

Sudeste
É a região mais populosa e industrializada do país, e as atividades agrícolas empregam tecnologia moderna. No entanto, também enfrenta graves problemas sociais, sobretudo nos grandes centros urbanos.

Sul
A menor das regiões brasileiras, destaca-se pela presença de atividades agrícolas modernas e por abrigar o segundo maior parque industrial do país.

Fonte: IBGE. *Atlas geográfico escolar.* 6. ed. Rio de Janeiro, 2012. Disponível em: <http://biblioteca.ibge.gov.br/index.php/biblioteca-catalogo?view=detalhes&id=264669>. Acesso em: 5 fev. 2016.

▶ As grandes regiões geoeconômicas

Nas últimas décadas, uma proposta de regionalização não oficial difundiu-se entre os pesquisadores e na mídia em geral. Essa proposta sugere a divisão do Brasil em três grandes **regiões geoeconômicas** ou **complexos regionais** (Amazônia, Nordeste e Centro-Sul), de acordo com critérios ligados aos aspectos naturais e ao processo de formação socioespacial de nosso território. Essa proposta de regionalização remonta aos estudos desenvolvidos pelo geógrafo carioca Pedro Pinchas Geiger no final da década de 1960.

De maneira geral, os limites dos complexos regionais não coincidem com os limites político-administrativos dos estados, como acontece na divisão regional do IBGE, já que, nessa perspectiva conceitual, a homogeneidade das características socioeconômicas, demográficas e naturais de uma área pode extrapolar as fronteiras interestaduais. De acordo com essa proposta, parte do oeste baiano e do sul dos estados do Maranhão, do Piauí e de Tocantins integram-se à chamada região Centro-Sul, o norte de Minas Gerais faz parte do complexo regional nordestino e a porção oeste do Maranhão integra-se à Amazônia. Observe, no mapa da página a seguir, a regionalização do território brasileiro que abordaremos neste e nos capítulos seguintes.

Complexos regionais ou regiões geoeconômicas do Brasil – IBGE

Amazônia
De modo geral, compreende toda a extensão da Floresta Amazônica localizada em território brasileiro. A maior parte de sua área ainda é pouco habitada, mas um processo de aceleração do povoamento tem ocorrido nas últimas décadas em decorrência do avanço das fronteiras agrícolas.

Nordeste
Região na qual teve início o processo de povoamento do Brasil. Apresenta grandes contrastes naturais e socioeconômicos entre as áreas litorâneas, mais úmidas e desenvolvidas economicamente, e o interior, com o predomínio de clima semiárido e graves problemas sociais.

Centro-Sul
Região do país mais desenvolvida economicamente, compreende a maior parte do parque industrial e as áreas de atividades agrícolas mais modernas. Reúne cerca de 63% da população do país, que vive, em sua maioria, em cidades.

Fonte: IBGE. *Atlas escolar.* Rio de Janeiro, 2015. Disponível em: <http://atlasescolar.ibge.gov.br/images/atlas/mapas_brasil/brasil_regioes_geoeconomicas.pdf>. Acesso em: 5 fev. 2016.

Revisitando o capítulo

1. Por que podemos dizer que o Brasil é um país "continental"?

2. O que é mar territorial? E Zona Econômica Exclusiva?

3. Caracterize a posição geográfica do território brasileiro.

4. Quantos fusos horários possui o Brasil? Em qual deles está localizada a cidade em que você mora?

5. Que critérios o IBGE utiliza atualmente para regionalizar o território brasileiro?

6. Leia com atenção este fragmento de um texto teórico redigido por um dos mais importantes geógrafos brasileiros.

> Os processos sociais e econômicos que a partir da década de 1950 passaram a atuar sobre a organização espacial brasileira geraram, entre outras consequências, uma nova regionalização, caracterizada por três grandes regiões: o Centro-Sul, o Nordeste e a Amazônia.
>
> CORRÊA, Roberto Lobato. *Trajetórias geográficas*. Rio de Janeiro: Bertrand Brasil, 1997. p. 197-198.

Responda:

a. A que aspecto estudado neste capítulo se refere o texto citado?

b. Com base no estudo deste capítulo, explique os "processos sociais e econômicos" ocorridos a partir da década de 1950 aos quais se refere o autor.

c. Que nova forma de regionalização foi proposta para o país?

7. Até a década de 1930, como se configurava regionalmente o território brasileiro? A partir desse período, o que transformou essa realidade socioespacial?

8. Quais foram as principais ações do Estado brasileiro para expandir as fronteiras econômicas em território nacional?

▶ ANÁLISE DE MAPA

Observe o mapa usado para divulgar na mídia os horários das provas do Enem que ocorreram nos dias 24 e 25 de outubro de 2015.

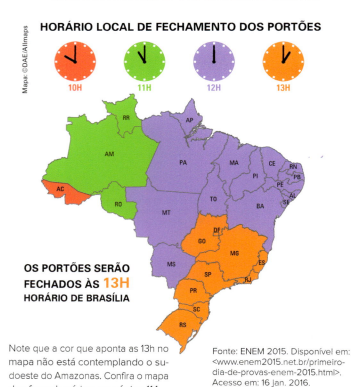

Note que a cor que aponta as 13h no mapa não está contemplando o sudoeste do Amazonas. Confira o mapa dos fusos horários, na página 114.

Fonte: ENEM 2015. Disponível em: <www.enem2015.net.br/primeiro-dia-de-provas-enem-2015.html>. Acesso em: 16 jan. 2016.

a. Por que o horário de fechamento dos portões dos estabelecimentos onde se realizaram as provas não é o mesmo nos diferentes grupos de estados brasileiros?

b. Para responder esta questão, observe a data em que ocorreu a prova do Enem. Sabendo que os estados da Região Nordeste, assim como Tocantins, Pará e Amapá, encontram-se no mesmo fuso horário de Brasília, explique o fato de terem os portões fechados no mesmo horário do fuso que está uma hora atrasado em relação ao horário oficial brasileiro.

CAPÍTULO 24

CAPITAL, ESTADO E ATIVIDADE INDUSTRIAL NO BRASIL

▶ Modernização do território brasileiro

Como já vimos anteriormente, até o início do século XX a economia brasileira era baseada em atividades primárias, como o extrativismo florestal e mineral e as atividades agrícolas de exportação (*plantations*). Além disso, a população era predominantemente rural: de acordo com dados oficiais da época, cerca de 90% dos brasileiros viviam na zona rural, sendo poucos os grandes núcleos urbanos (a maior parte deles localizava-se na faixa litorânea do território).

Boa parte desses núcleos tinha função meramente político-administrativa ou existia em razão das atividades comerciais portuárias (exportação dos produtos nacionais), como São Luís, Recife, Salvador, Vitória, Rio de Janeiro e Santos. Já os núcleos localizados no interior do território, como Garanhuns, Caruaru e Feira de Santana, no Agreste nordestino, e Sorocaba, Ponta Grossa e Erexim, no sul do país, funcionavam como pontos de troca comercial entre os produtores rurais (principalmente pecuaristas).

Pequenos processos de urbanização ocorreram nesse período, com a expansão da **fronteira agrícola cafeeira** no interior dos estados do Rio de Janeiro, São Paulo e Minas Gerais, onde novas cidades eram fundadas à medida que as lavouras de café se expandiam e novos ramais ferroviários eram construídos para escoar a produção até os portos.

Embarque de café no Porto de Santos (SP), c. 1900. Nessa época, a expansão urbana se deu em razão das atividades ferroviárias e da cafeicultura.

SABERES EM FOCO

Mudanças em tela

Essa tela da pintora e desenhista brasileira Tarsila do Amaral (1886-1973), denominada *Operários*, foi pintada em 1933. Essa obra revela algumas das principais mudanças de ordem econômica e demográfica pelas quais o Brasil passou a partir das primeiras décadas do século XX. Tente identificar os elementos retratados pela artista que indicam essas mudanças, analisando a imagem com atenção. Depois, troque ideias com o professor sobre o que você e seus colegas observaram na representação.

Tarsila do Amaral. *Operários*, 1933. Óleo sobre tela, 150 × 205 cm.

Interior do Moinho Matarazzo. Primeiro moinho de trigo no país, berço do nascimento das Indústrias Matarazzo, na cidade de São Paulo. 1915.

Indústria impulsionada pelo Estado

O perfil econômico e populacional do Brasil – população predominantemente rural e empregada em atividades primárias – somente se transformou a partir da década de 1930, quando a industrialização foi impulsionada.

Nesse período, o **Estado** passou a incentivar a criação de indústrias nos centros urbanos maiores, como São Paulo e Rio de Janeiro, objetivando assegurar o desenvolvimento da economia do país, seriamente abalada por uma profunda crise econômica que assolava o mundo no período entre guerras (Primeira e Segunda Guerras Mundiais).

A estratégia adotada foi apoiar a transferência de capitais do setor cafeeiro para o de produção de mercadorias até então importadas dos países industrializados do Hemisfério Norte. O Estado pretendia aumentar e diversificar a produção da indústria brasileira, ainda restrita aos setores têxtil, alimentício e de alguns poucos bens de consumo, como chapéu, sabão e vela.

A indústria nascente deveria atender à demanda interna nos mais diferentes segmentos (siderúrgico, metalúrgico, mecânico, automobilístico, químico etc.), substituindo os produtos importados por mercadorias fabricadas em território nacional. É por isso que os especialistas caracterizam o processo de industrialização brasileira como um modelo baseado na **substituição de importações**.

O processo de industrialização desencadeado no Brasil revelou-se como o início de uma fase de forte interferência do Estado na economia. O governo transformou-se no principal agente de modernização econômica do país durante um longo período **desenvolvimentista**, que se estendeu até a década de 1980.

Vamos, a seguir, conhecer as principais fases do período desenvolvimentista no Brasil.

Indústria na Era Vargas e durante o governo JK

No período compreendido entre as décadas de 1930 e 1950, o Estado, representado pelo governo de **Getúlio Vargas**, investiu intensamente na **implantação de indústrias de base**, criando grandes empresas públicas nos setores siderúrgico (como a Companhia Siderúrgica Nacional – CSN –, em Volta Redonda, Rio de Janeiro), extrativista mineral (como a Companhia Vale do Rio Doce – atual Vale –, de extração de ferro, em Minas Gerais) e petroquímico (como a Petrobras e diversas refinarias de petróleo).

A implantação desse parque industrial de base foi um fator decisivo para que passasse a ocorrer a entrada em massa de capital industrial monopolista no país. Além disso, criou condições para o fornecimento de matérias-primas necessárias ao desenvolvimento de outros segmentos industriais.

A partir da segunda metade da década de 1950, **Juscelino Kubitschek**, o **JK**, deu continuidade aos ideais desenvolvimentistas, levando o país a ingressar em uma nova fase de industrialização, com a multiplicação das indústrias de **bens intermediários** (mecânicos, de transportes, elétricos, de comunicação etc.) e de **bens de consumo** (eletrodomésticos, automóveis, entre outros).

Brasil. Belo Horizonte (MG). O governador de Minas Gerais, Juscelino Kubitschek de Oliveira e o presidente da República do Brasil, Getúlio Vargas (óculos) participam da inauguração das instalações da Companhia Siderúrgica Mannesmann.

Contudo, boa parte dos setores industriais mais dinâmicos e modernos ficou nas mãos do capital estrangeiro, principalmente estadunidense e europeu, que importava de seus países de origem a tecnologia necessária para a produção. Essas empresas viam no Brasil ótimas oportunidades para expandir seus negócios, já que o país oferecia **mão de obra barata**, **abundância de matérias-primas** e um **crescente mercado consumidor** para seus produtos.

Podemos afirmar que o desenvolvimento industrial brasileiro foi um **processo tardio**, já que teve início quase dois séculos depois da Primeira Revolução Industrial. Além disso, nosso país tornou-se cada vez mais dependente da tecnologia produzida nos países desenvolvidos.

Com os incentivos fiscais concedidos pelo governo federal a partir da década de 1950, grandes montadoras de automóveis, como a Volkswagen e a Ford, passaram a produzir em larga escala no país. Linha de produção em fábrica de motores de indústria automobilística Camaçari (BA), 2015.

De olho no Enem – 2013

Meta de Faminto

JK – Você agora tem automóvel brasileiro, para correr em estradas pavimentadas com asfalto brasileiro, com gasolina brasileira. Que mais quer?

JECA – Um prato de feijão brasileiro, seu doutô!

THÉO. In: LEMOS, R. (Org.). *Uma história do Brasil através da caricatura (1840-2001)*. Rio de Janeiro: Bom Texto; Letras & Expressões, 2001.

A charge ironiza a política desenvolvimentista do governo Juscelino Kubitschek, ao:

a. evidenciar que o incremento da malha viária diminuiu as desigualdades regionais do país.
b. destacar que a modernização das indústrias dinamizou a produção de alimentos para o mercado interno.
c. enfatizar que o crescimento econômico implicou aumento das contradições socioespaciais.
d. ressaltar que o investimento no setor de bens duráveis incrementou os salários de trabalhadores.
e. mostrar que a ocupação de regiões interioranas abriu frentes de trabalho para a população local.

Gabarito: C

Justificativa: A charge apresentada como suporte evidencia a contradição inerente ao processo de desenvolvimento industrial brasileiro, destacando um de seus períodos históricos mais relevantes: o governo JK. Pelo seu caráter concentrador e excludente, apesar de ofertar uma série de modernidades ao país, tal processo não se mostrou capaz de superar problemas básicos de boa parte da sociedade brasileira, como a fome. A alternativa que retrata a interpretação correta, atendendo às demandas do enunciado, é a letra **c**. A alternativa **a** interpreta incorretamente a charge apresentada, pois o incremento da malha viária nacional não proporcionou a redução das desigualdades regionais no país, como alegado. Da mesma forma, a alternativa **b** também interpreta incorretamente a charge, já que a crítica do Jeca destaca como a população brasileira, apesar dos automóveis e das estradas, ainda carecia de mais acesso à alimentação básica. A alternativa **d** está incorreta, pois ocorreu o oposto durante o governo JK, um período marcado pela acentuação das desigualdades sociais e pela redução do ganho dos trabalhadores em razão de elevado processo inflacionário. Além disso, se tivesse ocorrido o contrário, não haveria razão para o Jeca reclamar da falta de acesso à alimentação básica. A alternativa **e** apresenta uma constatação que, embora correta, não tem qualquer relação com a charge apresentada como suporte e não atende ao comando da questão.

Desenvolvimentismo no regime militar

A prioridade dos governos militares, após o golpe de Estado de 1964, foram os setores industriais eleitos como **estratégicos** (telecomunicações, petroquímica, extração mineral, de geração de energia, aeroespacial). Assim, foram criadas diversas **empresas estatais** para atuar nesses segmentos, caso da Embraer, Telebras e Embratel, além de ter sido reforçado o caráter estatizante da Petrobras.

Todas essas ações governamentais faziam parte dos chamados **Planos Nacionais de Desenvolvimento** (**PNDs**). Boa parcela dos investimentos dos PNDs também foi direcionada para impulsionar o setor da **indústria da construção civil**, já que se priorizou a implantação de diversas obras de **infraestrutura**, sobretudo na área de transportes viários (construção de estradas, rodovias, pontes, viadutos, portos e aeroportos) e no sistema de geração de energia elétrica, necessários à viabilização do incremento da atividade manufatureira desejado para a época. A seguir, estudaremos como isso ocorreu.

Infraestrutura de transportes

Em relação à infraestrutura de transportes, o Estado priorizou a ampliação da malha rodoviária, construindo rodovias entre os principais centros industriais. Além disso, estendeu a infraestrutura desse tipo de transporte para o interior, ligando o Sudeste, que vinha se industrializando rapidamente, às demais regiões brasileiras, inclusive àquelas que ainda se encontravam praticamente isoladas, como a Centro-Oeste e a Norte.

Ainda que o transporte rodoviário seja mais oneroso que o ferroviário e o hidroviário (veja o mapa na página seguinte), foram as rodovias que possibilitaram o fluxo de matérias-primas entre as áreas fornecedoras e as indústrias, e dos bens industrializados entre os centros produtores e os diferentes mercados consumidores espalhados pelo país. Foi esse meio de transporte que permitiu o deslocamento massivo de mercadorias e pessoas entre as regiões brasileiras.

Na imagem, trecho da rodovia Presidente Dutra, em Taubaté (SP), 2015.

Ed Viggiani/Pulsar Imagem

O crescimento da indústria automobilística no país (com a instalação de multinacionais montadoras de automóveis, ônibus e caminhões, fabricantes de autopeças, de pneus etc.) foi um fator de grande importância para a decisão do Estado de investir grandes somas de dinheiro no sistema de transporte rodoviário.

Concomitantemente à implantação dessas multinacionais, a partir da década de 1950, a malha rodoviária brasileira mais que quintuplicou, passando de aproximadamente 300 mil quilômetros para os atuais 1,7 milhão de quilômetros de estradas, das quais apenas 12% são pavimentadas. A maior parte foi construída na Região Sudeste, a mais industrializada do país (observe novamente o mapa da rede de transportes).

A prioridade dada ao transporte rodoviário provocou a estagnação gradativa do sistema ferroviário brasileiro, que durante o período "áureo" da economia cafeeira era o principal meio de transporte utilizado, desempenhando papel fundamental no desenvolvimento econômico do país. Atualmente, a malha ferroviária nacional, com cerca de 29,8 mil quilômetros, é menor do que a existente nas primeiras décadas do século XX.

386 **Unidade 7** Espaço geográfico brasileiro

Transporte no Brasil

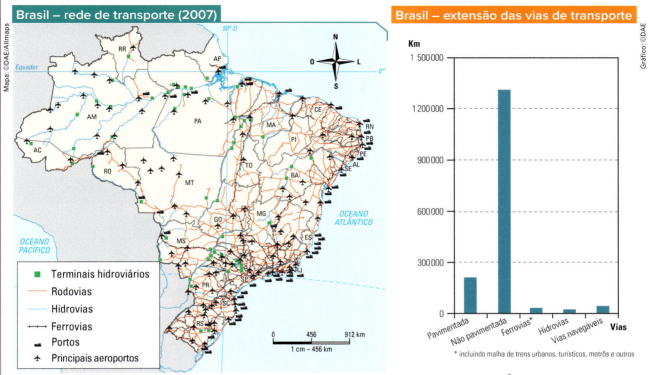

Fonte: IBGE. *Atlas escolar*. Disponível em: <http://atlasescolar.ibge.gov.br/images/atlas/mapas_brasil/brasil_redes_de_transporte.pdf>. Acesso em: 16 jan. 2016.

Fonte: CONFEDERAÇÃO NACIONAL DOS TRANSPORTES. Disponível em: <www.cnt.org.br/Paginas/Boletins.aspx>. Acesso em: 16 jan. 2016.

Fonte: ROSA, Daniel Jordão de Magalhães. In: ANA. *Plano Nacional de Recursos Hídricos*: navegação interior, 2005. Disponível em: <http://arquivos.ana.gov.br/planejamento/planos/pnrh/APNavegacao.pdf>. Acesso em: 16 jan. 2016.

Observe os dados do gráfico em relação à extensão das vias de transporte no Brasil e compare as vias pavimentadas e não pavimentadas. Veja também as diferenças entre as hidrovias e as vias consideradas navegáveis. Discuta com seus colegas e o professor a respeito dessa infraestrutura e do potencial de transporte de cargas no país, analisando o infográfico comparativo das capacidades de carga.

Capital, Estado e atividade industrial no Brasil   Capítulo 24

Infraestrutura para geração de energia

No que se refere ao sistema de geração de energia elétrica, o Estado brasileiro deu prioridade aos investimentos na construção de usinas hidrelétricas, aproveitando o grande potencial hídrico dos rios que correm em terrenos acidentados de planaltos.

A partir da década de 1950, gigantescas usinas foram construídas em território nacional, como as de Paulo Afonso, de Três Marias e de Furnas, nas décadas de 1950 e 1960, e as de Sobradinho, Tucuruí, Itaipu e as do chamado complexo de Urubupungá, nas décadas de 1970 e 1980, durante o regime militar. Desde sua inauguração, em 1984, a Usina Hidrelétrica de Itaipu é considerada a maior do mundo em capacidade de geração de energia (14 000 **MW**). O Estado brasileiro e o governo paraguaio investiram cerca de 16 bilhões de dólares em sua construção.

> **MW (megawatt):** unidade de medida de potência equivalente a um milhão de watts. No Sistema Internacional de Unidades (SI), um watt (W) corresponde à potência de energia de um joule por segundo (J/s).

Produção de energia elétrica no Brasil

Fonte: IBGE. *Atlas escolar*. Disponível em: <http://atlasescolar.ibge.gov.br/images/atlas/mapas_brasil/brasil_sistema_eletrico.pdf>. Acesso em: 16 jan. 2016.

Fonte: IBGE. *Atlas escolar*. Disponível em: <http://atlasescolar.ibge.gov.br/images/atlas/mapas_brasil/brasil_sistema_eletrico.pdf>. Acesso em: 16 jan. 2016.

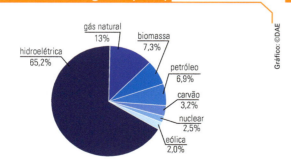

Fonte: BRASIL. Empresa de Pesquisa Energética (EPE). *Balanço Energético Nacional 2015*. Rio de Janeiro, 2015. p. 17. Disponível em: <https://ben.epe.gov.br/downloads/Relatorio_Final_BEN_2015.pdf>. Acesso em: 16 jan. 2016.

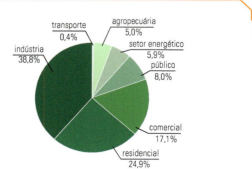

Fonte: BRASIL. Empresa de Pesquisa Energética (EPE). *Balanço Energético Nacional 2015*. Rio de Janeiro, 2015. p. 17. Disponível em: <https://ben.epe.gov.br/downloads/Relatorio_Final_BEN_2015.pdf>. Acesso em: 16 jan. 2016.

Conforme dados do Ministério de Minas e Energia, em 2014 o Brasil gerou aproximadamente 600 mil MW de energia elétrica, provenientes, em primeiro lugar, das usinas hidrelétricas (65,2%); em seguida, das termelétricas (23,1%), movidas pela queima de combustíveis fósseis, como carvão, óleo *diesel* e gás natural; e, por último, das duas usinas nucleares (2,5%). Essas usinas, chamadas Angra I e Angra II, estão localizadas no litoral sul do estado do Rio de Janeiro e funcionam pela fissão nuclear do urânio enriquecido.

Vista do vertedouro da Usina Hidrelétrica de Itaipu, no Rio Paraná, a segunda maior do mundo, em fotografia de 2015.

A necessidade de investimentos no setor elétrico

O nível de investimento do Estado no **setor elétrico** ficou bastante **defasado** na década de 1980, não tendo acompanhado o ritmo de crescimento econômico e populacional do país nesse período. Tal fato coloca em risco o fornecimento de energia, podendo levar a severos períodos de **racionamento energético** e de "apagões" (interrupção total do fornecimento de eletricidade em várias regiões), como já ocorrido.

Como medida paliativa, o governo brasileiro instituiu, desde 1985, a adoção anual do chamado **horário de verão**, entre os meses de outubro de um ano e fevereiro do outro. A ação visa não sobrecarregar o sistema de fornecimento de energia nos horários de pico.

Outra estratégia em andamento é a construção de novas usinas hidrelétricas, sobretudo em rios da Bacia Hidrográfica Amazônica, como é o caso de Belo Monte, no leito do Rio Xingu, estado do Pará, e a finalização da obra da usina nuclear Angra 3. Essas ações, no entanto, vêm causando grande polêmica tanto entre especialistas quanto na opinião pública. Sobre essa questão leia o texto seguinte.

Fotografia de obras da construção da usina nuclear Angra 3, em Angra dos Reis (RJ), 2012.

A interrupção do fornecimento de energia ocorrida [no dia 19/1/2015] em parte das regiões Sul, Sudeste e Centro-Oeste gerou discussão sobre a capacidade de geração de energia no Brasil. O especialista em energia da Universidade Estadual de São Paulo (Unesp), Guilherme Filippo, explicou que além da necessidade de reforçar a produção de energia, o que levou o corte energético foi também a falta d'água.

"O consumo de energia do Brasil cresce todos os anos. Ele tem certa relação ao crescimento do Produto Interno Bruto (PIB), mas também ao crescimento vegetativo da população e da renda das pessoas. A necessidade de aumentar o parque gerador nacional é uma constante. Todo ano ele tem que crescer cerca de 3% a 4%. Se houver atrasos de obras, como a de Belo Monte [...], vai faltar energia. No momento, o que aconteceu que levou ao apagão do dia 19 é que também está faltando água", ressaltou Filippo [...].

Pelo baixo nível das águas nos reservatórios das hidrelétricas, a produção de energia diminui. "O Brasil tem 180 hidrelétricas de porte pequeno e médio, grande e extragrande que têm mais de 600 turbinas. Se o reservatório abaixa, a altura de água sobre a coluna diminui, então ela passa a produzir menos porque tem menos altura e ela sai do ponto de projeto e o rendimento diminui. Ela que deveria produzir 100 megawatts, vai produzir 90 megawatts por conta das condições de operação no momento", detalhou o professor.

Para que não falte energia ou que seja equilibrado o fornecimento energético, diversas ações devem ser tomadas, além de torcer para que haja chuva. "No curto prazo, é o que o governo está fazendo, tentando colocar as termelétricas todas em plenas cargas; torcer para que haja chuva, a situação dos nossos reservatórios hidrelétricos está chegando quase numa situação dramática; e ter mais eficiência e redução do consumo. No longo prazo, acelerar os investimentos, e colocar em dia as obras atrasadas", pontuou Guilherme.

ENTENDA a atual crise energética que o Brasil enfrenta. *Revista Brasil.* 22 jan. 2015. Disponível em: <http://radios.ebc.com.br/revista-brasil/edicao/2015-01/sistema-eletrico-brasileiro-opera-no-limite>. Acesso em: 16 jan. 2016.

Dívida externa brasileira

Como vimos, a implantação da infraestrutura necessária ao processo de industrialização do país foi viabilizada por grandes investimentos públicos. Para realizar tais investimentos, o Estado brasileiro contraiu vários empréstimos em bancos e instituições financeiras internacionais, a maioria deles com sede nos países desenvolvidos.

A **dívida pública externa** não é novidade: no período imperial, no século XIX, o Brasil já devia a bancos ingleses. No século XX, os débitos começaram a crescer na década de 1950, com os empréstimos contraídos para financiar o projeto desenvolvimentista nacional. Contudo, foram os governos militares que contraíram os maiores volumes de empréstimos, com os quais pretendiam sustentar o chamado **milagre econômico brasileiro** (fenômeno caracterizado pelas altas taxas de crescimento do PIB nacional – cerca de 10% ao ano – durante parte da década de 1970, proporcionadas pelo vertiginoso crescimento da indústria no país).

Acordos foram firmados entre os governos militares, empresas multinacionais e grandes empreiteiras nacionais, criando, dessa forma, a infraestrutura necessária ao alavancamento da economia. Tal fato alçou o Brasil, durante essa década, ao posto de país mais industrializado da América Latina, posição ocupada até hoje. O ritmo intenso impresso ao crescimento econômico foi viabilizado pela injeção, nos setores produtivos, de dinheiro público adquirido por meio de empréstimos internacionais em instituições como o Fundo Monetário Internacional (FMI), o Banco Mundial (Bird) e o chamado Clube de Paris, grupo formado por várias instituições financeiras internacionais.

Observe o gráfico.

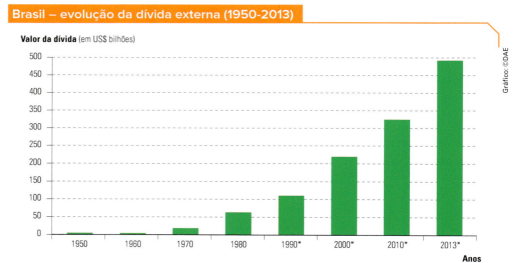

Fontes: ROSS, Jurandyr L. S. (Org.). *Geografia do Brasil*. São Paulo: Edusp, 2008. p. 296; THE WORLD BANK. *Disponível em: <http://databank.worldbank.org/data/reports.aspx?source=2&type=metadata&series=DT.DOD.DECT.CD>. Acesso em: 16 jan. 2016.

Atual situação da dívida externa

Os empréstimos internacionais viabilizaram os investimentos estatais em infraestrutura e em fomento à produção, mas nas últimas décadas do século XX o crescimento da dívida externa comprometeu o desenvolvimento socioeconômico brasileiro.

Grande parte dos recursos públicos obtidos por meio da arrecadação de impostos e dos lucros de empresas estatais, que deveriam ser aplicados nos setores produtivo (por meio da concessão de empréstimos a pequenos e médios empresários e produtores rurais) e social (como os investimentos na melhoria dos serviços de saúde, educação, habitação etc.), foi destinada ao pagamento de parcelas da dívida (acrescidas de juros exorbitantes) aos bancos internacionais.

A dívida externa brasileira é uma das maiores do mundo subdesenvolvido, mas desde 2003 está sendo paga regularmente e tem sido resgatada com alguns credores. No ano de 2005, o Brasil saldou sua dívida de aproximadamente US$ 15,5 bilhões com o FMI. Observe no gráfico a situação atual da dívida externa brasileira e de outros países.

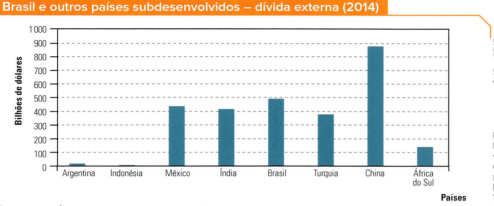

Brasil e outros países subdesenvolvidos – dívida externa (2014)

Fonte: THE WORLD BANK. Disponível em: <http://databank.worldbank.org/data/reports.aspx?source=2&type=metadata&series=DT.DOD.DECT.CD>. Acesso em: 16 jan. 2016.

▶ Indústria brasileira na atualidade

A partir da década de 1990, o governo federal estabeleceu um intenso processo de **privatização** de diversas empresas estatais, como Embratel, Vale do Rio Doce e Embraer, abrindo o mercado brasileiro para a entrada de **capital internacional**.

O objetivo foi atrair investimentos externos, buscar tecnologia de ponta e colocar a indústria nacional em concorrência direta com o mercado global, já que o parque industrial brasileiro se apresentava cada vez mais obsoleto. Nesse sentido, diversas empresas multinacionais passaram a investir maciçamente em nosso território, destacando-se aquelas do setor de mineração, automobilístico, alimentício e de insumos agrícolas, entre outros.

Entre os setores da indústria que mais receberam investimentos estrangeiros está o das montadoras de automóveis. Até a década de 1990, havia 12 plantas de montadoras instaladas no Brasil. Com a abertura do mercado nacional, atualmente há 27 plantas de montadoras em diferentes regiões do país, cuja produção está voltada tanto ao abastecimento interno quanto à exportação.

Fontes: Anfavea. *Anuário da Indústria Automobilística Brasileira 2015*. Disponível em: <www.virapagina.com.br/anfavea2015/#2/z>; *Indústria Automobilística Brasileira 50 anos: 1956-2006*. Disponível em: <www.anfavea.com.br/50anos/8.pdf>. Acessos em: 6 jan. 2016.

Capital, Estado e atividade industrial no Brasil Capítulo 24 391

Complexos industriais e agroindustriais no Brasil

No decorrer do recente processo de industrialização brasileiro, determinadas características de ordem socioeconômica e natural próprias de cada região colaboraram para o surgimento de centros industriais especializados em certos segmentos da produção fabril. Isso ocorreu não somente no Sudeste, mas também nas demais regiões do país. Vejamos alguns exemplos:

- A proximidade com a área portuária de Santos e com as indústrias da Região Metropolitana de São Paulo fez do município de Cubatão um dos mais importantes polos petroquímicos do Brasil.
- As jazidas de ferro, localizadas no Quadrilátero Ferrífero, fizeram da região do Vale do Aço, a nordeste de Belo Horizonte, um dos principais centros siderúrgicos do país.
- A implantação de grandes montadoras de automóveis na Região Metropolitana de São Paulo e entorno fez que o segmento industrial de autopeças (pneus, bancos, vidros, amortecedores etc.) também se desenvolvesse nessa área.
- As extensas lavouras de cana-de-açúcar na Zona da Mata nordestina, na região norte fluminense e no interior do estado de São Paulo possibilitaram o desenvolvimento da **indústria sucroalcooleira** nessas regiões.
- As lavouras de fumo no sul de Santa Catarina e no norte e nordeste do Rio Grande do Sul propiciaram o desenvolvimento da indústria fumageira nessa região do país.
- As criações de gado, aves e suínos nos três estados sulistas permitiram o crescimento de grandes frigoríficos e processadoras de alimentos na Região Sul.

Cada conjunto de indústrias especializadas, situadas em determinada porção do espaço geográfico brasileiro, é chamado **complexo industrial** ou **agroindustrial** (especializado no processamento ou no fornecimento de matérias-primas agropecuárias). A formação desses complexos demonstra que, de maneira geral, as indústrias pertencentes a um mesmo segmento fabril instalam-se próximo umas das outras.

> **Indústria sucroalcooleira:** segmento fabril que compreende o processamento da cana-de-açúcar e a fabricação de diversos produtos dela derivados, como o álcool combustível e o açúcar refinado.

Foto aérea da Refinaria Presidente Bernardes em Cubatão, São Paulo (SP), 2014.

Criação de gado das raças charolesa e pinzgauer na zona rural Tibagi (PR), 2014.

Revisitando o capítulo

1. Cite as principais características da população e da economia do Brasil até o início do século XX.
2. Por que o modelo de industrialização adotado pelo Estado a partir da década de 1930 foi, de acordo com especialistas, baseado na substituição de importações?
3. Como atuou o Estado na economia brasileira durante o chamado período desenvolvimentista?
4. Por que o Estado brasileiro optou por rodovias e hidrelétricas como base da infraestrutura no país?
5. Qual é a origem da atual crise energética pela qual passa o Brasil?
6. Quais foram os fatores que permitiram que o Brasil se tornasse um dos maiores produtores de automóveis do mundo?
7. Busque informações sobre a existência de complexos industriais e/ou agroindustriais no estado em que você vive. Procure saber em que segmentos fabris eles estão enquadrados, o que produzem, quais são as principais matérias-primas que utilizam e em que municípios e regiões do estado estão localizados.

▼ TRABALHANDO COM GÊNEROS TEXTUAIS

Veja a charge.

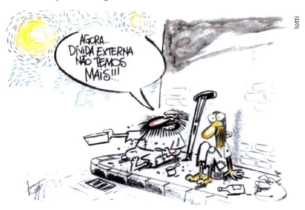

a. De acordo com os estudos do capítulo, você diria que a fala do personagem está correta? Explique por quê.
b. Qual é a principal origem da dívida externa brasileira?
c. Junte-se a alguns colegas e pesquisem informações recentes sobre a dívida externa brasileira. Procurem saber:
   ▸ se o atual governo continua pagando juros e parcelas em dia e qual é o montante da dívida externa;
   ▸ que problemas o pagamento da dívida pode causar à economia do país;
   ▸ o que é moratória.

▼ ANÁLISE DE GRÁFICO

Observe o gráfico.

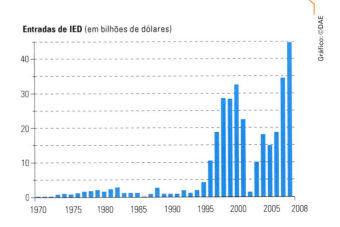

Brasil – entrada de Investimentos Estrangeiros Diretos (IED) (1970-2008)

Fonte: BADIE, Bertrand. *Atlas da mundialização*: compreender o espaço mundial contemporâneo. São Paulo: Saraiva, 2009. p. 123.

a. De acordo com o gráfico, como se comportou a entrada de investimentos estrangeiros no Brasil até a década de 1990?
b. Quais são as mudanças que ocorrem para que houvesse uma disparada nos IED, a partir da década de 1990? Cite duas consequências da entrada de IED para a indústria no país.

CAPÍTULO 25
MODERNIZAÇÃO DO CAMPO BRASILEIRO

Até o início do século XX, aproximadamente, o campo e as atividades agrárias nele desenvolvidas tinham preponderância, em termos econômicos, no Brasil. Isso porque no país se destacava a produção de recursos primários de origem agrícola, mineral e florestal.

A maioria dos núcleos urbanos tinha apenas função político-administrativa ou de ponto de trocas comerciais e de consumo das mercadorias produzidas no espaço rural. Nesse sentido, pode-se dizer que as cidades tinham papel secundário na organização socioespacial brasileira.

Com o processo de industrialização, iniciado na década de 1930, essa realidade se modificou profundamente. Empreendedores de diversos setores fabris começaram a buscar junto aos produtores rurais o fornecimento de matérias-primas, como grãos, fibras, óleos vegetais, couro, resinas e madeira para as indústrias. Para suprir a crescente demanda industrial, nas décadas seguintes houve a introdução de novos tipos de culturas e de técnicas mais modernas e produtivas.

Na realidade, a chamada **modernização do campo** fez que os proprietários rurais investissem em maquinários (tratores, semeadeiras, pulverizadores etc.) e insumos (fertilizantes, defensivos agrícolas, sementes selecionadas, entre outros), produtos que antes precisavam ser importados da Europa, dos Estados Unidos ou do Japão.

A partir da década de 1950, o Estado passou a ser um dos principais responsáveis pelo incremento do **setor agroindustrial** do país, apoiando a implantação de indústrias nacionais e de várias multinacionais especializadas na produção de equipamentos e de insumos agrícolas, com o objetivo de atender o mercado interno. As atividades praticadas no campo ficaram cada vez mais dependentes dos produtos agroindustriais fabricados nas cidades. Assim, o espaço urbano brasileiro ganhou destaque na produção de riquezas, deixando de ser apenas um espaço de consumo, e pôde se estabelecer uma integração mais efetiva entre o campo e as cidades.

A introdução de maquinário moderno e de novos tipos de insumo causou profundas alterações na forma de produzir no campo brasileiro. Dentre os maquinários, o trator é peça fundamental em uma propriedade agrícola. Com incentivos do governo federal, a primeira fábrica de tratores foi implantada no Brasil em 1960. Na imagem, propaganda dos tratores da marca Valmet, em 1962.

▶ Crédito rural e *commodities*

Desde a década de 1960, o Estado passou a orientar diretamente a produção no campo. Para que os produtores rurais pudessem investir na modernização das técnicas utilizadas e na mecanização das propriedades, o governo federal começou a operar de forma mais direta na liberação de linhas de crédito bancário aos proprietários de terras e às cooperativas agrícolas. O chamado **crédito rural** facilitou a aquisição dos equipamentos e dos insumos necessários.

O aumento da dívida externa nas décadas de 1970 e 1980 fez o governo direcionar a liberação de créditos bancários para os produtores rurais que passassem a plantar ***commodities***, gêneros agrícolas de maior valor no mercado externo, como café, trigo, soja e laranja (para a fabricação de suco concentrado).

A meta do Estado passou a ser a produção de grandes safras de gêneros agrícolas para exportação, a fim de conquistar **divisas** por meio de **superávits**, ou seja, saldos positivos em sua balança comercial (isso ocorre quando o Estado e as empresas nacionais exportam mais do que importam). Esse excedente financeiro foi utilizado em grande parte para o pagamento dos juros da dívida externa.

Veja como evoluiu a produção de algumas *commodities* e de gêneros alimentares no Brasil entre 1961 e 2013, notando as diferenças na escala da tonelagem de produção entre os gráficos abaixo.

Divisa: moeda estrangeira aceita no mercado internacional (sobretudo o dólar estadunidense, o euro e o iene japonês) como forma de pagamento nas transações comerciais (importações e exportações) entre os países.

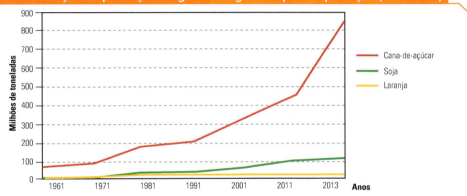

Brasil – evolução da produção de gêneros agrícolas para exportação (1961-2013)

Fonte: ONU. *Food and Agriculture Organization (FAO). Statistics Division*. Disponível em: <http://faostat3.fao.org/download/Q/QC/E>. Acesso em: 16 jan. 2016.

Brasil – evolução da produção de gêneros agrícolas alimentares (1961-2013)

Fonte: ONU. *Food and Agriculture Organization (FAO). Statistics Division*. Disponível em: <http://faostat3.fao.org/download/Q/QC/E>. Acesso em: 16 jan. 2016.

> Analise a evolução da produção dos gêneros agrícolas apresentados nos gráficos. O que é possível notar com relação ao desempenho da produção de cada um dos grupos de gêneros agrícolas: os de exportação e os alimentares?

▶ Processo de modernização desigual

Nas últimas décadas, a maior parte dos créditos bancários destinou-se principalmente aos produtores rurais individuais ou cooperados que produzem para o **agronegócio** (reveja o conteúdo da página 64, no Capítulo 20).

O suco de laranja, sobretudo processado em indústrias localizadas no interior do estado de São Paulo, é um dos gêneros de exportação mais expressivos atualmente. Na imagem acima, descarga de laranja em carroceria na zona rural do município de Matão (SP), 2012.

De um lado, essa política agrícola do governo federal acaba por beneficiar, principalmente, os **grandes proprietários rurais**, já que a produção de boa parte dos gêneros agrícolas e pecuários para as agroindústrias e para a exportação (*commodities*), é viável, sobretudo, por meio do sistema de monocultura, ou seja, do cultivo de um único gênero agrícola ou da criação de gado em largas extensões de terras. Esse fato explica a ocupação de áreas cada vez maiores do território brasileiro por lavouras monocultoras e por pastagens e o aumento da participação desses gêneros na produção agropecuária nacional nas últimas décadas, como bem mostraram os gráficos do tópico anterior.

Por outro lado, essa mesma política agrícola prejudicou os **pequenos e médios produtores rurais** que, em geral, recebem recursos financeiros insuficientes para fomentar sua produção e modernizar suas propriedades. As exceções ficam por conta daqueles pequenos proprietários associados a **cooperativas agrícolas** ou que trabalham dentro do **sistema de integração** com indústrias de processamento, as agroindústrias.

Embora enfrentem grandes dificuldades, esses agricultores e criadores são atualmente responsáveis por cerca da metade da produção de gêneros agrícolas alimentares, como mandioca, milho, feijão, frutas, verduras, legumes, aves e porcos, e empregam uma parcela significativa da mão de obra no campo brasileiro.

Colheita de mandioca para produção de farinha em Paranavaí (PR), 2015

Mecanização desigual entre regiões

Nas últimas décadas, a formação na Região Centro-Sul de um **complexo agroexportador** baseado principalmente em grandes propriedades rurais acabou concentrando a maior parte das lavouras mecanizadas do país. Observe, no gráfico a seguir, como a mecanização do campo evoluiu de forma desigual entre as grandes regiões brasileiras e, no mapa, a situação atual desse processo.

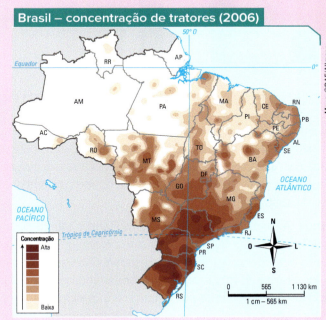

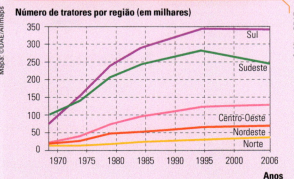

Fonte: IBGE. *Censo Agropecuário 2006*. Rio de Janeiro, 2006. p. 559. Disponível em: <www.ibge.gov.br/home/estatistica/economia/agropecuaria/censoagro/brasil_2006/Brasil_censoagro2006.pdf>. Acesso em: 16 jan. 2016.

Fonte: IBGE. *Atlas do espaço rural brasileiro*. Rio de Janeiro, 2011. p. 144. Disponível em: <http://biblioteca.ibge.gov.br/visualizacao/livros/liv63372_cap6.pdf>. Acesso em: 16 jan. 2016.

▶ Concentração fundiária

O apoio estatal dispensado à modernização das monoculturas colaborou para que, nas últimas cinco décadas, ocorressem importantes transformações na **estrutura fundiária brasileira**, ou seja, na composição do número ou quantidade de propriedades rurais e no tamanho ou área ocupada por elas. Vamos entender os motivos dessas mudanças.

Sem o apoio financeiro necessário por parte do Estado, uma parcela significativa dos pequenos proprietários rurais enfrenta grandes dificuldades, não podendo investir em técnicas e equipamentos mais modernos. Por isso, eles produzem com recursos rudimentares, obtendo uma baixa produtividade agrícola média por hectare cultivado. Em muitas situações, a produção não supre nem mesmo as necessidades de subsistência dos próprios minifundiários, que não conseguem gerar excedentes para serem comercializados.

Existem ainda situações em que os pequenos proprietários contraem dívidas na esperança de pagá-las com boas safras. Quando isso não ocorre, para saldar os débitos contraídos muitos deles são obrigados a entregar suas terras aos bancos (hipoteca) ou vendê-las para empresas agrícolas ou grandes fazendeiros.

Nesse sentido, a **expropriação da terra**, ou seja, a perda das propriedades pelos pequenos e médios produtores rurais tem sido a principal causa da **concentração da estrutura fundiária**, isto é, do aumento da área ocupada pelos grandes estabelecimentos rurais do país.

Os dados do gráfico abaixo evidenciam esse processo.

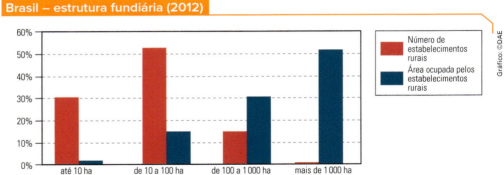

Fonte: MINISTÉRIO DO DESENVOLVIMENTO AGRÁRIO. Instituto Nacional de Colonização e Reforma Agrária (Incra). Disponível em: <www.incra.gov.br/sites/default/files/uploads/estrutura-fundiaria/regularizacao-fundiaria/estatisticas-cadastrais/imoveis_total_brasil.pdf>. Acesso em: 16 jan. 2016.

▶ Mudanças nas relações de trabalho no campo

A modernização das atividades agrícolas alterou significativamente as relações de trabalho no campo. Com a mecanização das lavouras monocultoras, grande parte da mão de obra antes empregada nas fazendas – de funcionários assalariados ou parceiros e arrendatários – acabou sendo dispensada, já que as máquinas e os equipamentos utilizados passaram muitas vezes a substituir o trabalho humano.

Parceiros e **arrendatários** são trabalhadores rurais que utilizam a terra de outros proprietários para desenvolver suas lavouras ou criações. Quando existe uma relação de parceria, o proprietário da terra geralmente fornece algum subsídio inicial ao lavrador que nela vai trabalhar, como sementes e adubo. Já no caso de um arrendamento, o lavrador interessado "compra" o direito de uso da terra por determinado período de tempo, como se fosse um aluguel. Nos dois tipos de relação, o pagamento pode ser feito em dinheiro, em produtos ou mesmo com o próprio trabalho.

A dispensa de empregados rurais e as mudanças nessas relações de trabalho no campo foram agravadas no começo da década de 1960. Nessa época, entrou em vigor o chamado **Estatuto da Terra**, lei federal que estendeu aos empregados rurais os benefícios trabalhistas conquistados anteriormente pelos trabalhadores urbanos (piso salarial, 13º salário, férias remuneradas etc.). Muitos empregadores preferiram despedir a maior parte de seus funcionários a arcar com as despesas geradas pelos benefícios aos quais eles passaram a ter direito.

Para aquelas culturas que ainda demandavam mão de obra numerosa, sobretudo nas fases de plantio e de colheita, como a cana-de-açúcar, a laranja, o café e o algodão, os grandes proprietários rurais valeram-se dos **trabalhadores temporários volantes**, chamados no Centro-Sul de **boias-frias**. A maior parte desses trabalhadores, remunerados por dia de serviço prestado, passou a viver na periferia de pequenos e médios centros urbanos do interior, sendo recrutada para tarefas específicas, como a preparação do solo, o plantio, a adubação e a colheita das lavouras.

Na maioria das vezes, os volantes trabalham em péssimas condições e em longas jornadas diárias, que podem durar até 12 horas. Além disso, não têm suas carteiras de trabalho assinadas, sendo-lhes negado, dessa forma, os direitos trabalhistas e benefícios sociais, o que coloca esse tipo de trabalhador na situação de completa **informalidade** e **ilegalidade**.

De acordo com estatísticas recentes, os trabalhadores temporários informais somam uma legião que representa, em boa parte das regiões brasileiras, a maioria dos trabalhadores empregados nas atividades agropecuárias e extrativas. Observe o mapa.

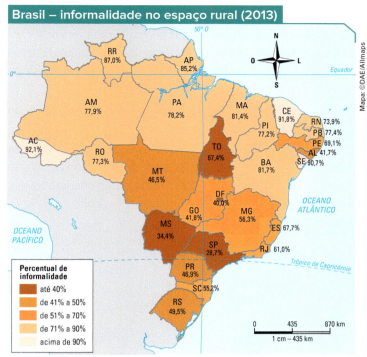

Fonte: DIEESE. O mercado de trabalho assalariado rural brasileiro. *Estudos e Pesquisas*, n. 74, out. 2014. p. 12. Disponível em: <www.dieese.org.br/estudosepesquisas/2014/estpesq74trabalhoRural.pdf>. Acesso em: 16 jan. 2016.

Trabalhadores volantes na colheita da cana-de-açúcar no município de Piracicaba (SP), 2013. Calcula-se que no interior dos estados de São Paulo e Rio de Janeiro cerca de 1,5 milhão de boias-frias trabalhem no campo, sobretudo nos canaviais.

▶ Reforma agrária

O intenso processo de concentração de terras, assim como as mudanças nas relações de trabalho no campo ocorridas nas últimas décadas, deu origem a um grande contingente de trabalhadores rurais expropriados. Na década de 1980, esses agricultores e trabalhadores rurais passaram a se organizar em torno de **movimentos sociais camponeses**, com o objetivo de pressionar o Estado a acelerar os processos de reforma agrária.

Reforma agrária é uma operação coordenada pelo Estado que visa promover a justa distribuição de terras, por meio da desapropriação de grandes áreas improdutivas, sejam elas fazendas particulares ou **terras devolutas**. Em geral, após a desapropriação são formados os chamados **assentamentos rurais**, áreas de terras subdivididas em lotes e distribuídas aos camponeses cadastrados pelo **Instituto Nacional de Colonização e Reforma Agrária (Incra)**.

Terra devoluta: área rural sem uso econômico, pertencente ao Estado.

De acordo com especialistas e os movimentos camponeses, o ritmo dos processos de desapropriação e criação dos assentamentos pelo governo federal tem sido muito vagaroso e insuficiente (veja o gráfico ao lado). Levantamentos atuais mostram que ainda há cerca de 2 milhões de famílias aguardando uma fração de terra para plantar.

Fonte: MINISTÉRIO DO DESENVOLVIMENTO AGRÁRIO. Instituto Nacional de Colonização e Reforma Agrária (Incra). Disponível em: <www.incra.gov.br/sites/default/files/uploads/reforma-agraria/questao-agraria/reforma-agraria/familias_assentadas_serie_historica_incra_mar_2014.pdf>. Acesso em: 16 jan. 2016.

Modernização do campo brasileiro Capítulo 25 399

Conflitos pela terra

A demora na implantação de um programa de reforma agrária mais amplo e moderno tem aumentado o **estado de tensão no campo**, colocando em conflito direto os trabalhadores rurais expropriados, as empresas agrícolas e os fazendeiros, proprietários de grandes extensões de terras, em geral subaproveitadas.

Somente nos 30 anos que se estenderam de 1985 a 2014, ocorreram no Brasil 28 805 conflitos no campo, envolvendo principalmente trabalhadores rurais sem terra, jagunços (contratados por latifundiários) e a polícia militar (veja o mapa a seguir). Essa realidade evidencia que os programas de reforma agrária promovidos pelo Estado não têm cumprido sua principal função social: restaurar a dignidade dos trabalhadores rurais, oferecendo-lhes condições de voltar a produzir de forma eficaz e duradoura.

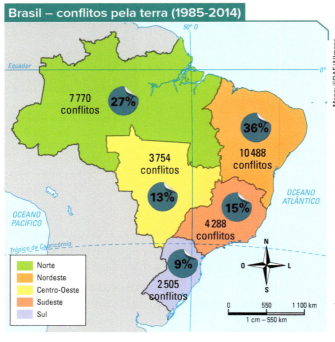

Fonte: CANUTO, Antônio; LUZ, Cássia Regina da Silva; COSTA, Edmundo Rodrigues (Coord.). *Conflitos no campo*: Brasil 2014. Goiânia: CPT Nacional, 2014. p. 70. Disponível em: <www.cptnacional.org.br/index.php/component/jdownloads/finish/43-conflitos-no-campo-brasil-publicacao/2392-conflitos-no-campo-brasil-2014?Itemid=23>. Acesso em: 16 jan. 2016.

Na imagem, protesto de trabalhadores sem terra por novos assentamentos, em São Paulo (SP), 2015.

Reforma agrária no Brasil: diferentes visões

A definição do modelo de reforma agrária a ser implementado no Brasil tem criado um embate entre representantes do governo, grandes proprietários de terras, líderes camponeses e especialistas técnicos. Os textos a seguir apresentam dois pontos de vista a respeito da estrutura fundiária e da reforma agrária em nosso país. Leia-os com atenção.

Texto 1

Muita gente, quando ouve falar de conflitos no campo, passeatas e acampamentos de sem-terra, acha que esse é um problema apenas dos pobres do campo. Poucos se dão conta de que a maioria dos problemas que existem na sociedade brasileira, em seu conjunto, tem sua origem no latifúndio. [...]

A concentração da propriedade da terra no Brasil é a causa geradora de inúmeros outros problemas que afetam toda a sociedade. Primeiro: a desigualdade social. Em nenhum lugar do mundo, os ricos são tão ricos e os pobres, tão pobres. [...] Também têm origem no latifúndio o desemprego, a fome e a marginalidade social. [...]

No final do século passado [século XIX] e início deste século [século XX], a maioria das sociedades hoje desenvolvidas do Hemisfério Norte perceberam que a concentração da propriedade da terra restringia o desenvolvimento do mercado interno e da sociedade. Por uma razão muito simples: mantinha a população do meio rural pobre, sem poder de compra.

Para resolver esse problema, realizaram a reforma agrária, ou seja, a distribuição de todas as grandes propriedades de terra. Lá, a reforma agrária foi rápida (realizada em apenas dois, três anos), maciça (atingiu todas as grandes propriedades) e procurou beneficiar o maior número possível de camponeses. [...]

Os trabalhadores rurais brasileiros, reunidos nas suas organizações e movimentos, defendem que é necessário fazer uma verdadeira reforma agrária com as seguintes características:

1. Democratizar o acesso à terra, desapropriando todos os latifúndios existentes, e mudar o texto da Constituição, estabelecendo um tamanho máximo da propriedade da terra (como existe em diversos países). Ninguém pode dizer, por exemplo, que não conseguiria enriquecer com uma área de mil hectares.
2. Democratizar o acesso ao capital. Camponeses, pequenos agricultores e os beneficiários da distribuição de terras devem contar com empréstimos do capital necessário aos investimentos na produção, de tal forma que possam, inclusive, instalar suas agroindústrias em cooperativas. Em cada município brasileiro onde forem instaladas agroindústrias haverá emprego para os jovens. Essa é também uma forma de combater o oligopólio agroindustrial que existe hoje.
3. Democratizar o acesso à educação, para que o povo do meio rural possa ter escolas, em todos os níveis. Um povo sem educação será sempre um povo subjugado.
4. Mudar o atual modelo tecnológico, totalmente dependente de agrotóxicos e das empresas multinacionais, e desenvolver um novo modelo, que preserve o meio ambiente e a saúde dos camponeses e dos consumidores.
5. Reorganizar a agricultura brasileira, casando com um novo modelo econômico, que priorize o mercado interno e a distribuição de renda. Assim, todos os brasileiros poderão se alimentar melhor, a preços mais baratos e em maior quantidade.

Esses são os pilares básicos da reforma agrária que defendemos. Talvez pareça um sonho. Mas, como dizia o poeta, todo sonho sonhado coletivamente um dia será realidade. E o MST é esse esforço de sonhar coletivamente as mudanças sociais no Brasil.

STÉDILE, João Pedro. *Cinco séculos de latifúndio*. Disponível em: <www.clubemundo.com.br/pages/pdf%5C2000%5Cmundo0200.pdf>. Acesso em: 16 jan. 2016.

Vicente Mendonça

Texto 2

O Brasil hoje é reconhecido, em tamanho e em tecnologia, como um dos gigantes globais da agropecuária, ungido a celeiro do mundo. Afora manter a liderança nas *commodities* tradicionais, bate constantemente recordes na safra de grãos, avança no domínio do mercado das carnes, e assusta os concorrentes gerando tecnologia tropical com elevada produtividade. [...] Essa inédita e impressionante realidade produtiva que passou a dominar o campo se construiu a partir de um persistente processo de modernização capitalista, que tirou o país da condição de subdesenvolvimento e o integrou, como uma economia emergente, no mundo globalizado. [...] O resultado desse processo histórico é o surgimento de uma nova realidade: de essencialmente rural, meio século atrás, o Brasil se transformou em uma nação urbanizada; e sua agricultura, antes primitiva e centrada na cafeicultura, alçou-se à posição de maior produtor mundial de alimentos. Adentramos um novo padrão de estruturação econômica, essencialmente urbano-industrial, no qual, contudo, a agropecuária ocupa lugar destacado. Processos tecnológicos modernos e intensos, forte competição no mercado, imperiosa integração nas agroindústrias e o comando implacável da produtividade – somados todos esses processos novos, percebem-se as novas lógicas de produção ligadas ao que convencionou chamar de agronegócio. Mais do que uma lógica de produção, forma-se uma nova sociabilidade (capitalista) nas regiões rurais de todo o país. [...]

Movidos pela inquietação de entender todos esses acontecimentos, vivenciamos, de perto, esse processo de mudanças que revolucionou a agropecuária brasileira. Quando começávamos nossas respectivas carreiras profissionais, já formados em Agronomia, observamos o forte processo de modernização da agricultura brasileira. Como estudiosos da questão agrária, fomos percebendo sua superação. Em certo momento, começamos a defender – e agora o fazemos explicitamente – que chegara a hora de mudar a predominância do paradigma dominante, centrado largamente na tradição marxista, que influencia, há muitas décadas, os pesquisadores da socioeconomia rural.

Começamos por nós mesmos. Nossos primeiros movimentos intelectuais, bem como suas decorrências políticas, cumpriam de perto o receituário clássico, alicerçado no arsenal marxista sobre o campo. [...] Nós acreditávamos, piamente, que, sem profundas "transformações estruturais" – o que necessariamente passava pela reforma agrária –, o Brasil não conseguiria romper a barreira da pobreza e do subdesenvolvimento, promovendo a justiça social.

Mas nós nos curvamos à realidade. Nossas percepções prévias, moldadas nos livros clássicos, se alteraram, pois não era mais possível fechar os olhos às mudanças em curso. Preferimos abrir mão das nossas antigas teorias do que permanecer obsessivamente presos às ideias que se mostravam refratárias aos fatos, incapazes de explicar as novidades concretizadas pelos processos sociais e econômicos. [...] Bastava abrir os olhos para divisar um novo mundo rural que então se materializava.

GRAZIANO, Xico; NAVARRO, Zander. *Novo mundo rural*: a antiga questão agrária e os caminhos futuros da agropecuária no Brasil. São Paulo: Editora da Unesp, 2015. p. 11 e 12.

Responda

1. Em quais aspectos históricos o autor do **texto 1** se baseia para justificar a realização de uma "verdadeira reforma agrária" no Brasil?
2. Quais são os pilares da reforma agrária defendida pelo autor do **texto 1**?
3. Por que o autor do **texto 2** acredita ser dispensável a "reforma agrária" para que o Brasil saia da condição de pobreza e subdesenvolvimento? Qual é esse "novo mundo rural" que ele vislumbra?
4. Converse com os colegas e o professor sobre a posição e os argumentos apresentados pelos autores dos dois textos em relação à atual realidade do campo no Brasil. Reflita a respeito e escreva, em seu caderno, suas conclusões sobre o tema.

De olho no Enem – 2013

Texto I

A nossa luta é pela democratização da propriedade da terra, cada vez mais concentrada em nosso país. Cerca de 1% de todos os proprietários controla 46% das terras. Fazemos pressão por meio da ocupação de latifúndios improdutivos e grandes propriedades, que não cumprem a função social, como determina a Constituição de 1988. Também ocupamos as fazendas que têm origem na grilagem de terras públicas.

Disponível em: <www.mst.org.br>. Acesso em: 25 ago. 2011 (adaptado).

Texto II

O pequeno proprietário rural é igual a um pequeno proprietário de loja: quanto menor o negócio mais difícil de manter, pois tem de ser produtivo e os encargos são difíceis de arcar. Sou a favor de propriedades produtivas e sustentáveis e que gerem empregos. Apoiar uma empresa produtiva que gere emprego é muito mais barato e gera muito mais do que apoiar a reforma agrária.

LESSA, C. Disponível em: <www.observadorpolítico.org.br>.
Acesso em: 25 ago. 2011 (adaptado).

Nos fragmentos dos textos, os posicionamentos em relação à reforma agrária se opõem. Isso acontece porque os autores associam a reforma agrária, respectivamente, à:

a. redução do inchaço urbano e à crítica ao minifúndio camponês.

b. ampliação da renda nacional e à prioridade ao mercado externo.

c. contenção da mecanização agrícola e ao combate ao êxodo rural.

d. privatização de empresas estatais e ao estímulo ao crescimento econômico.

e. correção de distorções históricas e ao prejuízo ao agronegócio.

Gabarito: E

Justificativa:

A alternativa **a** está incorreta, pois o texto I não trata sobre o posicionamento do MST em relação ao inchaço urbano, mas sim contra os latifúndios, ao passo que o texto II critica os minifúndios. A alternativa **b** está incorreta, pois estabelece uma relação inválida entre o posicionamento do MST e a ampliação da renda nacional, além de também relacionar incorretamente a crítica apresentada aos minifúndios no texto II à questão do mercado externo. A alternativa **c** está incorreta, pois o texto I explicita a crítica do MST às grandes propriedades e não à mecanização em si, além disso a interpretação do texto II também não está correta, pois o êxodo rural seria contido se houvesse maior apoio aos minifúndios, e não o oposto. A alternativa **d**, embora esteja correta em relação ao texto II, interpreta incorretamente o texto I, uma vez que através dele o MST critica a grilagem de terras e não necessariamente as privatizações. A alternativa correta está na letra **e**, que interpreta adequadamente a argumentação apresentada em cada um dos textos.

Revisitando o capítulo

1. Liste três ações do Estado que possibilitaram, a partir da década de 1950, o processo de modernização do campo brasileiro.

2. Por que, nas décadas de 1970 e 1980, priorizou-se a liberação do crédito rural para a produção de *commodities*?

3. Nas últimas décadas, quem mais tem se beneficiado com a política agrícola do governo federal? Por quê?

4. Qual é a atual importância dos pequenos e médios proprietários rurais na produção de alimentos e no emprego de mão de obra no Brasil?

5. O que é o Estatuto da Terra? Quais foram as consequências do seu estabelecimento para os trabalhadores do campo?

6. Explique o que são:
   a. parceiros;
   b. arrendatários;
   c. trabalhadores temporários volantes.

7. O que é reforma agrária?

8. Quais são os principais objetivos dos movimentos sociais camponeses na atualidade?

9. O que são assentamentos rurais? Existem assentamentos rurais em seu estado ou município? Comente sobre eles.

10 O que se refere à estrutura fundiária brasileira, responda:
   a. O que é o processo de expropriação de terras?
   b. Que relação existe entre a expropriação de terras e a atual estrutura fundiária no país?

▼ ANÁLISE DE TEXTO

Leia o depoimento de um morador de assentamento rural.

Meu nome é César Matochek Moreira e [...] faço aniversário em 21 de dezembro. Nasci em São Paulo, em Itapevi. Lá eu só nasci, me criei no Paraná. Dos dois meses até os 25 anos morei no Paraná. Era arrendatário, na lavoura. Junto com meus avós. Fui criado com a minha tia e meus avós no Paraná, até a idade que vim ser assentado, aqui no assentamento dos sem-terra. Eu casei e tenho quatro filhos.

Dos 14 anos até os 25 mais ou menos, a maior parte do tempo trabalhei de empregado na roça. Também trabalhei de metalúrgico, de guarda, vigilante... Várias coisas na cidade. Em Osasco... em Carapicuíba... Nessa época tinha 18 anos.

Depois vim para o assentamento aqui dos sem-terra... Estou até agora aqui... Faz dez anos... Casei aqui no assentamento, mas a Teresinha, minha esposa, é de lá do Paraná. Conheci ela lá e casamos aqui.

No Paraná a gente plantava milho, feijão, arroz. A mesma coisa que planta aqui. Arroz é só para a despesa. Não vende o arroz, é só para consumo.

Aqui a gente acorda de manhã, toma café, normalmente é um leite...

Depois vai servir lá pra roça. Vai carpir, limpar o feijão, esses negócios. Quase todo dia tem serviço na roça. Esse tempo agora, de colheita de feijão, tem direto.

Antes da colheita quase não tem, fica aí um tempo parado. Aí vai pescar, vai passear... O que mais gosto de fazer é pescar. E tem rio bom para pescar perto daqui. Não tem muito peixe, mas é bom. Quando pesca, traz o peixe para casa e come. A mulher é que limpa.

Não estou desde o começo do acampamento, eu vim depois de mais ou menos um ano que estavam na terra. Estávamos acampados na beira da estrada... Fiquemos ali uns 15 dias e aí viemos para a terra... Comecei a plantar um pouco e assim fui caminhando... Hoje a gente tem o módulo completo! De cinco alqueires e meio, porque foi um acordo para ficar na terra. [...]

Tenho casa, estou sossegado... Está dando para sobreviver, para comer e beber. Quando cheguei aqui, não tinha casa, não tinha nada. No começo moramos na barraca de lona. Um ano mais ou menos... Depois da lona fomos para casa... [...].

Ainda estamos fazendo... Não está bem acabada, mas dá para morar. Minha casa tem cinco cômodos. Dois quartos, cozinha, sala e banheiro. Quando vim para cá já tinha uns amigos, conhecidos, que moravam aqui pela região. Uns parentes... não estavam acampados, mas eram vizinhos. Então eles deram a ideia pra mim de pegar a terra aqui... [...] Daí me falaram: "Tem uma terra assim e tal, pode sair, mas não é certeza. É difícil, mas tem que ter paciência...". Entrei no assentamento e estou aqui até hoje.

IOKOI, Zilda Márcia Grícoli et al. (Org). *Vozes da terra*: histórias de vida dos assentados rurais de São Paulo. São Paulo: Fundação Instituto de Terras do Estado de São Paulo "José Gomes da Silva", 2005. p. 55. Disponível em: <www.itesp.sp.gov.br/br/info/publicacoes/arquivos/vozes.pdf>. Acesso em: 16 jan. 2016.

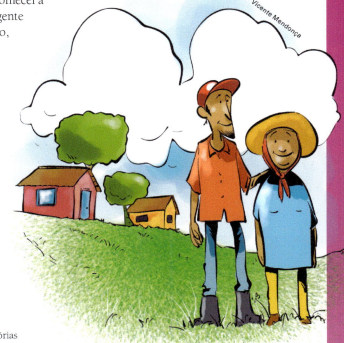

a. O que César fazia antes de ser assentado?
b. O que é módulo? Qual é o tamanho do módulo que César e sua família ocupam?
c. O que ele planta em seu módulo?
d. De acordo com o relato, como você avalia a vida de César e de sua família no assentamento?
e. Como se encontra o processo de implantação de assentamentos rurais atualmente no Brasil? Faça uma pesquisa a respeito e confronte o resultado com as informações que os demais colegas encontraram.

▶ **DEBATE**

Leia as questões:
a. Com base no estudo do capítulo, a questão da informalidade entre os trabalhadores volantes é uma realidade? Explique por quê.
b. Por que todo trabalhador deve ter seus direitos trabalhistas assegurados? Reúna-se com seus colegas em sala de aula e realizem um debate abordando as questões propostas. Anotem em seus cadernos as conclusões do debate.

CAPÍTULO 26

URBANIZAÇÃO BRASILEIRA

Leia o relato seguinte, em forma de poema, escrito por um migrante brasileiro que deixou o campo para viver em um grande centro urbano.

Benedito: um homem da construção

Meu nome é Benedito.
Sou do interior.
Moro na capital.
No interior o trabalho era pouco,
As cercas eram muitas,
A seca era grande.
Às vezes, trabalhava na cana.
Às vezes, trabalhava de servente.
Às vezes, fazia bico brocando mato.
Eu não tinha terra.
Vim para a capital.
Aqui trabalho na construção civil.
Levanto edifícios,
Levanto casas,
Levanto pontes e cavo galerias.
A minha mão faz a cidade maior.
Sonho construir uma boa casa.
A casa da minha família. [...]

SEZYSTHA, Ariovaldo J.; PESSOA, Verônica. Migrantes da construção civil em João Pessoa. *Travessia*, São Paulo, ano XIV, n. 40, p. 38, maio-ago. 2001. p. 38. Disponível em: <www.missaonspaz.org/#!travessia/cfz9>. Acesso em: 16 jan. 2016.

> Em que trabalhava o autor do poema antes de migrar para a cidade? Na cidade, que tipo de emprego conseguiu? De acordo com o que você estudou no capítulo anterior, quais seriam os prováveis motivos que levaram Benedito a deixar o campo? Você acha que ainda hoje muitas pessoas migram do campo às cidades? Converse com seus colegas sobre isso.

▶ Êxodo rural e urbanização

Como visto no capítulo anterior, com o processo de modernização das atividades agrícolas, grandes contingentes de trabalhadores rurais (assalariados, parceiros, arrendatários ou até mesmo pequenos proprietários) foram dispensados ou expropriados de suas terras.

A falta de perspectiva de trabalho no campo impulsionou boa parte dessas pessoas a se deslocar em direção às cidades em busca de emprego nas indústrias e nas atividades terciárias, visando a melhores condições de vida. Começou assim o mais intenso fluxo migratório da história de nosso país.

Essa **migração campo-cidade**, chamada **êxodo rural**, contribuiu significativamente para o processo de urbanização brasileiro. Já a partir da década de 1940, a população urbana começou a crescer em um ritmo maior que a rural. Os maiores fluxos, porém, ocorreriam apenas entre as décadas de 1960 e 1980, concomitantemente aos períodos mais intensos de desenvolvimento industrial e de modernização das atividades agrícolas.

Nesse intervalo, a população urbana brasileira ultrapassou a população rural em aproximadamente 50 milhões de habitantes. Calcula-se que o êxodo rural tenha colaborado com cerca de 60% desse contingente populacional. A parcela restante resultou do crescimento natural das populações urbanas. O ritmo em que se deu esse aumento foi considerado um fenômeno ímpar no mundo.

Observe no gráfico seguinte que a diferença de proporção existente entre a população rural e a urbana, considerando-se o total da população brasileira durante as seis últimas décadas, intensificou-se.

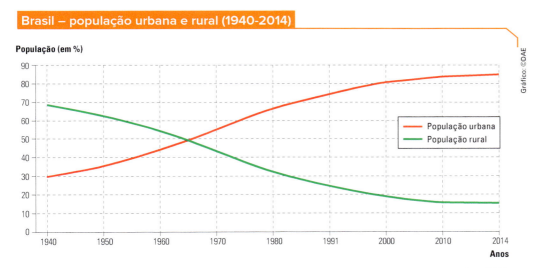

Fontes: IBGE. *Anuário estatístico do Brasil*. Rio de Janeiro, 1998; IBGE. *Censo demográfico 2000*. Rio de Janeiro, 2001; IBGE. *Sinopse do Censo Demográfico 2010*. Disponível em: <www.ibge.gov.br>; The World Bank. Disponível em: <http://data.worldbank.org/indicator/SP.RUR.TOTL.ZS>. Acessos em: 16 jan. 2016.

Urbanização crescente, mas desigual

Atualmente, cerca de 85% da população brasileira vive em cidades, índice que, de acordo com algumas projeções, pode chegar a 88% na década de 2020. Essa alta taxa de urbanização, semelhante à de muitos países desenvolvidos, distribui-se de maneira diferenciada entre as grandes regiões brasileiras. O mapa da página seguinte mostra como as taxas são, de maneira geral, maiores nos estados do Centro-Sul do país e menores no Nordeste e na Amazônia.

Essa característica demográfica deve-se ao fato de que os maiores fluxos migratórios no sentido campo-cidade ocorreram inicialmente nos estados onde os índices de industrialização e de modernização das atividades agrícolas eram maiores, como São Paulo, Rio de Janeiro e Rio Grande do Sul. Somente nas últimas décadas do século XX o êxodo rural passou a incrementar as taxas de urbanização nos demais estados brasileiros, como veremos mais adiante.

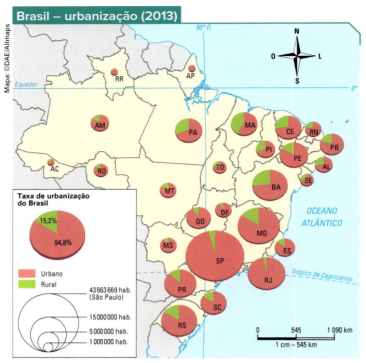

Fontes: IBGE. *Síntese de Indicadores Sociais 2014*. Disponível em: <http://biblioteca.ibge.gov.br/biblioteca-catalogo?view=detalhes&id=291985/>; IBGE. *Estimativas de população*. Disponível em: <http://ibge.gov.br/home/estatistica/populacao/estimativa2013/estimativa_tcu.shtm>. Acessos em: 16 jan. 2016.

Urbanização e mudanças na PEA

O processo de industrialização impulsionado pelo Estado a partir da década de 1950 não criou empregos suficientes para absorver totalmente a população que foi expulsa do campo e passou a viver nas cidades.

Na realidade, observou-se um crescimento da PEA empregada no setor terciário da economia, sobretudo em atividades informais (ambulantes, diaristas etc.). Observe, no gráfico abaixo, a evolução da distribuição da PEA por setores de atividades econômicas no Brasil nas últimas cinco décadas e leia as legendas, que explicam o comportamento de cada um deles.

Brasil – evolução da PEA por setores de atividade (1950-2007)

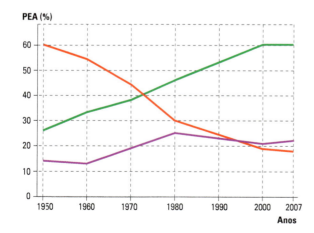

Setor primário: por causa dos processos de mecanização das lavouras e da concentração fundiária, um grande número de trabalhadores rurais deixou o campo, dirigindo-se para as cidades em busca de emprego na indústria, no comércio e na prestação de serviços.

Setor secundário: cresceu substancialmente até o final da década de 1970, quando passou a perder trabalhadores, em especial para o setor terciário. Isso se deu, principalmente, em consequência da automação das linhas de produção e, mais recentemente, da concorrência com produtos industrializados importados, o que fez aumentar o desemprego no setor.

Setor terciário: é o que mais vem absorvendo a PEA tanto de trabalhadores rurais quanto de trabalhadores urbanos, principalmente nas atividades informais.

Fontes: IBGE. *Anuário estatístico do Brasil*. Rio de Janeiro, 1992; Pesquisa Nacional por Amostra de Domicílios 2007 (Pnad). Disponível em: <www.ibge.gov.br>. Acesso em: 16 jan. 2016.

▶ Processo de metropolização no Brasil

Observe os mapas abaixo.

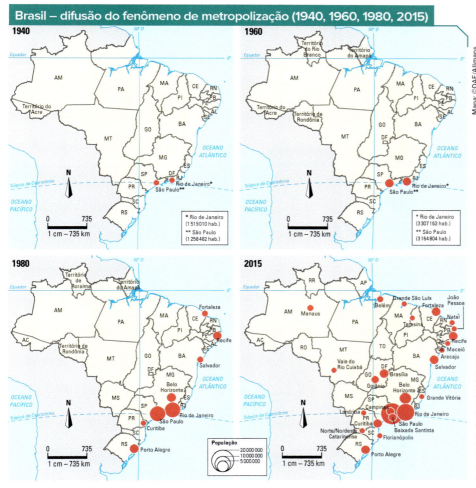

Fontes: SANTOS, Milton; SILVEIRA, Maria L. O Brasil: território e sociedade no início do século XXI. Rio de Janeiro: Record, 2001; IBGE teen. Censo 2010. Disponível em: <www.ibge.gov.br>; IBGE. Diretoria de Pesquisas (DPE), Coordenação de População e Indicadores Sociais (Copis). Disponível em: <www.ibge.gov.br/home/presidencia/noticias/pdf/analise_estimativas_2014.pdf>. Acessos em: 16 jan. 2016.

Como é possível perceber nos mapas, a urbanização brasileira caracterizou-se pelo **crescimento** ou "**inchaço**" dos maiores centros urbanos, que correspondiam, em geral, às capitais estaduais e/ou aos centros industriais de maior expressão, como São Paulo, Rio de Janeiro, Belo Horizonte, Salvador, Recife e Porto Alegre. Essas cidades passaram a receber grandes levas de migrantes provenientes da zona rural não somente de seus respectivos estados, mas também de outras regiões do país. As grandes cidades do Sudeste, atraíram milhões de migrantes nordestinos entre as décadas de 1950 e 1980.

A partir do forte incremento populacional urbano nasceram as principais **metrópoles** brasileiras, cidades com mais de um milhão de habitantes caracterizadas pela concentração de capitais e de produção (na indústria ou nas atividades terciárias) e por uma diversificada infraestrutura de serviços (saúde, educação e lazer). Em muitos casos, esses centros urbanos têm se destacado em nível regional e nacional como sedes de grandes empresas estatais e privadas, de centros de pesquisa, ensino e cultura, além de poderes públicos.

Por causa do grande afluxo de migrantes, houve um processo de crescimento exacerbado e desordenado das áreas urbanas das metrópoles brasileiras, que, em muitos casos, se uniram às áreas urbanas de cidades próximas (o chamado processo de **conurbação urbana**), criando grandes aglomerações.

A partir da década de 1970, essas aglomerações urbanas formadas em torno das principais metrópoles do país foram denominadas **Regiões Metropolitanas** (**RM**). A região metropolitana pode ser denominada RIDE (Região Integrada de Desenvolvimento Econômico) quando aglutina municípios de mais de uma unidade da federação. Existe uma forte interdependência entre os municípios que compõem as RM: atualmente cerca de 7 milhões de trabalhadores deslocam-se todos os dias entre essas cidades, executando o chamado **movimento pendular diário**. De acordo com o IBGE, as 25 maiores regiões metropolitanas do país reúnem entre 90 milhões de habitantes (aproximadamente 44% da população absoluta do Brasil). O mapa e o gráfico seguintes mostram a localização das regiões metropolitanas brasileiras e os dados a respeito daquelas mais populosas.

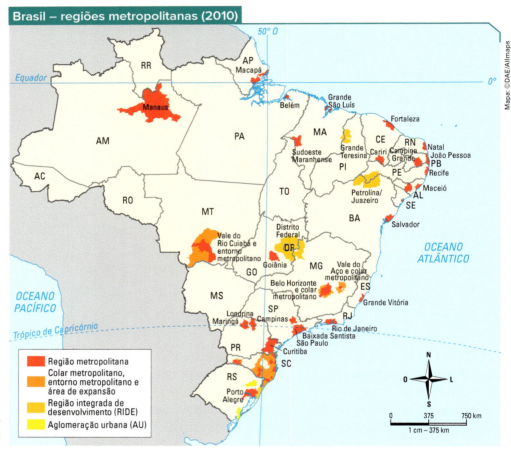

Fonte: IBGE. *Atlas geográfico escolar*. Rio de Janeiro, 2012. p. 147.

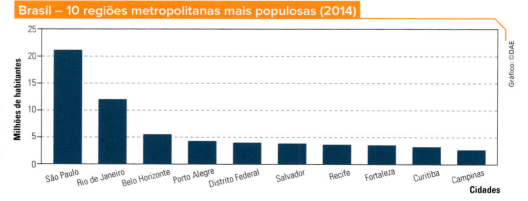

Fonte: IBGE. Diretoria de Pesquisas (DPE), Coordenação de População e Indicadores Sociais (Copis). Disponível em: <www.ibge.gov.br/home/presidencia/noticias/pdf/analise_estimativas_2014.pdf>. Acesso em: 16 jan. 2016.

410 Unidade 7 Espaço geográfico brasileiro

De olho no Enem – 2014

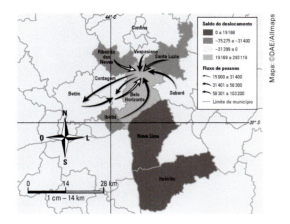

O fluxo migratório representado está associado ao processo de:
a. fuga de áreas degradadas.
b. inversão da hierarquia urbana.
c. busca por amenidades ambientais.
d. conurbação entre municípios contíguos.
e. desconcentração dos investimentos produtivos.

Gabarito: D

Justificativa: O mapa apresentado como suporte à questão destaca os movimentos de migrações pendulares que ocorrem dentro da Região Metropolitana de Belo Horizonte. A análise do mapa revela movimentos mais expressivos em municípios vizinhos ao da capital mineira, evidenciando que a proximidade e a possível conurbação das malhas urbanas entre esses municípios, como ocorre em outras Regiões Metropolitanas, é um fator central que influencia tais deslocamentos populacionais. Está correta, portanto, a alternativa **d**. A alternativa **a** está incorreta, pois não há nenhum indício no mapa apresentado de que os espaços de repulsão dos movimentos migratórios destacados representem áreas degradadas. Seria mais lógico, aliás, pressupor que o município de Belo Horizonte possui maior quantidade de áreas degradadas ou que apresentem saturação na malha urbana, do que os municípios vizinhos. A alternativa **b** está incorreta, pois não há inversão na hierarquia urbana na Região Metropolitana de Belo Horizonte, visto que a capital continua exercendo a hierarquia espacial sobre as demais cidades em seu entorno. A alternativa **c** está incorreta, pois se os movimentos se justificassem pela razão apresentada nessa alternativa, possivelmente os fluxos seriam inversos, já que a cidade de Belo Horizonte encontra-se ambientalmente mais degradada do que as cidades menores de seu entorno. A alternativa **e** está incorreta, pois os fluxos apontados no mapa demonstram que a maior parte dos deslocamentos ocorre em direção à capital, o que não indica a alegada descentralização de investimentos produtivos.

Megalópole brasileira

Nas últimas décadas, o crescimento das Regiões Metropolitanas de São Paulo e do Rio de Janeiro, assim como de cidades de porte médio localizadas na região do Vale do Rio Paraíba do Sul, entre a metrópole paulista e a carioca, vem dando origem, de acordo com alguns especialistas, à **megalópole brasileira**.

Já o IBGE denomina essa grande aglomeração de municípios de **complexo metropolitano do Sudeste**. Também fazem parte dessa área densamente povoada as Regiões Metropolitanas da Baixada Santista e de Campinas, ambas no estado de São Paulo. Ao todo, vivem nessa área cerca de 44 milhões de pessoas (aproximadamente 23% da população brasileira).

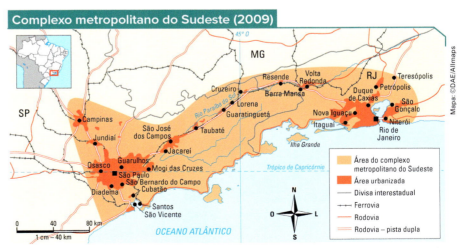

Fonte: IBGE. *Atlas geográfico escolar*. Rio de Janeiro, 2009. p. 154.

Culturas em foco

Indígenas da metrópole

Atualmente há no Brasil mais de 800.000 indígenas, segundo o mais recente recenseamento do Instituto Brasileiro de Geografia e Estatística (IBGE), de 2010. Vivem nas grandes cidades 38,5% deles, principalmente em São Paulo, mas também em Manaus, Boa Vista e no Rio de Janeiro. Isso representa o último desafio para o indígena: adaptar-se e sobreviver entre toneladas de asfalto. [...]

As migrações indígenas da aldeia para a grande cidade não são algo recente. Acontecem desde meados do século XX, quando, entre as décadas de cinquenta e setenta, uma primeira onda de mão de obra chega à metrópole para trabalhar na construção civil. Posteriormente, nos anos noventa, após a Constituição de 1988 e a ampliação da rede de ensino, essa migração se torna principalmente universitária, com a presença de coletivos que ganham a vida com apresentações artísticas e rituais.

Nas últimas duas décadas, a diferença entre zona rural e urbana se tornou mínima tanto no sentido migratório quanto de interação entre ambas. Com algumas grandes exceções no Norte do Brasil, a maioria das comunidades indígenas está bastante urbanizada, fazendo fronteira com ou sendo parte de cidades médias [...].

Mesmo assim, apesar de o convívio do índio na cidade ser um fato histórico, o receio contra sua pessoa não diminui com o passar do tempo. "Existe uma imagem dupla de preconceito: nos anos cinquenta era a invisibilidade de não poder dizer que era índio para não sofrer discriminação, razão pela qual muitos se faziam passar por nordestinos, caboclos… e já nos anos noventa, trata-se da negação de sua identidade indígena pelo fato de não viver mais na aldeia nem ter fenótipo de índio", diz o antropólogo social Marcos Albuquerque.

SASTRE, Patrícia Martínez. Índios urbanos: buscando as raízes longe da natureza. *El País* – Brasil, 25 out. 2015. Disponível em: <http://brasil.elpais.com/brasil/2015/10/22/politica/1445509265_732696.html?id_externo_rsoc=FB_CM>. Acesso em: 16 jan. 2016.

Indígena vende cestas artesanais nas ruas de Porto Alegre, Rio Grande do Sul, em 2016.

Discuta com seus colegas de turma a respeito do preconceito que existe em relação aos povos indígenas, sobretudo, aqueles que vivem nas cidades. Você já presenciou algum tipo de atitude preconceituosa contra um indígena? Conte para turma sua experiência.

▶ Metropolização e problemas urbanos

O rápido crescimento, sobretudo em decorrência do grande afluxo de migrantes, provocou mudanças significativas nas paisagens das metrópoles brasileiras. A maioria delas cresceu sem uma estruturação espacial que garantisse qualidade de vida e cuidados com o meio ambiente.

O avanço da mancha urbana canalizou rios, ocupou fundo de vales, apropriou-se das encostas dos morros, aumentando os problemas relacionados à poluição das águas e à destruição dos mananciais. Além disso, surgiram inúmeros problemas relacionados à falta de infraestrutura urbana, como na rede de coleta de esgoto, água encanada e energia elétrica, e no transporte coletivo público.

A ocupação de áreas de risco pela população para a construção de moradias é recorrente em diversas cidades, como ocorre no Rio de Janeiro (RJ), 2015.

Desigualdades socioespaciais nas grandes cidades

Atualmente, existe grande diferença nos padrões de moradia e de infraestrutura entre os bairros habitados pelas classes alta, média e baixa. Isso tem se refletido em profundas desigualdades nos espaços utilizados e apropriados pelos diferentes grupos sociais. É o que se denomina **segregação socioespacial das cidades**.

Nos últimos anos, essa segregação adquiriu características ainda mais acentuadas, principalmente nas grandes cidades e nas cidades médias do interior do país, por causa da **especulação imobiliária**. Nessas cidades, de um lado há a disseminação de condomínios residenciais de luxo, em bairros servidos de completa infraestrutura de equipamentos urbanos coletivos. Essas áreas, verdadeiros enclaves no interior da malha urbana, são isoladas por muros altos, portões e guaritas de vigilância, com acesso exclusivo aos condôminos, seus visitantes e funcionários. Do outro lado, há o crescimento do número de bairros pobres, sobretudo de favelas e de loteamentos clandestinos e irregulares, a maioria com pouca ou nenhuma infraestrutura. Veja o exemplo da cidade de Belo Horizonte.

Vista aérea das casas do Bairro de Mangabeiras, em Belo Horizonte, Minas Gerais, 2014. O bairro constitui um condomínio residencial de luxo para moradores abastados da capital mineira.

Vista aérea da comunidade do Morro do Papagaio, em Belo Horizonte, Minas Gerais, 2015. O aspecto precário das habitações mostra que a comunidade é habitada por população de baixa renda.

Disseminação de bairros pobres e tensões no espaço urbano

O rápido processo de expansão urbano-industrial brasileiro, baseado em um modelo de crescimento econômico excludente, vem gerando um número considerável de desempregados e um maior empobrecimento da classe trabalhadora, principalmente por causa do achatamento dos salários. Milhões de famílias de baixa renda são obrigadas a viver em favelas, cortiços ou mesmo nas ruas das grandes cidades, já que não possuem renda suficiente para ter uma moradia adequada.

De acordo com levantamentos recentes, aproximadamente em 33% dos municípios brasileiros há favelas. Essas comunidades carentes somam mais de 3 milhões de domicílios. Analise os gráficos apresentados a seguir.

Especulação imobiliária: manobra utilizada por empresas ou profissionais do setor imobiliário nas operações comerciais ou financeiras que, por meio de mecanismos ardilosos, e muitas vezes ilícitos, sobrevalorizam artificialmente os preços dos imóveis, visando obter altíssimos lucros.

Brasil – favelas, cortiços e loteamentos clandestinos (2008)

- Municípios com favelas: 33% Possui / 67% Não possui
- Municípios com cortiços: 25% Possui / 75% Não possui
- Municípios com loteamentos clandestinos e irregulares: 53% Possui / 47% Não possui

Fonte: IBGE. *Perfil dos municípios brasileiros*: gestão pública 2001 e 2008. Disponível em: <www.ibge.gov.br>. Acesso em: 16 jan. 2016.

As **favelas** – aglomerações de domicílios construídos em terrenos sem infraestrutura, como saneamento básico, postos de saúde, vias de acesso ou meios de transporte – são, em geral, densamente povoadas. Na maioria das vezes, surgem como ocupações ilegais em áreas desocupadas do poder público ou mesmo de particulares.

Nas grandes cidades, a falta de acesso a terrenos com condições mínimas de habitabilidade fez com que muitas favelas surgissem nas chamadas **áreas de risco**, locais ambientalmente sensíveis e perigosos, que podem apresentar grande declividade e são sujeitas a desabamentos, como as encostas de morros. Há também os casos de favelas localizadas no fundo de vales, correndo o risco de enchentes ou inundações, ou ainda em áreas de mangue, no caso das cidades localizadas no litoral.

O processo de intensa segregação socioespacial vivenciado no Brasil nas últimas décadas tem levado muitos grupos sociais excluídos a se organizar. É o caso do **Movimento dos Trabalhadores Sem-Teto (MTST)**, que promove a ocupação de prédios ou de terrenos destinados à especulação imobiliária. As ações de rebeldia, como os arrastões e os saques ao comércio, também são respostas à situação de exclusão social. Tais ações têm sido violentamente reprimidas pelo Estado por meio da polícia ou do Exército.

Esses conflitos e tensões são decorrência da enorme desigualdade social ainda existente em nosso país, que se reproduz de forma ampliada nas cidades e que priva determinados grupos sociais do direito à cidadania, ou seja, do acesso à habitação, à alimentação, ao trabalho e à saúde de qualidade.

Sobre essa situação leia o texto seguinte.

Quem são os trabalhadores sem-teto?

Há cinco anos, Wilson Barbosa saiu de Oeiras, Piauí, para trabalhar em São Paulo. Na época, o então faxineiro pagava 350 reais para alugar a casa onde morava com a esposa e dois filhos no extremo da Zona Leste. Hoje, com 30 anos, trabalha como porteiro de um prédio e recebe um salário maior. Mesmo assim, não consegue mais pagar a locação de um imóvel. "Eu ganho 1.015 reais como porteiro, e 600 vão para o aluguel. Tenho de pagar uma pessoa para olhar um filho, aí são mais 200 reais. Além disso, tem a *van* para ir à escola. Assim fica difícil, mesmo com a ajuda da minha esposa, que trabalha em uma lanchonete."

Espremido pelo aumento do custo de vida, Barbosa soube da ocupação de um terreno abandonado na Zona Leste da cidade pelo Movimento dos Trabalhadores Sem-Teto (MTST). Lá, ergueu um barraco e agora tenta conseguir um lugar para morar. [...]

Com a adesão de desafortunados como Barbosa, o MTST fez as maiores manifestações na cidade desde junho do ano passado [2013]. Durante os rolezinhos, quando jovens eram impedidos de entrar em *shoppings*, eles protestaram diante dos centros de compra. Também interditaram ruas dezenas de vezes e realizaram marchas com mais de 20 mil militantes. E o Plano Diretor de São Paulo, a lei que regula como e para onde a cidade deve crescer, só caminha graças aos persistentes protestos do grupo em frente à Câmara de Vereadores. Além disso, milhares de famílias ocuparam cinco terrenos na periferia. [...]

LOCATELLI, Piero. MTST, o novo protagonista. *Carta Capital*, 9 jun. 2014. Disponível em: <www.cartacapital.com.br/revista/802/os-novos-protagonistas-631.html>. Acesso em: 16 jan. 2016.

Prédio ocupado pelo Movimento dos Trabalhadores Sem Teto (MTST) da Central dos Movimentos Populares (CMP), São Paulo (SP), 2013.

Fronteiras econômicas e urbanização

Um importante aspecto da urbanização brasileira, concomitante ao processo de crescimento demográfico das grandes cidades, foi o aumento considerável na quantidade de centros urbanos locais. Na década de 1950, havia no país, aproximadamente, 1890 cidades. No começo da década de 2000, já eram cerca de 5 500 núcleos urbanos. Em 2014, o IBGE contabilizou 5 570 municípios no país, cada qual tendo um núcleo urbano como sede. Desses núcleos, cerca de 70% tinham menos de 20 mil habitantes e aproximadamente 90% possuíam cidades com menos de 50 mil pessoas.

Veja os mapas.

Fonte: IBGE. *Atlas geográfico escolar*. Disponível em: <http://atlasescolar.ibge.gov.br/images/atlas/mapas_brasil/brasil_evolucao_malha_municipal.pdf>. Acesso em: 16 jan. 2016.

Organizado pelos autores
Fonte: IBGE. *Atlas geográfico escolar*. Disponível em: <http://atlasescolar.ibge.gov.br/images/atlas/mapas_brasil/brasil_evolucao_malha_municipal.pdf>. Acesso em: 16 jan. 2016.

Boa parte do processo de emancipação desses municípios e, consequentemente, de muitos desses centros urbanos, ocorreu à medida que as fronteiras econômicas ou agrícolas se expandiram em direção à porção ocidental do país. A primeira **frente pioneira** (como são chamadas historicamente as fronteiras econômicas agrícolas) do século XX foi a que se expandiu para o interior paulista e paranaense nas décadas de 1940 e 1950. Entre as décadas de 1950 e 1960, as frentes desbravaram o interior dos estados do Centro-Oeste (Mato Grosso do Sul, Goiás e Mato Grosso). Durante a década de 1970 e o início da década de 1980, elas chegaram à Região Norte do país (veja o mapa acima).

As fronteiras agrícolas do Norte e do Centro-Oeste atraíram milhões de pessoas, principalmente migrantes oriundos do interior das Regiões Nordeste, Sudeste e Sul. Esses migrantes eram, em sua maioria, lavradores à procura de trabalho nas novas áreas de cultivo e de criação que se abriam, já que, em muitos casos, haviam sido expropriados de suas terras nas regiões de origem. Os chamados **posseiros** se apropriaram de **terras devolutas**, ainda encobertas de florestas e cerrados e formaram pequenas e médias propriedades e desenvolveram o cultivo de produtos alimentares por meio da mão de obra familiar.

Na maioria das vezes, após o assentamento dos lavradores migrantes, as fronteiras agrícolas passaram a assistir também à chegada de grandes fazendeiros e de empresários, que adquiriam extensas áreas de terras, desencadeando um intenso processo de concentração fundiária nessas regiões. Os maiores índices de concentração fundiária se referem às fronteiras agrícolas do Norte e do Centro-Oeste, em razão da instalação de grandes estabelecimentos rurais dedicados à extração madeireira, à mineração, à produção pecuária bovina ou à monocultura de produtos de exportação, como milho, algodão e soja (veja o texto do quadro a seguir). Esse processo de ocupação das terras prejudicou os pequenos lavradores estabelecidos na região, muitos dos quais têm sido expulsos de suas terras por **grileiros**.

> **Grileiro:** pessoa que busca se apossar de propriedade alheia por meio da utilização de falsas escrituras de propriedade.

Além da grilagem de terras, o avanço do agronegócio tem levado à dispensa da mão de obra empregada nas grandes fazendas, devido aos investimentos em mecanização das lavouras. Como consequência desses processos, o êxodo rural aumenta, o que explica, em grande parte, a elevação das taxas de urbanização dessas regiões nas últimas décadas, sobretudo com o incremento populacional das áreas urbanas das capitais estaduais e dos centros regionais.

O grão que conquistou o Brasil

A partir da década de 1970, a soja tornou-se uma das *commodities* mais valorizadas no mercado mundial de produtos agropecuários. Para introduzi-la no Brasil, e produzi-la em larga escala, foi criado em 1975 o Centro Nacional da Pesquisa da Soja, unidade da Empresa Brasileira de Pesquisa Agropecuária (Embrapa). O principal objetivo era dominar a tecnologia para desenvolver variedades de sementes desse grão adaptadas às condições ambientais de nosso país, sobretudo no que dizia respeito ao clima e aos solos.

Dessa forma, os trabalhos da Embrapa permitiram que ainda no final da década de 1970 áreas do Cerrado pudessem ser ocupadas com a soja, impulsionando o avanço das fronteiras agrícolas em direção às regiões Centro-Oeste e Norte do país.

Na década de 1980 as plantações de soja chegaram ao oeste da Bahia, e nos primeiros anos da década de 1990 a leguminosa já era plantada em fazendas no sul do Maranhão e no Piauí. Atualmente, também existem extensas áreas com essa monocultura em Rondônia, Acre, Tocantins e Roraima. Em todas essas áreas onde a cultura da soja foi sendo introduzida, as cidades cresceram e municípios se emanciparam, aumentando ainda mais a ocupação do território nacional.

Esse é o caso de Sorriso, município do estado do Mato Grosso que conta atualmente com cerca de 70 mil habitantes. Com menos de três décadas de existência, Sorriso surgiu em virtude da expansão da fronteira agrícola em direção à Região Norte durante a década de 1980, a princípio em razão da atividade madeireira e, mais recentemente, do desenvolvimento da cultura da soja, sendo hoje em dia o município que, proporcionalmente, mais produz esse grão no país.

Vista aérea do município de Sorriso, (MT), 2013.

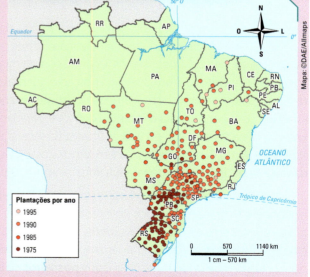

Fonte: IBGE Mapas. Disponível em: <http://geoftp.ibge.gov.br/mapas_tematicos/mapas_murais/soja_2005.pdf>. Acesso em: 16 jan. 2016.

▶ Desconcentração industrial e crescimento das cidades médias no Brasil

Após período de intenso crescimento populacional dos grandes centros urbanos e do aumento do número de cidades, o processo de urbanização brasileiro vem se alterando. Nos últimos anos tem ocorrido o crescimento das cidades de porte médio, com populações entre 100 e 500 mil habitantes, localizadas em grande parte no interior do país.

Na década de 1940, existiam no Brasil dez cidades consideradas de porte médio. Em 2015, esse número tinha subido para 263. Veja a tabela abaixo.

Porte das cidades Número de cidades – décadas	1940	1950	1960	1970	1980	1991	2000	2010	2015
Entre 100 e 200 mil hab.	6	4	18	38	56	78	114	121	157
Entre 200 e 500 mil hab.	4	5	6	15	32	45	78	93	106
Mais de 500 mil hab.	2	3	4	8	13	22	30	22	24
Mais de 1 milhão de hab.	2	2	2	5	8	9	13	14	17

Fontes: SANTOS, Milton; SILVEIRA, Maria L. *O Brasil*: território e sociedade no início do século XXI. Rio de Janeiro: Record, 2001; IBGE. Estimativas da população/Sidra. Disponível em: <www.ibge.gov.br/home/estatistica/populacao/2015/estimativa_dou.shtm>. Acesso em: 16 jan. 2016.

Conforme os últimos levantamentos censitários do IBGE, atualmente as cidades de porte médio são as que apresentam as maiores taxas de urbanização.

As pequenas cidades foram as que menos cresceram nas últimas décadas, havendo até centenas de casos em que a população diminuiu. De acordo com dados do censo 2010, aproximadamente 60% dos municípios brasileiros tiveram sua população reduzida durante a década de 2000.

A tendência atual de crescimento acelerado das cidades médias está relacionada principalmente ao fenômeno de interiorização do crescimento econômico do país, promovido, como vimos, pelo avanço das fronteiras agrícolas e também pela desconcentração da atividade industrial.

Os avanços tecnológicos alcançados nas últimas décadas, principalmente nos transportes e nas telecomunicações, relativizaram a importância histórica de certos fatores referentes à localização das atividades fabris, sobretudo a necessidade de tais atividades estarem próximas aos grandes centros consumidores. Tal fato tem levado muitas empresas a se instalar em cidades do interior, que oferecem vantagens como o custo da terra mais baixo, sindicatos de trabalhadores mais complacentes, menos problemas de infraestrutura urbana e, no caso das regiões de fronteira agrícola, para muitas agroindústrias, a proximidade das fontes de matérias-primas. Nesse sentido, as metrópoles vêm perdendo o poder que tinham, até algumas décadas atrás, de atrair investimentos de capitais produtivos e grandes fluxos migratórios.

Urbanização brasileira **Capítulo 26** 417

É importante ressaltar que metrópoles como São Paulo e Rio de Janeiro, por exemplo, continuam a centralizar as decisões, especialmente as de ordem econômica, já que ainda abrigam as sedes de grandes empresas nacionais e estrangeiras. Em contrapartida, a maioria das cidades médias tornou-se centro de convergência populacional, recebendo migrantes oriundos principalmente das pequenas cidades de seu entorno, o que caracterizou um importante **fluxo migratório do tipo cidade-cidade** em todas as regiões do país.

Brasil – difusão das cidades com mais de 100 mil habitantes

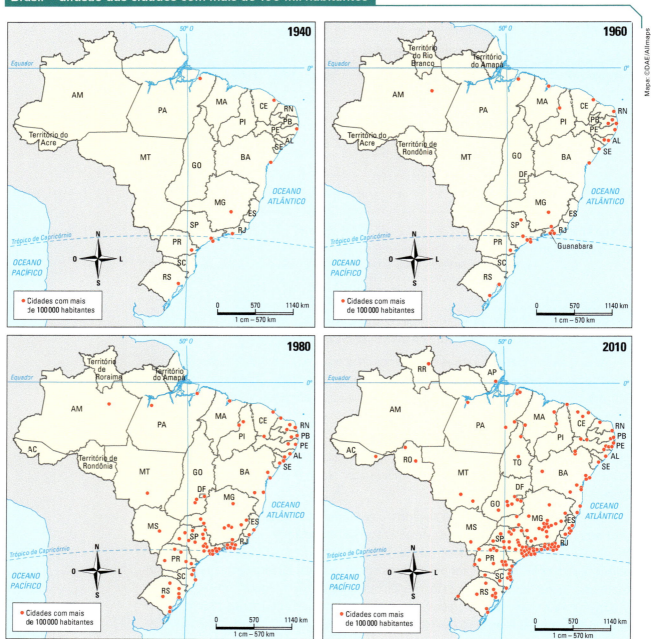

Fontes: SANTOS, Milton; SILVEIRA, Maria L. *O Brasil*: território e sociedade no início do século XXI. Rio de Janeiro: Record, 2001; IBGE. IBGE *teen*/Sidra. Disponível em: <www.ibge.gov.br>. Acesso em: 16 jan. 2016.

▶ Rede urbana brasileira

De acordo com o que estudamos, o vertiginoso processo de urbanização pelo qual o Brasil passou deu origem, em poucas décadas, a metrópoles, cidades médias e milhares de pequenas cidades. Todos esses centros urbanos espalhados pelo país passaram a ordenar os fluxos de pessoas, mercadorias, informações e capitais no interior do território brasileiro, configurando uma complexa rede geográfica de cidades que denominamos **rede urbana**.

De acordo com estudos recentes, há no Brasil 190 cidades principais, que estruturam essa grande rede urbana. Juntas, essas cidades reúnem quase 60% da população do país (cerca de 114 milhões de pessoas), ainda que representem apenas 3% dos municípios brasileiros.

Entre essas 190 cidades, existe uma hierarquia que se estabelece de acordo com uma série de características urbanas, como o nível de centralização de decisões políticas e empresariais, a diversificação das atividades econômicas e a área de influência nacional ou regional. Com base nessas características, atualmente o IBGE estrutura a hierarquia da rede urbana brasileira da seguinte forma:

▶ **Grande metrópole nacional**: cidade de São Paulo. Com 12 milhões de habitantes, encontra-se no ápice da hierarquia, conectando a rede urbana de nosso país à rede de metrópoles mundiais. Exerce forte influência econômica sobre todo o território nacional e concentra a maioria das sedes de grandes empresas nacionais e estrangeiras. Além disso, interfere em importantes aspectos da vida cultural, científica e social do país.

▶ **Metrópoles nacionais**: Rio de Janeiro e Brasília. Na hierarquia urbana de nosso país, essas cidades estão abaixo apenas da grande metrópole nacional. Com 6,5 milhões de habitantes, o Rio de Janeiro exerce forte influência econômica e cultural. Já Brasília, com 3 milhões de habitantes, exerce importante influência administrativa e de gestão pública em nível nacional.

▶ **Metrópoles**: encontram-se em um segundo nível da hierarquia urbana nacional. São cidades cuja população varia de 1,6 a 5,1 milhões de habitantes. Essas cidades têm economia diversificada e abrigam a sede de importantes empresas e órgãos públicos. Sua influência, contudo, é menor que a das metrópoles nacionais.

▶ **Capitais regionais**: cidades que abrigam entre 250 mil e 955 mil habitantes e exercem forte influência regional. Reúnem estrutura diversificada de comércio, serviços e indústrias.

▶ **Centros sub-regionais**: centros urbanos que abrigam entre 71 mil e 195 mil habitantes e exercem forte influência sobre os municípios em seu entorno.

▶ **Centros de zona**: são pequenas cidades, em geral com 60 mil habitantes ou menos, com influência restrita a sua área imediata (essa categoria não está incluída no mapa que segue).

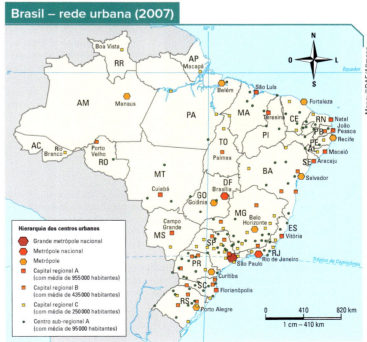

Fonte: IBGE. Regiões de influência das cidades 2007. Disponível em: <www.ibge.gov.br>. Acesso em: 16 jan. 2016.

Culturas em foco

Música sertaneja: gênero do campo ou da cidade?

Durante um século, o gênero sofreu diversas modificações e absorveu influências que o transformaram na música *pop* do país.

Desde o primeiro registro, há mais de um século, a música sertaneja não parou de se reinventar. Muitas duplas se dividiram em carreiras solo, a viola recebeu o acompanhamento da bateria e do contrabaixo elétrico e as letras, que antes contavam histórias do campo, foram substituídas por canções que falam de dramas amorosos e de festas regadas a bebidas.

Conhecida como "música caipira" na primeira metade do século 20, o gênero originário do interior de São Paulo se transformou em "música sertaneja" e, atualmente, faz sucesso com os cantores do "sertanejo universitário".

Difundindo a música caipira

No início, a música caipira utilizava um instrumental baseado no choro, com a viola e o violão já em destaque. As canções tinham até 30 minutos e contavam histórias que transmitiam valores como heroísmo, vingança e justiça. Assim, os passamentos do povo caipira não se perdiam. "O caipira talvez seja o único camponês do Brasil que tem a sua história conhecida por muitos", afirma Vilela.

Gravadas, as músicas sofrem enorme redução: para cerca de quatro minutos. Com a radiodifusão, a música caipira se espalha pelo estado de São Paulo e conquista jovens do interior e da capital. **Raul Torres**, que fazia sucesso com emboladas, entrega-se à música caipira e grava *Cabocla Tereza*. Até hoje ele é considerado um dos grandes cantores e compositores do gênero.

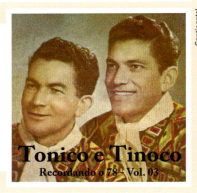

Duplas ao som da viola

A partir dos **anos 1940**, jovens do interior passam a tocar a música caipira difundida na capital. Eles padronizam o gênero com a viola e o violão. Surge um novo estilo de sertanejo, mais próximo do gosto caipira. As duplas, geralmente, são compostas por irmãos. Ambas as vozes cantam em dueto o tempo todo e não apenas no refrão. O resultado é patente: a sonoridade fica mais inteira e coesa.

Nessa época, surge uma das maiores duplas da história da música sertaneja: **Tonico e Tinoco**. Eles começam a cantar em Botucatu, no interior de São Paulo. Ao longo de 60 anos de carreira, fazem cerca de 40 mil apresentações e vendem mais de 150 milhões de cópias.

O pagode caipira

No final dos **anos 1950**, surge um dos maiores ícones da viola, **Tião Carreiro**. Nascido no norte de Minas Gerais, ele sofre influências do melodismo nordestino e introduz um novo estilo na música sertaneja.

O chamado "pagode caipira", criado a partir de uma fusão entre o cururu e o recortado (um tipo mais sofisticado do cateretê), abandona a narrativa linear e adota letras mais soltas. **Tião Carreiro e Pardinho** gravam o *Pagode do Ala*.

Sertanejo romântico

Léo Canhoto e Robertinho estreiam um novo estilo caipira – a música sertaneja romântica – com a canção *Apartamento 37*. Com o êxodo rural, os jovens têm um choque de cultura ao chegar a São Paulo. A educação tradicional de casa bate de frente com novos costumes da capital. O mercado fonográfico percebe essa mudança e investe no novo sertanejo.

Com sucesso da Jovem Guarda, **nos anos 1960**, o sertanejo adota algumas bases do *rock*: instrumentos elétricos começam a ser usados, como guitarra, bateria, teclado e contrabaixo elétrico. O visual dos cantores também muda. Se antes eles se vestiam como homens do campo, agora se espelham no *cowboy* estadunidense. Aliás, o *country* dos Estados Unidos também influencia essa nova fase.

420 **Unidade 7** Espaço geográfico brasileiro

Conquista do mercado

Chitãozinho e Xororó eram originalmente uma dupla caipira. Suas canções se baseavam no sertanejo tradicional, como em *Caboclo na cidade*. No início da **década de 1980**, porém, os irmãos decidem mudar o visual e o ritmo.

Com a canção *Fio de cabelo*, eles conquistam um enorme sucesso, fazendo explodir o sertanejo romântico. As letras sobre o campo são substituídas por histórias que, geralmente, falam de amor.

Sertanejo ganha o Brasil

Enquanto alguns cantores continuam investindo na música e nos valores caipiras, as duplas do sertanejo romântico refletem as estratégias do mercado fonográfico. É o caso de **Leandro & Leonardo** (*Pense em mim*), **João Paulo & Daniel** (*Estou apaixonado*) e **Zezé di Camargo e Luciano** (*É o amor*).

Empurrado por esse mercado, o sertanejo, antes restrito ao interior de São Paulo, Minas Gerais, Centro-Oeste e Paraná, começa a ganhar o Brasil.

Sertanejo universitário

Seguindo um momento de crescimento econômico, em que os cursos universitários se expandem por praticamente todo o território nacional, e com uma base na música *pop*, o chamado sertanejo universitário mantém os mesmos instrumentos elétricos do sertanejo romântico, mas muda o tratamento sonoro. As letras se tornam mais coloquiais, sem abandonar a temática amorosa.

Em 2007, **João Bosco e Vinícius** gravam *Falando sério*, mostrando que o sertanejo tinha condições de disputar com o mercado *pop* internacional.

Dinheiro, mulheres e festas

As letras do novo sertanejo falam de festas, mulheres, sexo, amor e dinheiro. Esse mundo também reflete a mudança do homem do campo. Se antes ele era um camponês simples, agora, com a modernização, é representado pelos grandes empresários que dominam o campo, arrendando a terra para produzir em larga escala.

O carro, símbolo de ascensão social na Jovem Guarda, como em *O Calhambeque*, de **Roberto Carlos**, volta a ser tido como símbolo de *status*. A dupla **Munhoz & Mariano** faz sucesso com a música *Camaro amarelo*, seguindo a tendência de **Israel Novaes** com *Vem ni mim Dodge Ram*.

Disponível em: <http://revistagloborural.globo.com/Noticias/Cultura/noticia/2013/12/evolucao-da-musica-sertaneja-no-brasil.html>. Acesso em: 10 maio 2016.

Após a leitura dos textos, converse com seus colegas e com o professor a respeito de como, no decorrer das décadas, a evolução da música sertaneja reflete as transformações socioespaciais ocorridas no Brasil, sobretudo no que se refere ao êxodo rural e ao processo de urbanização da população. Produza um pequeno texto no caderno com as conclusões da turma.

Urbanização brasileira **Capítulo 26**

Revisitando o capítulo

1. O que é êxodo rural? Qual é a relação entre esse fenômeno e o processo de urbanização de nosso país?

2. Observe o mapa da página 408 (Brasil – urbanização) e responda:
   a. Quais são os estados mais populosos do país?
   b. Que estados apresentam as maiores taxas de urbanização? E as menores taxas? Explique as causas dessa diferença com base nos aspectos estudados no capítulo.

3. Quais foram as principais mudanças provocadas pela migração campo-cidade no que diz respeito à PEA entre os setores da economia?

4. Como se caracteriza o processo de metropolização no Brasil?

5. Explique o que é:
   a. região metropolitana;   b. megalópole;   c. conurbação urbana.

6. Qual é a denominação dada pelo IBGE para a megalópole brasileira?

7. Liste no mínimo cinco problemas de ordem social e ambiental decorrentes do processo de metropolização brasileiro.

8. O que é segregação socioespacial?

9. O que são áreas de risco? A sua cidade ou município possui áreas de risco? Converse com seus colegas e o professor a respeito.

10. Qual é o papel das fronteiras econômicas no processo de urbanização brasileiro?

11. Em que categoria da hierarquia urbana brasileira se enquadram as seguintes cidades: Porto Alegre (RS), Fortaleza (CE), Campinas (SP), Belém (PA), Vitória (ES), Santa Maria (RS)?

12. O que é Plano Diretor?

▶ ANÁLISE DE IMAGEM

No ano de 2008, o artista Eduardo Srur realizou uma intervenção urbana nas margens do Rio Tietê, na cidade de São Paulo, com garrafas plásticas gigantes, que eram iluminadas à noite. Veja a imagem.

Eduardo Srur. *Pets*, 2008. Instalação do artista às margens do Rio Tietê, em São Paulo (SP).

Responda em seu caderno:

a. Em sua opinião, qual era o objetivo do artista com essa obra?

b. Para você, qual é a importância de intervenções nas cidades de obras como a de Eduardo Srur?

c. De acordo com o estudo do capítulo, diga qual é a relação entre as garrafas plásticas utilizadas na obra e os problemas nas grandes cidades.

AMAZÔNIA: A ÚLTIMA FRONTEIRA

CAPÍTULO 27

A região geoeconômica da Amazônia abrange a área de domínio da chamada **floresta latifoliada equatorial da América do Sul**, situada no território brasileiro. São aproximadamente 4,5 milhões de km², compreendendo o norte do Tocantins, o oeste do Maranhão e o norte do Mato Grosso, além da totalidade da área dos seguintes estados: Acre, Rondônia, Amazonas, Roraima, Amapá e Pará.

Historicamente, essa foi uma das primeiras áreas exploradas pelos europeus, os quais, já no século XVI, extraíam da floresta, às margens dos grandes rios, as chamadas **drogas do sertão**. No entanto, ainda hoje a Amazônia apresenta as menores densidades demográficas do país, com uma rede urbana composta de algumas metrópoles, capitais regionais e cidades locais dispersas na imensidão da floresta. Cabe ressaltar, porém, que essas características do espaço geográfico amazônico vêm mudando rapidamente nas últimas décadas, em razão do movimento de **expansão da fronteira econômica** do Centro-Sul do país.

Neste capítulo, vamos tratar das características naturais do **bioma amazônico** e do recente processo de ocupação dessa região, assim como das principais consequências ambientais e socioeconômicas desse processo.

Vista aérea de Manaus, capital do Amazonas e cidade mais populosa da Amazônia. Ao fundo, nota-se a confluência dos rios Negro e Solimões. Foto de 2013.

423

O bioma amazônico

A Floresta Amazônica estende-se por aproximadamente 7,5 milhões de km², abrangendo quase a metade do Brasil e boa parte do território de outros oito países (Guiana Francesa, Suriname, Guiana, Venezuela, Colômbia, Equador, Peru e Bolívia). Toda essa área corresponde à chamada **Amazônia Internacional**. Observe o mapa ao lado.

Os conjuntos florestais

Quando se fala em Amazônia, costumamos pensar em um "mar verde": uma imensidão de árvores, cujas copas proporcionam um aspecto homogêneo à região. Contudo, devemos lembrar que esse bioma terrestre apresenta características naturais (geomorfológicas, hidrológicas e de fauna e flora) que compõem **quatro conjuntos florestais** distintos, porém interligados. São eles: as matas de igapó, as matas de várzea, a floresta de terra firme e a floresta semiúmida. Veja o esquema abaixo.

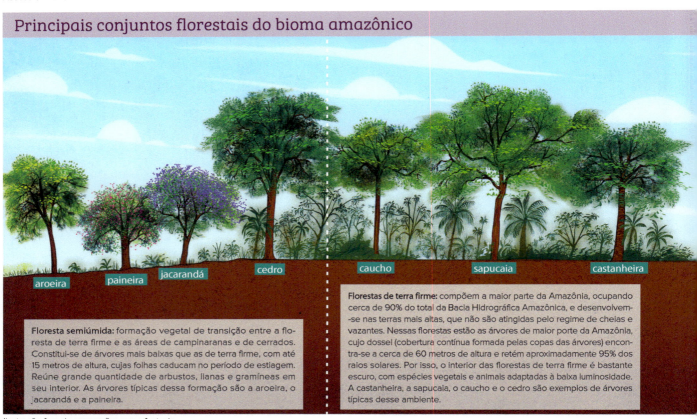

Fonte: *Red Amazónica de Información Socioambiental Georreferenciada* (RAISG), 2015. Disponível em: <www3.socioambiental.org/raisg2015/>. Acesso em: 8 fev. 2016.

Principais conjuntos florestais do bioma amazônico

Floresta semiúmida: formação vegetal de transição entre a floresta de terra firme e as áreas de campinaranas e de cerrados. Constitui-se de árvores mais baixas que as de terra firme, com até 15 metros de altura, cujas folhas caducam no período de estiagem. Reúne grande quantidade de arbustos, lianas e gramíneas em seu interior. As árvores típicas dessa formação são a aroeira, o jacarandá e a paineira.

Florestas de terra firme: compõem a maior parte da Amazônia, ocupando cerca de 90% do total da Bacia Hidrográfica Amazônica, e desenvolvem-se nas terras mais altas, que não são atingidas pelo regime de cheias e vazantes. Nessas florestas estão as árvores de maior porte da Amazônia, cujo dossel (cobertura contínua formada pelas copas das árvores) encontra-se a cerca de 60 metros de altura e retém aproximadamente 95% dos raios solares. Por isso, o interior das florestas de terra firme é bastante escuro, com espécies vegetais e animais adaptadas à baixa luminosidade. A castanheira, a sapucaia, o caucho e o cedro são exemplos de árvores típicas desse ambiente.

Ilustração fora de proporção; cores-fantasia.

No que se refere às áreas de florestas (de terra firme e semiúmida), há também uma diferenciação vertical da vegetação, devido à competição que existe entre as espécies de plantas pela luz solar. Assim, temos três níveis de vegetação no interior dessas formações: o dossel, o sub-bosque e o nível inferior. Observe o esquema a seguir.

Ilustração fora de proporção; cores-fantasia.

Fonte: CHRISTOPHERSON, Robert W. *Geossistemas*: uma introdução à Geografia física. Porto Alegre: Bookman, 2012. p. 656.

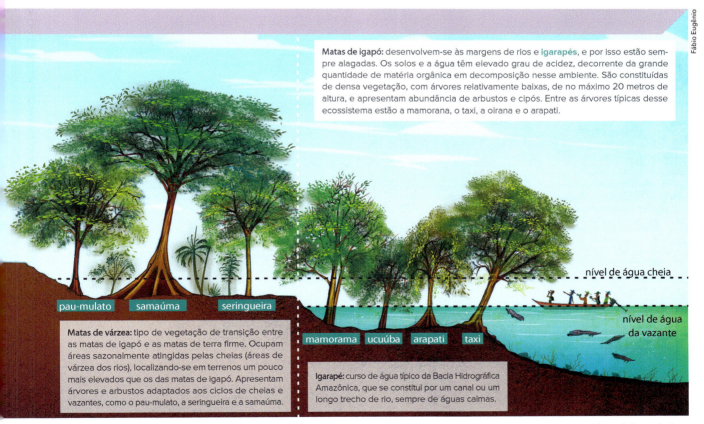

Fonte: IBGE. *Atlas geográfico escolar*. 6. ed. Rio de Janeiro, 2012. p. 101. cap. 4/parte 1. Disponível em: <http://biblioteca.ibge.gov.br/index.php/biblioteca-catalogo?view=detalhes&id=264669>. Acesso em: 8 fev. 2016.

Amazônia: A última fronteira **Capítulo 27** 425

Campos e cerrados amazônicos

Campos e Cerrado de Roraima. Ao fundo, estende-se a Serra Pacaraima, que delimita as fronteiras de Brasil, Venezuela e Guiana. Foto de 2014.

No interior do domínio amazônico há também extensas áreas de campos e de cerrados. Os **campos amazônicos**, também denominados **campinaranas**, ocorrem sobretudo no alto rio Negro, no estado do Amazonas, e no baixo rio Branco, no estado de Roraima. Em geral, são formações abertas, compostas de gramíneas, palmeiras e pequenos arbustos adaptados ao solo rico em laterita. Já os **cerrados** desenvolvem-se em toda a borda setentrional-oriental da Amazônia, apresentando as mesmas características que no Centro-Oeste brasileiro. Veja no mapa a seguir a distribuição das formações vegetais que compõem a Amazônia.

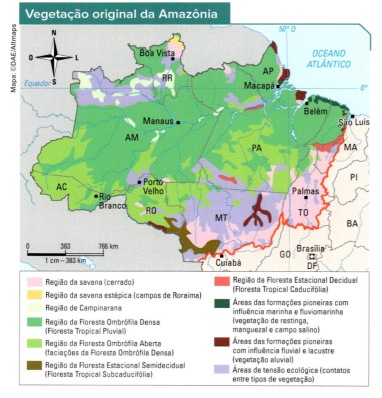

Fonte: BOCHICCHIO, Vicenzo Raffaele. *Atlas mundo atual*. São Paulo: Atual, 2009. p. 106.

Higrófita: espécie de planta adaptada para viver total ou parcialmente submersa em água.

A interdependência dos elementos do bioma amazônico

A diversidade de formações vegetais presente no domínio amazônico decorre de uma complexa interdependência entre o clima, a hidrografia, os solos e o relevo.

As relações entre clima e vegetação

O clima equatorial, dominante nessa região do país, é responsável pelas altas temperaturas (com média anual de 25 °C) e pelos elevados índices de precipitação, que variam entre 1 500 mm e 3 300 mm anuais. Esse tipo de clima é favorável ao desenvolvimento de variadas espécies vegetais, com a presença de florestas mais densas e, em sua maior parte, perenifólias e **higrófitas**.

Essa imensa biomassa que reveste a Amazônia responde, ainda, por 50% da umidade atmosférica que alimenta as fortes chuvas diárias que ocorrem em boa parte da Amazônia: as chamadas **chuvas de convecção**. A elevada umidade do ar atmosférico é adquirida por meio da **evapotranspiração** das plantas. A outra parcela de umidade provém da evaporação das águas dos rios e lagos, assim como das massas de ar dominantes na região. Observe o esquema a seguir.

Chuva convectiva na Floresta Amazônica

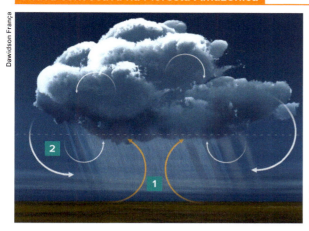

1. Durante o dia, as altas temperaturas intensificam a evapotranspiração das plantas e a evaporação dos rios.
2. Ao entardecer, as temperaturas declinam, provocando a condensação do vapor-d'água, que se precipita em forma de chuvas.

Fonte: MENDONÇA, Francisco de Assis; DANNI-OLIVEIRA, Inês Moresco. *Climatologia*: noções básicas e climas do Brasil. São Paulo: Oficina de Textos, 2007. p. 72.

Ainda que os altos índices de pluviosidade e as elevadas temperaturas sejam características climáticas marcantes desse complexo regional como um todo, deve-se ter em conta que existem diferenças sensíveis entre as diversas áreas da Amazônia. Na porção mais ocidental, por exemplo, há uma distribuição regular de chuvas durante o ano, com médias de precipitação superiores a 2 500 mm anuais.

Em Roraima e no Pará há uma estação mais seca (de dezembro a fevereiro), com índices de precipitação abaixo dos 2 000 mm anuais. No Tocantins ocorrem duas estações bem definidas, uma mais seca e outra chuvosa, apresentando médias de precipitação em torno de 1 600 mm anuais. Em razão dessas variações, pode-se estabelecer três tipos climáticos para a região: equatorial superúmido, equatorial e tropical típico. Veja o mapa e os climogramas a seguir.

Tipos de clima da Amazônia

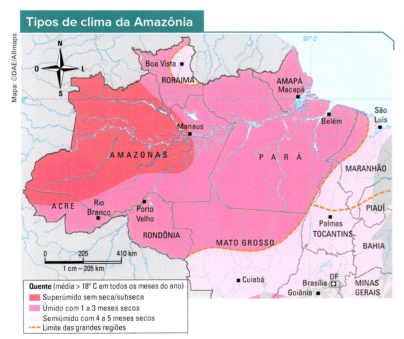

Fonte: IBGE, *Atlas geográfico escolar*. 6. ed. Rio de Janeiro, 2012. p. 99. cap. 4, parte 1. Disponível em: <http://biblioteca.ibge.gov.br/index.php/biblioteca-catalogo?view=detalhes&id=264669>. Acesso em: 8 fev. 2016.

Climograma de Boa Vista (RR)

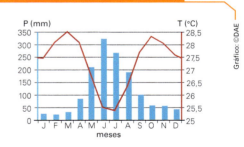

Fonte: Inmet. Disponível em: <www.inmet.gov.br>. Acesso em: 8 fev. 2016.

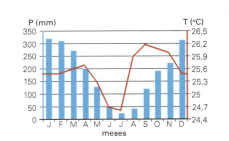

Climograma de Porto Velho (RO)

Fonte: Inmet. Disponível em: <www.inmet.gov.br>. Acesso em: 8 fev. 2016.

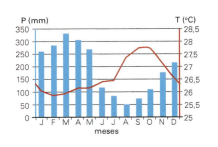

Climograma de Manaus (AM)

Fonte: Inmet. Disponível em: <www.inmet.gov.br>. Acesso em: 8 fev. 2016.

A serrapilheira esconde o chão da floresta em Xapuri, no Acre. Foto de 2015.

As relações entre solos, rios e vegetação

Além do clima, aspectos ligados ao solo e à hidrografia da região amazônica também influenciam as características da floresta. De maneira geral, os solos da região são predominantemente arenosos e pobres em nutrientes, apresentando uma fina camada superficial de matéria orgânica (excrementos de animais, folhas, galhos e troncos em decomposição). É dessa camada superficial rica em húmus, chamada **serrapilheira**, que árvores e plantas extraem praticamente todos os nutrientes de que necessitam. Entretanto, há outros tipos de solo no interior da floresta: os solos das matas de igapó e de várzea, apresentam maior fertilidade, já que recebem, sazonalmente, nas épocas de cheia, os sedimentos depositados pelos rios e igarapés. Nesse sentido, os cursos de água têm papel fundamental na manutenção da vida na Amazônia.

Com mais de 7 mil cursos de água principais, a bacia hidrográfica amazônica é a maior do mundo. No leito de seus rios correm cerca de 20% da água doce existente na Terra. Nela está localizado ainda o rio Amazonas, o maior rio em extensão e em volume de água do mundo, com cerca de 7 mil quilômetros de extensão.

Na maior parte da bacia hidrográfica amazônica, em razão do relevo predominantemente plano, os rios são caudalosos e repletos de meandros. Esses cursos de água são as principais vias de transporte na região.

O texto a seguir trata da importância dos rios tanto para a economia quanto para a população local.

Mata de igapó alagada às margens do Lago Maquari, em Caracaraí, Roraima. Foto de 2012.

Os rios voadores da Amazônia

Nós já vimos que na região amazônica existem muitos rios. Mas você sabia que a Amazônia também é a origem de "rios voadores"? Essa expressão é uma maneira poética de se referir às massas de ar carregadas de vapor de água produzidas sobre a floresta e que interferem nas condições do clima do Centro-Sul do Brasil. Conheça mais sobre esse fenômeno por meio do texto e do esquema a seguir.

A Floresta Amazônica funciona como uma bomba-d'água. Ela puxa para dentro do continente a umidade evaporada pelo oceano Atlântico e carregada pelos ventos alíseos. Ao seguir terra adentro, a umidade cai como chuva sobre a floresta. Pela ação da evapotranspiração das árvores sob o sol tropical, a floresta devolve a água da chuva para a atmosfera na forma de vapor de água. Dessa forma, o ar é sempre recarregado com mais umidade, que continua sendo transportada rumo ao oeste para cair novamente como chuva mais adiante.

Propelidos em direção ao oeste, os rios voadores (massas de ar) recarregados de umidade – boa parte dela proveniente da evapotranspiração da floresta – encontram a barreira natural formada pela Cordilheira dos Andes. Eles se precipitam parcialmente nas encostas lestes da cadeia de montanhas, formando as cabeceiras dos rios amazônicos. Porém, barrados pelo paredão de 4000 metros de altura, os rios voadores, ainda transportando vapor de água, fazem a curva e partem em direção ao sul, rumo às regiões do Centro-Oeste, Sudeste e Sul do Brasil e aos países vizinhos

Expedição Rios Voadores: Brasil das águas. Disponível em: <http://riosvoadores.com.br/o-projeto/fenomeno-dos-rios-voadores>. Acesso em: 8 fev. 2016.

3 Esta umidade avança em sentido oeste até atingir a Cordilheira dos Andes. Durante essa trajetória, o vapor da água sofre uma recirculação ao passar sobre a floresta.

2 A intensa evapotranspiração e condensação sobre a Amazônia produz a sucção desses ventos úmidos para o interior do continente, gerando chuvas e fazendo mover os rios voadores.

Linha do Equador

1 Na faixa equatorial do oceano ocorre intensa evaporação. É lá que o vento carrega-se de umidade.

4 Quando a umidade encontra a Cordilheira dos Andes, parte dela se precipita novamente, formando as cabeceiras dos rios da Amazônia.

6 A umidade que atinge a região andina em parte retorna ao Brasil por meio dos rios voadores e pode portanto precipitar em outras regiões.

5 Na fase final, os rios voadores ainda podem alimentar os reservatórios de água do Sudeste e da Região Sul, dispersando-se pelos países fronteiriços, como o Paraguai e a Argentina.

Fábio Eugênio

Amazônia: A última fronteira **Capítulo 27**

▶ A Amazônia e sua biodiversidade

Observe as fotografias a seguir.

Além da enorme diversidade de espécies da flora, o bioma amazônico apresenta milhares de espécies da fauna que vivem só lá, ou seja, são endêmicas. Observe alguns exemplos nas imagens, de cima para baixo e da esquerda para a direita: o boto-cor-de-rosa (*Inia geoffrensis*), que vive principalmente no Rio Negro, fotografado na Comunidade São Tomé, próximo a Manaus (AM), em 2015; o tamacuaré (*Uranoscodon superciliosus*) ou tamaquaré, lagarto que se alimenta de insetos nas árvores às margens dos igarapés; o sauim-de-coleira (*Saguinus bicolor*), sagui ameaçado de extinção fotografado na região de Manaus (AM), em 2015; o papagaio papa-cacau (*Amazona festiva*) ou papagaio-da-várzea, fotografado perto de Parintins (AM), em 2015; o uacari-vermelho (*Cacajao rubicundu*), fotografado perto de Manaus (AM), em 2014; e a saripoca-de-gould (*Selenidera gouldii*), ou tucaninho-da-serra, fotografada na RPPN Cristalino, em Alta Floresta (MT), em 2015.

Além da interdependência dos elementos naturais, outra particularidade significativa do bioma amazônico está em sua espetacular biodiversidade. Entende-se aqui por **biodiversidade** ou **diversidade biológica** a variedade de espécies da fauna, da flora e de microrganismos, assim como a variabilidade relativa a cada espécie e também a variedade de funções ecológicas dos organismos vivos dentro de um ecossistema. Dessa forma, os especialistas estimam que, de 1,5 milhão de espécies de organismos catalogadas até o momento em todo o planeta, aproximadamente 10% vivem na Amazônia. Cerca de 80% dessas espécies, que incluem árvores, arbustos, plantas, fungos, insetos, répteis, aves, peixes, mamíferos, entre outras formas de vida, são **endêmicas**, ou seja, encontram-se exclusivamente nesse bioma, e boa parte vive em ecossistemas próprios no interior da floresta.

Entretanto, como vimos, essa diversidade biológica não ocorre de forma homogênea. Existem regiões da Amazônia que concentram número maior de espécies do que outras. Esse é o caso, por exemplo, do trecho de floresta localizado na bacia hidrográfica do rio Juruá, no estado do Amazonas. O texto a seguir trata das particularidades dessa área.

Onde há mais vida

Lá [em Juruá] está a maior concentração de espécies numa mesma área. Ela supera com folga outras regiões de Floresta Amazônica, como Cacaulândia, em Rondônia, Pakitza e Tambopata, no Peru, tidas até agora como campeãs em variedades de seres vivos na Amazônia, que é, por sua vez, a maior extensão de mata para a sobrevivência de espécies animais e vegetais do planeta. No Juruá, foram contadas 616 espécies de aves, pelo menos seis delas raras e outras duas completamente novas para a ciência. Nas outras áreas são pouco mais de 550. Em se tratando de borboletas, os cientistas já registraram 1 620 tipos, mas há indícios de que o número poderá chegar a 2 000. Há ainda cinquenta espécies de répteis, 300 de aranhas, 140 de sapos e 64 variedades de abelhas.

A explicação dos pesquisadores para tamanho volume de vida é surpreendente. Ao contrário das demais regiões estudadas na Amazônia, todas elas paraísos intocados com acesso restrito, os arredores do alto curso do Rio Juruá são habitados. Ocupada desde o século XIX por caboclos que vivem dos seringais, a região tem aproximadamente 8 000 moradores isolados em pequenos vilarejos no meio da mata. Esse seria um dos motivos de tamanha variedade. Os cientistas acreditam que reviravoltas ambientais e climáticas são fatores determinantes para a riqueza biológica. Isso porque elas rompem a hegemonia de espécies mais fortes, dando espaço para que outras formas de vida prosperem. No Alto Juruá, as pequenas alterações na natureza causadas pelo homem também fazem o papel de pequenas catástrofes naturais. [...]

RYDLE, Carlos. Biodiversidade no Acre: região de maior diversidade da Amazônia. In: MIRANDA, Jorge Babo. *Amazônia*: área cobiçada. Porto Alegre: AGE, 2005. p. 112.

▶ A ocupação e a transformação do espaço amazônico

Vimos no início do capítulo que, até o século XVIII, a Amazônia permaneceu praticamente intocada, ocorrendo apenas algumas incursões para a coleta das chamadas drogas do sertão, por parte dos exploradores europeus.

No final do século XIX houve um lampejo de desenvolvimento na região, decorrente do emprego do látex (extraído das seringueiras) como matéria-prima na fabricação de borracha para a emergente indústria automobilística. A efervescência econômica atraiu a primeira grande leva de migrantes em direção à Amazônia, composta por aproximadamente 400 mil famílias de nordestinos, atraídas sobretudo pelo trabalho nos seringais (veja a imagem ao lado), mas também pela exploração de outros produtos, como

Cartão-postal comercial da empresa Liebig, do final do século XIX, mostra cenas da extração e preparação do látex na Amazônia brasileira. Impresso na França, em cromolitografia.

plantas medicinais, castanha-do-pará, babaçu e frutos da floresta (como o açaí). Contudo, já na década de 1910 a economia da borracha entrou em decadência, fazendo com que a Amazônia permanecesse desarticulada do restante do país.

O teatro Amazonas, em Manaus, é um símbolo da riqueza produzida pela economia da borracha na região amazônica, na virada do século XIX para o século XX. Foto de 2015.

O Plano de Integração Nacional

A articulação da Amazônia ao espaço geográfico nacional ocorreu, de fato, em virtude das ações promovidas pelos governos militares brasileiros durante as décadas de 1960 e 1970. Esses governos viam a integração da Amazônia ao restante do território como uma questão de segurança e uma solução para a distribuição irregular da população brasileira. Estabeleceu-se, portanto, o **Plano de Integração Nacional** (**PIN**), voltado a uma espécie de colonização da Amazônia, com o intuito de diminuir a pressão demográfica e os conflitos sociais no Nordeste e no Sul-Sudeste, as regiões mais populosas do país. Nesse sentido, a integração da Amazônia à economia nacional seguiu sob o lema "integrar para não entregar", fortemente difundido naquela época.

Durante muitos anos, antes desse período, a Amazônia foi considerada uma região isolada. Em razão da densa floresta da região, o acesso a ela só era possível por via aérea ou fluvial – devido à ampla rede hidrográfica. Predominavam atividades econômicas primárias ligadas ao extrativismo vegetal, ao extrativismo mineral e à pesca. Quando se iniciaram as ações dos governos militares, a Amazônia atraiu a atenção das comunidades nacionais e internacionais, que viram na região uma imensa área à espera de incorporação ao espaço produtivo mundial, ou seja, à **Divisão Territorial do Trabalho** (**DTT**) e à **Divisão Internacional do Trabalho** (**DIT**).

A primeira ação do Estado para consolidar o projeto de integração da Amazônia foi construir rodovias que a interligassem às demais regiões do país. Entre as décadas de 1960 e 1980, foram construídas as rodovias Belém-Brasília, Cuiabá-Porto Velho e Cuiabá-Santarém, exemplos dos chamados **eixos de integração**, no sentido sul-norte. O governo federal criou também projetos de frentes terrestres de penetração no sentido leste-oeste, com as rodovias Transamazônica e Perimetral Norte, as quais deveriam percorrer, respectivamente, as margens direita e esquerda do rio Amazonas. No entanto, desses projetos, somente o da Transamazônica foi concretizado, ligando o Maranhão ao estado do Amazonas.

Trecho da rodovia Transamazônica nas proximidades de Altamira, Pará, em 1972.

Para executar esses e outros projetos de ocupação e povoamento da região, o governo federal instituiu órgãos de planejamento, entre os quais se destacou a **Superintendência para o Desenvolvimento da Amazônia** (**Sudam**). Esse órgão estatal era responsável pela execução de projetos de colonização e exploração agropecuária e mineral, e pela criação de uma região de planejamento estabelecida para ser o principal alvo de investimentos estatais e privados: a Amazônia Legal (veja o mapa ao lado).

Fonte: IBGE. *Mapas*. 2015. Disponível em: <http://geoftp.ibge.gov.br/organizacao_territorial/amazonia_legal/amazonia_legal_2014.pdf>. Acesso em: 8 fev. 2016.

O papel da Sudam era viabilizar a infraestrutura necessária e conceder crédito bancário, por meio de bancos estatais, com juros extremamente baixos e benefícios fiscais, como a isenção de impostos a empresas que tivessem interesse em desenvolver suas atividades nessa região do país. Além disso, a Sudam foi responsável, como veremos, pela criação da chamada **Zona Franca de Manaus**, área industrial instalada em plena Floresta Equatorial.

Até a década de 1960, a economia da região amazônica estava baseada nas atividades extrativistas primárias. Os projetos econômicos promovidos com o incentivo do Estado, nos chamados **polos de desenvolvimento da Amazônia**, ligados, por exemplo, à exploração agropecuária, florestal e mineral, e ao desenvolvimento industrial, mudaram esse perfil. A Amazônia passou a representar uma região de **expansão da fronteira econômica nacional**, cuja ocupação ocorreu com base não só em empreendimentos agropecuários, mas também em atividades econômicas de naturezas diversas.

Fonte: IBGE. *Atlas escolar*. Disponível em: <http://mapas.ibge.gov.br/tematicos/amazonia-legal>. Acesso em: 8 fev. 2016. IBGE, *Atlas geográfico escolar*. 6. ed. Rio de Janeiro, 2012. p. 147.

As atividades agropecuárias e florestais

Para promover o desenvolvimento de atividades agropecuárias e florestais na região, a atuação do governo federal foi intermediada pelo **Instituto Nacional de Colonização e Reforma Agrária** (**Incra**) e pela Sudam, órgãos que estabeleceram distintas frentes de ocupação, a partir da década de 1970, principalmente em áreas próximas aos grandes eixos rodoviários. Essas frentes foram organizadas em três modalidades diferentes:

- **Pequenos núcleos urbano-rurais**: implantados para assentar famílias de migrantes, sobretudo nordestinos, nos estados do Amazonas, de Rondônia e do Pará. Nessas pequenas propriedades, desenvolvia-se a agricultura de subsistência, com o plantio de milho e feijão, entre outros produtos alimentícios, por meio de técnicas tradicionais de cultivo, como derrubada da floresta para iniciar o plantio e realização de queimadas para limpar os terrenos antes e depois das colheitas. Esses procedimentos provocaram, em poucos anos, o esgotamento do solo. Diante disso, e sem apoio técnico e financeiro do governo, muitas famílias se deslocaram em direção a novas áreas de ocupação no interior da região, estabelecendo-se como posseiras em latifúndios improdutivos ou em áreas devolutas.

- **Médias propriedades rurais**: vendidas por empresas de colonização de terras para migrantes provenientes do Centro-Sul, principalmente gaúchos, paranaenses, paulistas e catarinenses. Essas propriedades foram implantadas ao longo das rodovias federais e das estradas vicinais, que eram abertas em meio à floresta no norte do Mato Grosso, em Rondônia e em Tocantins. A criação de áreas de colonização intensificou o fluxo migratório em direção à Amazônia, fazendo surgir novas cidades e permitindo a abertura da região para a introdução de culturas agrícolas comerciais altamente mecanizadas, como as de soja, milho e algodão.

- **Grandes latifúndios empresariais**: imensas propriedades vendidas a baixo custo pelo Estado a grandes empresas nacionais e multinacionais. Essa modalidade de ocupação passou a exercer grande influência na organização do espaço geográfico amazônico, pois, geralmente, têm ocupado áreas isoladas no interior dos estados, desenvolvendo atividades ligadas à extração madeireira, ao reflorestamento e à pecuária extensiva. No entanto, uma parcela significativa desses latifúndios constitui mera área de especulação, ainda hoje intocada e à espera da valorização. De acordo com o Incra, apenas 1,6% dos proprietários rurais concentram 52,3% das terras em propriedades com mais de 1 000 hectares.

Apesar de todo o desenvolvimento verificado, as atividades agrícolas e pastoris, assim como a atividade madeireira, provocaram forte impacto ambiental na região, uma vez que exigiram a eliminação total ou parcial da floresta, mostrando-se, portanto, altamente danosas aos ecossistemas locais.

As imagens de satélite mostram pequenos núcleos urbanos e áreas de colonização agrícola localizados às margens de estradas abertas no meio da Floresta Amazônica, em Ariquemes (RO), em 1980 (à esquerda), e em 2010 (à direita). Observe o desflorestamento provocado pela ocupação agrícola na região nesse período.

As atividades de exploração mineral

Na década de 1970 foram descobertas na Amazônia importantes jazidas minerais – de ferro, cobre, manganês, ouro e cassiterita –, que atraíram para a região grandes mineradoras e milhares de trabalhadores em busca de emprego nas empresas ou nas áreas de garimpo. Assim, além das atividades agropecuárias e florestais, o desenvolvimento das atividades ligadas à exploração de recursos minerais, por meio da mineração industrial, realizada em grande escala, ou da garimpagem, teve papel fundamental no processo de ocupação da Amazônia.

Para fomentar esse desenvolvimento, a Sudam criou condições de infraestrutura que permitiam a exploração e o beneficiamento mineral no entorno das grandes jazidas. O órgão viabilizou, ainda, a construção de vias de escoamento da produção mineral – como a ferrovia que liga a região do **Projeto Grande Carajás**, na Serra dos Carajás, no Pará, ao porto de Itaqui, no Maranhão – e fontes de produção de energia elétrica, como a usina hidrelétrica de Tucuruí, no Pará. Todas essas ações causaram forte impacto socioeconômico e ambiental na região: intensificou-se o povoamento, surgiram novas cidades e houve dinamização da economia no entorno dos grandes projetos de infraestrutura e de exploração, transformando profundamente o espaço natural e, consequentemente, as paisagens da Amazônia.

Vista de mina aberta na floresta, em Eldorado de Carajás (PA), 2010.

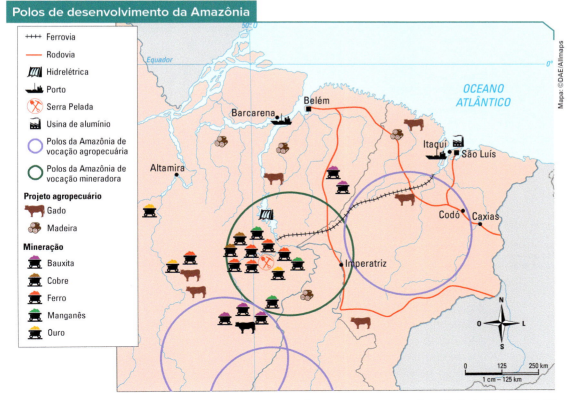

Fonte: ISTOÉ Brasil 500 anos: *Atlas histórico*. São Paulo: Três, 2003. p. 212.

Amazônia: A última fronteira Capítulo 27 435

Além da mineração industrial realizada em grande escala, a existência de ouro e diamantes de aluvião, nas margens ou no leito dos rios, intensificou a atividade do garimpo em diversos cursos de água da região. Essa atividade de exploração mineral atraiu grande quantidade de migrantes de todas as partes do país, principalmente nordestinos, mineiros e paulistas. Acredita-se que haja milhares de garimpeiros vivendo embrenhados na Floresta Amazônica, sobretudo em territórios indígenas, o que estaria ocasionando a desestruturação sociocultural desses povos em razão do aumento da violência, da proliferação de doenças contagiosas e do alcoolismo.

O forte crescimento das atividades de exploração mineral nas jazidas da região amazônica transformou o Brasil em um dos maiores produtores mundiais de ferro, bauxita e ouro. Entre os grandes compradores da maior parte desses minérios estão países da Europa, os Estados Unidos, a China e o Japão.

As atividades industriais

Além das ações referentes às atividades agropecuárias, florestais e de exploração mineral, coube à Sudam apoiar, como previsto, a instalação e o desenvolvimento de atividades industriais na Amazônia. Daí surgiu a **Superintendência da Zona Franca de Manaus** (**Suframa**), órgão responsável pela implantação de um distrito industrial em plena Floresta Equatorial, na periferia da capital amazonense.

O objetivo do Estado era atrair as indústrias para a Zona Franca, oferecendo isenção de impostos durante várias décadas àquelas que se instalassem para produzir, principalmente, bens de consumo duráveis de alta tecnologia. O resultado foi positivo. Empresas nacionais e várias multinacionais foram atraídas para esse distrito, gerando cerca de 62 mil empregos diretos e indiretos em Manaus. Veja o mapa abaixo.

Vista aérea da Alunorte, refinaria de alumina em Barcarena, perto da foz do Rio Amazonas. Foto de 2008.

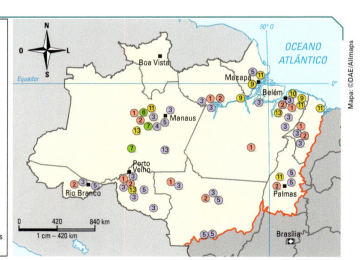

Fonte: ÍSOLA, Leda; CALDINI, Vera. *Atlas geográfico Saraiva*. São Paulo: Saraiva, 2013. p. 52.

A construção da Zona Franca foi um dos projetos industriais executados pela Sudam. O órgão estatal apoiou vários outros empreendimentos ligados à metalurgia e à siderurgia, para beneficiamento da matéria-prima extraída das jazidas de minérios existentes na região. Como consequência, desenvolveu-se, entre outros, o polo siderúrgico da Albras/Alunorte no município de Barcarena (reveja o mapa da página anterior), próximo a Belém. Nesse polo, transforma-se a bauxita extraída na Serra dos Carajás em alumínio, utilizado em metalúrgicas de todo o país e exportado principalmente para os Estados Unidos e o Japão.

▶ Os interesses econômicos e os povos da Floresta Amazônica

As centenas de milhares de famílias nordestinas que adentraram a região amazônica durante a economia da borracha, no final do século XIX e início do século XX, desencadearam um intenso processo de miscigenação da população, dando origem ao **caboclo**, resultante do encontro entre o indígena e o migrante. Assim, há mais de um século, nesse ambiente natural convivem povos indígenas e caboclos que trabalham como **seringueiros**, **castanheiros** e **ribeirinhos**. Essas pessoas desenvolvem, além das atividades extrativistas, a caça, a pesca e uma pequena agricultura de roçado, gerando recursos para milhares de famílias, com impacto relativamente baixo no meio ambiente regional.

Outro grupo que surgiu com a chegada de trabalhadores nordestinos foi o dos **posseiros**, agricultores migrantes que se apropriaram de terras devolutas ou de latifúndios improdutivos existentes na região, desenvolvendo geralmente agricultura de roçado itinerante, e produzindo basicamente alimentos. Estima-se que haja milhares de famílias de posseiros em toda a Amazônia Legal, vivendo e produzindo sem a propriedade da terra. Observe o mapa a seguir.

Coleta de látex na Floresta Nacional do Tapajós. Belterra, Pará, 2014.

Ribeirinho da comunidade de Urucureá pescando no Rio Arapiuns, afluente do Rio Tapajós. Santarém, Pará, 2013.

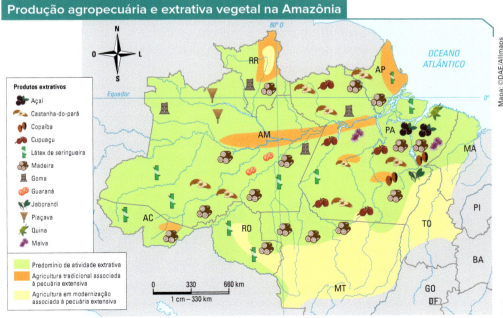

Fonte: IBGE. *Atlas geográfico escolar*. 6. ed. Rio de Janeiro, 2009.

Amazônia: A última fronteira   Capítulo 27   437

É possível afirmar que, desde a década de 1960, a realidade das populações amazônicas (de indígenas, extrativistas e posseiros) vem sofrendo profunda transformação por causa do surgimento de centenas de projetos econômicos para a exploração das riquezas naturais e para a colonização de terras. A região tornou-se destino de intensos fluxos migratórios (estima-se que cerca de 4 milhões de brasileiros tenham se deslocado para a Amazônia entre as décadas de 1960 e 1980), o que foi possível devido à implantação de infraestrutura nas áreas de transporte, energia e comunicações, como estradas de rodagem e rede elétrica e de telefonia. Em decorrência disso, o processo de apropriação do espaço natural amazônico pelo capital privado nacional e internacional tornou-se intenso, provocando o surgimento de novos grupos sociais, como os **fazendeiros** (pecuaristas e agricultores) e os **madeireiros**, oriundos sobretudo do Centro-Sul do país, e **das grandes empresas de exploração de minérios**, muitas com capital estrangeiro, que passaram a explorar de forma desordenada os recursos naturais da Amazônia.

Os madeireiros retiram apenas as árvores ditas "nobres", cuja madeira tem alto valor comercial, como o mogno, o cedro e o jacarandá. Mas a queda de uma grande árvore na floresta derruba muitas outras de menor porte, causando importante impacto no ecossistema. Na fotografia, toras de madeira sendo transportadas no interior do Pará, em 2015.

O atual processo de ocupação da floresta

Nas últimas décadas, o processo de ocupação da Amazônia vem ocorrendo com base no desflorestamento de extensas áreas – voltadas, por exemplo, à extração de madeira, à formação de pastos para a criação de gado bovino e às lavouras, sobretudo da soja –, impossibilitando, assim, as atividades extrativas tradicionais no interior de vários territórios indígenas, bem como nos seringais e nos castanhais. Ou seja, o avanço dos latifúndios agropecuários e madeireiros sobre as áreas indígenas e o processo de **grilagem** – que consiste na expansão de uma propriedade por meio da falsificação do documento que especifica a área, com a apropriação de posses vizinhas – têm resultado na desestruturação das formas de subsistência e da cultura de centenas de comunidades da região (leia o texto do boxe a seguir). Esses fatores têm intensificado as tensões sociais na Amazônia, que muitas vezes resultam em mortes, principalmente nos estados do Pará, de Mato Grosso e de Rondônia.

O esquema a seguir busca mostrar, de maneira simplificada, o processo de ocupação das áreas de fronteira econômica na Amazônia na atualidade.

O processo que ameaça a floresta e os povos da Amazônia

1. O madeireiro avança sobre a floresta, que pode ser uma área indígena, terra devoluta ou de posseiros, extraindo apenas as árvores nobres.

2. O pecuarista compra as áreas de mata do madeireiro, ateando fogo à floresta para eliminar a vegetação e formar pasto para o gado.

3. Com a valorização da soja no mercado internacional, fazendeiros compram as pastagens dos pecuaristas, introduzindo a cultura dessa *commodity* sobre as antigas áreas de floresta.

Floresta — Área de pastagem — Plantação de soja

Fonte: STIENNE, Agnès. Amazonie le bétail mange la forêt. *Le Monde Diplomatique*, Paris. abr. 2013. Disponível em: <www.monde-diplomatique.fr/cartes/betail_amazonie>. Acesso em: 19 jan. 2016.

As ameaças às terras indígenas

Veja o mapa abaixo e leia o texto a seguir, que tratam da atual situação das terras ocupadas por povos indígenas em nosso país e na região amazônica.

As terras tradicionalmente ocupadas pelos povos indígenas foram reconhecidas pela Constituição Federal de 1988 como sendo de posse permanente desses povos, com direito ao usufruto exclusivo das riquezas naturais nelas existentes. Constitucionalmente, este é um direito inalienável, indisponível e imprescritível. [...]

As terras indígenas na Amazônia Legal, como no restante do país, são extremamente vulneráveis, invadidas constantemente por madeireiros, garimpeiros, peixeiros, rizicultores, fazendeiros, posseiros, biopiratas e outros aventureiros em busca do lucro fácil. No sul do Pará, na terra indígena Kayapó, por exemplo, existe contrabando de mogno. Em Rondônia, terras indígenas continuam sendo arrasadas pela exploração ilegal de madeira e pelo garimpo. Em Roraima, na terra indígena Raposa Serra do Sol, fazendeiros praticam a monocultura do arroz usando agrotóxicos que envenenam os rios e os solos e provocam a mortandade dos pássaros. A terra indígena Yanomami até hoje não está livre da invasão garimpeira. A mais recente ameaça às terras indígenas na Amazônia vem da expansão do agronegócio, especialmente da monocultura da soja. No Mato Grosso, essa cultura é mais antiga; no sul do Amazonas, na região de Lábrea, as plantações mais recentes já são consolidadas e, nas terras de Roraima, os fazendeiros já têm prontos estudos de viabilidade e pretendem iniciar o plantio. As consequências da expansão do agronegócio na região amazônica estão relacionadas à degradação ambiental e à ameaça aos territórios já conquistados ou ainda reivindicados pelas populações tradicionais, entre elas os povos indígenas.

Fonte: *Instituto Socioambiental*: povos indígenas no Brasil. 2015. Disponível em: <http://pib.socioambiental.org/pt/c/terras-indigenas/demarcacoes/localizacao-e-extensao-das-tis>. Acesso em: 8 fev. 2016.

Mas o problema vai além, e está ligado ao modelo de desenvolvimento que o Estado brasileiro continua adotando não apenas para aquela região, mas para todo o país: um desenvolvimento voltado para atender às necessidades do mercado externo, no qual os recursos naturais sofrem toda a sorte de pressão e no qual as diversidades culturais e étnicas do país são vistas como entrave à expansão dos lucros ou à elevação do saldo da balança comercial. [...]

HECK, Egon; LOEBENS, Francisco; CARVALHO, Priscila D. Amazônia indígena: conquistas e desafios. In: *Estudos avançados*, São Paulo, v. 19, n. 53. 2005. p. 242. Disponível em: <www.scielo.br/pdf/ea/v19n53/24091.pdf>. Acesso em: 8 fev. 2016.

De acordo com as informações do texto e do mapa, responda: Qual é a situação da maior parte das áreas indígenas na Amazônia? Converse com os colegas, façam uma pesquisa individual sobre o assunto e tragam para a sala de aula as informações que coletarem.

Amazônia: A última fronteira **Capítulo 27** **439**

Saberes em foco

Os conhecimentos dos povos tradicionais da Amazônia

Como resultado do processo de ocupação da Amazônia ao longo dos séculos, é possível afirmar que existe nessa região grande diversidade sociocultural. Na Amazônia vivem cerca de 180 povos indígenas, totalizando aproximadamente 250 mil indivíduos, 357 comunidades de quilombolas e milhares de comunidades de seringueiros, ribeirinhos, castanheiros, açaizeiros, babaçueiros etc. Todos esses povos e comunidades possuem um conhecimento aprofundado a respeito dos fenômenos naturais e da biodiversidade existente na região. Entretanto, esse mesmo processo de ocupação vem ameaçando o domínio que as comunidades possuem sobre esses saberes. Isso porque, além de terem suas terras ameaçadas, esses povos também têm sido vítimas de outra forma de espoliação: a apropriação de seus conhecimentos empíricos a respeito da flora e da fauna amazônicas por instituições de pesquisa ou por empresas químicas e farmacêuticas. Por meio de agentes infiltrados nas comunidades, essas empresas obtêm informações sobre as propriedades orgânicas e terapêuticas de determinadas plantas, fungos e animais que vivem nos ecossistemas locais, levando clandestinamente o material coletado e as informações aos centros de pesquisa, que podem estar localizados no Brasil ou no exterior. Nesses locais, técnicos e cientistas, com base nos saberes daqueles povos, desenvolvem em laboratório novos materiais, como medicamentos, resinas e fibras, patenteando a "descoberta" e obtendo grandes lucros com a venda desses produtos no mercado internacional, prática denominada **biopirataria**.

Habitantes da Amazônia há milhares de anos, os indígenas acumularam preciosos conhecimentos sobre a região. Na imagem, indígenas da Aldeia Kamayurá pescam na Lagoa Iananpaú. Parque do Xingu, Mato Grosso, 2014.

▶ Expropriação de terras e a urbanização da Amazônia

Observe o mapa abaixo.

Fonte: IBGE. *Atlas escolar*. p. 114. Disponível em: <http://atlasescolar.ibge.gov.br/images/atlas/mapas_brasil/brasil_densidade_demografica.pdf>. Acesso em: 8 fev. 2016.

Ainda que a Amazônia mesmo sendo a região com as menores densidades demográficas do país, nas últimas décadas tem ocorrido crescimento acelerado da população. Durante a década de 1990, o índice de crescimento populacional médio na região foi de 3% ao ano, enquanto a média nacional não ultrapassou 1,65%.

Outro recorde de crescimento na região refere-se à taxa de urbanização, que saltou de 35%, no final da década de 1960, para os atuais 75%, mostrando que hoje a população amazônica vive predominantemente em cidades. Diferente do que vem ocorrendo nos demais complexos regionais, em que há concentração da população em cidades de médio e grande porte (entre 100 mil e 1 milhão de habitantes ou mais), na Amazônia as taxas de urbanização são maiores nas cidades pequenas, com até 50 mil habitantes. As exceções são alguns centros regionais e as metrópoles de Belém e de Manaus, cidades que abrigam, cada uma, mais de 1,5 milhão de habitantes. Esse intenso aumento da população urbana da região deve-se, em grande parte, aos seguintes fatores:

▶ O fracasso dos projetos agropecuários, principalmente daqueles voltados ao assentamento de pequenos produtores rurais.

▶ O intenso processo de concentração fundiária e de grilagem de terras de posseiros e indígenas, que levam grandes contingentes de famílias expropriadas a migrar em direção aos centros urbanos.

▶ Os processos de desapropriação de extensas áreas pelo governo federal para a implantação de projetos econômicos e de infraestrutura, como é o caso das hidrelétricas de grande porte.

Contudo, ao chegarem às cidades, o que os migrantes encontram são locais sem infraestrutura adequada para abrigá-los – já que muitas ainda não contam com sistema de distribuição de água ou de coleta de esgoto –, ruas sem calçamento e déficit de habitações e empregos. Dessa forma, ocorre a expansão dos bairros carentes.

A construção de usinas hidrelétricas de grande porte, como é o caso de Tucuruí e Belo Monte, no estado do Pará, de Jirau, em Rondônia, e de Balbina (esta última construída no rio Uatumã a fim de fornecer energia elétrica para a Zona Franca de Manaus), no estado do Amazonas, desabrigaram populações indígenas, além de ribeirinhos e agricultores, formando um grande contingente de expropriados. Boa parte dessas famílias se dirigiu aos centros urbanos principais da região, abrigando-se principalmente nos bairros periféricos. Na fotografia, habitações sobre palafitas na periferia de Altamira, Pará, em 2012.

Mulheres em foco

Bertha Becker e a floresta urbanizada

A geógrafa Bertha K. Becker (1930-2013) é reconhecida por unir, de maneira muito particular em sua produção científica, a teoria à pesquisa de campo. Dedicou boa parte de sua vida acadêmica ao entendimento da lógica de ocupação territorial do espaço amazônico. Para ter uma visão abrangente desse processo, visitava comunidades de ribeirinhos, aldeias indígenas, sindicatos de trabalhadores urbanos, comissões de pastorais da Igreja católica, entre outros segmentos sociais. Em seus últimos trabalhos, analisou o recente processo de concentração da população nas áreas urbanas, chamando a Amazônia de "a floresta urbanizada". Com 19 livros publicados e dezenas de artigos científicos, Becker é considerada referência internacional para aqueles que desejam conhecer um pouco melhor essa região, que cobre aproximadamente metade do território brasileiro e que chama a atenção do mundo na atualidade.

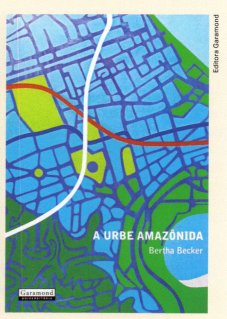

Acima, Berta Becker em foto de 2011. À direita, capa do seu livro *A urbe amazônida*, lançado em 2013, pouco antes de seu falecimento.

Unidade 7 Os complexos regionais brasileiros

▶ Amazônia: um domínio ameaçado

O domínio natural amazônico, embora compreenda uma vastidão de florestas, campos e cerrados, dispondo de imensa biodiversidade, apresenta grande fragilidade. Como vimos, os ecossistemas existentes no interior desse domínio relacionam-se intensamente uns com os outros; por isso, qualquer alteração em um de seus elementos deverá interferir nas particularidades dos demais. Um exemplo é o que provoca a derrubada de árvores para uso agrícola ou para a atividade de garimpo. A retirada da floresta elimina a serrapilheira, onde está a camada de húmus que fertiliza e protege os horizontes mais superficiais dos solos amazônicos. Sem ela, as camadas arenosas ficam expostas a intempéries, sobretudo às chuvas torrenciais que caem diariamente na região, causando a **laterização** dos solos e o assoreamento dos rios e igarapés.

> **Laterização:** processo de intemperismo típico de regiões de clima tropical ou equatorial, que provoca a formação de hidróxidos de ferro e/ou alumínio (laterita) nos solos, podendo deixá-los impróprios para a atividade agrícola.

Nas últimas décadas do século XX, o processo de ocupação e de exploração dos recursos naturais da Amazônia intensificou o ritmo de desflorestamento na região, ameaçando o equilíbrio dos ecossistemas e a biodiversidade existente nesse domínio natural, incluindo espécies da fauna e da flora ainda desconhecidas por estudiosos e cientistas.

Vários estudos, produzidos a partir da década de 2000, com base em levantamentos de campo e por sensoriamento remoto (imagens de radar e de satélites), têm ajudado o governo federal a monitorar a progressão da área desmatada na região amazônica e tomar medidas para diminuir o ritmo de derrubada da floresta. A maioria dos desmatamentos está em uma faixa de terras que vai do nordeste do Pará, passando pelo noroeste do Maranhão e do Tocantins, pelo norte do Mato Grosso e por Rondônia, até o Acre. É o chamado **arco de desflorestamento da Amazônia**.

Apesar das medidas adotadas, o ritmo de desflorestamento ainda é intenso: anualmente são desmatados cerca de 5 mil quilômetros quadrados de floresta, algo como três vezes e meia a área do município de São Paulo. Acompanhe no mapa ao lado a extensão do arco de desflorestamento e, na tabela da página seguinte, os dados sobre o ritmo de desmatamento da Floresta Amazônica nos últimos anos.

Garimpo ilegal dentro da Floresta Nacional do Jamari, em Itapuã do Oeste, Rondônia, 2015, que abriu enorme ferida na mata.

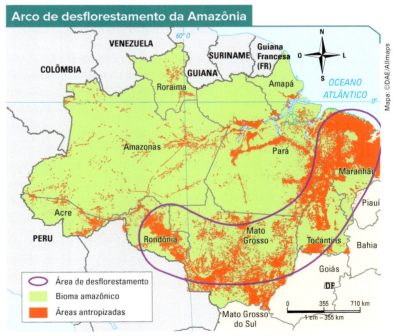

Arco de desflorestamento da Amazônia

Fontes: IBGE. *Atlas geográfico escolar.* Rio de janeiro, 2012. p. 103. Disponível em: <http://biblioteca.ibge.gov.br/index.php/biblioteca-catalogo?view=detalhes&id=264669>. VIANA, Dione Viero; PERES, Wagner Luiz. Embrapa Informática Agropecuária/Inpe. *Distribuição espacial dos focos de calor na Amazônia brasileira:* Arco do desmatamento. Anais 3º Simpósio de Geotecnologias no Pantanal, Cáceres, MT, 16-20 de outubro 2010. p. 768. Disponível em: <http://queimadas.cptec.inpe.br/~rqueimadas/material3os/2010_Viana_etal_Distribuicao_3SGP_DE3os.pdf>. Acessos em: 8 fev. 2016.

Amazônia: A última fronteira   Capítulo 27   443

Taxa de desmatamento anual (km²/ano)						
Estados\Ano	2009	2010	2011	2012	2013	2014
Acre	167	259	280	305	221	309
Amazonas	405	595	502	523	583	500
Amapá	70	53	66	27	23	31
Maranhão	828	712	396	269	403	257
Mato Grosso	1 049	871	1 120	757	1 139	1 075
Pará	4 281	3 770	3 008	1 741	2 346	1 887
Rondônia	482	435	865	773	932	684
Roraima	121	256	141	124	170	219
Tocantins	61	49	40	52	74	50
Amazônia Legal	**7 464**	**7 000**	**6 418**	**4 571**	**5 891**	**5 012**

Fonte: Inpe. *Projeto Prodes*. Disponível em: <www.obt.inpe.br/prodes/prodes_1988_2014.htm>.
Acesso em: 8 fev. 2016.

Ainda que nos últimos anos haja uma tendência de queda na taxa de desmatamento anual para a totalidade da Amazônia Legal, a tabela mostra uma variação no ritmo de derrubada da floresta entre os estados da região. Quais estados apresentaram queda mais significativa? Quais não apresentaram grandes mudanças? Houve estados onde a taxa de desmatamento cresceu? Se sim, quais são eles? Com base no que foi estudado no capítulo, você saberia explicar essa diferença de desmatamento entre os estados? Converse com os colegas sobre isso.

De olho no Enem – 2011

A Floresta Amazônica, com toda a sua imensidão, não vai estar aí para sempre. Foi preciso alcançar toda essa taxa de desmatamento de quase 20 mil quilômetros quadrados ao ano, na última década do século XX, para que uma pequena parcela de brasileiros se desse conta de que o maior patrimônio natural do país está sendo torrado.

AB'SÁBER, A. *Amazônia*: do discurso à práxis.
São Paulo: Edusp, 1996.

Um processo econômico que tem contribuído na atualidade para acelerar o problema ambiental descrito é:

a. expansão do Projeto Grande Carajás, com incentivos à chegada de novas empresas mineradoras.

b. difusão do cultivo da soja com a implantação de monoculturas mecanizadas.

c. construção da rodovia Transamazônica, com o objetivo de interligar a região Norte ao restante do país.

d. criação de áreas extrativistas do látex das seringueiras para os chamados povos da floresta.

e. ampliação do polo industrial da Zona Franca de Manaus, visando atrair empresas nacionais e estrangeiras.

Gabarito: B
Justificativa: Questão que avalia a compreensão, pelo aluno, do contexto em que ocorre o desmatamento amazônico. A alternativa **a** está incorreta, pois o Projeto Grande Carajás não pode ser apontado como uma transformação atual, já que foi implementado na década de 1980, e também, por ser gerenciado pela Vale, não atraiu outras mineradoras para a região. A alternativa **c** está incorreta, pois a rodovia Transamazônica também não representa uma novidade na região, visto que foi um projeto levado à cabo durante a ditadura militar no Brasil. Além disso, o traçado da rodovia não interliga a Amazônia a outras regiões brasileiras, uma vez que rasga a floresta. A alternativa **d** está incorreta, pois a atividade de extração do látex não provoca o desmatamento. A alternativa **e** está incorreta, pois o polo industrial da Zona Franca de Manaus não pode ser apontado como um fator que acelere o desmatamento amazônico, visto que as indústrias envolvidas instalam-se em um território restrito. A resposta correta está na alternativa **b**, já que o avanço do agronegócio na região pode ser apontado, na atualidade, como o principal fator responsável pelo desmatamento amazônico.

Os sistemas agroflorestais na Amazônia

Atualmente, são realizados muitos estudos voltados a desenvolver técnicas que amenizem o processo de desflorestamento na região amazônica, criando alternativas de uso da terra que sejam sustentáveis e economicamente viáveis a médio e longo prazo, sobretudo para os pequenos e médios produtores rurais. Entre essas alternativas estão os chamados **Sistemas Agroflorestais (SAFs)**. Conheça melhor essa técnica no texto a seguir.

Os SAFs são formas de uso e manejo da terra, nos quais árvores ou arbustos são utilizados em associação com cultivos agrícolas e/ou com animais, em uma mesma área, de maneira simultânea ou em uma sequência temporal.

Possuem uma grande semelhança com os ecossistemas naturais, apresentando uma elevada biodiversidade, complexa estrutura e grande acúmulo de biomassa gerada. Exploram a relação ecológica entre plantas e animais, preservam o solo através da ciclagem de nutrientes e combatem a erosão, aproveitam melhor a radiação solar e não necessitam de adubos químicos.

Acredita-se que a forma de degradação mais significativa na Amazônia seja "a perda da renda em potencial dos serviços ambientais, tais como a manutenção da biodiversidade, a ciclagem de água e o armazenamento de carbono", e os SAFs podem atuar diretamente na recuperação destes ambientes. Pesquisas recentes no noroeste do Mato Grosso revelam que os SAFs possuem papel de extrema importância na manutenção da fertilidade, cobertura e capacidade de retenção de água no solo, pois nesta região há um desgaste considerável neste compartimento devido às características ambientais locais. Além disso, estes sistemas podem funcionar como corredores ecológicos, pela sua estrutura e composição, provendo conectividade entre as áreas naturais e suporte para as atividades de alimentação e reprodução de espécies da região.

Estes sistemas de produção permitem o uso prolongado da terra, mantendo sua capacidade produtiva, e contribuem para a segurança alimentar de agricultores familiares. Contudo, sua implantação e manejo nos primeiros anos demandam acentuada força de trabalho, e, apenas a partir do quinto ano, contribuem de forma significativa com a estabilidade e diversificação de fonte de renda. Contudo, sua utilização possibilita uma estabilidade econômica a médio/longo prazo, pois oferece diversos produtos ao longo do ano, capaz de colocar no mercado produtos de acordo com a demanda. Dispensam investimentos elevados, já que não necessitam de fertilizantes e de defensivos, e sua manutenção é manual, necessitando de um pouco mais de tempo, porém dispensando o uso de máquinas, diminuindo os custos. [...]

OLIVEIRA, Nara Lina et al. Desenvolvimento sustentável e sistemas agroflorestais na Amazônia matogrossense. In: Confins: *Revista franco-brasileira de Geografia*, vol. 10, n. 10, 2010. Disponível em: <https://confins.revues.org/6778>. Acesso em: 8 fev. 2016.

Revisitando o capítulo

1. Defina:
   a. complexo regional da Amazônia;
   b. Amazônia Internacional;
   c. Amazônia Legal.
2. Cite cinco características naturais do bioma amazônico.
3. Qual é a importância da serrapilheira para a manutenção da Floresta Amazônica?
4. Explique, em poucas palavras, com base no texto "Onde há mais vida", da página 431, a relação entre a presença de populações tradicionais e o nível de biodiversidade existente em algumas regiões pesquisadas na Amazônia.
5. Na região amazônica, diversos endereços residenciais, industriais ou comerciais são indicados tomando-se como referência sua proximidade com determinados rios, como:

   Comércio de conservas. Margem esquerda do Rio Xarapocu, s/nº, Afuá-PA.
   ▶ Com base nesse exemplo, caracterize a importância da rede hidrográfica para a economia e para a população da região.
6. Elenque as principais iniciativas do Estado brasileiro para promover a "integração da Amazônia" ao território nacional.
7. Observe o mapa da fronteira econômica e do eixo de integração na Amazônia, na página 433, e responda:
   a. Como tem se caracterizado espacialmente a expansão da fronteira econômica na região?
   b. Como estão distribuídas as rodovias na região?
8. No processo de promoção do desenvolvimento das atividades agropecuárias e florestais no espaço amazônico, destaque as principais características dos pequenos núcleos urbano-rurais, das médias propriedades rurais e dos latifúndios empresariais.
9. De acordo com o mapa da página 436, como se caracteriza a indústria na Amazônia?
10. Quais são as principais ameaças aos conhecimentos tradicionais dos povos da Amazônia?
11. De acordo com o que foi estudado neste capítulo, e com o que você vê nos noticiários cotidianamente, o que tem desencadeado os conflitos de terra na Amazônia?
12. Por que, nas últimas décadas, vem ocorrendo um rápido processo de urbanização no complexo amazônico?
13. O que é o arco de desflorestamento da Amazônia? Com base no que você estudou neste capítulo, explique por que ele existe.

▶ **TRABALHANDO COM GÊNEROS TEXTUAIS**

A peça publicitária abaixo faz parte de uma campanha promovida pela ONG Instituto Peabiru. Leia com atenção.

1. De que trata a peça publicitária?
2. Qual é o objetivo do texto em forma de questionamento?
3. A qual processo estudado neste capítulo o texto se refere?
4. Em sua opinião, publicidades como essas são importantes? Procure saber a opinião dos colegas, conversando a respeito do tema e do conteúdo da campanha.

ANÁLISE DE MAPA

Observe no mapa abaixo os focos de queimada no território brasileiro registrados durante o mês de setembro de 2015, pelo satélite artificial NOAA.

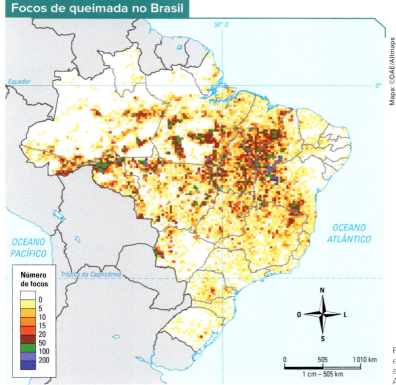

Fonte: CPTEC. Disponível em: <www.inpe.br/queimadas/anima_filmes.php>. Acesso em: 8 fev. 2016.

Agora, responda:

1. Utilizando como referência o mapa das regiões geoeconômicas brasileiras, da página 381, identifique no mapa acima em qual grande região (Centro-Sul, Nordeste ou Amazônia) está concentrado o maior número de focos de queimada.
2. Estabeleça relações entre a ocorrência dos focos de queimada e a área de abrangência do "arco de desflorestamento da Amazônia". Para isso, utilize o mapa desta página e o mapa da página 443.
3. É possível estabelecer relações entre os focos de queimada mostrados no mapa e a expansão da fronteira econômica no Brasil? Quais?

PESQUISA

Reúna-se com alguns colegas e pesquisem o conceito de desenvolvimento sustentável: seu significado e ações relacionadas a ele, entre outros tópicos.

Em seguida, busquem informações a respeito de atividades econômicas que causam pouco impacto ambiental à Floresta Amazônica. Proponham soluções que minimizem o processo de destruição desse bioma, utilizando o conceito de desenvolvimento sustentável.

Vocês deverão apresentar o resultado da pesquisa para os demais grupos, confrontando as informações encontradas por todos.

Enem e Vestibulares — Unidade 7

1. (Enem – 2009)

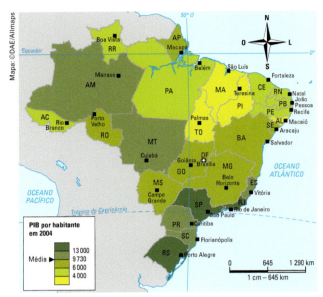

Fonte: CIATONNI, A. *Geographie. L' espace mondial*. Paris: Hatier, 2008.

A partir do mapa apresentado, é possível inferir que nas últimas décadas do século XX registraram-se processos que resultaram em transformações na distribuição das atividades econômicas e da população sobre o território brasileiro, com reflexos no PIB por habitante. Assim,

a. as desigualdades econômicas existentes entre regiões brasileiras desapareceram, tendo em vista a modernização tecnológica e o crescimento vivido pelo país.

b. os novos fluxos migratórios instaurados em direção ao Norte e ao Centro-Oeste do país prejudicaram o desenvolvimento socioeconômico dessas regiões, incapazes de atender ao crescimento da demanda por postos de trabalho.

c. o Sudeste brasileiro deixou de ser a região com o maior PIB industrial a partir do processo de desconcentração espacial do setor, em direção a outras regiões do país.

d. o avanço da fronteira econômica sobre os estados da Região Norte e do Centro-Oeste resultou no desenvolvimento e na introdução de novas atividades econômicas, tanto nos setores primário e secundário, como no terciário.

e. o Nordeste tem vivido, ao contrário do restante do país, um período de retração econômica, como consequência da falta de investimentos no setor industrial com base na moderna tecnologia.

2. (Enem – 2014)

A urbanização brasileira, no início da segunda metade do século XX, promoveu uma radical alteração nas cidades. Ruas foram alargadas, túneis e viadutos foram construídos. O bonde foi a primeira vítima fatal. O destino do sistema ferroviário não foi muito diferente. O transporte coletivo saiu definitivamente dos trilhos.

JANOT, L. F. *A caminho de Guaratiba*. Disponível em: <www.iab.org.br>. Acesso em: 9 jan. 2014 (adaptado).

A relação entre transportes e urbanização é explicada, no texto, pela

a. retirada dos investimentos estatais aplicados em transporte de massa.

b. demanda por transporte individual ocasionada pela expansão da mancha urbana.

c. presença hegemônica do transporte alternativo localizado nas periferias das cidades.

d. aglomeração do espaço urbano metropolitano impedindo a construção do transporte metroviário.

e. predominância do transporte rodoviário associado à penetração das multinacionais automobilísticas.

3. (UFRGS – 2015) A política para o desenvolvimento do governo Getúlio Vargas, no período do Estado Novo, priorizou

a. a tecnificação da agricultura para exportação.

b. a promoção da indústria de base, a exemplo da siderurgia.

c. a estatização dos meios de comunicação, com o surgimento da Embratel.

d. a produção de bens de consumo, a exemplo da indústria automotiva.

e. a privatização dos setores industriais de base.

4. (Unesp-SP – 2015)

> Observado de um ângulo distinto, o desenvolvimento da primeira metade do século XX apresenta-se basicamente como um processo de articulação das distintas regiões do país em um sistema com um mínimo de integração.
>
> FURTADO, Celso. *Formação econômica do Brasil*, 2013.

Considerando o processo histórico de desenvolvimento econômico e territorial brasileiro, ao longo da primeira metade do século XX, é correto afirmar que

a. o estabelecimento de redes comerciais protecionistas estimulou a produção cafeeira, a partir deste momento voltada ao sólido mercado consumidor nacional.

b. o fortalecimento do mercado interno reforçou o movimento de substituição das importações, fomentado na região Sudeste pela ação do Estado e do capital estrangeiro.

c. a adoção de superintendências locais financiou a modernização da economia açucareira do litoral nordestino, reinserindo-a no mercado internacional.

d. a implantação de um sistema nacional integrado solidificou os empreendimentos agroindustriais da Região Centro-Oeste, agora protegidos pelo planejamento desenvolvimentista nacional.

e. a articulação regional garantiu o crescimento da exploração aurífera em Minas Gerais, fornecendo subsídios técnicos e amplo mercado consumidor.

5. (Enem – 2010)

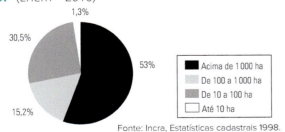

Fonte: Incra, Estatísticas cadastrais 1998.

O gráfico representa a relação entre o tamanho e a totalidade dos imóveis rurais no Brasil. Que característica da estrutura fundiária brasileira está evidenciada no gráfico apresentado?

a. A concentração de terras nas mãos de poucos.
b. A existência de poucas terras agricultáveis.
c. O domínio territorial dos minifúndios.
d. A primazia da agricultura familiar.
e. A debilidade dos *plantations* modernos.

6. (Fuvest-SP – 2015) O Movimento dos Trabalhadores Rurais Sem Terra (MST) foi criado em 1984, inserido em um contexto de

a. abertura política democrática no Brasil e de crescente insatisfação com as políticas agrárias nacionais então vigentes.

b. fortalecimento da ditadura militar brasileira e de aumento da imigração estrangeira para o país.

c. declínio da oposição armada à ditadura militar brasileira e de aumento da migração das cidades para o campo.

d. aumento da dívida externa brasileira e de disseminação da pequena propriedade fundiária em todo o país.

e. crescimento de demanda externa por *commodities* brasileiras e de grandes progressos na distribuição de terra, no Brasil, a pequenos agricultores.

7. (UFSC – 2015) Sobre urbanização, é correto afirmar que:

01. a forte urbanização brasileira pode ser explicada por vultosos investimentos em áreas degradadas dos principais centros urbanos, o que atraiu grande contingente de trabalhadores.

02. é possível haver crescimento urbano sem que haja urbanização. Esta só ocorre quando o crescimento urbano é superior ao rural.

04. a indústria se tornou forte atrativo para as cidades, o que ocasionou intenso êxodo rural.

08. o crescimento urbano no Brasil se deu de forma harmoniosa, não havendo grandes diferenças entre as regiões e as cidades industriais em franca expansão.

16. a cidade capitalista é a expressão do próprio modo de produção capitalista, com suas contradições e resistências de grupos menos privilegiados em relação a outros com maiores benefícios.

UNIDADE 8

A NOVA ORDEM MUNDIAL E A REGIONALIZAÇÃO DO ESPAÇO GLOBAL

Nesta unidade, discutiremos as principais características do processo de reorganização política e econômica mundial que se verifica nas últimas décadas. Assim, nos Capítulos de 28 a 30, estudaremos os fatos históricos e geopolíticos que determinaram a Nova Ordem Mundial, comandada pelas grandes potências econômicas (Estados Unidos, Reino Unido, União Europeia e Japão) e pelos países emergentes (Brasil, Rússia, Índia e China). No Capítulo 31, analisaremos algumas propostas de regionalização do espaço geográfico mundial, como a divisão do mundo entre países desenvolvidos e países subdesenvolvidos.

Pessoas, grupos e associações, em todo o mundo, se unem para dar um basta a décadas de violência, destruição e mortes promovidas por forças armadas, regulares ou não, desde a Segunda Guerra Mundial. Na foto, cidadãos de Coventry, Inglaterra, promovem manifestação a favor de refugiados sírios em março de 2016.

CAPÍTULO 28

O CAPITALISMO E O CENÁRIO GEOPOLÍTICO CONTEMPORÂNEO

▶ Geopolítica: um campo interdisciplinar

O século XX foi marcado por importantes acontecimentos geopolíticos em escalas local, regional e mundial. As manchetes reproduzidas abaixo se referem a alguns desses acontecimentos. Leia-as com atenção e observe as datas de publicação.

Soviéticos enviam cadela Laika ao espaço
Folha da Tarde, 3 nov. 1957.

Alemanha e Itália aliam-se ao Japão e mudam os rumos da guerra na Europa
Folha da Tarde, 27 set. 1940.

Começou a guerra na Europa
O Estado de S. Paulo, 1º set. 1939.

Renderam-se incondicionalmente aos exércitos aliados as forças germânicas de terra, mar e ar
Folha da Manhã, 8 maio 1945.

Revelada nos EUA e Inglaterra a invenção da arma de maior poder destruidor de toda a guerra
Folha da Manhã, 7 ago. 1945.

Comunistas dividem Berlim com muro e arame farpado
Folha da Tarde, 31 ago. 1961.

Você sabe o que é geopolítica? Já estudou a respeito ou ouviu falar dos acontecimentos destacados nas manchetes acima?

A palavra **geopolítica** é frequentemente usada em artigos publicados em jornais, em revistas e na internet, assim como em textos de livros didáticos, sobretudo nos de Geografia e de História.

O termo foi criado no início do século XX pelo jurista sueco Rudolf Kjellén (1864-1922) ao se referir às preocupações do Estado em relação a estratégias político-militares necessárias à manutenção da soberania territorial e à expansão de sua área de influência econômica e cultural nos planos regional e mundial.

Nesse sentido, a geopolítica envolve vários temas, desde as ações de guerra entre os países – como a ampliação da capacidade bélica, o recrutamento de contingentes militares (número de pessoas no serviço militar), as disputas ideológicas entre defensores de regimes econômicos diferentes (como ocorreu entre os partidários do socialismo e os adeptos do capitalismo) – até a defesa de patrimônios e recursos naturais (florestas, jazidas minerais, aquíferos etc.), essenciais ao desenvolvimento econômico de cada nação.

Marechal soviético Ivan Konev (1897-1973), à esquerda, e general americano Omar Bradley (1893-1981), ao centro, avaliam avanços das tropas aliadas em 1945.

A geopolítica é atualmente reconhecida como campo de estudo interdisciplinar, pois nas estratégias de disputa pelo poder estão envolvidos aspectos ideológicos, econômicos e bélicos, entre outros. Em razão disso, a geopolítica integra discussões que permeiam o trabalho de diferentes profissionais, como geógrafos, historiadores, economistas, biólogos, militares e cientistas políticos e sociais.

Unidade 8 A Nova Ordem Mundial e a regionalização do espaço global

Segunda Guerra Mundial: emergência de dois mundos

A Segunda Guerra Mundial foi um conflito armado que ocorreu entre 1939 e 1945 e envolveu vários países, tendo como palcos principais o continente europeu e o Leste e o Sudeste Asiáticos. Esse fato histórico provocou grandes transformações no cenário geopolítico internacional, pois envolveu as maiores **potências econômicas** da época.

> **Potência econômica:** nação altamente desenvolvida em termos econômicos e com influência política e militar de alcance mundial.

O conflito foi travado basicamente entre dois grupos de países: o dos chamados **países do Eixo** – Alemanha, Itália e Japão – e o dos **países Aliados**, liderados por Estados Unidos, União Soviética, Inglaterra e França.

De maneira geral, foram as aspirações de expansionismo territorial dos países do Eixo que levaram à eclosão da Segunda Guerra. A partir de 1938, a Alemanha invadiu, em um curto intervalo de tempo, diversos países da Europa, como a Tchecoslováquia (atuais República Tcheca e Eslováquia), a Áustria, a Bélgica e parte do território francês, contando com o apoio irrestrito da Itália. Aproximadamente no mesmo período, o Japão invadiu diversas áreas coloniais do Sudeste Asiático antes dominadas por alguns países Aliados europeus, além da Manchúria (território chinês) e de parte do território soviético.

Após mais de meia década de intensos combates, os países do Eixo foram derrotados: primeiro declinou a Itália, em 1943, depois a Alemanha, em maio de 1945, e a seguir o Japão, em agosto do mesmo ano.

Desembarque das tropas aliadas na Normandia, França, em 6 de junho de 1944. Começava a corrida para evitar que os russos ocupassem toda a Europa após a vitória sobre os alemães em Stalingrado.

A rendição do Exército japonês se deu após a detonação de duas bombas atômicas, pelos Estados Unidos, nas cidades japonesas de Hiroshima e Nagasaki, ação que colocou fim ao conflito. As bombas lançadas sobre as duas cidades japonesas revelam o poder destrutivo que a potência estadunidense havia alcançado já naquela época. Os ataques a Hiroshima e Nagasaki consistem em uma das maiores demonstrações de violência registradas na história da humanidade. O texto a seguir relata o que ocorreu minutos antes do lançamento de uma das bombas.

Cinzas de Hiroshima

O dia 6 de agosto de 1945 em Hiroshima foi pouco diferente de outras segundas-feiras daquele ano de escassez, derrota, evacuação e trabalho forçado. As mulheres em quase todas as casas estavam preparando o desjejum nos fogareiros de carvão que faziam às vezes de aquecedores também. As equipes de trabalhadores estavam se reunindo ou iniciando seus afazeres. Entre eles havia vários de fora da cidade, grupos enviados para Hiroshima a fim de acelerar o trabalho de demolição e prevenção de incêndios.

Ocupadas em suas diversas tarefas matutinas, a maioria das pessoas de Hiroshima deu pouca atenção ao alerta aéreo que soou nove minutos depois das sete. As que olharam para cima ao ouvirem o débil ronco dos motores, se tinham boa vista perceberam um único B-29 voando muito alto. Provavelmente era um avião de sondagem meteorológica do tipo que amiúde sobrevoava a cidade na parte da manhã. Ele atravessou a cidade duas vezes e, a seguir, às 7h e 25m, afastou-se em direção ao mar. [...]

Ao soar o sinal de fim de alerta em Hiroshima, às 7h e 31m de 6 de agosto, pouco se alterara o ritmo da vida da cidade. A maioria das pessoas estava demasiado ocupada [...] para prestar atenção ao alerta. [...]

Às 8h e 15m as poucas pessoas de Hiroshima que avistaram outra pequena formação de aviões notaram que três paraquedas se abriam depois de saírem de um dos aparelhos. Tinham sido lançados do avião encarregado de medir a rajada e a radiação; sustentavam instrumentos para transmitir pelo rádio aquelas medições. Vendo os paraquedas, algumas pessoas deram vivas, imaginando que os aviões inimigos estivessem em dificuldade e que as tripulações estivessem saltando.

Durante uns 45 segundos não houve mais nada no céu claro sobre a cidade além dos paraquedas. Subitamente, sem um som, não existia mais céu sobre Hiroshima.

Para os que sobreviveram, a recordação do primeiro instante da explosão atômica sobre Hiroshima é de pura luz, ofuscante e intensa, mas de assustadora beleza e variedade. Uma testemunha descreveu um clarão que passou de branco a cor-de-rosa e depois a azul, à medida que se elevava e expandia. Outros tiveram a impressão de ver "cinco ou seis cores brilhantes" numa luz branca que lhes lembrava – esta talvez tenha sido a descrição mais generalizada – uma imensa lâmpada de instantâneos fotográficos explodindo em cima da cidade.

A única impressão foi visual. Se houve som, ninguém ouviu. Milhares nada viram tampouco. Foram incinerados no local onde estavam, sob o calor que converteu o centro de Hiroshima em gigantesco forno. [...]

KNEBEL, Fletcher; BAILEY II, Charles W. Cinzas de Hiroshima. In: *História secreta da última guerra*. Rio de Janeiro: Ypiranga, 1962.

Galerie Bilderwelt/The Bridgeman Art Library/Keystone Brasil

Cidade de Hiroshima, Japão, destruída após o lançamento da bomba atômica, em agosto de 1945.

454 **Unidade 8** A Nova Ordem Mundial e a regionalização do espaço global

Pós-guerra e a emergência das superpotências

Ao final da Segunda Guerra Mundial, em 1945, grande parte dos países europeus encontrava-se arrasada. Calcula-se que, somente na Europa, tenham morrido cerca de 15 milhões de pessoas vítimas de bombardeios ou de confrontos armados ocorridos durante o conflito. Residências, indústrias, áreas agrícolas, pontes, rodovias, ferrovias, portos e até mesmo cidades inteiras foram destruídas, e potências imperialistas coloniais, como a Inglaterra, a França e a Holanda, além da Alemanha e da Itália (nações derrotadas), mergulharam em um período de profunda depressão econômica. Em oposição à situação de recessão em que se encontrava a maioria dos países do mundo no pós-guerra, os Estados Unidos viviam grande prosperidade econômica nesse período.

Durante a Segunda Guerra Mundial, diversas cidades europeias sofreram bombardeios aéreos, o que levou à destruição de algumas delas. A fotografia, tirada em 1945, mostra a cidade de Dresden, na Alemanha, que foi bombardeada pelos aliados diversas vezes.

O keynesianismo e a emergência dos Estados Unidos

No decorrer da Segunda Guerra Mundial, os Estados Unidos passaram por uma ampla reforma econômica promovida pelo Estado, com base no **keynesianismo**, doutrina econômica formulada por John M. Keynes (1883-1946) segundo a qual a solução para as crises econômicas e para o desemprego estaria na intervenção direta do Estado na economia. Uma das medidas intervencionistas consistia em obrigar os proprietários dos meios de produção a reaplicar seus lucros no setor produtivo, criando novos postos de trabalho e, consequentemente, aumentando o consumo e a distribuição de renda.

O apoio estatal à iniciativa privada fortaleceu sobretudo os setores agrícola e industrial, gerando empregos e desenvolvendo a economia nacional. Nesse mesmo momento histórico, os Estados Unidos também se destacavam nas áreas tecnológica e bélica – exemplo disso são as armas nucleares utilizadas contra o Japão.

Além disso, o território estadunidense, geograficamente distante das áreas de combate, não sofreu ataques aéreos ou por terra durante o conflito. Assim, ao final da Segunda Guerra os Estados Unidos despontavam como a maior potência capitalista do mundo, tanto do ponto de vista econômico quanto nos aspectos político e militar.

Enquanto muitas pessoas viviam a recessão econômica nos países arrasados pela Segunda Guerra Mundial, nos Estados Unidos as famílias desfrutavam os benefícios do progresso econômico alcançado pelo país. Na fotografia ao lado, uma família estadunidense assistindo à televisão em 1956.

O capitalismo e o cenário geopolítico contemporâneo Capítulo 28

A Organização das Nações Unidas (ONU)

Em 1945, diversas nações, abaladas pela experiência de duas grandes guerras ocorridas em cerca de apenas meio século, uniram-se para criar um organismo internacional que coibisse os conflitos armados no mundo.

Assim surgiu a **Organização das Nações Unidas (ONU)**, a primeira organização de alcance universal voltada a manter a paz e incentivar a cooperação entre as nações nas áreas cultural, econômica e humanitária, garantindo a todos os povos o direito à liberdade de expressão.

Com sede na cidade de Nova York, nos Estados Unidos, a ONU é composta de uma série de órgãos e de agências especializadas. Estas são encarregadas de reconhecer as condições político-militares, socioeconômicas e ambientais dos diversos países, assim como de promover a unidade e o desenvolvimento em várias partes do mundo.

Entre suas agências mais atuantes estão a Food and Agriculture Organization (FAO), com sede em Roma, e a United Nations Educational, Scientific and Cultural Organization (Unesco), com sede em Paris. Os órgãos deliberativos, ou seja, aqueles que analisam, discutem e tomam as decisões a respeito das ações a serem executadas pela Organização, são a **Assembleia Geral**, que reúne representantes de todas as nações-membros, e o **Conselho de Segurança**, responsável por definir as estratégias na área político-militar, ambos localizados na sede da organização, em Nova York.

ORGANOGRAMA DO SISTEMA ONU. Disponível em: <https://nacoesunidas.org/organismos/organograma>. Acesso em: 23 fev. 2016.

Desde a primeira Assembleia Geral das Nações Unidas, em 1947, é o presidente do Brasil que, todos os anos, dá início à reunião. Na fotografia, a presidente Dilma Rousseff abre os trabalhos da Assembleia Geral da ONU em setembro de 2015.

O símbolo da ONU é uma projeção azimutal que permite a visualização de toda a superfície terrestre a partir de um ponto central neutro: o Polo Norte.

A ascensão soviética e a ordem bipolar

Na Segunda Guerra Mundial, a União Soviética sofreu muitas baixas, mas saiu vitoriosa do conflito: anexou vários territórios e conseguiu desenvolver a tecnologia necessária para a fabricação de armas nucleares. De posse dessa tecnologia, os soviéticos ampliaram sua área de influência no Leste Europeu, mantendo efetivos militares em diversos países da região, já que tinham o maior exército do planeta. O objetivo era aproveitar a situação de fragilidade em que se encontravam essas nações para implantar o regime socialista, alinhando seus governos aos interesses soviéticos.

Após o término da Segunda Guerra, os soviéticos retomaram seu crescimento econômico. Na fotografia, operários em fábrica de fornos de cozinha, na antiga União Soviética, em 1954.

Os Estados Unidos e a União Soviética passaram a ser reconhecidos como **superpotências**, sobretudo em razão do controle da tecnologia nuclear, que lhes garantia supremacia militar, e da capacidade de criar áreas de influência econômica e geopolítica em nível mundial.

Os Estados Unidos tornaram-se líderes do conjunto dos países que se desenvolviam sob o sistema econômico capitalista, e a União Soviética passou a liderar o bloco dos países que aderiram ao sistema socialista.

Assim, tomava corpo uma ordem geopolítica mundial bipolar, formada por dois centros de poder: **o estadunidense (capitalista)** e o **soviético (socialista)**, com suas respectivas áreas de influência, compostas de nações que apoiavam esta ou aquela superpotência.

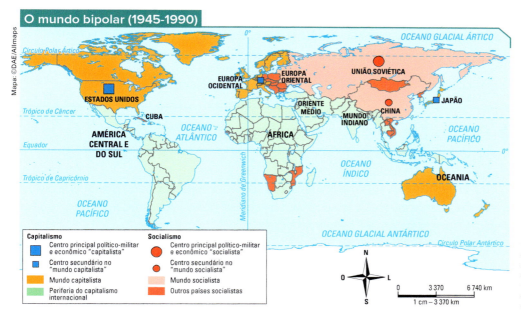

Fonte: VESENTINI, José William. *O ensino de Geografia e as mudanças recentes no espaço geográfico mundial*. São Paulo: Ática, 1992. p. 25. Disponível em: <www.geocritica.com.br/Arquivos%20PDF/Folheto01.pdf>. Acesso em: 23 fev. 2016.

Observe o mapa acima, comparando as áreas de influência das duas superpotências no período do pós-guerra. Procure identificar os países que compunham cada área de influência, a extensão territorial de cada uma dessas áreas, entre outros aspectos. Verifique qual é o centro de poder pelo qual o Brasil passou a ser influenciado naquela época.

De olho no Enem – 2012

Disponível em: <http://quadro-a-quadro.blog.br>. Acesso em: 27 jan. 2016.

Com sua entrada no universo dos gibis, o Capitão chegaria para apaziguar a agonia, o autoritarismo militar e combater a tirania. Claro que, em tempos de guerra, um gibi de um herói com uma bandeira americana no peito aplicando um sopapo no *Führer* só poderia ganhar destaque, e o sucesso não demoraria muito a chegar.

COSTA, C. *Capitão América, o primeiro vingador*: crítica. Disponível em: <http://revistastart.com.br>. Acesso em: 27 jan. 2012 (adaptado).

A capa da primeira edição norte-americana da revista do Capitão América demonstra sua associação com a participação dos Estados Unidos na luta contra

a. a Tríplice Aliança, na Primeira Guerra Mundial.

b. os regimes totalitários, na Segunda Guerra Mundial.

c. o poder soviético, durante a Guerra Fria.

d. o movimento comunista, na Guerra do Vietnã.

e. o terrorismo internacional, após 11 de setembro de 2001.

Gabarito: B

Justificativa: O termo *fürer*, presente no texto apresentado como suporte, tornou-se célebre para designar Adolf Hitler, líder supremo da Alemanha no período nazista, um dos mais expressivos regimes totalitários do século XX, que foi derrotado na Segunda Guerra Mundial. A simbologia representada pela imagem do Capitão América agredindo o líder alemão está interpretada corretamente na alternativa **b**. A alternativa **a** está incorreta, pois o período retratado é o da Segunda Guerra (1939-1945), e não da Primeira Guerra (1914-1918), quando foi formada a "Tríplice Aliança", mesmo que esta tenha contado também com a inclusão da Alemanha. A alternativa **c** está incorreta, pois o período da Guerra Fria só aconteceu após o término da Segunda Guerra Mundial e a derrota de Hitler, e tinha como principais rivais e protagonistas EUA e URSS, com a Alemanha desempenhando um papel geopolítico secundário. A alternativa **d** também apresenta um período histórico posterior ao retratado no comando da questão, visto que a Guerra do Vietnã é um dos eventos mais marcantes do período da Guerra Fria. Finalmente, a alternativa **e** está incorreta e revela a dificuldade de localização temporal de quem a assinala, já que os EUA só vão voltar suas forças militares para combater prioritariamente o terrorismo no início do século XXI, muitas décadas após o término da Segunda Guerra Mundial.

▶ Os sistemas econômicos dominantes no pós-guerra

A ampliação das áreas de influência das duas superpotências no pós-guerra dividiu o mundo entre as nações que adotavam o capitalismo e as que adotavam o socialismo, situação que perduraria até o final da década de 1980.

Antes de analisar como esses sistemas econômicos difundiram-se pelo mundo, consolidando a ordem bipolar, vamos conhecer as principais características de cada um deles.

O sistema capitalista

Negros escravizados lavam cascalho em busca de diamantes em Mandanga, no Vale do Jequitinhonha, Minas Gerais, nc século XVIII. Gravura de D. K. Bonatti.

Desde sua origem, na Europa do século XV, o capitalismo passou por diferentes etapas ou fases, e constitui hoje o modo de produção predominante no mundo.

Em seu processo histórico de consolidação, o capitalismo caracterizou-se como comercial, industrial e monopolista ou financeiro. A seguir estão descritas cada uma dessas etapas.

O capitalismo comercial

A etapa do capitalismo comercial estendeu-se do final do século XV até meados do século XVIII. Foi marcada pela chamada **Expansão Marítima**, momento histórico em que as potências marítimo-mercantes da época (Portugal, Espanha, Inglaterra, Holanda, entre outras) ampliaram suas relações comerciais e conquistas territoriais em diversas partes do mundo, estabelecendo colônias na América, na África e na Ásia. Nesses territórios, passaram a explorar as riquezas naturais (como minerais, especiarias e produtos agrícolas tropicais) e a força de trabalho dos povos nativos, o que tornou possível a acumulação de capitais para o desenvolvimento da manufatura e, mais tarde, da atividade industrial na Europa. O capitalismo comercial estabeleceu as bases da primeira **Divisão Internacional do Trabalho (DIT)**, caracterizada pelo fornecimento de matérias-primas pelas colônias às metrópoles (nações mercantes europeias) e de produtos manufaturados produzidos nas metrópoles para as colônias.

458 **Unidade 8** A Nova Ordem Mundial e a regionalização do espaço global

O capitalismo industrial

A etapa do capitalismo industrial teve início na segunda metade do século XVIII, com o advento da **Revolução Industrial**, e durou até fins do século XIX. Foi caracterizada pela consolidação da indústria moderna como principal atividade econômica. Assim, a exploração colonial e o comércio ultramarino deixaram de ser o principal mecanismo de acumulação de riquezas das metrópoles europeias para dar lugar à produção de mercadorias industrializadas em larga escala. Nessa fase, a economia das potências europeias passou a ser regida pelo **liberalismo**, doutrina econômica que destacava a livre concorrência como mecanismo de regulação do mercado, baseado na **lei da oferta e da procura**: quando a oferta de um produto é maior que a procura por ele, os preços diminuem; mas, quando a procura supera a oferta, os preços tendem a aumentar. Segundo essa teoria, proposta pelo filósofo e economista escocês Adam Smith (1723-1790), o Estado não deveria intervir na dinâmica do mercado, que por si só encontraria o equilíbrio entre a escassez e a abundância de produtos.

Representação do trabalho de africanos escravizados em uma plantação de algodão nos Estados Unidos, sec. XIX. As grandes lavouras desse produto agrícola nas áreas coloniais forneceram a matéria-prima necessária para o incremento da indústria têxtil nas metrópoles.

O capitalismo industrial consolidou a primeira DIT – aquela estabelecida entre metrópoles e colônias –, mas com algumas distinções: as colônias especializaram-se na produção de matérias-primas baratas para as indústrias europeias, com o avanço das áreas de mineração e de monocultura de produtos tropicais (algodão, cana-de-açúcar, borracha, café, entre outros.). As metrópoles, por sua vez, vendiam produtos industrializados para as colônias.

A produção em larga escala permitiu às metrópoles a ampliação das vendas e dos lucros, que foram reinvestidos no desenvolvimento de tecnologias aplicáveis à produção industrial. Consolidava-se, assim, uma situação de subordinação econômica e tecnológica das colônias às grandes potências europeias.

O capitalismo monopolista ou financeiro

A etapa do capitalismo monopolista ou financeiro consolidou-se nas primeiras décadas do século XX e estende-se até os dias atuais. Tem como principal característica o processo de concentração de capital nas mãos de um número reduzido de empresas, os chamados **monopólios**. O sistema de livre concorrência, que marcou a etapa do capitalismo industrial, favoreceu as empresas de grande porte, que passaram a controlar a oferta dos produtos e, consequentemente, os preços e os serviços no mercado em que atuam. Outra característica dessa etapa do capitalismo é a importante participação dos bancos na economia – essas instituições financiam a produção industrial e agrícola, assim como os setores comercial e de serviços.

Localizadas nos principais centros financeiros mundiais, as bolsas de valores comercializam títulos e ações de empresas de capital aberto, sejam públicas ou privadas. As transações econômicas realizadas nas bolsas de valores possibilitam lucros rápidos durante a compra e a venda das ações, desde que os investidores escolham o momento certo, de cotação baixa ou alta. Na fotografia, a Bolsa de Valores de Nova York (NYSE), nos Estados Unidos, em 2016.

Bolsa de valores: instituição na qual se realizam transações de compra e venda de títulos e ações.

No capitalismo financeiro, a maior parte das empresas abre seu capital, ou seja, disponibiliza suas ações para serem negociadas em **bolsas de valores** e, assim, passa a ter, além dos acionistas majoritários, milhares de outros pequenos acionistas. A capitalização viabilizada pela negociação de ações possibilita às grandes empresas (europeias, estadunidenses e japonesas) expandir suas atividades para outros países, sobretudo para os do Terceiro Mundo. Parte das empresas que se consolidaram nessa fase do capitalismo transformou-se em **corporações multinacionais** ou **transnacionais** (que têm sede no país de origem e filiais ou subsidiárias em território estrangeiro), o que possibilita a diminuição dos custos de produção, devido principalmente à utilização de mão de obra barata e à proximidade das fontes de matéria-prima.

Na etapa do capitalismo monopolista ou financeiro, a DIT tornou-se mais complexa, pois posicionaram-se de um lado os **países desenvolvidos**, criando novas tecnologias e produzindo bens industrializados, e de outro os **países subdesenvolvidos independentes** – colônias e ex-colônias, divididas entre aquelas que continuaram a produzir exclusivamente recursos primários (agrícolas e minerais) e as nações tardiamente industrializadas, que passaram a produzir bens para o mercado interno e para exportação. Veja os esquemas a seguir.

DIT no capitalismo comercial

Colônias

Metais preciosos, especiarias e produtos agrícolas tropicais →

← Produtos manufaturados

Metrópoles

DIT no capitalismo industrial

Colônias

Minérios e produtos agrícolas tropicais →

← Produtos industrializados

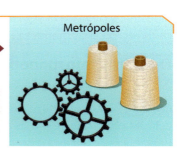
Metrópoles

DIT no capitalismo monopolista (fase clássica)

Colônias e ex-colônias (países subdesenvolvidos)

Matérias-primas minerais e agrícolas e produtos industrializados →

← Produtos industrializados, tecnologia e investimentos financeiros

Metrópoles (países desenvolvidos)

Elaborado pelos autores.

Unidade 8 A Nova Ordem Mundial e a regionalização do espaço global

Aspectos fundamentais do capitalismo

Vimos que o capitalismo evoluiu como sistema econômico, mudando a organização da economia e da sociedade e interferindo na DIT de acordo com as particularidades de cada momento histórico. Contudo, alguns aspectos fundamentais caracterizaram o capitalismo em todas as suas etapas. São eles:

▶ Sociedade dividida em classes

O capitalismo envolve as seguintes classes sociais: a dos **empresários** ou **capitalistas**, que são os proprietários dos meios de produção, sejam eles indústrias, comércios, propriedades rurais, empresas prestadoras de serviços ou mesmo acionistas de grandes corporações; a dos **empregados assalariados**, que vendem sua força de trabalho aos empresários em troca de um salário; e a dos **servidores públicos**, que trabalham em órgãos ou instituições estatais, seja em nível municipal, estadual ou federal. A divisão de classes, sobretudo entre empresários e empregados, resulta em uma desigualdade social inerente a esse sistema econômico, já que a acumulação de capital pelo empresariado só é possível por meio da exploração da força de trabalho assalariada. De maneira geral, as desigualdades sociais são mais profundas nos países subdesenvolvidos e menos acentuadas nos países desenvolvidos. Atualmente, a **divisão social do trabalho** é mais complexa, em razão, por exemplo, da emergência de novas atividades profissionais, do aumento do setor informal e do elevado número de **profissionais autônomos** – daí uma parcela significativa dos trabalhadores não mais se ajustar à divisão histórica de classes sociais.

▶ Predomínio da propriedade privada

No sistema capitalista, as pessoas são livres para comprar imóveis, abrir empresas, investir em aplicações financeiras etc., desde que possuam capital. Como esse sistema econômico desenvolve-se por meio da exploração da força de trabalho assalariada, os rendimentos obtidos por boa parte dos trabalhadores não são suficientes para que eles se tornem proprietários, de modo que os meios de produção se concentram nas mãos de uma parcela muito pequena da população: a dos empresários.

Nos países capitalistas subdesenvolvidos, as desigualdades sociais são muito acentuadas, como ocorre em diversas regiões da América Latina. Na foto aérea, vista do bairro Punta Pacífica, na cidade do Panamá, Panamá em 2013.

> ▶ Busca do lucro e acumulação de capital

A livre concorrência entre as empresas, condição viabilizada pela economia de mercado, permite aos empresários (capitalistas) buscar sempre a maior margem de lucros possível para seus negócios. Eles investem em novas tecnologias, visando ao aumento da produtividade de suas empresas por meio da redução dos custos de produção e do valor final das mercadorias e dos serviços, tornando-os mais competitivos no mercado. Dessa forma, os lucros tendem a crescer, o que permite a progressiva acumulação de capital.

> ▶ Economia de mercado

Na economia de mercado, os preços dos bens e dos serviços são geralmente definidos pela **livre concorrência** – ou seja, pela competição entre as empresas, que disputam consumidores de seus produtos e serviços. A produção é dirigida ao comércio e os preços são regulados basicamente pela **lei da oferta e da procura**. Contudo, muitas vezes, corporações e grupos de empresas de um mesmo setor estabelecem acordos que infringem a livre concorrência. Nessas situações, as empresas geralmente atuam de forma coordenada, fixando os preços dos produtos, regulando a oferta das mercadorias e das matérias-primas ou, ainda, demarcando territórios para a atuação de cada uma, o que configura os chamados **cartéis**. Em diversos países – como é o caso do Brasil –, a ação cartelizada de empresas é ilegal, e o Estado intervém quando necessário.

3DProfi/Shutterstock.com

No capitalismo, as empresas competem entre si para oferecer produtos e serviços que atendam às necessidades dos consumidores, seja em termos de qualidade ou de preço.

Intervencionismo estatal *versus* neoliberalismo

Na década de 1930, em razão do desequilíbrio de forças – presente em muitos países – entre os grandes monopólios e as médias e pequenas empresas, o Estado passou a interferir na economia, financiando a produção em diversos segmentos. Além disso, foram fundadas empresas estatais de atuação em setores estratégicos, como os de infraestrutura (siderurgia, transportes, geração de energia, entre outros) e de pesquisa científica e tecnológica (aeroespacial, biotecnológica etc.).

Mesmo com o atual avanço do **neoliberalismo**, doutrina econômica que procura adaptar os postulados do liberalismo ao capitalismo dos dias atuais – por meio, por exemplo, da privatização de empresas estatais e da ampliação do comércio externo –, é grande a participação do Estado na regulação do mercado, tanto nos países ricos industrializados como nos países subdesenvolvidos.

O sistema socialista

No final do século XVIII, despontaram na Europa diversos movimentos de trabalhadores cujos ideais eram contrários à ordem imposta pelo capitalismo, sobretudo no que se referia à exploração a que eram submetidos e às desigualdades sociais que esse sistema econômico gerou durante a Primeira Revolução Industrial. Foi nesse contexto histórico que surgiu o socialismo, doutrina que fundamentou a crítica ao capitalismo e a luta pela instauração de uma nova sociedade, mais justa e igualitária.

Unidade 8   A Nova Ordem Mundial e a regionalização do espaço global

A princípio, os socialistas não sabiam como criar uma sociedade alternativa, o que tornava suas ideias impraticáveis. Essa foi a fase do chamado **socialismo utópico**, movimento que se configurou apenas como uma grande aspiração à mudança, ideário difundido na Europa por nomes como François-Charles Fourier (1772-1837) e Robert Owen (1771-1858).

Durante o século XIX, as ideias socialistas foram retomadas por alguns pensadores, entre os quais os filósofos alemães Karl Marx (1818-1883) e Friedrich Engels (1820-1895). Marx e Engels realizaram uma profunda análise histórica do capitalismo, desvendando a origem das desigualdades sociais e a maneira como esse sistema ou modo de produção é engendrado pelos agentes econômicos. O conjunto de suas ideias e formulações, conhecido como **socialismo científico**, constituiu a base teórica de diversos movimentos voltados para a construção de uma sociedade igualitária. As proposições do socialismo científico fundamentaram a ação dos operários e camponeses russos que realizaram, no ano de 1917, a primeira **Revolução Socialista** da História, derrubando a monarquia czarista. Já em 1922, nações vizinhas à Rússia – como a Armênia, a Ucrânia, o Tadjiquistão e a Geórgia – aderiram ao socialismo, estabelecendo a União das Repúblicas Socialistas Soviéticas (URSS).

Monarquia czarista: regime de estado que vigorou na Rússia durante cerca de cinco séculos, no qual o poder supremo era exercido pelo czar, título dado ao imperador.

Após a vitória dos Aliados na Segunda Guerra Mundial, a União Soviética empenhou-se em estender o regime socialista, muitas vezes por meio da força militar, aos países do Leste Europeu. Posteriormente, países como a China, a Mongólia e a Coreia do Norte (no Extremo Oriente), Cuba (na América Central) e alguns países do continente africano e do Sudeste Asiático também aderiram ao regime socialista. Entretanto, o socialismo encontraria vários percalços ao longo do século XX, até entrar em crise durante a década de 1980, como veremos no capítulo seguinte.

Retrato do filósofo e historiador alemão Karl Marx (1818-1883). Dividida em quatro volumes, a obra intitulada *O Capital*, principal trabalho desse pensador, constitui a base do socialismo científico.

Homem e mulher com vestes típicas da Letônia em cartaz de 1945. Símbolo máximo do socialismo, a foice e o martelo representam a socialização dos meios de produção pelos trabalhadores. O martelo faz referência à força do trabalho dos operários urbanos nas indústrias, e a foice remete ao empenho dos trabalhadores rurais.

Aspectos fundamentais do socialismo

Veja a seguir algumas características comuns aos regimes socialistas implantados em diferentes países.

▸ Sociedade sem divisão de classes

No socialismo, todos deveriam trabalhar em prol da coletividade – ou seja, não existiam patrões e empregados. Tal aspecto do regime extinguiria a exploração do ser humano pelo ser humano, inerente ao capitalismo; no entanto, em muitos países socialistas foram criadas outras formas de hierarquia social. Formou-se, por exemplo, uma classe de **burocratas**, composta sobretudo de políticos e funcionários públicos de alto escalão, que passou a usufruir de certos privilégios, como o acesso a bens importados e racionalizados, dos quais os cidadãos em geral estavam privados pelo Estado.

▶ Socialização dos meios de produção

Em uma sociedade socialista, os estabelecimentos comerciais, as indústrias, as propriedades rurais e os demais meios de produção pertencem à coletividade, devendo permanecer sob o controle do Estado. Nesse sentido, a riqueza gerada pelo trabalho deve pertencer a todos, não podendo servir ao enriquecimento de uma parcela restrita e privilegiada da sociedade.

Os estabelecimentos rurais em Cuba são propriedade do Estado e a produção é feita por trabalhadores que recebem um salário do governo. Na foto, trabalhador em colheita de cana-de-açúcar em Cuba, 2015.

▶ Economia planificada e controlada pelo Estado

No sistema socialista não existe concorrência, pois todos os setores da economia são controlados pelo Estado, que estabelece planos periódicos (na maioria das vezes quinquenais) que definem o quê, como e onde cada setor vai produzir, assim como os preços dos produtos e a renda dos trabalhadores. Os planos periódicos determinam ainda o número de postos de trabalho que serão criados, de acordo com o crescimento da População Economicamente Ativa (PEA) do país, visto que em uma sociedade socialista, que se pretende igualitária, não deve haver desemprego. Trata-se do planejamento estatal centralizado, que estabelece as prioridades e os objetivos econômicos internos a serem atingidos nos países socialistas.

Na China, os chamados planos quinquenais estabelecem as metas de crescimento da economia. Na foto, operários em frente ao painel de propaganda do plano quinquenal em Pequim, China, em 2015.

Unidade 8 A Nova Ordem Mundial e a regionalização do espaço global

Revisitando o capítulo

1. O que é geopolítica? Quando e por quem esse termo foi criado?
2. Sobre a Segunda Guerra Mundial, responda:
   a. Qual foi o período de duração do conflito?
   b. Quais eram os países do Eixo? E quais eram os países Aliados?
   c. O que motivou a eclosão desse conflito?
   d. Qual foi o evento que marcou o fim da guerra?
3. Por que os Estados Unidos emergiram como superpotência no período pós-guerra?
4. O que foi o keynesianismo?
5. Sobre a ONU, responda:
   a. Qual é o significado da sigla?
   b. Quando ela foi criada? E com qual propósito?
   c. Quais são os seus principais órgãos deliberativos?
6. De que maneira a União Soviética ampliou sua área de influência no pós-guerra?
7. Por que os Estados Unidos e a União Soviética foram reconhecidos como as duas superpotências mundiais no período pós-guerra?
8. Leia os itens a seguir e transcreva para o caderno apenas o que contém termos referentes, respectivamente, ao capitalismo comercial, ao capitalismo industrial e ao capitalismo monopolista.
   a. colônias – expansão marítima – liberalismo
   b. liberalismo – expansão marítima – bolsa de valores
   c. potências marítimo-mercantes – liberalismo – bolsa de valores
   d. liberalismo – bolsa de valores – colônias
9. Com base no estudo do capítulo, caracterize o papel do Estado no sistema capitalista e no sistema socialista.
10. Mencione cinco diferentes situações do dia a dia no Brasil que caracterizem aspectos fundamentais do capitalismo.

TRABALHANDO COM GÊNEROS TEXTUAIS

Veja a charge produzida pelo cartunista brasileiro Angeli e responda às questões a seguir:

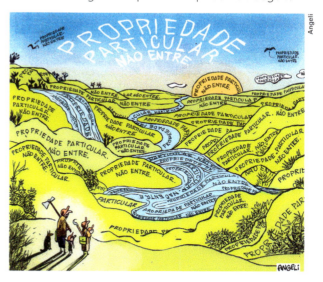

1. A qual aspecto do sistema capitalista essa charge tece uma crítica?
2. Que outros aspectos do capitalismo podem gerar desigualdades sociais? Por quê?

ANÁLISE DE TEXTO

Leia os títulos das reportagens abaixo.

Empresas aéreas são multadas em R$ 289 milhões por formação de cartel

Disponível em: <http://economia.uol.com.br/noticias/redacao/2013/08/28/empresas-aereas-sao-multadas-em-r-289-milhoes-por-formacao-de-cartel.htm>. Acesso em: 23 fev. 2016.

Cade estima prejuízo de R$ 7 bi com suposto cartel de empreiteiras

Disponível em: <www.valor.com.br/politica/4369786/cade-estima-prejuizo-de-r-7-bi-com-suposto-cartel-de-empreiteiras>. Acesso em: 23 fev. 2016.

1. Do que tratam as notícias apresentadas?
2. O que é um cartel?
3. Qual é o aspecto do capitalismo que envolve a atuação de cartéis?
4. Por que o governo brasileiro combate a formação e a atuação de cartéis no país? Busque informações em livros, revistas, jornais e na internet.

CAPÍTULO 29

DO MUNDO BIPOLAR À MULTIPOLARIDADE

As decisões tomadas pelos representantes dos países que venceram a Segunda Guerra Mundial sobre o destino da Alemanha, considerada a principal deflagradora do conflito, certamente ajudam a compreender como se estabeleceu, a partir do pós-guerra, uma nova ordem geopolítica e econômica mundial bipolar.

Em 1945, na **Conferência de Potsdam**, realizada meses antes do cessar-fogo, os países Aliados decidiram estabelecer zonas de controle no território da Alemanha, já subjugada. Assim, instalaram-se quatro zonas de domínio estrangeiro em território alemão: a francesa, a britânica, a estadunidense e a soviética. A capital, Berlim, considerada muito importante estrategicamente, foi dividida e ficou sob a tutela dessas quatro potências.

Dessa forma, a Alemanha encontrava-se sob o domínio de três Estados capitalistas a oeste e do governo socialista soviético a leste. Em 1949, o lado capitalista se transformou na República Federal da Alemanha, ou Alemanha Ocidental, e o lado socialista, na República Democrática Alemã, ou Alemanha Oriental. Observe a seguir os mapas da Alemanha e de Berlim no pós-guerra.

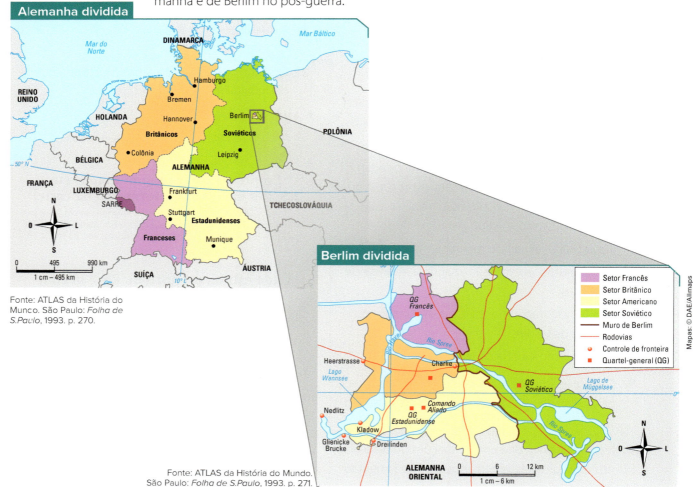

Fonte: ATLAS da História do Mundo. São Paulo: *Folha de S.Paulo*, 1993. p. 270.

Fonte: ATLAS da História do Mundo. São Paulo: *Folha de S.Paulo*, 1993. p. 271.

O muro de Berlim: símbolo do mundo bipolar

Imagine uma cidade dividida por um muro que separa famílias de moradores, ruas, praças, locais de trabalho. Foi isso que aconteceu em Berlim, na Alemanha. Com o objetivo de evitar o grande afluxo de trabalhadores para o lado ocidental, em 1961 o governo da Alemanha Oriental ordenou a construção de um muro, com cerca de 40 km de extensão, sobre a linha que dividia a cidade de Berlim em duas zonas, a socialista e a capitalista.

O **Muro de Berlim**, como ficou conhecido, tornou-se o símbolo de um mundo dividido ideologicamente. Na fotografia, em 1961, o muro recém-construído.

Trabalhadores da Alemanha Oriental, na construção do Muro de Berlim em 1961, que se estende por cerca de 30 milhas, era um frio símbolo de guerra que separava Berlim Oriental e Ocidental.

▶ As rivalidades entre as superpotências no pós-guerra

Ainda que os Estados Unidos e a União Soviética (ou União das Repúblicas Socialistas Soviéticas – URSS) tivessem firmado acordos e tratados, o período posterior ao final da Segunda Guerra Mundial foi marcado pelo agravamento das rivalidades entre os dois países e a consequente criação de movimentos estratégicos de ambos os países com vista à ampliação de sua influência no mundo. É o que veremos a seguir.

Os Estados Unidos e o Plano Marshall

Os Estados Unidos entendiam que o fortalecimento político e militar soviético era uma séria ameaça à sua hegemonia no mundo e passaram a buscar estratégias para impedir a expansão do movimento socialista na Europa e no Leste e no Sudeste Asiáticos. Entre essas estratégias, destacou-se o estabelecimento do chamado **Plano Marshall**, que, a partir de 1947, passou a destinar vultosos recursos financeiros para a recuperação econômica dos países europeus afetados pelo conflito. Na mesma época, aproximadamente, o governo dos Estados Unidos também começou a ceder créditos para a reconstrução do Japão. No gráfico a seguir, estão representados os países que mais se beneficiaram dos créditos concedidos pelos estadunidenses. Com o capital injetado pelos Estados Unidos foi possível reconstruir boa parte da infraestrutura interna dos países europeus devastados durante a Segunda Guerra Mundial e, em apenas cinco anos, recuperar praticamente todo o parque industrial britânico, francês e alemão ocidental. Os estadunidenses, na condição de grandes credores, passaram a tratar as nações europeias como subordinadas aos seus interesses estratégicos, o que resultou, por exemplo, na garantia de uma vasta área em que predominaram governos capitalistas.

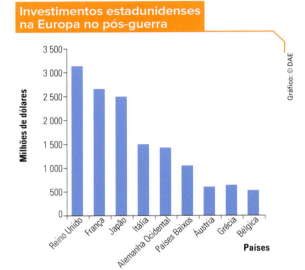

Fonte: SCALZARETTO, Reinaldo; MAGNOLI, Demétrio. *Atlas*: Geopolítica. São Paulo: Scipione, 1998. p. 20.

Em 1950, no lado ocidental de Berlim, operários trabalhando na reconstrução de prédio destruído pelos bombardeios.

A influência soviética no Leste Europeu

Em reação às estratégias estadunidenses, a União Soviética efetivou sua influência sobre os países do Leste Europeu apoiando o estabelecimento de governos com orientação socialista na região, mesmo que para mantê-los tivesse de intervir com suas forças militares. Foi o que ocorreu na Hungria, na década de 1950, e na Tchecoslováquia, na década de 1960. Os soviéticos invadiram esses dois países para neutralizar a eclosão de movimentos democráticos pró-ocidente.

Fonte: SCALZARETTO, Reinaldo; MAGNOLI, Demétrio. *Atlas*: Geopolítica. São Paulo: Scipione, 1998. p. 23.

A Europa foi dividida, então, da seguinte forma no pós-guerra: de um lado, os países capitalistas, que estavam sob a influência estadunidense, formavam o bloco da Europa Ocidental; de outro, os países socialistas, sob a influência soviética, configuravam o bloco da Europa Oriental. Observe o mapa da página anterior.

Os Estados Unidos na economia mundial

A hegemonia econômica dos Estados Unidos já vinha se firmando antes mesmo do fim da Segunda Guerra Mundial e do estabelecimento do Plano Marshall. A **Conferência de Bretton Woods**, realizada nos Estados Unidos, em 1944, reuniu os presidentes dos países Aliados e teve como principal objetivo planejar a estabilização da economia mundial, então abalada pela guerra. Entre as principais decisões tomadas nessa conferência, destacam-se: o dólar estadunidense tornou-se a moeda de referência no mercado internacional – ou seja, o valor das mercadorias comercializadas entre os países passou a ser definido não mais pela libra esterlina inglesa, como ocorria até então, mas pela cotação do dólar no mercado mundial; foram criadas duas organizações financeiras mundiais, o Fundo Monetário Internacional (FMI) e o Banco Internacional para Reconstrução e Desenvolvimento (Bird), cuja função era fornecer empréstimos financeiros aos países em dificuldades econômicas; foi instalado o Acordo Geral de Tarifas e Comércio (Gatt), órgão supranacional que passaria a regular o comércio internacional. Ainda que tenham auxiliado a reconstrução não somente dos países afetados pela guerra, mas também de muitos países subdesenvolvidos, esses organismos internacionais ajudaram a consolidar a supremacia política e econômica dos Estados Unidos, pois a maior parte dos fundos destinados aos empréstimos vinha de seus cofres.

Sede do Fundo Monetário Internacional (FMI), em Washington, Estados Unidos, 2011. Criado em 1944, o FMI é formado por 188 países-membros, entre eles, o Brasil.

▶ A Guerra Fria

Vimos que, com o fim da Segunda Guerra Mundial, teve início um período histórico marcado por acirradas disputas de poder entre estadunidenses e soviéticos, que buscavam reunir sob suas áreas de influência, respectivamente capitalista e socialista, o maior número possível de nações. Esse período, conhecido como **Guerra Fria**, foi marcado por grande tensão mundial em virtude da possibilidade de conflito armado entre as duas superpotências nucleares.

Como o confronto direto entre Estados Unidos e União Soviética era evitado ao máximo, pois isso resultaria em uma catástrofe planetária, esses países passaram a financiar diversos conflitos armados regionais para cooptar o maior número de nações aliadas aos seus respectivos blocos.

Do mundo bipolar à multipolaridade Capítulo 29 469

Durante aproximadamente quatro décadas de Guerra Fria, ocorreram dezenas de conflitos armados no planeta; a maioria deles contou com a participação direta (envio de tropas) ou indireta (cessão de armamentos e dinheiro) das superpotências. Foi o que ocorreu, por exemplo, nas guerras da Coreia (1950-1953), do Vietnã (1960-1973) e do Afeganistão (1979-1988), nas quais confrontaram-se movimentos internos socialistas e movimentos capitalistas pró-ocidente com ajuda soviética ou estadunidense. Entre esses conflitos, a Guerra do Vietnã, que recebeu maciça investida dos Estados Unidos, possivelmente tenha sido o que repercutiu de modo mais intenso na opinião pública internacional.

A Guerra da Coreia iniciou-se em junho de 1950 com a invasão da península coreana pelas tropas dos Estados Unidos. O confronto foi encerrado após o estabelecimento de uma fronteira no paralelo 38° N, que separou definitivamente a Coreia do Norte (comunista) da Coreia do Sul (capitalista). Wensan, Coreia do Norte, 1951.

A Guerra do Vietnã

A Guerra do Vietnã começou em 1960, quando os Estados Unidos intervieram a favor do governo do Vietnã do Sul (pró-ocidente) e contra os guerrilheiros comunistas e as forças militares do Vietnã do Norte. Durante período significativo do conflito, os estadunidenses mantiveram no território vietnamita um efetivo militar composto de cerca de 500 mil homens preparados para combater os guerrilheiros comunistas do Vietnã do Sul, chamados de vietcongues, e as tropas do Vietnã do Norte, também comunistas. Após centenas de combates, dezenas de milhares de baixas entre as tropas dos Estados Unidos (milhões de vítimas vietnamitas militares e civis) e o descontentamento de boa parte da opinião pública estadunidense e mundial com o conflito, as forças militares estadunidenses foram derrotadas e retiraram-se da região. Os vietcongues tomaram Saigon, capital do Vietnã do Sul, em 30 de abril de 1975, e em 1976 o Vietnã foi oficialmente reunificado sob o regime comunista.

A Guerra do Vietnã foi o primeiro conflito militar televisado no mundo, ou seja, além de rádio e jornais, equipes de redes de televisão fizeram uma ampla cobertura dessa guerra, o que nunca havia acontecido.

Crianças em um vilarejo vietnamita correm da explosão de uma bomba incendiária lançada pelos Estados Unidos, em 8 de junho de 1972. Essa imagem é considerada uma das mais marcantes do século XX – ela ficou conhecida no mundo inteiro e teve grande influência sobre a opinião pública a favor do fim da guerra, que durou 13 anos.

Unidade 8 A Nova Ordem Mundial e a regionalização do espaço global

As alianças militares

Entre os acontecimentos que contribuíram para aumentar a tensão no período da Guerra Fria, é possível citar a consolidação de alianças militares lideradas por Moscou e por Washington, como a **Organização do Tratado do Atlântico Norte (Otan)** — aliança firmada em 1949 entre Estados Unidos, Canadá e países da Europa Ocidental — e o **Pacto de Varsóvia** — tratado estabelecido em 1955 entre União Soviética, Albânia (que se retirou em 1968), Polônia, Alemanha Oriental, Tchecoslováquia, Hungria, Romênia e Bulgária. Outras alianças foram criadas pelos estadunidenses na Ásia e na Oceania para impedir que o socialismo se expandisse na região.

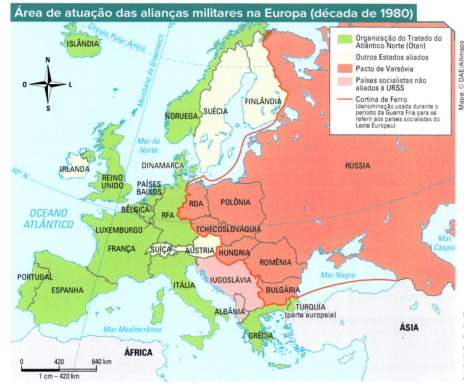

Fonte: REKACEWICZ, Philippe. Deux mondes face à face. Le basculement du monde. *Le Monde Diplomatique out. 2009*. Cartes. Disponível em: <www.monde-diplomatique.fr/cartes/deuxmondes#&gid=1&pid=1>. Acesso em: 23 fev. 2016.

A importância geopolítica da Otan

Da série de tratados e alianças militares que propunham proteger os regimes político-ideológicos durante a Guerra Fria, a Otan (ou Nato – *North Atlantic Treaty Organization*) foi a que mais se sobressaiu. Criada com o objetivo de combater o avanço do socialismo no continente europeu, a Otan ainda atua como aliança militar entre os Estados Unidos e as demais potências econômicas capitalistas do Hemisfério Norte.

A partir da década de 1990, a dissolução da União Soviética e o fim da Guerra Fria intensificaram a hegemonia dos Estados Unidos. A Otan passou então a apoiar algumas nações que antes eram socialistas, a fim de que a economia delas transitasse para o capitalismo, pois, com o fim do domínio do sistema socialista no Leste Europeu, a aliança militar do Pacto de Varsóvia foi encerrada em 1991.

Além disso, a Otan tem outros objetivos geopolíticos, como o combate ao terrorismo e às armas de destruição em massa e o auxílio em emergências civis etc. Também vem conquistando novos aliados, como a própria Rússia, ex-líder do bloco socialista, que em 2002 assinou o chamado Conselho Otan-Rússia.

Selo da Otan.

Do mundo bipolar à multipolaridade Capítulo 29

> **De olho no Enem – 2009**
>
> Do ponto de vista geopolítico, a Guerra Fria dividiu a Europa em dois blocos. Essa divisão propiciou a formação de alianças antagônicas de caráter militar, como a Otan, que aglutinava os países do bloco ocidental, e o Pacto de Varsóvia, que concentrava os do bloco oriental. É importante destacar que, na formação da Otan, estão presentes, além dos países do oeste europeu, os EUA e o Canadá. Essa divisão histórica atingiu igualmente os âmbitos político e econômico que se refletia pela opção entre os modelos capitalista e socialista. Essa divisão europeia ficou conhecida como:
>
> a. Cortina de Ferro.
> b. Muro de Berlim.
> c. União Europeia.
> d. Convenção de Ramsar.
> e. Conferência de Estocolmo.
>
> **Gabarito:** A
>
> **Justificativa:** A divisão europeia decorrente da rivalidade entre os blocos capitalista e socialista durante o período da Guerra Fria foi chamada de Cortina de Ferro. Está correta, portanto, a alternativa **a**. A alternativa **b**, embora retrate um símbolo famoso do mesmo período, está incorreta, pois o Muro de Berlim não constituía uma separação continental entre os dois modelos retratados no enunciado, mas somente da cidade de Berlim, que ficou dividida entre capitalistas e socialistas. A alternativa **c** está incorreta, pois a consolidação da União Europeia só ocorreu no período pós-Guerra Fria e visava unificar os países, e não os separar. As alternativas **d** e **e** estão ambas incorretas, pois os eventos citados, que discorrem, respectivamente, sobre as zonas úmidas mundiais e sobre o meio ambiente, não têm qualquer relação com a Guerra Fria.

A corrida armamentista

Ogiva nuclear: artefato bélico que contém bomba nuclear, sendo geralmente acoplado a um míssil de médio ou longo alcance.

O envolvimento em conflitos regionais e a formação de alianças militares levaram as duas superpotências a uma obstinada **corrida armamentista** com o objetivo de alcançar um equilíbrio de poder em escala mundial. Ambas acreditavam que, quanto mais estivessem equipadas militarmente, mais protegidas estariam de uma ofensiva do inimigo. Para tanto, passaram a desenvolver tecnologias bélicas altamente sofisticadas nas áreas aeronáutica, naval, espacial e terrestre, que foram aplicadas à fabricação de aviões militares, navios, submarinos, tanques e mísseis, muitos deles carregados com **ogivas nucleares**.

O gigantesco arsenal bélico desenvolvido durante a corrida armamentista foi instalado nos territórios das superpotências nucleares e também em países com os quais firmaram tratados, além de pontos do planeta considerados estratégicos. Observe no planisfério ao lado o tamanho e a distribuição do arsenal militar estadunidense e soviético (e de seus respectivos aliados no mundo) na década de 1980.

Arsenal militar estadunidense e soviético (década de 1980)

Fonte: SCALZARETTO, Reinaldo; MAGNOLI, Demétrio. *Atlas*: Geopolítica. São Paulo: Scipione, 1998. p. 52.

▶ A Guerra Fria e a corrida espacial

Durante a Guerra Fria, o domínio tecnológico e científico-espacial poderia definir a supremacia de uma superpotência tanto no campo econômico como no campo político-ideológico. Por isso, simultaneamente à corrida armamentista, ocorreram importantes conquistas ligadas ao conhecimento do espaço sideral, como a criação de satélites artificiais, naves tripuladas e sondas de exploração, por meio dos quais a humanidade obteve grande quantidade de informações sobre a Lua, o Sistema Solar e o Universo, até então inexplorados.

A União Soviética saiu na frente na disputa pelo conhecimento espacial: em outubro de 1957, lançou ao espaço uma pequena esfera dotada de um transmissor, o *Sputnik*, primeiro satélite artificial produzido pelo ser humano. Em novembro do mesmo ano, os soviéticos lançaram o *Sputnik 2*, que se destacou por ter sido a primeira nave tripulada por um ser vivo (a cachorra Laika).

A resposta estadunidense veio no ano seguinte, com o lançamento do *Explorer 1*, satélite artificial que transportava aparelhos de pesquisa. Na mesma época, foi criada a Administração Nacional da Aeronáutica e do Espaço (Nasa), a agência espacial estadunidense.

Em 1959, a União Soviética lançou o projeto Luna, que permitiu fotografar a superfície lunar pela primeira vez. Em abril de 1961, os soviéticos superaram os estadunidenses mais uma vez, com o primeiro voo tripulado por um ser humano: o astronauta Yuri Gagarin, a bordo da nave *Vostok 1*, foi o primeiro homem a orbitar a Terra. Sua frase "A Terra é azul", que expressou uma visão privilegiada de nosso planeta, é uma das mais famosas da história.

A partir de então, o objetivo dos Estados Unidos passou a ser pisar na Lua. A injeção maciça de capital em pesquisas espaciais permitiu que em 1962 um estadunidense, John Glenn, também orbitasse o planeta. Nos anos seguintes, a hegemonia espacial dos dois países foi colocada à prova diversas vezes. Foguetes e naves cada vez mais sofisticados passaram a ser enviados incessantemente ao espaço na tentativa de chegar à superfície lunar e de obter conhecimento de outros planetas e do Universo. Nem mesmo os acidentes envolvendo naves soviéticas e estadunidenses foram capazes de interromper essa corrida.

Em julho de 1969, os estadunidenses pousaram na Lua. Em um evento transmitido para o mundo todo pela televisão, dois dos três astronautas da nave *Apollo 11* pisaram em solo lunar.

Capa da Revista *Manchete*, de 1969, com os astronautas Neil Armstrong, Michel Collins e Buzz Aldrin, que tripularam a *Apollo 11* e chegaram à Lua.

Do mundo bipolar à multipolaridade   **Capítulo 29**   473

Depois que o ser humano chegou à Lua, a disputa espacial começou a perder força. Uma prova disso foi o seguinte fato inédito, ocorrido em 1975: tripulantes soviéticos e estadunidenses acoplaram suas naves no espaço, realizaram diversos experimentos e trocaram informações, sinalizando o fim das grandes rivalidades.

Na década de 1980, a estação espacial *Mir*, ambicioso projeto russo, permitiu a instalação de módulos espaciais em órbita terrestre com a finalidade de receber pesquisadores que teriam longa permanência no espaço. No entanto, em março de 2001, após quinze anos de pesquisas, a *Mir* foi desativada. O fim da Guerra Fria e os vultosos gastos com a manutenção dos programas espaciais fizeram tanto a ex-União Soviética quanto os Estados Unidos reduzirem o volume de experiências siderais.

Mulheres em foco

A russa Valentina Vladimirovna Tereshkova (1937-) foi transformada em heroína soviética depois de tripular a espaçonave *Vostok 6*, entre os dias 16 e 19 de junho de 1963. A *Vostok 6* orbitou 48 vezes o planeta Terra, fato que tornou Valentina a primeira mulher a comandar uma missão espacial e, até hoje, a única a fazer isso sozinha. Assim como seu conterrâneo Yuri Gagarin, que em seu voo orbital três anos antes, em 1961, afirmou que "A Terra é azul", Valentina expressou a seguinte frase célebre: "Ei, céu, tire seu chapéu! Estou indo te ver", durante o lançamento de sua cápsula. Alguns anos depois, a cosmonauta retirou-se do programa espacial russo, passou a se dedicar à carreira política e se tornou integrante do Soviete Supremo, o parlamento da União Soviética.

Valentina Tereshkova, a bordo da nave *Vostok 6*, em junho de 1963.

Coisas de astronauta

Ainda que tenha sido fruto da rivalidade característica da Guerra Fria, a conquista espacial trouxe diversos benefícios para a vida moderna. Vários produtos presentes em nosso dia a dia originaram-se de estudos que tinham a finalidade de permitir a ida do ser humano ao espaço. Veja alguns exemplos:

▶ As comidas desidratadas, que compramos nos supermercados (sopas, arroz pronto, macarrão etc.), surgiram da pesquisa de alimentos para os astronautas.

▶ O velcro, que tem muitas utilidades em nosso cotidiano, originalmente foi desenvolvido para substituir os botões das roupas espaciais.

▶ Materiais como a liga de carbono, muito leve, utilizada como isolante térmico nas naves espaciais, têm sido usados em armações de óculos, raquetes de tênis, entre outras aplicações.

▶ Diferentes tipos de tinta, técnicas de análise de imagens, máquinas em miniatura, ferramentas e o *teflon* utilizado em panelas também foram desenvolvidos para a conquista espacial e, posteriormente, aplicados na produção de bens de consumo.

Culturas em foco

Cinema, esportes e a Guerra Fria

Fatos ocorridos durante a Guerra Fria serviram de inspiração para a produção cinematográfica, especialmente nos Estados Unidos. Os filmes traduziam a ânsia dos estadunidenses pela conquista espacial, pela afirmação de sua supremacia político-militar e pela criação de heróis de guerra. Alguns exemplos são os filmes *Jogos de guerra*, de 1983, e as séries *Rocky – o lutador* e *Rambo*, produzidos ao longo da década de 1980.

As rivalidades e disputas entre Estados Unidos e União Soviética também marcaram o esporte mundial. Nos Jogos Olímpicos, o maior evento esportivo mundial, a luta por medalhas parecia indicar a disputa pela superioridade ideológica. Ambos os países passaram a treinar atletas que fossem capazes de, a cada evento, superar os recordes das competições anteriores. Além disso, os boicotes aos jogos mostraram a influência da política no esporte: os estadunidenses não participaram dos Jogos Olímpicos de Moscou, em 1980, em protesto à invasão do Afeganistão pela União Soviética. Já em 1984, em Los Angeles, Estados Unidos, foi a vez de os soviéticos revidarem.

Veja o quadro de medalhas dos países em três décadas de Guerra Fria.

Os filmes *Jogos de guerra* (1983) e *Rambo III* (1988) abordam aspectos conflituosos da Guerra Fria: a permanente ameaça nuclear e a invasão soviética do Afeganistão.

Os três primeiros colocados nos Jogos Olímpicos (1960 a 1988)

Cidade	1º lugar	2º lugar	3º lugar
Roma (1960)	União Soviética	Estados Unidos	Itália
Tóquio (1964)	Estados Unidos	União Soviética	Japão
Cidade do México (1968)	Estados Unidos	União Soviética	Japão
Munique (1972)	União Soviética	Estados Unidos	Alemanha Ocidental
Montreal (1976)	União Soviética	Alemanha Ocidental	Estados Unidos
Moscou* (1980)	União Soviética	Alemanha Ocidental	Bulgária
Los Angeles** (1984)	Estados Unidos	Romênia	Alemanha Ocidental
Seul (1988)	União Soviética	Alemanha Ocidental	Estados Unidos

*Boicote estadunidense
**Boicote soviético

Fonte: Olympic.org. Disponível em: <www.olympic.org>. Acesso em: 23 fev. 2016.

Misha, mascote da Olimpíada de Moscou, em 1980, marcada pelo boicote estadunidense.

Do mundo bipolar à multipolaridade   Capítulo 29   475

ESPAÇO E CARTOGRAFIA

A Guerra Fria e a tecnologia das imagens orbitais

Em decorrência da corrida armamentista e espacial, novas tecnologias foram desenvolvidas pelas superpotências com a finalidade de conhecer, explorar e espionar os territórios alheios. A partir da década de 1950, paralelamente aos avanços bélicos e aeroespaciais, houve um grande salto no desenvolvimento de técnicas de sensoriamento remoto.

As principais inovações ocorreram, a princípio, em aviões. Equipadas com câmeras fotográficas poderosas, essas aeronaves eram utilizadas em atividades de espionagem para localizar bases militares, equipamentos de guerra e o deslocamento de tropas e guerrilhas, o que permitia determinar os principais alvos e traçar estratégias de combate mais eficazes.

Entre os principais aviões-espiões produzidos durante a Guerra Fria, está o estadunidense U-2, capaz de obter imagens noturnas em qualquer condição climática dos territórios inimigos por meio de câmeras e, principalmente, de potentes sensores. As imagens obtidas pelo U-2 permitiram que, em diversas ocasiões, as forças armadas estadunidenses descobrissem operações secretas soviéticas, como o deslocamento de embarcações, áreas reservadas para experimentos nucleares e bases de mísseis russos no território de países aliados.

Outro legado tecnológico fundamental desse período foi o desenvolvimento e o aprimoramento das imagens orbitais obtidas por meio de satélites artificiais. Primeiro foram criados os satélites de comunicação e, a partir da década de 1960, surgiram os satélites de monitoramento de atividades atmosféricas, oceânicas e ambientais, como os programas norte-americanos da agência National Oceanic and Atmosferic Administration (NOAA) e da European Space Agency (ESA).

Avião-espião estadunidense U-2, modelo de 1960.

O Projeto Radambrasil

Com base na tecnologia de radares para obter imagens orbitais desenvolvida pelos estadunidenses, o governo brasileiro criou, em 1970, o **Projeto Radam da Amazônia**, com o objetivo de realizar um grande levantamento dos recursos do solo e do subsolo da região. Com o auxílio da Nasa, a força aérea brasileira equipou um avião com radar e instrumentos específicos para obter imagens, até então, inéditas da área de floresta.

Em 1975, o projeto passou a ser denominado **Radambrasil**. Nesse época, foram produzidas imagens de todo o território nacional, o que permitiu fazer um amplo mapeamento geomorfológico, geológico, pedológico, botânico e cartográfico de nosso país, com a produção da Carta do Brasil ao milionésimo (na escala de 1/1 000 000).

Com base nas imagens produzidas pelo Projeto Radambrasil, o geógrafo Jurandyr Luciano Sanches Ross e sua equipe conseguiram elaborar o novo mapa do relevo do estado de São Paulo (ao lado). Divulgado em 1998, esse mapa apresenta detalhamento e precisão maiores que os anteriores.

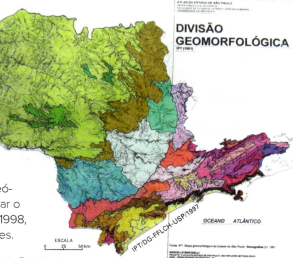

Imagem do mapa Geomorfológico do Estado de São Paulo, resultado do Projeto Radambrasil.

Além de mapas detalhados a respeito da geomorfologia dos estados brasileiros, a equipe de Jurandyr Ross foi capaz de elaborar uma proposta de unidades do relevo para o território brasileiro, distinta das propostas apresentadas anteriormente pelos geógrafos Aroldo de Azevedo e Aziz Ab'Saber. Veja as propostas abaixo.

Fonte: AZEVEDO, Aroldo de. *Brasil*: a terra e o homem. v. 1. São Paulo: Companhia Editora Nacional, 1970.

Fonte: *ATLAS geográfico escolar*. São Paulo: Companhia Editora Nacional, 2006.

Fonte: ROSS, Jurandyr L. S. (Org.). *Geografia do Brasil*. São Paulo: Edusp, 2008. p. 53.

Atividade cartográfica

1. O que há de semelhante e de diferente entre as propostas apresentadas?

2. Qual delas exibe maior detalhamento do relevo brasileiro? De acordo com o que você estudou, a que se deve esse fato?

3. Descreva as unidades de relevo do estado onde você vive, de acordo com as três propostas apresentadas.

Do mundo bipolar à multipolaridade   Capítulo 29

▶ O colapso do socialismo e o fim da Guerra Fria

A manchete e a foto ao lado anteciparam as profundas mudanças que marcaram as nações socialistas no início da década de 1990. Foi o ápice de um processo que vinha se desenvolvendo havia cerca de setenta anos. Isso porque o socialismo implantado na Rússia, em 1917, e nas Repúblicas Socialistas Soviéticas, em 1922, não havia refletido fielmente os princípios baseados na teoria marxista. Na realidade, caracterizou-se como um sistema político-econômico marcado pelo controle autoritário do Estado sobre todos os segmentos da vida social. Essa forma de socialismo que se estabeleceu na prática ficou conhecida como **socialismo real**.

Jornal *Correio Braziliense* do dia 22 de dezembro de 1991, anuncia o fim da União da República Socialista Soviética.

Nesse regime, as decisões políticas eram tomadas exclusivamente pelos dirigentes, que impunham um sistema de partido único, segundo o qual apenas o Partido Comunista podia existir legalmente. Além disso, a participação e a opinião popular sobre os rumos do país, assim como a liberdade de pensamento e de expressão, individual ou de grupos sociais, eram controladas.

Com a centralização do poder, os altos funcionários do Estado (parlamentares e burocratas) passaram a usufruir de muitos privilégios que não estavam ao alcance da classe trabalhadora, o que gerou desigualdades sociais e um pesado ônus para toda a sociedade soviética.

Durante a década de 1980, uma intensa crise econômica agravou a situação política e social da União Soviética – ocasionada sobretudo pelo obsoletismo das tecnologias aplicadas nos setores agrícola e industrial –, e trouxe como consequências uma grande queda da produtividade e o desabastecimento de bens de consumo, como alimentos, roupas, eletrodomésticos etc. Os **imensos gastos com a área militar** durante décadas de corrida armamentista comprometeram os investimentos no setor produtivo, o que levou a uma defasagem tecnológica em relação aos avanços alcançados pelos países capitalistas desenvolvidos. Somou-se a esses problemas a intensa pressão internacional, exercida principalmente pelos Estados Unidos e por outras potências capitalistas, para que esses países socialistas apresentassem abertura política e estabelecessem regimes democráticos.

Dezenas de milhares de manifestantes seguiram em direção à Praça Vermelha, em Moscou, capital russa, em julho de 1990.

Esses acontecimentos geraram grande **insatisfação popular** não somente entre os soviéticos, mas também em outras nações socialistas, que clamavam pela abertura política e econômica. Esse fato, associado ao afrouxamento da supremacia soviética sobre o Leste Europeu, permitiu que vários países da região fizessem reformas que mudariam o mapa da Europa. Foi o caso da reunificação da Alemanha, em 1990.

O aprofundamento da crise levou à insustentabilidade política do governo centralizado de Moscou, culminando, em 1991, na extinção da União das Repúblicas Socialistas Soviéticas. Era o fim da Guerra Fria e da ordem geopolítica mundial bipolar.

478

A reunificação alemã e o Muro de Berlim

A construção de muros em diferentes lugares do planeta simboliza a separação, o impedimento e a proibição no que diz respeito a aspectos essencialmente político-territoriais. O Muro de Berlim foi o grande ícone do mundo bipolar e um dos grandes marcos do fim da Guerra Fria. Sua demolição em 1989 por cidadãos alemães ocidentais e orientais significou, sobretudo, liberdade para os habitantes dessa cidade. Leia o texto a seguir.

O palco principal da Guerra Fria foi a Alemanha: nela se concentrava a maioria das tropas da Otan e do Pacto de Varsóvia e das suas bombas atômicas e mísseis. Os dois sistemas econômico-político-ideológicos ali travavam sua maior batalha a ponto de, em 1961, os soviéticos consumarem fisicamente a divisão de Berlim, construindo um alto e tortuoso muro que separou praças, ruas e até casas pelo meio, sob a alegação de que era preciso conter o êxodo de alemães do Leste para o Oeste, que inviabilizava a República Democrática Alemã. Como se o muro em si não bastasse, equiparam-no com defesas extras de fossos, ninhos de metralhadoras e torres de vigia, uma verdadeira fortaleza horizontal separando o setor oriental do ocidental da cidade, à semelhança da barreira que, ao longo das fronteiras da Alemanha e Áustria, dividia a Europa em dois blocos, a chamada Cortina de Ferro. [...]

A Alemanha Ocidental nunca reconheceu a divisão da Alemanha, ao contrário da Oriental que, na sua primeira Constituição, proclamava a existência de dois Estados, porém uma só nação alemã, e na segunda, foi ao ponto de pretender a existência de duas nações. A Alemanha Ocidental negava-se até a ter uma constituição, preferindo uma Lei Fundamental, enquanto as Alemanhas não estivessem reunificadas. [...]

Na noite de 9 de novembro de 1989, a população de Berlim, animada pelas notícias de fugas em massa de alemães orientais pelo território da Hungria, decidiu investir, mais uma vez, contra o Muro. Antes, em 17 de junho de 1953, tropas blindadas soviéticas haviam esmagado uma rebelião popular semelhante, que se alastrava pelas principais cidades da Alemanha do Leste. Mas, em 9 de novembro de 1989, tanto os soviéticos quanto os soldados alemães orientais assistiram de braços cruzados à derrubada do Muro de Berlim. Horas depois, estava ele no chão, os habitantes das duas partes da cidade confraternizando-se, amigos reencontrando-se, famílias reunindo-se de novo.

Na realidade, o Muro caíra por fraqueza de manter-se em pé. Estava minado por dentro, pelo colapso de uma ineficiente economia totalitária planificada, que perdera a concorrência com sua rival ocidental. [...]

CHACON, Vamireh. *A questão alemã*. São Paulo: Scipione, 1994. p. 49, 58 e 59.

Em novembro de 1989, o Muro de Berlim, principal símbolo da Guerra Fria e do mundo bipolar, foi posto abaixo por cidadãos alemães. Na ocasião, uma mistura de revolta e de alívio tomou conta da população de ambas as partes da cidade (ocidental e oriental).

O colapso do socialismo e o novo mapa da europa

A queda do Muro de Berlim, em 1989, a reunificação da Alemanha, em 1990, e a dissolução da União Soviética, em 1991, provocaram mudanças radicais na configuração das fronteiras europeias, o que abriu precedentes para outras dissoluções e arranjos territoriais. Observe nos mapas a seguir as principais mudanças que ocorreram na Europa entre o final da década de 1980 e início da década de 2010.

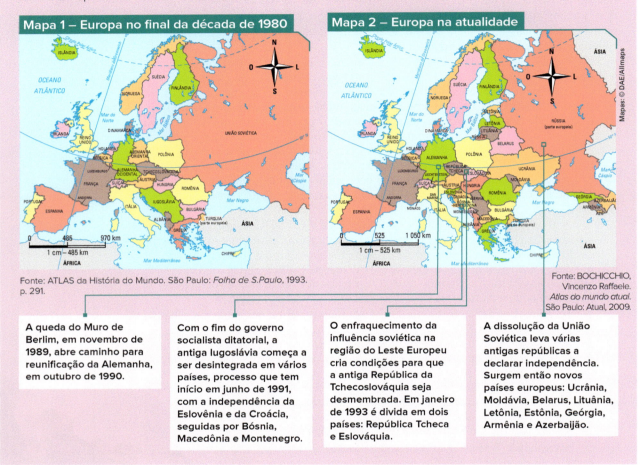

Fonte: ATLAS da História do Mundo. São Paulo: *Folha de S.Paulo*, 1993. p. 291.

Fonte: BOCHICCHIO, Vincenzo Raffaele. *Atlas do mundo atual*. São Paulo: Atual, 2009.

- A queda do Muro de Berlim, em novembro de 1989, abre caminho para reunificação da Alemanha, em outubro de 1990.

- Com o fim do governo socialista ditatorial, a antiga Iugoslávia começa a ser desintegrada em vários países, processo que tem início em junho de 1991, com a independência da Eslovênia e da Croácia, seguidas por Bósnia, Macedônia e Montenegro.

- O enfraquecimento da influência soviética na região do Leste Europeu cria condições para que a antiga República da Tchecoslováquia seja desmembrada. Em janeiro de 1993 é divida em dois países: República Tcheca e Eslováquia.

- A dissolução da União Soviética leva várias antigas repúblicas a declarar independência. Surgem então novos países europeus: Ucrânia, Moldávia, Belarus, Lituânia, Letônia, Estônia, Geórgia, Armênia e Azerbaijão.

O aprofundamento da crise levou à insustentabilidade política do governo centralizado de Moscou, culminando, em 1991, na extinção da União das Repúblicas Socialistas Soviéticas. Era o fim da Guerra Fria e da ordem geopolítica mundial bipolar.

▶ Nova ordem: o mundo multipolar

Veja a charge abaixo.

A sigla USSR escrita em inglês significa União das Repúblicas Socialistas Soviéticas.

Nessa charge, produzida em 2016, o cartunista Vicente Mendonça satiriza a ineficácia das medidas propostas pelo último presidente soviético, Mikhail Gorbatchev (1931), que foram pensadas para sustentar o regime socialista, mas culminaram na dissolução da União Soviética.

A extinção da União das Repúblicas Socialistas Soviéticas e a reaproximação entre países da Europa Oriental e as potências capitalistas levaram o socialismo a enfraquecer em escala mundial. A velha ordem bipolar, caracterizada pela oposição entre capitalismo e socialismo, deu lugar a uma nova realidade geopolítica. Atualmente, apenas alguns países adotam o regime socialista, entre eles China, Coreia do Norte e Cuba.

A crise soviética propiciou a aproximação socioeconômica entre Itália, França e Alemanha, o que resultou na criação da **União Europeia** (**UE**) e tornou possível que esses países, ao lado do Japão, passassem a dividir com os Estados Unidos a hegemonia mundial no plano econômico.

A UE, antiga Comunidade Econômica Europeia, surgiu no começo do período da Guerra Fria e para que os países da Europa Ocidental conseguissem auxiliar-se mutuamente e promover a reconstrução de suas economias. Nas últimas décadas, a UE consolidou-se e tornou-se o maior bloco econômico do mundo, como veremos no Capítulo 6.

Assim como os países da Europa Ocidental, o Japão recebeu no pós-guerra grandes investimentos do governo estadunidense, o que possibilitou reerguer a economia do país. No início da década de 1980, o Japão já despontava como a segunda economia mundial, atrás apenas dos Estados Unidos.

Diante dessa nova estruturação socioeconômica, surgiu, no início da década de 1990, uma nova ordem geopolítica mundial, formada por vários polos ou centros de poder, entre os quais se destacam os Estados Unidos, a UE e o Japão. Essa realidade global comandada de maneira hegemônica pelo sistema econômico capitalista constitui o chamado **mundo multipolar**. Analise no planisfério a seguir a abrangência das áreas de influência de cada polo de poder e identifique a situação do Brasil nesse cenário geopolítico mundial.

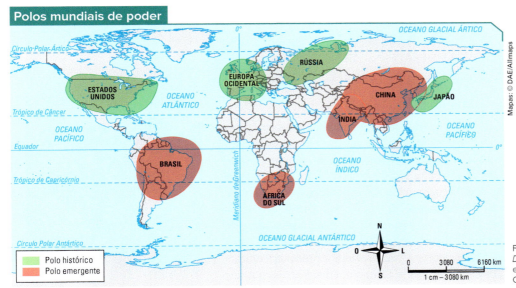

Fonte: *EL ATLAS de Le Monde Diplomatique*: nuevas potencias emerjentes. Madrid: Ediciones Cybermonde SL, 2012. p. 46.

No próximo capítulo, vamos aprofundar o conhecimento sobre as características socioeconômicas e geográficas, tanto das potências econômicas históricas (Estados Unidos, Alemanha, França, Inglaterra e Japão) como das três principais potências econômicas emergentes da atualidade (China, Índia e Rússia), o que proporcionará uma visão mais ampla dessa nova realidade multipolar.

Revisitando o capítulo

1. Na consolidação do mundo bipolar, o que significou a separação da Alemanha em dois países distintos? Qual era o significado simbólico do Muro de Berlim nesse cenário geopolítico?

2. O que foi o Plano Marshall? Explique sua importância na consolidação dos Estados Unidos como superpotência mundial.

3. De que maneira a União Soviética firmou-se como uma das superpotências mundiais no pós-guerra?

4. O que foi a Guerra Fria?

5. Qual foi a importância geopolítica da Otan? E a do Pacto de Varsóvia?

6. Explique o que foi a corrida armamentista.

7. Estabeleça relações entre a Guerra Fria e o período de conquistas espaciais na segunda metade do século XX.

8. Com base no estudo deste capítulo e do anterior, explique o socialismo utópico, o socialismo científico e o socialismo real.

9. Transcreva no caderno o item que apresenta todos os termos ligados às principais causas do colapso do socialismo soviético.

    a. obsoletismo tecnológico – grande oferta de alimentos – alto nível de escolaridade
    b. bens com tecnologia de ponta – pressão internacional – insatisfação popular
    c. altos gastos militares – obsoletismo tecnológico – insatisfação popular
    d. privilégios dos burocratas – bens com tecnologia de ponta – pressão internacional

10. Como se configura a nova ordem geopolítica mundial?

▸ **ANÁLISE DE TEXTO, IMAGEM E DEBATE**

Leia o texto e observe a foto ao lado com atenção.

Woodstock vive!

Eles não queriam causar grande sensação, preferiam morrer antes de ficarem velhos. De cabelos compridos e vestindo calças jeans, eles ouviam rock e a música, mais do que entretenimento, era um instrumento de contestação, de mudança social e política. E mudou. Uma das principais manifestações desse movimento aconteceu no Woodstock Music & Art Fair ou, simplesmente Festival de Woodstock, que aconteceu [...] no verão de 1969, na pequena e até então desconhecida cidade de Bethel, estado de Nova York. Era para ser um encontro para afirmar a cultura hippie, celebrar a paz e o amor e protestar contra a Guerra do Vietnã (1960-1973), mas se tornou um dos marcos culturais do século XX. [...]

Para Emiliano Rivello, sociólogo e pesquisador da Universidade de Brasília, o festival representou um marco cultural e simbólico para as gerações posteriores. Revolucionou não somente a forma do artista cantar e compor, sua performance no palco, mas também os hábitos culturais da sociedade norte-americana. Woodstock deve ser compreen-

dido dentro de um contexto histórico específico em que os Estados Unidos se defrontavam com a segregação social e racial, com a revolução feminista e com uma guerra para a qual milhares de seus jovens iam, para não mais voltar. [...]

O Festival de Woodstock foi reeditado em 1994 e em 1999, porém sem a repercussão da primeira edição, em 1969. O motivo disso é que a matriz cultural que estruturava o movimento hippie, o punk ou o rock'n roll havia se modificado. Na verdade a percepção sociocultural da sociedade norte-americana seria composta por novos ideais. "É a cultura que estrutura a sociedade, e não o contrário", pontua Rivello. "Não se pode transpor acontecimentos culturais, políticos ou religiosos de uma época específica para outra", diz.

MARIUZZO, Patrícia. *Woodstock*: 40 anos do festival que marcou a música e as gerações. *Ciência e cultura*. Disponível em: <http://cienciaecultura.bvs.br/pdf/cic/v61n4/21.pdf>. Acesso em: 23 fev. 2016.

1. O que foi o Festival de Woodstock? Quando e onde ocorreu?
2. O autor do texto diz que Woodstock, mais do que proporcionar entretenimento, foi um instrumento de contestação. Quem estava contestando? O que contestava?
3. De que maneira o festival influenciou a música, a moda e o comportamento dos jovens nas décadas seguintes?
4. Em grupo, organize um debate em sala de aula, se possível com a presença do professor de Sociologia, para discutir a seguinte afirmação do texto: "É a cultura que estrutura a sociedade, e não o contrário".

ENTREVISTA E RESGATE DA MEMÓRIA

A possibilidade de eclodir a Terceira Guerra Mundial entre as superpotências na segunda metade do século XX aterrorizou o mundo. Para que você e sua turma entendam esse clima de tensão, forme um grupo com alguns colegas para entrevistar pessoas que tenham vivido as ameaças de um conflito nuclear durante o período da Guerra Fria. Perguntem sobre os temores comuns da época e a forma como elas veem os fatos geopolíticos atuais. Anote todas as informações.

Exponham para a turma o que vocês descobriram e reflitam sobre como a Guerra Fria afetou a vida das pessoas em todo o mundo.

CAPÍTULO 30

GRANDES POTÊNCIAS ECONÔMICAS E POTÊNCIAS EMERGENTES NO CENÁRIO MULTIPOLAR

No cenário geopolítico contemporâneo, o poder de uma nação é mensurado pelo seu desenvolvimento econômico e por sua capacidade militar. Os países desenvolvidos em termos socioeconômicos e tecnológicos, com grande capacidade militar e influência política, são denominados **grandes potências econômicas**; trata-se de Estados ricos que atuam como centros de poder financeiro, influenciando os países mais pobres.

Na atual ordem geopolítica mundial, os centros de poder – as potências mundiais – determinam os rumos do restante do planeta. Como vimos, em razão da crise soviética e do fim da Guerra Fria no início da década de 1990, nações como Alemanha e França, (membros da UE) e Japão (segunda maior potência financeira do continente asiático) passaram a compartilhar com os Estados Unidos a supremacia econômica mundial.

Após o enfraquecimento dessas potências devido à crise de 2008, outras nações como Brasil, China, Índia, Rússia e África do Sul adquiriram o *status* de **potências emergentes** – não apenas por sua capacidade militar e envergadura socioeconômica, mas também pelo avanço tecnológico, pela qualificação da mão de obra, pelos índices de competitividade, pela disponibilidade de capital e pelo nível de produtividade que apresentam.

A seguir, veremos as principais características relacionadas às grandes potências mundiais, representadas aqui por Estados Unidos, Japão, Alemanha, França e Reino Unido, e às potências emergentes, representadas por China, Índia e Rússia.

Reunião dos representantes do G7, em Garmish-Partenkirchen, Alemanha, 2015.

G-7 e Brics

Desde 1975, os dirigentes de algumas grandes potências econômicas reúnem-se anualmente para discutir as principais questões de ordem política, econômica, social e ambiental em nível internacional. Na década de 2000, esse grupo politicamente alinhado, composto dos chefes de Estado e de governo de sete dos países mais industrializados do mundo – Estados Unidos, Japão, França, Alemanha, Reino Unido, Itália e Canadá –, passou a ser chamado de **G-7**. Representantes da União Europeia (UE) também participam das reuniões do grupo.

Esses dirigentes deliberam sobre ações com grande repercussão internacional, como o perdão de dívidas de países pobres e o financiamento do combate ao terrorismo e ao tráfico de drogas. Os membros do grupo também firmam tratados e acordos comerciais entre si, consolidando ainda mais seu poder econômico.

Por outro lado, dirigentes das potências emergentes têm se articulado com o objetivo de aumentar a importância dessas nações no cenário geopolítico contemporâneo. Nações emergentes, como as do grupo denominado **Brics** (Brasil, Rússia, Índia, China e África do Sul), são apontadas por analistas como futuras potências geopolíticas mundiais. Os Brics têm efetuado grandes investimentos em infraestrutura e na modernização de seus parques industriais. Essa medida atrai os investidores internacionais, que também reconhecem nessas nações um atraente mercado consumidor, em razão do grande contingente populacional. Em contrapartida, os investidores são cautelosos em relação aos grandes riscos que esses Estados oferecem, considerando sua instabilidade econômica e/ou política.

Na tentativa de atrair esses investidores, as potências emergentes procuram adequar-se às tendências do mercado mundial, sobretudo colocando em prática alguns princípios econômicos do neoliberalismo. Para isso, investem em mudanças estruturais na economia, removendo obstáculos para a entrada do capital estrangeiro, além de empenhar-se no aumento das taxas de crescimento econômico e em melhorias substanciais nos indicadores socioeconômicos, como queda da inflação, investimentos na poupança, diminuição do desemprego, e equilíbrio das contas do governo e do balanço de pagamentos. A melhoria desses índices acarreta aumento de investimentos privados externos e nacionais.

Dirigentes do Brics, da esquerda para a direita (Brasil, Índia, Rússia, China e África do Sul), em reunião realizada em Antália, na Turquia, no ano de 2015.

▶ Estados Unidos da América

Os Estados Unidos são, atualmente, o país mais rico do mundo, com Produto Interno Bruto (PIB) anual em torno de 17,4 trilhões de dólares, segundo dados de 2014. Além disso, apresentam os mais altos índices de desenvolvimento científico e tecnológico e detêm o maior arsenal bélico do planeta. Os Estados Unidos exercem grande influência não somente nas decisões político-econômicas internacionais, mas também no que se refere à cultura de outras nações. Todo esse poder sobre os demais países está fundamentado, principalmente, na economia e nas Forças Armadas do país.

A atual condição estadunidense vem sendo edificada desde meados do século XIX, com a intensa acumulação de capital industrial, o que possibilitou a emergência dos Estados Unidos como uma das maiores economias mundiais. No início do século XX, já havia no país grandes empresas que detinham o monopólio de alguns setores estratégicos da economia mundial, como o de petróleo (família Rockfeller), o de aço (família Morgan), o de automóveis (família Ford) e o de ferrovias (família Vanderbilt). A necessidade de promover a integração do imenso território estadunidense favoreceu a expansão dessas empresas, ligadas à mineração e aos transportes, cujos negócios cresceram aceleradamente.

Campo de extração de petróleo na região da Geórgia e Alabama, Estados Unidos, por volta de 1860. Em 1870, John D. Rockfeller fundou, em Ohio, a Standard Oil Company, empresa que deteve o monopólio do petróleo até o início do século XX.

Estados Unidos, o gigante geopolítico

Além dos fatores mencionados, o crescimento da economia estadunidense também foi propiciado (conforme vimos no capítulo anterior) pela ocorrência de dois importantes acontecimentos históricos: a Primeira Guerra Mundial (1914-1918) e a Segunda Guerra Mundial (1939-1945). Como esses conflitos ocorreram principalmente no território europeu, os países desse continente, que já tinham se industrializado e despontavam como potências econômicas, foram praticamente arrasados. Por estarem geograficamente distantes da Europa, os Estados Unidos foram beneficiados, pois não sofreram os mesmos desgastes e as perdas resultantes desses conflitos.

Ao final da Segunda Guerra, a produção agrícola e industrial de países como Inglaterra, França, Itália e Alemanha estava arruinada. A escassez de produtos no mercado interno levou-os a importar dos Estados Unidos, acelerando o crescimento da economia estadunidense. Ao mesmo tempo, o governo estadunidense passou a fornecer empréstimos aos países europeus para financiar sua reconstrução. Esses empréstimos contribuíram para o endividamento das nações europeias, ampliando ainda mais sua dependência dos EUA. Em razão disso, o dólar estadunidense tornou-se a moeda de referência no mercado internacional: o valor das mercadorias comercializadas entre os países passou a ser definido conforme a cotação do dólar americano no mercado mundial. Além disso, os investimentos realizados pelas

Trabalhadores na construção da ferrovia de Saint Paul, que mais tarde será chamada de Grande Ferrovia do Norte, em Minneapolis, Estados Unidos, em 1887. As ferrovias foram fundamentais para a integração do território estadunidense, além de facilitarem o transporte de produção industrial.

multinacionais estadunidenses foram direcionados principalmente aos países desenvolvidos da Europa, como França e Inglaterra, assim como aos mercados consumidores em expansão dos países subdesenvolvidos, entre eles Brasil, Argentina, México e África do Sul. Algumas das primeiras empresas estadunidenses a se tornarem multinacionais foram a General Motors e a Ford (automobilísticas), a Texaco e a Esso (petrolíferas), a Coca-Cola e a Nabisco (alimentícias), e a Johnson & Johnson e a Gillette (de higiene e limpeza).

Economia estadunidense

A expansão das multinacionais estadunidenses intensificou o ritmo de crescimento econômico do país. Atualmente, a economia dos Estados Unidos é responsável por um gigantesco volume de importações e exportações, que correspondem a cerca de 11% do fluxo comercial internacional. Além de abrigar um grande mercado consumidor, de aproximadamente 320 milhões de pessoas, nos Estados Unidos está o maior parque industrial do globo (posição que vem sendo ameaçada pela China), no qual são produzidos bens manufaturados de todo tipo. Destacam-se a indústria de base e a de bens intermediários, como mineração, siderurgia, petroquímica e automobilística, e a de alta tecnologia, como informática, eletrônica, aeroespacial e bioquímica. Observe o mapa abaixo.

Observe que as maiores concentrações industriais dos Estados Unidos estão localizadas na região dos Grandes Lagos (com destaque para Chicago e Detroit), no nordeste do país (Boston, Nova York, Filadélfia e Washington, D.C. são as maiores concentrações fabris), no entorno do Golfo do México (principalmente Nova Orleans, Houston e Dallas), no noroeste do território (Portland e Seattle são as maiores concentrações fabris) e no estado da Califórnia (com destaque para San Diego, Los Angeles e São Francisco).

Fontes: *ATLAS National Geographic*: América do Norte e Central. v. 6. São Paulo: Abril, 2008; *ATLAS Geográfico Mundial*. São Paulo: Editora Fundamento, 2014. p. 122.

No que se refere ao setor agroindustrial, a economia estadunidense também se configura como uma gigante. O espaço agrícola dos Estados Unidos caracteriza-se pela presença das chamadas empresas rurais, extensas propriedades agrícolas altamente capitalizadas, nas quais se emprega elevado nível tecnológico. Esse modelo transformou o país no maior produtor de milho e soja (responsável por cerca de 35% da produção mundial), assim como em um dos maiores na produção de trigo e leite e na criação de suínos e aves.

Colheita de trigo em campo no Kansas, Estados Unidos. Foto de 2015.

Grandes potências econômicas e potências emergentes no cenário multipolar **Capítulo 30**

Protecionismo, arma comercial dos Estados Unidos

Ainda que sejam grandes importadores de produtos primários e manufaturados, os Estados Unidos praticam uma política econômica externa bastante protecionista. O **protecionismo** é uma prática ou sistema de proteção criado pelo Estado que restringe as importações de determinadas mercadorias (em geral na forma de leis ou de impostos), a fim de resguardar a produção econômica nacional. No caso dos Estados Unidos, o país interfere no comércio internacional, por exemplo, ao não permitir a entrada de certos produtos em seu mercado interno e ao estabelecer barreiras alfandegárias no comércio com determinados países, para impedir que setores de sua economia enfrentem a concorrência externa. Esse tipo de medida atinge vários produtos brasileiros, como o suco de laranja, o açúcar, os produtos têxteis e o aço, que são sobretaxados ou mesmo impedidos de entrar no mercado estadunidense.

Ação *antidumping* nos EUA visa aço brasileiro

Produtores brasileiros de laminados planos de aço, como Usiminas e CSN, estão entre os alvos de uma verdadeira ofensiva da indústria siderúrgica americana para barrar seus concorrentes estrangeiros. Um grupo de cinco grandes empresas dos Estados Unidos enviou ao Departamento de Comércio [...] pedido de abertura de investigações para o estabelecimento de direitos *antidumping* e medidas compensatórias contra fornecedores de outros países.

As ações podem resultar na aplicação de uma sobretaxa de até 59% sobre os laminados brasileiros, inviabilizando a entrada no mercado americano. [...]

As siderúrgicas americanas alegam, nas petições [...] que os exportadores brasileiros vendem seus produtos nos Estados Unidos por um preço abaixo do praticado no Brasil, o que caracterizaria *dumping*. Eles também pedem medidas compensatórias por "subsídios" dados aos fabricantes brasileiros. Benefícios fiscais (como o Reporto e o regime de ex-tarifários), mecanismos de incentivo à exportação (Proex, Reintegra, Recap) e financiamentos do BNDES são citados em uma das petições. Programas de estímulos idealizados por governos estaduais também são mencionados.

[...] De acordo com as siderúrgicas americanas, o Brasil forneceu aos EUA 98 mil toneladas desses produtos em 2014, somando US$ 65 milhões.

RITTNER, Daniel. *Valor Econômico*. Disponível em: <www.portosenavios.com.br/noticias/geral/31091-acao-antidumping-nos-eua-visa-aco-brasileiro>. Acesso em: 24 fev. 2016.

> *Dumping*: termo usado para caracterizar práticas desleais ou ilegais no processo de produção de mercadorias, como excessiva isenção de impostos e desrespeito à legislação trabalhista (quando a mão de obra trabalha em péssimas condições e com salários muito baixos) ou ambiental (quando a produção provoca a poluição do solo, do ar ou das águas), o que tornaria o processo mais barato.

Influência cultural

Em paralelo com seu poder econômico e político, um fator que contribui de maneira significativa para a manutenção dos Estados Unidos como potência hegemônica é o fato de sua cultura ser fortemente difundida em todo o mundo, principalmente por meio dos veículos de comunicação de massa: emissoras de rádio espalhadas por todo o planeta, por exemplo, divulgam os vários gêneros musicais criados no país; da mesma forma, os estúdios de cinema e as redes de televisão produzem filmes e disseminam informações que enaltecem o modelo social estadunidense, caracterizado por modernidade e consumismo exagerados.

Além da influência exercida pelos veículos de comunicação de massa, a "invasão" cultural dos Estados Unidos consolidou-se com a implantação de multinacionais estadunidenses em todos os continentes do planeta. Ao se expandir pelo mundo,

488 **Unidade 8** A Nova Ordem Mundial e a regionalização do espaço global

essas empresas passaram a produzir praticamente os mesmos tipos de mercadoria e a prestar os mesmos tipos de serviço que nos Estados Unidos, influenciando os hábitos alimentares, o vestuário, a língua e outros elementos culturais dos países onde se instalaram, e faturando dezenas de bilhões de dólares em divisas para o capital estadunidense todos os anos. Observe a imagem ao lado e o mapa a seguir.

Menino olha para um pôster do filme *Homem-Aranha 2*, em Yichang, China, 2011. Filmes estadunidenses são exibidos na maioria dos cinemas do mundo todo.

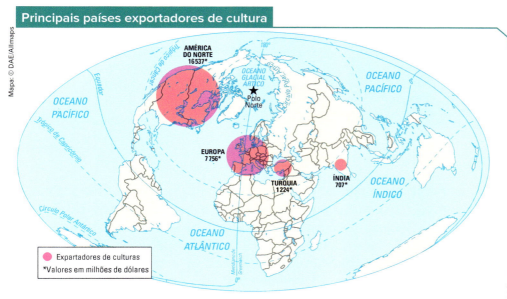

Fonte: *EL ATLAS de Le Monde Diplomatique*. Valencia: Uned, 2012. p. 81.

Poderio militar

A hegemonia estadunidense no mundo não se limita aos campos econômico e cultural, estendendo-se à área militar. Desde o final da Segunda Guerra Mundial, em 1945, os Estados Unidos investiram maciçamente no aparelhamento de suas Forças Armadas, como forma de competir com o poderoso Exército soviético e conter a expansão do socialismo e a influência da União Soviética no mundo, como vimos no capítulo anterior.

Durante a Guerra Fria, Estados Unidos e União Soviética envolveram-se em uma corrida armamentista sem precedentes na História. Mesmo que não tenham se enfrentado diretamente em um conflito, ambas as potências realizaram dezenas de intervenções militares nas mais diversas regiões do planeta, tendo em vista a ampliação de suas áreas de influência.

Em 1949, como já foi visto, os Estados Unidos tornaram-se o centro de uma gigantesca aliança militar, a Organização do Tratado do Atlântico Norte (Otan) – união de algumas das Forças Armadas mais poderosas do mundo, como a inglesa, a francesa e a italiana. Após o fim da União Soviética, em 1991, a superioridade militar estadunidense tornou-se incontestável; desde então, suas operações militares passaram a ser mais incisivas. As ações que mais se destacaram foram: a Guerra do Golfo (1991), ocasião em que os Estados Unidos lideraram os ataques contra o Iraque, quando este invadiu o Kuwait; a Guerra no Afeganistão (2001), em que as forças estadunidenses invadiram esse país para derrubar o governo talibã, acusado de ter ligações com grupos terroristas; a Guerra no Iraque (2003), quando os Estados Unidos e a Inglaterra voltaram a invadir esse país, com o objetivo de destituir definitivamente o governo do ditador Saddam Hussein; e a guerra civil

Grandes potências econômicas e potências emergentes no cenário multipolar   Capítulo 30

Como demonstração de força dos EUA ante a Coreia do Norte, o porta-aviões USS George Washington ancora no Porto Sul-coreano de Busan para uma pretensa visita de 4 dias, em julho de 2014.

na Síria, onde, a partir de 2013, juntamente com outras potências militares, as forças estadunidenses combatem os grupos radicais islâmicos, como o autodenominado Estado Islâmico.

Atualmente, os Estados Unidos gastam cerca de 3,5% de seu PIB na área militar, o que corresponde a verbas anuais de aproximadamente 580 bilhões de dólares, valor superior à totalidade do PIB de muitos países. O país mantém ainda um contingente de 1,4 milhão de militares, que representa cerca de 1% da sua população economicamente ativa.

Para manter a supremacia

Para manter sua supremacia econômica no mundo, os Estados Unidos têm estabelecido alianças comerciais por meio da formação de blocos econômicos e de acordos bilaterais com vários países. Além de liderar o Acordo de Livre-Comércio da América do Norte (Nafta), do qual fazem parte o México e o Canadá, a nação estadunidense faz parte da Cooperação Econômica da Ásia e do Pacífico (Apec). Os Estados Unidos também firmaram acordos de comércio com países como Austrália, Cingapura e Chile, apenas para citar alguns exemplos, e vem implementando um ambicioso projeto voltado a beneficiar sua economia, o **Tratado de Livre Comércio Trans-Pacífico**, como veremos no Capítulo 6.

▶ Japão

O Japão é a terceira maior economia mundial, com um PIB de cerca de 4,6 trilhões de dólares (dados de 2014), ficando atrás apenas dos Estados Unidos e da China. O país acumula saldos gigantescos no comércio exterior, graças à diversidade de seu parque industrial e ao fato de abrigar muitas universidades e centros avançados de pesquisa e tecnologia. Além disso, a população japonesa usufrui de excelente qualidade de vida, com renda *per capita* média de 36 mil dólares anuais e alta expectativa de vida – de cerca de 83 anos –, o que confere aos japoneses um elevado Índice de Desenvolvimento Humano (IDH): 0,890 (veja as explicações sobre IDH no Capítulo 4).

Idosos fazendo atividades físicas em comemoração ao Dia do respeito aos idosos, em Tóquio, em 2015. No Japão, a expectativa de vida e a qualidade de vida são elevadas.

O segredo da prosperidade

A conquista da prosperidade econômica e social no Japão deve-se, em grande parte, aos recursos financeiros concedidos pelos Estados Unidos na década de 1950, como forma de impedir a expansão do socialismo soviético no Extremo Oriente – além, é claro, de compensar os japoneses pelos danos causados durante a Segunda Guerra.

Com os recursos obtidos, o governo japonês investiu na reconstrução do país, direcionando bilhões de dólares para a criação de infraestrutura (estradas, ferrovias, portos, usinas elétricas etc.), além de inaugurar indústrias do setor de base (siderúrgicas, metalúrgicas, químicas, entre outras), intermediárias (sobretudo as navais) e, mais tarde, de bens de consumo (automóveis, eletrodomésticos, aparelhos eletrônicos etc.). O principal objetivo era colocar no mercado internacional produtos com tecnologia moderna, alta qualidade e preços baixos. Os esforços do governo japonês deram resultado: nas décadas seguintes, seus produtos manufaturados espalharam-se pelo mundo todo, o que elevou o país à categoria de grande exportador mundial.

Estudantes do Ensino Médio participam do Campeonato de Segurança realizado em Nankoku, em 2015. O investimento em educação no Japão é um dos mais altos do mundo.

Kyodo/Newscom/Fotoarena

O ritmo de crescimento econômico do Japão disparou, atingindo, nas décadas de 1950 e 1960, uma taxa média de 10,5% ao ano, o dobro da taxa apresentada pelas outras nações desenvolvidas. Além da ajuda financeira dos Estados Unidos, outros fatores contribuíram significativamente para a retomada do desenvolvimento no país. Veja a seguir os fatores mais importantes.

▸ **Mão de obra barata e abundante para as indústrias**: ao final da Segunda Guerra Mundial, houve no Japão um intenso êxodo rural. A maior parte do contingente de trabalhadores migrantes foi absorvida pelas indústrias que surgiam, sobretudo, nos grandes centros urbanos.

▸ **Longas jornadas de trabalho**: desde o início do período de recuperação econômica, os empregados japoneses têm trabalhado, em média, 43 horas semanais, ao passo que, na maioria das outras nações desenvolvidas, como a França e os Estados Unidos, a jornada de trabalho é de 38 horas semanais.

▸ **Fidelidade dos trabalhadores à empresa**: os trabalhadores japoneses são, em geral, extremamente disciplinados; muitas vezes eles veem a fábrica como uma extensão de sua casa. A obediência desses trabalhadores à classe patronal faz que os sindicatos existentes no país atuem, na realidade, de acordo com os interesses econômicos das empresas.

▸ **Aplicação maciça de verbas na área educacional**: a partir do pós-guerra, parcelas significativas das verbas públicas foram destinadas à educação, principalmente ao ensino técnico voltado para a qualificação de mão de obra. Os resultados desses investimentos são visíveis atualmente: 98% dos estudantes japoneses cursam o Ensino Médio, e 51% destes ingressam no Ensino Superior.

Naoki Maeda/Yomiuri/AFP

O Japão é um dos países que mais se destacam em pesquisas de tecnologia de ponta, como a robótica. Na fotografia, a construção de um grande telescópio de ondas gravitacionais em Hida, em 2015.

> **Criação e aprimoramento de novas tecnologias**: governo e empresas realizaram grandes investimentos em pesquisas científicas, fazendo o país se destacar nos setores de tecnologia de ponta. Na década de 1970, o Japão tornou-se o maior fabricante e exportador mundial de *microchips*, de robôs de alta precisão e de supercomputadores.

A participação ativa e integrada da população, das empresas e do governo na reconstrução econômica do Japão foi fundamental para a recuperação do país logo após a Segunda Guerra Mundial, e provocou um acelerado crescimento das cidades japonesas.

Território e atividades econômicas

Com aproximadamente 373 mil km² de extensão (pouco maior do que o estado brasileiro de Goiás), o arquipélago japonês tem 75% de seu território constituído por montanhas, a maioria de origem vulcânica, e apenas 25% por planícies. Por isso, as regiões industriais japonesas encontram-se, de maneira geral, confinadas em estreitas faixas de terra entre as montanhas e o oceano – são pequenas áreas de planícies, onde a declividade do terreno é pouco acentuada, permitindo a instalação de grandes indústrias.

Além do interior montanhoso do país, um fator que contribui histórica e economicamente para a concentração das indústrias no litoral é a proximidade dos portos – locais de desembarque de matérias-primas e embarque de produtos manufaturados para exportação. Os portos japoneses de Yokohama, Kobe e Chiba são alguns dos mais movimentados do mundo.

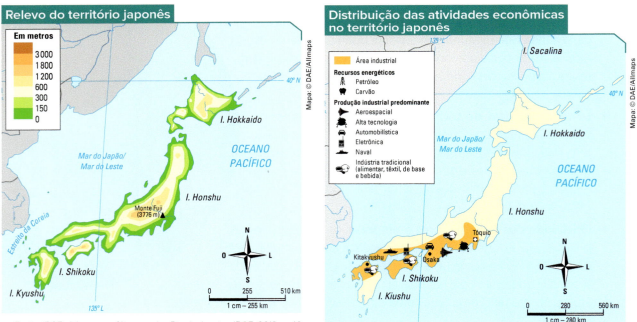

Fonte: IBGE. *Atlas geográfico escolar*. Rio de Janeiro: IBGE, 2012. p. 46.

Fonte: CALDINI, Vera; ÍSOLA, Leda. *Atlas geográfico Saraiva*. São Paulo: Saraiva, 2013. p. 131.

Ao comparar os mapas do relevo e da distribuição das atividades econômicas do território japonês, é possível verificar que a maioria das atividades se desenvolve nas planícies costeiras (áreas entre 0 m e 300 m de altitude). No caso das áreas industriais, as principais encontram-se no entorno da capital, Tóquio, e nos arredores de Osaka, estendendo-se para oeste até Kitakyushu.

As áreas industriais e portuárias localizadas nas grandes aglomerações urbanas de Tóquio, Nagoya e Osaka respondem por cerca de 70% da produção industrial japonesa. Nessas áreas destacam-se as indústrias automobilística, petroquímica, mecânica, de materiais elétricos e de aparelhos eletrônicos. Outro setor industrial de destaque no país é o naval: cerca de um terço dos navios construídos no mundo é de origem japonesa. Essa produção ocorre em imensos estaleiros localizados nas regiões de Kobe e Nagasaki.

Vista aérea de grande siderúrgica japonesa em Osaka, 2013.

Desafios do século XXI

Embora próspero, o Japão enfrenta problemas financeiros. Como vem ocorrendo em muitos países desenvolvidos, o Japão passa por grandes desafios econômicos e sociais no início do século XXI. O maior desses desafios é a crise relacionada à estagnação do ritmo de crescimento econômico, que se manteve bastante elevado até o início da década de 1990. Essa desaceleração tem gerado falência de empresas e aumento do desemprego no país.

Entre as principais causas da estagnação econômica está o enorme déficit público gerado, em grande parte, pelos altos gastos do governo com aposentadorias e outros benefícios sociais destinados ao crescente contingente de idosos. No Japão, cerca de 26% da população tem idade igual ou superior a 65 anos, o que representa cerca de 33 milhões de pessoas. A previsão é de que, em 2030, um em cada três japoneses seja idoso.

Esse acelerado crescimento da população idosa, somado a outros fatores, contribui para a estagnação do consumo, outro dado relevante para entendermos a atual crise japonesa. Diferentemente dos países ocidentais desenvolvidos, onde os idosos consomem cada vez mais, no Japão há um arraigado costume de poupar o máximo possível, como forma de garantir proventos para o futuro. Esse hábito tem se acentuado nos últimos anos, em razão da crise econômica que atinge o país.

É importante saber que, apesar de ser um grande exportador de manufaturados, cerca de 85% dos produtos industrializados fabricados no Japão são consumidos no próprio país. Isso significa que a economia japonesa é extremamente dependente do consumo interno. Portanto, se os habitantes poupam mais do que consomem, a economia entra em recessão – ou seja, as fábricas, o comércio e os serviços passam a produzir menos e a demitir

Consumidores japoneses em loja de produtos diversos em Tóquio. Foto de 2016.

Morador de rua dormindo debaixo de uma ponte em Tóquio, Japão, em 2014.

funcionários em massa. Essa é a principal causa da alta taxa de desemprego verificada no Japão na última década: em torno de 8%, a maior da história do país desde a Segunda Guerra Mundial.

O desemprego dos últimos anos vem trazendo uma nova realidade para os japoneses: a pobreza. Segundo fontes do governo, o número de pessoas vivendo como indigentes nas ruas das grandes metrópoles do país saltou de algumas centenas, na década de 1990, para um total de quase 20 mil. Talvez este seja o maior desafio para a sociedade tecnologicamente mais avançada do planeta: saber lidar com problemas socioeconômicos típicos do mundo subdesenvolvido.

▶ Alemanha

A Alemanha é um dos principais países industrializados do mundo. Em relação ao desempenho econômico, ocupa o posto de maior potência da Europa e o quarto lugar no *ranking* das nações economicamente mais poderosas do planeta, com PIB de cerca de 3,9 trilhões de dólares (dados de 2014) – ficando atrás apenas de Estados Unidos, China e Japão. Se, com base no PIB, a Alemanha é a quarta maior economia do mundo, ela se destaca como grande líder mundial no que se refere ao comércio exterior e também como uma das nações que apresentam maior renda *per capita*.

Economia

O poderio econômico e comercial alemão se deve ao fato de o país abrigar o maior complexo industrial da Europa e deter o capital de empresas mundialmente conhecidas, dos mais diversos segmentos do mercado. Essa diversidade industrial corresponde a aproximadamente 30% do PIB alemão; a atividade que representa a maior parte do produto interno bruto do país é a de prestação de serviços (cerca de 70%).

No setor de serviços, o sistema bancário destaca-se pela eficácia em respaldar as empresas com financiamentos. O banco central alemão, o Bundesbank, está empenhado em manter estável o valor da moeda europeia (o euro), ainda que isso prejudique a economia dos países mais pobres da União Europeia, como veremos no Capítulo 6. A Alemanha também é referência em políticas públicas e nas áreas de química, engenharia, segurança e produtos culturais, como literatura e música.

Sede de grande indústria automobilística alemã em Ingolstadt, estado da Baviera, Alemanha, em 2013.

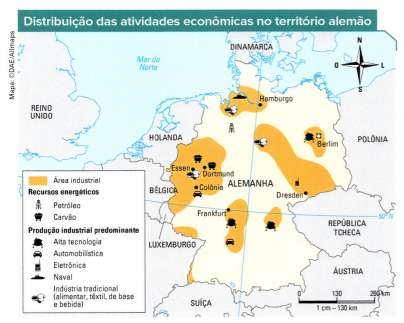

Distribuição das atividades econômicas no território alemão

Observe que as principais concentrações industriais da Alemanha encontram-se no entorno das cidades de Hamburgo (centro-norte do país), da Colônia/Essen/Dortmund (extremo oeste) e de Frankfurt até Stuttgart (sul do país).

Fonte: CALDINI, Vera; ÍSOLA, Leda. *Atlas geográfico Saraiva*. São Paulo: Saraiva, 2013. p. 113.

Política de Bem-Estar Social

A Alemanha pratica a **economia social de mercado**, o que significa dizer que o sistema econômico opera tanto na dimensão material quanto na dimensão social. A expressão *de mercado* refere-se à economia sem interferência estatal, enquanto o termo *social*, escolhido cuidadosamente pelos alemães para divergir da palavra *socialista*, faz alusão à preocupação do Estado com o Bem-Estar Social.

O governo investe altas quantias em benefícios sociais, o que não provoca engessamento da economia, que tem se expandido de maneira lenta e contínua – diferentemente do que ocorre com países emergentes, como a China e a Índia, cuja economia cresce em ritmo acentuado e intermitente.

A potência alemã, porém, também enfrenta dificuldades. O desemprego tem sido um novo e grande desafio a ser superado. Na última década, a taxa de pessoas desocupadas ultrapassou 8% da população economicamente ativa, nível comparado somente às taxas do pós-guerra. Não bastasse o desemprego, a Alemanha ainda tem de encontrar soluções para o alarmante envelhecimento da população, que – unido à falta de renovação da força de trabalho, resultante da baixa taxa de natalidade – provoca queda na geração de renda tributária para o Estado, pondo em risco a sustentabilidade do respeitável sistema alemão de seguridade social.

Idoso alemão aprende a usar um computador em um centro para educação de adultos na cidade de Vechta, Alemanha, em 2013.

Grandes potências econômicas e potências emergentes no cenário multipolar Capítulo 30

Por que os refugiados querem ir para a Alemanha?

A Alemanha disse que poderá receber até 500 mil refugiados por ano nos próximos anos, mas voltou a pedir que outros países também recebam imigrantes e refugiados, diante da pior crise desde a Segunda Guerra Mundial.

O país deverá receber mais de 800 mil refugiados só neste ano – quatro vezes mais do que o total registrado em 2014 – e é o principal destino de milhares de imigrantes que chegam ao continente.

[...]

A população da Alemanha está em rápida queda devido à baixa taxa de natalidade, enquanto cresce o índice de dependência de idosos – a relação entre a população mais velha, e mais custosa, em relação à mais nova, capaz de trabalhar e gerar impostos.

Muito mais do que, por exemplo, na Grã-Bretanha, onde as regras imigratórias são cada vez mais rígidas.

As projeções da Comissão Europeia indicam que a população alemã irá cair de 81,3 milhões em 2013 para 70,8 milhões em 2060. Já no Reino Unido, deverá subir de 64,1 milhões para 80,1 milhões no período.

Em relação ao índice de dependência, o percentual daqueles com 65 anos ou mais, em comparação com aqueles entre 15 e 64, deverá subir de 32% para 59% na Alemanha até 2060.

Em outras palavras: haverá menos de dois alemães de até 65 anos para trabalhar e pagar impostos para cada alemão com mais de 65 anos.

A Alemanha, então, precisa desses imigrantes para manter sua força de trabalho em alta.

A maioria dos economistas diz que a imigração promove o crescimento dos países anfitriões, e analistas dizem que a Alemanha se beneficiará economicamente das pessoas que arriscaram a vida para chegar à Europa.

Dados do governo de 2014 mostram que há 10,9 milhões de imigrantes na Alemanha.

[...]

BBC Brasil. Disponível em: <www.bbc.com/portuguese/noticias/2015/09/150908_europa_refugiados_hb>. Acesso em: 24 fev. 2016.

Em 2015, a Alemanha foi o país europeu que mais recebeu refugiados. Desembarque na estação de trem da cidade bávara de Freilassing.

Reino Unido

O Reino Unido da Grã-Bretanha e Irlanda do Norte, habitualmente chamado apenas de Reino Unido, é um Estado soberano que compreende quatro nações: Inglaterra, Escócia, País de Gales e Irlanda do Norte, além de outros territórios e possessões espalhados pelo mundo. O Reino Unido ocupa a segunda posição econômica na Europa, com um PIB em torno de 3 trilhões de dólares (dados de 2014), constituindo a quinta maior economia mundial – atrás de Estados Unidos, China, Japão e Alemanha.

Economia

O Reino Unido já ocupou o lugar que atualmente pertence aos Estados Unidos no cenário global. No século XIX, o *status* de império econômico foi alcançado em razão da Revolução Industrial, que ocorrera no século anterior. A Inglaterra esteve na vanguarda das invenções e das descobertas científicas que revolucionaram aquele período. Atualmente, o Reino Unido não mais lidera os avanços tecnológicos e, sozinho, não consegue exercer influência mundial. Ainda que tenha crescido após a Segunda Guerra Mundial, seu ritmo de incremento econômico está abaixo do apresentado pelas outras potências mundiais.

As indústrias britânicas da atualidade compõem um quadro bastante irregular. As indústrias têxtil, siderúrgica e naval, que já foram as maiores do mundo, enfrentam crise acentuada nas regiões de industrialização antiga. Já os setores relacionados ao petróleo e à energia nuclear desenvolvem-se de forma dinâmica.

O Reino Unido mantém o *status* de potência mundial em razão de sua posição de destaque na União Europeia e das diversas alianças de política externa que mantém, sobretudo com os Estados Unidos, no que se refere às questões de ordem geopolítica da atualidade, como as intervenções militares no Afeganistão (2001) e no Iraque (desde 2003).

Acompanhe a seguir, no mapa das atividades econômicas no território do Reino Unido, a distribuição espacial das áreas industriais e dos recursos energéticos.

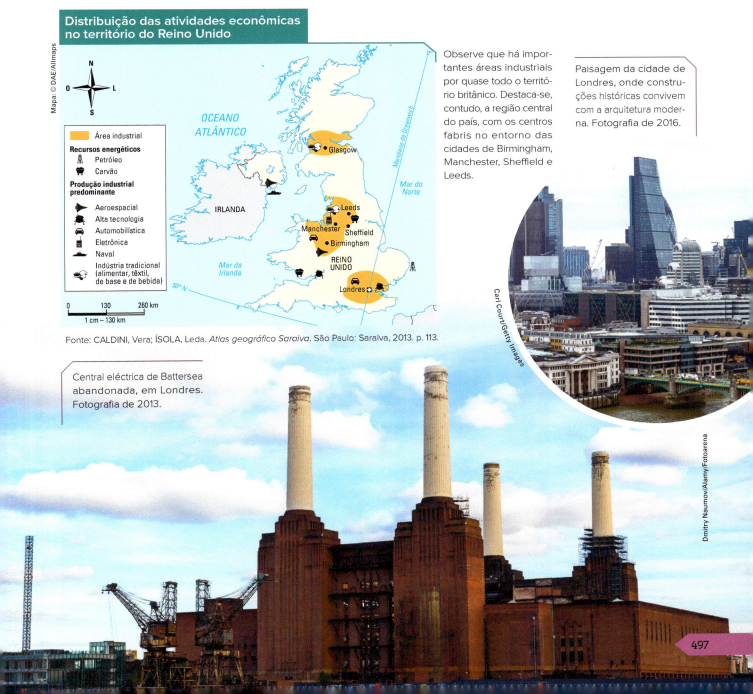

Observe que há importantes áreas industriais por quase todo o território britânico. Destaca-se, contudo, a região central do país, com os centros fabris no entorno das cidades de Birmingham, Manchester, Sheffield e Leeds.

Paisagem da cidade de Londres, onde construções históricas convivem com a arquitetura moderna. Fotografia de 2016.

Central eléctrica de Battersea abandonada, em Londres. Fotografia de 2013.

497

▶ França

O Estado francês atualmente compartilha com a Alemanha a liderança econômica da União Europeia. Terceira maior potência econômica do continente europeu e sexta maior potência do mundo, com PIB de aproximadamente 2,8 trilhões de dólares (dados de 2014), a França integrou-se à UE e adotou o euro como moeda única para facilitar os investimentos e as trocas comerciais com outros membros dessa comunidade. Por ser um dos países mais industrializados do mundo, a França conta com um comércio exterior competitivo, responsável por produtos presentes em lojas de praticamente todo o planeta.

Economia

A economia da França é bastante dinâmica. O país se destaca principalmente em setores ligados a comunicações, transportes (automobilístico e aeronáutico), agroindústria, produtos farmacêuticos, produtos de luxo (perfumes, vinhos e artigos de moda, como bolsas e malas), e nos setores bancário, de seguros e de turismo.

Em relação ao comércio exterior, a França direciona mais de 50% de seus produtos para os países-membros da zona do euro, mas também se destaca mundialmente exportando bens e serviços, máquinas e equipamentos, e como um grande produtor e exportador agrícola, principalmente de cereais e de produtos da agroindústria. Outro fator que contribui para o crescimento comercial da França é a grande porcentagem de investimentos de capital internacional no país, devido à qualidade da mão de obra, ao alto nível de pesquisa, ao domínio de tecnologias avançadas e à estabilidade da moeda.

Analise no mapa ao lado a distribuição das atividades industriais no espaço geográfico francês.

Observe que as principais aglomerações industriais francesas se encontram nas regiões Norte e Nordeste do país, no entorno das cidades de Paris, Rouen, Lille e Metz, e no Centro-Sul, no entorno da cidade de Lyon.

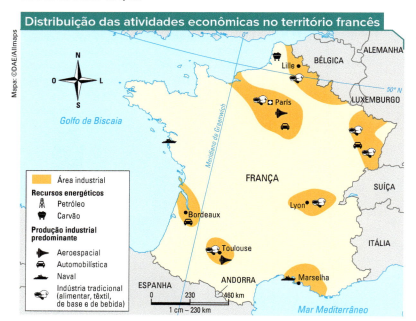

Fonte: CALDINI, Vera; ÍSOLA, Leda. *Atlas geográfico Saraiva*. São Paulo: Saraiva, 2013. p. 113.

Parque industrial localizado em Le Trait, França, 2014.

498 Unidade 8 A Nova Ordem Mundial e a regionalização do espaço global

Colheita de uvas em propriedade rural na região de Montagne, em 2015, na França. O país é um dos maiores fabricantes de vinho do mundo e produz grande quantidade e variedade de uvas.

Forte presença do Estado

A França combina um extenso setor privado com uma intervenção estatal substancial, porém em declínio. O Estado exerce considerável influência sobre segmentos-chave dos setores de infraestrutura, possuindo cotas majoritárias em firmas de eletricidade, de aviação, de telecomunicações e ferroviárias. Essa influência vem diminuindo gradualmente desde o início da década de 1990, quando o Estado passou a vender participações em empresas nos setores de transporte, comunicações, seguros, bancário e de defesa.

Devido a seu poder econômico e comercial, além de sua riqueza cultural, a França é um polo de atração de investimentos financeiros e de turistas: trata-se do país que mais recebe visitantes anualmente. Cerca de 84 milhões de turistas deixam dezenas de bilhões de dólares todos os anos na França.

O museu do Louvre, em Paris, capital francesa, reúne algumas das obras mais importantes da cultura universal e é um dos maiores e mais conhecidos museus do mundo. Na fotografia, turistas na praça em frente ao Louvre, em 2015.

499

▶ China

A China é a única nação socialista do mundo atual que se encontra em rápido processo de desenvolvimento econômico. Nas últimas décadas, o crescimento do Gigante Asiático – como é conhecida a nação chinesa – foi tão expressivo que o país alcançou a posição de segunda maior economia do planeta, com um PIB em torno de 10 trilhões de dólares (dados de 2014), superado apenas pelos Estados Unidos.

Economia socialista de mercado

O elevado índice de crescimento econômico da China deve-se a um conjunto de medidas, adotadas pelo governo a partir do final da década de 1970, que, juntamente com os planos periódicos quinquenais (reveja o texto da página 22, no Capítulo 1), possibilitaram a flexibilização da economia, permitindo a entrada de capitais e de tecnologia estrangeira. Além disso, foram concedidas às empresas estatais mais autonomia em relação às prioridades de produção estabelecidas pelos planos periódicos e a possibilidade de investir no desenvolvimento de tecnologias e em bens de consumo mais modernos. Esse peculiar modelo de desenvolvimento econômico passou a ser chamado pelos especialistas de **economia socialista de mercado**.

Com a abertura da economia chinesa ao capital internacional e a criação de um mercado de consumo interno, composto de aproximadamente 1,3 bilhão de pessoas, o incremento da atividade industrial disparou, elevando as taxas de crescimento do PIB chinês – em média, cerca de 7% ao ano nas últimas décadas – ao patamar de uma das maiores em todo o mundo. Observe o gráfico abaixo.

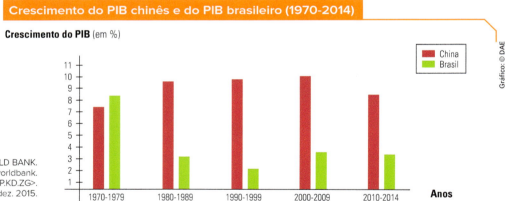

Fonte: THE WORLD BANK. Disponível em: <http://data.worldbank.org/indicator/NY.GDP.MKTP.KD.ZG>. Acesso em: 26 dez. 2015.

As particularidades desse modelo de desenvolvimento fazem da China a única nação socialista com perspectivas de crescimento no cenário geopolítico mundial. Além dos predicados econômicos já citados, o país se destaca pelo poderio militar, composto do maior contingente do planeta – cerca de 2,2 milhões de soldados – e de um arsenal bélico que inclui armas nucleares.

A China também apresenta vasto domínio sobre tecnologias espaciais ligadas à fabricação de foguetes e de satélites artificiais, segmentos de grande importância estratégica na atualidade. Todas essas características fazem da nação chinesa uma das mais prósperas do mundo e um dos principais polos mundiais de poder deste século.

Apesar da flexibilização do Estado na esfera econômica, o governo chinês mantém seu caráter centralizador e autoritário no que diz respeito às questões políticas internas. O Partido Comunista ainda é o único no país, e as práticas democráticas são relativas e supervisionadas.

A aglomeração urbana de Shenzen abriga a maior parte das empresas ligadas à tecnologia de ponta na China. Fotografia de 2015.

Desigualdades regionais e problemas ambientais

Não obstante toda essa prosperidade, a China vem enfrentando graves problemas de ordem socioeconômica e ambiental, em decorrência do acelerado crescimento verificado nas últimas décadas.

No que se refere às questões de ordem socioeconômica, é marcante o processo de aprofundamento das desigualdades regionais. O amplo desenvolvimento econômico das províncias costeiras, onde se encontram os grandes centros urbanos e as principais **Zonas Econômicas Especiais (ZEEs)** – veja o mapa abaixo –, contrasta com a pobreza das províncias do interior do país, onde as bases da economia continuam sendo a agricultura e a mineração. O salário médio de um operário chega a ser entre 25% e 50% maior na região litorânea, gerando um abismo entre as áreas urbano-industriais na costa, relativamente prósperas, e as áreas agrícolas e de mineração no interior, pobres e atrasadas.

As ZEEs constituem zonas de livre comércio, estabelecidas por meio de uma legislação flexível, com redução e isenção de impostos. Essas medidas visam atrair investimentos estrangeiros e absorver as inovações tecnológicas desenvolvidas nos países mais avançados.

Fonte: CALDINI, Vera; ÍSOLA, Leda. *Atlas geográfico Saraiva*. São Paulo: Saraiva, 2013. p. 131.

Grandes potências econômicas e potências emergentes no cenário multipolar   Capítulo 30

A grande disparidade entre a renda *per capita* da "China marítima" e a da "China interior" tem provocado, nas últimas décadas, um intenso êxodo rural. O resultado disso é a formação de uma massa de milhões de trabalhadores rurais excedentes que ficam entre as vilas e as cidades, grande parte deles se mantendo em subempregos de meio turno ou exercendo trabalhos com remuneração muito baixa. Para tentar combater esse problema, que se tornou um traço estrutural da sociedade chinesa, o governo esforça-se para promover o crescimento necessário do número de empregos, de modo a atender a essas dezenas de milhões de trabalhadores rurais, além de absorver os trabalhadores demitidos com a privatização de empresas estatais e os novos ingressantes no mercado de trabalho.

Outro problema chinês muito grave, decorrente do rápido desenvolvimento de empresas nas cidades e da aceleração da modernização no campo, é a deterioração do meio ambiente. Nas regiões onde isso tem ocorrido, constata-se uma significativa diminuição da quantidade de água potável e o aumento considerável da poluição do ar e da erosão do solo. A condição da água chega a ser alarmante, principalmente nos centros urbanos e nas zonas rurais industrializadas. Mais de 50% dos lençóis freáticos das cidades estão poluídos, e a contaminação da água em algumas regiões do litoral vem se expandindo. Em algumas áreas não há sequer água potável para pessoas e animais.

Poluição na China atinge nível 20 vezes superior que o máximo recomendado

O Aeroporto Internacional de Pequim cancelou hoje (25) 83 voos e adiou outros 143 devido aos elevados níveis de poluição atmosférica que atingem desde esta manhã (horário local) a capital chinesa, informou a televisão estatal.

O governo municipal decretou o alerta laranja (o segundo mais alto de uma escala com quatro níveis). A poluição atinge um nível 20 vezes superior ao máximo recomendado pela Organização Mundial de Saúde.

Desde as 6h locais (22:00 de quinta-feira em Lisboa), Pequim registra uma concentração de partículas PM2.5 – as mais finas e suscetíveis de se infiltrarem nos pulmões – superior a 500 microgramas por metro cúbico.

Uma nuvem de poluição cobre grande parte do nordeste da China, há várias semanas, numa situação "normal" para a época, visto que a ativação do aquecimento central [em ambientes fechados] implica o aumento da queima de carvão, a principal fonte de energia no país.

Quase meia centena de cidades e duas províncias emitiram alertas por poluição.

BRAGA, Laura Santos. Com informações da Agência Lusa. *Diário de Goiás*, 25 dez. 2015. Disponível em: <http://diariodegoias.com.br/mundo/ 21244-poluicao-na-china-atinge-niveis-20-vezes- superior- que-o-maximo-recomendado-voos-foram-cancelados>. Acesso em: 24 fev. 2016.

Turistas usando máscaras contra a poluição do ar em Pequim, China, em 2015. A cidade estava coberta com uma espessa nuvem de fumaça e poluição atmosférica.

No que se refere ao ar, a poluição alcança índices muito elevados. Durante as Olimpíadas de Pequim, em 2008, foram estabelecidas na capital chinesa várias medidas de controle de emissão de gases, para que o andamento das provas esportivas não fosse prejudicado. Outro problema ambiental decorrente da poluição do ar são as chuvas ácidas, comuns em muitas áreas do país.

Além dos problemas com a água e o ar, a China enfrenta a poluição do solo. O país vem perdendo terra arável em decorrência da erosão causada, entre outros fatores, por resíduos sólidos industriais e pelo lixo doméstico, os quais não têm recebido tratamento adequado nas grandes e médias cidades chinesas.

O grande desafio da China nas próximas décadas é continuar promovendo o crescimento econômico para se tornar uma superpotência, e ao mesmo tempo aplicar políticas emergenciais e severas de proteção ao meio ambiente. Caso essas políticas não sejam colocadas em prática, o país poderá provocar um colapso ecológico de proporções mundiais.

▶ Índia

A Índia figura entre as nações consideradas potências emergentes, como o Brasil e China. Depois de décadas de estagnação econômica, o país vem se desenvolvendo rapidamente, configurando uma potência regional, com PIB de aproximadamente 2 trilhões de dólares (dados de 2014), e sendo apontada como uma das futuras grandes potências do século. Segundo alguns estudiosos, a ex-colônia britânica poderá ocupar, em 2050, o terceiro lugar no *ranking* das grandes potências econômicas mundiais, ficando atrás apenas dos Estados Unidos, em segundo lugar, e da China, em primeiro.

Segundo país mais populoso do mundo depois da China, com aproximadamente 1,2 bilhão de pessoas, a Índia começou seu processo de industrialização somente depois da Segunda Guerra Mundial, pois até esse período era uma colônia britânica. Na luta pela independência, a Índia promoveu uma revolução anticolonial e provocou uma "revolução burguesa", que deu início ao processo de industrialização do país. Depois de uma longa campanha liderada por Mahatma Gandhi, a Índia alcançou a independência política em 1947 e passou a ser governada pelo líder Jawaharlal Nehru, do Partido do Congresso – Nehru assumiu o poder como primeiro-ministro e governou até 1964, embora seu partido tenha permanecido no poder até 1996.

O início do processo de industrialização na Índia contou com forte participação do Estado e com investimentos britânicos. As grandes reservas de minérios e de combustíveis fósseis disponíveis no território do país contribuíram para o desenvolvimento da indústria bélica e das obras de infraestrutura.

Dezenas de chaminés identificam a paisagem de área industrial de Mumbai, Índia, em 2014.

Punit Paranjpe/AFP

Mohandas Gandhi

Uma das figuras mais importantes e influentes no movimento pela independência da Índia foi um advogado, Mohandas K. Gandhi (1869-1948). Ele passou vinte anos na África do Sul, onde trabalhou para tentar diminuir a discriminação racial contra os imigrantes indianos. Voltou para a Índia em 1915.

Gandhi atuou com o CNI [Congresso Nacional Indiano], mas também levou a mensagem de independência à massa da população, visitando milhares de aldeias durante anos e anos. Ele ficou conhecido como Mahatma, palavra que significa "grande alma".

Os britânicos não cumpriram a promessa de dar mais poder aos indianos. Além disso, desconsideraram a sua contribuição à Grã-Bretanha na Primeira Guerra Mundial (1914-1918). A gota d'água foi o massacre de Amritsar, no Punjab, em 1919, quando as tropas do governo atiraram contra manifestantes, matando centenas. Gandhi pediu que as pessoas seguissem sua política de resistência passiva, não violenta. Também as encorajou a não mais comprarem artigos têxteis ingleses, e sim a fiar seus próprios tecidos.

GANERI, Anita. *Explorando a Índia*. São Paulo: Ática, 1997. p. 42.

Mohandas Karamchand Gandhi (1869-1948), conhecido como Mahatma (Grande Alma), líder nacionalista indiano.

Mulheres fazendo bordados em cortinas de janela, em Asham, Índia, 2015. Grande parte da população indiana vive no campo e muitas pessoas tiram seu sustento da venda de produtos artesanais.

Globalização da economia

A Índia passou a registrar forte crescimento econômico depois de 1991, quando o Estado abandonou políticas socialistas e deu início a um processo de liberalização da economia, que envolveu o incentivo ao investimento estrangeiro, a redução de barreiras tarifárias à importação, a modernização do setor financeiro e ajustes nas políticas fiscal e monetária. Como resultado dessa nova postura político-econômica, o país apresentou inflação mais baixa e redução do déficit comercial. Para promover sua expansão comercial, a Índia tornou-se, nos últimos anos, um importante centro de serviços relacionados a tecnologias de informação.

Devido a esse processo de abertura ao capital internacional, aliado a uma política de desregulamentação e de privatização, a Índia vem atraindo muitos investimentos, principalmente dos Estados Unidos e do Japão. Isso se deve aos interesses estrangeiros pelo vasto mercado interno e pela abundante mão de obra barata do país. Por outro lado, o crescimento econômico não é compartilhado por toda a sociedade indiana, já que a maioria da população vive abaixo da **linha internacional de pobreza**, ou seja, obtém ganhos iguais ou inferiores a US$1,25 por dia. Apesar disso, a parcela da população que tem efetiva capacidade de consumo (cerca de 25%) corresponde a mais de 300 milhões de pessoas. A modernização e o rápido crescimento econômico da Índia têm provocado a ampliação dessa parcela da população, que pertence à classe média.

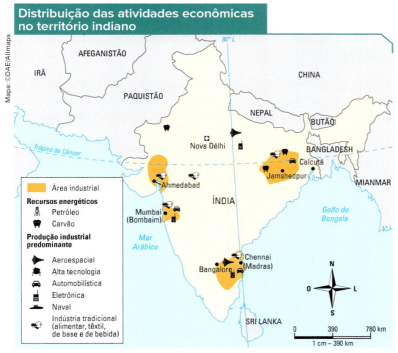

Observe que as maiores áreas industriais da Índia estão no entorno das cidades de Mumbai (costa oeste), Calcutá e Jamshedpur (a leste), e Chennai e Bangalore (no sul).

Fonte: CALDINI, Vera; ÍSOLA, Leda. *Atlas geográfico Saraiva*. São Paulo: Saraiva, 2013. p. 131.

Por causa de seu parque industrial diversificado, a produção manufatureira indiana equivale a 30% do PIB e ocupa 23% da população ativa do país. Entretanto, a Índia ainda depende muito da agricultura, já que mais de 70% da sua população vive no campo, e a agricultura ocupa 52% da população ativa, respondendo por cerca de 18% do PIB.

Esses números demonstram o que ocorre na estrutura social da Índia. Há no país profundos contrastes socioeconômicos: o tradicional e o moderno convivem lado a lado. A maioria da população indiana é pobre, mas a economia da nação é uma das que mais vêm crescendo desde a década de 1990.

A indústria de alta tecnologia da Índia destaca-se cada vez mais no mercado internacional – o país é, por exemplo, um dos maiores exportadores de *software* do mundo. Além de programas de computador, a Índia exporta produtos químico-farmacêuticos, máquinas, produtos eletrônicos, entre outros.

Em razão de todo esse desenvolvimento tecnológico, o país abriga filiais das maiores empresas da área de informática e de telecomunicações do mundo. Além de produtos, a Índia exporta mão de obra qualificada: muitos jovens indianos formados nos cursos das áreas de Informática e de Engenharia vão trabalhar no exterior, principalmente nos Estados Unidos e no Reino Unido.

Em Vithalapur, trabalhadores indianos qualificados na fabricação de linhas de montagem de uma empresa especializada para a indústria automobilística. Fotografia de 2016.

Grandes potências econômicas e potências emergentes no cenário multipolar • Capítulo 30

▶ Rússia

Durante quase 50 anos, a União Soviética foi o único país do mundo a fazer frente ao poder econômico e militar dos Estados Unidos. Mesmo com seu esfacelamento territorial e político, no início da década de 1990, a Rússia preservou parte do antigo poder, tornando-se o polo articulador de um novo bloco de países, a Comunidade dos Estados Independentes (CEI).

A Federação Russa, como também é chamada, é o país mais poderoso do bloco, reunindo a maior parte do arsenal militar e do parque industrial da ex-União Soviética. A Rússia também concentra, entre esses países, o maior número de técnicos e cientistas, além dos maiores centros de pesquisas e universidades.

Desde a fragmentação da União Soviética, o país vem tentando se inserir na economia capitalista de mercado. Apesar disso, continua a exercer forte controle sobre a maioria das antigas repúblicas soviéticas. Com o fim da União das Repúblicas Socialistas Soviéticas (URSS), em 1991, a Rússia iniciou um rápido e complexo processo de transformação política, que objetivava o estabelecimento de um Estado democrático. Nas eleições da década de 1990, por exemplo, a população pôde, pela primeira vez em cerca de 80 anos, eleger por meio do voto direto o presidente, o primeiro-ministro e seus representantes nas assembleias e no Parlamento, escolhendo entre candidatos de diferentes partidos políticos.

Transformações na economia

No plano econômico, o governo russo iniciou em meados da década de 1990 um processo de privatização dos meios de produção, com gradativa extinção da propriedade estatal e coletiva, base do antigo regime. Esse processo, no entanto, desencadeou uma séria crise nos setores produtivos, além de graves problemas sociais.

A iniciativa privada vem investindo na modernização das linhas de produção, o que acarreta a demissão de grande número de trabalhadores. O desemprego – algo que era praticamente desconhecido entre os russos – levou um grande contingente de pessoas a desenvolver atividades informais, com significativa queda no padrão de vida da população.

Moradora da pequena cidade de Tsenteroi vota durante as eleições presidenciais de 2012.

A maior parte das empresas estatais privatizadas foi adquirida por investidores estrangeiros ou por burocratas e antigos dirigentes políticos soviéticos, muitos dos quais enriqueceram ilicitamente. Desse modo, surgiu uma nova classe dominante, composta de grandes capitalistas, que representam uma parcela ínfima da população. Ao mesmo tempo, houve empobrecimento da maior parte dos habitantes da Rússia: de acordo com cálculos do próprio governo, acredita-se que, hoje, no país, cerca de 16 milhões de pessoas (11% da população em 2015) vivam abaixo da linha da pobreza.

O dinheiro arrecadado pelo governo com as privatizações não tem sido suficiente para efetuar o pagamento de aposentados, funcionários públicos e prestadores de serviços, nem para garantir os investimentos necessários nos setores sociais (educação, saúde e habitação), na infraestrutura e na pesquisa científica. Além disso, a sonegação fiscal e o desvio de verbas praticados por burocratas que permanecem no poder têm gerado um grande déficit público. A fim de suprir a falta de recursos financeiros, o governo russo vem, desde 1992, obtendo empréstimos do Fundo Monetário Internacional (FMI) e do Banco Mundial, o que coloca o país, atualmente, entre os maiores devedores do mundo.

Restauração da Rússia como potência geopolítica

A Rússia ainda se configura no cenário geopolítico mundial como uma potência militar, apresentando um arsenal de armas nucleares superado apenas pelo estadunidense. Há em território russo cerca de 7 mil ogivas nucleares, instaladas em mísseis de médio e longo alcance; além disso, grande parte do parque industrial do país continua voltado para a produção de armamentos e veículos militares (aviões de caça e bombardeiros, lança-mísseis, tanques, submarinos etc.), sendo responsável pelo fornecimento de aproximadamente 26% do material bélico comercializado no mundo.

O controle de uma tecnologia aeroespacial altamente desenvolvida no país, consequência de um conhecimento construído durante cerca de 40 anos de Guerra Fria, também contribui para a manutenção de seu *status* de grande potência. Durante a década de 1980 o governo russo destinou verbas para o ambicioso projeto de lançamento e manutenção da primeira estação tripulada em órbita da Terra: a MIR, que funcionou durante 15 anos e recebeu a bordo mais de 100 cientistas e astronautas.

Alguns problemas internos, porém, ameaçam a manutenção do poder militar da Rússia: o sucateamento do aparato tecnológico, a escassez de recursos financeiros para desenvolver novos projetos e o grande número de cientistas que migram para outros países em busca de salários melhores, entre outros.

Mulheres escolhem roupas usadas à venda na rua em São Petersburgo, Rússia, em 2014.

Dmitry Lovetsky/AP/Glow Images

Outra face dessa realidade é o desmantelamento do arsenal bélico do país. Nos últimos anos foram feitas denúncias de que parte desse arsenal, incluindo componentes nucleares, estaria sendo roubada e vendida por autoridades militares a mafiosos e terroristas, tal a falta de rigor no controle de armamentos por parte do Estado. Essa situação é motivo de grande preocupação para as autoridades civis e militares de todo o mundo, que veem na vulnerabilidade do aparato tecnológico e militar russo uma ameaça à segurança do planeta.

Preparativos para o lançamento nave espacial Soyuz TMA-10M. Fotografado no Cosmódromo de Baikonur, no Cazaquistão, em 19 de setembro de 2013.

Victor Zelentsov/NASA/SPL/Latinstock

Grandes potências econômicas e potências emergentes no cenário multipolar Capítulo 30

Apesar desse quadro, a economia russa tem atraído numerosos investidores estrangeiros. Empresários dos mais diversos lugares do mundo, sobretudo dos países mais desenvolvidos, têm interesse em explorar um novo e imenso mercado consumidor, formado por mais de 140 milhões de pessoas.

Assim, com a abertura de sua economia, a Rússia vem tentando assumir uma posição de destaque no mercado internacional. Nesse sentido, o governo russo procura estabelecer novos acordos comerciais, buscando parcerias com os países capitalistas desenvolvidos, como a Alemanha, a França e até mesmo os Estados Unidos, seu antigo rival. São também alvos comerciais a China, grande potência socialista, e a Índia. Por todas essas razões, a Rússia surge como um importante agente no atual processo de globalização da economia.

Fonte: CALDINI, Vera; ÍSOLA, Leda. *Atlas geográfico Saraiva*. São Paulo: Saraiva, 2013. p. 131 e 113.

▶ Multipolaridade: uma nova realidade mundial

Como vimos, diferentes polos ou centros de poder têm emergido no cenário geopolítico mundial nas últimas décadas, mas até o momento nada ultrapassou a supremacia alcançada pelos Estados Unidos durante o século XX. A nação estadunidense ainda é a mais rica, apresenta os mais altos índices de desenvolvimento científico e tecnológico e detém o maior arsenal bélico do planeta. Assim, podemos dizer que os Estados Unidos se mantiveram como a única superpotência do globo depois da queda da União Soviética.

Na atual realidade multipolar, ainda dominada pela superpotência estadunidense, as características são diferentes daquelas da bipolaridade verificada durante os anos da Guerra Fria, que estava calcada no antagonismo político-ideológico entre Estados sob regimes socialistas e capitalistas.

Hoje em dia, a realidade é muito mais complexa: congrega oposições entre países e regiões do planeta em todas as esferas, sejam elas ideológicas, religiosas, ambientais ou, principalmente, referentes às diferenças socioeconômicas e tecnológicas entre as nações.

No próximo capítulo estudaremos mais profundamente essa oposição entre os níveis de desenvolvimento como uma das formas de regionalizar o espaço geográfico mundial.

De olho no Enem – 2011

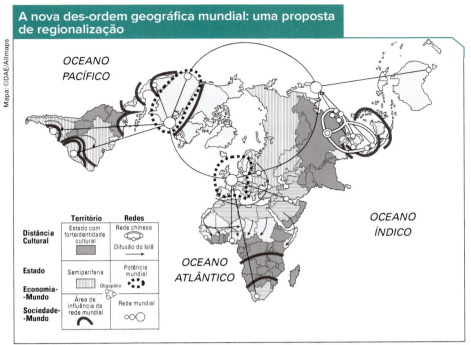

Fonte: LEVY et al. (1992), atualizado.

O espaço mundial sob a "nova des-ordem" é um emaranhado de zonas, redes e "aglomerados", espaços hegemônicos e contra-hegemônicos que se cruzam de forma complexa na face da Terra. Fica clara, de saída, a polêmica que envolve uma nova regionalização mundial. Como regionalizar um espaço tão heterogêneo e, em parte, fluido, como é o espaço mundial contemporâneo?

HAESBAERT, R.; PORTO-GONÇALVES. C.W.
A nova des-ordem mundial. São Paulo: UNESP, 2006.

O mapa procura representar a lógica espacial do mundo contemporâneo pós-União Soviética, no contexto de avanço da globalização e do neoliberalismo, quando a divisão entre países socialistas e capitalistas se desfez e as categorias de "primeiro" e "terceiro" mundo perderam sua validade explicativa. Considerando esse objetivo interpretativo, tal distribuição espacial aponta para:

a. a estagnação dos Estados com forte identidade cultural.
b. o alcance da racionalidade anticapitalista.
c. a influência das grandes potências econômicas.
d. a dissolução de blocos políticos regionais.
e. o alargamento da força econômica dos países islâmicos.

Gabarito: C.

Justificativa: A alternativa **a** está incorreta, pois, de acordo com o mapa apresentado como suporte, entre os "Estados com forte identidade cultural" está, por exemplo, a China, que, ao contrário de estar estagnada, tornou-se uma das grandes protagonistas da geopolítica do mundo multipolar pós-Guerra Fria. A alternativa **b** está incorreta, pois a projeção das iniciativas anticapitalistas era mais expressiva durante a Guerra Fria, e não no período posterior a ela. A alternativa **d** está incorreta, pois o cenário geopolítico pós-Guerra Fria, ao contrário do que foi afirmado, fortaleceu a formação de blocos regionais de caráter político e econômico. A alternativa **e** também está incorreta, pois não há qualquer referência no comando da questão ao suposto fortalecimento econômico dos países islâmicos – fato, aliás, que, ainda que possa ter ocorrido pontualmente, não pode ser generalizado e não constitui um dos elementos mais expressivos de análise da Nova Ordem Mundial. A alternativa correta é a **c**, já que a influência das grandes potências econômicas se tornou ainda maior na configuração geopolítica do período retratado, sendo destacada, inclusive, no mapa apresentado como suporte.

Revisitando o capítulo

1. Quais são os polos mundiais de poder atualmente?

2. Descreva as principais diferenças entre o antigo mundo bipolar e a atual realidade geopolítica multipolar.

3. Quais são as grandes potências econômicas mundiais da atualidade? E as potências emergentes? Caracterize-as, de acordo com o que foi estudado.

4. Por que os Estados Unidos são considerados a nação mais poderosa do mundo?

5. Que fatores tornaram o Japão, a partir do pós-guerra, uma das maiores economias do globo?

6. Mencione três características socioeconômicas atuais da Alemanha, da França e do Reino Unido que você considera importantes.

7. O que é economia socialista de mercado? Em que país esse modelo de desenvolvimento econômico é aplicado?

8. Que fatores impulsionaram o crescimento econômico da Índia, a partir da década de 1990?

9. Liste as principais dificuldades enfrentadas pela Rússia no processo de adaptação à economia capitalista de mercado.

▶ ANÁLISE DE TEXTO

Leia o texto a seguir.

Hollywood não! Bollywood!!

A indústria do cinema indiano, tida como a maior do mundo e conhecida como Bollywood, completa 100 anos oferecendo evasão e deuses laicos, além de assumir um papel de conciliação em um país composto por diferentes religiões, línguas e culturas.

A grande paixão popular da Índia foi iniciada em maio de 1913, com a estreia do filme "Rei Harishchandra", dirigido por Dadasaheb Phalke, que retrata de forma épica os textos sagrados hindus na cidade de Mumbai [antigamente chamada de Bombaim], desde então considerada a Meca do cinema indiano.

Embora a fórmula se repita com sucesso, a temática evoluiu muito com o tempo, passando de temas sociais ao "cinema de evasão" que hoje predomina em Bollywood.

[...]

O romance e o casamento por amor também ocupa um grande território cinematográfico no país, onde aproximadamente 90% dos indianos ainda optam pelo casamento arranjado.

"A fantasia do casamento por amor reina em Bollywood e é exposta como um verdadeiro caminho à felicidade conjugal", declarou o psicólogo Sudhir Kakar.

Além de oferecer fugas da realidade e romance, o cinema indiano também desenvolve um importante papel de conciliação em um país que conta com 22 línguas oficiais, várias religiões e culturas.

"O cinema de Bollywood é seguido por indianos de todas as idades, gêneros, castas, religiões e grupos linguísticos", comentou o compositor de trilhas sonoras Javed Akhtar, que completou: "O cinema híndi também pode ser considerado como outro estado do país".

O cinema indiano chega ao seu centenário com uma produção de mais de mil filmes por ano e quase 3 bilhões de ingressos, números que tendem a aumentar com o crescimento previsto para a indústria – de 13,2% até 2015, segundo a empresa de consultoria Pwc.

Uma indústria que resiste aos ataques de Hollywood, que, apesar de ter dobrado sua bilheteria na Índia em 2011, só conseguiu 6,8% da arrecadação local neste ano, apesar de suas grandes produções já terem se adaptado às línguas indianas, como híndi, tâmil e telugu.

Bollywood celebra 100 anos de história com "cinema de evasão" e romances. *Gazeta do Povo*, 22 fev. 2013. Disponível em:<www.gazetadopovo.com.br/caderno-g/bollywood-celebra-100-anos-de-historia-com-cinema-de-evasao-e-romances-dh66u9bn5axpi7ln4qpuep01i>. Acesso em: 25 fev. 2016.

Agora, responda às questões.

1. Transcreva os dados presentes no texto que confirmam a frase "a indústria do cinema indiano [é] tida como a maior do mundo".

2. Segundo o texto, qual é o tipo de história que mais leva indianos ao cinema?

3. Por que as produções cinematográficas de Bollywood são importantes para o Estado indiano? Transcreva trechos do texto que comprovem isso.

4. Com base nas informações do texto e no que você estudou neste capítulo, responda: por que Hollywood investe tanto para introduzir seus filmes no mercado indiano?

ANÁLISE DE IMAGEM E PESQUISA

Observe na fotografia abaixo a rua de uma grande cidade chinesa, no ano de 2014.

Nanjing Road, rua comercial de Shangai, China, em 2014.

1. Pode-se observar uma paisagem urbana parecida com essa em alguma grande cidade brasileira? O que seria diferente entre as duas paisagens? E o que seria semelhante?

2. Com base nos elementos presentes na fotografia, caracterize o sistema econômico da China na atualidade.

3. De acordo com o que foi estudado, responda: Por que empresas capitalistas se interessam em atuar no mercado chinês?

4. Formem grupos e façam um breve levantamento na sala de aula (ou na escola) de produtos industrializados fabricados na China. Depois, respondam: Foram muitos os produtos identificados? Comentem com os demais grupos.

Grandes potências econômicas e potências emergentes no cenário multipolar   Capítulo 30   511

CAPÍTULO 31

A REGIONALIZAÇÃO DO ESPAÇO GEOGRÁFICO MUNDIAL

Vimos no capítulo anterior que nos últimos anos a multipolaridade deu origem a uma realidade mundial bastante complexa. Diferentemente do que vigorou durante quase todo o século passado, hoje a oposição entre países está mais relacionada às desigualdades socioeconômicas do que às diferenças ideológicas. Para conhecer melhor essa realidade, vamos analisá-la em partes, valendo-nos do estudo das regiões.

Na ciência geográfica, o conceito de **região** está ligado à ideia de diferenciação de áreas. Nesse sentido, **regionalizar** significa agrupar as extensões territoriais que apresentam determinadas características comuns, distinguindo-as de outras áreas. Tais características podem ser referentes a aspectos naturais, como clima, vegetação, solos e relevo, ou a aspectos socioeconômicos e culturais, como produção industrial ou agrícola, distribuição de renda e religião.

Os mapas a seguir exemplificam a regionalização do espaço terrestre com base em aspectos de ordem natural e socioeconômica. Observe os mapas e leia os textos que os acompanham, sobre os critérios utilizados na regionalização.

Fonte: BRASIL. Ministério do Meio Ambiente. Secretaria de Políticas de Desenvolvimento Regional. *Delimitação do semiárido nordestino.* Janeiro/2005. Disponível em: <http://mapas.mma.gov.br/mostratema.php?temas=semiarido>. Acesso em: 25 fev. 2016.

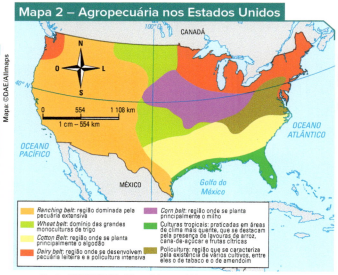

Fonte: REFERENCE *Atlas of the world.* Londres: Dorling Kindersley, 2007.

O **Mapa 2** mostra a regionalização do território dos Estados Unidos de acordo com as atividades agrícolas e pecuárias desenvolvidas nos estados da federação. Esse critério de regionalização permite verificar onde há predominância de determinados tipos de cultura e criação, e determinar a extensão dos chamados *belts*, termo que em português significa "cinturões".

O **Mapa 1** mostra a região do chamado Polígono das secas, que reúne aproximadamente 1300 municípios brasileiros situados na Região Nordeste e no norte do estado de Minas Gerais. Essa região, onde as precipitações médias anuais são inferiores a 800 milímetros, é atingida periodicamente pelo fenômeno das secas.

Quando o objetivo é estudar a realidade mundial segundo critérios de natureza política e socioeconômica, deve-se buscar na História e nas informações advindas de dados qualitativos e quantitativos (estatísticas) a base para a regionalização do espaço geográfico. Nas páginas seguintes, conheceremos as principais formas de regionalização do espaço geográfico mundial empregadas nos estudos de Geografia durante o último século.

▶ Primeiro, Segundo e Terceiro Mundos

No início do século XX, vastas regiões do planeta, sobretudo nos continentes africano e asiático, eram colônias de nações europeias.

Durante a Segunda Guerra Mundial desencadeou-se o processo de independência política dessas colônias, que até então viviam sob o controle das potências europeias. Esse processo histórico ficou conhecido como **descolonização**.

Como vimos no Capítulo 29, no pós-guerra houve a consolidação, em termos geopolíticos, de um mundo bipolar, ou seja, de uma realidade com duas faces: uma capitalista e uma socialista. Com o processo de descolonização, configurou-se um "terceiro mundo", composto de países pobres, que haviam sido em sua maioria **colônias de exploração** europeias.

A expressão "Terceiro Mundo" foi criada pelo economista francês Alfred Sauvy (1898-1990), em 1952, para se referir às nações pobres que estavam à margem do cenário político-econômico internacional naquele momento histórico.

Anos mais tarde, na década de 1960, estabeleceu-se uma nova forma de regionalização do espaço geográfico mundial com base nessa terminologia. Segundo essa divisão, o **Primeiro Mundo** correspondia ao conjunto dos países capitalistas industrializados com economia mais desenvolvida; o **Segundo Mundo**, aos países socialistas de economia estatal e planificada; e o **Terceiro Mundo**, ao conjunto dos países capitalistas menos desenvolvidos economicamente.

Observe no planisfério a seguir a maneira como os países do mundo foram agrupados de acordo com esse critério de regionalização.

Descolonização: processo de enfraquecimento político, econômico e militar das metrópoles europeias, que permitiu o sucesso dos movimentos de independência das colônias.

Colônia de exploração: domínio colonial voltado exclusivamente a servir aos interesses das metrópoles, que se apropriavam das riquezas existentes nessas regiões.

Fonte: LE MONDE Diplomatique. *El Atlas de las mundializaciones*. Valência: Fundación Mondiplo, 2012. p. 59.

▶ Países ricos e pobres, ou centro e periferia

A regionalização caracterizada pela divisão entre Primeiro, Segundo e Terceiro Mundo foi amplamente utilizada durante a Guerra Fria, período em que prevaleceu a rivalidade entre as superpotências Estados Unidos e União Soviética. No começo da década de 1990, com a extinção da União Soviética e o enfraquecimento do socialismo, o termo Segundo Mundo tornou-se obsoleto, pois deixou de ser representativo como realidade político-econômica global.

A partir de então, as preocupações mundiais voltaram-se muito mais para as desigualdades existentes entre os diversos países no que diz respeito ao acesso às tecnologias, à distribuição de renda e ao nível de vida das populações.

Nesse contexto, surgiram novas propostas de regionalização, com o objetivo de expressar com mais exatidão a organização do espaço mundial contemporâneo. Entre elas, cabe destacar a seguinte:

▶ **Países ricos ou centrais** – grupo formado pelas nações mais ricas e industrializadas (como Estados Unidos, Canadá, Japão, Austrália, Nova Zelândia e países da União Europeia), que se encontram no **centro do sistema capitalista**, exercendo forte domínio econômico e tecnológico sobre as nações mais pobres.

▶ **Países pobres ou periféricos** – grupo formado pelo restante das nações do mundo, que apresentam desenvolvimento tecnológico e econômico inferior, assim como grande dependência financeira em relação aos países ditos centrais, situando-se portanto na **periferia do sistema capitalista**.

Observe no mapa a seguir a regionalização do espaço geográfico com base na divisão entre países centrais e países periféricos.

Países centrais e países periféricos

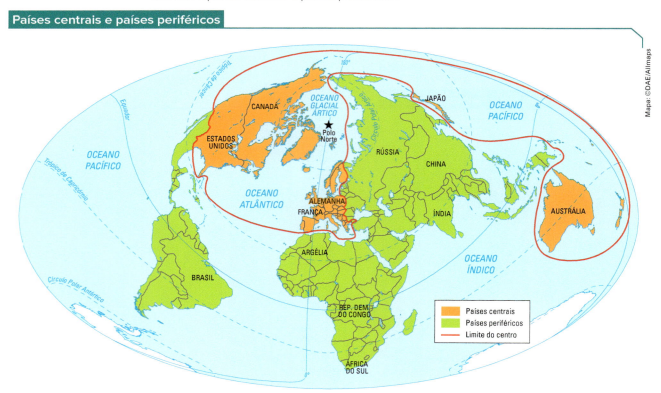

Fonte: Elaborado pelos autores

▶ Países desenvolvidos e países subdesenvolvidos

Outra forma de regionalização que leva em conta os aspectos relacionados às desigualdades tecnológicas, científicas e sobretudo socioeconômicas entre as nações é a que as classifica como desenvolvidas e subdesenvolvidas.

De acordo com esse critério, podemos considerar **desenvolvidos** os países com alto nível de industrialização, amplo e diversificado mercado de consumo de bens e de serviços, e cuja população usufrui de um elevado padrão de vida. De maneira geral, a economia dos países desenvolvidos é vigorosa, e seu crescimento depende basicamente de forças produtivas internas.

Já os países com nível de industrialização mais baixo ou com economia baseada predominantemente no setor primário (agropecuária e atividade extrativa), dependentes tecnológica e financeiramente dos países ricos, e cuja população em sua maioria apresenta baixo **padrão de vida** são considerados **subdesenvolvidos**.

Padrão de vida: valor médio de renda e nível de acesso a serviços de saúde, educação, habitação e lazer.

As relações Norte-Sul

As nações desenvolvidas e as subdesenvolvidas também são chamadas, respectivamente, de **países do Norte e países do Sul**. Essa denominação leva em conta, basicamente, a posição geográfica dessas nações, pois, com exceção da Austrália e da Nova Zelândia, os países desenvolvidos encontram-se na porção setentrional do planeta, enquanto os subdesenvolvidos situam-se, de maneira geral, ao sul das nações desenvolvidas.

Os conceitos de desenvolvimento e de subdesenvolvimento ganharam importância na década de 1950, quando a Organização das Nações Unidas (ONU) começou a divulgar periodicamente dados estatísticos de diferentes nações do mundo, como taxa de mortalidade infantil, expectativa de vida, analfabetismo, crescimento do Produto Interno Bruto (PIB) e renda *per capita*. Esses dados revelaram grandes contrastes entre as nações mais desenvolvidas e as menos desenvolvidas economicamente: nos dias atuais, sabe-se que cerca de 12% da população mundial vive em países cuja renda *per capita* anual é igual ou superior a 30 mil dólares, o que caracterizaria uma situação de desenvolvimento; por outro lado, uma parcela significativa da população do planeta – cerca de 40% – vive em países considerados subdesenvolvidos, nos quais a renda *per capita* anual é igual ou inferior a 2 500 dólares.

Países desenvolvidos (Norte) e subdesenvolvidos (Sul)

Fonte: CALDINI, Vera; ÍSOLA, Leda. *Atlas geográfico Saraiva*. São Paulo: Saraiva, 2013. p. 190.

Canção do subdesenvolvido

A letra da canção abaixo, composta em 1963 por Carlos Lyra e Chico de Assis, satiriza a condição de subdesenvolvimento do Brasil diante das nações ricas e sugere que há uma dependência não apenas econômica, mas também tecnológica e cultural. Leia e reflita.

Canção do subdesenvolvido
[...]
As nações do mundo para cá mandaram
Os seus capitais desinteressados
As nações, coitadas, queriam ajudar
[...]
E começaram a nos vender e a nos comprar
Comprar borracha – vender pneu
Comprar madeira – vender navio
Pra nossa vela – vender pavio
Só mandaram o que sobrou de lá
  Matéria plástica,
    Que entusiástica,
     Que coisa elástica,
      Que coisa drástica
      Rock-balada, filme de mocinho
       Ar refrigerado e chiclete de bola
        E coca-cola! Oh...
         Subdesenvolvido, subdesenvolvido...
[...]

LYRA, Carlos. *A música brasileira deste século por seus autores e intérpretes*. São Paulo: Sesc, 2000. 1 CD. Faixa 14.

A renda *per capita*

Observe, no planisfério a seguir, a renda *per capita* nos países do mundo.

Renda *per capita* nos países do mundo – 2014

Fonte: WORLD BANK. Disponível em: <http://data.worldbank.org/data-catalog/GDP-ranking-table>. Acesso em: 25 fev. 2016.

A **renda *per capita*** é um indicador econômico que vem sendo amplamente utilizado há algumas décadas, sobretudo pelos economistas, para definir a condição de desenvolvimento ou de subdesenvolvimento dos países. Mas será que a análise isolada desse indicador oferece uma visão real da situação socioeconômica das nações do mundo?

A renda *per capita* é obtida mediante a divisão do PIB de um país (soma de todas as riquezas geradas internamente no período de um ano) por sua população absoluta, ou seja, pelo número total de habitantes. Por ser um cálculo médio, esse índice não revela as diferenças de rendimento que podem existir no interior das sociedades, sobretudo nos países subdesenvolvidos. A renda *per capita* do Brasil, por exemplo, foi de aproximadamente 11 024 dólares em 2015, já que nessa data o país abrigava em torno de 205 milhões de habitantes e seu PIB era de 2 260 bilhões de dólares. Veja a seguir como foi feito esse cálculo.

$$\text{Renda per capita} = \frac{\text{PIB (US\$ 2 260 bilhões)}}{\text{População absoluta (205 milhões de habitantes)}} = \text{US\$ 11 024 dólares/habitantes}$$

Trata-se, à primeira vista, de uma renda *per capita* baixa quando comparada à dos países desenvolvidos. Na realidade, porém, é uma parcela reduzida da população brasileira que recebe esse valor anualmente. De acordo com o último Censo do IBGE, em 2010 mais de 46% dos trabalhadores do país recebiam até 2 salários mínimos, e apenas 5% dos trabalhadores viviam com mais de 5 salários mínimos. Observe o gráfico abaixo.

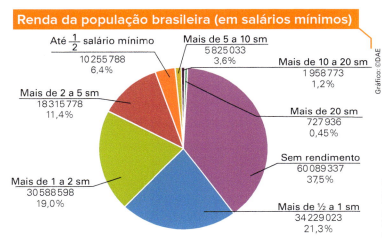

Renda da população brasileira (em salários mínimos)

- Até 1/2 salário mínimo: 10 255 788 — 6,4%
- Mais de 2 a 5 sm: 18 315 778 — 11,4%
- Mais de 1 a 2 sm: 30 588 598 — 19,0%
- Mais de 5 a 10 sm: 5 825 033 — 3,6%
- Mais de 10 a 20 sm: 1 958 773 — 1,2%
- Mais de 20 sm: 727 936 — 0,45%
- Sem rendimento: 60 089 337 — 37,5%
- Mais de 1/2 a 1 sm: 34 229 023 — 21,3%

Fonte: IBGE. *Censo Demográfico 2010*. Disponível em: <http://7a12.ibge.gov.br/vamos-conhecer-o-brasil/nosso-povo/trabalho-e-rendimento.html>. Acesso em: 25 fev. 2016.

Outros indicadores sociais

Outra forma de relativizar os dados de renda *per capita* dos países é compará-los a alguns indicadores sociais, como as taxas de mortalidade infantil, analfabetismo e expectativa de vida. Observe os dados apresentados na tabela ao lado, referentes a alguns países desenvolvidos e a nações que são grandes produtoras de petróleo.

Analisando os dados do planisfério da página anterior, podemos observar que a renda *per capita* dos países produtores de petróleo é relativamente superior à das demais nações subdesenvolvidas, o que a princípio os colocaria em uma situação de vantagem. Porém, quando se compara a renda *per capita* com indicadores sociais como mortalidade infantil, expectativa de vida e analfabetismo, compreende-se por que esses países são enquadrados na realidade socioeconômica do subdesenvolvimento.

Indicadores sociais em países desenvolvidos e em grandes produtores de petróleo

País	Mortalidade infantil (por mil)	Expectativa de vida (em anos)	Analfabetismo (%)
Noruega	3	81,5	–
Canadá	4,3	81,4	–
Japão	2	83,3	–
Iraque	26,5	69,5	26
Irã	13,4	74	15
Kuwait	7,3	74	6

Fonte: WORLD DEVELOPMENT INDICATORS (WDI). nov. 2015. Disponível em: <http://pt.knoema.com/atlas/>. Acesso em: 25 fev. 2016.

Mas o que significa cada um desses indicadores sociais? Vejamos a seguir.

▸ **Mortalidade infantil** – relação entre o número de crianças que morrem antes de completar 1 ano de idade e o total de crianças nascidas vivas. Essa taxa é obtida com base no número de crianças que morrem a cada mil que nascem, no período de um ano.

▸ **Expectativa de vida** – estimativa do número médio de anos que uma pessoa poderá viver considerando-se a taxa de mortalidade (número de mortes por mil habitantes) verificada quando ela nasceu.

▸ **Analfabetismo** – porcentagem de pessoas que não sabem ler nem escrever.

No caso dos países do Oriente Médio indicados (que figuram entre os maiores produtores de petróleo), as altas taxas de mortalidade infantil, por exemplo, apontam a existência de uma precária assistência médica às mães e aos recém-nascidos, assim como a falta de campanhas de vacinação e de controle de doenças, revelando um sistema de saúde deficitário.

A baixa expectativa de vida também pode revelar precariedade do atendimento médico-hospitalar voltado à população adulta, além de falta de acesso a uma alimentação saudável e ausência de um sistema de previdência social eficiente. As elevadas taxas de analfabetismo, por sua vez, indicam parcos investimentos no sistema de ensino formal e altos índices de evasão escolar, provocados pelo ingresso precoce (de crianças e adolescentes) no mercado de trabalho.

Por meio desses indicadores sociais, podemos concluir que a elevada renda *per capita* desse conjunto de países do Oriente Médio é decorrente do alto valor do PIB, alcançado pela venda de petróleo no mercado internacional. Essa riqueza, porém, está concentrada nas mãos de uma pequena parcela da população, já que, como foi visto, a maioria dos habitantes dessas nações enfrenta graves problemas sociais.

Esse é um exemplo de que, em muitas situações, a renda *per capita* não exprime a realidade socioeconômica da população, sobretudo nos países subdesenvolvidos, e deve ser considerada um parâmetro médio a ser analisado com outros indicadores.

A desnutrição, a falta de saneamento básico e as péssimas condições de higiene geram altas taxas de mortalidade infantil nos países africanos. Senegal. Foto de 2014.

Nos países desenvolvidos europeus, a expectativa de vida é alta e a população idosa desfruta de elevada qualidade de vida. Na imagem, idosos exercitam-se em um parque de Leipzig, Alemanha, em 2015. A atual expectativa de vida no país é de 81 anos.

Brunei, localizada no Sudeste Asiático, é uma das nações subdesenvolvidas com maior renda per capita (cerca de 41 mil dólares ao ano), riqueza proveniente da exploração do petróleo. No entanto, a maior parte de seus habitantes vive em condições precárias, como os moradores dessa comunidade sobre palafitas, localizada em Bandar Seri Begavan, Brunei, 2013.

Índice de Desenvolvimento Humano (IDH)

Vimos que a análise de um único indicador, como a renda *per capita*, não é suficiente para avaliar as condições socioeconômicas da população de um país. Buscando obter informações mais precisas sobre a realidade de cada nação do mundo, a ONU vem utilizando, desde a década de 1990, um indicador denominado **Índice de Desenvolvimento Humano (IDH)**.

O IDH foi criado pelo **Programa das Nações Unidas para o Desenvolvimento** (Pnud), com o objetivo de avaliar com a maior fidelidade possível as condições em que vive a maioria dos habitantes de cada país. Para tanto, levam-se em consideração os requisitos fundamentais para o desenvolvimento das capacidades e para a geração de oportunidades para as pessoas. Esses requisitos são: vida longa e saudável (aferida, por exemplo, pelas taxas de expectativa de vida); acesso ao conhecimento (verificado pela média de anos de estudo da população adulta); e padrão de vida (aferido pelo poder de consumo de bens e serviços, determinado pela renda média da população). Veja o infográfico a seguir.

O Índice de Desenvolvimento Humano

Vida longa e saudável (longevidade)

Ter uma vida longa e saudável é fundamental para a vida plena. A promoção do desenvolvimento humano requer que sejam ampliadas as oportunidades que as pessoas têm de evitar a morte prematura, e de garantir a elas um ambiente saudável, com acesso à saúde de qualidade, para que possam atingir o padrão mais elevado possível de saúde física e mental.

Acesso ao conhecimento (educação)

O acesso ao conhecimento é um determinante crítico para o bem-estar e é essencial para o exercício das liberdades individuais, da autonomia e autoestima. A educação é fundamental para expandir as habilidades das pessoas para que elas possam decidir sobre seu futuro. Educação constrói confiança, confere dignidade e amplia os horizontes e as perspectivas de vida.

Padrão de vida (renda)

A renda é essencial para acessarmos necessidades básicas como água, comida e abrigo, mas também para podermos transcender essas necessidades rumo a uma vida de escolhas e exercício de liberdades. A renda é um meio para uma série de fins, possibilita nossa opção por alternativas e sua ausência pode limitar as oportunidades de vida.

Fonte: PNUD. *O índice de desenvolvimento humano municipal brasileiro*. Brasília, DF: Pnud, Ipea, FJP, 2013. (Série Atlas do Desenvolvimento Humano no Brasil 2013). Disponível em: <www.pnud.org.br/arquivos/idhm-brasileiro-atlas-2013.pdf>. Acesso em: 25 fev. 2016.

A variação do IDH

Para calcular o IDH, leva-se em conta a combinação de todos os indicadores apresentados anteriormente (expectativa de vida, anos de escolaridade e poder de consumo), e o resultado varia em uma escala de 0 a 1. Quanto mais próximo de 0 é o IDH de um país, piores são as condições socioeconômicas enfrentadas pela população. Quanto mais próximo de 1 é esse índice, melhores são as condições socioeconômicas da nação. Dessa forma, o Pnud divide o IDH nos seguintes níveis ou faixas: muito baixo (0 a 0,499), baixo (0,500 a 0,599), médio (0,600 a 0,699), alto (0,700 a 0,799) e muito alto (0,800 a 1).

A ONU calcula o IDH de cada país do mundo todos os anos, já que muitos indicadores variam periodicamente. Veja no planisfério abaixo o IDH de cada nação no ano de 2014 e verifique que classificação teve esse índice no Brasil.

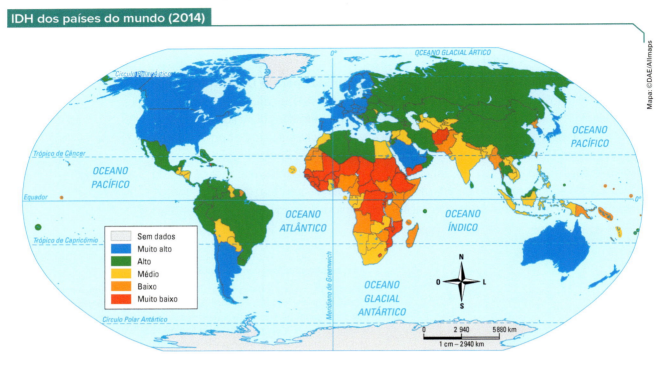

Fonte: Pnud. *Síntese*: Relatório do Desenvolvimento Humano *2015*. Disponível em: <http://hdr.undp.org/sites/default/files/hdr15_overview_pt.pdf>. Acesso em: 25 fev. 2016.

> De acordo com o que você conhece a respeito da atual situação socioeconômica do Brasil, analise se a classificação da ONU é condizente com essa realidade. Observe também o continente em que estão os IDHs mais altos e os mais baixos. Em seguida, discuta com os colegas os possíveis motivos dessa distribuição espacial.

As origens históricas do desenvolvimento e do subdesenvolvimento

A análise periódica de indicadores socioeconômicos, como o IDH, é muito importante para detectar tanto o padrão de vida quanto as profundas desigualdades socioeconômicas que separam os países ricos e industrializados do Norte dos países pobres e tecnologicamente mais atrasados do Sul. Mas, como se pode explicar a ocorrência de desigualdades tão acentuadas? Qual seria a origem do desenvolvimento e do subdesenvolvimento das nações?

Para responder a essas questões, devemos recorrer mais uma vez à história do modo de produção capitalista no mundo.

Vimos no Capítulo 1 que, durante as fases do capitalismo comercial e industrial, entre os séculos XV e XIX, estabeleceram-se as bases da relação de dominação e de dependência entre as metrópoles europeias e suas colônias na América, na África e na Ásia, reveladas especialmente pela Divisão Internacional do Trabalho (DIT).

As metrópoles mercantes (Inglaterra, Bélgica, Holanda, Espanha e Portugal, entre outras) passaram a explorar os recursos econômicos que havia nas colônias, sobretudo minérios, especiarias e produtos agrícolas tropicais. Dessa maneira, as metrópoles enriqueceram à custa da exploração das riquezas retiradas de suas colônias, o que permitiu, por exemplo, a acumulação de capital suficiente para impulsionar a atividade industrial e promover a revolução das técnicas de produção, que ocorreriam a partir de então. Tal fato colocou essas nações na vanguarda do desenvolvimento econômico, tecnológico e social, posição mantida até os dias atuais.

As colônias, por sua vez, permaneceram durante séculos sob o domínio político e econômico das metrópoles, exportando matérias-primas e importando produtos manufaturados. Mesmo depois do processo de independência, a maioria delas – com exceção de Estados Unidos, Canadá, Austrália e Nova Zelândia –, continua dependente dos países desenvolvidos ou das antigas metrópoles.

Assim, podemos dizer que o desenvolvimento e o subdesenvolvimento são processos relacionados à história do capitalismo e da divisão internacional do trabalho por ele imposta.

Guenay Ulutuncok/laif/Glow Images

A economia de muitos países africanos ainda tem como base a exportação de produtos agrícolas primários para os países europeus. Na fotografia, vemos membros de uma comunidade rural trabalhando na produção de cacau na Costa do Marfim, em 2013. O cacau é um dos principais produtos de exportação desse país africano, antiga colônia francesa.

Como interpretar o mundo desenvolvido e o subdesenvolvido

Nas páginas anteriores, examinamos vários elementos (dados estatísticos, informações históricas etc.) utilizados na classificação dos países desenvolvidos e subdesenvolvidos. Cabe lembrar que toda caracterização regional deve ser analisada de forma cuidadosa e que devemos relativizá-la para ter uma visão realista do mundo atual.

Relativizando os países desenvolvidos

Ainda que nos países desenvolvidos haja certa homogeneidade no que se refere aos aspectos socioeconômicos – essas nações são altamente industrializadas e a maior parte de sua população usufrui de excelente qualidade de vida –, vários deles vêm enfrentando sérios problemas sociais, como a violência urbana, o desemprego e a pobreza, como vimos no Capítulo 30.

Os Estados Unidos, por exemplo, dispõem da economia mais desenvolvida do mundo, de um complexo parque industrial, de amplo setor de serviços e de atividade agrícola altamente mecanizada e moderna. Contudo, cerca de 15% da população do país (aproximadamente 46,5 milhões de habitantes) vive com menos de 11 dólares por dia, o que configura, naquela sociedade, situação de pobreza. Na França, um dos países europeus em que se registra melhor qualidade de vida, os índices de desemprego são alarmantes desde a última década (algo em torno de 10% de sua população economicamente ativa), problema presente também em nações como a Itália e a Espanha (12% e 26% de desocupação, respectivamente).

A regionalização do espaço geográfico mundial **Capítulo 31** 521

Nesses países, porém, o Estado tem condições de desenvolver políticas públicas sociais, garantindo, entre outros benefícios, alimentação gratuita e salário-desemprego, a fim de amenizar o impacto desses problemas na sociedade.

Condição um pouco diferente, porém, é a dos países ex-socialistas com economia em transição. Observando novamente os dados do mapa da página 84, podemos verificar que o IDH desses países, sobretudo da Rússia, dos membros da Comunidade dos Estados Independentes (CEI) e dos países da antiga Europa Oriental, varia de médio a alto, valores que correspondem a uma situação de desenvolvimento. Essa característica possivelmente é um reflexo do período em que essas nações desenvolviam-se sob uma economia socialista planificada, a qual propiciava a uma significativa parcela da população desfrutar de uma boa qualidade de vida, com acesso a alimentação saudável, moradia digna e educação de qualidade, com possibilidade de ingresso em escolas técnicas e universidades.

Contudo, essas nações têm enfrentado diversas dificuldades no processo de transição de uma economia estatal planificada para o sistema capitalista. Esses países têm sofrido inclusive os efeitos da crise econômica mundial que acarreta desemprego, inflação, endividamento externo, concentração da renda e empobrecimento de grande parte da população, problemas que eram considerados típicos do subdesenvolvimento.

Na fotografia, de 2015, moradora de rua dobra roupas ao amanhecer em Los Angeles, Estados Unidos, cidade famosa por abrigar milionários e estrelas de Hollywood. Calcula-se que centenas de milhares de *homeless*, como lá são chamados os sem-teto, vivam nas ruas das grandes cidades do país.

Relativizando os países subdesenvolvidos

No grupo dos países subdesenvolvidos também encontramos realidades socioeconômicas bastante diversas. Existem nações com economia baseada essencialmente em atividades agrícolas e extrativistas minerais (como Peru, Equador, Angola, Moçambique, Vietnã e Filipinas), e que por isso são altamente dependentes da exportação de produtos primários e da importação de manufaturados, em geral provenientes das nações mais ricas. O PIB desses países é baixo em relação ao daqueles com economia mais desenvolvida, o que afeta a renda *per capita* e, consequentemente, o padrão de vida da maioria de seus habitantes, que vive em condições de extrema pobreza.

Tal realidade diferencia-se consideravelmente, sobretudo em termos econômicos, da que é encontrada nos países subdesenvolvidos de industrialização tardia. Essas nações industrializaram-se a partir da segunda metade do século XX, edificando economias vigorosas que atualmente se equiparam em muitos aspectos às dos países desenvolvidos. É o caso de países como Brasil, México, Turquia, África do Sul e Índia. Porém, a modernidade proveniente do processo de industrialização não extinguiu os traços de pobreza – na verdade, acentuou ainda mais a concentração de renda e as desigualdades sociais.

Existe ainda outro grupo de países subdesenvolvidos, cujo processo de industrialização ocorreu muito recentemente, a partir do final da década de 1970 e durante a década de 1980. São os chamados Tigres Asiáticos – Coreia do Sul, Hong Kong, Taiwan, Cingapura, Malásia, Indonésia e Tailândia. A economia desses países, localizados no Leste e no Sudeste asiáticos, passou por uma rápida modernização, que se deveu sobretudo à fabricação de produtos de alta tecnologia, vendidos a custos muito baixos.

O desenvolvimento econômico permitiu que esses países superassem alguns problemas ligados ao subdesenvolvimento, aumentando, por exemplo, a expectativa de vida da população, a oferta de postos de trabalho e as oportunidades de qualificação da mão de obra por meio de investimentos na área da educação. Contudo, essas nações permanecem altamente dependentes do capital internacional e das exportações de produtos manufaturados para os países desenvolvidos.

Como se pode perceber, as diferentes regiões, ainda que analisadas pelo enfoque de determinadas generalizações, apresentam realidades bastante diversas.

Na maioria dos países conhecidos como Tigres Asiáticos, grandes investimentos do Estado em educação fizeram com que os índices de analfabetismo baixassem rapidamente. Na fotografia, aula informatizada em uma escola no norte da Tailândia, em 2013.

De olho no Enem – 2015

Em 1960, os 20% mais ricos da população mundial dispunham de um capital trinta vezes mais elevado do que o dos 20% mais pobres, o que já era escandaloso. Mas, ao invés de melhorar, a situação ainda se agravou. Hoje, o capital dos ricos em relação ao dos pobres é não mais trinta, mas oitenta e duas vezes mais elevado.

RAMONET, I. *Guerras do século XXI*: novos temores e novas ameaças. Petrópolis: Vozes, 2003 (adaptado).

Que característica socioeconômica está expressa no texto?

a. Expansão demográfica.

b. Homogeneidade social.

c. Concentração de renda.

d. Desemprego conjuntural.

e. Desenvolvimento econômico.

Gabarito: C.

Justificativa: O fenômeno destacado no texto apresentado como suporte, que demonstra a elevação do abismo econômico mundial entre ricos e pobres, corresponde ao que se denomina concentração de renda. Está correta, portanto, a alternativa **c**. A alternativa **a** está incorreta, pois a expansão demográfica não necessariamente implica o aumento das diferenças socioeconômicas mundiais, que estão relacionadas a uma série de fatores condicionantes. A alternativa **b** está incorreta, pois, ao contrário do que o item propõe, o texto revela a ocorrência de um fenômeno que gera desigualdade social e não homogeneidade. A alternativa **d** está incorreta pois não há qualquer elemento no enunciado da questão que sustente a afirmativa. Finalmente, a alternativa **e** está incorreta, pois o texto apresentado como suporte não apresenta dados que revelem o desenvolvimento econômico, mas sim a elevação das diferenças socioeconômicas mundiais.

Revisitando o capítulo

1. Explique por que nos utilizamos da regionalização para estudar o espaço geográfico mundial. Dê exemplos.
2. A divisão regional do espaço geográfico em Primeiro, Segundo e Terceiro Mundo é apropriada para a abordagem da realidade mundial na atualidade? Explique.
3. Sobre os indicadores sociais e econômicos, explique o que é:
    a. renda *per capita*;
    b. mortalidade infantil;
    c. expectativa de vida;
    d. analfabetismo.
4. O que é IDH? Com base em quais critérios socioeconômicos ele é calculado?
5. Qual é o aspecto histórico que melhor caracteriza a regionalização do mundo em países desenvolvidos e subdesenvolvidos?
6. Quais são as características que dão homogeneidade ao mundo desenvolvido? E ao mundo subdesenvolvido? Cite três aspectos que relativizam a homogeneidade dessas duas realidades.

▼ **TRABALHANDO COM GÊNEROS TEXTUAIS**

Leia a tirinha criada pelo cartunista Ziraldo.

ZIRALDO. O menino maluquinho. *Folha de Londrina*, Paraná, 28 maio 2001.

Com base no conteúdo da fala dos personagens da tirinha, elabore um texto sobre as principais diferenças entre as nações desenvolvidas e os países subdesenvolvidos. Explique por que o personagem concluiu que a melhor maneira de chegar ao Primeiro Mundo é comprando passagens de avião.

▼ **ANÁLISE DE GRÁFICO**

Observe o gráfico abaixo.

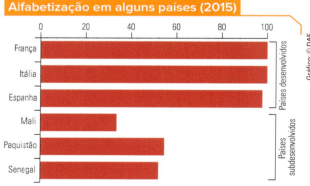

Fonte: WORLD BANK EDUCATION STATISTICS. dez. 2015. Disponível em: <http://pt.knoema.com/atlas/topics/Educa%C3%A7%C3%A3o/Alfabetismo/Taxa-de-alfabatiza%C3%A7%C3%A3o-de-adultos>. Acesso em: 25 fev. 2016.

1. De acordo com o gráfico, como podemos caracterizar o analfabetismo no mundo desenvolvido e no mundo subdesenvolvido?
2. Cite pelo menos dois aspectos que contribuem para essa caracterização.
3. Em sua opinião, por que a alfabetização é importante? Explique seu ponto de vista por meio de uma pequena história que contenha situações do dia a dia vividas por um adulto não alfabetizado.

▶ **TRABALHO PRÁTICO**

O Índice de Desenvolvimento Humano (IDH) brasileiro é estabelecido de acordo com uma média nacional. Assim, é possível encontrar muitos municípios cujo IDH está acima ou abaixo dessa média. Por meio da atividade aqui proposta, você e os colegas podem conhecer melhor a realidade do município em que vivem e comparar essas informações com as características do Brasil como um todo, classificado como subdesenvolvido.

Em primeiro lugar, forme um grupo com alguns colegas. Cada grupo deve pesquisar um tipo de informação sobre o município em que mora: pode ser a respeito de trabalho, educação, lazer ou saúde. Para isso, é necessário, em primeiro lugar, definir uma fonte de pesquisa. De modo geral, esses dados estão disponíveis na prefeitura de cada município e no Instituto Brasileiro de Geografia e Estatística (IBGE). Em seguida, determinem as informações que serão pesquisadas.

Sugerimos verificar:

▸ Taxa de desemprego e renda *per capita*.

▸ Acesso a serviços de saúde (número de postos e hospitais por habitante ou por região da cidade); saneamento básico (porcentagem da população que tem acesso à água tratada, rede de esgoto e coleta de lixo); educação (taxa de analfabetismo, número de crianças em idade escolar que não frequentam a escola); mortalidade infantil; e expectativa de vida.

▸ Características ambientais: porcentagem da área urbana pavimentada, número de habitações em áreas consideradas de risco (encostas de morro, fundos de vale etc.) e áreas de lazer disponíveis.

Os dados levantados devem se referir, se possível, a diferentes datas (por exemplo, 2010 e 2015), para que possa ser feita uma comparação. Além disso, é preciso informar a área à qual a informação se refere (por exemplo, "90% da região oeste da cidade é servida por coleta de lixo").

Depois de obter os dados, procurem organizá-los por meio de gráficos e mapas para a análise. Isso pode ser feito de várias formas. Vejam o exemplo a seguir, em que são usados dados fictícios.

População servida com água tratada

AGÊNCIA NACIONAL DE ÁGUAS – ANA. Disponível em: <http://atlas.ana.gov.br/atlas/forms/analise/Geral.aspx?est=6>. Acesso em: 15 maio 2016.

1. O percentual da população atendida por serviços de água tratada em 2010 era de 80%. Já em 2015, esse percentual foi de 93%.

2. Com esses dados, pode-se construir o gráfico acima.

3. No caso de ter sido obtida a localização a que se refere a informação, pode-se construir uma tabela classificando as áreas do município de acordo com sua situação. Vejam abaixo.

Região	População servida com água tratada (em %)
Centro	100
Leste	96
Oeste	93
Sul	90
Norte	88

4. Na confecção do mapa, podem-se classificar as áreas por meio da utilização de cores diferentes. Vejam o exemplo abaixo.

Abastecimento de água na cidade

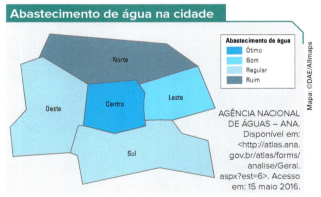

AGÊNCIA NACIONAL DE ÁGUAS – ANA. Disponível em: <http://atlas.ana.gov.br/atlas/forms/analise/Geral.aspx?est=6>. Acesso em: 15 maio 2016.

Nesse tipo de mapa, é possível visualizar as áreas da cidade em que as pessoas enfrentam mais problemas em relação ao abastecimento de água.

5. Por fim, analisem as informações e detectem os problemas principais referentes à característica pesquisada. Depois, proponham ações que possam contribuir para a solução desses problemas.

A regionalização do espaço geográfico mundial · Capítulo 31 · 525

Enem e Vestibulares — Unidade 8

1. (Unemat-MT – 2015) O neoliberalismo é uma política de Estado que passou a ser implementada nos anos 1970, quando o capitalismo estava passando por uma forte crise, o desemprego estava aumentando nos Estados Unidos e na Europa, as greves se intensificavam e os países estavam se endividando. Neste contexto, o mundo saiu do Estado de bem-estar social para uma política neoliberal. Entre as características neoliberais, podem-se mencionar:

   a. aumento dos impostos para custear as empresas privadas em decadência e o auxílio às indústrias estatais.
   b. aumento do gasto público com a saúde e a educação devido à necessidade de melhoria da vida dos desempregados e trabalhadores.
   c. diminuição dos impostos para produtos importados com vistas a incentivar o barateamento das mercadorias externas e, com isso, aumentar o consumo.
   d. fortalecimento do Estado e uma maior interferência deste na economia, aumentando o número de empregos estatais.
   e. diminuição dos gastos com políticas sociais, privatização das empresas públicas, flexibilização das relações de trabalho, fragilização dos sindicatos e diminuição do tamanho do Estado para torná-lo mais ágil em suas ações.

2. (Enem – 2009) Do ponto de vista geopolítico, a Guerra Fria dividiu a Europa em dois blocos. Essa divisão propiciou a formação de alianças antagônicas de caráter militar, como a Otan, que aglutinava os países do bloco ocidental, e o Pacto de Varsóvia, que concentrava os do bloco oriental. É importante destacar que, na formação da Otan, estão presentes, além dos países do oeste europeu, os EUA e o Canadá. Essa divisão histórica atingiu igualmente os âmbitos político e econômico que se refletia pela opção entre os modelos capitalista e socialista. Essa divisão europeia ficou conhecida como:

   a. Cortina de Ferro.
   b. Muro de Berlim.
   c. União Europeia.
   d. Convenção de Ramsar.
   e. Conferência de Estocolmo.

3. (Ufal – 2015)

Fonte: <http://cs.ufgd.edu.br/download/Prova_PSV_2015_Tipo_A.pdf>. Acesso em: 23 mar. 2016

A tirinha satiriza o período conhecido como Guerra Fria. Dois aspectos desse período são claramente destacados:

   a. o equilíbrio de forças entre as duas maiores potências nucleares e a disputa na corrida espacial.
   b. o desenvolvimento econômico e social dos Estados Unidos e o atraso tecnológico da União Soviética.
   c. a submissão dos países subdesenvolvidos e a influência política das duas grandes potências militares.
   d. a superioridade econômica e militar norte-americana e os efeitos da guerra em território europeu e asiático.
   e. a visão ocidental sobre o papel dos Estados Unidos e a possibilidade de extinção mútua em caso de confronto direto.

4. (Enem – 2015)

> O principal articulador do atual modelo econômico chinês argumenta que o mercado é só um instrumento econômico, que se emprega de forma indistinta tanto no capitalismo como no socialismo. Porém os próprios chineses já estão sentindo, na sua sociedade, o seu real significado: o mercado não é algo neutro, ou um instrumental técnico que possibilita à sociedade utilizá-lo para a construção e edificação do socialismo. Ele é, ao contrário do que diz o articulador, um instrumento do capitalismo e é inerente à sua estrutura como modo de produção. A sua utilização está levando a uma polarização da sociedade chinesa.
>
> OLIVEIRA, A. A Revolução Chinesa. *Caros Amigos*, 31 jan. 2011 (adaptado).

No texto, as reformas econômicas ocorridas na China são colocadas como antagônicas à construção de um país socialista. Nesse contexto, a característica fundamental do socialismo, à qual o modelo econômico chinês atual se contrapõe, é a:

a. desestatização da economia.
b. instauração de um partido único.
c. manutenção da livre concorrência.
d. formação de sindicatos trabalhistas.
e. extinção gradual das classes sociais.

5. (Uerj – 2011)

> Falamos a todo momento em dois mundos, em sua possível guerra, esquecendo quase sempre que existe um terceiro. É o conjunto daqueles que são chamados, no estilo Nações Unidas, de países subdesenvolvidos. Pois esse Terceiro Mundo ignorado, explorado, desprezado como o Terceiro Estado, deseja também ser alguma coisa.
>
> ALFRED SAUVY. Adaptado de *France-Observateur*, 14 ago. 1952.

Com essas palavras, o demógrafo e economista francês Alfred Sauvy caracterizou, na década de 1950, a expressão Terceiro Mundo. No contexto das relações internacionais a que se refere o texto, esse conceito foi utilizado para a crítica da:

a. luta pela descolonização.
b. expansão do comunismo.
c. bipolaridade da Guerra Fria.
d. política da Coexistência Pacífica.

6. (UFSC – 2015)

Nos últimos anos, particularmete depois da década de 1970, o mundo de trabalho vivenciou uma situação fortemente crítica, talvez a maior desde o nascimento da classe trabalhadora e do próprio movimento operário inglês. O entendimento dos elementos constitutivos desta crise é de grande complexidade, uma vez que neste mesmo período, ocorreram mutações intensas de ordens diferenciadas. Tais mutações, no seu conjunto, acabaram por acarretar consequências muito fortes ao movimento operário, em particular no âmbito do movimento sindical.

Texto e imagem disponíveis em: <http://hiatorianovest.blogspot.com.br/2010/04/as-dimensoes-da-crise-no-mundo-do.html> [Adaptado] Acesso em: 13 jul. 2014.

Com relação ao assunto tratado e à figura acima, é correto afirmar que:

01. como consequência do fim do chamado "bloco socialista", os países capitalistas centrais vêm rebaixando brutalmente os direitos e as conquistas sociais dos trabalhadores, dada a "inexistência", segundo o capital, do "perigo socialista" hoje.

02. a partir dos anos 1970, o projeto neoliberal passou a ditar o ideário e o programa a serem implementados pelos países capitalistas, inicialmente no centro e logo depois nos países subordinados, contemplando reestruturação produtiva, privatização acelerada, enxugamento do Estado e políticas fiscais e monetárias.

04. é perceptível, particularmente nas últimas décadas do século XX, um significativo aumento do número de assalariados médios no setor primário da economia, que foram expulsos do mundo produtivo industrial, sobretudo nos chamados países do Eixo Norte.

08. o trabalho passa a satisfazer as necessidades do trabalhador no momento em que ele se aliena da atividade produtiva.

UNIDADE 9

O ESPAÇO MUNDIAL GLOBALIZADO

Nesta unidade, estudaremos os principais aspectos que envolvem o processo de globalização, como o desenvolvimento tecnológico e a problemática socioambiental. Nos capítulos 32, 33 e 34, que compõem a unidade, discutiremos a formação do mundo globalizado, a nova Divisão Internacional do Trabalho (DIT) e a intensificação do fluxo de pessoas e de mercadorias, informações e capitais.

Philippe Lissac/Godong/Corbis/Latinstock

Beduínos usam *laptop* e celular no deserto do Saara, em 2012. Até os locais e os povos mais distantes mantêm-se em constante comunicação, atualizados a respeito da evolução dos acontecimentos e de seus interesses.

CAPÍTULO 32

CAPITALISMO, ESPAÇO GEOGRÁFICO E GLOBALIZAÇÃO

Observe as capas dos livros reproduzidas seguir.

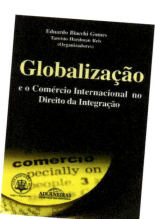

Os títulos dos livros acima apontam para a temática principal dessas obras: a globalização, processo econômico, político e cultural que tem influenciado o cotidiano de grande parte dos habitantes de nosso planeta. Reflita: Como a globalização afeta a sua vida? Converse com o professor e com os colegas.

Vimos no Capítulo 30 que, com a crise do sistema socialista e a emergência de uma ordem geopolítica mundial multipolar, o capitalismo tornou-se um sistema econômico hegemônico, adotado em todo o mundo. Vimos também que esse sistema se encontra em uma fase monopolista e financeira, caracterizada pela transferência de capital entre os países e pela concentração da riqueza nas mãos de um número restrito de pessoas e de empresas, sobretudo das corporações multinacionais.

Com a expansão do modo de produção capitalista nas últimas décadas, intensificaram-se o comércio internacional, as operações financeiras entre países, a disseminação de novas tecnologias pelo mundo e a circulação de pessoas e de informações por diferentes regiões do planeta, aspectos que vêm promovendo a aproximação entre os mais distantes lugares do mundo. Os especialistas chamam de **globalização** esse processo – sem precedentes na História – de intensificação de trocas econômicas, de intercâmbio cultural e de avanços científicos e tecnológicos ligados à produção e à circulação de pessoas e de mercadorias e informações. A globalização é o assunto deste capítulo.

▶ Revolução técnico-científica e formação do espaço mundial globalizado

Observe, na linha do tempo abaixo, algumas das mais importantes inovações tecnológicas ocorridas na área informacional nos últimos anos, e reflita sobre de que maneira elas estão presentes no seu cotidiano.

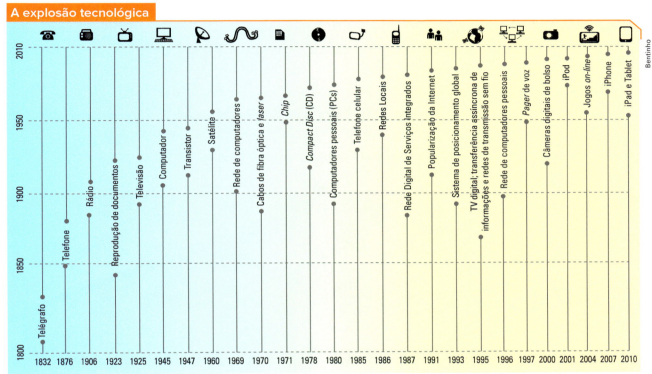

Elaborado pelos autores.

Diversos estudiosos têm atribuído o atual estágio de consolidação do espaço mundial economicamente globalizado aos avanços científicos e tecnológicos alcançados com a **Terceira Revolução Industrial**, também chamada **Revolução Técnico-Científica**, que teve início na década de 1950 e se caracterizou pela integração efetiva de ciência, tecnologia e produção. Em um curto intervalo de tempo, grande parte das descobertas científicas foi transformada em inovações tecnológicas. Essas, por sua vez, têm sido incorporadas quase imediatamente ao processo produtivo na forma de novas máquinas, equipamentos e materiais ou de novos bens de consumo, fazendo diminuir a cada ano a distância que separa as descobertas da ciência de sua aplicação nos setores produtivos.

Pesquisa e desenvolvimento

De acordo com o infográfico acima, principalmente a partir da década de 1970, uma avalanche de inovações tecnológicas na área informacional foi transformada em bens de consumo e de produção. Esse fato revela os maciços investimentos de empresas privadas, de órgãos estatais de pesquisa e de universidades (públicas e privadas, sobretudo de países desenvolvidos), no que os economistas chamam atualmente de **P&D** (sigla para Pesquisa e Desenvolvimento). Esse processo caracteriza-se por uma postura do capital em reservar parte dos lucros para serem aplicados em pesquisas que gerem novos produtos.

Pode-se dizer que, desde os anos 1970, o valor dos investimentos em P&D quadruplicou, chegando à cifra de centenas de bilhões de dólares anuais, destinados principalmente às áreas de ciências exatas e biológicas (Química, Física, Medicina, Biologia, entre outras). Na área tecnológica, alguns dos setores em que há mais investimento são:

- **Informática** (desenvolvimento de computadores e *softwares*).
- **Robótica** (criação de robôs industriais).
- **Genética** ou **biotecnologia** (desenvolvimento de organismos – plantas e animais – geneticamente modificados).
- **Bioquímica** (elaboração de novos medicamentos, de defensivos agrícolas, entre outros).
- **Química fina** (fabricação de fibras sintéticas, polímeros etc.).
- **Engenharia eletrônica** e **de telecomunicações** (desenvolvimento de aparelhos eletrônicos domésticos, telefones celulares, fibras óticas etc.).
- **Novos materiais** (desenvolvimento de supercondutores, cerâmicas finas, ligas metálicas, entre outros).

Os estudos laboratoriais para o desenvolvimento de medicamentos estão entre os temas mais discutidos no meio científico em diversos países, entre eles o Brasil. Na imagem, embalagem de comprimidos de aspirina em fábrica da Alemanha, em 2015.

A indústria de eletrônica promoveu muitos avanços na área dos transportes, permitindo a construção de máquinas e motores cada vez mais potentes. Na fotografia, montagem de turbinas de avião em fábrica da Rolls Royce, na cidade de Derby, Reino Unido, em 2015.

A concentração espacial da produção científica e tecnológica mundial

A produção científica e tecnológica tem crescido na mesma proporção dos investimentos nessa área, o que implica a geração de novos recursos tecnológicos, aplicados nos mais diferentes setores econômicos. Essa circunstância tem permitido às empresas de capital privado aumentar sua produtividade e reduzir seus custos de operação, o que resulta em maiores lucros. Essa é a lógica do sistema capitalista: desenvolver novas tecnologias visando à acumulação de capital.

Porém, deve-se considerar que o atual estágio de desenvolvimento científico e tecnológico (ou seja, de pesquisa e de produção de recursos) vem acontecendo de maneira concentrada no espaço geográfico mundial. Veja as informações dos mapas a seguir.

Desigualdades na produção científica mundial

Gastos com pesquisa e desenvolvimento (em % do total mundial)

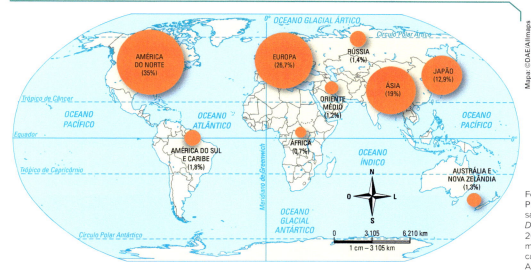

Fonte: REKACEWICZ, Philippe. Géographie des savants, *Le Monde Diplomatique*: Paris, abr. 2009. Disponível em: <www.monde-diplomatique.fr/cartes/geographiesavants>. Acesso em: 26 fev. 2016.

Publicações científicas (em % do total mundial)

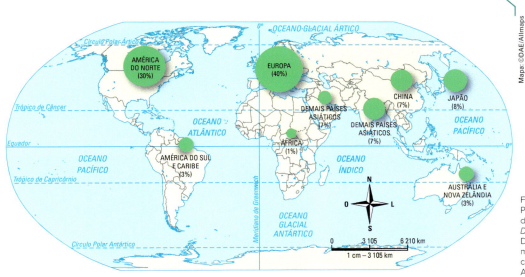

Fonte: REKACEWICZ, Philippe. Géographie des savants, *Le Monde Diplomatique*, abr. 2009. Disponível em: <www.monde-diplomatique.fr/cartes/geographiesavants>. Acesso em: 26 fev. 2016.

Como se pode observar nos mapas, a produção científica e tecnológica mundial está concentrada nos países desenvolvidos da América do Norte (Estados Unidos e Canadá) e da Europa (Alemanha, França, Reino Unido, entre outros), assim como no Japão – nações centrais do sistema capitalista e que abrigam as sedes da maioria das corporações multinacionais. Já os países subdesenvolvidos, como Brasil, México e Tailândia, apresentam escassos investimentos em pesquisa científica, sendo por isso pouco expressivos em âmbito internacional na produção de recursos com tecnologia de ponta.

Os tecnopolos

De maneira geral, nos países desenvolvidos, governos e empresas instalaram importantes centros de pesquisa, os chamados **tecnopolos**, que agrupam universidades, laboratórios privados, escolas técnicas etc. Na maioria dos tecnopolos são desenvolvidos estudos em áreas específicas, como a aeroespacial, a eletrônica, a de tecnologia das telecomunicações, a de informática (*software* e *hardware*), a de tecnologia marítima e a de biotecnologia. Esses centros de excelência são a origem da maioria das transformações técnico-científicas ocorridas nas últimas décadas. Os tecnopolos caracterizam-se, portanto, como berços da Terceira Revolução Industrial, concentrando mão de obra altamente qualificada, composta de cientistas e de tecnólogos do mundo todo.

Entre os principais tecnopolos do mundo, destacam-se o Vale do Silício, na região metropolitana de São Francisco, e as cidades de Boston e Houston, nos Estados Unidos; Tsukuba, no Japão; Toulouse, na França; e Edimburgo, na Escócia.

Nos países subdesenvolvidos de industrialização tardia também estão localizados alguns tecnopolos de expressão, como nas cidades de Campinas e de São José dos Campos, no Brasil, na cidade de Bangalore, na Índia, e na cidade de Shenzen, na China.

Sede de uma grande empresa de tecnologia no Vale do Silício. Em Cupertino, Califórnia, Estados Unidos da América, em 2016.

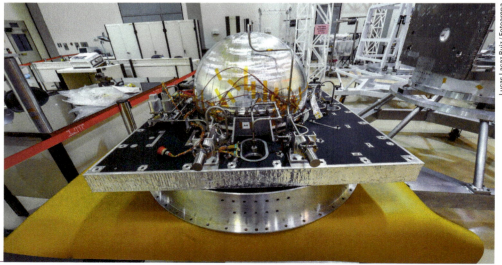

Montagem do satélite nacional de sensoriamento remoto Amazônia I no Laboratório de Integração e Testes do INPE, Instituto Nacional de Pesquisas Espaciais, em 2015.

534 Unidade 9 O espaço mundial globalizado

ESPAÇO E CARTOGRAFIA

Coremas e a distribuição espacial da produção científica

Em 1986, o geógrafo francês Roger Brunet publicou um importante trabalho cartográfico no qual propôs o uso de representações esquemáticas do espaço geográfico, sobretudo por meio de figuras geométricas. Brunet criava assim os chamados **coremas**, estruturas gráficas elementares que buscam exprimir, de maneira sintética, os fenômenos espaciais.

Vimos que existe grande desigualdade na distribuição da produção científica internacional. Sabemos também que os conhecimentos tecnológicos mais avançados resultam de pesquisas desenvolvidas, em grande parte, nas universidades. O corema, que mostraremos a seguir, busca representar, de maneira esquemática, por meio de quadrados e retângulos, a distribuição espacial das 400 principais universidades do mundo, no período de 2013 a 2014. Entre os critérios utilizados na seleção, estão: o número de publicações de artigos científicos em revistas especializadas de renome internacional, como *Science* e *Nature*; a quantidade de alunos por professor; e o volume dos investimentos em pesquisa de ponta. Observe o corema.

As 400 principais universidades no mundo

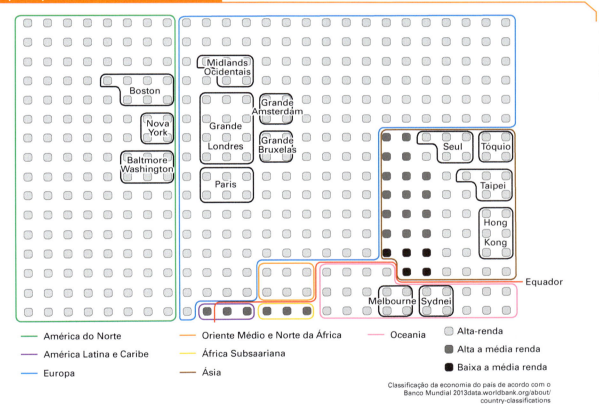

Fonte: *Information Geographies at the Oxford Institute*. Disponível em: <http://geography.oii.ox.ac.uk/?page=mapping-the-times-higher-educations-top-400-universities>. Acesso em: 26 fev. 2016.

Atividade cartográfica

1. Qual é a região do planeta que concentra maior número de universidades consideradas de ponta?
2. Quais são as cidades do mundo que reúnem importantes universidades?
3. De acordo com as informações apresentadas no corema, caracterize a situação das universidades de ponta localizadas em países subdesenvolvidos.

O avanço das telecomunicações e dos meios de transporte

A aplicação de inovações tecnológicas no processo produtivo vem dinamizando diversos setores da economia, dentre os quais o de telecomunicações e o de transportes, que têm contribuído com mais força para a consolidação do espaço geográfico mundial globalizado.

Entre as inovações tecnológicas provenientes da área informacional nas últimas décadas (veja novamente o infográfico da página 95), destacam-se o desenvolvimento da informática, a instalação de cabos oceânicos intercontinentais, o lançamento de satélites artificiais de comunicação e a expansão dos serviços de telefonia e da rede mundial de computadores (internet).

Essas inovações tornaram possível a transmissão quase instantânea de informações na forma de texto, som e imagem entre praticamente todos os lugares do mundo, fato sem precedentes na história da humanidade.

A base para a formação de toda a rede mundial de telecomunicações foi o desenvolvimento da tecnologia de satélites artificiais; sem eles, não seria possível a transmissão instantânea de dados entre os continentes. Existe, aproximadamente, duas centenas de satélites especializados somente na transmissão de ligações telefônicas e de sinais de televisão.

Fotografia das instalações da estação de comunicações por satélite de Tanguá, no estado do Rio de Janeiro, em 2015.

Os avanços na área dos meios de transporte também têm sido de grande importância, como o desenvolvimento de aviões de carga mais velozes e com maior autonomia de voo, e a construção de navios capazes de transportar milhares de toneladas de produtos de uma única vez (como os navios petroleiros, os graneleiros, os porta-contêineres e os cargueiros de minério).

Mais tecnologia, menos custo

A aplicação das novas tecnologias navais e aeroespaciais contribuiu para que as passagens marítimas e aéreas se tornassem mais acessíveis ao grande público. Consequentemente, houve um considerável aumento no número de deslocamentos de pessoas entre países, sobretudo a partir da década de 1980.

Área de *check-in* de um dos mais movimentados aeroportos do mundo, em Haneda, Tóquio, capital japonesa, março de 2016.

Todas essas inovações tecnológicas fizeram com que os custos da transmissão de informações e do transporte de mercadorias diminuíssem de forma significativa, principalmente a partir da segunda metade do século XX. Um exemplo disso é o custo médio do transporte por navio da tonelada de produtos a granel: na década de 1920, o custo médio desse tipo de transporte era de 95 dólares (em valores corrigidos), e no final de 2015 não passava de 30 dólares. Na área de telecomunicações houve significativa redução nos valores das chamadas telefônicas internacionais: entre as décadas de 1970 e 2010, elas se tornaram, em média, 90% mais baratas. Observe os gráficos.

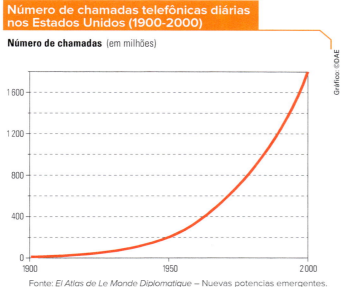

Fonte: *El Atlas de Le Monde Diplomatique* – Nuevas potencias emergentes. Valencia: Fundación Mondiplo, 2012. p. 71.

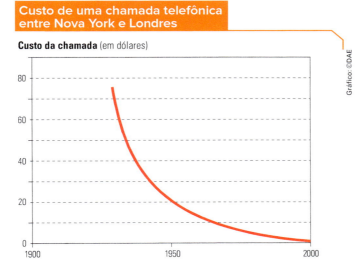

Fonte: *El Atlas de Le Monde Diplomatique* – Nuevas potencias emergentes. Valencia: Fundación Mondiplo, 2012. p. 71.

Essa redução de custos possibilitou o incremento do volume de negócios entre empresas e governos de diferentes países, intensificando o comércio mundial e promovendo maior mobilidade de pessoas e de produtos entre as nações, assim como maior intercâmbio de informações, fator viabilizado principalmente pela criação da internet.

Culturas em foco

As inovações tecnológicas, a modernidade e o cotidiano das pessoas

Observe a peça publicitária a seguir.

Cada vez mais recorrente, usuários de telefonia se distraem com o uso dos aparelhos ou das redes sociais.

> O computador, o telefone celular e a internet, ferramentas da informática presentes no cotidiano de centenas de milhões de pessoas, são resultado de avanços tecnológicos que permitem a circulação instantânea de informações por todo o planeta. Em muitas campanhas publicitárias, a tecnologia é apresentada de modo a atrair os consumidores, ressaltando vários elementos que levam o público a acreditar que o aparelho de telefone celular e o acesso à internet proporcionam conforto e comodidade. Reflita sobre os aspectos positivos e negativos dos avanços tecnológicos no dia a dia das pessoas. Discuta com o professor e os colegas.

Como vimos, os países desenvolvidos concentram a maior parte da produção técnico-científica mundial. Neles, inovações tecnológicas surgem todos os dias na forma de utilidades domésticas, recursos médicos, materiais de construção, cosméticos, veículos de transporte e de telecomunicação, novos tipos de alimento, entre tantos outros exemplos. Por isso, muitos especialistas consideram que essas nações encontram-se na vanguarda da modernidade mundial.

Grande parte dessa produção tecnológica torna-se disponível também, ainda que tardiamente, à população dos países subdesenvolvidos, onde os objetos são produzidos, comercializados e distribuídos por empresas multinacionais. Assim, as inovações científicas e tecnológicas, de uma forma ou de outra, fazem parte do dia a dia de bilhões de pessoas em todo o planeta, interferindo nos hábitos, na educação, na saúde, no ritmo de vida e, sobretudo, nas formas de trabalho, exigindo a busca constante por novos conhecimentos.

Muitos dos recursos tecnológicos disponíveis hoje são evidenciados nas paisagens do campo e, principalmente, das cidades. Eles podem ser vislumbrados nos altos edifícios de vidro e concreto, nas torres de transmissão de energia elétrica, nas antenas parabólicas, em um novo conjunto de fábricas, na ampliação de uma avenida, em um hipermercado, em telefones celulares, computadores e caixas eletrônicos de bancos, assim como em uma moderna colheitadeira ou em um pivô de irrigação.

Podemos dizer que vivemos em um espaço geográfico impregnado de elementos científicos, tecnológicos e informacionais – chamado pelo geógrafo brasileiro Milton Santos (1926-2001) de *meio técnico-científico-informacional* – que moldam uma cultura fundamentada na sociedade de consumo, tema que será desenvolvido na Unidade 3.

▶ Expansão das multinacionais e globalização econômica

A globalização está relacionada à Terceira Revolução Industrial, processo caracterizado basicamente por transformações técnico-científicas que vêm promovendo, nas últimas décadas, maior integração econômica e cultural entre os diversos países e regiões do planeta, por causa, principalmente, dos avanços dos meios de transporte e das telecomunicações. Esses avanços tecnológicos possibilitaram também a **expansão das corporações multinacionais**, outro aspecto fundamental da globalização.

Até meados da década de 1950, a presença de multinacionais no mercado internacional era discreta, compondo-se basicamente de empresas de capital estadunidense e europeu, sobretudo mineradoras, siderúrgicas e fábricas de bens de consumo, como automóveis e eletrodomésticos.

A partir da segunda metade do século XX, houve a expansão da área geográfica de atuação dessas diversas empresas, que deixaram de operar exclusivamente nos mercados dos países ricos e industrializados para se estabelecer também em países subdesenvolvidos. Assim, essas corporações (a maioria com sede nos Estados Unidos, no Canadá, no Japão e em países da União Europeia) passaram a instalar filiais e subsidiárias em nações mais pobres, porém com grande potencial econômico, como Brasil e México, na América Latina, Coreia do Sul e Taiwan, na Ásia, e África do Sul, no continente africano.

O direcionamento dos investimentos para os países subdesenvolvidos teve como objetivo a busca de novos mercados consumidores e, principalmente, de menores custos operacionais, o que foi proporcionado por fatores como mão de obra barata, proximidade das empresas com as fontes de matérias-primas, incentivos fiscais (menores taxas ou isenção de impostos) e legislações trabalhistas e ambientais pouco rígidas.

Além desse processo, deve-se considerar que na década de 1970 teve início outro processo de diversificação dos setores econômicos de atuação das multinacionais presentes nos países periféricos. Além das atividades fabris e de mineração, que representavam a maior parcela de negócios dessas empresas no mercado mundial, as grandes corporações passaram a atuar em setores como o de serviços (bancos, seguradoras, transportadoras de cargas etc.), no comércio atacadista e varejista (hipermercados, lojas de departamentos, redes de lanchonetes, exportadoras, entre outros) e no setor agropecuário (frigoríficos, laticínios, melhoramento genético de plantas e animais etc.).

Grã-Bretanha: ilha onde se localizam a Inglaterra, a Escócia e o País de Gales, nações que, com a Irlanda do Norte, constituem o Reino Unido.

O texto a seguir ilustra o caráter expansionista do processo de produção de uma multinacional estadunidense, expresso na fala de um de seus diretores. Leia-o.

> É nosso objetivo estar presente em todo e qualquer país do mundo, países da Cortina de Ferro, a Rússia ou a China. Nós, na Ford Motors Company, olhamos o mapa do mundo como se não existissem fronteiras. Não nos consideramos basicamente uma empresa americana. Somos uma empresa multinacional. E, quando abordamos um governo que não gosta dos Estados Unidos, nós sempre lhe dizemos: "De quem você gosta? Da Grã--Bretanha? Da Alemanha? Nós temos várias bandeiras. Nós exportamos de todos os países".
>
> SANDRONI, Paulo. *Novo dicionário de Economia.* São Paulo: Best Seller, 2000. p. 235.

Vicente Mendonça

Capitalismo, espaço geográfico e globalização **Capítulo 32** 539

A fragmentação do processo produtivo das multinacionais

Durante o período inicial da intensa expansão das multinacionais pelo mundo, aproximadamente entre as décadas de 1950 e 1970, a maior parte dos projetos industriais instalados em países estrangeiros buscava executar, em um mesmo local, todas as etapas necessárias à produção de determinada mercadoria. Todas as etapas de fabricação de um automóvel, por exemplo, deveriam ser realizadas em uma única unidade montadora, e era desejável que até mesmo os componentes (peças, motor, chassi etc.) fossem produzidos nas imediações da fábrica.

Nas últimas duas décadas, com a busca por custos operacionais mais baixos, maior produtividade e, consequentemente, maiores lucros, tem ocorrido o que os especialistas denominam **fragmentação do processo produtivo industrial**: diversas corporações multinacionais passaram a dividir as etapas de fabricação e montagem de uma mercadoria entre diferentes filiais espalhadas pelo mundo (constituindo o chamado *offshoring*), com o objetivo de otimizar a produção. Para isso, foram introduzidos novos métodos e técnicas de gerenciamento dessas etapas, empregados também nos setores do comércio e da prestação de serviços.

Atualmente, os componentes de um veículo, por exemplo, desde o motor até as peças de acabamento (como bancos e pedais), podem ser produzidos em diferentes países do mundo e, depois, reunidos em uma das unidades montadoras, que entregam o veículo finalizado, pronto para ser exportado ou comercializado no mercado interno.

Portanto, diversos componentes de uma infinidade de mercadorias, desde bens de produção (máquinas industriais, veículos e transportadores de carga, por exemplo) até bens de consumo (como computadores, aparelhos eletrônicos, roupas e calçados), são produzidos em diferentes unidades fabris de uma mesma empresa ou por outras empresas fornecedoras.

O Boeing 787 é um avião comercial com capacidade para transportar até 280 passageiros. Seus principais componentes são fabricados em oito países diferentes: Estados Unidos, Japão, Suécia, Itália, Reino Unido, Canadá, França e Austrália (veja o esquema na página seguinte). Depois de prontos, esses componentes são levados à cidade de Everett, próximo a Seattle, noroeste dos Estados Unidos, onde o avião é montado. A fotografia acima apresenta, na Noruega, em fevereiro de 2016, o Boeing 787 vindo diretamente da fábrica em Seattle, Estados Unidos.

A seguir, vamos conhecer um exemplo de fragmentação do processo produtivo de uma multinacional do setor de aviação. Veja.

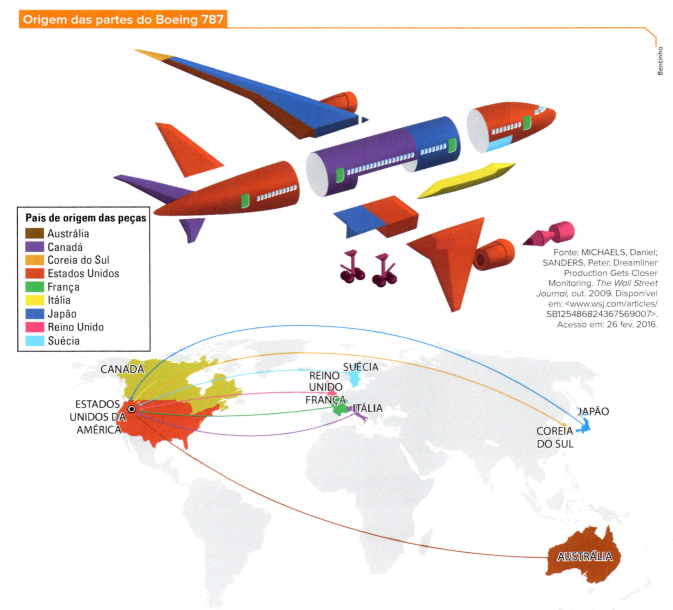

Elaborado pelos autores.

A terceirização do processo produtivo

Outro aspecto fundamental da fragmentação da produção pelas multinacionais refere-se à terceirização de etapas do processo produtivo. A **terceirização** *outsourcing*, como também é chamada, consiste no repasse de determinadas atividades de produção (consideradas pelas grandes corporações não estratégicas) a empresas contratadas, que deverão realizá-las de acordo com os padrões de qualidade estabelecidos pela contratante. Atualmente, diversas multinacionais terceirizam os serviços de atendimento ao cliente – os chamados *call centers* –, deixando-os a cargo de empresas especializadas da Índia, já que nesse país boa parte da população fala inglês fluente e a mão de obra é sensivelmente mais barata que nos países de origem das grandes corporações.

Capitalismo, espaço geográfico e globalização   Capítulo 32   541

Grandes indústrias, seguradoras e também redes de comércio varejista, como lojas de departamentos dos Estados Unidos e da Europa, contratam os serviços de *call centers* indianos. Na foto, empresa de atendimento ao cliente sediada em Mumbai, na Índia, em 2014.

Portanto, a produção, a distribuição e a comercialização de uma mercadoria (ou um serviço) criada por uma multinacional são realizadas em parceria com diferentes empresas, muitas vezes localizadas em países distintos (veja o caso da Adidas, no boxe abaixo).

Cabe ressaltar que o processo de fragmentação e de terceirização do processo produtivo está diretamente relacionado à existência de uma infraestrutura tecnológica e logística (equipamentos e *software* para a transmissão de informações em tempo real, veículos especializados para o transporte de cargas e passageiros, máquinas e equipamentos industriais de precisão) resultante da atual revolução técnico-científica.

O alcance global de uma marca

A exploração de mercados em todo o planeta envolve a criação de complexas redes de fornecimento para permitir o transporte de matérias-primas até as unidades de fabricação e depois levar o produto até os atacadistas, varejistas e consumidores finais.

O Adidas Group, por exemplo, terceiriza mais de 95% da produção de calçados, roupas e acessórios para fabricantes instalados sobretudo na Ásia. Em 2007, essa operação envolveu cerca de 377 parceiros – que também contratavam outras empresas. Além disso, a Adidas tem fábricas próprias na Alemanha, Suécia, Finlândia, Estados Unidos, Canadá, China e Japão.

Ainda na mesma cadeia de fornecimento, a Adidas contrata os serviços da Pittards, empresa inglesa especializada em produtos de couro inovadores e de alta qualidade, que trabalha para os grandes fabricantes de luvas, calçados, equipamentos esportivos e artefatos de luxo. [...] A Pittards importa peles em estado bruto de países como a Etiópia, a Nigéria e o Sudão, e outras matérias-primas e componentes químicos de fornecedores situados na Jordânia, Iêmen, Indonésia, Brasil, Peru, Nova Zelândia e Estados Unidos. Depois exporta o couro processado para mais de 30 países. [...]

POWELL, Sarah. *Globalização*. São Paulo: Publifolha, 2010. p. 30.

As multinacionais e as estratégias de controle de mercado

A expansão em escala planetária das atividades das multinacionais fez crescer a disputa entre essas empresas por mercados consumidores atualmente integrados pelo processo de globalização. A acirrada concorrência tem levado as multinacionais a lançar mão de algumas ações estratégicas, como:

- **diminuição do tamanho das unidades de produção**, aplicando alta tecnologia (informatização, automação ou robotização) e diminuindo o número de funcionários;

- **otimização dos processos de produção**, diminuindo o desperdício com matérias-primas, reduzindo estoques e melhorando a qualidade dos produtos e dos serviços por meio da introdução do toyotismo (ver texto no boxe da página seguinte) como método predominante de trabalho;

- **aumento dos investimentos em *marketing* e propaganda**, disseminando informações sobre seus produtos ou serviços na mídia, desenvolvendo novas mercadorias e buscando valorizar a marca da empresa no mercado de ações.

Outra medida levada adiante pelas corporações multinacionais é a diversificação de suas áreas de atuação, tem origem, então, a chamada *holding*, tipo de empresa que se dedica exclusivamente ao controle de outras multinacionais por meio da posse da maior parte de suas ações no mercado internacional de valores. Hoje em dia é bastante comum que cada subsidiária de uma mesma corporação atue em um segmento diferente da economia, como o de atividades agrícolas, financeiras, fabris e minerais.

Como exemplo, veja a seguir o esquema funcional de uma grande *holding* mundial.

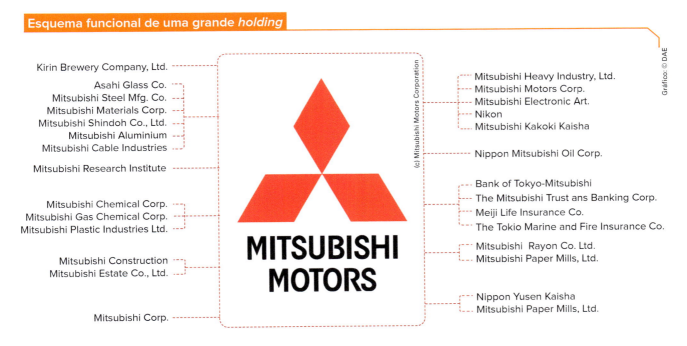

Fonte: Mitsubishi. Obtido em: <www.mitsubishi.com.br>. Acesso em: 17 jul. 2016.

As mudanças no cotidiano do trabalho

As tecnologias geradas no decorrer do processo de globalização e as disputas de mercado entre as empresas têm afetado diretamente o cotidiano do trabalho, sobretudo devido a mudanças qualitativas em sua forma de organização. O texto a seguir ajuda a entender essas mudanças.

Houve mudanças? Em quê? Primeiramente na organização do trabalho. De maneira geral essas mudanças – também conhecidas como toyotismo, pois surgiram nas fábricas da Toyota do Japão – partem do princípio de que a participação intelectual de quem executa diretamente o trabalho é fundamental para assegurar melhores níveis de produtividade e qualidade.

Aposenta-se o sistema mecânico, de extrema segmentação de funções e tarefas [...], onde o trabalhador não é mais do que uma simples peça na engrenagem de produção.

Portanto, nos novos métodos de trabalho apoiados pela alta tecnologia, convocam-se os que trabalham a opinar sobre a melhor forma de se organizar e produzir.

Assim, todos são estimulados a compreender o processo produtivo, diminuindo a alienação dos indivíduos sobre os produtos e sobre os processos de produção, tais como fornecedores, matéria-prima, equipamentos e o item mais importante: o cliente. "O cliente é o rei." Todos devem estar a serviço da satisfação do cliente.

Uma das características marcantes dessa nova tendência empresarial é o desempenho de múltiplas funções e tarefas por um mesmo trabalhador. Ou seja, o trabalhador tem que ser polivalente. E até a responsabilidade sobre a limpeza e a manutenção dos equipamentos passa a ser do operador, eliminando-se assim funções e atividades de apoio à produção. [...]

NASCIMENTO, Aurélio Eduardo. *Trabalho*: história e tendências. São Paulo: Ática, 2001. p. 60.

As fusões entre multinacionais

Leia as notícias a seguir.

União Europeia autoriza fusão entre Fiat e Chrysler

Adaptado de *Folha Online*, 24 jul. 2009. Disponível em: <www1.folha.uol.com.br/mercado/2009/07/599802-uniao-europeiaautoriza-fusao-entre-fiat-e-chrysler.shtml>. Acesso em: 26 fev. 2016.

Fusão de DuPont e Dow Chemical cria líder global de agrotóxicos e sementes

Adaptado de NOGUEIRA, NOGUEIRA, Danielle. *O Globo*, 12 dez. 2015. Disponível em: <http://oglobo.globo.com/economia/fusao-de-dupont-dow-chemical-cria-lider-global-de-agrotoxicos-sementes-18279523>. Acesso em: 26 fev. 2016.

Gigantes A cervejaria portuguesa Cintra foi comprada pela AmBev. A Coca-Cola comprou a Mate Leão, a Petrobras, associada com a Braskem e Ultra, incorporou a Ipiranga

[...] CRUZ, Valdo; SOFIA, Julianna. Estabilidade e liquidez ampliam fusões. *Folha de S.Paulo*, 16 abr. 2007. Disponível em: <www1.folha.uol.com.br/paywall/signup-colunista.shtml?>; <www1.folha.uol.com.br/fsp/dinheiro/fi1604200702.htm>. Acessos em: 26 fev. 2016.

Os textos publicados em jornais e reproduzidos acima exemplificam a rapidez com que evolui o fenômeno das **fusões**, ou seja, a soma de capitais entre corporações para a criação de uma única grande empresa que atue em determinado setor econômico. Além das estratégias de controle de mercado mencionadas anteriormente, a intensa competitividade entre as multinacionais tem contribuído para a ocorrência de fusões. O objetivo é dominar a produção de mercadorias ou prestação de serviços e sua comercialização, além de controlar os preços por meio de oligopólios ou monopólios, contrariando um dos pilares do capitalismo liberal, que é a livre concorrência. Somente no ano de 2015, as fusões entre grandes corporações no mundo todo movimentaram aproximadamente 5 trilhões de dólares em negócios. Esse processo corporativo de multinacionais resulta na criação de gigantescas empresas, o que implica a extrema concentração de capitais e, portanto, de poder econômico nas mãos de um diminuto grupo, formado pelos acionistas majoritários dessas empresas.

▶ A atual Divisão Internacional do Trabalho (DIT)

Nas últimas décadas, muitos países que tinham sua economia voltada basicamente para o setor primário têm recebido filiais ou subsidiárias de multinacionais em seu território, fato que vem modificando profundamente seu perfil econômico e suas funções na atual Divisão Internacional do Trabalho (DIT).

Os países de industrialização tardia, como Brasil e México, e os de industrialização muito recente, como Tailândia, Indonésia e Malásia, contam com grandes investimentos estrangeiros para a criação de parques industriais nos quais devem ser produzidas mercadorias com tecnologia relativamente avançada.

Assim, pode-se dizer que nas últimas décadas consolidou-se uma nova DIT, ligada às altas tecnologias e aos intensos fluxos informacionais resultantes do processo de globalização da economia.

O esquema abaixo mostra como se caracteriza essa nova DIT. Observe-o.

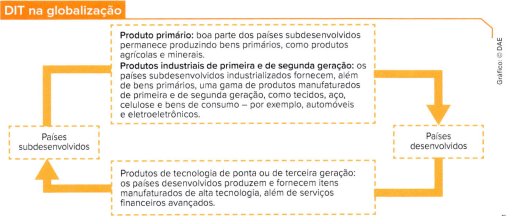

Elaborado pelos autores.

Como vimos, ocorreram significativas transformações no perfil econômico de diversas nações. No entanto, deve-se ter em conta que o processo de industrialização dos países periféricos acentuou sua dependência em relação aos países ricos e industrializados. Se por um lado os países menos desenvolvidos ganharam com a presença das multinacionais, pela introdução de novas tecnologias e pela geração de novos postos de trabalho, por outro a maior parte dos lucros obtidos por essas empresas não é aplicada nesses países, mas direcionada para suas sedes, localizadas nos países centrais.

Assim, ainda que as empresas multinacionais tenham promovido um amplo crescimento econômico nos países em que se instalaram, perpetua-se a condição de dependência das nações periféricas, já que grande parte das tecnologias utilizadas tem origem nos países desenvolvidos.

As regiões de fronteira econômica e a DIT

A expansão da infraestrutura necessária à produção e à circulação de mercadorias (como a construção e a ampliação de rodovias, ferrovias, portos, aeroportos, oleodutos, gasodutos, redes de transmissão de energia elétrica e de cabos de telefonia) tem permitido que empresas multinacionais desenvolvam suas atividades em regiões até então inexploradas. São exemplos as fronteiras econômicas de países com dimensões continentais, como o Brasil, a China e a Rússia.

No Brasil, a Amazônia apresenta-se como uma fronteira econômica dinâmica. Nas últimas décadas, a abertura de estradas e de ferrovias e a ampliação de portos fluviais vêm mudando o perfil econômico da região, até então voltada ao extrativismo vegetal. Hoje, principalmente por meio de investimentos multinacionais, a Amazônia é uma importante produtora de cereais (sobretudo soja e arroz), de minérios (ferro, bauxita e manganês), de produtos manufaturados (especialmente eletroeletrônicos fabricados no Polo Industrial de Manaus) e de alumínio, produzido no parque siderúrgico da Grande Belém.

Fotografia de 2014, do Polo Industrial de Manaus, inaugurado na década de 1960. Desde então, os benefícios oferecidos pelo governo, como a isenção de impostos, têm atraído muitas empresas nacionais e multinacionais.

O endividamento externo

Além da dependência tecnológica dos países subdesenvolvidos, onde se instalam as multinacionais, há a dependência financeira, atrelada ao endividamento externo: para receber essas empresas, o Estado tem de investir na implementação de infraestrutura (construção de rodovias, ferrovias e portos para o escoamento da produção, de usinas elétricas para a geração de energia, de redes de telefonia etc.). Sem os recursos econômicos necessários para levar essas obras adiante, o governo dos países subdesenvolvidos recorre aos fundos financeiros internacionais, como o Fundo Monetário Internacional (FMI) e o Banco Mundial. Nas últimas duas décadas, a dívida dos países subdesenvolvidos praticamente triplicou, sobretudo a das nações de industrialização tardia. Observe o gráfico ao lado.

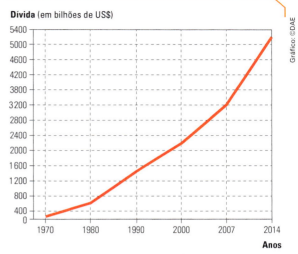

Endividamento dos países subdesenvolvidos (1970-2014)

Fonte: THE WORLD BANK. Disponível em: <http://datatopics.worldbank.org/debt>. Acesso em: 26 fev. 2016.

De olho no Enem – 2013

> De todas as transformações impostas pelo meio técnico-científico-informacional à logística de transportes, interessa-nos mais de perto a intermodalidade. E por uma razão muito simples: o potencial que tal "ferramenta logística" ostenta permite que haja, de fato, um sistema de transportes condizente com a escala geográfica do Brasil.
>
> HUERTAS, D. M. O papel dos transportes na expansão recente da fronteira agrícola brasileira. *Revista Transporte y Territorio*, Universidade de Buenos Aires, n. 3, 2010 (adaptado).

A necessidade de modais de transporte interligados, no território brasileiro, justifica-se pela(s):

a. variações climáticas no território, associadas à interiorização da produção.

b. grandes distâncias e a busca da redução dos custos de transporte.

c. formação geológica do país, que impede o uso de um único modal.

d. proximidade entre a área de produção agrícola intensiva e os portos.

e. diminuição dos fluxos materiais em detrimento de fluxos imateriais.

Gabarito: B.

Justificativa: Ao se referir à "escala geográfica do Brasil", o texto apresentado como suporte destaca a importância da intermodalidade para buscar a melhor relação custo-benefício na implantação de uma rede de transportes capaz de cobrir todo o extenso território nacional. Está correta, portanto, a alternativa **b**. A alternativa **a** está incorreta pois é a extensão territorial, e não o clima, o principal fator que justifica a opção pelo uso de modais interligados de transporte no Brasil. A alternativa **c** aponta um condicional inválido, pois raramente a situação descrita se aplicaria a um caso específico; além disso, a base geológica do Brasil é bastante estável, o que favorece a implementação dos modais. A alternativa **d** está incorreta, pois muitas áreas de grande produção agrícola brasileira situam-se a grande distância da rede portuária. Finalmente, na alternativa **e** há aplicação incorreta da conceituação, já que, ao contrário do que sugere o distrator, os modais de transporte são elementos que constituem a rede de fluxos materiais, e não imateriais, que circulam por infovias.

Revisitando o capítulo

1. Qual é a relação entre o processo de globalização e a chamada revolução técnico-científica?
2. Nos países de economia capitalista, em que década se iniciou a "avalanche de inovações tecnológicas" mencionada no capítulo? Quais são as principais causas desse processo?
3. O que é P&D? Quais são as áreas tecnológicas e científicas que mais têm recebido investimentos em pesquisa e desenvolvimento?
4. O que são tecnopolos? Onde eles se localizam?
5. O que são coremas?
6. Cite quatro estratégias adotadas pelas multinacionais para obter parcelas maiores do mercado consumidor.
7. O que é uma *holding*?
8. Explique o que é terceirização *outsourcing*.
9. Qual é a relação entre o processo de fragmentação da produção das multinacionais e a atual divisão internacional do trabalho?
10. Existe relação entre o endividamento externo dos países subdesenvolvidos industrializados e o seu novo papel na DIT? Explique.

▼ TRABALHANDO COM GÊNEROS TEXTUAIS

Veja ao lado a peça publicitária criada para uma multinacional estadunidense que faz transporte de carga para várias partes do mundo.

A peça publicitária mostra uma série de novas embalagens criadas exclusivamente para a empresa. De que maneira as estampas das embalagens refletem ideias ligadas ao processo de globalização? Quais são essas ideias? Converse com os colegas e o professor.

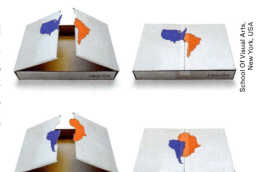

School Of Visual Arts, New York, USA

▼ ANÁLISE DE TABELA

Veja os dados contidos nas tabelas a seguir.

País	Pesquisadores (por milhões de pessoas, 2013)
Estados Unidos	4 019
Dinamarca	7 311
Finlândia	7 188
Uruguai	529
México	383 (2011)
Paquistão	167

Fonte: THE WORLD BANK. Disponível em: <http://data.worldbank.org/indicator/SP.POP.SCIE.RD.P6?order=wbapi_data_value_2013+wbapi_data_value&sort=desc>. Acesso em: 26 fev. 2016.

País	% PIB destinado à pesquisa e desenvolvimento (2015)
Estados Unidos	2,8
Dinamarca	3,0
Finlândia	3,5
Uruguai	0,4
México	0,4
Paquistão	0,3

Fonte: UNITED NATIONS DEVELOPMENT PROGRAMME (UNDP). *Human Development Report 2015*. Disponível em: <http://hdr.undp.org/sites/default/files/hdr_2015_statistical_annex.pdf>. Acesso em: 26 fev. 2016.

Com base nos dados das tabelas e no conteúdo do capítulo, responda:

a. Os avanços na produção científica e tecnológica vêm ocorrendo de maneira equitativa entre os países do mundo?
b. Como os dados da tabela exemplificam essa situação?
c. Reflita: O que poderia ser feito para mudar essa realidade?

CAPÍTULO 33
O COMÉRCIO MUNDIAL E OS BLOCOS ECONÔMICOS

Nas últimas seis décadas houve um vertiginoso crescimento do comércio mundial (observe o gráfico a seguir). O aumento das transações comerciais entre países, isto é, das importações e exportações de bens e serviços, tem como principal causa a expansão das multinacionais pelo mundo e, consequentemente, a fragmentação e a terceirização do processo produtivo. Ocorre intenso fluxo comercial, provocado pelas trocas de matérias-primas e de componentes entre as unidades de produção dessas corporações e de empresas associadas, muitas vezes localizadas em diferentes países, e pela distribuição dos produtos finalizados, enviados simultaneamente para diversos mercados consumidores. Assim, as grandes corporações são, atualmente, responsáveis por aproximadamente metade dos negócios realizados no mundo.

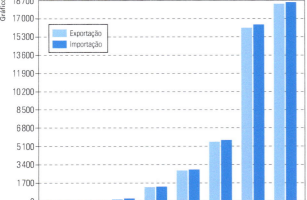

Fonte: *International Trade Statistics 2015*. World Trade Organization (WTO). Disponível em: <www.wto.org/english/res_e/statis_e/its_e.htm>. Acesso em: 28 fev. 2016.

A comercialização maciça de bens e serviços realizada pelas multinacionais no mercado internacional elevou os lucros dessas empresas de maneira extraordinária. Atualmente, muitas corporações obtêm faturamentos anuais acima do Produto Interno Bruto (PIB) da maior parte das nações do planeta.

Observe, no gráfico abaixo, o PIB de algumas nações de destaque na atualidade e o faturamento das maiores empresas multinacionais do mundo.

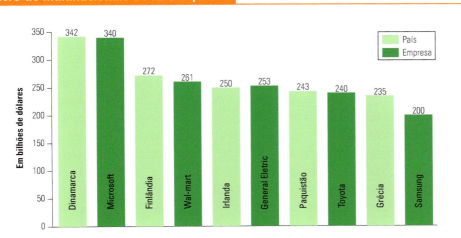

Fontes: THE WORLD BANK. Disponível em: <http://databank.worldbank.org/data/download/GDP.pdf>; SALOMÃO, Karin. *Exame.com*. Disponível em: <http://exame.abril.com.br/negocios/noticias/as-25-maiores-empresas-do-mundo-em-2015-para-a-forbes#1>. Acessos em: 28 fev. 2016.

▶ Queda de barreiras alfandegárias e os blocos econômicos

Observe a charge a seguir e converse sobre ela com os colegas.

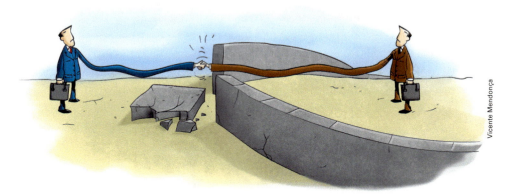

Além da expansão das multinacionais e da fragmentação de seu processo produtivo, outros fatores têm contribuído diretamente para a intensificação do comércio mundial. Entre os aspectos mais relevantes, estão a queda das barreiras fiscais em diversos países e a formação de alianças e de blocos econômicos regionais.

Nota-se, nos últimos anos, uma tendência, por parte do governo de várias nações, de diminuir a incidência e o valor das **tarifas alfandegárias** sobre mercadorias importadas e exportadas, com base sobretudo em acordos formalizados por meio da **Organização Mundial do Comércio (OMC)**. Nesses casos, as multinacionais são as empresas que mais se beneficiam, já que a maioria opera enviando e recebendo componentes e matérias-primas de suas unidades de produção. Além disso, em muitos países nos quais se instalam, as multinacionais contam com isenção de impostos por determinado período (durante alguns anos e, em alguns casos, até mesmo décadas), aumentado ainda mais a margem de lucro dessas empresas.

Tarifa alfandegária: imposto cobrado na importação (e exportação, com menor frequência) de um produto.

A queda de barreiras alfandegárias nas últimas décadas é um sintoma da disputa acirrada entre diferentes países, com o objetivo de ampliar a participação comercial no mercado mundial. Com a formação de grandes blocos econômicos regionais, muitos países estabeleceram alianças internacionais e aprofundaram suas relações comerciais com outros Estados.

Os blocos econômicos são agrupamentos de nações vizinhas ou de países com afinidades culturais que estabelecem alianças por causa de interesses comerciais comuns. No contexto de uma economia globalizada e competitiva, a integração econômica de Estados independentes na forma de blocos regionais decorre da necessidade de obtenção de lucro e de acumulação de capital por esses países. Assim, o objetivo de um bloco econômico é estimular o comércio intrarregional – entre os países que integram o bloco – por meio de acordos ou tratados que visam uniformizar as ações fiscais, promovendo a diminuição ou a isenção de impostos sobre mercadorias, capitais, mão de obra ou serviços comercializados entre os países-membros, além de fortalecê-los diante de países isolados ou de outros blocos econômicos.

Os blocos econômicos regionais apresentam características distintas, conforme o nível de integração de seus membros, determinado pelos objetivos políticos e econômicos dos países do bloco nas relações comerciais. Como consequência disso, cada bloco recebe uma designação que o identifica com determinado grupo e o distingue dos outros. Os blocos econômicos regionais podem ser classificados como área de livre-comércio, união aduaneira, mercado comum ou união econômica e monetária.

Blocos econômicos: níveis de integração

Leia a seguir as características de cada tipo de bloco econômico e analise o nível de integração regional de cada um.

- **Área de livre-comércio** — nesse tipo de bloco, pretende-se apenas a gradativa liberação do fluxo de mercadorias entre os países-membros, o que deve ocorrer por meio da ausência de barreiras tarifárias e não tarifárias. Um processo como esse acontece, por exemplo, nas relações econômicas entre Estados Unidos, Canadá e México, que juntos constituem o Acordo de Livre-Comércio da América do Norte (Nafta). Outro exemplo desse tipo de bloco é o Tratado de Livre-Comércio Transpacífico (TPP – *Trans Pacific Partnership*), que ainda está em fase de implementação e, se estabelecido oficialmente, abarcará 12 países da Bacia do Oceano Pacífico, congregando cerca de 40% do comércio mundial.

- **União aduaneira (ou alfandegária)** — pressupõe o aprofundamento da área de livre-comércio, pois, além da extinção das alíquotas tarifárias nas relações comerciais entre os países-membros, estabelece a chamada Tarifa Externa Comum (TEC), para que as nações integrantes negociem com países que estão fora do bloco econômico, utilizando um imposto padronizado. O Mercado Comum do Sul (Mercosul), que reúne Brasil, Argentina, Paraguai, Uruguai, Venezuela e alguns países associados, consiste em uma união aduaneira. Outro exemplo é a Comunidade Andina, ou o Pacto Andino, que inclui Bolívia, Colômbia, Equador, Peru e Venezuela.

- **Mercado comum** — além da instituição de uma TEC, nesse tipo de organização ocorre o livre fluxo de trabalhadores, serviços e capitais no interior do bloco. Os países integrantes uniformizam suas legislações fiscal, trabalhista, tributária, previdenciária, ambiental etc., e permitem a coordenação das políticas macroeconômicas e setoriais. A antiga Comunidade Europeia – atual União Europeia (UE) – constituía um mercado comum.

- **União econômica e monetária** — esse tipo de bloco conserva as mesmas características do mercado comum; porém, avança no processo de integração regional ao estabelecer uma moeda única para o bloco, o que implica a criação de um Banco Central único. Para que o sistema financeiro e bancário do bloco seja harmonioso, os países integrantes devem apresentar níveis compatíveis de inflação, taxa de juros e déficit público. Além disso, há políticas trabalhistas, de defesa, de combate ao crime e de imigração em comum. A União Europeia, com 28 países-membros, é o único exemplo desse tipo de bloco econômico regional.

Principais blocos econômicos regionais

Além dos acordos realizados entre os integrantes de um mesmo bloco econômico, existem acordos bilaterais de livre-comércio, que propiciam a relação econômica e comercial tanto entre blocos quanto entre países e blocos ou entre países e países. O Brasil, por exemplo, membro do Mercosul, tem acordos firmados com os Estados Unidos, integrante do Nafta, e com a União Europeia. Atualmente, quem supervisiona esses acordos comerciais é a OMC. O avanço do processo de integração econômica mundial revela-se por meio do estabelecimento, nos últimos dez anos, de dezenas de alianças e blocos econômicos envolvendo um número cada vez maior de países.

Observe, no planisfério abaixo, que grande parte das nações do mundo pertence a blocos econômicos. Mais adiante, examinaremos os blocos mais significativos da atualidade.

Blocos econômicos mundiais

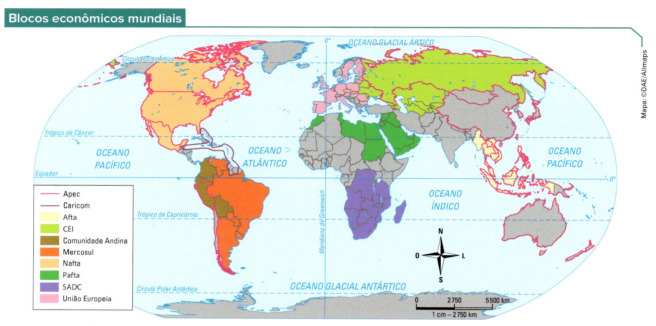

Fonte: CALDINI, Vera; ÍSOLA, Leda. *Atlas geográfico Saraiva*. São Paulo: Saraiva, 2013. p. 188.

▶ A OMC e a liberalização do comércio mundial

Como mencionado anteriormente, o papel da OMC foi fundamental na queda das tarifas alfandegárias e na formalização de alianças econômicas regionais. Mas como essa instituição pôde viabilizar isso? A **OMC** foi fundada em 1995 sucedendo o antigo Acordo Geral de Tarifas e Comércio (*General Agreement on Tariffs and Trade* – GATT), e tem como objetivo estabelecer regras e acordos que orientem o comércio internacional de produtos e serviços, assim como os fluxos financeiros entre os países.

Símbolo da OMC desde 1995.

552 Unidade 9 O espaço mundial globalizado

A maioria dos acordos e regras mediados pela OMC tem por base princípios econômicos liberais, que buscam garantir a livre concorrência e a abertura total dos mercados dos países para as importações e exportações de produtos, assim como para a entrada e a saída de capitais. Nesse sentido, a OMC tem como propósito maior derrubar as barreiras alfandegárias sobre produtos importados, consideradas grande entrave às trocas comerciais entre nações e blocos econômicos regionais. Para tanto, esse organismo internacional vem implementando e incentivando mudanças nas legislações dos países-membros e combatendo as políticas de protecionismo interno.

Em 1947, quando o GATT foi criado, havia apenas 23 países signatários. Em 2015, a OMC já congregava 162 nações, reunidas em torno de seus ideais liberalizantes. Observe o planisfério abaixo.

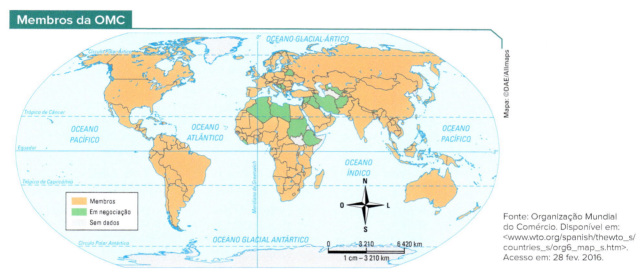

Fonte: Organização Mundial do Comércio. Disponível em: <www.wto.org/spanish/thewto_s/countries_s/org6_map_s.htm>. Acesso em: 28 fev. 2016.

Da década de 1940 até hoje foram realizadas diversas negociações entre os países-membros do bloco, com o intuito de reduzir tarifas alfandegárias e estimular o comércio mundial.

Grande parte dos objetivos propostos tem sido alcançada, visto que, após a criação do GATT, as transações comerciais internacionais passaram de aproximadamente 50 bilhões para cerca de 37 trilhões de dólares anuais. Contudo, têm ocorrido vários embates envolvendo os interesses das nações ricas e industrializadas do Hemisfério Norte e os dos países subdesenvolvidos.

As nações ricas (sobretudo Estados Unidos, França, Inglaterra, Alemanha e Japão) querem a abertura plena dos mercados dos países subdesenvolvidos aos seus produtos tecnológicos. Porém, esses países pretendem continuar subsidiando suas atividades primárias com verbas estatais, criando uma forte barreira à entrada de produtos agrícolas, principal mercadoria de exportação da maioria das nações subdesenvolvidas. Essa circunstância tem levado a OMC a vários impasses e ao fracasso de algumas das principais rodadas de negociações realizadas nos últimos anos.

Atualmente, a OMC, o FMI e o Banco Mundial são considerados os **organismos internacionais** que exercem maior influência no cenário político e econômico mundial. As regras, as metas e os acordos estabelecidos e deliberados por essas instituições, principalmente no que se refere aos negócios internacionais, muitas vezes transgridem as leis internas dos países, pondo em xeque a soberania de alguns Estados.

Nesse sentido, algumas nações perdem autonomia e tornam-se meras cumpridoras das decisões tomadas por esses organismos internacionais. Cabe ressaltar, que se enquadram nessa realidade apenas os países de economia periférica, já que os países desenvolvidos, que constituem o centro do sistema capitalista, invariavelmente desrespeitam as normas internacionais para fazer valer seus anseios e interesses.

O Brasil briga na OMC

Desde que se tornou membro da OMC, o Brasil vem disputando fatias cada vez maiores do mercado mundial, já que é um grande produtor de alimentos, de matérias-primas e de produtos manufaturados. As disputas, no entanto, tornam-se mais acirradas quando o Brasil investe em mercados de nações desenvolvidas, como os Estados Unidos e os países-membros da União Europeia, onde há forte protecionismo interno. Os textos a seguir ilustram algumas das recentes disputas do Brasil intermediadas pela OMC.

Brasil critica UE na OMC por apreensão de genéricos

O Brasil acusou na terça-feira a União Europeia de tentar sabotar regras especiais para a saúde pública em países pobres em mais um capítulo do atrito entre a UE e os países em desenvolvimento por causa do tratamento dado a medicamentos genéricos.

REUTERS BRASIL, 3 mar. 2009. Disponível em: <http://br.reuters.com/article/topNews/idBRSPE52301E20090304>. Acesso em: 2 mar. 2016.

Produtores de soja querem queixa contra EUA na OMC

Associação dos Produtores de Soja (Aprosoja), sediada em Brasília, solicitou ao governo brasileiro que apresente queixa contra os Estados Unidos na Organização Mundial do Comércio; entidade reclama que os subsídios do governo aos norte-americanos podem estar custando aos produtores brasileiros 1 bilhão de dólares em negócios perdidos por ano; produtores de soja estão seguindo os produtores brasileiros de algodão, que ganharam 300 milhões de dólares em compensações dos EUA em 2014.

Brasil 247. Disponível em: <www.brasil247.com/pt/247/economia/212604/Produtores-de-soja-querem-queixa-contra-EUA-na-OMC.htm>. Acesso em: 28 fev. 2016.

Colheitadeiras com tecnologia avançada colhendo algodão em Chapadão do Sul (MS). Fotografia de 2014.

Os principais eixos do comércio mundial

O volume de negócios no mercado internacional cresceu de maneira vertiginosa nas últimas três décadas, mas é preciso atentar para o fato de que o comércio mundial está estruturado em torno de três centros econômicos principais, cujos fluxos comerciais representam aproximadamente 80% das transações realizadas em todo o planeta. Esses centros são: União Europeia; Estados Unidos e Canadá, e países asiáticos (sobretudo China, Japão e Tigres Asiáticos). Observe o mapa abaixo.

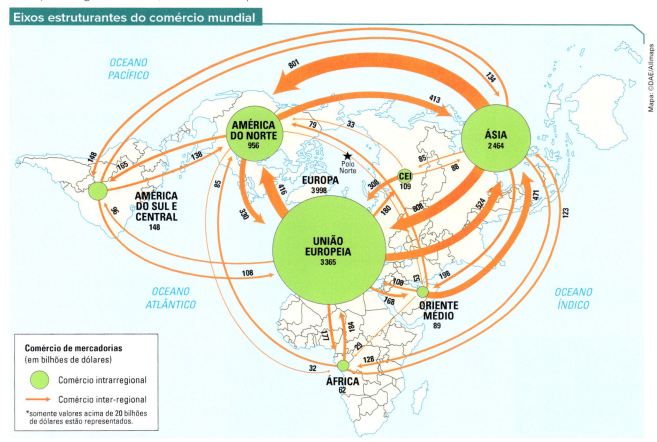

Fonte: SCIENCES PO – ATELIER DE CARTOGRAPHIE. Disponível em: <http://cartographie.sciences-po.fr/fr/global-goods-trade-2010>. Acesso em: 28 fev. 2016.

Como podemos perceber, o conjunto dos países-membros da **União Europeia**, que representa o maior polo comercial do globo, mantém relações comerciais com praticamente todos os outros blocos econômicos, e seus principais parceiros são os Estados Unidos, a China, o Japão, os Tigres Asiáticos e, mais recentemente, os países ex-socialistas do Leste Europeu e da Comunidade dos Estados Independentes (CEI). No entanto, cerca de metade das transações comerciais desse bloco ocorre entre os próprios países-membros.

No **Nafta**, destacam-se os Estados Unidos, que são o maior importador mundial. Os principais parceiros comerciais desse bloco são a União Europeia e as potências econômicas asiáticas: China, Japão e Tigres Asiáticos.

A implantação da economia socialista de mercado na China e a emergência dos Tigres Asiáticos nas últimas décadas, somadas à posição já privilegiada do Japão, consolidaram a importância da **Apec** como exportadora de mercadorias. Esse bloco tem como principais parceiros comerciais o Nafta e a União Europeia.

Vamos conhecer melhor cada um desses blocos econômicos nas páginas seguintes.

▶ União Europeia – UE

A União Europeia é o bloco econômico regional mais importante do planeta e representa um dos principais centros da economia mundial contemporânea. A UE começou a se formar logo após a Segunda Guerra Mundial, quando a Europa se encontrava dilacerada e grande parte de seu setor produtivo estava destruído. Os objetivos iniciais do bloco eram recuperar a economia dos países-membros, enfraquecidos econômica e politicamente por causa da guerra, distanciar-se do comunismo e, simultaneamente, impedir o crescente avanço da influência econômica dos Estados Unidos.

Em 1951, seis países europeus, entre eles França, Alemanha Ocidental e Itália, assinaram o Tratado de Paris, no qual foi estabelecida a livre circulação de carvão, ferro e aço entre os países-membros, como forma de dinamizar o crescimento de seus respectivos parques industriais. Surgia, então, a **Comunidade Europeia do Carvão e do Aço (Ceca)**.

Em 25 de março de 1957, a Ceca transformou-se em **Comunidade Econômica Europeia (CEE)** pelo Tratado de Roma. Com essa mudança, estabeleceu-se, entre os países-membros, a livre circulação de pessoas, assim como de mercadorias (com pagamento de imposto único), serviços e capitais. A CEE ampliou as relações de comércio e contou com a adesão de vários outros países até que, em 1993, entrou em vigor o **Tratado de Maastricht**, substituindo a denominação CEE por **UE**. No tratado foram estabelecidos novos acordos, entre os quais a criação de uma moeda única, o euro, que começou a circular em quase todos os países do bloco em 1º de janeiro de 2002. A União Europeia tornou-se, então, uma união econômica e monetária.

Atualmente, a UE é composta de 28 países, totalizando um PIB de aproximadamente 18 trilhões de dólares anuais (dados de 2014) e consolidando-se na posição de mais importante bloco econômico do mundo.

Símbolo da União Europeia.

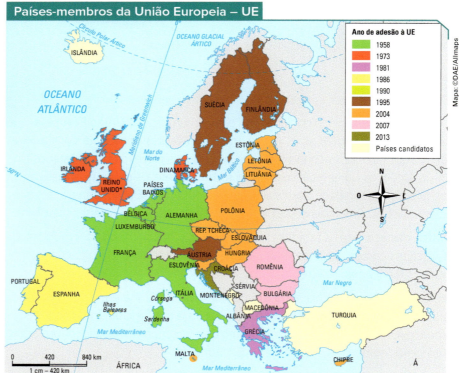

*A saída do Reino Unido da União Europeia está em negociação desde 2016.

Fonte: Portal da União Europeia. Disponível em: <http://europa.eu/about-eu/countries/index_pt.htm>. Acesso em: 28 fev. 2016.

556 Unidade 9 O espaço mundial globalizado

A União Europeia, por ser o bloco econômico regional mais antigo (criado há mais de 50 anos), serviu de modelo para a formação dos demais blocos econômicos que hoje atuam no cenário geopolítico mundial, como o Nafta, o Mercosul e a Apec. Entretanto, suas características diferem bastante das apresentadas pelos demais blocos econômicos, principalmente em virtude de seu processo de integração encontrar-se em um estágio bem mais avançado.

Uma evidência disso é que a União Europeia é composta de um conjunto de instituições com poderes próprios, cujas decisões devem ser seguidas pelos governos, empresas e cidadãos de todos os países-membros. Portanto, a legitimidade legada a essas instituições confere à UE uma espécie de poder supranacional. Os principais órgãos que regem o bloco são o Conselho de Ministros, a Comissão Europeia, o Tribunal de Justiça, o Tribunal de Contas, o Comitê Econômico e Social e o Parlamento Europeu.

Essa estrutura institucional, no entanto, não interfere na autonomia dos Estados-membros, que são soberanos para determinar suas políticas econômicas e sociais internas. Às instituições da UE cabem decisões mais amplas, referentes aos setores econômico, social, ambiental e militar.

Todavia, a realização de ações comuns nesses setores tem sido uma tarefa bastante complexa, na medida em que as propostas de mudanças nem sempre coincidem com os interesses de todos os países-membros. Apesar disso, a expressividade econômica alcançada pela União Europeia no mundo demonstra que a integração entre os Estados-membros tem sido bem-sucedida. Além de colocar a Europa em um lugar de destaque no quadro econômico mundial, com um PIB que se equipara ao dos Estados Unidos, a consolidação da UE é responsável por uma nova configuração no panorama geopolítico atual.

Um dos principais problemas enfrentados pelo bloco é a desigualdade econômica entre os países-membros. Enquanto alguns deles, como Alemanha, Bélgica e França, são altamente industrializados e servidos por uma moderna rede de transportes, outros, como Portugal, Grécia e os países ex-socialistas do Leste Europeu – integrantes recentes –, são pouco articulados à rede viária europeia e mantêm nas atividades primárias e terciárias boa parte de suas fontes de divisas. Há, portanto, contrastes regionais entre os países pertencentes à União Europeia.

Veja os dados referentes aos países-membros da UE na tabela abaixo.

O Parlamento Europeu é uma das principais instituições da União Europeia. Na imagem, de 2014, vemos o prédio do Parlamento em Estrasburgo, cidade localizada no leste do território francês.

ncamerastock/Alamy/Fotoarena

Países	Renda *per capita* (US$)	IDH	População	PIB (em milhões de dólares)
Alemanha	47 920	0,911 (6º)	80 722 792	3 868 291
Áustria	50 149	0,881 (21º)	8 711 770	436 888
Bélgica	46 589	0,881 (21º)	11 409 077	531 547
Bulgária	7 938	0,777 (58º)	7 144 653	56 717
Chipre	19 265	0,845 (32º)	1 205 575	23 226
Croácia	12 809	0,812 (47º)	4 458 533	57 113
Dinamarca	61 203	0,900 (10º)	5 593 785	342 362
Eslováquia	18 408	0,830 (37º)	5 445 802	100 249
Eslovênia	25 020	0,874 (25º)	1 978 029	49 491
Espanha	28 444	0,869 (27º)	48 563 476	1 381 342
Estônia	26 612	0,840 (33º)	1 258 545	26 485
Finlândia	49 510	0,879 (24º)	5 498 211	272 217

O comércio mundial e os blocos econômicos **Capítulo 33** 557

*A saída do Reino Unido do bloco está em negociação desde 2016.

Fontes: THE WORLD BANK. Disponível em: <http://data.worldbank.org/indicator/NY.GDP.PCAP.PP.KD>. PNUD. *Human Development Report 2014*. Disponível em: <www.pnud.org.br/arquivos/RDH2014.pdf>. ESTADOS UNIDOS. *United States Census Bureau*. Disponível em: <www.census.gov/population/international/data/countryrank/rank.php>. Acessos em: 28 fev. 2016.

Países	Renda *per capita* (US$)	IDH	População	PIB (em milhões de dólares)
França	42 330	0,884 (20º)	66 836 154	2 829 192
Grécia	21 866	0,853 (29º)	10 773 253	235 574
Hungria	14 014	0,818 (43º)	9 874 784	138 347
Irlanda	50 644	0,899 (11º)	4 952 473	250 814
Itália	34 530	0,872 (26º)	62 007 540	2 141 161
Letônia	15 916	0,810 (48º)	1 965 686	31 287
Lituânia	16 941	0,834 (35º)	2 854 235	48 354
Luxemburgo	111 411	0,881 (21º)	582 291	64 874
Malta	23 225	0,829 (39º)	415 196	9 643
Países Baixos	111 411	0,915 (4º)	17 016 967	879 319
Polônia	14 146	0,834 (35º)	38 523 261	544 967
Portugal	21 240	0,822 (41º)	10 833 816	230 117
Reino Unido*	46 389	0,892 (14º)	64 430 428	2 988 893
República Tcheca	19 254	0,861 (28º)	10 660 932	205 270
Romênia	9 215	0,785 (54º)	21 599 736	199 044
Suécia	57 799	0,898 (12º)	9 880 604	571 090

Além das diferenças econômicas, o bloco enfrenta problemas de ordem política e social, que vêm sendo bastante discutidos nas reuniões entre os dirigentes europeus. No aspecto político, a atuação de grupos terroristas separatistas e a ascensão de partidos xenófobos ao poder colocam em risco a democracia em alguns países da União Europeia.

No que se refere aos problemas sociais, causa preocupação o crescimento das taxas de desemprego e da pobreza entre os países-membros. Calcula-se que, no final de 2015, a taxa média de desemprego na UE era de 9% do total da População Economicamente Ativa (PEA), o equivalente a um total de aproximadamente 21,5 milhões de pessoas.

A modernização dos setores industrial e de serviços, a transferência de empresas europeias para os países subdesenvolvidos e a entrada de grandes contingentes de imigrantes na Europa são fatores que contribuem para uma significativa diminuição dos postos de trabalho e para a redução dos salários pagos pelas empresas. Como consequência, os governos dos países-membros têm de destinar recursos à população pobre, que cresce de forma contínua.

Separatismo e xenofobia, desemprego, pobreza e desigualdades regionais são alguns dos desafios que se apresentam atualmente aos dirigentes europeus. Esses problemas devem ser resolvidos habilmente, para não colocar em risco a consolidação do projeto de uma Europa integrada, sem barreiras econômicas e unida em torno dos mesmos ideais políticos e sociais.

A ponte Rion-Antirion, na Grécia (foto de 2012), é um exemplo dos investimentos realizados pela União Europeia nos países menos ricos da comunidade. A ponte, de 2,3 quilômetros de extensão, custou cerca de 800 milhões de euros e permitiu maior agilidade na circulação de pessoas e de mercadorias no interior do bloco econômico.

▶ Cooperação Econômica Ásia-Pacífico – Apec

A Apec (*Asia-Pacific Economic Cooperation*) é o bloco econômico regional que abarca o sudeste e o leste da Ásia, a Oceania e parte da América banhada pelo Oceano Pacífico. O bloco, formado por 21 países e por Hong Kong, Região Administrativa Especial da China, surgiu em 1989 para promover a abertura de mercados entre seus membros. Fazem parte do bloco Estados Unidos, China e Japão, grandes potências mundiais que lideram esse imenso agrupamento internacional.

A principal meta da Apec é estabelecer a livre circulação de mercadorias e de capitais entre as nações do bloco e consolidar-se, portanto, como uma área de livre-comércio. Porém, para atingir esse objetivo, a Apec precisa transpor obstáculos referentes às grandes desigualdades econômicas entre seus membros, além de administrar os diferentes interesses e as disputas comerciais entre esses países – principalmente no que diz respeito à crescente hegemonia da China sobre os rumos do bloco, fenômeno que desagrada aos Estados Unidos e ao Japão.

Observe, na tabela abaixo, as disparidades econômicas existentes entre os membros da Apec.

Países	Renda *per capita* (US$)	IDH	População	PIB (em milhões de dólares)
Austrália	63 266	0,933 (2º)	22 992 654	1 454 675
Brunei Darussalam	39 175	0,852 (30º)	436 620	17 105
Canadá	50 487	0,902 (8º)	35 362 905	1 785 387
Chile	14 620	0,822 (41º)	17 650 114	258 062
China	14 620	0,719 (91º)	1 373 541 278	10 354 832
Cingapura	53 247	0,901 (9º)	5 781 728	307 860
Coreia do Sul	28 677	0,891 (15º)	49 180 776	1 410 383
Estados Unidos	53 763	0,9014 (5º)	323 995 528	17 419 000
Filipinas	2 774	0,660 (117º)	102 624 209	284 777
Hong Kong	40 585	0,891 (15º)	7 167 403	290 896
Indonésia	3 439	0,684 (108º)	258 316 051	888 538
Japão	36 317	0,890 (17º)	126 702 133	4 601 461
Malásia	10 924	0,773 (62º)	30 949 962	338 104
México	10 511	0,756 (71º)	123 166 749	1 294 690
Nova Zelândia	33 360	0,910 (7º)	4 474 549	–
Papua Nova Guiné	13 070	0,491 (157º)	6 791 317	16 929
Peru	13 070	0,737 (82º)	30 741 062	202 596
Rússia	13 070	0,778 (57º)	142 355 415	1 860 598
Tailândia	5 935	0,722 (89º)	68 200 824	404 824
Vietnã	1 954	0,638 (121º)	95 261 021	186 205

Fontes: THE WORLD BANK. Disponível em: <http://data.worldbank.org/indicator/NY.GDP.PCAP.PP.KD>; PNUD. *Human Development Report 2014*. Disponível em: <www.pnud.org.br/arquivos/RDH2014.pdf>; ESTADOS UNIDOS. United States Census Bureau. Disponível em: <www.census.gov/population/international/data/countryrank/rank.php>; THE WORLD BANK. Disponível em: <http://databank.worldbank.org/data/download/GDP.pdf>. Acessos em: 1º mar. 2016.

Centro financeiro de Cingapura, em 2008, país-membro e sede da Apec.

Apesar das dificuldades enfrentadas no processo de integração econômica, a formação da Apec possibilitou o crescimento e o desenvolvimento da economia dos países-membros, que expandiram seus mercados e apresentam, juntos, um PIB superior a 30 trilhões de dólares (aproximadamente 57% do PIB mundial). Além do grande potencial econômico do bloco, sua população é de mais de 2,8 bilhões de pessoas (cerca de 40% dos habitantes do planeta), o que faz da Apec o maior bloco econômico regional em contingente populacional.

▶ Acordo de Livre-Comércio da América do Norte – Nafta

O Nafta (*North American Free Trade Agreement*) é uma área de livre-comércio que constitui o bloco econômico regional mais importante das Américas. Começou a se configurar em meados de 1988, ano em que estadunidenses e canadenses firmaram um acordo comercial. Em 1992, esse acordo foi ampliado com a inclusão do México, sendo formalizado em 1º de janeiro de 1994.

O objetivo principal do Nafta é promover a livre circulação de mercadorias e serviços entre os três países por meio da eliminação gradativa das barreiras legais e das tarifas alfandegárias. Com isso, pretende-se não só ampliar consideravelmente as relações comerciais entre as nações do bloco, maximizando a produtividade interna de cada uma, como também fomentar o crescimento econômico do Nafta para fazer frente à concorrência representada pelas economias japonesa e chinesa e pela UE.

O Nafta é um dos blocos econômicos regionais mais representativos do mundo, pois envolve uma população aproximada de 482 milhões de habitantes e tem PIB superior a 20,5 trilhões de dólares. Apesar de ser economicamente forte e competitivo, o bloco apresenta disparidades internas consideráveis: o PIB dos Estados Unidos é cerca de sete vezes maior que o do Canadá e do México juntos, e a nação mexicana tem a renda *per capita* mais baixa da América do Norte (veja a tabela da página 134); as **maquiladoras**, indústrias baseadas em centros urbanos na região de fronteira ao norte do país, são altamente dependentes das exportações para o mercado estadunidense.

560 Unidade 9 O espaço mundial globalizado

O Nafta consiste em um bloco polêmico: por um lado, promoveu grande crescimento do comércio regional, o que favoreceu consideravelmente a economia dos Estados Unidos e ajudou o país a enfrentar a concorrência com a UE, o Japão e a China; por outro, por causa das determinações do bloco, Canadá e México tornaram-se muito dependentes dos Estados Unidos para vender seus produtos.

Países-membros no Nafta

Fonte: World Trade Organization (WTO). World Trade Report 2012. Disponível em: <www.wto.org>. Acesso em: 1º mar. 2016.

Países	Renda *per capita* (US$)	IDH	População	PIB (em milhões de dólares)
Canadá	50 487	0,902 (8º)	35 362 905	1 785 387
Estados Unidos	53 763	0,914 (5º)	323 995 528	17 419 000
México	10 511	0,756 (71º)	123 166 749	1 294 690

Fontes: ESTADOS UNIDOS. *United States Census Bureau*. Disponível em: <www.census.gov/population/international/data/countryrank/rank.php>; THE WORLD BANK. Disponível em: <http://databank.worldbank.org/data/download/GDP.pdf>; THE WORLD BANK. Disponível em: <http://data.worldbank.org/indicator/NY.GDP.PCAP.PP.KD>; PNUD. *Human Development Report 2014*. Disponível em: <www.pnud.org.br/arquivos/RDH2014.pdf>. Acessos em: 1º mar. 2016.

As maquiladoras são indústrias instaladas em território mexicano próximo à fronteira com os Estados Unidos. Essas indústrias realizam a montagem de produtos e utilizam mão de obra mexicana, com custos mais baixos. Na foto, profissionais trabalhando em indústria maquiladora em Juarez, México, 2014.

O comércio mundial e os blocos econômicos Capítulo 33

Tratado de Livre-Comércio Transpacífico: nova cartada dos Estados Unidos?

Conhecido como TPP, de sigla em inglês, o acordo estabelece um novo marco de livre-comércio entre doze países da região, liderados por Estados Unidos e Japão. Os outros países envolvidos são Austrália, Brunei, Canadá, Chile, Malásia, México, Nova Zelândia, Peru, Cingapura e Vietnã. Todos eles acordaram na segunda-feira [5/10/2015] um novo marco tributário que afeta várias indústrias, como a farmacêutica, a automobilística e a têxtil, e estabelece algumas das normas trabalhistas e regulamentações ambientais mais ambiciosas já vistas.

[...] Trata-se do acordo regional mais amplo da história e une sob o mesmo mercado 40% da economia de bens mundial. O TPP é o pacto mais importante desde 1993, quando os EUA, Canadá e México assinaram o Acordo de Livre-Comércio da América do Norte (NAFTA). Brunei, Chile, Nova Zelândia e Cingapura começaram a negociar no início deste século e em 2008 os Estados Unidos se juntaram ao grupo. [...]

Apesar de que todas as linhas do acordo afetam as trocas comerciais e de informação, o TPP também tem importantes consequências políticas em escala internacional. Os EUA buscaram esse acordo com o objetivo de conter o poder da China na região. Obama disse [...] que, quando 95% dos potenciais consumidores dos EUA vivem no exterior, "não faz sentido que a China escreva as regras comerciais". O TPP abre as portas de novos mercados para os produtos "Made in America" e as economias locais terão de competir com produtos importados.

El País. Disponível em: <http://brasil.elpais.com/brasil/2015/10/05/economia/1444063812_134639.html>. Acesso em: 1º mar. 2016.

Chefes de governo de 12 países durante reunião de cúpula da TPP em Manila, nas Filipinas, em novembro de 2015.

De olho no Enem – 2009

Um certo carro esporte é desenhado na Califórnia, financiado por Tóquio, o protótipo criado em Worthing (Inglaterra) e a montagem é feita nos EUA e México, com componentes eletrônicos inventados em Nova Jérsei (EUA), fabricados no Japão. [...]. Já a indústria de confecção norte-americana, quando inscreve em seus produtos "made in USA", esquece de mencionar que eles foram produzidos no México, Caribe ou Filipinas.

ORTIZ, Renato. *Mundialização e Cultura.*

O texto ilustra como em certos países produz-se tanto um carro esporte caro e sofisticado quanto roupas que nem sequer levam uma etiqueta identificando o país produtor. De fato, tais roupas costumam ser feitas em fábricas — chamadas "maquiladoras" — situadas em zonas-francas, onde os trabalhadores nem sempre têm direitos trabalhistas garantidos. A produção nessas condições indicaria um processo de globalização que:

a. fortalece os Estados Nacionais e diminui as disparidades econômicas entre eles pela aproximação entre um centro rico e uma periferia pobre.
b. garante a soberania dos Estados Nacionais por meio da identificação da origem de produção dos bens e mercadorias.
c. fortalece igualmente os Estados Nacionais por meio da circulação de bens e capitais e do intercâmbio de tecnologia.
d. compensa as disparidades econômicas pela socialização de novas tecnologias e pela circulação globalizada da mão de obra.
e. reafirma as diferenças entre um centro rico e uma periferia pobre, tanto dentro como fora das fronteiras dos Estados Nacionais.

Gabarito: E.

Justificativa: Desde o ingresso do México no Nafta, a economia desse país passou a ser profundamente afetada pela instalação das "maquiladoras". Independentemente do texto apresentado como suporte, espera-se que o aluno saiba que esse processo produtivo reafirma diferenças socioeconômicas entre os países ricos e pobres. O texto destaca que os locais de produção sequer são citados na comercialização dos produtos em escala global. Assim, está correta a afirmativa **e**. A alternativa **a** está incorreta, pois propõe uma conclusão oposta à verdadeira. A alternativa **b** está incorreta, pois no texto apresentado há justamente uma crítica à omissão de informações que permitam a identificação do local exato onde as mercadorias foram produzidas, inviabilizando a soberania mencionada. A alternativa **c** está incorreta, pois tanto a circulação de bens e capitais como — especialmente — a de tecnologia continuam sendo seletivas, mesmo no mundo globalizado, e a existência das maquiladoras não contribui para solucionar essa questão, mas sim para agravá-la. Finalmente, a alternativa **d** está incorreta, pois, além de — conforme mencionado — não haver socialização de novas tecnologias, as disparidades econômicas não estão sendo compensadas nesse processo; o caso das maquiladoras não consiste em exemplo de circulação globalizada de mão de obra, visto que os trabalhadores contratados por elas atuam em seus próprios países.

Revisitando o capítulo

1. Cite os principais fatores responsáveis pelo desenvolvimento do comércio mundial nas últimas décadas.
2. Caracterize os principais tipos de bloco ou aliança econômica existentes na atualidade.
3. Quais são os principais eixos do comércio mundial? Situe o Brasil nessa realidade econômica.
4. A formação de alianças econômicas sempre traz vantagens aos países que as integram? Explique por meio de exemplos.
5. Identifique as principais etapas históricas de formação da União Europeia.
6. O que é TPP? Quais são os objetivos dos Estados Unidos com a consolidação desse novo bloco econômico?

▼ ANÁLISE DE IMAGEM

Observe com atenção a charge.

a. Que críticas o autor da charge faz à OMC?
b. Com base no estudo deste capítulo, indique as principais funções da OMC na atualidade.
c. Discuta com os colegas e com o professor a atuação desse organismo supranacional no cenário geopolítico mundial.

▼ ANÁLISE DE INFOGRÁFICO

Observe o infográfico abaixo.

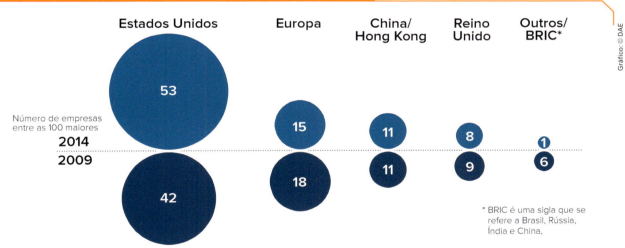

Os Estados Unidos lideram: têm o mais alto valor de mercado combinado das 100 maiores empresas nacionais ($ 9.3 milhões). China/Hong Kong e Reino Unido permaneceram estáveis desde 2009 (11 e 8 empresas, respectivamente), enquanto os outros países/BRIC caíram de 6 para 1 e os da Zona do Euro de 18 para 15.

Fonte: PwC. Disponível em: <www.pwc.com/gx/en/services/audit-assurance/publications/top100-market-capitalisation.html>. Acesso em: 1º mar. 2016.

1. Onde está sediada a maioria das companhias multinacionais?
2. Quais são os países ou regiões que aumentaram o número de companhias no período de 2009-2014? E quais foram as companhias que diminuíram sua participação?
3. De acordo com o que você estudou até agora, nesta unidade, avalie essa distribuição das multinacionais. Se achar conveniente, converse com os colegas e o professor.

O comércio mundial e os blocos econômicos   Capítulo 33

CAPÍTULO 34

OS FLUXOS DA REDE GLOBAL DE NEGÓCIOS

Nas últimas décadas, a consolidação do processo de globalização econômica mundial, baseada em uma nova divisão internacional do trabalho, intensificou o deslocamento de pessoas e de mercadorias, informações e capital, entre muitos lugares do planeta e em curtos intervalos de tempo. Esse deslocamento caracterizou-se por fluxos de uma grande **rede** ou **teia de negócios**, criada pelo capitalismo internacional, cuja infraestrutura é viabilizada e garantida pelos avanços tecnológicos provenientes da revolução técnico-científica.

No capítulo anterior, vimos que a maior parte desses fluxos ocorre entre as nações e os blocos econômicos, que compõem os principais eixos do comércio mundial. Agora, vamos conhecer melhor os elementos que compõem a estrutura dessa grande rede.

▶ Os fluxos de mercadorias

No caso da circulação de pessoas e de mercadorias, são de grande importância os avanços nos **meios de transporte**, como o desenvolvimento de aviões e navios cargueiros de grande porte, trens de alta velocidade e veículos automotores (caminhões e automóveis).

Os meios de transporte aéreo e rodoviário ganharam importância nos últimos anos, mas o transporte marítimo ainda é responsável pela maior parte do volume de cargas que circulam entre os continentes, formados principalmente por produtos manufaturados, agrícolas e energéticos (petróleo e carvão) e de matérias-primas minerais em geral. Observe o gráfico.

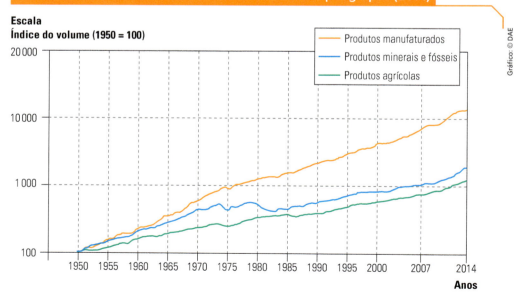

Volume de mercadorias comercializadas no mundo por grupos (2014)

Fonte: WORLD TRADE ORGANIZATION (WTO). International Trade Statistics – 2008 e 2015. Disponível em: <www.wto.org>. Acesso em: 1º mar 2016.

O aumento da capacidade de tonelagem das embarcações e a expressiva redução dos custos do transporte marítimo no século XX viabilizaram a estratégia de fragmentação e de terceirização do processo produtivo das multinacionais. As empresas puderam implantar unidades de produção em diferentes pontos do planeta ou contratar empresas para produzir suas mercadorias, independentemente da proximidade das fontes de matérias-primas ou dos mercados consumidores aos quais destinam seus produtos. É por essa razão que, como vimos no gráfico da página anterior, nas últimas cinco décadas a participação dos produtos manufaturados no total de mercadorias transportadas mundialmente apresentou crescimento.

Essa participação aumentou em volume e sobretudo em termos monetários, já que são significativas as exportações e as importações de produtos de alta tecnologia, como máquinas industriais, automóveis, peças eletrônicas e materiais relacionados à telecomunicação, cujo valor comercial é alto. Em contrapartida, ainda é expressivo no mercado mundial o comércio de mercadorias manufaturadas tradicionais – como os produtos de origem metalúrgica, têxtil e alimentar –, assim como a de produtos agrícolas (transportados em navios graneleiros) e de hidrocarbonetos (cujo transporte é feito por navios petroleiros).

Observe o mapa ao lado e identifique as regiões do planeta onde ocorrem os principais fluxos marítimos e os maiores tráfegos de contêineres.

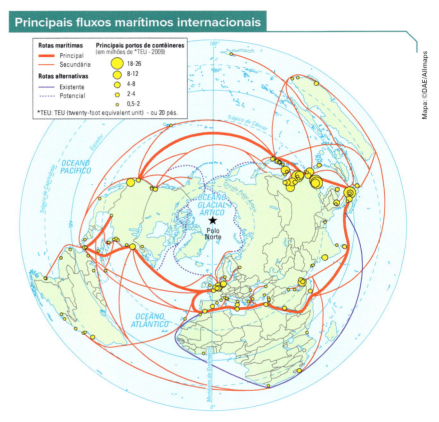

Principais fluxos marítimos internacionais

Fonte: *El Atlas de Le Monde Diplomatique*. Valencia: Uned, 2012. p. 59.

Contêineres prontos para o embarque em um dos portos mais importantes e movimentados do mundo, Cingapura, em junho de 2015.

Os fluxos da rede global de negócios Capítulo 34 565

Geração de gigantes

Os dias de glória dos navios cargueiros estão de volta. Durante mais de três décadas, desde que a crise do petróleo decretou o fim da era dos superpetroleiros, a construção de cargueiros se tornou uma atividade pouco atraente do ponto de vista econômico. Em todo o mundo, os grandes estaleiros viviam à custa de subsídios governamentais. Nos últimos anos, esse quadro mudou. Com a explosão do comércio mundial e, principalmente, com a ascensão vertiginosa das exportações chinesas, estaleiros europeus e asiáticos produzem com força total. [...] A grande novidade é que os novos cargueiros pouco têm a ver com seus irmãos do passado. Muitos são gigantescos, as maiores embarcações já construídas pelo homem. Por outro lado, beneficiando-se das novas tecnologias, eles exigem apenas uma dúzia de tripulantes. Engana-se quem pensa que esses navios monumentais são beberrões de combustível – seu consumo é até 27% menor por tonelada na comparação com os cargueiros convencionais. Os novos cargueiros são largos demais para atravessar o Canal do Panamá, mas sua formidável capacidade de carga torna economicamente viável que deem a volta ao mundo em busca de seu destino. [...]

TEIXEIRA, Duda. A geração de Gigantes Publicação. *Veja*, ed. 2001, p. 100-101, 28 mar. 2007. Disponível em: <http://veja.abril.com.br/acervodigital/home.aspx>. Acesso em: 1º mar. 2016.

O cargueiro Triple-E tem capacidade máxima de carga de 165 toneladas e pode atingir velocidades de 42 Km/h. A potência do motor é de 42.913 cavalos que movem duas hélices de 9,8 metros de diâmetro cada. A quantidade necessária de aço para a sua fabricação foi de 60 mil toneladas, isto é equivalente a 8,4 vezes a quantidade utilizada na Torre Eiffel. Com largura de 59 metros, altura de 73 metros e incríveis 400 metros de comprimento, ele supera o tamanho das maiores construções humanas.

Fonte: Disponível em: <http://www.tecmundo.com.br/navio/39303-triple-e-a-anatomia-do-maior-navio-cargueiro-do-mundo-infografico-.htm>. Acesso em: 14 maio 2016.

O navio porta-contêineres, da classe Triple-E, deixa o Porto de Rotterdam, na Holanda, em janeiro de 2016.

▶ Os fluxos de informação

Assim como as trocas de mercadorias e os deslocamentos populacionais, os fluxos de informação exercem papel fundamental no processo de globalização, constituindo possivelmente sua característica mais importante.

Vimos que a partir da década de 1970 ocorreram importantes inovações na área das **tecnologias da informação e da comunicação**, mais conhecidas pela sigla **TIC**, sobretudo no que se refere à criação de novos sistemas de transferência de dados, que se baseiam nos avanços da eletroeletrônica e da informática. Apropriadas pelo grande capital multinacional, as TIC foram transformadas em bens acessíveis aos governos, às empresas e à população em geral. Houve um crescimento vertiginoso da produção de bens de telecomunicações, com a fabricação em massa de mercadorias como televisores, computadores, telefones fixos e móveis (celulares), além de *tablets*.

Difundida por meio de diferentes veículos tecnológicos, que transmitem sons, imagens e dados numéricos, a informação é considerada a principal responsável pelo fluxo invisível que constitui o processo de globalização, pois viaja na forma de ondas eletromagnéticas ou de impulsos elétricos por uma grande rede composta de linhas e torres de transmissão, satélites artificiais e cabos telefônicos submarinos. Veja a seguir a distribuição da rede de cabos telefônicos submarinos ao redor do mundo, estrutura responsável pela maior parte das trocas de dados e informações entre as diferentes regiões do globo.

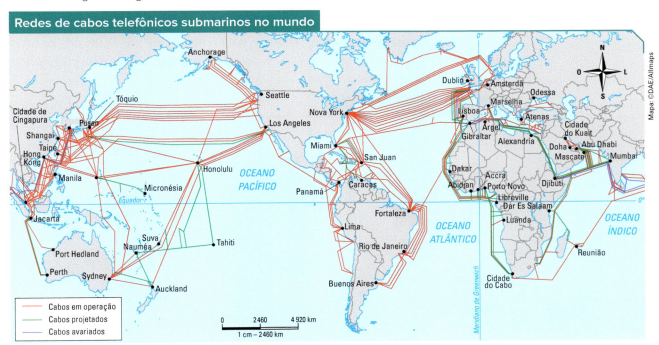

Fonte: *El Atlas de la globalización*. Buenos Aires: Capital Intelectual, 2015. p. 70-71.

De acordo com a distribuição da rede de cabos telefônicos submarinos, responda: Por onde passa a maior quantidade de cabos? Eles estão conectando quais países e continentes do mundo? A que você atribuiria essa configuração da rede? Converse com os colegas.

Internet: a rede mundial de computadores

Considerada um dos pilares do processo de globalização, a **internet** – a rede mundial de computadores – permite a troca de informações entre pessoas e entre empresas, nos mais diferentes pontos do planeta, na velocidade de um clique. Essa rede é um dos principais instrumentos de comunicação responsáveis pela transformação das noções de tempo e de espaço construídas até então pela sociedade.

Atualmente, quase 40% da população mundial, cerca de 3 bilhões de pessoas, utilizam a rede mundial de computadores. No Brasil, mais da metade dos habitantes tem acesso à *web*. Para quem acessa a internet diariamente, fica difícil imaginar o dia a dia sem a rede: é por meio dela que checamos nossos *e-mails* e nos comunicamos com as pessoas próximas – pelas redes sociais ou por aplicativos de mensagens –, fazemos todo tipo de pesquisa (inclusive escolar), compramos produtos e obtemos a maior parte das informações de que necessitamos. A impressão que se tem é de que a internet existe há séculos, mas trata-se na verdade de um instrumento bastante recente. Sua história começa com a Guerra Fria, na década de 1960, quando o Departamento de Defesa estadunidense buscava um sistema de comunicação que possibilitasse o contato entre seus diferentes centros militares e passasse despercebido pelos inimigos. Foi assim que se estabeleceu, em 1969, a *Advanced Research Project Agency*, ou ARPAnet, rede de comunicação que conectava computadores instalados em centros de defesa às universidades de Los Angeles, Standford, Utah e Santa Bárbara. Em 1971, surgia o correio eletrônico (*e-mail*) e, na década de 1990, foram criados os *sites* – da maneira como os conhecemos atualmente. Foi então que a *web* passou a ser apropriada também pela iniciativa privada, transformando-se em ferramenta de comunicação empresarial e de comércio, o que revolucionou a economia em nível mundial.

Ainda que usar a internet seja rotineiro para uma parcela significativa de pessoas, devemos considerar que o acesso a essa tecnologia é desigual entre os países do mundo, como mostra o planisfério a seguir.

> **Web:**
> termo em inglês que significa "teia", usado para fazer referência à rede mundial de computadores.

Acesso à internet no mundo

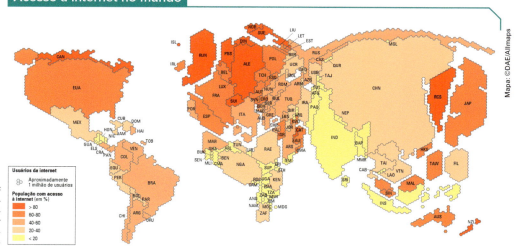

Fonte: *Information Geographies at the Oxford Internet Institute*. Disponível em: <http://geography.oii.ox.ac.uk/?page=internet-population-and-penetration>. Acesso em: 1º mar. 2016.

> Note que o mapa apresenta, para cada país, tanto a quantidade absoluta de pessoas que usam a internet como a proporção da população que tem acesso à rede. Observe a situação do Brasil, e de outras nações subdesenvolvidas, em relação às nações ricas e industrializadas. Relate suas conclusões aos colegas e ao professor.

Mulheres em foco

Nos últimos anos, a internet consolidou-se como espaço de debate de ideias. Por meio da rede, diferentes grupos se organizam, trocam experiências e mobilizam-se, por exemplo, para combater preconceitos. Leia o texto a seguir e reflita sobre o que a internet vem proporcionando à sociedade.

Mulheres em rede: Internet se consolida como espaço de mobilização

A gente faz tudo pela internet, por que não vai lutar pelos nossos direitos também? Essa onda eu vejo como uma retomada da voz das mulheres. Não há limite entre *on-line* e *off-line*. As campanhas começam na internet, mas a gente vai sendo chamada para falar sobre isso na vida real. Essas *hashtags* trazem grandes transformações nas vidas das mulheres e isso não tem preço.

Luise Bello, ativista do Think Olga.

Mais do que ambiente para a busca de informações e de comunicação, a internet se estabeleceu como espaço estratégico para a defesa dos direitos da mulher. Em 2015, a grande rede foi massivamente ocupada por diferentes campanhas que denunciaram assédios, atos de machismo e buscaram ampliar o espaço da mulher em diferentes lugares.

"A rua e a rede são igualmente espaços a serem conquistados. A cada ciclo disso [de novas *hashtags*], espero que a gente dê mais um passo em que a desigualdade não seja natural. Da mesma forma em que há marcha nas ruas, talvez exista uma marcha de *hashtags* na internet", defendeu a criadora da campanha #AgoraÉQueSãoElas, Manô Miklos, durante a roda de conversa Hashtag Feminismo, na terça-feira (8), durante o Emergências 2015. Segundo ela, a escolha pelo meio por onde se manifestar depende do perfil e da realidade de cada mulher: "O que fica é a complementaridade; tem lugar para todas as ações. Talvez algumas de nós tenhamos mais escolhas sobre estratégias de luta, e há outras que têm que lutar para estarem vivas", explica.

A militante nas redes sociais pelo feminismo negro Stephanie Ribeiro considera que as *hashtags* popularizam o que antes estava restrito às pessoas na academia: "Vai criando um discurso tão grande que hoje há crianças querendo discutir o feminismo na escola", afirma.

Atuante no coletivo feminista Think Olga, que criou os movimentos #PrimeiroAssédio e #ChegadeFiuFiu, Luise Bello afirma que depois de viralizadas, as *hashtags* passam a não ter dono. "A #PrimeiroAssédio é de todo mundo que compartilhou. Com quatro dias, já havia oito mil mensagens no Twitter. A *hashtag* não foi do Think Olga, foi das mulheres que tinham guardado aquilo pela vida inteira", defende.

ARRIGONI, Marília. *Portal EBC*. 9 dez. 2015. Disponível em: <www.ebc.com.br/cidadania/2015/12/mulheres-em-rede-internet-se-consolida-como-espaco-de-mobilizacao>. Acesso em: 1º mar. 2016.

A página na internet Blogueirasnegras.org reúne mulheres de diversas áreas do conhecimento. Na página da *web* são publicadas notícias, textos e informações, buscando discutir e compartilhar histórias de vida e a luta do grupo.

▶ Os fluxos de capital

É por meio da rede de telecomunicações que circulam pelo mundo os fluxos de capital decorrentes das **transações financeiras** realizadas entre diferentes países do mundo. As transações consistem, por exemplo, na negociação de títulos e ações de empresas, na compra e na venda de moedas valorizadas no mercado internacional – como o dólar, a libra e o iene – e na transferência de créditos entre instituições financeiras (bancos, seguradoras, fundos de pensão, corretoras de valores etc.).

Painel das ações na Bovespa (Bolsa de Valores de São Paulo) em São Paulo, SP, setembro de 2015.

A maioria dessas transações é realizada nas **bolsas de valores** dos grandes centros financeiros mundiais (Nova York, Londres, Tóquio e Paris, entre outros) e movimenta diariamente cifras que ultrapassam a casa de 1 trilhão de dólares, algo em torno de 40 vezes o valor das trocas comerciais realizadas entre países (importações e exportações).

Hoje, a economia mundial encontra-se amplamente vinculada às operações financeiras realizadas nas bolsas de valores, instituições nas quais se realizam transações de compra e venda de títulos e valores mobiliários. Nesses locais, os fluxos de informação e de capital são intensos, especialmente no que concerne às negociações que envolvem o chamado **capital especulativo**, composto de letras de câmbio, títulos da dívida pública de países, ações de empresas, entre outras modalidades financeiras.

SABERES EM FOCO

O texto a seguir esclarece o funcionamento do sistema financeiro mundial nas últimas décadas. Leia-o com atenção.

Capital especulativo ou *smartmoney*

O fluxo financeiro é o mais veloz e aquele que melhor representa a globalização. Como frisa Chesnais [...]: "A esfera financeira representa o posto avançado do movimento de mundialização do capital, onde as operações atingem o mais alto grau de mobilidade, onde é mais gritante a defasagem entre as prioridades dos operadores e as necessidades mundiais".

Não é difícil entender a hegemonia do setor financeiro na globalização econômica. Como resultado dos avanços tecnológicos nas telecomunicações e na informática, o dinheiro tornou-se eletrônico, desmaterializado, virtual. Na era informacional transformou-se mesmo em mais uma informação. Assim, transferir grandes somas de dinheiro de um lugar para o outro se tornou uma atividade relativamente simples, que se restringe quase a somente digitar números e códigos em um teclado. O dinheiro transformou-se em números nas telas de computadores e entrou no circuito de informações que circulam em tempo real pelo mundo. [...]

No capitalismo globalizado, a expressão "tempo é dinheiro" foi levada às últimas consequências. Nunca o capital se reproduziu tão rapidamente quanto agora. Nunca a fórmula D – D' foi tão perfeita para apreender a acumulação capitalista. Foi com base na análise da globalização financeira que O'Brien (1991) publicou o livro *Global financial integration – the end of geography*, no qual, como se evidencia no próprio título, decretou o "fim da geografia", reduzindo o espaço geográfico, de forma simplista, ao espaço geométrico dos fluxos financeiros.

Já os capitalistas produtivos têm maior perenidade, pois se instalam no território visando lucros com a produção e a prestação de serviços. Isso implica a construção de fábricas, lojas, supermercados etc., a compra de equipamentos e matérias-primas e a contratação de trabalhadores. Os capitais produtivos ainda têm algum envolvimento com o território, com o lugar onde se instalam. O capital especulativo não tem envolvimento praticamente nenhum, daí seus sugestivos apelidos: *smartmoney*, *hot money* e *swallowmoney*. [...]

DE SENE, Eustáquio. *Globalização e espaço geográfico*. São Paulo: Contexto, 2004. p. 67-68.

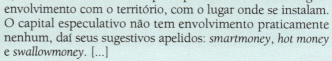

Com base na leitura do texto, discuta com os colegas e o professor a respeito do funcionamento do sistema financeiro internacional. Destaque os principais conceitos mencionados pelo autor e sua contribuição para o entendimento da dinâmica do capital especulativo na atualidade.

O ano de 2008: a crise que não terminou

No início da década de 2000, o governo dos Estados Unidos, por meio de seu Banco Central (mais conhecido como Federal Reserve, ou Fed), estimulou o direcionamento do capital especulativo internacional para a área da construção civil. Essa ação criou o que os economistas chamam de "bolha imobiliária", ou seja, um aquecimento do mercado de imóveis nos Estados Unidos, em que vários bancos ofereceram fartas linhas de crédito (com juros baixos subsidiados pelo Estado) às famílias estadunidenses que desejassem comprar uma casa. Contudo, no ano de 2005 o Fed redefiniu suas prioridades e elevou de maneira significativa as taxas de juros, fazendo com que milhões de chefes de família se tornassem inadimplentes. A perspectiva de insolvência dos devedores desencadeou a debandada de grupos de investidores, que em poucas semanas retiraram centenas de bilhões de dólares de circulação do mercado estadunidense. Além disso, vários bancos de capital multinacional que financiavam o mercado imobiliário viram-se à beira da falência. Essa situação desencadeou profunda crise em todo o sistema financeiro, com quedas espetaculares nos índices das bolsas de valores de todo o mundo. Observe os gráficos abaixo.

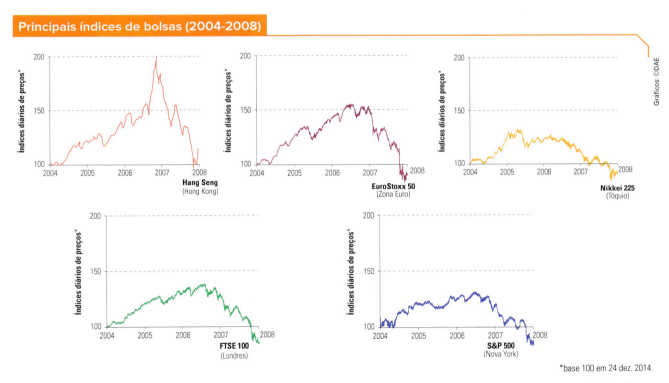

*base 100 em 24 dez. 2014.

Fonte: DURAND, Marie-Françoise et. al. *Atlas da mundialização*: compreender o espaço mundial contemporâneo. São Paulo: Saraiva, 2009. p. 65.

A crise do capital especulativo refletiu profundamente nos investimentos de capital produtivo, resultando no aumento do preço de matérias-primas e dos alimentos, na redução da produção industrial e, consequentemente, no aumento do desemprego, sobretudo nos Estados Unidos e na Europa.

A crise financeira de 2008 foi a mais marcante desde a consolidação do atual estágio do capitalismo, e muitos especialistas preveem que ela ainda apresentará reflexos no andamento da economia mundial durante décadas.

O quadro abaixo ilustra, de maneira esquemática, a crise de 2008. Observe-o.

A crise econômica de 2008 em cinco atos

Origem: No início da década [de 2000], com os juros em queda e o crédito abundante, milhões de americanos tomaram empréstimos para comprar seus imóveis. A alta procura levou à valorização dos bens e à formação de uma bolha imobiliária. Muitos optaram por refinanciar suas casas, pegando dinheiro na troca.

Estouro da bolha: Os preços dos imóveis, que em alguns casos tinham triplicado de valor, desabaram, trazendo ainda mais prejuízos. Muita gente terminou com uma dívida maior do que o valor da casa que possuía. Com os preços em baixa, e dificuldades para honrar os compromissos, muitos simplesmente desistiram da casa.

Calote: O "troco", porém, não era usado na compra de mais imóveis, mas empregado no mercado de consumo. Muitos tomadores de empréstimo de alto risco deixaram de pagar suas dívidas.

Reflexos: Revendidos a bancos de todo o mundo, os créditos imobiliários "podres" levaram os prejuízos a se espalharem pela economia dos EUA, quebrando diversos bancos. Em todo o mundo, as bolsas sofrem revezes e acumulam perdas.

Recessão: Com a economia em crise, o crescimento dos países desenvolvidos perde força. Economistas apontam que EUA e Europa podem entrar em recessão (...) [com fortes índices de falência e desemprego].

Fonte: G1. Entenda a crise dos mercados financeiros. *Economia e Negócios*, 6 out. 2008. Disponível em: <http://g1.globo.com/Noticias/Economia_Negocios/0,,MUL787398-9356,00ENTENDA+A+CRISE+DOS+MERCADOS+FINANCEIROS.html>. Acesso em: 1º mar. 2016.

▶ Centralização das decisões: cidades globais e megacidades

Embora a imensa infraestrutura de telecomunicações estabelecida nas últimas décadas tenha viabilizado a circulação de informações e de capitais de maneira instantânea e em escala planetária, a maior parte desses fluxos circulam entre organismos estatais, empresas privadas, instituições financeiras e bolsas de valores sediadas nas metrópoles mundiais: as **cidades globais** e as **megacidades**.

As cidades globais

As cidades globais estão no topo de uma **hierarquia urbana mundial**, comportando-se como centros articuladores dos fluxos gerados pela globalização econômica. São exemplos de cidades globais de primeiro nível: Nova York, Londres, Tóquio, Paris, Xangai e Sidney. Existem ainda cidades globais de segundo nível, como São Paulo, Cidade do México, Madrid, Mumbai e Seul.

As cidades globais destacam-se no espaço geográfico mundial por abrigar as matrizes de grandes empresas, nas quais ocorrem importantes decisões e de onde partem comandos sobre a produção fragmentada das multinacionais; além disso, distinguem-se por sediar as bolsas de valores mais movimentadas do planeta. Apresentam-se ainda como importantes polos de convergência e de dispersão de informações, sediando, por exemplo, grandes universidades, os maiores bancos de dados científicos e comerciais produzidos no mundo, agências de imprensa internacional e grupos de multimídia (redes de televisão, agências de publicidade, estúdios cinematográficos etc.). Portanto, constituem centros de poder econômico e cultural com amplitude mundial.

A cidade de Nova York é o importante centro financeiro mundial. Abriga as sedes de centenas de bancos e empresas multinacionais, o que a torna a principal cidade global. Fotografia aérea do bairro de Manhattan, centro financeiro de Nova York, em 2013.

De acordo com estudos recentes, a maioria das cidades globais está localizada nos países desenvolvidos, já que são essas nações que concentram a maior parte da infraestrutura tecnológica disponível. Assim, as cidades globais configuram-se como polos articuladores de uma ampla **rede geográfica**, percorrida principalmente pelos fluxos de informações e de capital.

As megacidades

As chamadas megacidades também exercem importante papel na rede geográfica mundial (polarizada pelas cidades globais). Elas são assim denominadas pela Organização das Nações Unidas (ONU) por serem metrópoles com mais de 10 milhões de habitantes. Alguns exemplos são Dacca, em Bangladesh; Lagos, na Nigéria; e Cairo, no Egito.

Ainda que desempenhem importante papel na hierarquia urbana de seus países, as megacidades não são consideradas cidades globais, pois apresentam uma concentração menor de recursos tecnológicos (indústrias, centros de pesquisa e informação etc.) e têm um papel secundário no circuito financeiro internacional.

Algumas megacidades são também cidades globais, como Tóquio, Nova York, Cidade do México e São Paulo. A população de Zurique, na Suíça, considerada uma importante cidade global, é de apenas 1 milhão de habitantes.

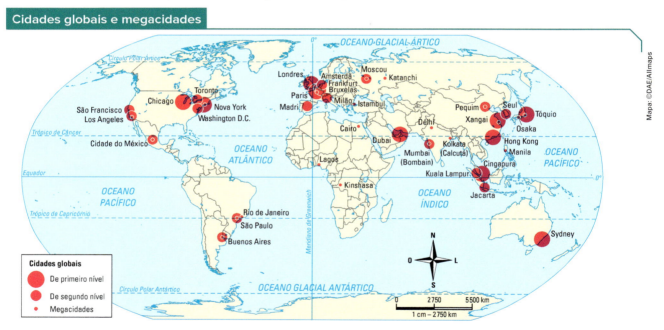

Fontes: LOUGHBOROUGH UNIVERSITY. *Globalization and World Cities*, 2010. Disponível em: <www.lboro.ac.uk/gawc/visual/globalcities2010.pdf>. Acesso em: 1º mar. 2016; WORLD WATCH. *A dynamic visual guide packed with fascinating facts about the world*. Glasgow: HarperCollins Publishers, 2012. p. 26-27.

> Observe com atenção o mapa acima, analisando a distribuição das principais cidades globais e megacidades. Identifique a área do planeta em que estão as cidades globais de primeira grandeza e a região em que se localiza a maioria das megacidades. Com base no que você estudou até agora, procure explicar a distribuição dessas metrópoles.

Foto aérea de Dacca, em Bangladesh, em 2013. A cidade abriga mais de 20 milhões de habitantes.

De olho no Enem – 2009

Além dos inúmeros eletrodomésticos e bens eletrônicos, o automóvel produzido pela indústria fordista promoveu, a partir dos anos 50, mudanças significativas no modo de vida dos consumidores e também na habitação e nas cidades. Com a massificação do consumo dos bens modernos, dos eletroeletrônicos e também do automóvel, mudaram radicalmente o modo de vida, os valores, a cultura e o conjunto do ambiente construído. Da ocupação do solo urbano até o interior da moradia, a transformação foi profunda.

MARICATO, E. *Urbanismo na periferia do mundo globalizado*: metrópoles brasileiras. Disponível em: <www.scielo.br>. Acesso em: 12 ago. 2009 (adaptado).

Uma das consequências das inovações tecnológicas das últimas décadas, que determinaram diferentes formas de uso e ocupação do espaço geográfico, é a instituição das chamadas cidades globais, que se caracterizam por:

a. possuírem o mesmo nível de influência no cenário mundial.

b. fortalecerem os laços de cidadania e solidariedade entre os membros das diversas comunidades.

c. constituírem um passo importante para a diminuição das desigualdades sociais causadas pela polarização social e pela segregação urbana.

d. terem sido diretamente impactadas pelo processo de internacionalização da economia, desencadeado a partir do final dos anos 1970.

e. terem sua origem diretamente relacionada ao processo de colonização ocidental do século XIX.

Gabarito: D

Justificativa: A compreensão da importância das cidades globais, de acordo com o próprio conceito, só é possível a partir da análise de seu papel no mundo globalizado, o que remete ao contexto das últimas décadas do século XX. Está correta, portanto, a alternativa **d**. A alternativa **a** está incorreta, pois não se pode afirmar que as cidades globais possuem o mesmo nível de importância na economia globalizada, já que o conceito se refere ao papel estratégico que elas desempenham, cada qual se destacando em maior ou menor grau nos aspectos econômico, político e comercial. A alternativa **b** está incorreta, pois o conceito de cidade global não remete necessariamente à condição de esta se destacar nos aspectos mencionados no distrator. A alternativa **c** está incorreta, pois as cidades globais não desempenham papel estratégico na diminuição das desigualdades sociais, até porque a maioria delas se situa em países ricos. Finalmente, a alternativa **e** está incorreta, pois não há a relação inferida entre as cidades globais e a colonização europeia, uma vez que elas passaram a desempenhar o papel de globais no contexto do mundo globalizado, sem conexões diretas com o mundo colonial.

Revisitando o capítulo

1. Sobre os fluxos de transporte, responda:
   a. Quais são as inovações tecnológicas que têm permitido o crescente aumento no transporte de mercadorias entre países e continentes?
   b. Quais são os principais tipos de mercadoria transportados por embarcações marítimas?

2. O que são as TIC? Dê exemplos.

3. Que tipo de estrutura é responsável, atualmente, pela maior parte da circulação de dados e informações em nível mundial?

4. Caracterize o acesso à internet entre as diferentes regiões do planeta.

5. O que são as bolsas de valores? Qual é a sua importância no crescimento dos fluxos de capital nas últimas décadas?

6. Caracterize:
   a. capital produtivo;
   b. capital especulativo.

7. Leia o trecho da reportagem abaixo e responda às questões.

> Um efeito direto da crise de dimensão global iniciada em 2008, que estabeleceu novo regime de baixíssimo crescimento econômico no mundo, é a mudança expressiva nos preços relativos de bens e serviços; o mais evidente disso é perceptível na trajetória dos preços das *commodities*, os bens primários associados aos recursos naturais e intensivos em mão de obra barata.

> POCHMANN, Marcio: Crise global dá ao Brasil: oportunidade de recuperar sua indústria, *Rede Brasil Atual*, 17 Jan. 2016.Disponível em: <www.brasil247.com/pt/247/economia/213622/Crise-global-d%C3%A1-ao-Brasil-oportunidade-de-recuperar-sua-ind%C3%BAstria.htm>. Acesso em: 1º mar. 2016.

   a. Quais foram os principais fatores que desencadearam a crise econômica de 2008?
   b. Quais são os reflexos da crise de 2008 sobre a economia mundial na atualidade, apontadas pela reportagem?

8. Diferencie cidade global de megacidade.

9. Onde está concentrada a maioria das cidades globais de primeiro nível? Com base no estudo desta unidade, explique essa distribuição espacial.

◤ ANÁLISE DE TEXTO E MAPA

Leia com atenção o texto a seguir e, depois, analise o mapa.

Em abril de 1956, [...] ocorreu o primeiro embarque, entre Nova Jersey e Houston, de carga transportada em "cofre de carga", tradução para o Português do anglicismo Container.

Seja um "box" de alumínio ou de inox, antes dele o transporte de bens era tão dispendioso que não valia a pena transportar certas cargas entre dois países situados a longa distância. Do ponto de vista logístico, o *container* é o centro de um sistema quase automático para mover bens de qualquer lugar no mundo para qualquer outro ponto geográfico, sem complicação e a um custo mínimo. Do ponto de vista econômico, a redução dos custos de movimentação dos *containers* é um dos fatores da crescente globalização de mercados, da recorrente expansão do comércio exterior a taxas superiores às do Produto Nacional Bruto, e da fragmentação da produção em escala mundial.

A eficácia e o padrão do *Container* – de 20 pés e de 40 pés – foram testados, aprovados e estabelecidos durante a Guerra do Vietnã. Desde então, a sua difusão modificou a tecnologia de se construir navios. Surgiram os navios porta-*containers*, também conhecidos como "box boats". Sob uma perspectiva histórica, eles foram crescendo, tanto em largura quanto na distância. Inicialmente transportavam algumas centenas de *containers*, e, hoje em dia, já existem naus que levam 15.000 boxes de mercadorias. E, apesar de o tamanho do navio ser maior, e também maior o volume de carga, a tripulação necessária para fazê-lo navegar e manobrar se reduziu. [...]

> CARVALHO, Mário Cordeiro. *Sindicato dos terminais marítimos de Rio Grande*. Disponível em: <www.sintermar.com.br/index.php?n_sistema=1073&n_texto=64>. Acesso em: 1º mar. 2016.

A revolução dos contêineres

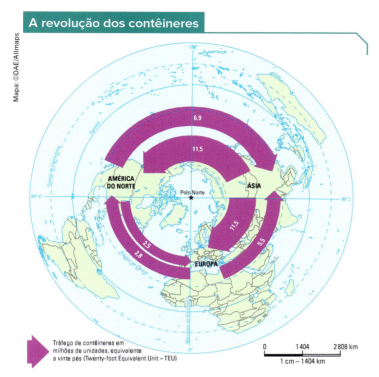

Tráfego de contêineres em milhões de unidades, equivalente a vinte pés (Twenty-foot Equivalent Unit – TEU)

Fonte: *El Atlas de Le Monde Diplomatique*. Valencia: Uned, 2012. p. 58.

Com base nas informações do texto e do mapa, responda:

1. O que são contêineres?
2. O que o volume do fluxo de contêineres representado no mapa indica a respeito das trocas comerciais entre a América do Norte, a Europa e a Ásia?
3. Por que a invenção dos contêineres representou uma revolução no transporte de cargas?
4. De que maneira a invenção dos contêineres colaborou para o processo de fragmentação da produção em escala planetária?

▼ TRABALHO PRÁTICO

Neste e nos outros capítulos desta unidade houve diversas menções a respeito da circulação e do uso do dinheiro. Mas, e no dia a dia, como é nossa relação com valores financeiros? Imagine, por exemplo, que você tem a quantia certa para gastar em uma roupa nova ou para tomar um lanche especial. O que você faz: gasta ou economiza um pouco mais para outra coisa que planejou? O dinheiro está presente em nosso cotidiano, e economizar ou consumir são ações que devem fazer parte de um planejamento econômico.

Para este trabalho, você deverá:

1. Criar um arquivo de programa de computador ou reservar um caderno para registrar seus dados de gastos e recebimentos.
2. Definir seus objetivos de consumo, economia, compras, ou voltados a ajudar sua família na organização da economia doméstica. Você pode ter como objetivo, por exemplo, direcionar parte do que ganha para a compra de um produto que deseja. Registre o valor da compra no caderno ou no arquivo. Defina também se os seus registros serão realizados diária ou mensalmente.
3. Pesquisar, na internet, *sites* que auxiliam na elaboração de planilhas de planejamento econômico. Converse com pessoas (amigos ou familiares, por exemplo) que costumam organizar seus ganhos e suas despesas.

Sugestão: visite as páginas do Banco Central Brasileiro e da Bolsa de Valores de São Paulo, disponíveis, respectivamente, em <https://cidadaniafinanceira.bcb.gov.br/blog/85-voce-ja-parou-pra-pensar> e <www.bmfbovespa.com.br/pt-br/educacional/iniciativas/tv-educacao-financeira.aspx?Idioma=pt-br> (acessos em: 1º mar. 2016).

4. Com base nas planilhas oferecidas nos *sites*, organize as informações sobre o que você ganha e o que gasta, registrando todos os dados.
5. Pesquise os significados dos termos *juros*, *investimentos*, *crédito*, *poupança* e *dívida*. Escreva-os em seu caderno.

Enem e Vestibulares — Unidade 9

1. (Enem – 2013)

Disneylândia

Multinacionais japonesas instalam empresas
[em Hong-kong
E produzem com matéria-prima brasileira
Para competir no mercado americano […]
Pilhas americanas alimentam eletrodomésticos
[ingleses na Nova Guiné
Gasolina árabe alimenta automóveis americanos
[na África do Sul […]
Crianças iraquianas fugidas da guerra
Não obtêm visto no consulado americano
[do Egito
Para entrarem na Disneylândia

ANTUNES, A. Disponível em: <www.radio.uol.com.br.>
Acesso em: fev. 2013 (fragmento).

Na canção, ressalta-se a coexistência, no contexto internacional atual, das seguintes situações:

a. Acirramento do controle alfandegário e estímulo ao capital especulativo.

b. Ampliação das trocas econômicas e seletividade dos fluxos populacionais.

c. Intensificação do controle informacional e adoção de barreiras fitossanitárias.

d. Aumento da circulação mercantil e desregulamentação do sistema financeiro.

e. Expansão do protecionismo comercial e descaracterização de identidades nacionais.

2. (Unitins-TO – 2015)

A globalização é o processo de integração econômica, política e cultural caracterizado pela intensa troca de mercadorias, capitais, pessoas e serviço.

Adaptado de: MOTA, Myriam Becho. *História*:
das cavernas ao terceiro milênio. 4. ed.
São Paulo: Moderna, 2012, p. 610.

Quais foram as condições que possibilitaram e impulsionaram o processo de globalização?

a. Fixidez de barreiras alfandegárias e intenso estímulo ao mercado consumidor interno.

b. Facilidade do fluxo mundial de capitais, que podem mudar de um país para outro em segundos, por meio do sistema financeiro.

c. Aumento de custos, preços e informações, visando a um distanciamento maior de mercados consumidores de outros países.

d. Facilidade de intercâmbio de produtos, porém com monopólio dos serviços das informações entre os países.

e. Novos empregos na indústria de tecnologia de ponta foram gerados, coibindo a ampliação de mão de obra, principalmente a qualificada.

3. (Unimontes-MG – 2012) A tecnologia possibilitou à indústria flexibilizar sua produção. No contexto da globalização, a produção flexível tornou-se prática comum no processo produtivo. São características da flexibilização da produção e dos processos produtivos, exceto:

a. a produção concentrada em um único local, para reduzir custos com transporte.

b. os produtos adequados e direcionados para mercados consumidores determinados.

c. a redução de estoques, usando o método de produção de acordo com a demanda.

d. os operários polivalentes que realizam tarefas em diferentes etapas do processo de produção.

4. (Ibmec – 2009) As afirmativas a seguir se referem aos aspectos do processo de integração nas diferentes fases de formação de um bloco econômico. Analise-as.

I. A Zona de Livre-Comércio corresponde à fase em que as tarifas alfandegárias são reduzidas ou mesmo eliminadas, e as mercadorias produzidas no âmbito dos países que compõem essa Zona circulam livremente de um país para outro e para o exterior.

II. Na fase da União Aduaneira, além das mercadorias produzidas no âmbito do bloco circularem livremente de um país para outro, é estabelecida uma tarifa externa comum (TEC), para o comércio com os países que não formam o bloco. Essa fase é caracterizada também pela livre circulação de pessoas.

III. No Mercado Comum, além do livre comércio de mercadorias entre os países-membros do bloco e da existência de uma TEC para o comércio com países de fora, ocorre a existên-

578

cia, no bloco, da livre circulação de pessoas, de serviços e de capitais.

IV. Na fase da União Monetária, o bloco tem características da fase de Mercado Comum, somando-se a essas uma unificação institucional do controle do fluxo monetário, e é estabelecida uma moeda única.

Assinale:

a. se as afirmativas I e II estiverem certas.

b. se as afirmativas II e III estiverem certas.

c. se as afirmativas I e IV estiverem certas.

d. se as afirmativas III e IV estiverem certas.

e. se as afirmativas I, II e IV estiverem certas.

5. (UFPR – 2011) Sobre os chamados "blocos econômicos", é correto afirmar:

a. São acordos de comércio internacional instituídos para conter o processo de globalização, já que consistem na imposição de barreiras à importação de produtos provenientes de países externos aos blocos.

b. Os blocos econômicos foram instituídos para substituir a antiga divisão do mundo em países desenvolvidos, subdesenvolvidos e em desenvolvimento.

c. Um desses blocos, o Mercosul, constitui a experiência mais avançada de integração econômica entre países, pois apoia-se não somente na liberalização comercial, mas também no sentimento de identidade cultural latino-americana.

d. São acordos instituídos para ampliar a competitividade dos países-membros na economia mundial, por meio da integração de seus mercados e da expansão de suas empresas dentro desses mercados supranacionais.

e. A discussão dos acordos de integração regional começou quando da assinatura dos tratados de paz que encerraram a Primeira Guerra Mundial, foi interrompida com a eclosão da Segunda Guerra e retomada a partir de 1960.

6. (Enem – 2013)

A charge revela uma crítica aos meios de comunicação, em especial à internet, porque:

a. questiona a integração das pessoas nas redes virtuais de relacionamento.

b. considera as relações sociais menos importantes que as virtuais.

c. enaltece a pretensão do homem de estar em todos os lugares ao mesmo tempo.

d. descreve com precisão as sociedades humanas no mundo globalizado.

e. concebe a rede de computadores como o espaço mais eficaz para a construção de relações sociais.

7. (Enem – 2015)

Um carro esportivo é financiado pelo Japão, projetado na Itália e montado em Indiana, México e França, usando os mais avançados componentes eletrônicos, que foram inventados em Nova Jérsei e fabricados na Coreia. A campanha publicitária é desenvolvida na Inglaterra, filmada no Canadá, a edição e as cópias, feitas em Nova York para serem veiculadas no mundo todo. Teias globais disfarçam-se com o uniforme nacional que lhes for mais conveniente.

REICH, R. *O trabalho das nações*: preparando-nos para o capitalismo no século XXI. São Paulo: Educator, 1994 (adaptado).

A viabilidade do processo de produção ilustrado pelo texto pressupõe o uso de:

a. linhas de montagem e formação de estoques.

b. empresas burocráticas e mão de obra barata.

c. controle estatal e infraestrutura consolidada.

d. organização em rede e tecnologia de informação.

e. gestão centralizada e protecionismo econômico.

Unidade 9 **Enem e Vestibulares** 579

UNIDADE 10

CONSUMO E QUESTÕES AMBIENTAIS NA ATUALIDADE

Nesta unidade, vamos conhecer um pouco mais sobre a sociedade de consumo da qual fazemos parte, e identificaremos questões ligadas ao meio ambiente global. No Capítulo 35, serão abordadas as relações entre consumo, consumismo e suas consequências para o meio ambiente. Já no Capítulo 36, vamos analisar as principais questões ambientais da atualidade e as ações políticas voltadas à solução ou à mitigação dos problemas que as envolvem.

Pilhas de lixo em Beirute. Foto de 2016.

CAPÍTULO 35
SOCIEDADE DE CONSUMO E MEIO AMBIENTE GLOBAL

Vimos anteriormente que o avanço do capitalismo nas últimas décadas deveu-se às inovações tecnológicas decorrentes da Terceira Revolução Industrial, à expansão das multinacionais pelo mundo e ao aumento progressivo dos níveis de **produção** e de **consumo** de bens e serviços. Dessa forma, podemos dizer que, assim como a produção, o consumo é um fator fundamental para a manutenção do modelo de acumulação capitalista.

A seguir, vamos discutir alguns aspectos relacionados à expansão da **sociedade de consumo** em escala global e suas consequências para o meio ambiente, como é o caso dos desequilíbrios relacionados aos fenômenos naturais.

▶ Publicidade, crédito e explosão do consumo

A partir da segunda metade do século XX, os níveis de consumo no mundo cresceram rapidamente, tanto nos países desenvolvidos como nos países subdesenvolvidos que passavam, então, de forma tardia, pelo processo de industrialização (como Brasil, México, Argentina, África do Sul e Turquia).

A redução dos custos de transporte de mercadorias e a rápida apropriação das inovações tecnológicas da Terceira Revolução Industrial tornaram possível às empresas colocar no mercado, em grande quantidade e a preços relativamente acessíveis, novos bens de consumo, como automóveis, máquinas de lavar, aspiradores, refrigeradores e televisores – itens que mudariam os hábitos da população e criariam novas necessidades, sobretudo na classe média, o principal alvo das empresas multinacionais. Teve início, então, uma acirrada disputa entre as grandes corporações, interessadas em dominar o mercado consumidor dos países em que desenvolvem suas atividades.

O papel do *marketing*

Para estimular o consumo, os segmentos produtivos – não somente a indústria, mas também os setores atacadista, varejista e de serviços – utilizam como principal recurso o *marketing*, conjunto de ações e estratégias de publicidade veiculadas na mídia (rádio, televisão, jornais, revistas, *outdoors*, internet etc.), com o objetivo de divulgar os produtos que criam e comercializam, despertando nas pessoas o desejo de consumi-los.

Nas empresas de *marketing*, o trabalho é voltado a criar e satisfazer as necessidades e os desejos dos consumidores.

Ao mesmo tempo, a produção industrial diversifica-se constantemente: são desenvolvidos vários modelos de um mesmo produto, buscando atender às preferências dos consumidores. Além disso, em razão das constantes inovações tecnológicas e das atualizações da **moda**, as mercadorias tornam-se rapidamente obsoletas, sendo substituídas por modelos mais novos. O *marketing*, portanto, ao criar no consumidor a necessidade de desfazer-se de itens "ultrapassados" para consumir aquilo que há de mais moderno, configura-se como um instrumento imprescindível para o mercado. Outra estratégia industrial é fabricar produtos com vida útil curta, ou seja, que duram pouco tempo e precisam ser substituídos por outros iguais ou de mesmo nível tecnológico.

As linhas de crédito

Uma estratégia fundamental do capitalismo para estimular o consumo, em meio a tantas ofertas, é o estabelecimento, pelo capital financeiro, de facilidades para obtenção de **linhas de crédito** (crediário, empréstimos pessoais, cartões de crédito etc.). As linhas de crédito permitem ao consumidor dispor de vários produtos e serviços sem que tenha o valor necessário para o pagamento no ato da compra. Com a disponibilidade das linhas de crédito, cresce também o endividamento pessoal.

Mediante as facilidades de crédito e as campanhas de *marketing* veiculadas nos meios de comunicação, as pessoas são constantemente induzidas a consumir mais mercadorias, o que estimula a produção e, consequentemente, faz crescer os lucros e a acumulação de capital. Como vimos no Capítulo 32, essa acumulação garante novos avanços tecnológicos e a fabricação de produtos sempre mais modernos, que são inseridos sucessivamente no mercado, reaquecendo o consumo.

SABERES EM FOCO

Publicidade: o *"photoshop"* do capitalismo contemporâneo

O capitalismo é marcado pelo seu caráter dinâmico, contraditório e de dominação política e ideológica, que transforma constantemente os vários aspectos do modo de vida, engendrando uma série de conflitos na sociedade, que, em um movimento também contraditório, adere e resiste aos novos "modelos" de vida civilizada.

Uma arma contemporânea do capitalismo que consegue violentar os valores sociais de modo muito sedutor é a publicidade (incluindo as estratégias de *marketing* e a criação de marcas). Não criando valores e desejos novos, mas reforçando e manipulando os valores já existentes na sociedade.

A publicidade é uma espécie de *photoshop* do sistema, pois permite uma edição tridimensional do modo de vida capitalista, não apenas escondendo os efeitos violentos da mercantilização da vida social, mas milagrosamente transformando em fascínio algo que era para ser contestado.

Essa faceta da publicidade ocorre porque ela se tornou muito mais do que apenas um discurso para vender mercadorias, ela é a própria mercadoria, consumida e ressignificada. Por isso, é o principal objeto de consumo para descrever a nossa atual sociedade de consumo

O sociólogo Jean Baudrillard explica de forma didática o papel da publicidade nos nossos dias ao compará-la com a figura do papai Noel.

Assim como as crianças não se importam com a existência real da figura natalina, uma vez que o importante é que seus pais lhes deem um presente em nome dele, as pessoas também não se importam com a veracidade do discurso da publicidade, dado que o essencial é a cumplicidade da crença.

Ou seja, o que importa é que ela seja compartilhada, já que a "crença" funciona apenas porque se funda na reciprocidade da manutenção da relação.

[...]

Para que a publicidade venda felicidade, modernidade, liberdade, autoestima, igualdade, exclusividade e outros valores, foi necessário que essas características se tornassem escassas para a maioria da população, para que se transformassem em objetos de desejo de consumo.

[...]

Ser alguém é estar constantemente atualizado no mundo da moda, não apenas em relação a carros, corpo, roupas e *smartphones*, mas, sobretudo, em valores, crenças e desejos. É por esta razão que Jean Baudrillard afirma que o culto da diferença se funda na perda total das diferenças substantivas.

A diferença é que imprime a identidade ao indivíduo, a questão é que as diferenças que hoje importam se referem ao *ter* e não ao *ser*, a massificação anulou tanto as individualidades que elas passaram a ser fabricadas, por isso nossa sociedade é marcada pela despersonalização e culto a diferença não substantiva (supérflua), reduzindo o elo social.

[...]

Outra característica importante da publicidade é seu papel de democratizar e homogeneizar os desejos de consumo (em escala global por meio das transnacionais).

Afinal, apenas o desejo coletivo é capaz de criar as "necessidades" sociais, porque os indivíduos só acreditam na publicidade porque confiam que os outros também estão acreditando.

Por exemplo, um *outdoor* do novo carro do ano que se encontra em um local onde milhares de pessoas irão ver e desejar todos os dias, mas apenas uma porcentagem ínfima irá conseguir realizar esse desejo e apenas por isso é objeto de ambição.

[...]

Aderir à sociabilidade que a publicidade explicita é muitas vezes irresistível, é extremamente difícil não participar das novas tecnologias e formas de interação social criadas. Por isso, o caminho é resistir coletivamente, construindo novas formas de se viver em sociedade.

PALMIERI JUNIOR, Valter. Publicidade: o "photoshop" do capitalismo contemporâneo. *Carta Maior*, São Paulo, 22 dez. 2014. Disponível em: <http://cartamaior.com.br/?/Editoria/Cultura/Publicidade-o-photoshop-do-capitalismo-contemporaneo/39/32493>. Acesso em: 7 mar. 2016.

O texto e as imagens veiculadas no anúncio publicitário ao lado, publicado na década de 1960 em uma revista de circulação nacional, têm forte conteúdo apelativo. Ao apresentar as facilidades para obtenção de crédito bancário, o anúncio estimula os leitores a consumir. Converse com os colegas e o professor a respeito do conteúdo publicitário veiculado atualmente na mídia, e discutam sobre como as empresas aumentam suas vendas por meio desse conteúdo.

> Com base nas posições do autor do texto e no conteúdo do anúncio publicitário ao lado, reflita com os colegas sobre os efeitos da publicidade no cotidiano de vocês, da família de cada um e da comunidade onde vivem.

Propaganda da década de 1960. A partir dessa época, a indução ao consumo e a proliferação de eletrodomésticos mudaram os hábitos da população.

▶ O consumismo como padrão de comportamento

Atualmente as pessoas são induzidas, pela publicidade veiculada na mídia em geral e pelas facilidades de obtenção de crédito, a consumir produtos e serviços em grande quantidade. Tais estratagemas do sistema capitalista levam as pessoas a adquirir mercadorias muitas vezes dispensáveis, ou seja, o consumidor é impulsionado pelo desejo de comprar algo de que na realidade não necessita naquele momento. Esse tipo de comportamento social é denominado **consumismo**.

O *American way of life*

Pode-se afirmar que as raízes do comportamento consumista estão, em grande parte, na sociedade estadunidense do século XX. Em razão do rápido crescimento econômico alcançado, os Estados Unidos foram o primeiro país a sentir os impactos vigorosos da revolução tecnológica industrial, que deu origem, a partir da década de 1940, a uma intensa produção de novos bens de consumo (roupas, eletrodomésticos, automóveis etc.) e de formas de entretenimento e lazer (como cinema, televisão e *shopping centers*). A elevada renda média estadunidense permitiu que uma ampla parcela da população passasse a usufruir dos benefícios oferecidos pelo sistema capitalista, dando origem a um estilo de vida que foi amplamente difundido pelo mundo: o chamado **American way of life**.

No Brasil, o modo de vida estadunidense foi introduzido pelas indústrias multinacionais que aqui se instalaram. Nos anúncios publicitários da época, como os mostrados ao lado, divulgavam-se algumas novidades relativas ao *American way of life*, que ia sendo incorporado ao dia a dia da população brasileira.

Propaganda publicada em revista, em 1948. Nas décadas seguintes, o *American way of life* se disseminaria na maioria dos países do mundo.

Como mencionado anteriormente, o estilo de vida estadunidense, voltado para o consumo, passou a influenciar o comportamento da população de outros países capitalistas desenvolvidos, assim como o da classe média de diversos países subdesenvolvidos industrializados. Essa influência ocorreu por meio da implantação, nesses países – sobretudo na Europa, na Ásia e na América Latina –, de multinacionais estadunidenses que fabricavam os mesmos produtos e os comercializavam de maneira semelhante à do sistema de distribuição atacadista e varejista dos Estados Unidos, ou seja, por meio de grandes estruturas comerciais, como supermercados, hipermercados, grandes magazines e *shopping centers*.

Vista de supermercado da Fundação Rubem Berta, em Porto Alegre, em 1958.

Até o começo da década de 1970, aproximadamente 90% das vendas de produtos industrializados no Brasil eram realizadas por pequenos e médios estabelecimentos comerciais. Atualmente, esses estabelecimentos respondem por cerca de apenas 40% das vendas ao consumidor – a maior parcela está sob a responsabilidade de grandes redes de supermercados e hipermercados (boa parte de capital multinacional).

Outro veículo importante nesse processo de disseminação do *american way of life* foi a indústria estadunidense de entretenimento, que, por ter se tornado a maior do mundo, passou a exportar suas produções cinematográficas, fonográficas e televisivas para vários países, em praticamente todos os continentes, influenciando os hábitos alimentares, as roupas, a língua, o estilo musical e outros importantes aspectos culturais de diversos povos. Assim, espalharam-se pelo mundo costumes estadunidenses como comer em *fast-foods*, usar *jeans*, e ouvir *rock*, *rap* ou *dance music*. Atualmente, verifica-se a influência estadunidense também nos países ex-socialistas europeus e até mesmo na China, o mais bem-sucedido regime socialista do planeta.

Com o fim do regime socialista soviético, a Rússia tornou-se um dos destinos de turnês de bandas de *rock* e *heavy metal* estadunidenses. Na fotografia ao lado, o *show* da banda Aerosmith, em Moscou, Rússia, 2014.

Culturas em foco

Leia o texto a seguir e, depois, responda às questões.

Templos de consumo e lazer

Mais de 350 milhões de pessoas circulam por mês nas centenas de *shopping centers* brasileiros. No mundo todo, pode-se supor que, a cada 30 dias, o equivalente a toda a população chinesa – algo em torno de 1,35 bilhão – vá a algum desses "templos do consumo". Mas, por quê? O que têm esses espaços para atrair e seduzir tanta gente ao redor do planeta? Concluir que essas pessoas vão até lá porque precisam comprar algo é tão óbvio quanto simplista. A sociedade que criou o "fenômeno *shopping center*" tem prazer em consumir. Vê nesses empreendimentos uma combinação de conforto, praticidade e segurança que se perdeu no centro das grandes cidades.

"Não há chuva nem vento. As pessoas não cospem nem jogam tocos de cigarro no chão. Não há moscas. Não há cachorros. A vida sob o teto de um *shopping* é tranquila, segura e acolhedora", diz o consultor Paco Underhill, autor do livro *A Magia dos Shoppings* (Best Books) e considerado um dos maiores especialistas do mundo em comportamento do consumidor.

Os primeiros centros comerciais foram criados nos Estados Unidos no fim da década de 1950, período pós-guerra no qual as famílias de classe média começavam a povoar os subúrbios das cidades norte-americanas. No berço da sociedade de consumo, esses espaços reproduziam, mais perto das novas casas e com ampla opção de estacionamento, a região central das cidades. Na década de 1970, eles já eram milhares e representavam metade do varejo norte-americano.

Com algumas adaptações, os *malls* – como são chamados na terra natal – chegaram ao Brasil em 1966, quando foi inaugurado o Shopping Iguatemi, em São Paulo. Hoje, a associação que representa os empreendimentos, a Abrasce, tem 379 associados [...].

[...]

Para a professora do curso de Psicologia da Universidade Positivo, Andréia Schmidt, ir ao *shopping* é fazer parte de algo que a nossa cultura, ao longo dos últimos anos, valoriza como prazer. "Consumir não está mais relacionado com atender uma necessidade básica. É de fato entretenimento. Está cada vez mais ligado à busca de prazer", diz. "E o *shopping* é planejado totalmente para essa busca. Ele não é só um ambiente protegido, com lugar para estacionar. É um espaço para ver e ser visto."

[...]

SCHEFFER, Cinthia. Templos de consumo e lazer. *Gazeta do Povos*, 26 jun. 2009. Disponível em: <www.gazetadopovo.com.br/caderno-g/templos-de-consumo-e-lazer-bmwne1pzpm3al0ko13w858bwu>. Acesso em: 8 mar. 2016.

Vitrine de loja em *shopping center* no bairro da Granja Viana, Cotia (SP), 2012.

Responda

1. A partir de quando o conceito de *shopping center* espalhou-se pelo mundo?
2. Quais são as principais características de um *shopping center*?
3. Discorra sobre este trecho do texto: "A vida sob o teto de um *shopping* é tranquila, segura e acolhedora".
4. Existem *shopping centers* no município onde você mora ou em algum município próximo? Você costuma frequentá-los? Por quê?

▶ Crise do modelo consumista de desenvolvimento

As fotografias a seguir mostram o efeito devastador da ação humana no meio ambiente, sobretudo nas últimas décadas. Analise as imagens e reflita sobre a relação entre o avanço da sociedade de consumo e a interferência humana na natureza.

Milhares de troncos cortados na floresta Amazônica boiam no rio. Foto de 2014.

Vazamento de petróleo contamina gravemente a praia de Refugio Beach, na Califórnia, Estados Unidos, em 2015.

Como vimos, o **processo de globalização do capitalismo monopolista e financeiro**, baseado na sociedade de consumo, exerce influência direta sobre o modo de vida de milhões de pessoas em todo o mundo.

Nas últimas décadas, o progressivo aumento dos níveis de consumo, tanto nos países desenvolvidos como nos países subdesenvolvidos industrializados e nas nações com economia em transição, vem exigindo a ampliação e a diversificação da produção industrial, a fim de atender os consumidores. Além do crescimento da população mundial, esse incremento da atividade fabril, viabilizado sobretudo pela expansão das multinacionais, acarretou aumento na demanda por recursos primários (agrícolas, florestais, minerais, energéticos etc.) e, consequentemente, intensas transformações no espaço geográfico. Isso explica o fato de parcelas cada vez maiores do planeta estarem transformando-se em áreas urbanas, lavouras, pastagens, áreas de mineração e de extração vegetal, lagos de hidrelétricas, entre outros. Em ritmo nunca antes verificado, as paisagens naturais vêm dando lugar a paisagens culturais, repletas de **objetos técnicos** criados pela sociedade, ou – de acordo com o que foi visto – a uma **natureza socialmente transformada**.

Com a Primeira Revolução Industrial teve início um acelerado desenvolvimento tecnológico e a criação de novos tipos de máquina, que permitem ao ser humano ampliar as formas de intervenção no meio ambiente, além de utilizar os elementos naturais como recursos econômicos (o que, na maioria das vezes, ocorre de maneira descomedida). Isso acontece porque, desde as origens do modo de produção capitalista, predomina entre as sociedades ocidentais a ideia de que a natureza é uma fonte inesgotável de recursos econômicos, que pode ser explorada indiscriminadamente para gerar lucros e acumular capital.

A natureza é inesgotável?

Durante centenas de anos foi possível defender a suposição da natureza infindável, já que, de maneira geral, os impactos provocados pelas atividades econômicas no meio ambiente (como a poluição atmosférica das cidades industriais europeias, a derrubada de áreas de florestas ou a exaustão de uma ou outra jazida mineral) eram espacialmente limitados, ou seja, ocorriam em escala local ou regional.

Porém, com a expansão do capitalismo e, consequentemente, da sociedade de consumo, problemas ambientais como o esgotamento dos recursos naturais e a poluição dos ambientes urbano e rural atingiram escala planetária.

Os países desenvolvidos produzem lixo em enormes quantidades. Na foto, trator maneja aterro sanitário em Defiance, Ohio, Estados Unidos, em 2015.

De acordo com levantamentos científicos, corre-se o risco de que muitos recursos naturais se esgotem completamente em poucas décadas. Boa parte desses recursos é **não renovável**, ou seja, não podem ser repostos pela natureza nem recriados pelo ser humano, como os minérios e os recursos energéticos fósseis, entre eles o petróleo e o carvão. Além desses recursos, biomas como as grandes florestas tropicais – que constituem ecossistemas únicos e em equilíbrio, abrigando uma complexa biodiversidade (ou seja, uma infinidade de espécies vegetais e animais) – perdem completamente suas características primitivas quando devastados pela ação humana, sendo impraticável sua restauração.

O gráfico ao lado apresenta a perspectiva de duração de alguns recursos naturais nos próximos anos (décadas e séculos). Analise-o com atenção e discuta com os colegas sobre como a sociedade humana será prejudicada pelo esgotamento desses elementos naturais. Identifique os setores da economia que mais sofrerão impactos e imagine como isso afetará o dia a dia das pessoas em um futuro próximo.

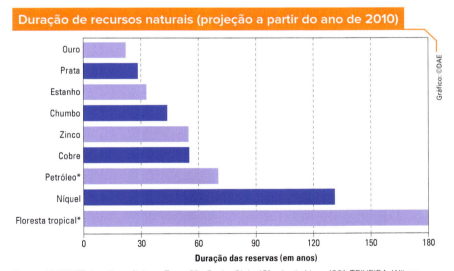

Fontes: *PORRITT, Jonathon. *Salve a Terra*. São Paulo: Globo/Círculo do Livro, 1991; TEIXEIRA, Wilson et al. *Decifrando a Terra*. 2. ed. São Paulo: Companhia Editora Nacional, 2009.

Outro problema ambiental característico do atual modelo de desenvolvimento é a falta de um destino adequado para o lixo produzido. A elevação contínua dos níveis de consumo, principalmente nos países ricos, e as constantes inovações tecnológicas aplicadas às mercadorias e aos serviços produzem uma quantidade cada vez maior de resíduos sólidos. Estes, sobretudo nos países subdesenvolvidos, não passam por um processo adequado de reciclagem: são direcionados aos aterros sanitários – que recebem uma quantidade de lixo superior à sua capacidade – ou são despejados em locais inapropriados, como rios e mares.

Gana abriga maior lixão de eletrônicos da África

O jovem enxuga o suor do rosto enquanto, com a outra mão, agita uma barra metálica com a qual remexe uma bola de fogo que libera uma espessa fumaça preta. Não é a fumaça podre da queima de lixo a céu aberto, mas uma nuvem de gases químicos que emana de um emaranhado de cabos plásticos.

"Queimo cabos para extrair o cobre", diz o rapaz, arrumando sua boina descolorida pela fumaça. Ele é Abdulrahim, 25 anos, e passou os últimos dez derretendo cabos em Agbogbloshie, um bairro de Acra, a capital de Gana, que nos últimos anos se converteu no maior lixão de restos eletrônicos da África.

Na área que tem o tamanho de 11 campos de futebol, amontoam-se pilhas de monitores, computadores, teclados, impressoras, TVs etc.

Trata-se de sucata vinda, em sua maioria, de países desenvolvidos, que é separada em categorias para ser desmontada para a extração de metais valiosos como o cobre, o alumínio ou o ferro.

"Compramos o lixo eletrônico para tirar as partes de valor", diz o vice-presidente da Associação de Distribuidores de Sucata da Grande Acra, Yussif Mahama.

[...]

Segundo a ONU, de 20 milhões a 50 milhões de toneladas de lixo eletrônico são gerados anualmente, e a produção continua a aumentar.

Mas a chave do problema está no alto custo da reciclagem do lixo digital. Enquanto enviar um monitor a Gana não sai por mais de € 1,50, reciclá-lo em um país como a Alemanha custa € 3,50.

Por isso, e visando proteger os países subdesenvolvidos dos resíduos alheios, desde 1989 a Convenção de Basileia proíbe a exportação de lixo perigoso. Mesmo assim, as nações ricas recorrem às doações e à desculpa da redução da disparidade digital para se desfazer de seus computadores velhos.

Assim, lixo proveniente dos EUA, Reino Unido, Bélgica, Holanda, Dinamarca e Espanha, entre outros, enche cerca de 600 contêineres por mês que chegam ao porto de Tema, o maior de Gana. É um volume que supera de longe a capacidade das autoridades alfandegárias e acaba inundando os lixões locais.

Segundo estimativas, entre 25% e 75% dos bens exportados à África como produtos de segunda mão não são reutilizáveis. E, como consequência, recorda Yussif, "por volta do ano 2000, quando o material não utilizável começou a se acumular, foi criado o lixão de Agbogbloshie".

[...]

Embora grande parte dos trabalhadores do lixão seja formada por homens, 40% dos que separam os metais são crianças. O material é então vendido a intermediários, que, por sua vez, o revendem a empresas que o exportam a países como China ou locais como Dubai, um dos emirados que compõem os Emirados Árabes Unidos.

[...]

Embora o negócio beneficie cerca de 200 mil ganenses, incluindo os familiares que recebem as remessas, as consequências para os trabalhadores e para o meio ambiente são graves.

Em algumas áreas de Agbogbloshie, a concentração de chumbo no solo chega a ser mil vezes superior à tolerada. E a exposição contínua, devido à falta de proteção, a substâncias como o chumbo, cádmio e mercúrio provoca desde dores de cabeça, tosse, erupções e queimaduras até câncer, doenças respiratórias e problemas reprodutivos.

[...]

GIORGI, Jeronimo; ATTANASIO, Angelo. Gana abriga maior lixão de eletrônicos da África. *Folha de S.Paulo*, 4 jan. 2015. Disponível em: <www1.folha.uol.com.br/mundo/2015/01/1570205-gana-abriga-maior-lixao-de-eletronicos-da-africa.shtml>. Acesso em: 8 mar. 2016.

Adolescente desmancha monitores e outros restos de produtos eletrônicos para tentar recuperar fios e peças de cobre em Agbogbloshie, o maior lixão de eletrônicos da África, em Gana, 2013.

De olho no Enem – 2011

Como os combustíveis energéticos, as tecnologias da informação são, hoje em dia, indispensáveis em todos os setores econômicos. Através delas, um maior número de produtores é capaz de inovar e a obsolescência de bens e serviços se acelera. Longe de estender a vida útil dos equipamentos e a sua capacidade de reparação, o ciclo de vida desses produtos diminui, resultando em maior necessidade de matéria-prima para a fabricação de novos.

GROSSARD, C. *Le Monde Diplomatique Brasil*, ano 3, n. 36, 2010 (adaptado).

A postura consumista de nossa sociedade indica a crescente produção de lixo, principalmente nas áreas urbanas, o que, associado a modos incorretos de deposição:

a. provoca a contaminação do solo e do lençol freático, ocasionando assim graves problemas socioambientais, que se adensarão com a continuidade da cultura do consumo desenfreado.

b. produz efeitos perversos nos ecossistemas, que são sanados por cadeias de organismos decompositores que assumem o papel de eliminadores dos resíduos depositados em lixões.

c. multiplica o número de lixões a céu aberto, considerados atualmente a ferramenta capaz de resolver de forma simplificada e barata o problema de deposição de resíduos nas grandes cidades.

d. estimula o empreendedorismo social, visto que um grande número de pessoas, os catadores, têm livre acesso aos lixões, sendo assim incluídos na cadeia produtiva dos resíduos tecnológicos.

e. possibilita a ampliação da quantidade de rejeitos que podem ser destinados a associações e cooperativas de catadores de materiais recicláveis, financiados por instituições da sociedade civil ou pelo poder público.

Gabarito: A

Justificativa: O acúmulo de lixo, como consequência direta da mentalidade consumista que vigora na atualidade, constitui um grave gerador de problemas socioambientais, como os decorrentes da contaminação do solo e de lençóis freáticos. Está correta a alternativa **a**. A alternativa **b** está incorreta, pois nem sempre os organismos decompositores são capazes de eliminar o lixo produzido pela humanidade, e sua ação, em muitos casos, é demasiado lenta, não sanando o problema. A alternativa **c** está incorreta, pois os lixões não representam uma solução adequada para o problema do lixo, uma vez que produzem contaminação ambiental. As alternativas **d** e **e** estão incorretas, pois o enunciado da questão alerta para os problemas gerados pelo acúmulo de lixo e a cultura consumista, sem destacar eventuais aspectos positivos como os sugeridos nos distratores. Além disso, não é correto afirmar que os catadores – uma forma de subemprego – estejam adequadamente incluídos na cadeia produtiva dos resíduos tecnológicos, nem que a universalização da prática da reciclagem solucionaria totalmente o problema mencionado, visto que ele está relacionado ao consumismo excessivo.

Sociedade de consumo e meio ambiente global **Capítulo 35**

Revisitando o capítulo

1. Leia o texto a seguir e, depois, responda às questões.

> Com a necessidade que temos de substituir cada vez mais rapidamente as coisas que nos cercam neste mundo, não podemos permitir-nos utilizá-las, respeitar a sua inerente durabilidade; precisamos consumir, devorar por assim dizer, as nossas casas, os nossos móveis, os nossos carros, como se se tratasse de "coisas boas" da natureza que se deterioram, inevitavelmente, a menos que entrem sem demora no ciclo incessante do metabolismo humano.

> ARENDT, Hannah. In: SANTOS, Maria Eduarda V. M. *Desafios pedagógicos para o século XXI*. Lisboa: Horizonte, 1999. p. 126.

a. A autora refere-se a um comportamento social da atualidade. Identifique-o.

b. Você acha que também apresenta esse tipo de comportamento? Por quê?

2. Quais são as principais ações e estratégias utilizadas pelos segmentos produtivos da economia para estimular o consumo?

3. O público jovem é um dos alvos favoritos da publicidade. Quais são os produtos que costumam ser oferecidos aos jovens? Por que isso ocorre?

4. O que é o *american way of life*? Destaque suas principais características.

5. Quais são os maiores sinais da atual crise do modelo consumista de desenvolvimento?

6. Com base no que você estudou neste capítulo, responda: A natureza é uma fonte inesgotável de recursos econômicos? Explique.

7. Vimos que o espaço geográfico terrestre é cada vez mais transformado para atender ao consumo mundial. Como esse processo está relacionado à degradação ambiental?

▼ ENQUETE E DEBATE

Realize uma enquete com os colegas, com o intuito de verificar se eles apresentam um comportamento consumista. Veja algumas sugestões de perguntas:

- ▸ Ao sair para fazer compras, você retorna com presentes para outras pessoas?
- ▸ Quando você está triste, costuma fazer compras para se sentir melhor?
- ▸ Para você, fazer compras é uma diversão?
- ▸ Você compra coisas que acaba não usando?
- ▸ Antes de sair para as compras, você faz uma lista do que realmente precisa?
- ▸ Você costuma gastar mais do que havia programado?

Peça aos entrevistados que escolham uma das alternativas a seguir como resposta para cada pergunta: **sempre**; **frequentemente**; **raramente**; **nunca**. Depois, em grupos, reúnam as respostas obtidas e construam gráficos para auxiliar o debate em sala de aula, que deverá se desenvolver em torno da seguinte questão: Somos consumistas ou não?

TRABALHANDO COM GÊNEROS TEXTUAIS

Leia com atenção o poema abaixo. A seguir, responda às questões.

Eu, etiqueta

Em minha calça está grudado um nome
que não é meu de batismo ou de cartório,
um nome... estranho.
Meu blusão traz lembrete de bebida
que jamais pus na boca, nesta vida.
Em minha camiseta, a marca de cigarro
que não fumo, até hoje não fumei.
Minhas meias falam de produto
que nunca experimentei
mas são comunicados a meus pés.
Meu tênis é proclama colorido
de alguma coisa não provada
por este provador de longa idade.
Meu lenço, meu relógio, meu chaveiro,
minha gravata e cinto e escova e pente,
meu copo, minha xícara,
minha toalha de banho e sabonete,
meu isso, meu aquilo,
desde a cabeça ao bico dos sapatos,
são mensagens,
letras falantes,
gritos visuais,
ordens de uso, abuso, reincidência,
costume, hábito, premência,
indispensabilidade, e fazem
de mim homem-anúncio itinerante,
escravo da matéria anunciada.
Estou, estou na moda.
É doce estar na moda, ainda que a moda
seja negar minha identidade,
trocá-la por mil, açambarcando
todas as marcas registradas,
todos os logotipos do mercado.
Com que inocência demito-me de ser
eu que antes era e me sabia
tão diverso de outros, tão mim-mesmo,
ser pensante, sentinte e solitário
com outros seres diversos e conscientes
de sua humana, invencível condição.
Agora sou anúncio,
ora vulgar ora bizarro,
em língua nacional ou em qualquer língua
(qualquer, principalmente).
E nisto me comprazo, tiro glória
de minha anulação. [...]

EU, ETIQUETA -In: *Corpo*, de Carlos Drummond de Andrade, Editora Record, Rio de Janeiro. Carlos Drummond de Andrade © Graña Drummond www.carlosdrummond.com.br

Mineiro da cidade de Itabira, Carlos Drummond de Andrade nasceu em 1902 e faleceu em 1987, no Rio de Janeiro. Considerado um dos maiores escritores brasileiros do século XX, deixou uma vasta obra, que abrange tanto a prosa quanto a poesia. Em alguns textos, como no poema apresentado, faz críticas à sociedade contemporânea. Na fotografia, Drummond no Rio de Janeiro em 1985.

a. Identifique o aspecto de nossa sociedade que está sendo criticado no poema.
b. Indique ao menos três elementos ou situações do cotidiano mencionadas no poema que caracterizam a sociedade de consumo.
c. Com os colegas e o professor, reflita sobre o conteúdo de cada trecho do poema, estabelecendo relações com o seu dia a dia.

CAPÍTULO 36
DEGRADAÇÃO AMBIENTAL E MUDANÇAS ECOLÓGICAS GLOBAIS

Leia com atenção o texto a seguir.

O silêncio do brejo assusta a Terra

Os mineiros são gente sábia. Quando se "enterravam" nas galerias levavam consigo um canário: se ele morria, era o sinal de que o ar já estava rarefeito – era hora de abandonar a mina. Os "canários" de hoje em dia são os sapos, rãs, salamandras e outros anfíbios que estão desaparecendo da face da Terra. É que os anfíbios, com sua pele sensível e úmida, ovos desprotegidos (sem casca), e estilo de vida semiaquático, são considerados indicadores biológicos da saúde do meio ambiente. Será que o ponteiro já está no vermelho?

Até o final dos anos de 1980 muita gente acreditava que os anfíbios estavam "sumindo" porque as áreas alagadas, propícias para sua vida e reprodução, estavam sendo destruídas. Foi então que os biólogos começaram a observar que os anfíbios não estavam desaparecendo só dessas áreas, mas também de áreas protegidas, aquelas aparentemente inalteradas e virgens. E notaram que o declínio dessas populações estava só piorando, virando uma verdadeira devastação. [...]

Muita gente passou os anos 1990 em dúvida: o declínio global de anfíbios era um fenômeno real ou somente uma flutuação das populações em decorrência da destruição de hábitats? Esse debate aconteceu ao mesmo tempo em que a questão sobre a existência de uma relação de causa e efeito entre as emissões de gases na atmosfera causadas pela atividade humana e o aquecimento global. Hoje ninguém duvida que ambos – o declínio de anfíbios e o agravamento do efeito estufa – sejam reais. E, se há uma ligação entre os dois como os cientistas sugerem, precisamos utilizar fontes de energia mais limpas o mais rápido possível, se quisermos evitar um holocausto da biodiversidade do planeta.

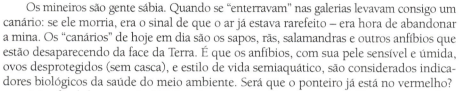

Os anfíbios modernos estão por aí há pelo menos 200 milhões de anos, e conseguiram sobreviver até à catástrofe que matou os dinossauros. Agora enfrentam uma bem maior: o homem. [...]

KAUFFMANN-ZEH, Andrea. In: *Galileu*, Rio de Janeiro, ano 11, n. 132, p. 86-87, jul. 2002.

A atual sociedade capitalista de consumo colocou em evidência os limites da natureza em nosso planeta, mostrando o quanto o meio ambiente é sensível às interferências humanas. Prova disso são, por exemplo, os graves desequilíbrios ocorridos nos ecossistemas terrestres pela contaminação da água e dos solos por defensivos agrícolas, pela emissão de gases e de fuligem na atmosfera – o que acentua o efeito estufa, provocando o aquecimento atmosférico global –, pela deposição do lixo doméstico e industrial em áreas impróprias e pelo desmatamento de formações vegetais naturais. Nas últimas décadas, esses problemas ambientais extrapolaram os limites territoriais dos países, tornando-se preocupantes tanto para as nações ricas quanto para os países pobres, como veremos adiante.

Toda essa degradação decorrente das atividades humanas interfere diretamente na biodiversidade do planeta, levando ao risco de extinção várias espécies de animais, plantas e microrganismos, extremamente sensíveis aos desequilíbrios ecológicos, como exemplifica o texto acima. De acordo com levantamentos científicos recentes, a cada ano extinguem-se em média dez espécies de seres vivos. Acredita-se que desde o século XX tenham sido extintas cerca de 15% das espécies já catalogadas, proporção que deve chegar a aproximadamente 30% até a metade do século XXI. Esse processo pode ter consequências catastróficas para a nossa sociedade, como a diminuição na produtividade agrícola, a proliferação de doenças contagiosas e a alteração das características climáticas em nível local, regional e global.

▶ Problemas ambientais: de quem é a responsabilidade?

O comportamento consumista é um dos principais responsáveis pela aceleração da degradação do meio ambiente global ocorrida nas últimas décadas. É necessário, no entanto, esclarecer alguns pontos sobre essa questão.

Pode-se afirmar que apenas 20% da população mundial, ou cerca de 1,4 bilhão de pessoas, possui renda suficiente para ter amplo acesso aos bens e serviços oferecidos pela sociedade de consumo. De maneira geral, essa parcela é formada pela maior parte dos habitantes dos países desenvolvidos e por um reduzido segmento abastado da população que vive nos países subdesenvolvidos.

No outro extremo, aproximadamente 80% dos habitantes do planeta, ou cerca de 5,8 bilhões de pessoas – a maioria nos países subdesenvolvidos –, não têm acesso a bens e serviços básicos, como alimentação adequada, roupas, habitação, água tratada, esgoto e educação.

A tabela ao lado mostra as diferenças verificadas entre a população mais rica e a população mais pobre do planeta em relação ao nível de consumo. Observe.

Com base em estudos sobre o consumo mundial, é possível afirmar que os países desenvolvidos são os maiores consumidores de recursos naturais, necessários para abastecer seus imensos parques industriais e as filiais de suas multinacionais localizadas nos países subdesenvolvidos e nos antigos países socialistas. Os países desenvolvidos são também os responsáveis pela maior parte dos rejeitos industriais, do lixo e, com sua gigantesca frota de veículos, dos gases tóxicos lançados na atmosfera. Somente os Estados Unidos respondem por cerca de 25% das emissões de gás carbônico anuais em todo o planeta, contribuindo para a intensificação do efeito estufa global. Observe o planisfério abaixo.

A balança do consumo entre ricos e pobres		
Produtos	20% da população mais rica consome	20% da população mais pobre consome
Carne e peixe	45%	menos de 5%
Energia	58%	menos de 4%
Linhas telefônicas	74%	1,5%
Papel	84%	1,1%
Veículos	87%	menos de 1%

Programa das Nações Unidas para o Desenvolvimento (PNUD). Relatório do Desenvolvimento Humano 2003. Disponível em: <www.pnud.org.br/hdr/arquivos/RDglobais/hdr2003-portuguese.pdf>. Acesso em: 31 mar. 2016.

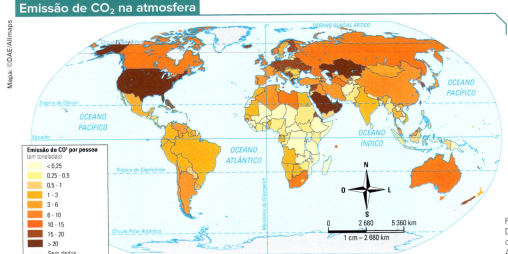

Fonte: The Carbon Map. Disponível em: <www.carbonmap.org>. Acesso em: 8 mar. 2016.

Ainda que os países desenvolvidos sejam os maiores poluidores do planeta, os subdesenvolvidos e aqueles com economias em transição (países ex-socialistas europeus) não estão isentos da responsabilidade pela degradação ambiental. A transformação do espaço geográfico tem sido intensa também nesses países, onde ocorrem devastações de toda ordem: derrubada e queimada de áreas de florestas nativas, erosão dos solos e assoreamento de rios e lagos, uso indiscriminado de defensivos agrícolas, instalações industriais com tecnologia obsoleta – e, portanto, altamente poluidoras –, entre outras.

Na realidade, em boa parte dos países subdesenvolvidos as políticas voltadas à preservação da natureza não são tratadas como prioritárias, e leis pouco rígidas favorecem o desenvolvimento de atividades econômicas incompatíveis com a conservação do meio ambiente. Nesses territórios, no entanto, o nível de degradação dos elementos naturais ainda não se compara ao dos países desenvolvidos, sobretudo nos últimos 50 anos.

Esse quadro de destruição ambiental generalizada leva os especialistas a apontar uma profunda crise do modelo consumista de desenvolvimento, no qual se baseia a atual sociedade capitalista. As perspectivas para a humanidade, caso a devastação continue nesse ritmo, não são favoráveis. Os planisférios abaixo trazem um panorama dos diferentes tipos de problemas ambientais da atualidade em nível global. Observe.

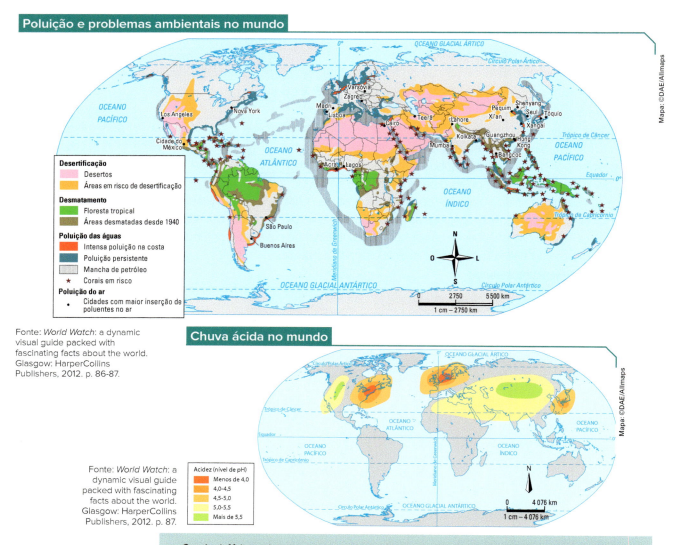

Fonte: *World Watch*: a dynamic visual guide packed with fascinating facts about the world. Glasgow: HarperCollins Publishers, 2012. p. 86-87.

Fonte: *World Watch*: a dynamic visual guide packed with fascinating facts about the world. Glasgow: HarperCollins Publishers, 2012. p. 87.

Os planisférios acima apresentam a ocorrência espacial de alguns dos principais problemas ambientais da atualidade. Observe-os e compare-os com o planisfério em anamorfose da página 595 Identifique o tipo de problema ambiental que mais se destaca em cada região do planeta, e em especial na América do Sul e no Brasil. Compare sua análise com a dos colegas.

▶ Sociedades tradicionais e ameaças ao meio ambiente

Com o declínio do mundo socialista, sobretudo após o fim da União Soviética, a maioria população do planeta passou a organizar-se de acordo com a lógica do sistema capitalista. Mesmo as chamadas sociedades tradicionais (de indígenas americanos, berberes e pigmeus africanos, aborígenes australianos, entre outros), que até há algumas décadas viviam de maneira isolada, têm sido influenciadas pelas tecnologias e pelos costumes da sociedade de consumo.

Ao longo de milhares de anos, esses povos adquiriram um vasto conhecimento sobre o funcionamento da natureza, desenvolvendo hábitos culturais que visavam, de maneira geral, a um relacionamento sustentável e harmônico com os recursos disponíveis no território que habitavam. Suas atividades pouco agrediam o meio ambiente, garantindo a sobrevivência dos grupos e, ao mesmo tempo, a diversidade e o equilíbrio ecológico regional.

No entanto, nas últimas décadas, com a introdução de formas de relação social capitalistas, a cultura original dessas sociedades sofreu um rápido processo de transformação, com a destruição, entre outros, de sua língua, sua religiosidade, suas técnicas de trabalho e da divisão social de suas tarefas.

Tal processo coloca em risco a existência desses grupos e a preservação das reservas ambientais, já que grande parte dessas sociedades vive em ecossistemas pouco transformados, geralmente localizados no interior de grandes biomas, como as florestas tropicais, as savanas, as estepes semiáridas e as áreas geladas do planeta. Atualmente, essas regiões passam pela interferência de agentes econômicos como madeireiros, fazendeiros e empresas mineradoras, que exercem forte pressão sobre os governos nacionais para a liberação da exploração comercial de parte das áreas preservadas.

Culturas em foco

Línguas nativas e conservação

Calcula-se que existam no mundo cerca de 5 mil comunidades tradicionais vivendo de acordo com seus costumes originais, em seus *habitat* parcialmente preservados. O uso da língua nativa se destaca como um elemento de unificação e de identidade de cada grupo. É por meio dela que os indivíduos se expressam, fortalecendo as relações sociais.

Atualmente, milhares de línguas e dialetos são falados em todo o mundo, grande parte deles por grupos minoritários, compostos de sociedades tradicionais. Em razão das profundas alterações na cultura desses grupos, calcula-se que menos da metade das línguas faladas hoje em dia permanecerá até o final deste século. Correm o risco de desaparecer,

Pescadores do povo El Molo, no Quênia, na porção leste do continente africano, limpam peixe às margens do Lago Turkana, em 2013. A língua falada por esse grupo está quase extinta.

por exemplo, os idiomas *maku*, *kuruaya* e *arikapu*, falados por indígenas no Brasil; o *udihe*, falado na Sibéria; e o *eyak*, falado por inuítes no Alasca. Observe o mapa abaixo.

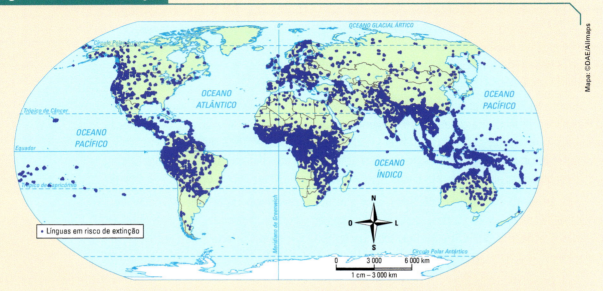

Línguas em risco de extinção

Fonte: UNESCO. *Atlas of the World's Languages in Danger*. Disponível em: <www.unesco.org/languages-atlas>. Acesso em: 31 mar. 2016.

Segundo especialistas, o desaparecimento das línguas nativas é um forte indício de mudança nos valores sociais desses povos e, consequentemente, de transformação do tipo de relação que eles estabelecem com o território que habitam, fato que pode agravar os problemas ambientais do planeta nas próximas décadas. Leia o texto a seguir.

Biodiversidade e a pluralidade linguística

No arquipélago da Nova Guiné é onde se fala o maior número de línguas no mundo [observe novamente o planisfério anterior]. Papua-Nova Guiné, país da Oceania e que faz parte do arquipélago, é uma exceção entre aqueles com grande diversidade linguística, pois, segundo o Atlas da Unesco, somente 98 idiomas estariam ali ameaçados.

O linguista alemão Harald Haarmann vê aí uma relação entre a preservação da biodiversidade e a pluralidade linguística. Ele explica que, com a devastação da natureza, segue-se a destruição dos povos indígenas – e de sua língua.

Segundo Haarmann, no arquipélago de Nova Guiné existiriam mais de mil línguas e uma grande variedade de espécies da fauna e da flora. A razão, segundo o cientista, estaria no fato de que a região não é atraente para estrangeiros nem tem recursos naturais. Lá existiriam duas estações: no verão chove e no inverno chove mais ainda, afirmou.

Em consequência, durante séculos, o arquipélago de Nova Guiné permaneceu isolado. O efeito foi a preservação das espécies vegetais e animais, como também da cultura e das línguas dos pequenos povos, disse Haarmann.

Metade das mais de 6 mil línguas do mundo está ameaçada, diz Unesco. *Deutsche Welle*, 21 fev. 2009. Disponível em: <www.dw.com/pt/metade-das-mais-de-6-mil-linguas-do-mundo-esta-ameacada-diz-unesco/a-4046935>. Acesso em: 8 mar. 2016.

▶ Socialismo e degradação ambiental: o exemplo do Mar de Aral

Até o momento, nossos estudos a respeito da degradação do meio ambiente estiveram focados nos impactos causados à natureza pela atual sociedade capitalista de consumo. Contudo, muitos dos sérios problemas ambientais verificados no mundo têm origem no modelo de desenvolvimento adotado pelos países socialistas, sobretudo pela União Soviética, durante o século XX.

Com o objetivo de firmar-se como grande potência mundial, a União Soviética apoiou-se em tecnologias altamente agressivas ao meio ambiente – especialmente nas atividades industriais, agrícolas, de geração de energia e de extração mineral e vegetal –, capazes de desencadear desastres ecológicos, em diversas situações.

Entre esses desastres está o que muitos consideram a pior catástrofe ambiental já causada pelo ser humano: o desaparecimento do Mar de Aral.

O Mar de Aral, na realidade um lago de água salgada localizado entre o Cazaquistão e o Uzbequistão, era considerado um dos quatro maiores lagos naturais do mundo até o final da década de 1950. Na época, o governo soviético decidiu desviar parte das águas dos rios Amudaria e Syrdaria, dois grandes afluentes do Mar de Aral, para a irrigação de extensas plantações de algodão que eram desenvolvidas na região.

No decorrer de algumas décadas, a quantidade de água que chegava ao Mar de Aral tornou-se menor do que a eliminada por meio da evaporação, já que o lago se localizava em uma área desértica. Consequentemente, ao longo dos anos o Aral começou a secar, a área de deserto expandiu-se e o número de espécies de animais e de vegetais aquáticos diminuiu, uma vez que a salinidade e a concentração de pesticidas na água tornaram-se altíssimas.

Calcula-se que o Mar de Aral tenha perdido 90% de sua extensão original, que era de aproximadamente 66 mil km² (o equivalente a três vezes o território de Sergipe), e três quartos de seu volume de água – fato que, além de causar impactos ao meio ambiente, inviabilizou toda a atividade econômica e social que existia em torno da pesca, fundamental para cerca de 50 milhões de pessoas que viviam na região. Grande parte dos habitantes da região, tanto do Cazaquistão como do Uzbequistão, foi obrigada a migrar para outras áreas.

Navios enferrujados jazem no deserto arenoso que um dia foi o leito do Mar de Aral. No Cazaquistão, em 2012.

Boaz Rottem/Alamy/Fotoarena

Observe na sequência de mapas a seguir a localização do Mar de Aral e as etapas do processo de seu desaparecimento.

Mar de Aral: ontem e hoje

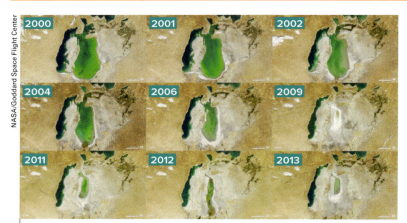

No início da década de 1960, o Mar de Aral se estendia por uma área de aproximadamente 66 mil km². A sequência de imagens acima foi registrada entre 2000 e 2013 e aponta seu progressivo desaparecimento e a incipiente recuperação a partir de 2011.

Localização do Mar de Aral

Fonte: *ATLAS Geográfico Escolar*. 6. ed. Rio de Janeiro: IBGE, 2012. p. 49 Disponível em: Acesso em: 30 abr. 2016.

De olho no Enem – 2014

Os dois principais rios que alimentavam o Mar de Aral, Amudarya e Syrdarya, mantiveram o nível e o volume do mar por muitos séculos. Entretanto, o projeto de estabelecer e expandir a produção de algodão irrigado aumentou a dependência de várias repúblicas da Ásia Central da irrigação e monocultura. O aumento da demanda resultou no desvio crescente de água para a irrigação, acarretando redução drástica do volume de tributários do Mar de Aral. Foi criado na Ásia Central um novo deserto, com mais de 5 milhões de hectares, como resultado da redução em volume.

TUNDISI, J. G. *Água no século XXI*: enfrentando a escassez. São Carlos: Rima, 2003.

A intensa interferência humana na região descrita provocou o surgimento de uma área desértica em decorrência da:

a. Erosão.
b. Salinização.
c. Laterização.
d. Compactação.
e. Sedimentação.

Gabarito: B

Justificativa: A interferência humana nos sistemas naturais de uma região naturalmente propensa à formação de desertos pode gerar o processo de salinização, que se caracteriza pelo acúmulo de sais minerais no solo, reduzindo sua fertilidade natural. Na região em questão, os percentuais de evaporação são acentuados e os projetos de irrigação mencionados foram mal planejados, gerando o problema. Está correta, portanto, a alternativa **b**. A alternativa **a** está incorreta, pois a área desértica citada surgiu em decorrência do desvio de águas para irrigação, e não de processos erosivos. As alternativas **c** e **d** estão incorretas, pois a laterização e a compactação dela decorrentes, são consequências da exposição dos solos à intensa radiação solar a partir do desmatamento, não podendo ser apontadas, portanto, como as causadoras do problema mencionado no enunciado. Finalmente, a alternativa **e** está incorreta, pois o fenômeno que acarretou no surgimento do deserto descrito no texto apresentado como suporte foi a redução do volume de tributários do Mar de Aral, e não a deposição de sedimentos nessa região.

▶ Os problemas ambientais e a emergência da consciência ecológica

O anúncio abaixo, publicado por uma influente organização não governamental (ONG) internacional, alerta os leitores sobre a degradação ambiental provocada pela sociedade capitalista e suas consequências para o futuro da humanidade. O anúncio revela uma forte preocupação com os problemas ambientais do planeta, bastante recentes em nossa história.

Campanha francesa para a preservação das florestas tropicais, em 2008.

Pode-se afirmar que, com exceção de alguns tratados internacionais de preservação ambiental, firmados na Europa no início do século XX, até algumas décadas atrás não havia grandes preocupações com relação ao meio ambiente local ou global. De modo geral, a ocupação de novas áreas – tanto as destinadas à agricultura e à pecuária quanto as usadas para atividades extrativas – era realizada sem qualquer parâmetro de proteção ambiental.

Em meados do século XX, vários grupos sociais, em diferentes países, alarmados com a degradação do meio ambiente, passaram a promover amplos debates, introduzindo a ideia de que os problemas ambientais deveriam ser motivo de preocupação para toda a humanidade. Nessa época, vieram à tona questões como a contaminação do solo e da água por agrotóxicos (largamente utilizados na agricultura e provenientes, sobretudo, da Revolução Verde), a poluição do ar e da água por resíduos industriais e o desmatamento em grande escala.

Nas décadas de 1960 e 1970, movimentos voltados à preservação do meio ambiente eclodiram na América do Norte, na Europa ocidental, no Japão e na Oceania. Nas décadas seguintes, esses movimentos propagaram-se para a América Latina e para a Ásia, atingindo os países do Leste Europeu e da ex-União Soviética somente após o fim do socialismo nessa região – ou seja, já na década de 1990. Podemos concluir, então, que a emergência de uma consciência ecológica coletiva é um fato social bastante recente em nossa história.

Ambientalistas com máscaras de gás fazendo manifestação contra a poluição em frente à Câmara do Conselho em Cleveland (EUA), em 1970.

Em consonância com os movimentos de defesa ambiental, surgiram as ONGs ambientalistas, que passaram a atuar no mundo todo, produzindo diagnósticos ambientais, propondo ações para a proteção do meio ambiente e pressionando governos e organismos supranacionais (ONU, Banco Mundial, FMI etc.) a refletir sobre o modelo de desenvolvimento econômico das sociedades modernas.

Os integrantes dos movimentos ambientalistas disseminaram pelo mundo a ideia de que, se as ações prejudiciais ao meio ambiente não fossem controladas, os seres humanos sofreriam as consequências, o que despertou em muitos países uma consciência ecológica. Além disso, foi difundida a noção da interdependência dos elementos da natureza, ou seja, de que há uma estreita interação entre todas as esferas terrestres e de que a biosfera é um meio único. Essas reflexões foram ganhando força e influenciando partidos políticos, governos, empresas e outros segmentos da sociedade.

A ONU e o meio ambiente global

A disseminação de ideias para promover a conscientização ecológica coletiva no planeta ocorre lentamente, com avanços e retrocessos. No âmbito internacional, destaca-se o papel da ONU nas discussões ambientais.

Plenária da ONU na Eco-92, realizada no Rio de Janeiro. Participaram do evento os chefes de Estado de 114 países número nunca antes reunido em torno de um mesmo objetivo.

A primeira grande conferência das Nações Unidas para a preservação do meio ambiente foi realizada em Estocolmo, na Suécia, em 1972. Denominada **Conferência das Nações Unidas sobre Meio Ambiente Humano**, a reunião tinha como objetivo discutir problemas ambientais que poderiam gerar conflitos internacionais, como os decorrentes da poluição industrial e do crescimento populacional.

Após a Conferência de Estocolmo, as discussões ambientais espalharam-se pelo mundo todo. Surgiram diversas iniciativas com o objetivo de proteger o planeta, como a criação do Programa das Nações Unidas para o Meio Ambiente, em 1972. Além disso, realizaram-se muitos encontros para a discussão de problemas específicos, como o da poluição do solo, da água e do ar.

Nessa época, as ONGs e os partidos políticos ligados aos movimentos ambientalistas, os chamados "partidos verdes", fortaleceram-se e ganharam importância, sobretudo nos países desenvolvidos. A política internacional e a opinião pública passaram a dar mais atenção às questões ambientais. Em 1992, ocorreu no Rio de Janeiro o segundo grande encontro das Nações Unidas voltado à preservação ambiental, denominado Conferência das Nações Unidas sobre Meio Ambiente e Desenvolvimento, e que ficou conhecido como **Eco-92**.

Os objetivos da Eco-92 eram, especialmente, estabelecer acordos internacionais que promovessem o controle das ações humanas sobre o ambiente e discutir as mudanças climáticas globais e a manutenção da biodiversidade. Do encontro resultaram diversos documentos, como a **Declaração das Florestas**, cujo objetivo é a manutenção das florestas no mundo; a **Convenção-Quadro das Nações Unidas sobre Mudança do Clima** (**UNFCCC**, do inglês United Nations Framework Convention on Climate Change), voltada à elaboração de uma estratégia global para estabilizar as concentrações de gases de efeito estufa na atmosfera, mantendo-as em um nível que evite uma interferência antrópica no sistema climático; e a **Agenda 21**, um plano de ações imediatas com a finalidade de solucionar os problemas de ordem socioambiental. Neste último documento destacou-se a necessidade de criar novos padrões de consumo, promover o desenvolvimento sustentável e estabelecer medidas de conservação dos ambientes naturais.

Ainda por ocasião da Eco-92, foi elaborado o documento **Nosso Futuro Comum**, ressaltando o conceito de **desenvolvimento sustentável**, o qual consiste, como veremos adiante, em aliar o desenvolvimento econômico à conservação ambiental. O desenvolvimento sustentável constitui a principal alternativa ao atual modelo de desenvolvimento socioeconômico, e uma meta a ser alcançada pelos governos, pelas organizações civis e por outros segmentos da sociedade.

Em 2012, novamente no Rio de Janeiro, ocorreu a **Conferência das Nações Unidas sobre Desenvolvimento Sustentável** (**Rio+20**), encontro que reuniu cientistas e representantes do governo de cerca de 170 países. As discussões na Rio+20 deram origem a outro relatório, denominado "O futuro que queremos", que destacou, além do desenvolvimento sustentável, aspectos como o direito à água e à alimentação e o combate à pobreza.

Capa do relatório "O futuro que queremos", resultado das discussões da Rio+20.

O mesmo meio ambiente, diferentes visões de conservação

Embora o conceito de desenvolvimento sustentável esteja em evidência atualmente, há polêmicas no que se refere à preservação da natureza. Os profissionais envolvidos em projetos e ações ambientais se dividem em diferentes correntes. Veja a seguir as principais delas.

Preservacionismo
Considerada a corrente ambientalista mais radical, defende o controle do crescimento populacional e a diminuição do ritmo da expansão econômica, a fim de solucionar os problemas ambientais. Segundo o preservacionismo, as ações que atingem o meio ambiente devem ser completamente eliminadas.

Conservacionismo
Busca o uso racional dos elementos naturais dos ambientes terrestres. Embasado na tecnologia e no conhecimento científico, defende a apropriação cautelosa dos recursos naturais.

Ecodesenvolvimentismo

Propõe a exploração dos recursos naturais de modo coerente e consciente. Aponta a necessidade de transformação da sociedade por meio de mudanças nos padrões de comportamento e no modo de produção capitalista, destacando que a busca pela acumulação de capital leva à exploração cada vez mais intensa dos recursos naturais. Foi essa corrente que deu origem ao conceito de desenvolvimento sustentável.

Ecocapitalismo

Sustenta a ideia de que os problemas ambientais não são tão alarmantes a ponto de colocar em risco a vida humana. Desse modo, defende a contínua exploração dos recursos naturais e a solução dos problemas ambientais por meio de novas tecnologias, que assegurariam a preservação da natureza.

Interesses econômicos e impasses ambientais

Durante a década de 1990, foram realizadas várias reuniões e conferências internacionais com o objetivo de discutir e regulamentar as ações de proteção à biosfera, sobretudo no que diz respeito a questões de **biossegurança** e a alterações climáticas possivelmente provocadas pelo aquecimento atmosférico global, decorrente da intensificação do efeito estufa.

> **Biossegurança:** área do conhecimento voltada para o controle e a minimização dos riscos provenientes da aplicação de diferentes tecnologias ao meio ambiente, a fim de assegurar o desenvolvimento científico e proteger a saúde humana e o equilíbrio dos ecossistemas.

As discussões sobre as mudanças climáticas são um exemplo emblemático dos impasses entre as ações de proteção ambiental e os interesses econômicos dos governos e das empresas de países poluidores.

O Protocolo de Kyoto

No ano de 1997, foi formalizada na cidade de Kyoto, no Japão, durante a terceira **Convenção-Quadro sobre o Clima**, a **COP-3**, um protocolo que estabeleceu metas para a diminuição da emissão de gases poluentes, principalmente de dióxido de carbono, nas próximas décadas. Para tanto, os países industrializados, que são os maiores consumidores de combustíveis fósseis, deveriam controlar a emissão dos poluentes lançados na atmosfera por suas fábricas e por sua frota de automóveis.

Contudo, alguns dos países com os maiores índices de emissão de poluentes, como os Estados Unidos, não ratificaram o chamado **Protocolo de Kyoto**, alegando que para reduzir a emissão de gases seria necessário diminuir a produção industrial, o que, segundo eles, provocaria uma profunda recessão econômica. Somente durante a **COP-21**, realizada em Paris, França, em dezembro de 2015, é que a ONU finalmente conseguiu firmar um acordo razoável, envolvendo países desenvolvidos (incluindo os Estados Unidos) e subdesenvolvidos, em relação às metas iniciais estabelecidas quase duas décadas antes (leia o texto no boxe a seguir).

Outra discussão que envolve impasses políticos e econômicos é a necessidade de as nações ricas cooperarem com os países mais pobres para promover um intercâmbio de conhecimentos científicos na área ambiental e permitir, por exemplo, a transferência de **tecnologias limpas** (aquelas que causam menos impactos ao meio ambiente), produzindo menos resíduos sólidos e emitindo menos gases, mediante a utilização de matérias-primas recicláveis ou biodegradáveis, entre outras. Essas tecnologias seriam empregadas nas atividades econômicas praticadas nos países subdesenvolvidos. No entanto, o que vem ocorrendo é a exportação de tecnologias muitas vezes ultrapassadas e altamente poluentes dos países desenvolvidos para os subdesenvolvidos. Isso se verifica, por exemplo, na implantação, por parte das multinacionais, de unidades de produção de alto risco ambiental, como as siderúrgicas e as petroquímicas, ou na instalação de usinas nucleares obsoletas nos países subdesenvolvidos.

Países assinam em Paris histórico acordo contra a mudança climática

Os 195 países reunidos há duas semanas na Cúpula de Paris [COP-21] finalmente chegaram a um acordo contra o aquecimento global, o primeiro "pacto universal da história das negociações sobre o clima", segundo descreveu o presidente francês, François Hollande, ao apresentar o texto final na manhã deste sábado. [...]

A reta final para se chegar ao acordo histórico teve início na manhã deste sábado com a apresentação, por parte de Hollande e Fabius, do texto final. Foi o resultado de uma intensa noite de negociações marcada pelo embate entre os países desenvolvidos e a China e a Índia sobre o nível de envolvimento das economias emergentes nesse acordo. [...]

Por volta das 18h (15h em Brasília), pouco antes do início do plenário, os países que tinham se pronunciado a favor do texto do acordo já formavam uma maioria. O G77, que agrupa 134 nações em desenvolvimento ou emergentes, entre elas a China, se declarava "satisfeito" com o projeto. Momentos antes, dezenas de outros países, como a Índia e a Arábia Saudita, já tinham anunciado seu respaldo, assim como os Estados Unidos e a União Europeia.

O texto final do acordo de Paris tem como objetivo principal impedir que o aumento da temperatura média do planeta até o fim do século, por causa das mudanças climáticas, passe 2 °C em relação aos níveis pré-industriais. E também estabelece que devem ser feitos esforços para que o aumento "não supere 1,5 °C". Além disso, busca criar um sistema de financiamento de 100 bilhões de dólares anuais para ajudar os países com menos recursos a se adaptarem aos efeitos das mudanças climáticas.

[...]

PLANELLES, Manuel. Países assinam em Paris histórico acordo contra a mudança climática. *El País*, 12 dez. 2015. Disponível em:<http://brasil.elpais.com/brasil/2015/12/12/internacional/1449910910_209267.html>. Acesso em: 8 mar. 2016.

Juntamente com a China, os Estados Unidos lideram o *ranking* dos países que mais poluem o ar atmosférico, sendo responsáveis, por exemplo, pela emissão de milhares de toneladas de dióxido de carbono por ano na atmosfera. Em dezembro de 2015, na COP-21 (em Paris), Estados Unidos e China finalmente assinaram o documento que prevê a redução gradual de poluentes. Na fotografia, de 2013, Barcelona, na Espanha, sob forte névoa de poluição.

A criação de áreas ambientais protegidas

Ainda que existam impasses e divergências entre os países no que se refere a uma política ambiental de alcance global, algumas ações têm ganhado repercussão internacional.

Entre essas ações está a iniciativa da ONU de criar áreas destinadas à proteção ambiental no mundo todo. O estabelecimento dessas áreas protegidas ocorre tanto por meio de medidas governamentais quanto pela aquisição ou cessão de terras por pessoas ou organizações.

Espécie de Baobá de Madagascar (*Adansonia grandidieri*), em reserva da biosfera na província de Toliara, Madagascar. Foto de 2014.

Nesse contexto, destaca-se o sistema de **Reservas da Biosfera**, programa criado pela Organização das Nações Unidas para a Educação, a Ciência e a Cultura (Unesco). Essas reservas são áreas destinadas à conservação da biodiversidade natural (fauna e flora), ao desenvolvimento social sustentável de suas populações, ao conhecimento científico e à educação ambiental, e devem funcionar como modelo de conservação por meio da união entre a conservação e o desenvolvimento. Até o início de 2016, haviam sido criadas 651 reservas em mais de 120 países, o que corresponde a uma área de 250 milhões de hectares destinados à preservação, extensão superior à da superfície da Groenlândia. No Brasil, a Unesco delimitou como Reservas da Biosfera porções remanescentes de Mata Atlântica na faixa litorânea do país, além de áreas do Cerrado, do Pantanal, da Caatinga e da Floresta Amazônica.

O mapa a seguir mostra as Reservas da Biosfera no mundo. Observe que não estão representadas as áreas das reservas, mas sua localização. Discuta com os colegas e com o professor as prováveis razões dessa distribuição espacial das reservas.

Reservas da Biosfera

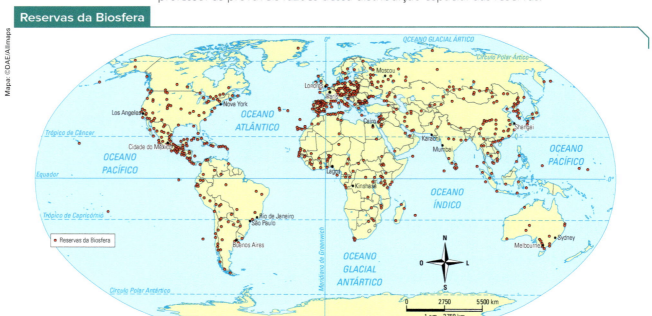

Fonte: ONU/UNESCO. Rede Mundial de Reservas da Biosfera 2013-2014. Disponível em: <http://unesdoc.unesco.org/images/0022/002229/222915M.pdf>. Acesso em: 9 mar. 2016.

▶ Política ambiental no Brasil

A política ambiental brasileira começou a se desenvolver, ainda que de forma tímida, no final da década de 1930, quando o Estado deu início à regulamentação do uso e da exploração dos recursos naturais existentes no país, definindo áreas de preservação permanente, como os parques nacionais de Itatiaia (na região limítrofe entre os estados de Minas Gerais e Rio de Janeiro), do Iguaçu (no estado do Paraná, na fronteira com a Argentina) e da Serra dos Órgãos (no Rio de Janeiro).

Contudo, na década de 1950, com a política desenvolvimentista estatal, caracterizada pela determinação de levar adiante o projeto de industrialização do país, deixou-se em segundo plano as questões relativas ao meio ambiente, sobretudo no que se referia à poluição ambiental. Na época, o Estado tinha como principal objetivo garantir a entrada no país de grandes indústrias de capital internacional, mesmo aquelas de segmentos fabris altamente poluidores.

No final da década de 1970, diante do alto grau de degradação do meio ambiente – poluição do ar, da água e do solo, desmatamento e queimadas em zonas de fronteira agrícola no interior do país –, começaram a surgir movimentos ambientalistas.

Em razão das pressões exercidas por esses movimentos, estabeleceu-se no país uma nova legislação ambiental, que compõe a Constituição Federal promulgada em 1988. Além disso, os governos estaduais e federais criaram órgãos para fiscalizar e viabilizar as novas regras estabelecidas em lei: foram implantados, entre outros, o Instituto Brasileiro do Meio Ambiente e dos Recursos Naturais Renováveis (Ibama) e os diversos órgãos ambientais ligados às Secretarias Estaduais do Meio Ambiente.

Considerada uma das mais avançadas do mundo, a legislação ambiental brasileira se destaca não só pelos direitos e deveres dos cidadãos e das empresas, mas também pelas normas de uso dos recursos naturais, como solo, água e minerais, controlando as atividades econômicas em que tais recursos são utilizados como matéria-prima. Além disso, prevê punições rigorosas – que vão desde o pagamento de altos valores de multa até a prisão – aos responsáveis por atividades consideradas crimes ambientais.

No entanto, as sanções previstas em lei muitas vezes não são aplicadas, sobretudo quando os fatos envolvem os interesses de grandes capitais privados. Um exemplo disso é o caso do rompimento das barragens de retenção de rejeitos de minério de ferro, no município de Mariana (MG), no ano de 2015. Leia o texto na página a seguir, que trata desse episódio.

Polícia Militar Ambiental apreende 250 aves de 27 espécies em um condomínio, em Planaltina (DF). Foto de 2013.

O maior desastre ambiental da história do Brasil

O rompimento das barragens de rejeitos de mineração da Samarco, em Mariana (MG), é mais um entre muitos exemplos do desleixo e da falta de responsabilidade que congrega e une todos os setores direta e indiretamente envolvidos com a fiscalização e o licenciamento ambiental no Brasil.

A destruição ainda está longe de conseguir ser devidamente contabilizada, pois o movimento da onda de rejeitos continua a se espalhar, sepultando em seu caminho rios, plantas, animais, cidades e pessoas. As próprias autoridades já decretaram a morte de Bento Rodrigues, pois o distrito de Mariana não deverá ser uma localidade habitável tão cedo. Faltam ainda também descobrir os danos que serão causados na passagem dessa lama pelo estado do Espírito Santo.

A multa de 250 milhões de reais aplicada recentemente pelo governo federal à Samarco representa apenas um pequeno paliativo quando o que deveria ter sido feito é trabalhar a prevenção, evitando o caos. Atividades suspensas, novas multas e até mesmo o encerramento dos trabalhos realizados nessa planta mineradora são esperados, mas nem de longe vão compensar o absurdo desse acontecimento.

Para piorar, o Congresso, que deveria estar atuando para impedir casos semelhantes, está a discutir o afrouxamento das leis que tratam exatamente dos riscos ambientais de grandes obras. [...]

CANTO, Reinaldo. Mariana: essa não é uma tragédia ambiental. *Carta Capital*, 18 nov. 2015. Disponível em: <http://www.cartacapital.com.br/sustentabilidade/essa-nao-e-uma-tragedia-ambiental-1258.html>. Acesso em: 23 jun. 2016.

O distrito de Bento Rodrigues, em Mariana, Minas Gerais, foi completamente destruído pela lama que vazou da barragem da mineradora Samarco, em novembro de 2015.

Unidades de Conservação brasileiras

Outro destaque da legislação ambiental brasileira refere-se às condições necessárias para que a União, os estados e os municípios possam definir novas **Unidades de Conservação**. O estabelecimento dessas áreas é uma das maneiras de proteger o patrimônio natural e cultural, promovendo pesquisas científicas, manejo e educação ambiental a fim de promover o conhecimento dos ecossistemas.

No Brasil, as Unidades de Conservação podem ser definidas pelos governos federal, estadual e municipal. Essas unidades são classificadas como áreas de características naturais relevantes e cujos ecossistemas necessitam de proteção e conservação.

Em relação à sua função no plano federal, as Unidades de Conservação são divididas nos seguintes grupos:

- **Unidades de Proteção Integral:** Estação Ecológica; Reserva Biológica; Parque Nacional; Monumento Natural; Refúgio de Vida Silvestre.
- **Unidades de Uso Sustentável:** Área de Proteção Ambiental; Área de Relevante Interesse Ecológico; Floresta Nacional; Reserva Extrativista; Reserva de Fauna; Reserva de Desenvolvimento Sustentável; Reserva Particular do Patrimônio Natural.

Unidades de Conservação Federais no Brasil

Parque Nacional
Área com características naturais excepcionais que pode ter fins científicos, educacionais e de lazer.

Reserva Biológica
Área criada para abrigar espécies da fauna e da flora com importante significado científico. A presença humana só é permitida para realização de estudos, promoção de educação científica e monitoramento ambiental.

Reserva Ecológica
Área para a proteção e a manutenção das florestas e de outros tipos de vegetação natural, visando a sua conservação permanente.

Estação Ecológica
Área representativa onde ainda há ecossistemas nativos. Destina-se à realização de pesquisas básicas aplicadas à proteção do ambiente natural e ao desenvolvimento da educação conservacionista.

Área de Proteção Ambiental
Área submetida ao planejamento e à gestão ambiental. Destina-se à compatibilização de atividades humanas com a proteção da fauna, da flora e da qualidade de vida da população local. Caracteriza-se como uma nova forma de defesa da natureza, sendo estabelecida tanto em áreas públicas como em particulares, podendo englobar núcleos urbanos. Em algumas delas é permitido o desenvolvimento de atividades econômicas.

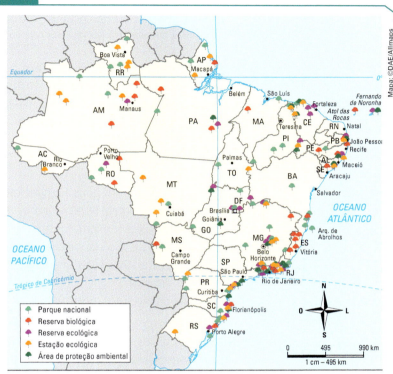

Fonte: ATLAS Geográfico Escolar. 6. ed. Rio de Janeiro: IBGE, 2012. p. 106-107. Disponível em: <http://biblioteca.ibge.gov.br/index.php/biblioteca-catalogo?view=detalhes&id=264669>. Acesso em: 9 mar. 2016.

Morro do Castelo, no Parque Nacional da Chapada Diamantina, em Andaraí, Bahia, 2015.

Degradação ambiental e mudanças ecológicas globais Capítulo 36 609

▶ Biopirataria e a questão das patentes

Leia os títulos de reportagens a seguir.

Biopirataria – Empresa se apropria de conhecimento dos Uru-Eu-Wau-Wau para faturar

Tribo usa resina de uma árvore para criar veneno usado nas pontas das flechas durante as caças. Como quem não quer nada, empresa pegou amostras da substância, isolou o princípio ativo em laboratório e desenvolveu um anticoagulante. Os índios nunca receberam nada.

Disponível em: <www.rondoniadinamica.com/arquivo/biopirataria-empresa-se-apropria-de-conhecimento-dos-uru-eu-wau-wau-para-faturar,96222.shtml>. Acesso em: 23 abr. 2016.

Coreanos são presos em Mato Grosso por biopirataria no Parque Indígena do Xingu

Prisão de quatro coreanos que pretendiam embarcar para os EUA com plantas retiradas de maneira irregular do Parque Indígena do Xingu traz à tona o debate sobre acesso aos recursos genéticos e conhecimentos tradicionais

Disponível em: <www.socioambiental.org/pt-br/noticias-socioambientais/coreanos-sao-presos-em-mato-grosso-por-biopirataria-no-parque-indigena-do-xingu>. Acesso em: 23 abr. 2016.

Os títulos das reportagens acima abordam a questão do tráfico de recursos naturais brasileiros que são comercializados por empresas estrangeiras no mercado farmacêutico internacional. Esse é um exemplo de apropriação ilegal do patrimônio natural de nosso país. Atos como esse são denominados **biopirataria**, termo muito utilizado pela mídia desde a década de 1990. Nesse período, a biotecnologia foi impulsionada por meio da utilização de organismos vivos como matérias-primas para a pesquisa e o desenvolvimento de novos produtos industriais.

A biopirataria caracteriza-se pela apropriação de recursos biológicos e de conhecimentos tradicionais indígenas ou de comunidades locais por empresas multinacionais ou instituições científicas internacionais, que passam a ter controle exclusivo sobre esse patrimônio sem autorização desses grupos ou do país de onde foram extraídos. Veja um exemplo no quadro a seguir.

A biopirataria em cinco passos

Infiltração
Os criminosos se infiltram nas comunidades, disfarçados de turistas, religiosos ou estudiosos, coletando espécies endêmicas da fauna e flora locais.

Tráfico
O material coletado sai disfarçado nas bagagens dos criminosos ou mesmo por meio de correspondências.

Patente
As amostras de espécies da floresta são vendidas para laboratórios ou colecionadores, que patenteiam as substâncias oriundas das plantas e dos animais.

Lucro
Estima-se que a biopirataria gere anualmente centenas de bilhões de dólares de lucro para as empresas detentoras das patentes.

Rombo
Sem direito aos *royalties* gerados por essas patentes, as comunidades nativas são expropriadas de seus conhecimentos e recursos naturais.

Ilustrações: Bentinho

A biopirataria difundiu-se em decorrência da falta de medidas de proteção da biodiversidade do planeta e vem ocorrendo em grandes proporções no Brasil, que constitui uma região muito cobiçada por "biopiratas" do mundo todo.

Em geral, esses traficantes, recrutados pelos grandes laboratórios farmacêuticos internacionais, entram como turistas ou missionários religiosos nos países que são alvos de espoliação, recolhem amostras de organismos vivos das florestas e integram-se às comunidades autóctones ou nativas para compilar seus conhecimentos e, em seguida, levá-los ao exterior.

Na prática, não há como proibir que pessoas e empresas patenteiem recursos biológicos e conhecimentos tradicionais a respeito da fauna e da flora. No entanto, algumas leis internacionais devem ser seguidas, como a que orienta a repartição dos lucros gerados pela utilização de técnicas tradicionais e de recursos naturais de uma comunidade ou um país por meio do pagamento de *royalties* a esses, o que na maioria das vezes não acontece.

▶ Modelo de desenvolvimento sustentável

A partir da década de 1970, com a ampliação dos movimentos ambientalistas no mundo, intensificaram-se as discussões a respeito dos problemas ambientais causados pelos seres humanos e da busca por um modelo de sociedade capaz de conciliar desenvolvimento econômico, igualdade social e preservação do meio ambiente. Foi nesse contexto que surgiu um novo paradigma socioeconômico e ambiental, denominado **desenvolvimento sustentável**.

O desenvolvimento sustentável é um conceito amplo que tem sido muito discutido por diferentes segmentos da sociedade, sob diversos enfoques. Entre eles, destaca-se o que procura relacionar preservação ambiental a desenvolvimento econômico, permitindo às gerações futuras a habitabilidade da Terra, considerando os modelos tecnológicos já utilizados e as alternativas de adaptação desses modelos. Desse modo, o conceito de desenvolvimento sustentável está associado a ações que envolvam as áreas econômica, social e ambiental.

Os programas de desenvolvimento sustentável propostos são baseados em planejamentos a longo prazo e na definição de limites à exploração dos recursos naturais. A utilização de fontes alternativas na geração de energia (eólica, solar, biodigestora, maremotriz etc.), o manejo florestal, os programas de reciclagem de lixo e de detritos industriais, o monitoramento de ecossistemas e a reabilitação de áreas degradadas são exemplos de ações que fazem parte de um modelo de desenvolvimento sustentável.

Esse processo exige a participação ativa de diferentes segmentos da sociedade: dos governantes, criando soluções que amenizem os impactos ambientais no próprio país, com leis e projetos de proteção ambiental; das empresas, empenhando-se no desenvolvimento de tecnologias que não agridam o meio ambiente (como a substituição de agentes poluidores e a reciclagem de resíduos); dos cidadãos, revisando o comportamento consumista, participando de ações comunitárias de preservação ambiental, e fiscalizando e denunciando atos que possam degradar o meio ambiente.

Degradação ambiental e mudanças ecológicas globais **Capítulo 36** **611**

Revisitando o capítulo

1. Qual é a responsabilidade dos países desenvolvidos e dos países subdesenvolvidos no processo mundial de degradação do meio ambiente?

2. O que tem levado as sociedades tradicionais a perder seus valores culturais? Quais são as consequências disso para o meio ambiente local e global? Pesquise exemplos de sociedades tradicionais no Brasil que passam por esse processo.

3. Em que contexto socioambiental eclodiram os movimentos internacionais de defesa do meio ambiente? Descreva as etapas de difusão desses movimentos pelo mundo.

4. Quais foram os principais eventos e iniciativas promovidos pela ONU em defesa de uma nova consciência ecológica?

5. O que são as Reservas da Biosfera?

6. Em que contexto histórico foi criada a atual legislação ambiental brasileira? O que impede a aplicação e o cumprimento de novas leis ambientais? Discuta com os colegas e com o professor.

7. Com base na interpretação do esquema abaixo, defina desenvolvimento sustentável.

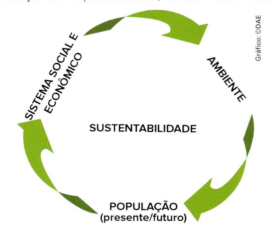

ANÁLISE DE TEXTO

Leia atentamente o texto a seguir.

Hoje há um enorme questionamento sobre a indústria automobilística, em razão do peso que o setor de transporte individual traz para as emissões de gases de efeito estufa. Esta situação é extremamente preocupante, em função do aumento da taxa de motorização do planeta. A maior preocupação diz respeito à China, cuja entrada na Organização Mundial do Comércio tem como principal objetivo a abertura do gigantesco mercado chinês ao consumo nos padrões ocidentais, sendo emblemática a discussão sobre o desenvolvimento entre os chineses de uma cultura do automóvel. Calcula-se que, se os chineses possuírem um ou dois carros em sua garagem, a exemplo dos norte-americanos, e consumirem o equivalente a eles em termos de petróleo, haverá necessidade de uma produção de 74 milhões de barris acima da produção mundial de hoje; para implantação das rodovias haverá necessidade de utilização de enormes áreas, hoje utilizadas para produção de arroz, principal alimento dos chineses. Se de um lado é inegável que os impactos globais de futuras emissões de efeito estufa serão catastróficos caso se reproduza a proporção norte-americana de habitantes por automóvel, que argumentos podem ser utilizados para se negar aos chineses "o mesmo uso" dos norte-americanos ou dos cidadãos paulistanos?

FELDMANN, Fábio. In: TRIGUEIRO, André (Org.). *Meio ambiente no século 21.* Campinas: Autores Associados, 2008. p. 150-151.

Considerando que o texto estabelece uma relação entre capitalismo, consumismo e meio ambiente, responda:

1. Qual é o problema central abordado no texto?

2. Que argumentos foram empregados pelo autor para tratar a problemática em questão? Discuta-os.

3. Como você responderia à questão que encerra o texto?

▶ PESQUISA

As patentes são títulos de propriedade temporária concedidos a um inventor ou autor para garantir o uso exclusivo da matéria-prima ou da invenção, sua comercialização ou outras ações que dizem respeito ao produto. Um exemplo de matéria-prima brasileira patenteada no exterior é o cupuaçu. Essa fruta é fonte de alimento de populações indígenas e comunidades locais, especialmente na região amazônica. O cupuaçu é utilizado na fabricação de sucos, de sorvetes e de um tipo de chocolate conhecido como cupulate. Embora seja uma planta tipicamente brasileira, diferentes produtos à base de cupuaçu são patenteados em países da União Europeia (UE) e no Japão, onde a planta é utilizada na composição de cosméticos e de produtos alimentares, inclusive do cupulate, uma invenção brasileira.

Pesquise outras matérias-primas brasileiras que passam por esse processo e reflita sobre a questão das patentes e da biopirataria no Brasil. Pense em ações que poderiam reverter o problema e escreva um texto com suas reflexões.

▶ TRABALHO PRÁTICO

Elaboração de campanha

Participar das discussões sobre a globalização, o consumismo e o meio ambiente é fundamental para nós e para a sociedade à qual pertencemos. Outra forma de atuação é elaborar projetos e campanhas de ações ligadas à preservação do meio ambiente. Para concretizar essas ações, ou seja, para colocar esses projetos em prática, é necessário constituir grupos de trabalho.

O objetivo desta atividade é a elaboração de uma campanha que una educação e meio ambiente.

Para tanto, é preciso definir:

▶ tema que será trabalhado (por exemplo, educação ambiental);

▶ objetivo do projeto;

▶ as ações, ou seja, as formas de desenvolvimento do trabalho;

▶ as pessoas que serão envolvidas (por exemplo, alunos da escola);

▶ os recursos materiais necessários;

▶ cronograma, ou seja, o tempo necessário para o desenvolvimento do projeto;

▶ as perspectivas de continuidade do trabalho.

Depois de definidas as bases do projeto, busquem organizá-lo em forma de texto, para que outras pessoas possam ter acesso ao conteúdo.

Enem e Vestibulares — Unidade 10

1. (Enem – 2009)

O homem construiu sua história por meio do constante processo de ocupação e transformação do espaço natural. Na verdade, o que variou, nos diversos momentos da experiência humana, foi a intensidade dessa exploração.

> Disponível em: <www.simposioreformaagraria.propp.ufu.br>.
> Acesso em: 9 jul. 2009 (adaptado).

Uma das consequências que pode ser atribuída à crescente intensificação da exploração de recursos naturais, facilitada pelo desenvolvimento tecnológico ao longo da história, é:

a. a diminuição do comércio entre países e regiões que se tornaram autossuficientes na produção de bens e serviços.

b. a ocorrência de desastres ambientais de grandes proporções, como no caso de derramamento de óleo por navios petroleiros.

c. a melhora generalizada das condições de vida da população mundial, a partir da eliminação das desigualdades econômicas na atualidade.

d. o desmatamento, que eliminou grandes extensões de diversos biomas improdutivos, cujas áreas passaram a ser ocupadas por centros industriais modernos.

e. o aumento demográfico mundial, sobretudo nos países mais desenvolvidos, que apresentam altas taxas de crescimento vegetativo.

2. (Fuvest-SP – 2015)

O efeito estufa e o lixo são, talvez, as duas manifestações mais contraditórias da vontade de dominação da natureza posta em prática pela racionalidade instrumental e sua tecnociência. Com o objetivo de aumentar a produtividade, que na prática significa submeter os tempos de cada ente, seja ele mineral, vegetal ou animal, a um tempo da concorrência e da acumulação de capital, esqueceu-se de que todo trabalho dissipa energia sob forma de calor (efeito estufa) e que a desagregação da matéria, ao longo do tempo, torna-a irreversível (lixo).

> PORTO-GONÇALVES, Carlos W. *A globalização da natureza
> e a natureza da globalização.* Rio de Janeiro: Civilização
> Brasileira, 2006. (Adaptado.)

Conforme o excerto anterior, é correto afirmar:

a. Com o aumento da produtividade, será possível vencer o efeito estufa e superar o problema da produção de lixo.

b. A humanidade superou os problemas decorrentes da produção de lixo, graças à racionalidade instrumental e à tecnociência.

c. Os tempos da concorrência e da acumulação de capital vêm sendo subordinados ao tempo da natureza.

d. A aceleração do tempo de acumulação de capital permite eliminar a irreversibilidade da produção do lixo.

e. A busca pelo aumento da produtividade impõe a diferentes elementos da natureza o tempo dos interesses capitalistas.

3. (Enem – 2011)

Como os combustíveis energéticos, as tecnologias da informação são, hoje em dia, indispensáveis em todos os setores econômicos. Através delas, um maior número de produtores é capaz de inovar e a obsolescência de bens e serviços se acelera. Longe de estender a vida útil dos equipamentos e a sua capacidade de reparação, o ciclo de vida desses produtos diminui, resultando em maior necessidade de matéria-prima para a fabricação de novos.

> GROSSARD, C. *Le Monde Diplomatique Brasil*, ano 3, n. 36,
> 2010 (adaptado).

A postura consumista de nossa sociedade indica a crescente produção de lixo, principalmente nas áreas urbanas, o que, associado a modos incorretos de deposição:

a. Provoca a contaminação do solo e do lençol freático, ocasionando assim graves problemas socioambientais, que se adensarão com a continuidade da cultura do consumo desenfreado.

b. Produz efeitos perversos nos ecossistemas, que são sanados por cadeias de organismos decompositores que assumem o papel de eliminadores dos resíduos depositados em lixões.

c. Multiplica o número de lixões a céu aberto, considerados atualmente a ferramenta capaz de resolver de forma simplificada e barata o problema de deposição de resíduos nas grandes cidades.

d. Estimula o empreendedorismo social, visto que um grande número de pessoas, os catadores, têm livre acesso aos lixões, sendo assim incluídos na cadeia produtiva dos resíduos tecnológicos.

e. Possibilita a ampliação da quantidade de rejeitos que podem ser destinados a associações e cooperativas de catadores de materiais recicláveis, financiados por instituições da sociedade civil ou pelo poder público.

4. (Enem – 2014)

Os dois principais rios que alimentavam o Mar de Aral, Amu Darya e Syr Darya, mantiveram o nível e o volume do mar por muitos séculos. Entretanto, o projeto de estabelecer e expandir a produção de algodão irrigado aumentou a dependência de várias repúblicas da Ásia Central da irrigação e monocultura. O aumento da demanda resultou no desvio crescente de água para a irrigação, acarretando redução drástica do volume de tributários do Mar de Aral. Foi criado na Ásia Central um novo deserto, com mais de 5 milhões de hectares, como resultado da redução em volume.

TUNDISI, J. G. Água no século XXI: enfrentando a escassez.
São Carlos: Rima, 2003.

A intensa interferência humana na região descrita provocou o surgimento de uma área desértica em decorrência da:

a. Erosão.

b. Salinização.

c. Laterização.

d. Compactação.

e. Sedimentação.

5. (UFRGS-RS – 2014) Leia o trecho extraído do vídeo "A História das Coisas", produzido por Annie Leonard.

Onde eu vivo, nos Estados Unidos, resta-nos menos de 4% da nossa floresta original, 40% dos cursos de água estão impróprios para o consumo. E o nosso problema não é apenas estarmos utilizando demasiados recursos, mas o fato de estarmos utilizando mais do que a nossa parte. Temos 5% da população mundial, mas usamos 30% dos recursos mundiais. Se todos consumissem ao ritmo dos Estados Unidos, precisaríamos de 3 a 5 planetas. E sabe de uma coisa: só temos um!

Fonte: A História das Coisas. Disponível em: <www.youtube.
com/watch?v= 7qFiGMSnNjw>. Acesso em: 17 set. 2013.

Sobre o padrão de consumo de países como os

Estados Unidos e sua relação com a exploração da natureza, é correto afirmar que:

a. Os Estados Unidos possuem recursos próprios em quantidade suficiente para atender suas necessidades, o que torna o padrão de consumo estadunidense sustentável.

b. O modelo de consumo estadunidense não impacta os recursos mundiais, uma vez que existem países que não têm esse mesmo padrão de consumo.

c. O padrão de consumo estadunidense, para atingir uma economia sustentável, deve ser disseminado entre os diferentes povos.

d. O padrão de consumo estadunidense evidencia uma relação socioambiental de uso predatório da natureza, tornando-se insustentável.

e. Os países em desenvolvimento podem alcançar o atual padrão estadunidense sem riscos ao ambiente.

6. (Unesp – 2015)

Discursos e opiniões e ajuda econômica se expressam em restrições às decisões sobre o uso do território. Os novos recortes territoriais significam proteção da natureza, da biodiversidade e das populações tradicionais, mas também implicam a retirada de extensas parcelas do território do circuito produtivo nacional e restrições à plena decisão do Estado brasileiro sobre o uso do território. As restrições territoriais associadas às ações ambientalistas orientam-se por um modelo endógeno, que visa a preservação ou o uso dos recursos naturais locais pelas populações locais.

Bertha K. Becker. Por que não perderemos a soberania sobre a
Amazônia? In: Edu Silvestre de Albuquerque (Org.). Que país é esse?,
2005. (Adaptado.)

Constituem-se em novos recortes territoriais, ou em novas formas de regulação do uso do território, que contribuem para a conservação dos recursos florestais:

a. Unidades de conservação, terras indígenas e fronteiras agropecuárias.

b. Polos de produção metal-mecânica, reservas particulares do patrimônio natural e estações ecológicas.

c. Terras indígenas, reservas extrativistas e unidades de conservação.

d. Parques industriais, polos de colonização agropecuário e terras indígenas.

e. Áreas de proteção ambiental, projetos de exploração mineral e reservas biológicas.

UNIDADE 11
DESIGUALDADES, CONFLITOS E TENSÕES NO MUNDO CONTEMPORÂNEO

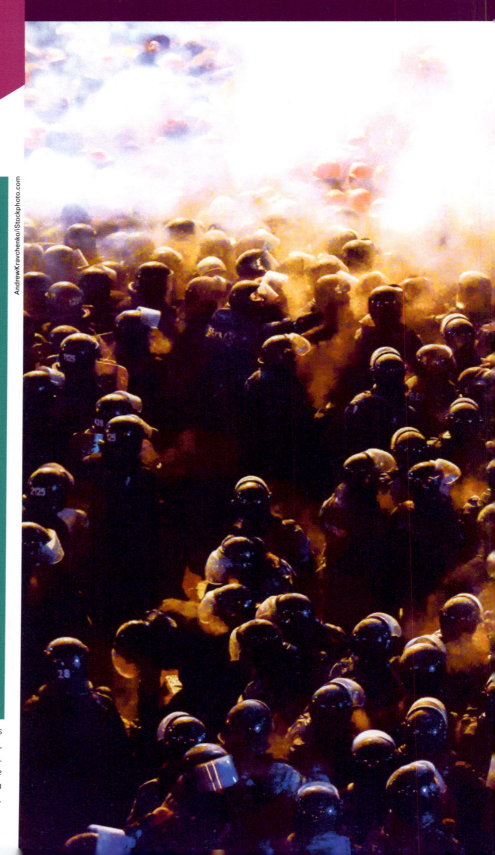

Na última unidade deste livro, estudaremos as características do mundo atual relacionadas à globalização e às desigualdades socioespaciais, das quais decorrem conflitos e tensões. Desse modo, no Capítulo 37, serão abordadas as diferenças entre os países, no que se refere ao fluxo de trabalhadores e a outros aspectos importantes relacionados ao mundo do trabalho, a concentração de renda e a exclusão social no Brasil. No Capítulo 38, vamos investigar a origem dos principais movimentos separatistas do globo, observar a atuação de grupos terroristas e as tensões relacionadas à geopolítica do petróleo. Veremos que os conflitos armados resultam em grandes contingentes de refugiados e de deslocados internos, o que implica profundas tensões sociais no atual mundo globalizado.

As injustiças e desigualdades desencadearam crises políticas, tensões e conflitos em todo o mundo. Na imagem, cena de conflito entre soldados e operários em Kiev, na Ucrânia, nos primeiros meses de 2014.

CAPÍTULO 37

GLOBALIZAÇÃO, TRABALHO E DESIGUALDADES SOCIOESPACIAIS

Vimos na unidade anterior que, nas últimas décadas, a emergência de uma consciência ecológica em nível mundial mobilizou governos, mídia, empresas e cidadãos, promovendo discussões em torno dos problemas ligados ao meio ambiente, com a formalização de protocolos e a reformulação de legislações ambientais – ações cujo intuito é reverter os quadros de degradação do ambiente decorrentes principalmente do processo de globalização da economia.

Após a realização de importantes conferências internacionais, como a Cúpula Mundial sobre Desenvolvimento Sustentável – em Johanesburgo, na África do Sul, em 2002 –, a Rio+20 – Conferência das Nações Unidas sobre Desenvolvimento Sustentável, no Rio de Janeiro, em 2012 – e, mais recentemente, a COP 21 – 21ª Conferência das Partes da Convenção-Quadro das Nações Unidas sobre Mudança do Clima (UNFCCC), em Paris, França, em 2015 –, os cientistas apresentaram conclusões pouco animadoras sobre as condições ambientais do planeta. O mapa a seguir mostra os resultados de um levantamento feito pelas universidades estadunidenses de Yale e Columbia, no qual se buscou verificar o quanto cada país protege o meio ambiente. Observe.

Índice de sustentabilidade ambiental

O estudo realizado pelas universidades estadunidenses resultou na criação do denominado **Índice de Sustentabilidade Ambiental**, que considera, sobretudo, a forma de gestão dos recursos naturais, os níveis de poluição e o gerenciamento do patrimônio público existente no território de 146 países do mundo. Quanto mais baixo é o número, pior é o índice do país. Observe o valor dos índices nos países do globo, especialmente no Brasil.

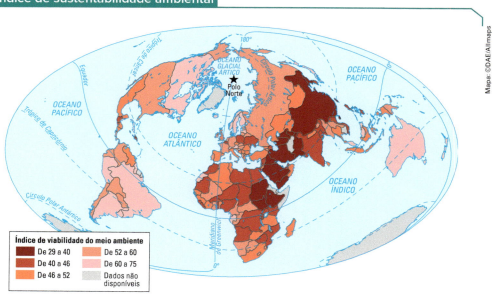

Fonte: *EL ATLAS de Le Monde Diplomatique*. Valencia: Uned, 2012. p. 41.

Os dados do planisfério acima mostram que boa parte dos países possui índices de sustentabilidade ambiental baixo ou muito baixo, o que revela que suas políticas de crescimento econômico ainda não foram alteradas de forma satisfatória. As nações mais ricas, que são as mais industrializadas, continuam produzindo em larga escala para uma parcela cada vez maior de consumidores. E, como sabemos, o aumento do consumo implica uso de mais recursos naturais e maior geração de detritos domésticos e industriais – ou seja, mais poluição.

▶ As desigualdades socioeconômicas entre os países

O processo de globalização, além de intervir no meio ambiente, é apontado como principal causa do aprofundamento de desigualdades socioeconômicas internas tanto nas nações mais ricas e industrializadas quanto nas mais pobres e subdesenvolvidas.

Prova disso é o número de habitantes do planeta que vivem em estado de pobreza absoluta, ou seja, com menos de 1,25 dólar por dia: segundo o Banco Mundial, cerca de 1 bilhão de pessoas viviam na pobreza em 2012. Veja o gráfico abaixo, que apresenta o número de pessoas que vivem com menos de 1,25 dólar por dia em algumas regiões do mundo.

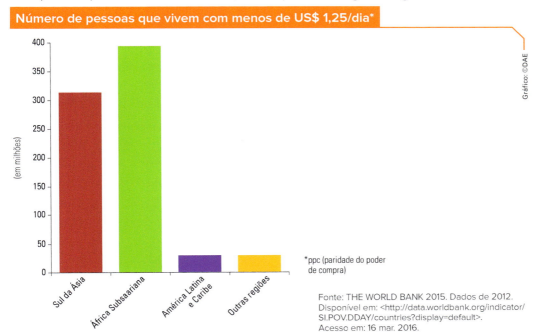

Fonte: THE WORLD BANK 2015. Dados de 2012. Disponível em: <http://data.worldbank.org/indicator/SI.POV.DDAY/countries?display=default>. Acesso em: 16 mar. 2016.

No começo da década de 1960, a renda *per capita* média dos países subdesenvolvidos era de 212 dólares, enquanto a dos desenvolvidos era de 11 400 dólares. Em 2014, essas cifras passaram a 549 dólares e 44 902 dólares, respectivamente, o que revela que apenas nos países mais ricos houve aumento substancial da renda *per capita*.

Outro aspecto negativo do processo de globalização é a concentração da renda nas mãos de uma minoria privilegiada da população, o que ocorre tanto nos países mais ricos quanto nos mais pobres. Essa minoria é composta, de maneira geral, de acionistas majoritários de grandes corporações, especuladores financeiros, políticos, grandes empresários e proprietários de terras. Sabe-se que atualmente – para se ter ideia do grau de concentração de renda existente –, a soma da fortuna das três pessoas mais ricas do planeta supera o valor do PIB dos 50 países mais pobres. O gráfico ao lado mostra a desigualdade na distribuição da riqueza entre os países do mundo. Observe-o.

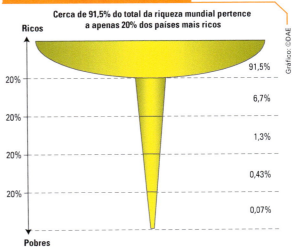

Fonte: LE MONDE Diplomatique. *El Atlas de la globalización*. Buenos Aires: Capital Intelectual, 2015. p. 108.

A globalização e a exclusão socioespacial

Sabe-se que o processo de globalização acentuou as desigualdades sociais pelo mundo nas últimas décadas. Em contrapartida, a melhoria de determinados aspectos socioeconômicos nos países mais pobres tem sido atribuída ao acesso, viabilizado após a Terceira Revolução Industrial, a algumas tecnologias e a determinados tipos de bens de consumo. Segundo pesquisas, a expectativa de vida da população mundial passou de 60 anos, no início da década de 1970, para 71 anos, em 2013. Nesse mesmo período, a taxa de mortalidade infantil caiu de 100 para 32 de cada mil bebês nascidos vivos. Além disso, a proporção de crianças sem acesso à escola diminuiu aproximadamente 20% nesse período.

Pode-se afirmar que esses dados, utilizados para caracterizar os benefícios decorrentes da globalização, resultam, na realidade, de lampejos de crescimento econômico que vêm ocorrendo em determinadas regiões do mundo subdesenvolvido, sobretudo em certos países da Ásia. No país mais populoso do mundo, a China, desde que o governo implantou o chamado socialismo de mercado, a economia cresceu a taxas médias de 10% ao ano, o que implicou a melhoria da qualidade de vida de aproximadamente 270 milhões de pessoas, que passaram a ter acesso a uma infinidade de bens de consumo.

A Índia, segundo país mais populoso do planeta, abriu suas portas ao capital internacional no começo da década de 1990, apresentando crescimento médio, a partir de então, de 7% ao ano. Isso resultou na inclusão de cerca de 200 milhões de habitantes no mercado consumidor e na melhoria do padrão de vida de uma parcela razoável da população.

Processo semelhante ocorreu com os **Tigres Asiáticos** (Coreia do Sul, Hong Kong, Taiwan e Cingapura), que em apenas duas décadas deixaram a condição de pobreza para fazer parte do grupo das nações altamente industrializadas.

Entretanto, em outras partes do mundo subdesenvolvido as condições socioeconômicas não são essas. A renda *per capita* atual da maior parte dos países da África Subsaariana, por exemplo, é inferior à do fim da década de 1970. Muitos países da América Latina, como o Brasil, a Argentina, a Bolívia e a Venezuela, vivem sérias crises financeiras, o que agrava as condições socioeconômicas da parcela mais pobre de sua população. Também passa por dificuldades boa parte dos países ex-socialistas do Leste Europeu e da antiga União Soviética. Como vimos no Capítulo 3, com o fim do socialismo houve nessas nações um conturbado processo de transição para a economia de mercado, com aumento da inflação, do desemprego e da violência, e consequente queda da qualidade de vida de uma significativa parcela da população.

Podemos concluir que a globalização, da mesma forma que proporciona a integração efetiva de diversas nações, favorece a consolidação do poder dos países centrais e a marginalização de determinadas regiões do mundo subdesenvolvido, apresentando-se, portanto, como um processo segregador do espaço geográfico mundial.

Ainda que milhões de pessoas tenham melhorado seu nível de consumo nas últimas décadas, boa parte da população indiana permanece vivendo em condições extremamente precárias, como mostra a fotografia da cidade de Mumbai, na Índia, em 2016.

Shoults/Alamy/Fotoarena

▶ Fluxos migratórios de trabalhadores

Embora as correntes migratórias sejam um fenômeno social antigo na história da humanidade, os deslocamentos populacionais nunca foram tão intensos como nas últimas décadas. Vários são os motivos que levam as pessoas a deixar seus países de origem, como guerras civis, conflitos etnorreligiosos e problemas ambientais severos (secas, inundações e maremotos, entre outros). Contudo, destaca-se o crescente número de migrantes em busca de trabalho, oriundos principalmente dos países subdesenvolvidos e vítimas de problemas socioeconômicos internos (pobreza, desemprego, concentração de renda, crises financeiras etc.), decorrentes sobretudo do processo de globalização. Esse grupo deixa seus países de origem em direção às nações mais prósperas, deslocando-se em nível regional e mundial.

De maneira geral, os migrantes buscam trabalho em países que oferecem melhores perspectivas de vida a seus habitantes, como as nações desenvolvidas (Estados Unidos, Canadá, Austrália, Japão, países da União Europeia etc.), os países subdesenvolvidos que se encontram em melhores condições econômicas do que seus vizinhos – como a África do Sul, muito cobiçada por trabalhadores de países limítrofes, e o Brasil e a Argentina, que atraem milhares de bolivianos – e os pequenos Estados-nações produtores de petróleo da região do Golfo Pérsico (Emirados Árabes, Barein, Qatar, Kuait), destino de grandes contingentes de paquistaneses, indianos, iranianos e filipinos.

O planisfério a seguir mostra os principais fluxos migratórios internacionais ocorridos em 2013. Observe.

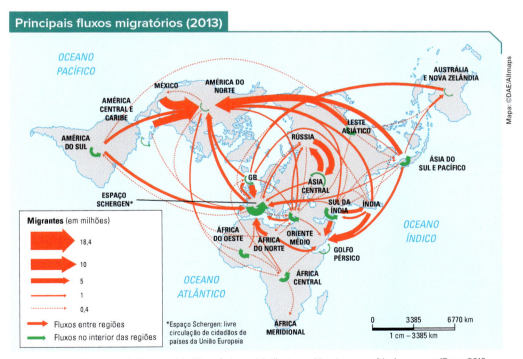

Fonte: SCIENCES PO. *Atelier de Cartographie.* Disponível em: <http://cartographie.sciences-po.fr/>. Acesso em: 17 mar. 2016.

> Analise o mapa e identifique as principais regiões de atração e as principais regiões de repulsão de migrantes no mundo. Liste-as em seu caderno e converse sobre isso com os colegas.

Os efeitos da migração

Segundo a Organização das Nações Unidas (ONU), em 2013, cerca de 232 milhões de pessoas em todo o mundo viviam fora de seu país de origem. Somente nas nações da União Europeia, há aproximadamente 60 milhões de imigrantes, boa parte proveniente dos países do Leste Europeu.

A maioria dos imigrantes é composta de trabalhadores que periodicamente enviam uma parcela de seus ganhos aos familiares que permaneceram na terra natal. As remessas de dinheiro para os países subdesenvolvidos feitas pelos imigrantes que vivem em países mais ricos constituem o segundo maior fluxo mundial de capitais, inferior apenas às operações financeiras efetuadas nas bolsas de valores do planeta.

Estima-se que, anualmente, cerca de 300 bilhões de dólares sejam injetados na economia dos países subdesenvolvidos na forma de remessas enviadas por trabalhadores migrantes que vivem no exterior. O Brasil, por exemplo, recebe todos os anos aproximadamente 3 bilhões de dólares remetidos por brasileiros que vivem sobretudo no Japão, nos Estados Unidos e em países da União Europeia. Ainda que o envio de valores tenha um efeito benéfico para a economia dos países de origem dos trabalhadores migrantes, a saída de uma parcela significativa da mão de obra adulta qualificada desses países pode acarretar uma série de problemas. Leia o texto a seguir.

Imigrante turco trabalhando como pedreiro em Colônia, Alemanha, em 2015.

Fuga de cérebros ameaça países africanos

A fuga de cérebros da África é uma das maiores ameaças ao mais pobre continente da Terra. O êxodo de profissionais com diploma universitário, tão escasso por ali, é estimulado pelos mesmos países ricos que dizem querer ajudar no crescimento africano.

[...]

Anualmente, 70 mil africanos subsaarianos vão fazer seus estudos universitários fora do continente – a maioria não volta; 40 mil africanos com PhD vivem no exterior. Ainda que imigrantes com nível superior sejam apenas 2,5% do total de africanos que moram no exterior, o êxodo de médicos, engenheiros e professores tem um impacto muito maior.

[...]

Dois em cada cinco imigrantes de países como Benin, Tanzânia, Zimbábue, Camarões e Malaui têm diploma universitário. Metade da população de Uganda e Quênia com diploma superior vive fora de seu país.

LORES, Raul Juste. *Folha de S.Paulo*, 13 maio 2007. Disponível em:<www1.folha.uol.com.br/folha/mundo/ult94u107308.shtml>. Acesso em: 16 mar. 2016.

Unidade 11 Desigualdades, conflitos e tensões no mundo contemporâneo

Tráfico de trabalhadores, um flagelo atual

Nos últimos anos, muitas nações, sobretudo os países desenvolvidos, vêm estabelecendo um rígido controle em relação à entrada, em seu território, de imigrantes oriundos dos países subdesenvolvidos. Entretanto, essa medida não é suficiente para deter os fluxos migratórios, que ocorrem em parte pela ação clandestina. Segundo o Gabinete das Nações Unidas contra Drogas e Crime (UNODC, do inglês *United Nations Office on Drugs and Crime*), o tráfico de seres humanos é um dos negócios ilícitos mais lucrativos do mundo, gerando anualmente cerca de 32 bilhões de dólares para diferentes grupos criminosos – que, além de praticar golpes contra os trabalhadores migrantes, mantêm aproximadamente 2,4 milhões de pessoas em regime de trabalho forçado.

Mulheres em foco

O crime do tráfico de mulheres

Atualmente, entre as principais vítimas do crime de tráfico de pessoas estão mulheres e meninas. Elas geralmente são aliciadas em seus países de origem e, em seguida, enviadas para países principalmente da Europa e da Ásia, onde são submetidas à exploração sexual. Entre 2005 e 2011, centenas de mulheres brasileiras foram vítimas desse crime, o que levou o Ministério da Justiça do nosso país a iniciar uma importante campanha de combate ao tráfico de pessoas. Veja no quadro abaixo como identificar esse tipo de crime e o que fazer para combatê-lo.

NÃO SEJA UMA VÍTIMA DO TRÁFICO DE PESSOAS

COMO AJUDAR PESSOAS EM SITUAÇÃO DE TRÁFICO?

Seu silêncio pode agravar a situação. Na dúvida, se o crime está mesmo sendo cometido, denuncie e as autoridades vão investigar.

Normalmente, a pessoa não fala a língua local e desconhece os direitos no país em que está. Observe sinais como passaporte retido, ameaças pessoais ou a famílias e impedimento de circular livremente ou de manter contato com outras pessoas.

Pergunte se a pessoa precisa de apoio e a oriente a entrar em contato com um consulado ou embaixada.

Para mais orientações, procure a Polícia Federal – www.denuncia.pf.gov.br ou denuncia.urtp@dpf.gov.br

O Ministério da Justiça - www.mj.gov.br ou traficodepessoas@mj.gov.br ou as embaixadas e consulados no www.itamaraty.gov.br/temas/embaixada-e-consulados

Procure também a Central de Atendimento à Mulher – Ligue 180 ou Disque 100 – que é o disque direitos humanos.

FIQUE ATENTO (A) A SINAIS SUSPEITOS: PREVENIR É A MELHOR OPÇÃO

Antes de viajar, saiba qual tipo de visto será preciso para sua viagem.

Use a internet e as redes sociais para pesquisar sobre as pessoas que te ofereceram o emprego.

Verifique com cuidado as propostas de trabalho, principalmente as mais atrativas.

Informe ao maior número de pessoas possível para onde você vai e quem ofereceu essa oportunidade.

Desconfie de casamentos arranjados por agências.

Viaje sempre com o passaporte original e uma cópia autenticada e guarde-os separadamente.

Duvide se alguém pedir para guardar seus documentos e desconfie dessa pessoa. Em hipótese alguma entregue documentos pessoais a terceiros.

APOIO NO EXTERIOR:

Os consulados e embaixadas do Brasil em outros países existem para ajudar você, independentemente se você está regular ou não no país. Tenha o contato e o endereço deles em mãos antes mesmo de viajar e aprenda como efetuar ligações no país para o qual você está indo.

COMO IDENTIFICAR UMA SITUAÇÃO DE TRÁFICO DE PESSOAS:

Retenção de documentos, inclusive passaporte.
Impedimento de circular livremente.
Pagamento de dívidas que desconhecia antes da viagem.

Fonte: Governo brasileiro. Portal Brasil. Disponível em: <www.brasil.gov.br/cidadania-e-justica/2015/03/brasil-investe-em-acoes-de-combate-ao-trafico-de-mulheres>. Acesso em: 16 mar. 2016.

SABERES EM FOCO

Globalização, fluxos de pessoas e pandemias

Desde os primórdios de nossa história, nós, seres humanos, lidamos com uma série de parasitas que ameaçam dizimar nossa espécie do planeta. De tempos em tempos surgem novos microrganismos ou ressurgem antigos agentes patógenos, causando epidemias que podem se alastrar por extensas áreas territoriais ou mesmo, em alguns casos, tomar proporções planetárias. Quando isso ocorre, configura-se o que os especialistas chamam de **pandemia**.

Um exemplo de pandemia é a peste negra, que dizimou metade da população da Europa no século XIV. Outro surto epidêmico foi o da varíola, disseminada por espanhóis e portugueses entre os povos nativos do continente americano, no início do processo de colonização, e que levou milhões de pessoas à morte em alguns anos. Mais tarde, no início do século XX, foi a vez do vírus da gripe espanhola, que matou milhões em apenas alguns meses.

Em nosso mundo globalizado, em que uma pessoa infectada pode circular por várias cidades de países diferentes em um curto período de tempo (uma ou duas semanas, por exemplo), as epidemias alastram-se com rapidez ainda maior, o que vem deixando os especialistas em estado de alerta, buscando estratégias capazes de conter tais problemas. São exemplos de recentes pandemias a sars (Síndrome Respiratória Aguda Grave) e a gripe A, causada pelo vírus H1N1.

O infomapa a seguir ilustra a velocidade com que o vírus da gripe A se alastrou pelo mundo durante o ano de 2009. Observe.

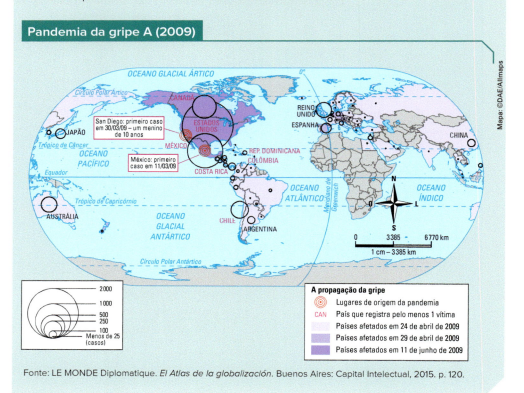

Pandemia da gripe A (2009)

Fonte: LE MONDE Diplomatique. *El Atlas de la globalización*. Buenos Aires: Capital Intelectual, 2015. p. 120.

Globalização e desigualdades socioespaciais no Brasil

Leia o título e o início da reportagem abaixo.

Classe A tem maior fatia da renda do país

2,5 milhões de famílias da classe A são responsáveis por 37,4% da massa da renda nacional

Disponível em: <http://epocanegocios.globo.com/Economia/noticia/2016/01/classe-tem-maior-fatia-da-renda-do-pais.html>. Acesso em: 16 mar. 2016.

O Brasil é uma nação com profundas desigualdades sociais, realidade constatada tanto por pesquisadores e estudiosos quanto pela população em geral. As desigualdades estão estampadas nas ruas das cidades e nas paisagens do campo, e são anunciadas diariamente nos noticiários de TV e nas manchetes de jornais, como a reproduzida anteriormente. Mazelas sociais como a pobreza, a fome, o desemprego e a violência persistem em território brasileiro, ainda que o Estado tenha aberto a economia nacional à globalização. Vejamos, então, como tem se configurado esse processo em nosso país.

Consenso de Washington e a abertura da economia brasileira

Durante a década de 1980, a economia brasileira passou por uma profunda crise, com taxas anuais de crescimento baixíssimas, configurando um período denominado por alguns especialistas "**década perdida**".

A economia nacional encontrava-se estagnada em razão de diversos fatores: grande defasagem tecnológica em relação aos países desenvolvidos; aumento da dívida externa; pouca oferta de financiamento para atividades produtivas e para ampliação da infraestrutura; *deficit* público elevado; inflação com índices alarmantes – no fim da década de 1980, os preços subiam diariamente. Observe os gráficos ao lado.

Foi nesse contexto econômico que, no início da década de 1990, o governo brasileiro decidiu adotar os postulados neoliberais do capitalismo internacional – base do processo de globalização –, o que causou forte impacto na sociedade brasileira nos anos seguintes.

Pautando-se nesses postulados econômicos, o Estado passou a promover a abertura do mercado interno, diminuindo as barreiras protecionistas e, portanto, facilitando a entrada de mercadorias e investimentos externos, como aplicações financeiras, compra de empresas nacionais e participação acionária. O objetivo dessas medidas era alcançar o crescimento econômico por meio da entrada de capital estrangeiro no país.

O governo justificava esse procedimento argumentando que proteger as empresas nacionais não estimulava o crescimento tecnológico da indústria brasileira. Alegava que, com a abertura do mercado interno, a concorrência proporcionaria maior

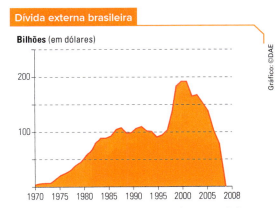

Fontes: DURAND, Marie-Françoise et al. *Atlas da mundialização*. São Paulo: Saraiva, 2009. p. 123; INSTITUTO de Pesquisa Econômica Aplicada (Ipea). Disponível em: <www.ipeadata.gov.br/>. Acesso em: 16 mar. 2016.

Fonte: DURAND, Marie-Françoise et al. *Atlas da mundialização*. São Paulo: Saraiva, 2009. p. 123.

desenvolvimento, além de promover a recuperação de alguns setores. Presumia-se assim que, por meio dessa estratégia, a economia brasileira ganharia competitividade, interna e externa, sem a necessidade de protecionismo e de subsídios.

O Brasil seguia, então, as determinações básicas da política econômica neoliberal, as quais constavam de um conjunto de medidas econômicas, elaborado em 1989, que recebeu o nome de **Consenso de Washington**. Seu objetivo principal era acelerar o desenvolvimento da América Latina.

A cartilha do Consenso de Washington foi elaborada pelo economista inglês John Williamson (1937-), que articulou os interesses das grandes instituições financeiras (**FMI**, **Banco Mundial**, **Bird**) e do governo dos Estados Unidos. No documento estava implícito que os países da América Latina deveriam se modernizar por meio da abertura de suas economias para o mercado estrangeiro, especialmente o estadunidense.

As instituições mencionadas concordavam a respeito de algumas posturas primordiais, que foram sugeridas aos países subdesenvolvidos no Consenso de Washington:

▸ A **abertura comercial**, facilitando a entrada e a saída de capitais e liberando as importações e as exportações;

▸ Uma **reforma fiscal** no sistema de atribuição e de arrecadação de impostos, voltada a diminuir os gastos das empresas com tributos e levá-las a alcançar maior competitividade no mercado;

▸ A **privatização de empresas**, com o objetivo de diminuir as despesas do governo;

▸ A **diminuição de gastos** com a máquina do **Estado** por meio do corte de salários e da demissão de funcionários, além de mudanças nas leis trabalhistas, na previdência social e no sistema de aposentadoria, a fim de reduzir a dívida pública.

Embora o conjunto de medidas neoliberal do Consenso de Washington não tenha sido propriamente imposto aos países subdesenvolvidos, cumprir suas normas e recomendações constituía condição para atrair capital estrangeiro e receber investimento financeiro externo.

A queda das barreiras fiscais aos importados

O início da abertura econômica no Brasil ocorreu, como já mencionado, na década de 1990. Na ocasião, o Estado reduziu os impostos sobre as importações, propiciando a entrada maciça de produtos estrangeiros no mercado brasileiro. Como resultado, houve crescimento da oferta de produtos e manutenção ou diminuição dos preços de algumas mercadorias. Isso indicava que a redução dos impostos constituía uma medida adequada ao combate à inflação, que, como vimos, havia alcançado índices de cerca de 80% ao mês no fim da década de 1980.

No entanto, sem condições de competir com os produtos importados, sobretudo aqueles oriundos da Ásia (especialmente da China), muitas indústrias nacionais faliram ou foram compradas pelo capital estrangeiro. Além disso, no decorrer da década de 1990, houve acúmulo de *deficit* na balança comercial nacional.

A importação de produtos chineses, como brinquedos, levou à falência muitas empresas brasileiras que não conseguiam comercializar as mercadorias pelos mesmos preços praticados pelas empresas estrangeiras.

A privatização das estatais

Nesse mesmo período, o governo brasileiro criou incentivos fiscais e promoveu a privatização de empresas estatais para estimular os investimentos externos no Brasil. Desse modo, o Estado deu início a um acelerado processo de abertura da economia ao capital internacional, porém sem apresentar um projeto de estruturação voltado ao mercado interno. Ganharam espaço, então, as multinacionais, que compraram muitas dessas empresas ou associaram-se a elas; em apenas uma década, dobrou a participação do capital externo em empresas nacionais, inclusive nas estatais que foram privatizadas. Veja o quadro a seguir.

Nome da antiga empresa estatal	Nome da atual empresa privatizada	Setor	Data da privatização	Origem da maior parte do capital comprador	Valor em reais (de acordo com a cotação do dólar no dia da venda)
Banespa	Santander	Finanças	20/11/2000	Espanhola	7,05 bilhões
Light	Light	Energia elétrica	21/5/1996	Francesa	2,35 bilhões
Embratel	Embratel	Telecomunicações	15/1/1999	Mexicana	2,27 bilhões
Usiminas	Usiminas	Siderúrgica e metalúrgica	24/10/1991	Nipo-brasileira	1,94 bilhões
Cerj	Cerj	Energia elétrica	20/11/1996	Espanhola	590 bilhões
Ceg	Ceg Rio	Distribuição de gás	14/7/1997	Estadunidense-espanhola	430 milhões
Escelsa	Escelsa	Energia elétrica	11/7/1995	Portuguesa	430 milhões

Fonte: BIONDI, Aloysio. *O Brasil privatizado*: um balanço do desmonte do Estado. São Paulo: Fundação Perseu Abramo, 2003.

O advento das multinacionais provocou a queda maciça de empregos no país. Todo o investimento tecnológico empreendido por essas empresas resultou na diminuição do quadro de funcionários. Além da tecnologia aplicada na estrutura operacional, com a introdução de robôs, máquinas digitais e informatizadas e técnicas toyotistas de produção, as multinacionais repassaram serviços para empresas terceirizadas e instauraram redes de subcontratação, nas quais os salários oferecidos eram inferiores aos que vigoravam antes dessas mudanças. O processo de privatização, de modo geral, acentuou o desemprego e piorou as condições de trabalho nos diversos setores envolvidos.

A Companhia Siderúrgica Nacional (CSN), localizada em Volta Redonda, no Rio de Janeiro, foi privatizada em 1993, sob protesto de seus funcionários e da população local.

Globalização, trabalho e desigualdades socioespaciais — Capítulo 37

▶ Trabalho e desemprego no Brasil

À medida que o mercado brasileiro se abriu ao capital internacional, houve a dispensa de um grande contingente de trabalhadores, gerando o que os especialistas denominam **desemprego estrutural**. Centenas de milhares de trabalhadores viram a sua profissão desaparecer: soldadores e torneiros mecânicos que trabalhavam em indústrias automobilísticas, por exemplo, perderam o emprego, com poucas perspectivas de retornar ao mercado de trabalho. Quem não teve a profissão inutilizada viu o número de vagas cair expressivamente: caixas e atendentes em agências bancárias, por exemplo, tiveram suas tarefas reduzidas. Vagas de emprego em segmentos clássicos de atividades econômicas deram lugar às novas tecnologias e aos sistemas informatizados, aplicados sobretudo no setor terciário da economia.

A especialização e o inchaço do setor terciário

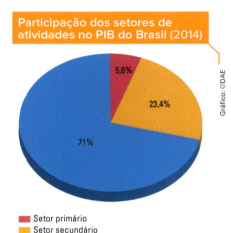

Fonte: The World Factbook. Central Intelligence Agency (CIA). Disponível em: <www.cia.gov/library/publications/resources/the-world-factbook/index.html>. Acesso em: 23 mar. 2016.

O processo brasileiro de urbanização, caracterizado pelo crescimento populacional nas metrópoles e nas cidades médias, assim como pelo aumento do número de cidades, fez do setor terciário um dos principais segmentos de atividade econômica, responsável atualmente pela maior parte do PIB nacional. Observe o gráfico ao lado.

O setor terciário absorveu uma porcentagem significativa da População Economicamente Ativa (PEA) dispensada do setor secundário, mas sua expansão resulta também do aumento da demanda da população urbana por bens e serviços, assim como do farto desemprego estrutural causado pela abertura da economia nacional ao capital internacional.

Nas metrópoles e nas cidades de porte médio, o comércio e os serviços tornaram-se mais diversificados e sofisticados com a instalação, por exemplo, de grandes redes bancárias, de empresas diversas – telefonia, transporte, assistência médico-hospitalar, lazer etc. –, de redes de distribuição de mercadorias e de estabelecimentos de ensino.

Ainda que o fenômeno dos *shopping centers* venha se expandindo por todo o país, como pode ser visto por meio da fotografia acima, que mostra o interior de um *shopping center* na cidade de Recife, Pernambuco, em 2013, a região sudeste continua a abrigar cerca de 54% desses empreendimentos.

Foi nesse contexto que surgiram no Brasil as redes de supermercados e de hipermercados, as grandes lojas de departamentos e os *shopping centers*, erguidos em boa parte com capital estrangeiro. Esses segmentos do comércio varejista empregam hoje milhões de pessoas e respondem por 85% do abastecimento nacional de mercadorias de grande consumo (produtos alimentícios, eletrodomésticos, vestuário, itens de higiene etc.). Os *shopping centers* concentram principalmente o comércio varejista mais sofisticado, composto de butiques, restaurantes do tipo *fast-food* e cinemas, entre outros estabelecimentos. Em 2015 havia no país cerca de 538 desses centros comerciais, que geravam aproximadamente 1 milhão de empregos diretos e indiretos.

O setor informal da economia

Apesar da expansão do comércio e da prestação de serviços em todo o país, o número de vagas no segmento formal da economia diminuiu. Assim como ocorreu no setor secundário, isso se deve à implantação de métodos organizacionais de trabalho que exigem uma quantidade cada vez menor de mão de obra.

Nesse contexto, calcula-se que, em 2015, cerca de 7% da PEA estava desempregada no país. Uma das principais consequências desse alto índice de desemprego é o aumento do número de trabalhadores no chamado **setor informal da economia**.

De maneira geral, as atividades informais são praticadas por pessoas desempregadas (geralmente sem qualificação para as vagas do setor formal) e por muitas que, embora empregadas, complementam a renda mensal exercendo funções como a de diarista, vendedor, reciclador de lixo, entre tantas outras.

O desemprego estrutural e as sucessivas crises econômicas pelas quais o Brasil passou nas últimas décadas deram origem a um novo tipo de comércio informal nas cidades, o comércio ambulante de camelôs, que vendem roupas, eletroeletrônicos, brinquedos, cosméticos etc., geralmente sem pagar impostos. Na foto, ambulantes em Manaus, Amazonas, em 2015.

Qualificação e flexibilização da mão de obra

Veja a charge a seguir.

O autor da charge satiriza um aspecto relevante da questão do trabalho no mundo atualmente, que é a exigência de mão de obra cada vez mais especializada, capaz de se adaptar às rápidas mudanças tecnológicas. Se, por um lado, existe uma parcela significativa de trabalhadores executando serviços precários e inseridos no comércio informal, de outro, a qualificação profissional (elevada escolaridade, cursos profissionalizantes, proficiência em língua estrangeira etc.) constitui um fator imprescindível na disputa por vagas de emprego formais. As atividades que não envolvem o uso de criatividade e outras habilidades intelectuais por parte dos funcionários – como a realizada nas linhas de produção das fábricas, que consiste em trabalho repetitivo – tendem a ser cada vez mais desempenhadas por robôs e outras máquinas. Isso porque, atualmente, a principal exigência do mercado de trabalho é que as pessoas tenham maior flexibilidade, isto é, capacidade de exercer múltiplas funções, atuando como profissionais polivalentes.

▶ Concentração de renda e exclusão social no Brasil

O nível de concentração de renda no Brasil é um dos mais acentuados do mundo, e consiste em um dos traços mais marcantes da desigualdade social no país. Entre a população brasileira, os 10% mais ricos têm rendimentos em média 20 vezes maiores que os dos 40% mais pobres. Essa minoria abastada controla aproximadamente 42% do PIB brasileiro, o que corresponde a cerca de 3 trilhões de reais. Nos Estados Unidos, por exemplo – para estabelecer uma comparação –, os 10% mais ricos detêm cerca de 30% do valor do PIB.

Comunidade pobre na periferia de Manaus, Amazonas, em 2016.

Desse modo, verifica-se no Brasil um cenário social dos mais perniciosos: enquanto uma parcela ínfima da população tem rendimentos exorbitantes, a maioria das pessoas vive com pouco ou nenhum recurso.

A concentração de renda no país produz um abismo entre ricos e pobres no que diz respeito ao acesso à alimentação, aos bens de consumo e aos serviços essenciais, como saúde, educação e moradia. Esse quadro de desigualdades sociais implica acentuada exclusão social, que se revela, por exemplo, por meio do crescimento da população sem moradia adequada nas cidades – atualmente, cerca de 3 milhões de domicílios brasileiros se encontram em favelas, boa parte delas localizadas em áreas de risco, ou seja, suscetíveis a desmoronamentos e/ou a alagamentos por enchentes. Há também o aumento do número de desempregados e de analfabetos, o que indica crescimento do número de pessoas privadas de seus direitos básicos.

O modelo de desenvolvimento brasileiro

Nas últimas décadas ocorreram importantes avanços em alguns setores sociais no Brasil, como o da educação, em que se observou aumento da taxa de alfabetização e diminuição dos índices de **evasão escolar**. Registraram-se avanços também no que se refere ao saneamento básico, com o aumento do número de domicílios abastecidos com água tratada e a expansão de serviços como rede de esgoto. Entretanto, como vimos, não houve avanços importantes na solução de problemas como a falta de empregos e de habitações, além de persistirem as diferenças de infraestrutura entre os estados e as grandes regiões.

> **Evasão escolar:** processo de abandono dos estudos pelos alunos matriculados nas redes pública e particular do país.

O modelo de desenvolvimento adotado no Brasil foi especialmente voltado ao crescimento econômico e esteve intimamente ligado ao capital internacional. Nesse sentido, priorizou-se o crescimento e a modernização da economia, em detrimento do desenvolvimento social. Para muitos estudiosos, o crescimento econômico não poderá ocorrer plenamente se não houver desenvolvimento social, pois, quando a economia é afetada, a sociedade sente seus impactos imediatamente.

O crescimento e a estabilidade da economia são fundamentais para o desenvolvimento de um país, mas o modelo adotado não deve estar desvinculado do desenvolvimento social.

Brasil: uma política de importação de padrões

Hoje reconhecemos que a extinção de uma espécie vegetal ou animal abala todo o conjunto de relações de vida entre os vários seres que habitam um determinado ecossistema, mesmo que isso não chegue a ameaçar a sobrevivência de todos no curto prazo. Sabemos também que a ânsia industrial que dizimou as florestas europeias, que eliminou mares e rios no Leste Europeu e na Ásia, que polui o ambiente no mundo todo é indicador de uma face nefasta de um modelo de desenvolvimento que se quer revisar. Ainda não sabemos qual modelo queremos. Temos, porém, uma noção cada vez mais nítida das condicionantes do novo modelo e de que este não pode ser tão agressivo ao meio ambiente e aos seres humanos, pois será sempre limitado e parcial.

O avanço tecnológico chama a atenção, nos atrai tanto que deixamos de perceber o mais importante: a lógica que nos encerra, nos limita e nos orienta.

Globalização, trabalho e desigualdades socioespaciais **Capítulo 37**

A lógica do capitalismo é a da acumulação, permanente, desenfreada, excludente. Quem não acumula sai do processo. Acumular significa deixar alguns de lado, pois não é possível que todos sejam vencedores em uma corrida feita de tal forma que sempre haverá um mais rápido, um mais ganancioso, um mais inescrupuloso e alguns mais insaciáveis. [...]

A ânsia pela incorporação rápida de padrões de desenvolvimento iguais aos dos países ricos nos fizeram importar máquinas, equipamentos, conceitos, valores. O desenvolvimento importado gerou a dívida externa. A impossibilidade de construir um processo harmônico fez com que as elites precisassem da ditadura, para conter as massas e preservar os limites sociais e territoriais dos que iriam se beneficiar pela indústria automobilística, pelo consumo de luxo e pela concentração da renda. A ditadura econômica dos capitais financeiros que movimentaram as mudanças nas décadas de 60 e 70 do século passado e a ditadura política que ceifou duas ou três gerações de um aprendizado democrático necessário para governar são hoje responsáveis por parte considerável da dificuldade de vencer [...].

BUARQUE, Cristovam. Desenvolvimento integral para o bem comum. In: *Que país é este?*: pobreza, desigualdade e desenvolvimento humano e social no foco da imprensa brasileira. São Paulo: Cortez, 2003. p. 43-44.

De olho no Enem – 2011

Subindo morros, margeando córregos ou penduradas em palafitas, as favelas fazem parte da paisagem de um terço dos municípios do país, abrigando mais de 10 milhões de pessoas, segundo dados do Instituto Brasileiro de Geografia e Estatística (IBGE).

MARTINS, A. R. A *favela como um espaço da cidade*. Disponível em: <www.revistaescola.abril.com.br>. Acesso em: 31 jul. 2010.

A situação das favelas no país reporta a graves problemas de desordenamento territorial. Nesse sentido, uma característica comum a esses espaços tem sido:

a. o planejamento para a implantação de infraestruturas urbanas necessárias para atender as necessidades básicas dos moradores.

b. a organização de associações de moradores interessadas na melhoria do espaço urbano e financiadas pelo poder público.

c. a presença de ações referentes à educação ambiental com consequente preservação dos espaços naturais circundantes.

d. a ocupação de áreas de risco suscetíveis a enchentes ou desmoronamentos com consequentes perdas materiais e humanas.

e. o isolamento socioeconômico dos moradores ocupantes desses espaços com a resultante multiplicação de políticas que tentam reverter esse quadro.

Gabarito: D.

Justificativa: As favelas comumente ocupam os espaços menos valorizados dos centros urbanos. No caso do Brasil, as características físicas das maiores cidades do país contribuem para a existência de muitas favelas em encostas de morros ou à beira de rios, sujeitas, portanto, ao risco constante de deslizamentos de terra e enchentes. Está correta a alternativa **d**. As alternativas **a** e **b** apresentam situações que, embora se verifiquem, não podem ser apresentadas como um traço comum das favelas brasileiras. Além disso, o comando da questão destaca a presença de "graves problemas de desordenamento territorial" e não a existência de iniciativas de ações atenuantes dos problemas comuns às favelas. A alternativa **c** está incorreta, pois são poucas as favelas brasileiras que apresentam ações significativas de preservação ambiental. Finalmente, não se verifica no Brasil uma "multiplicação de políticas" voltadas a reverter a situação de segregação urbana e social que atinge as favelas brasileiras, como sugere incorretamente a alternativa **e**.

Revisitando o capítulo

1. Qual é o balanço feito pelos cientistas a respeito dos efeitos da globalização sobre o meio ambiente? Utilize as informações do planisfério da página 200 para comentar essa realidade.

2. Que melhorias socioeconômicas podem ser atribuídas ao processo de globalização?

3. Leia o título da reportagem a seguir.

   Globalização não reduz desigualdade e pobreza no mundo, diz ONU

   Disponível em: <www1.folha.uol.com.br/folha/mundo/ult94u104540.shtml>. Acesso em: 19 mar. 2016.

   Com base no que foi estudado no capítulo, justifique a afirmação feita pela ONU.

4. Sobre os fluxos migratórios na atualidade, responda:
   a. O que leva as pessoas a deixarem seus países de origem?
   b. Quais são as principais regiões de atração e de repulsão de trabalhadores no mundo?
   c. O que é e como ocorre o tráfico de pessoas?

5. Qual foi e no que consistiu a denominada "década perdida" no Brasil?

6. Explique o chamado Consenso de Washington.

7. Por que se acentuou o desemprego estrutural no Brasil a partir da década de 1990?

8. Como se deu, nas últimas décadas, a distribuição da PEA brasileira por setores de atividades econômicas? Indique os principais fatores que determinaram essa composição.

9. Estabeleça uma relação entre desemprego estrutural, crescimento do setor terciário e flexibilização da mão de obra. Em seguida, exemplifique o que você afirmou citando casos dos quais você tenha conhecimento.

10. Quais são as implicações do atual quadro de desigualdades sociais existente no Brasil?

▼ ANÁLISE DE MAPA

Observe o mapa abaixo e, a seguir, responda às questões.

1. Em que estados brasileiros há o maior número de *shopping centers*?

2. Qual é o complexo regional em que estão concentrados esses *shoppings*?

3. Com base no que você estudou neste capítulo, explique o paradoxo existente entre o crescimento do número de *shopping centers* e o aumento das atividades informais no Brasil.

Fonte: ABRASCE (Associação Brasileira de *Shopping Centers*). Número dos estados – 2015. Disponível em: <www.portaldoshopping.com.br/monitoramento/numeros-dos-estados>. Acesso em: 16 mar. 2016.

CAPÍTULO 38

CONFLITOS E TENSÕES NO MUNDO GLOBALIZADO

Veja a charge abaixo, criada pelo cartunista Angeli.

Fonte: ANGELI. *O mundo em que vivemos*. Disponível em: <www2.uol.com.br/angeli>. Acesso em: 19 mar. 2016.

> Identifique os problemas de ordem política, social e econômica ironizados pelo cartunista. Converse com os colegas como essa realidade pode ser percebida na cidade, no estado onde vivemos, em nosso país e no mundo.

▶ Globalização: contradições e resistências

O capitalismo, em seu atual estágio de desenvolvimento, é considerado por muitos especialistas uma das principais causas da crise que atinge as mais variadas dimensões da vida social e política dos países.

O reordenamento da produção, imposto pela divisão internacional do trabalho, e a padronização dos costumes, influenciada pela mídia e pelas novas tecnologias, criam uma uniformização opressiva das formas de trabalho e das manifestações culturais.

No entanto, como sabemos, o mundo é composto de grupos com tradições, línguas, manifestações religiosas e artísticas, formas de trabalho e passados históricos diversos. Esses elementos dão origem a identidades culturais únicas, com raízes profundas no território natal.

Dessa forma, nos últimos anos, essa realidade homogeneizadora tem acentuado e até mesmo desencadeado um estado de tensão crescente no interior das sociedades, fato que se revela por meio das manifestações de resistência aos valores capitalistas ocidentais. Em casos extremos, como no da atuação de **grupos terroristas**, essas manifestações ocorrem por meio de reações violentas. Existem diversas formas de resistência e de negação ao atual processo de globalização, entre as quais estão:

Em grande parte dos países, pessoas organizadas em movimentos sociais reivindicam melhores condições de trabalho, como esse grupo de trabalhadores sem-terra, em Manágua, Nicarágua, 2015.

- a expansão do **fanatismo religioso** que se baseia no fundamentalismo, movimento conservador e tradicional, identificado pela rigorosa obediência aos dogmas e aos valores tradicionais de determinada religião;

- a eclosão de **movimentos separatistas** ou de **independência** em vários países do mundo, que buscam resgatar e preservar a identidade cultural de diversos povos e conquistar a independência política e territorial em relação ao Estado ao qual estão subjugados;

- o crescimento dos **movimentos sociais camponeses** e de **trabalhadores urbanos,** que reivindicam novos postos de trabalho – reduzidos em razão do chamado desemprego estrutural, causado pela inserção de tecnologias e da automação do processo produtivo –, remunerações mais justas ou, no caso dos agricultores, melhores condições de comercialização de seus produtos;

- a disseminação da **xenofobia,** ou seja, rancor ou aversão a tudo o que é estrangeiro: pessoas, costumes ou produtos. O sentimento xenófobo tem se manifestado, sobretudo, entre os habitantes de países desenvolvidos em relação aos trabalhadores imigrantes, que geralmente ocupam vagas do mercado de trabalho com baixa remuneração.

Grupos neonazistas como este, retratado na fotografia, em Freital, Alemanha, 2015, estão presentes em várias partes do mundo, até mesmo no Brasil. Seus integrantes pregam o resgate do nazismo, cujos preceitos incentivam a xenofobia.

▶ Terrorismo no mundo global

As minorias nacionais reprimidas e dominadas por um Estado ou subjugadas por forças militares externas muitas vezes revidam de forma violenta. Vários grupos relacionados a movimentos com interesses separatistas ou libertários recorrem à luta armada e às ações terroristas para alcançar seus objetivos.

O **terrorismo** caracteriza-se pela ação planejada e realizada por determinados grupos – religiosos fundamentalistas, separatistas, racistas, xenófobos, políticos etc. – que provocam pânico na população, muitas vezes atentando contra a vida de pessoas (civis ou militares) para desestabilizar o Estado subjugador e suas instituições. O objetivo desses grupos é que suas reivindicações sejam atendidas, em casos específicos, ou mesmo alcançar o controle do poder político.

Nas últimas décadas, as ações de grupos terroristas cresceram de forma alarmante, ainda que essas organizações venham sendo combatidas principalmente pelas grandes potências econômicas. Observe o quadro a seguir.

Os números do terrorismo no mundo em 2013

Imagem © DAE

48 MIL atentados terroristas ocorreram nos últimos 14 anos, com 107 mil mortes.

87 PAÍSES registraram casos em 2013.

60 NAÇÕES Em 60 nações, houve mortes por terrorismo.

+ de 50 Em 24 deles, os ataques deixaram mais de 50 vítimas fatais.

QUASE 50% dos atos terroristas não geraram mortes.

TOP 10 O *top* 10 das nações mais afetadas pelo terror tem Iraque, Afeganistão, Paquistão, Nigéria, Síria, Índia, Somália, Iêmen, Filipinas e Tailândia. O Brasil é o 72º.

13 PAÍSES Segundo o GTI, há risco de incremento nas ações do terror em 13 países.

Fonte: GEBGER, Rafael. Ataques terroristas crescem desde o início da Guerra ao Terror. *Terra Mundo.* Disponível em: <http://noticias. terra.com.br/mundo/ataques-terroristas-crescem-desde-inicio-da-guerra-ao-terror,6cd1a4f 01ae2c410VgnVCM20000099cc eb0aRCRD.html>. Acesso em: 18 mar. 2016.

Atualmente, entre os grupos terroristas em atividade, podemos citar o PKK (Partido dos Trabalhadores do Curdistão), que almeja a criação do Estado Curdo; as Farc (Forças Armadas Revolucionárias da Colômbia), grupo guerrilheiro que deseja implantar um Estado comunista na Colômbia; e o LRA (sigla em inglês para Exército de Resistência do Senhor), que atua em vários países do centro da África e tem como objetivo instituir um Estado cristão na região.

O terrorismo islâmico

Destacam-se também diversos grupos terroristas de origem religiosa islâmica que combatem radicalmente os valores e as atitudes ocidentais, difundidos, sobretudo pelos Estados Unidos e por países da União Europeia. Esses grupos buscam tomar o poder por meio de combates armados nos países onde atuam, para implantar a *sharia*, conjunto de leis baseadas em

636 **Unidade 11** Desigualdades, conflitos e tensões no mundo contemporâneo uma interpretação radical ou fundamentalista dos ensinamentos do Alcorão (livro sagrado dos muçulmanos). Os principais grupos radicais de origem islâmica da atualidade são:

- o **Al-Qaeda**, que combate a presença de judeus em países de maioria árabe e as ações dos Estados Unidos no Oriente Médio. Está organizado em uma rede de grupos isolados, que atuam em países do norte da África e do Oriente Médio. Foi considerado o responsável pelo atentado terrorista do dia **11 de setembro de 2001**, quando aviões de companhias aéreas estadunidenses, lotados de passageiros, foram lançados contra as torres do World Trade Center, em Nova York, e o Pentágono (Departamento de Defesa dos Estados Unidos), em Washington;

- o **Estado Islâmico**, que tem como objetivo a implantação de um califado, ou seja, de um Estado governado por um califa, a quem todos os demais muçulmanos deverão obediência. É considerado atualmente o grupo islâmico mais radical e conta com dezenas de milhares de militantes;

- o **Talibã**, grupo radical que governou o Afeganistão entre 1996 e 2001, e foi derrotado por forças de oposição e pelos Estados Unidos. Atualmente, o grupo refugia-se no Paquistão, na fronteira com o Afeganistão, de onde lança ofensivas direcionadas tanto às regiões afegãs como ao território paquistanês.

Destacam-se ainda as ações de grupos terroristas islâmicos na África, como o Boko Haram e o Al-Shabab, que atuam respectivamente na Nigéria e na Somália.

É importante lembrar, no entanto, que tais grupos radicais são minoria na população que professa o islamismo em todo o mundo (veja a seção "Espaço e cartografia", na página 638). Na realidade, o Islã, que significa "paz", apregoa a boa convivência entre as pessoas, seja no âmbito familiar, na sociedade ou mesmo com outros povos. Então, por que tem crescido nas últimas décadas o chamado **jihadismo**, movimento religioso islâmico radical que usa a violência para tentar obter a implantação da *sharia*? Sobre essa questão, leia o texto da página 639.

Após serem atingidas por dois aviões de grande porte, a foto mostra as torres do World trade Center começando a desabar, em Nova York, nos Estados Unidos da América, em 11 de setembro de 2011. O atentado foi reivindicado pela organização Al Qaeda.

11 de setembro de 2001:
considerado o dia do maior ataque terrorista da história até 2016. Nessa data, membros da Al-Qaeda utilizaram aviões comerciais de grande porte para destruir as torres do World Trade Center, dois dos maiores arranha-céus de Nova Iorque, nos Estados Unidos. No mesmo dia, outro avião atingiu o Pentágono, sede do Departamento de Defesa do país. Esse foi o maior ataque estrangeiro em território estadunidense.

Resgate de mortos e feridos em Paris após o atentado que deixou 127 mortos e 200 feridos, reivindicado pela organização Estado islâmico. Foto de 14 de novembro de 2015.

Conflitos e tensões no mundo globalizado Capítulo 38

ESPAÇO E CARTOGRAFIA

Um Islã, vários povos

Atualmente, o islamismo é a religião que mais cresce no mundo, com aproximadamente 1,6 bilhão de fiéis. A previsão é de que em 2050 essa doutrina reúna cerca de 2,8 bilhões de adeptos e seja professada em quase todos os países. Muitas pessoas associam o islamismo somente com a região do Oriente Médio, berço dessa religião. Contudo, o Islã é a principal crença da população em diversos países da África e da Ásia. Observe os mapas a seguir.

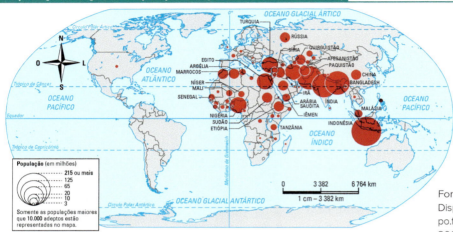

Fonte: SCIENCES PO. *Atelier de Cartographie*. Disponível em: <http://cartographie.sciences-po.fr/en/islam-les-musulmans-dans-le-monde-2006>. Acesso em: 18 mar. 2016.

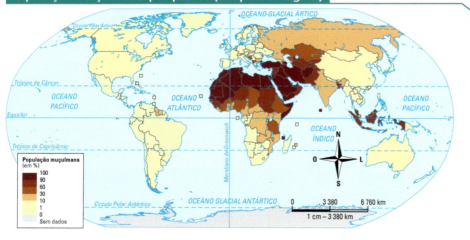

Fonte: SCIENCES PO. *Atelier de Cartographie*. Disponível em: <http://cartographie.sciences-po.fr/en/islam-les-musulmans-dans-le-monde-2006>. Acesso em: 18 mar. 2016.

Atividade cartográfica

▸ Quais são os países com maior número absoluto de muçulmanos no mundo?
▸ Quais são os países com maior porcentual da população professando o islamismo?
▸ Existem países onde coincidam os dados anteriores, isto é, onde o número absoluto de muçulmanos também corresponda a um maior porcentual de seguidores do islamismo? Onde isso ocorre?
▸ Você conhece alguém em sua comunidade que professe o islamismo? Por que no Brasil o número de seguidores é tão pequeno? Converse com os colegas e o professor sobre isso.

Origens da violência em nome de Alá

Há alguns anos, o mundo se acostumou a relacionar o mundo muçulmano com violência e terrorismo. Ainda que essa percepção seja desproporcionalmente criada, é preciso reconhecer que há relação entre o terror islâmico e o islã. Os integrantes do Estado Islâmico (como os da Al-Qaeda e de outros grupos jihadistas) têm motivações religiosas, agem em nome do Islã e acreditam estar representando seu credo, ainda que sua visão de mundo seja amplamente rejeitada no mundo árabe-muçulmano. Para contrapor a islamofobia, boa intenção de quem costuma negar a conexão entre o terrorismo e a religião, mais útil é examinar a relação entre o islã e o terror praticado em seu nome.

Como as outras religiões, o Islã tem escrituras vastas e contraditórias. Há no Corão e nos Hadith (o corpo de relatos sobre a vida de Maomé) justificativas para a violência e a perseguição religiosa, mas também argumentos a favor da paz e da tolerância. O mesmo ocorre no Velho Testamento, que aprova o genocídio e a morte de inocentes, entre outras barbaridades, e no Novo Testamento, no qual Jesus Cristo recomenda a morte de quem recusa seu reinado.

No judaísmo e no cristianismo, prevalecem leituras interpretativas e alegóricas dos textos sagrados, mas o mundo muçulmano está coalhado de literalismo e radicalismo. Por quê? A explicação está menos na religião e mais na história e na política.

Historicamente, o Oriente Médio é uma região dominada por potências estrangeiras. A luta contra o arbítrio externo teve diversas formas, mas ao longo do século 20 o Islã político galvanizou-se como uma das mais atrativas e, às vezes, a única possível, tendo em vista o autoritarismo dominante na região. Este movimento político-religioso passou por metamorfoses ao longo dos anos e produziu uma ala violenta, que prospera sob a bandeira do jihadismo.

Em parte, o apelo da "guerra santa" persevera porque é partilhado pela leitura intolerante do Islã professada e exportada pela Arábia Saudita – o salafismo, ou, na versão local, wahabismo. Também contribui para a força do jihadismo o fato de ele ter um significativo público passível de ser conquistado, seja na Europa, onde a ideologia é capaz de suprir a desilusão de jovens alienados, ou no Oriente Médio, onde é vista por alguns como uma alternativa crível para a falta de perspectivas imposta pelos Estados fracassados da região. [...]

LIMA, José Antonio. Islã e terrorismo. *Carta Capital*, 30 nov. 2015. Disponível em: <www.cartacapital.com.br/internacional/isla-e-terrorismo-8313.html>. Acesso em: 18 mar. 2016.

Após os atentados de Paris, muçulmanos saem em passeata de protesto em Toulouse, na França, em novembro de 2015. No cartaz, lê-se "Terrorista não é muçulmano".

Culturas em foco

Onde realmente o Islã significa paz

Estou em Kabadio, comunidade muçulmana no sul do Senegal, onde cerca de 95% da população, estimada em aproximadamente 3 mil pessoas, é de seguidores do sufismo, vertente mais mística do Islã. Meu objetivo aqui era cobrir os conflitos liderados por grupos separatistas que há mais de 30 anos buscam a independência da região. Cheguei para fotografar a guerra e encontrei a paz em forma de dança.

Ao contrário do Oriente Médio, o Islã praticado aqui é uma versão mais relaxada, e isso é notável no dia a dia da comunidade: as mulheres não cobrem o rosto nem qualquer outra parte do corpo. Dançar e cantar a plenos pulmões nunca foram problema. Pelo contrário, elas já faziam isso antes de o islamismo chegar, por volta do século IX. [...] Com roupas coloridas, elas dançam descalças, com os braços em riste enquanto os pés batem forte no chão em alinhado compasso.

Em Kabadio, o ensino da religião é levado muito a sério. Jovens estudam o islamismo desde muito cedo, nas duas casas corânicas. Todos os dias, por volta das 7 da noite, eles se sentam ao redor do fogo para estudar o Alcorão em voz alta. Quando o estudo termina, ouvem-se as primeiras batidas do tambor. As crianças se levantam e andam, enfileiradas, ao redor do fogo. Quando o cantor entoa os versos em homenagem a Alá e ao profeta Maomé, a atmosfera é tão vibrante que homens e mulheres se juntam às crianças, cantando cada vez mais alto. Eu não saberia dar palavras ao arrepio que tomou conta de mim ali.

O fogo que ilumina o estudo dos jovens e a fumaça que sai da fogueira durante o culto são chamados de Karanta. El Hadji Souané, um dos principais líderes religiosos da comunidade, me explicou: "Não há nenhuma luz que possa chegar ao céu senão o fogo da Karanta. Quando acendemos a Karanta, sua luz penetra no céu e, nesse momento, até mesmo os anjos percebem que a Karanta está acesa". E eu que tinha ido até lá para fotografar a guerra...

ABREU, Fellipe. Sene, Sene, Senegal. *Viagem e Turismo*, set. 2015. Disponível em: <www.fellipe-abreu.com/wp-content/uploads/2015/11/201509_PDF_VT_Dan%C3%A7a-em-Kabadio.pdf>. Acesso em: 18 mar. 2016.

Crianças e adultos em volta da karanta (as chamas do fogo) e ao som do tambalá (um tipo de tambor) em Kabadio, 2014.

De olho no Enem – 2003

No dia 7 de outubro de 2001, Estados Unidos e Grã-Bretanha declararam guerra ao regime Talibã, no Afeganistão. Leia trechos das declarações do então presidente dos Estados Unidos, George W. Bush, e de Osama Bin Laden, líder muçulmano, nessa ocasião:

George Bush:

Um comandante-chefe envia os filhos e filhas dos Estados Unidos à batalha em território estrangeiro somente depois de tomar o maior cuidado e depois de rezar muito. Pedimos-lhes que estejam preparados para o sacrifício das próprias vidas. A partir de 11 de setembro, uma geração inteira de jovens americanos teve uma nova percepção do valor da liberdade, do seu preço, do seu dever e do seu sacrifício. Que Deus continue a abençoar os Estados Unidos.

Osama Bin Laden:

Deus abençoou um grupo de vanguarda de muçulmanos, a linha de frente do Islã, para destruir os Estados Unidos. Um milhão de crianças foram mortas no Iraque, e para eles isso não é uma questão clara. Mas quando pouco mais de dez foram mortos em Nairóbi e Dar-es-Salaam, o Afeganistão e o Iraque foram bombardeados e a hipocrisia ficou atrás da cabeça dos infiéis internacionais. Digo a eles que esses acontecimentos dividiram o mundo em dois campos, o campo dos fiéis e o campo dos infiéis. Que Deus nos proteja deles.

(Adaptados de: *O Estado de S.Paulo*, 8 out. 2001)

Pode-se afirmar que:

a. a justificativa das ações militares encontra sentido apenas nos argumentos de George W. Bush.

b. a justificativa das ações militares encontra sentido apenas nos argumentos de Osama Bin Laden.

c. ambos apoiam-se num discurso de fundo religioso para justificar o sacrifício e reivindicar a justiça.

d. ambos tentam associar a noção de justiça a valores de ordem política, dissociando-a de princípios religiosos.

e. ambos tentam separar a noção de justiça das justificativas de ordem religiosa, fundamentando-a numa estratégia militar.

Gabarito: C.

Justificativa: Os textos apresentados como suporte da questão permitem observar traços de fundamentalismo religioso tanto nas palavras de George W. Bush quanto nas de Osama Bin Laden. Está correta, portanto, a alternativa **c**. As alternativas **a** e **b** estão incorretas por legitimarem apenas os argumentos de um dos personagens envolvidos, e não de ambos, o que não é adequado, considerando que a justificativa religiosa está presente nos dois textos. As alternativas **d** e **e** estão incorretas pois ambos os textos deixam explícito o uso dos princípios religiosos como argumento para justificar suas ações, tanto no âmbito político como no militar.

▶ Lutas territoriais e fragmentação no mundo globalizado

Nas últimas décadas, o acirramento da competitividade entre os países por parcelas maiores do mercado internacional criou as condições necessárias para que tensões latentes entre Estados nacionais emergissem no cenário geopolítico internacional, sobretudo no que se refere a disputas por territórios e delimitação de fronteiras. Observe no planisfério da página a seguir os principais focos de tensão e de conflitos atuais e identifique os continentes onde estão concentrados.

Conflitos e tensões no mundo globalizado   **Capítulo 38**   **641**

Principais conflitos na atualidade

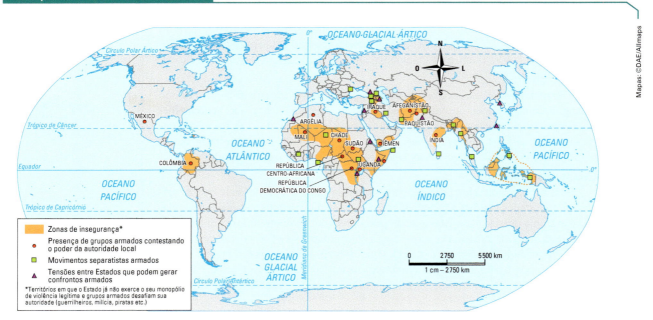

Fonte: DURAND, Marie-Françoise et al. Sciences Po – *Atelier de Cartographie*.
Disponível em: <http://cartographie.sciences-po.fr/en/conflits-arm-s-2009>. Acesso em: 19 mar. 2016.

Separatismos e guerras civis

Há séculos, em várias partes do mundo diversos povos lutam para conquistar a independência política e territorial do Estado ao qual estão subjugados. Esses movimentos separatistas têm em comum a certeza de que, com a independência, cada qual poderá recuperar a liberdade de expressar suas crenças, seus costumes e suas tradições. No entanto, tiveram pouco espaço durante a Guerra Fria, na segunda metade do século XX.

Vimos na Unidade 8 que as duas superpotências da época, Estados Unidos e União Soviética, exerciam forte influência ideológica sobre as nações que pertenciam às suas áreas de influência (capitalistas *versus* socialistas). Além disso, EUA e URSS colocavam divergências políticas e os conflitos etnoculturais internos em segundo plano, ou até mesmo auxiliavam os governos envolvidos a sufocar esses conflitos, em países de todas as partes do globo. Dessa forma, o fim do mundo bipolar e das disputas de caráter ideológico foi o estopim para que lutas pela soberania, promovidas por nações sem território próprio ou sob a intervenção de forças político-militares externas, voltassem a eclodir com grande força.

Nas duas últimas décadas, alguns movimentos libertários tiveram êxito na busca pela soberania desejada por meio de referendos populares, acordos diplomáticos ou mesmo por meio de conflitos armados. Como exemplo, podemos citar os processos de separação entre o Timor-Leste e a Indonésia, em 2002; entre Montenegro e a Sérvia, em 2006; e entre o Sudão do Sul e o Sudão, em 2011. Contudo, na maioria dos casos, os movimentos separatistas, geralmente organizados por grupos sociais minoritários, ainda são reprimidos com violência pelos governos dos países onde atuam, os quais não aceitam ceder parte dos territórios. Essa é a atual situação, por exemplo, dos curdos no Irã, no Iraque, na Síria e na Turquia, dos chechenos na Rússia, dos bascos na Espanha e dos tibetanos e uigures na China.

Sul-sudaneses celebram a independência em 9 de julho de 2011, após décadas de sangrento conflito.

O Timor-Leste conquistou recentemente sua independência. Localizado no Sudeste Asiático, foi ocupado pela Indonésia em 1975 e somente em 19 de maio de 2002 tornou-se independente. Na fotografia, do dia 20 de maio de 2002, timorenses comemoram a independência em frente ao quartel das forças da ONU em Dili, a capital do país.

Os separatismos na Europa

No continente europeu é mais frequente a eclosão de movimentos separatistas, já que reúne uma série de populações de origem étnica minoritária que vivem sob o julgo de importantes Estados-nação. Esse é o caso, por exemplo, dos catalães e dos bascos, sob o governo espanhol, dos escoceses, submetidos ao Estado inglês, e dos tiroleses que vivem no norte da Itália. O mapa ao lado mostra o atual panorama dos movimentos separatistas de maior destaque na Europa. Nos tópicos a seguir, vamos conhecer alguns desses movimentos.

▸ Crimeia, Donetsk e Lugansk

Depois de vários confrontos e discussões, a população da Península da Crimeia, no Mar Negro, onde a maioria tem ascendência russa, decidiu em março de 2014, por meio de um referendo (votação), pela separação da Ucrânia e a anexação ao território da Rússia. Inspirados nos habitantes da Crimeia, os russos das Repúblicas populares de Donetsk e Lugansk, iniciaram um levante armado contra o governo central de Kiev para reivindicar a anexação desses territórios ucranianos pela Rússia, o que gerou forte tensão nessa região da Europa.

Fonte: MARIN, Cécile. Des revendications identitaires multiformes. *Le Monde Diplomatique*, nov. 2014. Disponível em: <www.monde-diplomatique.fr/cartes/europe_des_regions>. Acesso em: 19 mar. 2016.

Conflitos e tensões no mundo globalizado   Capítulo 38   **643**

▶ **Escócia**

Os separatistas foram derrotados por 54% de votos dos escoceses, que, em referendo público em setembro de 2014, optaram por permanecer atrelados ao governo de Londres.

▶ **Catalunha e País Basco**

Nos últimos anos, vem crescendo ainda mais o sentimento separatista catalão e basco, que prevê a independência de duas das regiões mais ricas e prósperas da Espanha. Os parlamentos regionais articulam o agendamento de um referendo, que tem sido contestado pelo governo central, em Madrid.

▶ **Tirol Meridional e Vêneto**

Cresce o sentimento de independência dos tiroleses e dos venezianos em relação ao governo italiano. Ambas as regiões se dizem injustiçadas por Roma, que arrecada impostos altíssimos e não investe em infraestrutura ou outros benefícios nessas regiões.

▶ **Flandres**

A Bélgica é composta por duas regiões: Flandres, ao norte, com predomínio de população falante do holandês, e a Valônia, ao sul, com maioria de falantes do francês. Flandres gera a maior parcela do PIB belga e abriga grupos com forte sentimento nacionalista. A possibilidade da independência da região põe em xeque a permanência da Bélgica como país.

Disputas por territórios e zonas de fronteira

Jovens palestinos escalam o muro que separa Israel da Palestina no vilarejo de Nilin, perto de Ramallah, em 2012.

Além de conflitos separatistas ou de libertação, atualmente existem diversos outros relacionados às **disputas territoriais** entre países e à delimitação de linhas de fronteira. Alguns casos são solucionados por meio de acordos diplomáticos, mas boa parte dos conflitos tem gerado fortes tensões e, até mesmo, a eclosão de confrontos armados.

Entre os domínios territoriais que têm provocado maior tensão no cenário geopolítico mundial estão aqueles em que:

▶ em algum período da história já pertenceram a uma das partes envolvidas; apresentam importância estratégico-militar;

▶ parte da população é etnicamente ligada a uma das nações conflitantes;

▶ há importantes riquezas naturais, como jazidas minerais ou recursos energéticos fósseis, florestas, aquíferos, rios e mares territoriais.

Atualmente, podemos citar como exemplos de conflitos acirrados que se arrastam há anos: a disputa entre a Índia, o Paquistão e a China pelo território da Caxemira; a reivindicação da Índia do controle de parte do território da província de Arunachal Pradesh, ainda sob o controle chinês; a disputa entre a Armênia e o Azerbaijão pelo controle político do território de Nagorno-Karabak; a disputa entre a Autoridade Palestina e Israel pelo controle sobre a cidade de Jerusalém.

Alguns países ainda não chegaram a um acordo sobre a demarcação definitiva de seus limites territoriais, o que tem gerado disputas por zonas de fronteira. Isso ocorre entre o Peru e o Equador, o Líbano e Israel, e o Iêmen e a Arábia Saudita.

Os conflitos armados entre Estados-nações, entre governos e grupos separatistas ou libertários e as ações de grupos terroristas estimulam a produção de equipamentos bélicos e o tráfico internacional de armas, que são as atividades econômicas mais rentáveis da atualidade. Estima-se que a compra e a venda de equipamentos como armas de fogo, mísseis, automóveis e aviões de guerra movimentem centenas de bilhões de dólares anualmente. Além disso, esses conflitos incentivam os investimentos em tecnologia aplicada ao desenvolvimento e à fabricação de armas nucleares, sobretudo pelas potências econômicas emergentes, como a China e a Índia, o que aumenta as tensões no contexto geopolítico internacional.

▶ Conflitos armados e refugiados no mundo

Segundo o **Alto Comissariado das Nações Unidas para os Refugiados (Acnur)**, no último século, aproximadamente 70 milhões de pessoas precisaram abandonar seus locais de origem devido a algum tipo de violência. Em geral, são vítimas de conflitos armados, tanto de guerras entre países como de disputas internas nos territórios onde habitam. Quando essas pessoas se deslocam para fora das fronteiras de seu país de origem são chamados de **refugiados**. Contudo, quando buscam abrigo em regiões dentro do próprio território são denominados **deslocados**.

Atualmente, destacam-se os grupos de refugiados palestinos, que reúnem cerca de 4,5 milhões de pessoas, a maioria vivendo em campos de refugiados na Jordânia, no Líbano e na Síria. Há também um fluxo imenso de refugiados deixando a Síria devido à guerra civil que se arrasta no país desde 2011; em 2016 já eram cerca de 5 milhões de deslocados e somavam 4 milhões de refugiados buscando abrigo na Turquia, na Jordânia e, sobretudo, em países da União Europeia (leia o texto boxe na página a seguir).

No caso dos deslocados, além dos sírios, são importantes os contingentes no Iraque, com cerca de 2 milhões de pessoas, no Sudão, outros dois milhões e, o maior deles, na Colômbia, com quase 5 milhões de pessoas deslocadas de suas regiões de origem devido aos conflitos entre as forças armadas nacionais e a guerrilha das Farc. Observe o mapa a seguir.

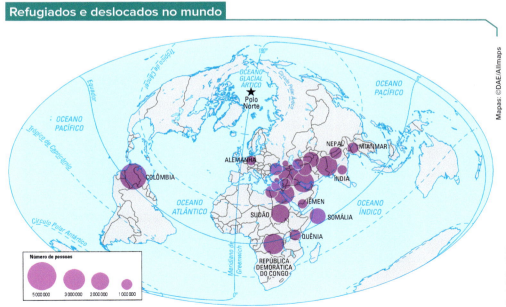

Fonte: REKACEWICZ, Philippe. L'arc des refugiés. *Le Monde Diplomatique*, jun. 2012. Disponível em: <www.monde-diplomatique.fr/cartes/arcdesrefugies>. Acesso em: 19 mar. 2016.

A guerra civil na Síria, iniciada em 2011, foi desencadeada a partir do embate entre o governo do presidente Bashar Al-Assad e a oposição. Até janeiro de 2016 o confronto já havia causado mais de 200 mil mortes e deslocado nove milhões de refugiados. Na fotografia ao lado, campo de refugiados sírios em Islahiye, província de Gaziantep, na Turquia, em março de 2016.

Os refugiados, o Mediterrâneo e a Europa: sonho de dias melhores

Perseguição, conflito e pobreza têm forçado cerca de um milhão de pessoas a fugir para a Europa em 2015, um número sem precedentes, de acordo com estimativas da Agência da ONU para Refugiados, o ACNUR, e a Organização Internacional para as Migrações, OIM.

Até o dia 21 de dezembro, cerca de 972.500 pessoas atravessaram o Mar Mediterrâneo, de acordo com números do ACNUR. Além disso, a OIM estima que mais de 34 mil pessoas cruzaram por vias terrestre da Turquia para a Bulgária e Grécia. [...]

Metade daqueles que cruzaram o Mediterrâneo neste ano - o que corresponde a cerca de meio milhão de pessoas - eram sírios fugindo da guerra em seu país. Os afegãos representam 20% desse fluxo e os iraquianos 7%. [...]

Mais de 800.000 refugiados e migrantes vieram através do Mar Egeu da Turquia para a Grécia, sendo responsável por 80% das pessoas que chegam de forma irregular à Europa neste ano por via marítima. Ao mesmo tempo, o número de pessoas que atravessam a partir do Norte de África para a Itália caiu ligeiramente, de 170.000 em 2014 para cerca de 150.000 em 2015.

O número de pessoas que atravessaram o Mediterrâneo aumentou de forma constante desde janeiro, quando foram registradas 5.500 pessoas, até outubro, quando o número de registros chegou ao pico mensal de mais de 221.000 refugiados e migrantes. Enquanto isso, mais de 3.600 pessoas morreram ou desapareceram.

Após uma reação caótica inicial que resultou em dezenas de milhares de pessoas que se deslocaram da Grécia para o lado ocidental dos Balcãs e para o norte, encontrando-se bloqueados de transitar em várias fronteiras, agora uma resposta europeia mais coordenada está começando a tomar forma.

Disponível em: <http://acnur.org/t3/portugues/noticias/noticia/um-milhao-de-refugiados-e-migrantes-fugiram-para-a-europa-em-2015/>. Acesso em: 23 jun. 2016.

Bote de refugiados sírios sendo recolhido no Mar Mediterrâneo, perto de Mytilini, Grécia, em março de 2016.

▶ O petróleo: fonte de tensões mundiais

O ritmo acelerado do crescimento econômico e, consequentemente, a maior intensidade da exploração da natureza pela sociedade capitalista industrial levam a crer, segundo estudiosos, que as reservas de diversos recursos naturais não renováveis, como o petróleo, podem estar às vésperas da exaustão. Na realidade, não se pode afirmar com exatidão durante quanto tempo as jazidas petrolíferas em exploração, bem como as jazidas conhecidas e ainda não exploradas poderão fornecer petróleo e gás natural. A maioria dos estudos científicos realizados indica uma vida útil de 30 a 60 anos para essas jazidas, a partir de 2015. No entanto, existe a possibilidade de virem a ser descobertas novas bacias petrolíferas.

De qualquer forma, a perspectiva de esgotamento das reservas de petróleo conhecidas aumenta o interesse das potências econômicas mundiais, por um lado, em ter o máximo controle sobre as jazidas existentes, e, por outro, em dominar tecnologias de ponta voltadas à exploração de **fontes de energia renováveis**. É o que estudaremos neste capítulo.

Na imagem, estação de produção de petróleo no deserto da Arábia Saudita, no ano de 2015.

As grandes potências e o controle do Golfo Pérsico

Os Estados Unidos são o país que mais consome energia no mundo. O controle sobre reservas petrolíferas, portanto, é um dos aspectos de maior importância na política externa desse país. O **Golfo Pérsico**, que conta com quase dois terços das reservas mundiais de petróleo, concentrados principalmente na Arábia Saudita e no Iraque (reveja o gráfico e o mapa da página 261), está no centro dos interesses estadunidenses e também de outras potências econômicas, como a China, a União Europeia e a Rússia.

Nas últimas décadas, o controle sobre essas fontes de petróleo foi a principal causa das chamadas "guerras do Golfo", como ficaram conhecidas a ocupação do Kuwait pelo Iraque, na década de 1990, e a invasão do Iraque pelos Estados Unidos (com a ajuda de aliados), em 2003. Por trás dos discursos oficiais estadunidenses, nos quais se afirmava que a motivação da invasão seria a libertação do Kuwait, a identificação dos grupos terroristas, a localização das armas de destruição em massa e a deposição do ditador iraquiano Saddam Hussein, havia também o objetivo de manter a região sob o domínio militar dos Estados Unidos e dos países europeus.

Na imagem, soldados estadunidenses seguem em direção a Bagdá, capital iraquiana, no ano de 2003.

Na realidade, o estabelecimento de um protetorado militar no Iraque durante mais de meia década (2003 a 2008) teve pelo menos dois objetivos: forçar a monarquia saudita a controlar o poder religioso islâmico, que teria conexões com a organização Al-Qaeda, e assegurar o controle sobre as reservas iraquianas de petróleo.

Outra estratégia importante aplicada pelos Estados Unidos e também pelas outras potências é o controle das rotas marítimas utilizadas pelos navios petroleiros e dos sistemas de oleodutos e gasodutos que levam a matéria-prima das áreas produtoras até os mercados consumidores ou portos de embarque. Observe os mapas a seguir.

Fonte de pesquisa: Sciences Po. Atelier de cartographie de Sciences Po. 2007. Disponível em: <http://cartographie.sciences-po.fr/sites/default/files/02_petrole_moyen_orient.jpg>. Acesso em: 26 out. 2015.

Fonte: CHOSSUDIVSKY, Michel. La "Romnographie". Oú se trouve lê golfe Persique M. Romney? *Mondialisation*. Ca, 27 out. 2012. Disponível em: <www.mondialisation.ca/la-romnographie-ou-se-trouve-le-golfe-persique--m-romney/5309800>. Acesso em: 05 fev. 2016.

Identifique as jazidas de gás natural e de petróleo na região. Localize o Canal de Suez e analise sua importância na rota petrolífera. Identifique também a rede de oleodutos e gasodutos que tem origem nessa zona de exploração. Agora, observe a distribuição das bases militares estadunidenses nos países que fazem fronteira com o Golfo Pérsico. O que se pode concluir a respeito da presença dos Estados Unidos nessa região? Converse com os colegas.

Rotas do petróleo: disputas de ontem e de hoje

Os interesses geopolíticos das potências econômicas sobre as regiões com reservas petrolíferas não são recentes. As intervenções europeias no Oriente Médio com o objetivo de controlar a produção e o transporte de hidrocarbonetos remontam ao final do século XIX e ao início do século XX, e foram, inclusive, um dos motivos da eclosão da Primeira Guerra Mundial. Leia o texto a seguir.

A necessidade de controlar a rota petrolífera Oriente Médio-Europa já havia levado os ingleses inclusive a intervir militarmente no Egito, depondo o governo nacionalista de Ahmad Arabi (1882). Não por acaso, poucos anos depois, Sua Majestade britânica estaria por trás da construção do Canal de Suez, uma alternativa que permitiu transportar o petróleo até a Europa através do mar Vermelho, a um custo muito baixo, sem contornar a África.

Para obter o canal, os britânicos passaram por cima até mesmo de suas próprias leis, que defendiam o combate à escravidão em todo o mundo, em nome da liberdade de mercado que na realidade beneficiava as indústrias inglesas. O governo egípcio foi autorizado pelos britânicos a recrutar mão de obra escrava. Cerca de 120 mil egípcios morreram durante as obras.

Em troca do "favor", os britânicos receberam o direito de uso do canal por 99 anos. A nova rota, é claro, não trouxe grandes benefícios ao Egito. Ao contrário, ajudou a quebrar a economia do país. [...]

O avanço da influência britânica no Oriente Médio fez com que o Império Otomano temesse por suas províncias "petrolíferas". Na Europa, os russos fomentavam a independência das províncias turcas de população eslava, como a Bulgária.

Em busca da sobrevivência, a "Sublime Porta" decidiu se aliar a outra potência europeia, velha rival de ingleses e russos: a Alemanha. O Exército e a Marinha turcos passaram a receber novos equipamentos dos alemães, que inclusive cogitaram construir uma imensa ferrovia ligando Berlim a Bagdá (no atual Iraque), uma rota concorrente a Suez para o escoamento do petróleo.

Em 1914, as disputas entre as duas grandes potências industriais europeias – Alemanha e Grã-Bretanha – por novos mercados e colônias fornecedoras de matérias-primas chegaram às vias de fato, com a eclosão da Primeira Guerra Mundial. O Império Otomano, já aliado à Alemanha, não sairia ileso. Era o início de seu fim.

BRENER, Jayme. Ferida aberta: o Oriente Médio e a nova ordem mundial.
São Paulo: Atual, 2005. p. 20-21.

A construção do Canal de Suez durou cerca de dez anos e empregou 1,5 milhão de trabalhadores.

O Irã e a atual geopolítica do petróleo

Os Estados Unidos e as potências europeias têm mantido relativo controle sobre os países produtores de petróleo no Oriente Médio nas últimas décadas, mas uma nação vem desestabilizando essa hegemonia na região: o **Irã**. Esse país, que é um dos membros da Opep, tem posição estratégica na geopolítica regional e mundial devido aos seguintes fatores:

▸ Mantém relações amistosas com a Turquia, o que lhe permite fácil acesso ao mercado europeu.
▸ Seu território está posicionado entre o Mar Cáspio e o Golfo Pérsico, porções de água onde ainda há significativas reservas de hidrocarbonetos a serem exploradas.
▸ Possui uma extensa rede de oleodutos e gasodutos, conectados com a Índia e a Rússia.

Desenvolve a tecnologia de enriquecimento do urânio, o que lhe permite produzir eletricidade por meio de usinas nucleares e construir bombas atômicas.

O Irã tem grande potencial militar: conta com mísseis de longo alcance, aviões não tripulados, tanques e um exército composto de dezenas de milhares de soldados. Teerã, 2015.

Possui o maior e mais diversificado arsenal de mísseis balísticos do Oriente Médio.

Além desses fatores, o Irã é aliado do Turcomenistão, possível rota de comércio com a China, e exerce controle sobre o **Estreito de Ormuz**, pelo qual passa a maior parte do petróleo que deixa o Golfo Pérsico por mar. Segundo especialistas, um dos maiores temores, tanto dos produtores da região como dos consumidores de petróleo do Ocidente, é que o Irã feche ou sabote o Estreito de Ormuz, o que pode causar um prejuízo inestimável. Bastaria o governo iraniano bloquear o estreito com navios e pequenas embarcações (em sinal de protesto, por exemplo) para interferir na navegação dos petroleiros e causar saltos na cotação do barril de petróleo nas bolsas de valores de todo o mundo. Volte aos mapas da página 648 e observe a posição geográfica estratégica do Irã em relação ao Golfo Pérsico.

O embargo econômico ao Irã

Como forma de conter o aumento da influência do Irã no Oriente Médio e de controlar o seu programa de desenvolvimento atômico, a União Europeia e os Estados Unidos têm pressionado a Organização das Nações Unidas (ONU) para que mantenha, há mais de uma década, um severo **embargo econômico** a esse país do Oriente Médio. O embargo econômico, proíbe que os países-membros da ONU mantenham relações comerciais plenas com o Irã. Veja algumas das proibições impostas ao país:

> Congelamento de bens e de dinheiro de empresas iranianas que tenham contas em bancos na Europa e nos Estados Unidos.
> Suspensão da comercialização de produtos industrializados de base, como máquinas e equipamentos, bens de consumo e de alta tecnologia.
> Restrição à compra do petróleo iraniano.

A economia iraniana vem se ressentindo fortemente com os efeitos do embargo, refletidos na desvalorização da moeda nacional, no aumento da inflação no país e no desabastecimento de bens industrializados, o que tem levado o governo do Irã, a repensar suas estratégias geopolíticas e a ceder perante algumas pressões internacionais, como é o caso de, desde do final de 2015, ter paralisado o seu programa de desenvolvimento atômico.

O Ártico: nova fronteira do petróleo?

Atualmente, acredita-se que existam grandes jazidas de petróleo sob as calotas de gelo da Região Ártica. Especialistas estimam que essas jazidas, juntas, poderiam somar por volta de 83 bilhões de barris, o que corresponderia a um acréscimo de aproximadamente 13% das reservas conhecidas. Além disso, há a perspectiva de que a reserva de gás natural corresponda a cerca de 30% da reserva mundial conhecida.

Esse potencial tem atraído o interesse de empresas e também tem sido objeto de discussões entre países próximos ao Ártico, caso da Rússia, do Canadá, dos Estados Unidos, da Dinamarca e da Noruega.

A possibilidade de exploração dessas jazidas vem se mostrando cada vez maior, pois nas últimas décadas tem ocorrido uma redução substancial da extensão das calotas de gelo do Ártico (reveja as imagens da página 151 no Capítulo 10), o que viabilizaria a exploração em larga escala das reservas existentes nessa região. Essa circunstância tem gerado tensão entre os países mencionados e também tem provocado muitos protestos por parte de ambientalistas, que temem que o Ártico se torne um novo Golfo Pérsico. Observe no mapa a seguir as principais zonas com jazidas de petróleo e gás natural na Região Ártica.

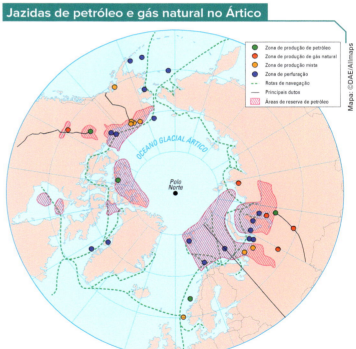

Fonte: TABARLY, Sylviane. Océan Arctique: des frontières maritimes à l'épreuve d'une nouvelle donne climatique. In: *Ressources de géographie pour les enseignants*, 15 set. 2009. Disponível em: <http://geoconfluences.ens-lyon.fr/doc/typespace/frontier/FrontDoc5.htm>. Acesso em: 26 out. 2015.

1. De acordo com seus conhecimentos cartográficos, responda: Qual é o tipo de projeção cartográfica utilizado para elaborar esse mapa?
2. Com um atlas em mãos, localize os cinco países que disputam entre si as jazidas de hidrocarbonetos no Ártico: Canadá, Estados Unidos, Rússia, Noruega e Dinamarca.
3. Em que parte do Ártico estão as reservas mais extensas de hidrocarbonetos?
4. Converse com os colegas e o professor a respeito da exploração de jazidas de hidrocarbonetos e de outros minerais nessa região do planeta.

▶ O futuro energético mundial

A perspectiva de esgotamento de jazidas, os conflitos de interesses entre as potências econômicas e os graves problemas ambientais provocados pela queima de petróleo e de carvão, como o efeito estufa intensificado, além do crescimento da economia mundial a uma taxa média anual de cerca de 3,4%, tornam prioritárias as pesquisas tecnológicas direcionadas para o desenvolvimento de fontes alternativas de energia. Entre essas fontes, as mais viáveis, segundo os cientistas, são o Sol, os ventos, os gases combustíveis e a bioenergia.

Além disso, intensificam-se os esforços para o aperfeiçoamento de tecnologias que aumentem a eficiência de máquinas, equipamentos, meios de transporte e utensílios domésticos, com a finalidade de diminuir o consumo e a liberação de poluentes, poupando as reservas e causando menor impacto ao meio ambiente.

Nessa perspectiva, os Estados e a iniciativa privada têm sido fortemente pressionados, sobretudo pela sociedade organizada, para que modifiquem a atual **matriz energética**, baseada prioritariamente nos combustíveis fósseis e na energia nuclear. Observe os gráficos a seguir.

> **Matriz energética:** composição das diversas fontes energéticas ofertadas em um país ou em uma região, cada qual representada quantitativamente em porcentagem.

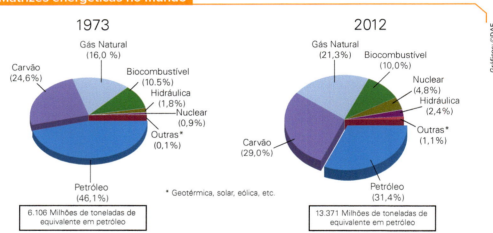

Fonte: International Energy Agency. Key World Energy Statistics, 2014. p. 6. Disponível em: <www.iea.org/publications/free-publications/publication/KeyWorld2014.pdf>. Acesso em: 26 out. 2015.

> O que mudou na composição da matriz energética mundial entre 1973 e 2012? Qual fonte de energia ainda se destaca entre aquelas de origem fóssil? Houve alguma evolução no que se refere ao uso de fontes alternativas de energia? Em sua opinião, por que isso ocorre?

As fontes alternativas de energia

No que se refere à energia nuclear, que há algumas décadas foi considerada uma fonte energética alternativa, os acidentes em usinas – como o de Three Mile Island, nos Estados Unidos, em 1979, o de Chernobyl, na Ucrânia, em 1986, e o de Fukushima, no Japão, em 2011 – colocaram em xeque a viabilidade ambiental desse tipo de tecnologia.

Dessa forma, especialistas acreditam que, nas próximas décadas, a matriz energética dos países ricos e industrializados, na realidade os maiores consumidores de energia do mundo, deixará de estar baseada em combustíveis líquidos – sobretudo gasolina e óleo *die-*

sel – e na energia nuclear para apoiar-se nos combustíveis gasosos, como o gás natural, já utilizado em uma escala relativamente ampla, e o hidrogênio, em fase de viabilização industrial e comercial.

Pesquisas mostram que o gás natural, por exemplo, apesar de também ser um combustível fóssil, é muito menos poluente que o petróleo e o carvão. Com o uso desse combustível, seria possível gerar resíduos compatíveis com os níveis determinados em tratados ambientais regionais e mundiais, como o Protocolo de Kyoto, formalizado em 1997. Como foi visto no Capítulo 36, esse protocolo estabelece metas para a diminuição da emissão de gases poluentes, principalmente o dióxido de carbono, nas próximas décadas. Para atingir essas metas, os países industrializados, que são os maiores consumidores de combustíveis fósseis, devem controlar a emissão dos poluentes lançados na atmosfera por suas fábricas e por sua gigantesca frota de veículos. Na realidade, existe atualmente uma corrida em direção ao desenvolvimento de tecnologias que tornem economicamente viável o uso das fontes alternativas de energia em substituição à queima de combustíveis fósseis.

Ativistas protestam contra a geração de energia a partir da fissão nuclear em usinas elétricas, em Tóquio, no Japão, em 2013.

Veja a tabela a seguir, que apresenta as vantagens e as desvantagens envolvidas no uso de cada tipo de fonte que compõe a atual matriz energética.

Análise das principais fontes de matriz energética mundial em 2015		
Combustível	**Vantagens**	**Desvantagens**
Carvão	• abundante, economicamente acessível, uso seguro • fácil de transportar e de armazenar • amplamente distribuído	• alta emissão de gases de efeito estufa • necessita portentosos investimentos para desenvolvimento de tecnologias que reduzam as emissões de gases de efeito estufa (GEE) a níveis aceitáveis • extração perigosa
Petróleo	• conveniente • alta densidade energética • fácil de transportar e de armazenar • coevolução da fonte energética com os equipamentos para seu uso	• fortemente poluidor da atmosfera • preços voláteis • concentração geográfica das jazidas • produto cartelizado e mercado manipulável • vulnerabilidade de interrupção de oferta e instabilidade geopolítica • riscos de transporte e armazenamento • reservas em esgotamento
Gás	• eficiente e conveniente • combustível multiúso • alta densidade energética	• produto emissor de gases de efeito estufa • transporte e armazenamento caro e arriscado • requer infraestrutura cara, própria e inflexível • volatilidade de preços • jazidas concentradas geograficamente • produto cartelizado e mercado manipulável
Energia nuclear	• não há emissões de gases de efeito estufa • poucas limitações de recursos • alta densidade energética	• baixa aceitação da sociedade • sem solução para eliminação dos resíduos • operação perigosa • muito intensivo em capital
Fontes alternativas com base em recursos renováveis (solar, eólica, bioenergia etc.)	• baixas emissões de gases de efeito estufa • sustentabilidade	• custos altos • fontes intermitentes • distribuição desigual • estágio tecnológico inferior às demais fontes em uso

Fonte: BiodieselBR.com. Disponível em: <www.biodieselbr.com/energia/alternativa/agro-energia.htm>. Acesso em: 26 out. 2015.

Conflitos e tensões no mundo globalizado   **Capítulo 38**   653

Uso de combustíveis limpos já é realidade

Nos últimos anos, vários fabricantes de veículos têm investido maciçamente no desenvolvimento de modelos com motores híbridos, que combinam eletricidade e outros tipos de combustível não convencionais (como o etanol e o hidrogênio), mais econômicos e menos agressivos ao meio ambiente. Leia o texto a seguir.

As lombadas eletrônicas em estradas da Alemanha parecem ser as únicas coisas capazes de tirar o sorriso do rosto de Rosario Berretta. "Por favor, vá mais devagar aqui", murmura, quando nosso veículo se aproxima de uma delas. Berretta lidera uma equipe que está preparando uma frota de 60 carros da DaimlerChrysler movidos por células a combustível [tipo de motor que produz energia a partir do hidrogênio], o F-Cell, para testes em todo o mundo. O objetivo é permitir que os fabricantes automobilísticos avaliem os veículos eficientes e não poluentes em diferentes condições de percurso. [...]

A DaimlerChrysler não está sozinha na busca pelo veículo limpo mais moderno. Depois de uma década de esforços concentrados em pesquisa e desenvolvimento (P&D), a indústria automobilística mundial ultrapassou um marco, com a chegada dos primeiros carros com células a combustível aparentemente viáveis. Vinte dos mais recentes FCX da Honda e 30 dos FCV compactos da Ford movidos por células a combustível logo estarão nas ruas. Trinta ônibus DaimlerChrysler estão trafegando nas ruas de 10 cidades europeias e outros três em breve estarão em serviço na China e na Austrália. [...]

O que impulsionou o avanço foram os limites cada vez mais rigorosos das leis contra poluição, as previsões de escassez de petróleo em prazo relativamente curto e uma possível catástrofe de aquecimento global provocada pelos gases que causam o efeito estufa. A indústria automobilística e governos nacionais investiram dezenas de bilhões de dólares nos últimos dez anos para transformar em realidade uma tecnologia de propulsão limpa e eficiente com o objetivo de substituir o velho motor de combustão interna (CI).

ASHLEY, Steven. *Na estrada dos carros a hidrogênio*. Scientific American Brasil. Disponível em: <www2.uol.com.br/sciam/reportagens/na_estrada_dos_carros_a_hidrogenio.html>. Acesso em: 26 out. 2015.

Um tanque de hidrogênio para o veículo de célula de combustível Toyota Motor Corp, em Tóquio, Japão, 2015.

Revisitando o capítulo

1. A quais fatores se deve o crescimento das tensões sociais e dos movimentos de resistência e de reação ao processo de globalização?
2. Cite algumas formas de manifestação de resistência à atual realidade globalizadora e de negação dela.
3. Onde estão localizados os principais focos de tensão e de conflito no mundo atual?
4. De que maneira o fim do mundo bipolar está relacionado à eclosão de conflitos e de movimentos separatistas e de libertação na atualidade?
5. O que desejam os movimentos separatistas ou de independência? Cite alguns desses movimentos atuais.
6. O que é terrorismo?
7. Liste os nomes de alguns dos principais grupos terroristas da atualidade.
8. Sobre o terrorismo islâmico, responda:
    a. Qual é o principal objetivo da atuação dos grupos terroristas islâmicos?
    b. O que é *sharia*?
    c. Explique o significado de jihadismo.
9. Quais as principais características dos territórios e das áreas de fronteira que são alvo de disputas e confrontos no mundo atual?
10. Explique as diferenças entre refugiados e deslocados.
11. Com base no mapa da página 621, identifique as principais regiões com maior número de refugiados e deslocados e estabeleça relações com os acontecimentos estudados neste capítulo.
12. Explique quais são os interesses das grandes potências econômicas mundiais em relação à região do Golfo Pérsico, no Oriente Médio.
13. Por que a região do Ártico tem se tornado alvo de disputas internacionais?
14. Quais são as principais fontes alternativas de energia utilizadas na atualidade?

ANÁLISE DE IMAGEM

A fotografia mostra uma das estratégias utilizadas pelo grupo ambientalista Greenpeace em um protesto realizado na Suíça, no ano de 2013. Analise a imagem e, com base no estudo do capítulo, responda:
a. A que e a quem se dirige o protesto do ativista ambiental?
b. Por que esse tema tem gerado discussões nos últimos anos?
c. Qual é a mensagem que o protesto busca transmitir? Como essa mensagem está sendo transmitida?

▼ ANÁLISE DE TEXTO

Leia o trecho de um livro do historiador holandês Peter Demant. A seguir, responda às questões.

> Não devemos nos esquecer que o fundamentalismo, causador dos presentes atos de violência, constitui uma escolha entre outras dentro do Islã. Ele não exaure suas possibilidades e, para muitos muçulmanos, significa a desnaturação da religião. Mesmo que essa escolha seja a de uma minoria, ela é, contudo, mais barulhenta e intolerante, e – numa série de contextos muçulmanos – mostra atualmente a opção mais expressiva do islã: uma vanguarda que tenta, e frequentemente consegue, silenciar as outras tendências. [...]
>
> DEMANT, Peter. *O mundo muçulmano*. São Paulo: Contexto, 2004. p. 342-343.

1. O que é fundamentalismo religioso? Ele se aplica somente à religião muçulmana?
2. Segundo o autor, por que o fundamentalismo consiste em "uma escolha entre outras dentro do Islã"?
3. O autor afirma que o fundamentalismo é a escolha de uma minoria de muçulmanos. Explique por que essa escolha se destaca.

▼ ANÁLISE DE GRÁFICOS

Analise comparativamente os gráficos.

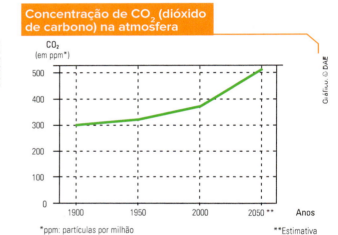

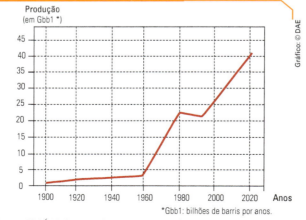

Agora responda:

a. Qual é a relação entre o aumento da produção de automóveis, a elevação do consumo de petróleo e o aumento da concentração de CO_2 na atmosfera terrestre?

b. Com base na análise dos gráficos, escreva um texto sobre as principais consequências para o meio ambiente do uso do petróleo como principal fonte de energia e como matéria-prima industrial.

c. Como seria possível diminuir a dependência da atual sociedade capitalista industrial em relação ao petróleo? Explique.

Enem e Vestibulares — Unidade 11

1. (Enem – 2014)

O jovem espanhol Daniel se sente perdido. Seu diploma de desenhista industrial e seu alto conhecimento de inglês devem ajudá-lo a tomar um rumo. Mas a taxa de desemprego, que supera 52% entre os que têm menos de 25 anos, o desnorteia. Ele está convencido de que seu futuro profissional não está na Espanha, como o de, pelo menos, 120 mil conterrâneos que emigraram nos últimos dois anos. O irmão dele, que é engenheiro agrônomo, conseguiu emprego no Chile. Atualmente, Daniel participa de uma "oficina de procura de emprego" em países como Brasil, Alemanha e China. A oficina é oferecida por uma universidade espanhola.

GUILAYN, P. Na Espanha, universidade ensina a emigrar. *O Globo*, 17 fev. 2013 (adaptado).

A situação ilustra uma crise econômica que implica:

a. valorização do trabalho fabril.

b. expansão dos recursos tecnológicos.

c. exportação de mão de obra qualificada.

d. diversificação dos mercados produtivos.

e. intensificação dos intercâmbios estudantis.

2. (Unioeste-PR – 2015) Leia o trecho da reportagem abaixo.

É evidente a constatação de que não basta construir novos bairros para substituir as favelas. É preciso incorporar as favelas às cidades e proporcionar melhores condições de moradia para quem já vive nelas. O alto custo do valor da terra nas grandes cidades e o fato de que as favelas já têm acesso a serviços públicos de transporte, saúde, educação etc. reforçam a importância de investir na melhoria das condições das moradias já existentes nas grandes cidades [...]. Em estudo recente, a ONU observa que, se providências não forem tomadas, o Brasil terá 55 milhões de habitantes (25% de sua população) morando em favelas até 2020. Isso representa um quarto da população brasileira vivendo em condições precárias de saúde e tendo sua educação comprometida.

Geografia Conhecimento Prático. Número 54. Editora Escala, 2014.

Com relação às favelas e à ocupação do solo urbano, assinale a alternativa incorreta.

a. A ocupação de áreas próximas aos canais fluviais, especialmente em planícies de inundação, ou em encostas íngremes, pode resultar em perdas humanas e prejuízos econômicos. As inundações e os deslizamentos de encostas são processos causados exclusivamente pela ação humana.

b. A produção de resíduos sólidos e seu destino têm sido um dos principais problemas urbanos. A partir de 2014, os resíduos sólidos deveriam ser direcionados apenas aos aterros sanitários. Diferente dos lixões, onde o lixo é despejado a céu aberto, os aterros são projetados para reduzir os danos ao ambiente e à saúde pública. A impermeabilização e o nivelamento do terreno, a captação do chorume e seu tratamento são algumas das ações presentes nos aterros sanitários.

c. Os condomínios fechados, cada vez mais presentes nas grandes cidades brasileiras, podem ser considerados um exemplo de como a cidade torna-se seletiva e colabora com a exclusão social. Há bairros luxuosos de um lado e conjuntos habitacionais populares, loteamentos clandestinos e favelas de outro, os quais, na prática, são a solução de moradia para os trabalhadores de baixa renda.

d. O processo de urbanização acelerou-se com as chamadas Revoluções Industriais nos séculos XVIII e XIX. Com elas surge a necessidade de mão de obra nas indústrias e, consequentemente, a redução do número de trabalhadores no campo. Naquele período, muitas cidades europeias tiveram crescimento rápido, porém não foi acompanhado de infraestrutura para esses trabalhadores, pois muitos moravam em cortiços e era frequente a dissipação de doenças e epidemias por falta de saneamento básico.

e. As grandes cidades não têm a capacidade de absorver a imensa quantidade de imigrantes que nelas se instalam. Muitos desses trabalhadores têm baixa remuneração, o que dificulta a compra de moradia ou a locação de um imóvel, em função da especulação imobiliária. Essa população procura áreas de baixo valor imobiliário, áreas públicas ou particulares desocupadas, ou áreas de risco como encostas de morros; assim, geram-se favelas, as quais são visíveis na paisagem urbana.

3. (Enem – 2015)

A Unesco condenou a destruição da antiga capital assíria de Nimrod, no Iraque, pelo Estado Islâmico, com a agência da ONU considerando o ato como um crime de guerra. O grupo iniciou um processo de demolição em vários sítios arqueológicos em uma área reconhecida como um dos berços da civilização. Unesco e especialistas condenam destruição de cidade assíria pelo Estado Islâmico.

Disponível em: <http://oglobo.globo.com>.
Acesso em: 30 mar. 2015 (adaptado).

O tipo de atentado descrito no texto tem como consequência para as populações de países como o Iraque a desestruturação do(a):

a. homogeneidade cultural.

b. patrimônio histórico.

c. controle ocidental.

d. unidade étnica.

e. religião oficial.

4. (UEPG-PR – 2015) O islamismo, uma das religiões que mais se expande pelo mundo atual, foi fundado pelo profeta Maomé no século VII, na Península Arábica. O Islã é o conjunto de povos que professam o islamismo. A respeito do Islã, assinale o que for correto.

01. Entre os muçulmanos existem grupos radicais que consideram a violência contra povos que não acreditam no islamismo uma forma de garantir a existência do Islã. Contudo, a maioria dos seguidores do islamismo defende a tolerância religiosa.

02. Apesar de originariamente ligado à Península Arábica, o islamismo é cultuado em todos os continentes e nem todos os seus seguidores têm origem árabe.

04. Diferente do que ocorre em outras religiões, para fazer parte do Islã é necessário nascer muçulmano. Para os crentes no islamismo, não existe a conversão religiosa.

08. O ramadã é o livro sagrado dos muçulmanos. Nele estão contidos os principais ensinamentos do Islã e suas regras fundamentais.

16. Sunitas e Xiitas são vertentes do islamismo que pregam a tolerância religiosa e a paz absoluta entre pessoas de todas as religiões como forma de evolução espiritual.

5. (Fuvest-SP – 2015)

O grupo Boko Haram, autor do sequestro, em abril de 2014, de mais de duzentas estudantes, que, posteriormente, segundo os líderes do grupo, seriam vendidas, nasceu de uma seita que atraiu seguidores com um discurso crítico em relação ao regime local. Pregando um islã radical e rigoroso, Mohammed Yusuf, um dos fundadores, acusava os valores ocidentais, instaurados pelos colonizadores britânicos, de serem a fonte de todos os males sofridos pelo país. Boko Haram significa "a educação ocidental é pecaminosa" em haussa, uma das línguas faladas no país.

Disponível em: <www.cartacapital.com.br>.
Acesso em: 13 maio 2014. Adaptado

O texto se refere:

a. a uma dissidência da Al-Qaeda no Iraque, que passou a atuar no país após a morte de Sadam Hussein.

b. a um grupo terrorista atuante nos Emirados Árabes, país economicamente mais dinâmico da região.

c. a uma seita religiosa sunita que atua no Sul da Líbia, em franca oposição aos xiitas.

d. a um grupo muçulmano extremista, atuante no Norte da Nigéria, região em que a maior parte da população vive na pobreza.

e. ao principal grupo religioso da Etiópia, ligado ao regime político dos tuaregues, que atua em toda a região do Saara.

6. (Enem – 2006) Um problema ainda não resolvido da geração nuclear de eletricidade é a destinação dos rejeitos radiativos, o chamado "lixo atômico". Os rejeitos mais ativos ficam por um período em piscinas de aço inoxidável nas próprias usinas antes de ser, como os demais rejeitos, acondicionados em tambores que são dispostos em áreas cercadas ou encerrados em depósitos subterrâneos secos, como antigas minas de sal. A complexidade do problema do lixo atômico, comparativamente a outros lixos com substâncias tóxicas, se deve ao fato de:

a. emitir radiações nocivas, por milhares de anos, em um processo que não tem como ser interrompido artificialmente.

b. acumular-se em quantidades bem maiores do que o lixo industrial convencional, faltando assim locais para reunir tanto material.

c. ser constituído de materiais orgânicos que podem contaminar muitas espécies vivas, incluindo os próprios seres humanos.

d. exalar continuamente gases venenosos, que tornariam o ar irrespirável por milhares de anos.

e. emitir radiações e gases que podem destruir a camada de ozônio e agravar o efeito estufa.

Unidade 11 **Enem e Vestibulares** 659

Ampliando seus conhecimentos

 Para ler

Unidade 1
DUARTE, Paulo Araújo. *Fundamentos de cartografia*. Florianópolis: Ed. da UFSC, 2006.

IBGE. *Atlas geográfico escolar*. Rio de Janeiro: IBGE, 2013.

MARTINELLI, Marcello. *Mapas, gráficos e redes*: elabore você mesmo. São Paulo: Oficina de Textos, 2014.

Unidade 2
MENDONÇA, Francisco; DANNI-OLIVEIRA, Inês Moresco. *Climatologia*: noções básicas e climas do Brasil. São Paulo: Oficina de Textos, 2011.

PURVES, William K. et al. *Vida*: a ciência da Biologia. Porto Alegre: Artmed, 2011.

Unidade 3
TEIXEIRA, Wilson et al (Org.). *Decifrando a Terra*. São Paulo: Companhia Editora Nacional, 2009.

WILLIAMS, Stanley; MONTAIGNE, Fen. *A 600° Celsius*: o depoimento do homem que sobreviveu à explosão do vulcão Galeras. Rio de Janeiro: Objetiva, 2002.

Unidade 4
DECCA, Edgar de; MENEGUELLO, Cristina. *Fábricas e homens*: a Revolução Industrial e o cotidiano dos trabalhadores. São Paulo: Atual, 2011.

TUNDISI, Helena da Silva F. *Usos de energia*: alternativas para o século XXI.
São Paulo: Atual, 2013.

Unidade 5
MENDONÇA, Sonia Regina de. *A industrialização brasileira*. São Paulo: Moderna, 2004.

PORTELA, Fernando; VESENTINI, José William. *Êxodo rural e urbanização*.
São Paulo: Ática, 2004.

SCARLATO, Francisco Capuano; PONTIN, Joel Arnaldo. *O ambiente urbano*.
São Paulo: Atual, 2011.

Unidade 6
BRANCO, Samuel Murgel. *Natureza e agroquímicos*. São Paulo: Moderna, 2003.

GREEN, Jen. *Alimentos transgênicos*. São Paulo: Difusão Cultural do Livro, 2008.

Unidade 7
RIBEIRO, Darcy. *O povo brasileiro*: evolução e o sentido do Brasil. São Paulo: Companhia das Letras, 2006.

THÉRY, Hervé; MELLO, Neli Aparecida de. *Atlas do Brasil*: disparidades e dinâmicas do território. São Paulo: Edusp, 2010.

DREGUER, Ricardo; TOLEDO, Eliete. *É possível explorar e preservar a Amazônia?*. São Paulo: Moderna, 2013.

Unidade 8

ANDRADE, Manuel Correia de. *Imperialismo e fragmentação do espaço*. São Paulo: Contexto, 2002.

ARBIX, Glauco et al (Org.). *Brasil, México, África do Sul, Índia e China*: diálogo entre os que chegaram depois. São Paulo: Unesp, 2003.

DANTAS, Gilson. *Breve introdução à economia mundial contemporânea*: acumulação do capital e suas crises. Brasília: Editora do Autor, 2012.

DELMAS, Claude. *Armamentos nucleares e Guerra Fria*. São Paulo: Perspectiva, 2011.

Unidade 9

RIBEIRO, Wagner Costa. *A ordem ambiental internacional*. São Paulo: Contexto, 2001.

STONE, Michael K.; BARLOW, Zenobia (Org.). *Alfabetização ecológica*: a educação das crianças para um mundo sustentável. São Paulo: Cultrix, 2006.

Unidade 10

EHLERS, Eduardo. *O que é agricultura sustentável*. São Paulo: Brasiliense, 2009.

TUNDISI, José Galizia. Água no século XXI: enfrentando a escassez. São Carlos: Rima Livraria, 2011.

Unidade 11

DUARTE, Fábio. *Global e local no mundo contemporâneo*: integração e conflito em escala global. São Paulo: Moderna, 2004.

 Para assistir

Unidade 1

▶ *O jogo da imitação*

Estados Unidos/Reino Unido, 2014, 115 min.
Direção de Morten Tyldum.

Unidade 2

▶ *A guerra do fogo*

França/Canadá, 1981, 101 min.
Direção de Jean Jacques Annaud.

▶ *A máquina do tempo*

Estados Unidos, 2002, 96 min.
Direção de Simon Wells.

Ampliando seus conhecimentos

Unidade 3

▶ *San Andreas*
Estados Unidos, 2015, 154 min.
Direção de Brad Peyton.

▶ *O impossível*
Estados Unidos/Espanha, 2012, 114 min.
Direção de Juan Antonio Bayona.

▶ *O núcleo: missão ao centro da Terra*
Estados Unidos, 2003, 135 min.
Direção de Jon Amiel.

▶ *As montanhas da Lua*
Estados Unidos, 1990, 140 min.
Direção de Bob Rafelson.

Unidade 4

▶ *Ford: o homem e a máquina*
Estados Unidos, 1995, 200 min.
Direção de Robert Lacey.

▶ *Tempos modernos*
Estados Unidos, 1936, 149 min.
Direção de Charles Chaplin.

Unidade 5

▶ *Tapete vermelho*
Brasil, 2006, 100 min.
Direção de Luiz Alberto Pereira.

▶ *Mauá, o imperador e o rei*
Brasil, 1999, 135 min.
Direção de Sérgio Resende.

Unidade 6

▶ *Gaijin: caminhos da liberdade*
Brasil, 1980, 105 min.
Direção de Tizuka Yamasaki.

Unidade 7

▶ *Entre Rios*
Brasil, 2009, 30 min.
Direção de Caio Silva Ferraz.

▶ *Loas aos reis do Congo*
Brasil, 2011, 14 min.
Direção de Kiko Alves.

▶ *Relíquias de um Terno de Reis*
Brasil, 2013, 15 min.
Direção de Daniel Choma e Tati Costa.

Unidade 8

▶ *Adeus, Lênin!*
Alemanha, 2003, 121 min.
Direção de Wolfganger Becker.

▶ *Apollo 13*
Estados Unidos, 1995, 140 min.
Direção de Ron Howard.

▶ *Diários de Motocicleta*
Estados Unidos, 2004, 126 min.
Direção de Walter Salles.

▶ *Capitalismo: uma história de amor*
Estados Unidos, 2010, 127 min.
Direção de Michael Moore.

Unidade 9

▶ *Mens@gem para você*
Estados Unidos, 1998, 119 min.
Direção de Nora Ephron.

▶ *O caminho das nuvens*
Brasil, 2003, 126 min.
Direção de Vicente Amorim.

Unidade 10

▶ *Wall-E*
Estados Unidos, 2008, 94 min.
Direção de Andrew Stanton.

▶ *A Era da Estupidez*
Reino Unido, 2009, 92 min.
Direção de Franny Armstrong.

▶ *Antes o tempo não acabava*
Brasil, 2016, 85 min.
Direção de Sergio Andrade e Fabio Baldo.

Unidade 11

▶ *Encontro com Milton Santos ou O mundo global visto do lado de cá*
Brasil, 2007, 89 min.
Direção de Sílvio Tendler.

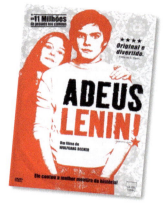

663

Ampliando seus conhecimentos

Para pesquisar

Unidade 1

▶ **<www.cbers.inpe.br/>**
Satélite Sino-Brasileiro de Recursos Terrestres

▶ **<www.cnpm.embrapa.br/>**
Embrapa – Monitoramento por Satélite

▶ **<www.ibge.gov.br>**
IBGE – Instituto Brasileiro de Geografia e Estatística

▶ **<www.ibge.gov.br/paisesat/>**
Instituto Nacional de Meteorologia

▶ **<www.inpe.br/>**
Instituto Nacional de Pesquisas Espaciais

Unidade 2

▶ **<www.sbpbrasil.org/>**
Sociedade Brasileira de Paleontologia

▶ **<www.apolo11.com/mundo_agora.php?imagem=brasil>**
Site que mostra imagens ao vivo do planeta Terra

▶ **<www.climatempo.com.br>**
Site que fornece, entre outras informações, a previsão do tempo atmosférico

▶ **<www.cptec.inpe.br>**
Centro de Previsão de Tempo e Estudos Climáticos

Unidade 3

▶ **<http://earth.google.com/intl/pt>**
Programa que oferece recursos como imagens de satélite e mapas de diferentes lugares da superfície terrestre

▶ **<www.mma.gov.br>**
Ministério do Meio Ambiente

▶ **<www.on.br>**
Observatório Nacional

Unidade 4

▶ **<www.anp.gov.br>**
Agência Nacional do Petróleo

▶ **<www.cni.org.br>**
Confederação Nacional da Indústria

▶ **<www.culturabrasil.pro.br/revolucaoindustrial.htm>**
Site que aborda diversos temas, entre eles a Revolução Industrial

▶ **<www.diplo.uol.com.br>**
Periódico Le Monde Diplomatique

Unidade 5

▶ **<http://museudaimigracao.org.br>**
Museu da Imigração do estado de São Paulo.

- <www.museudapessoa.net/pt/home>
  Museu da Pessoa, um museu virtual de histórias de vida.

Unidade 6

- <www.agricultura.gov.br>
  Ministério da Agricultura.

- <www.ambientebrasil.com.br>
  Site que apresenta informações sobre o meio ambiente.

- <www.embrapa.br>
  Empresa Brasileira de Pesquisa Agropecuária (Embrapa).

Unidade 7

- <www.incra.gov.br>
  Instituto Nacional de Colonização e Reforma Agrária (Incra).

- <www.sudam.gov.br>
  Superintendência do Desenvolvimento da Amazônia.

- <http://uc.socioambiental.org>
  Site das Unidades de Conservação no Brasil, do Instituto Socioambiental.

- <www.icmbio.gov.br/portal>
  Instituto Chico Mendes de Conservação da Biodiversidade.

Unidade 8

- <www.clubemundo.com.br>
  Artigos sobre geopolítica.

- <www.pnud.org.br>
  Programa das Nações Unidas para o Desenvolvimento.

Unidade 9

- <www.funai.gov.br>
  Fundação Nacional do Índio.

- <www.mma.gov.br>
  Ministério do Meio Ambiente.

- <www.dudh.org.br/>
  Declaração Universal dos Direitos Humanos.

Unidade 10

- <www. funai.gov.br>
  Fundação Nacional do Índio.

- <www.ambientebrasil.com.br>
  Site que apresenta informações sobre o meio ambiente.

- <www.socioambiental.org>
  Instituto Socioambiental.

Unidade 11

- <http://unctad.org/en/Pages/Home.aspx>
  Conferência das Nações Unidas sobre o Comércio e Desenvolvimento.

Gabarito

Seção Enem e Vestibulares

UNIDADE 1

1. B

2. B

3. D

4. C

5. D

6. E

UNIDADE 2

1. A

2. C

3. B

4. A

5. A

6. D

7. 02 + 04 + 16 = 22

UNIDADE 3

1. B

2. C

3. D

4. a. Espera-se que o aluno cite e explique os três tipos de limites de placas tectônicas existentes: limite divergente, limite convergente e limite transformante. O limite divergente é aquele cuja dinâmica apresenta um afastamento a partir da zona de contato das placas; o limite convergente é aquele cuja dinâmica apresenta aproximação colisional na zona de contato; e o limite transformante é aquele cuja superfície de contato apresenta um movimento paralelo na zona de contato entre as placas. O limite das placas tectônicas Sul-Americana e de Nazca é o limite convergente, o qual é responsável pelos terremotos no Chile.

b. Espera-se que o aluno mostre como exemplo pelo menos um relevo produzido no contato das placas tectônicas Sul-Americana e de Nazca, como as cordilheiras de montanhas dobradas, no continente, ou as fossas abissais, dentro do oceano.

5. E

6. C

7. E

UNIDADE 4

1. C

2. B

3. E

4. C

5. 01 + 08 = 09

6. C

7. A

8. A

9. 01 + 08 = 09

UNIDADE 5

1. B

2. B

3. A

4. B

5. D

6. 03

UNIDADE 6

1. C

2. C

3. A

4. E

5. A

6. C

7. D

UNIDADE 7

1. D

2. E

3. B

4. B

5. A

6. A

7. 04 + 08 = 12

UNIDADE 8

1. E

2. A

3. E

4. E

5. C

6. 01 + 02 = 03

UNIDADE 9

1. B

2. B

3. A

4. D

5. D

6. A

7. D

UNIDADE 10

1. B

2. E

3. A

4. B

5. D

6. C

UNIDADE 11

1. C

2. A

3. B

4. 01 + 02 = 03

5. D

6. A

Bibliografia

ARBIX, Glauco et al. (Org.). *Brasil, México, África do Sul, Índia e China*: diálogo entre os que chegaram depois. São Paulo: Edusp, 2003.

AYOADE, J. O. *Introdução à climatologia para os trópicos*. São Paulo: Difel, 2003.

BADIE, Bertrand; VIDAL, Dominique. *El estado del mundo*: anuário econômico geopolítico mundial. Madri: Akal, 2011.

BECKER, B. K.; EGLER, C. A. G. *Brasil*: uma nova potência regional na economia-mundo. Rio de Janeiro: Bertrand Brasil, 1993.

BENKO, Georges. *Economia, espaço e globalização*: na aurora do século XXI. São Paulo: Hucitec, 2002.

BRÉVILLE, Benoît. *El atlas histórico de Le Monde diplomatique*: historia crítica del siglo XX. Buenos Aires: Capital Intelectual, 2011.

CARLOS, Ana Fani A. *A cidade*. São Paulo: Contexto, 1999.

CASTRO, Iná Elias de; GOMES, Paulo Cesar da Costa; CORRÊA, Roberto Lobato (Org.). *Geografia*: conceitos e temas. Rio de Janeiro: Bertrand Brasil, 1995.

CHRISTOPHERSON, Robert W. *Geossistemas*: uma introdução à geografia física. Porto Alegre: Bookman, 2012.

COLLINS, C. World watch. *Glasgow:* HarperCollins Publishers, 2012.

CONWAY, Gordon. *Produção de alimentos no século XXI*: biotecnologia e meio ambiente. São Paulo: Estação Liberdade, 2003.

CORRÊA, Roberto L. *Região e organização espacial*. São Paulo: Ática, 2007.

COSTA, Rogério H. da. *Blocos internacionais de poder*. São Paulo: Contexto, 1997.

CUNHA, Sandra B. da; GUERRA, Antonio J. T. (Org.). *Geomorfologia do Brasil*. Rio de Janeiro: Bertrand Brasil, 2011.

DREW, David. *Processos interativos homem-meio ambiente*. Rio de Janeiro: Bertrand Brasil, 2010.

DUARTE, Paulo Araújo. *Fundamentos de cartografia*. Florianópolis: Ed. da UFSC, 2006.

EL ATLAS de las mundializaciones. Valência: Fundación Mondiplo, 2011.

EL ATLAS de Le Monde diplomatique: nuevas potencias emergentes. Valência: Fundación Mondiplo, 2012.

FONSECA, Fernanda Padovesi; OLIVA, Jaime. *Cartografia*. São Paulo: Melhoramentos, 2013.

GUERRA, Antônio Teixeira; GUERRA, Antonio José Teixeira. *Novo dicionário geológico-geomorfológico*. Rio de Janeiro: Bertrand Brasil, 1997.

IBGE. *Censo Demográfico 2010*. Rio de Janeiro, 2011.

MAGNOLI, Demétrio. *O mundo contemporâneo:* os grandes acontecimentos mundiais: da Guerra Fria aos nossos dias. São Paulo: Atual, 2004.

MARTINELLI, Marcello. *Mapas da geografia e cartografia temática*. São Paulo: Contexto, 2003.

MENDONÇA, Francisco; DANNI-OLIVEIRA, Inês Moresco. *Climatologia*: noções básicas e climas do Brasil. São Paulo: Oficina de Textos, 2007.

MORAES, Antonio Carlos Robert. *A gênese da geografia moderna*. São Paulo: Hucitec/Edusp, 1989.

MOREIRA, Ruy. *O que é geografia*. São Paulo: Brasiliense, 1982.

OLIVEIRA, Ariovaldo Umbelino de. *Modo capitalista de produção e agricultura*. São Paulo: Ática, 1995.

PFETSCH, Frank R. *A União Europeia*: história, instituições, processos. Brasília: Ed. da UnB, 2002.

REBOUÇAS, Aldo da C. et al. *Águas doces no Brasil*: capital ecológico, uso e conservação. São Paulo: Escrituras, 2006.

ROSS, Jurandyr L. Sanches (Org.). *Geografia do Brasil*. São Paulo: Edusp, 2008.

ROSS, Jurandyr L. Sanches (Org.). *Geografia do Brasil*. São Paulo: Edusp, 2008.

SANDRONI, Paulo. *Novo dicionário de economia*. São Paulo: Best Seller, 1994.

SANTOS, Milton; SILVEIRA, María Laura. *O Brasil*: território e sociedade no início do século XXI. Rio de Janeiro: Record, 2001.

TEIXEIRA, Wilson et al. *Decifrando a terra*. São Paulo: Oficina de Textos, 2009.

WETTSTEIN, German. *Subdesenvolvimento e geografia*. São Paulo: Contexto, 1997.

WICANDER, Reed; MONROE, James S. *Fundamentos de Geologia*. São Paulo: Cengage Learning, 2010.

ZAVATTINI, João Afonso; BOIN, Marcos Norberto. *Climatologia geográfica*: teoria e prática de pesquisa. Campinas: Alínea, 2013.

Fonte: IBGE. Atlas geográfico escolar. Rio de Janeiro, 2012. p.90.

Fonte: IBGE. Atlas geográfico escolar. Rio de Janeiro, 2012. p.37-38-39.

Mapa-Múndi Político (2016)

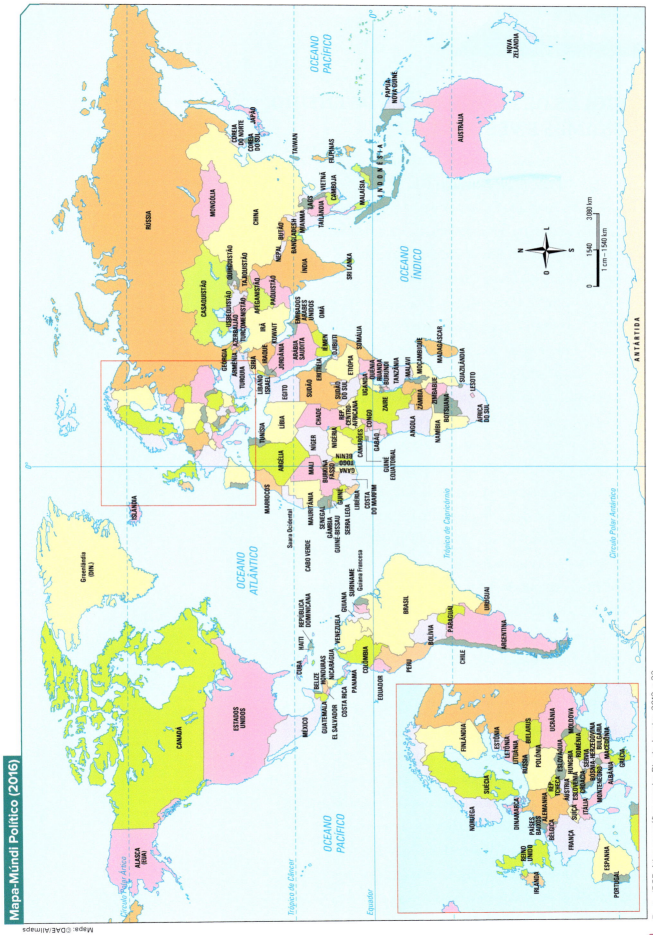

Fonte: IBGE. Atlas geográfico escolar. Rio de Janeiro, 2012. p.32.

SIGLAS

SIGLAS DE INSTITUIÇÕES DE ENSINO, EXAMES E VESTIBULAR

Enem – Exame Nacional do Ensino Médio

FGV-SP – Fundação Getúlio Vargas (São Paulo)

Fuvest-SP – Fundação Universitária para o Vestibular (São Paulo)

PUC-MG – Pontifícia Universidade Católica de Minas Gerais

PUC-PR – Pontifícia Universidade Católica do Paraná

PUC-RJ – Pontifícia Universidade Católica do Rio de Janeiro

PUC-RS – Pontifícia Universidade Católica do Rio Grande do Sul

PUC-SP – Pontifícia Universidade Católica de São Paulo

Udesc – Universidade do Estado de Santa Catarina

Uece – Universidade Estadual do Ceará

Ucepel-RS - Universidade Católica de Pelotas (Rio Grande do Sul)

UEL-PR – Universidade Estadual de Londrina (Paraná)

UEM-PR – Universidade Estadual de Maringá (Paraná)

Uepa – Universidade do Estado do Pará

UEPG-PR – Universidade Estadual de Ponta Grossa (Paraná)

Uerj – Universidade do Estado do Rio de Janeiro

Ufes - Universidade Federal do Espírito Santo

Uesb-BA - Universidade Estadual da Bahia

UFF-RJ – Universidade Federal Fluminense (Rio de Janeiro)

UFG-GO – Universidade Federal de Goiás

UFRGS-RS – Universidade Federal do Rio Grande do Sul

UFSC – Universidade Federal de Santa Catarina

UFSM-RS – Universidade Federal de Santa Maria (Rio Grande do Sul)

UFTM-MG – Universidade Federal do Triângulo Mineiro (Minas Gerais)

UFU-MG – Universidade Federal de Uberlândia (Minas Gerais)

Unemat-MT - Universidade Estadual do Mato Grosso

Unesp-SP – Universidade Estadual Paulista "Júlio de Mesquita Filho" (São Paulo)

Unicamp-SP – Universidade Estadual de Campinas (São Paulo)

Unitins-TO - Universidade Estadual do Tocantins

Unioeste -PR- Universidade do Oeste do Paraná

UPF-RS – Universidade de Passo Fundo (Rio Grande do Sul)

UPM-SP – Universidade Presbiteriana Mackenzie (São Paulo)